형법각론

한정환 저

법영사

머 리 말

법학 교과서들이 잘 팔리지 않는다는 이유로 책을 내 주겠다는 출판사가 없어 각론책의 출판은 생각하지 않고 있었다. 작업할 양이 너무 많아 엄두가 나지 않았다는 것이 더 큰 이유였을지도 모르겠다. 2018년 1월 어느 날 학생들의 강의평가에서 교재를 가지고 수업을 했으면 좋겠다는 글을 보았다. 마침 그날 교재출판 계획이 있으면 연락을 달라는 법영사 고호균 사장님의 e-mail을 보게 되었다. 연락을 했더니 출판해주시겠다고 하여 작업을 시작했다. 강의를 위해 정리해온 판례를 중심으로 교재로 낼 생각이었으나, 원고들을 다시 보니 판례평석과 설명이 빈약했다. 2018년 1학기에 출판하려면 1월말까지 원고를 달라고 하셔서 한 달도 안 되는 시간에 부랴부랴 작업하여 엉터리나마 책을 내게 되었다.

교재로 쓰면 없는 것보다는 나을 수 있겠으나, 학술서로서는 부족하여 출판사정이 허락되면 더 가치 있는 수준으로 보완하겠다고 다짐해 본다. 형법은 총론, 각론을 막론하고 어려운 학문이지만, 각종 시험에서는 각 구성요건에 대한 판례의 입장과 적용기준을 묻는 정도이므로 이 책에 소개, 해설된 판례만 이해해도 목표한 공부에 도움이 되리라 생각한다.

2018년 1월

저자 한 정 환

서 론

형법은 범죄구성요건과 그것을 실현한 행위에 대한 형벌을 정한 법이다. 형법 이외에도 수많은 법들에 그 수를 세기도 힘들 만큼 많은 형법조항들이 있다. 한국형법은 제1편 총칙 제2편 각칙으로 구분되고, 각칙은 형법 제87조부터 제372조까지 개개 범죄구성요건이 42개 유형으로 분류 편성되어 있다.

제2편 제1장 '내란의 죄'부터 제11장 '무고의 죄'까지는 국가의 존립과 기능을 보호, 유지하기 위한 조항들이라고 할 수 있다. 이 중 제5장 '공안에 관한 죄'는 그 본질을 달리 볼 수도 있다.

제2편 제12장 '신앙에 관한 죄'에서부터 제23장 '도박과 복표에 관한 죄'까지는 사회의 안전과 질서유지에 필요한 조항들로 분류하는 것이 일반적이다.

제2편 제24장 '살인의 죄'에서부터 제42장 '손괴의 죄'까지는 개인의 생명, 신체, 자유, 재산 등을 보호하기 위한 조항으로 분류되고 있다. 대부분의 각론 교과서들은 법의 분류·편성과 역순으로 개인적 법익 관련 죄, 사회적 법익에 대한 죄를 먼저, 국가적 법익에 관한 죄를 끝에 설명하고 있다.

한 권의 책에 형법각칙 모든 조문에 대하여 취지, 입법배경과 의도, 적용기준과 이론적 근거를 높은 학술적으로 설명하는 것은 어렵고 한 사람의 힘으로는 무리이다. 독일형법의 각칙 Kommentar는 적게는 3명, 많으면 수십 명의 학자들이 저자로 참여하여 조문별로 분담 서술한 여러 권의 책으로 구성되어 있다. 상황이 이러하므로 이 책은 학술서보다는 수험생을 위한 책으로 저술될 수밖에 없었다. 이 책의 서술방법을 안내하면 다음과 같다 ;

1. 형법조문의 편별에 따라 국가적 법익부터 서술한다. 국가고시, 공무원채용시험은 어느 조항이 더 중요하고 덜 중요하고를 정하기 어려울 정도로 골고루 출제되고 있다.

2. 시험, 실무에서 형법 문제 중 까다로운 것은 개개 조문에 관한 총론의 법리적용이겠으나 어떤 행위에 어떤 형법 또는 주변형법 조항이 적용되어야 하는지를 정하는 것도 쉬운 일은 아니다. 이 책에서는 형법총칙의 문제는 최소한으

로 설명하고, 개개 조문의 구성요건(요소)에 대한 적용기준을 간명하게 설명하는데 주력했다. 판례의 기준이 불명확하거나 미흡할 때에는 독일의 판례, 문헌의 기준을 소개했다.

3. 각종 국가공무원시험의 형법각론문제들은 거의 대부분 판례를 묻는 것이기 때문에 판례의 취지, 내용, 결론을 설명하고, 잘못된 점 또는 불명확한 점을 지적하는 서술방법을 택했다.

줄임말 예시

1. 판례와 판결

이 책에서 '판례'란 대법원 판결로서, 같거나 유사한 사안에 대하여 두 번 이상 같은 내용의 대법원 판결이 있는 경우를 칭한다. 판례는 2017년 12월까지의 대법원 판결을 참조·인용하였다. 대법원 판결은 [판결 17]과 같이 표기한다. 여기서 17은 2017년 대법원판결의 줄임이다. [판결 89]는 1989년 판결이라는 뜻이다. [판결 17-1]은 같은 조문에 2017 대법원판결이 두 개 이상인 경우 순서를 정한 것이다. ☆[판결 10]같이 앞에 별표가 있는 것은 어떤 죄에 대한 대법원의 기준, 견해가 대표적으로 또는 상세히 표시된 판결이라는 표시이다.

독일법원의 판결도 간혹 인용되는데 예를 들어, BGHSt 24, 192라는 표기에서 BGH는 독일연방법원(Bundesgerichtshof)의 약자이고 St는 형법사건(Strafrechtssache)의 약자이다. 24는 판결들을 모아놓은 책의 번호이고 192는 그 책의 쪽수이다. RG는 독일제국법원(Reichsgericht)판결이고 St는 앞의 설명과 같다.

독일책과 판례가 한국에서 무슨 소용인가? 라는 의문을 가진 독자에게는, 첫째 한국형법의 대부분 조문(사기, 문서위조 등)은 독일형법조문과 거의 같다. 둘째, 모든 형법각론 책들에 서술된 내용은 대부분 독일문헌 또는 판결내용들이 일본을 경유하여 전해진 것들이라고 보면 틀리지 않는다. 셋째 어떤 조문에 관하여 대법원 판결은 없지만 예시, 설명이 필요한 경우 이해에 도움을 주고자 독일판결과 이론을 소개했다는 말로 답을 대신한다.

2. 문헌

문헌은 원칙적으로 많이 인용하지 않았다. 가장 많이 팔린 이재상 교수님의 책과 독일이론을 소개한 김일수 교수님의 책, 그리고 오래 전의 책이지만 입법배경설명과 일본형법과 비교 등 학술 수준이 탁월한 유기천 교수님의 책을 주로 인용했다. 필요한 경우 학술논문도 인용했다. 독일문헌은 주로 해설서로 번역할 수 있는 대표적 Kommentar 2~3개를 인용했다. 더 높은 수준, 즉 판결에 기준을 제시하는 정도의 설명을 하려면 더 많은 문헌들의 이론이 인용, 참고되어야 할 필요가 있으나, 정확한 이해가 수험에는 더 중요하므로 모두 생략하고 이해하기 쉬운 서술에 주력했다.

참고문헌

Jähnke/Laufhütte/Odersky, Leipziger Kommentar Strafgesetzbuch(줄임 : LK/저자), 11. Auflage, 1992~2003, de Gruyter, Berlin

Kindhäuser/Neumann/Paepffgen, NomosKommentar Strafgesetzbuch(줄임 : NK/저자), 2. Auflage, 2005, Nomos, BadenBaden

Rudolphi, Hoyer, Horn, Günther, Samson, Systematischer Kommentar zum Strafgesezbuch(줄임 : SK/저자), 8. Auflage, 2004, Luchterhand, Neuwied

Schönke/Schröder, Strafgesetzbuch Kommentar(줄임 : S/S/저자), 29. Auflage, 2014, CH.Beck, München

김일수/서보학, 형법각론, 제8판 증보판(줄임 : 김일수/서보학[8]), 박영사, 2016

유기천, 형법학(각론강의 상, 하), 일조각, 1980

이재상·장영민·강동범, 형법각론, 제10판(줄임 : 이재상 등[10]), 박영사, 2016

한정환, 형법총론 제1권, 한국학술정보, 2010

한정환, 형법총론 제2권, 동방문화사, 2017

차 례

제 1 장 내란의 죄

제1장 내란의 죄는 제87조[내란], 제88조[내란목적의 살인] 두 개의 구성요건으로 구성되어 있다. 제89조는 제87, 88조 미수범의 처벌조문이다. 제90조는 제87, 88조의 예비, 음모, 선동, 선전행위의 처벌에 관한 규정이다. 제91조는 제87, 88조의 구성요건요소 '국헌문란'이 정의된 조문이다.

§ 1. 내란죄, 내란목적의 살인죄

제87조[내란] 국토를 참절하거나 국헌을 문란할 목적으로 폭동한 자는 다음의 구별에 의하여 처단한다.
1. 수괴는 사형, 무기징역 또는 무기금고에 처한다.
2. 모의에 참여하거나 지휘하거나 기타 중요한 임무에 종사한 자는 사형, 무기 또는 5년 이상의 징역이나 금고에 처한다. 살상, 파괴 또는 약탈의 행위를 실행한 자도 같다.
3. 부화수행하거나 단순히 폭동에만 관여한 자는 5년 이하의 징역 또는 금고에 처한다.

제88조[내란목적의 살인] 국토를 참절하거나 국헌을 문란할 목적으로 사람을 살해한 자는 사형, 무기징역 또는 무기금고에 처한다.

제89조[미수범] 전2조의 미수범은 처벌한다.

제90조[예비, 음모, 선동, 선전] ① 제87조 또는 제88조의 죄를 범할 목적으로 예비 또는 음모한 자는 3년 이상의 유기징역이나 유기금고에 처한다. 단, 그 목적한 죄의 실행에 이르기 전에 자수한 때에는 그 형을 감경 또는 면제한다.
② 제87조 또는 제88조의 죄를 범할 것을 선동 또는 선전한 자도 전항의 형과 같다.

제91조[국헌문란의 정의] 본장에서 국헌을 문란할 목적이라 함은 다음 각 호의 1에 해당함을 말한다.
1. 헌법 또는 법률에 정한 절차에 의하지 아니하고 헌법 또는 법률의 기능을 소멸시키는 것.
2. 헌법에 의하여 설치된 국가기관을 강압에 의하여 전복 또는 그 권능행사를 불가능하게 하는 것.

Ⅰ. 입법취지; 보호법익

내란죄와 내란목적 살인죄는 국가 내부의 반란으로부터 대한민국의 국토와 국헌 즉 존립을 보호하기 위한 구성요건이다. 국헌의 개념은 제91조에 정의되어 있다. 국가의 존립이란 대한민국의 영토, 국가의 구성 및 조직과 안전 그리고 헌법이 규정하는 질서, 규칙과 국가기능을 포괄하는 개념이다.[1] 내란죄의 보호법익은 대한민국의 영토 보존, 헌법질서보호를 포함한 대한민국의 독자성과 불가침성[2]으로 정리할 수 있다.

> ☆[판결 97] 국군보안사령관 甲, 육군 1군단장 乙 등은 군사반란으로 군의 지휘권과 국가 정보기관을 장악한 뒤, 정권의 탈취를 위하여 1980년 5월 초순부터 비상계엄의 전국확대, 비상대책기구설치 등을 계획하고 그 같은 조치를 취하도록 대통령, 국무총리를 강압하고 병력으로 국무회의장을 포위하여 국무위원들을 강압 외포시키는 등의 방법으로 비상계엄의 전국적 확대를 의결·선포하게 함으로써, 국방부장관의 육군참모총장 겸 계엄사령관에 대한 지휘감독권을 빼앗았다.
>
> 비상계엄 하에서 중요국정에 관한 국무총리의 통할권 그리고 국무회의의 심의권을 배제시켰고, 국가보위비상대책위원회 및 그 산하의 상임위원회를 설치하고, 그 상임위원장에 甲이 취임하여 공직자 숙정, 언론인 해직, 언론 통폐합 등 중요한 국정시책을 결정하고 이를 대통령과 내각에 통보하여 시행하도록 함으로써, 국가보위비상대책상임위원회가 사실상 국무회의 내지 행정 각 부를 통제하거나 그 기능을 대신하여 헌법기관인 행정 각 부와 대통령을 무력화시켰다.[3]

> ☆[판결 15] 갑은 2013. 5. 10. △ 청소년수련원 및 2013. 5. 12. □ 교육수사회 강당에서 소집령에 따라 집결한 RO 조직원들을 상대로, 대한민국의 자유민주적 기본질서를 부정하면서, '전쟁 상황'으로 도래한 혁명의 결정적 시기를 맞이하여 '자주적 사회, 착취와 허위가 없는 조선 민족 시대의 꿈'을 실현하기 위하여 '조직과 일체화된 강력한 신념체계'로 '전국적 범위'에서 '최종 결전의 결사'를 이루고, 최후에는 '군사적으로 결정'될 수밖에 없으므로 '한 자루 권총 사상'으로 무장하여 물질적·기술적 준비를 철저히 함으로써 '조국통일, 통일혁명'을 완수하자는 취지의 주장을 했다.

1) *Rudolphi*, SK, Vor § 80 Rn 2.
2) *Rudolphi*, SK, § 81 Rn 1.
3) 대법원 1997. 4. 17. 선고 96도3376 판결.

> 을은 필승의 신념을 지니고 갑이 제시한 물질적·기술적 준비를 철저히 하여 '조국통일, 통일혁명'을 완수하자는 취지의 주장을 함으로써 갑과 공모하여 내란을 선동했다.
>
> 병, 정 등은 2013. 5. 12. □ 교육수사회 강당에 모인 RO 조직원들과 함께 전쟁상황이라는 정세인식과 예비검속 등 적의 탄압이 있을 것이라는 위기의식, 폭력혁명 또는 군사적·물질적·기술적 준비의 필요성 등을 공유하면서, 지역별·권역별로 토론을 진행하여 강력한 혁명적 계기가 될 전쟁 상황에 전국적 범위에서 최후의 군사적 결전을 수행할 수 있는 직접적 폭동의 방법 또는 폭력적 파괴를 위한 방편 등을 논의·발표하였고, 갑은 마무리 발언을 통하여 총공격의 명령이 떨어지면 속도전으로 일체화된 강력한 집단적 힘을 통하여 각 동지가 자기 초소에 놓여 있는 물질 기술적 조치를 하자는 취지의 지시를 하는 등 평소 조직의 지휘체계 아래 조직의 지시를 관철하는 RO 조직원들 모두가 유사시에 상부 명령이 내려지면 바로 각 권역에서 국가기간시설 파괴 등 전국 다발적인 폭동에 이를 것을 통모함으로써 내란의 죄를 범할 목적으로 음모했다.
>
> 이 사건에서 공소사실의 핵심은 갑, 을이 공모하여 전쟁이 발발하는 등 유사시에 상부 명령이 내려지면 바로 전국 다발적으로 각 권역에서 국가기간시설 파괴 등 폭동을 할 것을 선동했고, 병, 정들은 이를 통모함으로써 갑, 을은 내란선동죄, 병, 정들은 내란음모죄를 각각 범했다는 것이다.4)

Ⅱ. 구성요건

제87, 88조는 「국가성립에 대한 반역」(Bestandshochverrat)과 「헌법질서에 대한 반역」(Verfassungshochverrat) 두 가지 구성요건으로 나뉘어 있다.

1. 주관적 구성요건

(1) 목적

국토참절, 국헌문란, 폭동에 대한 고의는 물론 필수적 요건이다. 구성요건요소 '국토참절'과 '국헌문란'에는 고의 이외에도 목적이 요구된다.

(2) 폭동의 고의

제87조의 폭동에는 국토참절과 국헌문란과는 달리 고의만이 요건이며 폭동

---

4) 대법원 2015. 1. 22. 선고 2014도10978 판결.

의 목적은 주관적 구성요건요소가 아니다. 제88조에서는 살인에 대한 목적은 구성요건요소라고 할 근거가 없다.

2. 객관적 구성요건

(1) 국토의 참절

대한민국영토의 일부 혹은 전부를 배제하는 것이다.

(2) 국헌의 문란

헌법질서의 문란은 제91조에 정의되어 있다. 제91조 제2호에서 "권능행사를 불가능하게 한다"고 하는 것은 그 기관을 제도적으로 영구히 폐지하는 경우만을 가리키는 것은 아니고 사실상 상당기간 기능을 제대로 할 수 없게 만드는 것을 포함한다.[5)]

☆[판결 97][6)] "국헌문란의 목적은 현행의 헌법 또는 법률이 정한 정치적 기본조직을 불법으로 파괴하는 것을 말한다. 구체적인 국가기관인 자연인만을 살해하거나, 그 계승을 기대하는 것은 이에 해당되지 않으나 반드시 초법규적인 의미는 아니라고 할 것이며, 공산, 군주 또는 독재제도로 변경하여야 하는 것은 더욱 아니다." 따라서 국가보위비상 대책위원회를 설치하여 헌법기관인 행정 각 부와 대통령을 무력화시킨 것은 행정에 관한 대통령과 국무회의의 권능행사를 강압에 의하여 사실상 불가능하게 한 것이므로 국헌문란에 해당한다.[7)]

(3) 내란죄의 주체

☆[판결 15] **내란죄의 주체**는 국토를 참절하거나 국헌을 문란할 목적을 이룰 수 있을 정도로 **조직화된 집단으로서 다수의** 자이다. 제87조 각호에 따라 그 역할도 수괴, 중요한 임무에 종사한 자, 부화수행한 자 등으로 나뉜다.[8)]

(4) 폭동

내란죄의 구성요건인 폭동의 내용으로서의 폭행 또는 협박은 일체의 유형력

---

5) 대법원 1997. 4. 17. 선고 96도3376 판결.
6) 대법원 1980. 5. 20. 선고 80도306 판결.
7) 대법원 1997. 4. 17. 선고 96도3376 판결.
8) 대법원 2015. 1. 22. 선고 2014도10978 전원합의체 판결.

의 행사나 외포심을 생기게 하는 해악의 고지를 의미하는 최광의의 폭행·협박을 말한다. 폭동을 준비하거나 보조하는 행위를 전체적으로 파악한 개념이며, 그 정도가 한 지방의 평온을 해할 정도의 위력이 있음을 요한다.9)

판례에 의하면 폭동이란 폭행 또는 협박행위이다. 폭행, 협박은 **최광의의 개념**으로 이를 준비하거나 보조하는 행위를 총체적으로 파악한 개념이다.10)

다수인이 결합하여 국토참절, 국헌문란의 목적으로 한 지방의 평온을 해할 정도의 폭행·협박행위를 하면 내란죄는 기수가 된다.11) 다수인의 결합은 어느 정도 조직화될 필요는 있으나, 그 수효를 특정할 수는 없다.12)

3. 상황범

그 목적의 달성 여부는 이와 무관한 것으로 해석되므로, 다수인이 한 지방의 평온을 해할 정도로 폭동했을 때 즉 폭동행위로 말미암아 한 지방의 평온을 해할 정도에 이르렀을 경우 내란죄의 구성요건은 완전히 충족된다. 내란죄는 상태범이다.13)

4. 第88조 [내란목적의 살인]14)

(1) 제87조 내란죄와의 구별

내란목적살인죄는 국헌을 문란할 목적을 가지고 내란의 **직접적인 수단**으로 사람을 살해함으로써 성립한다. 국헌문란의 목적 달성을 위해 내란죄는 '폭동'을 수단으로 하지만 내란목적살인죄는 '살인'을 그 수단으로 하는 점에서 두 죄는 다르다.

(2) 경합

[판결 97]에 의하면, 내란의 실행과정에서 폭동행위에 수반하여 개별적으로

---

9) 대법원 2015. 1. 22. 선고 2014도10978 전원합의체 판결.

10) 대법원 1980. 5. 20. 선고 80도306 판결.

11) 대법원 1997. 4. 17. 선고 96도3376 판결.

12) 대법원 1980. 5. 20. 선고 80도306 판결.

13) 대법원 1997. 4. 17. 선고 96도3376 판결.

14) 이하의 설명은 대법원 1997. 4. 17. 선고 96도3376 판결에 근거한 것이다.

발생한 살인행위는 내란행위의 한 구성요소를 이루는 것이므로 내란행위에 흡수되어 내란목적살인의 별죄를 구성하지 않는다.

반면, 특정인 또는 일정한 범위내의 한정된 집단에 대한 살해가 **내란의 와중에 폭동에 수반하여** 일어난 것이 아니라 **그것 자체가 의도적으로 실행된 경우**에는 이러한 살인행위는 내란에 흡수될 수 없고 내란목적살인의 별죄를 구성한다.

5. 내란죄의 처벌

(1) 제87조 제1호 : 수괴는 사형, 무기징역 혹은 무기금고로 처벌한다.

수괴는 내란의 주도자이다.

(2) 제2호 : 모의참여자·지휘자·중요임무종사자는 사형, 무기 또는 5년 이상의 징역이나 금고로 처벌된다.

수괴 다음으로 중요한 지위와 역할을 수행한 자로서, 그의 역할이 없으면 내란의 수행이 곤란 사람을 지칭한 것으로 볼 수 있다

(3) 제3호 : 부화수행자와 단순 관여자는 5년 이하의 징역 또는 금고

부화수행자와 단순 관여자는 위 1, 2호에 해당되지 않으나 폭동에 가담하여 일정한 기여를 한 자로 해석이 가능하다.

Ⅲ. 제90조 [음모, 선동, 선전]

1. 음모

사전에 의하면 음모는 "남모르게 나쁜 일을 꾸밈"이다. 판례에서 음모란 "2인 이상의 자 사이에 성립한 범죄 실행의 합의이다. 범죄 실행의 합의란 단순히 범죄결심을 외부에 표시·전달하는 것만으로는 부족하고, 객관적으로 정한 범죄의 실행을 위한 준비행위라는 것이 명백히 인식되고, 실질적인 위험성이 인정"되어야 한다.[15)]

☆[판결 15]에 의하면, **내란음모**가 성립하였다고 하기 위해서는 개별 범죄행위에 관한 세부적인 합의가 있을 필요는 없으나, **공격의 대상과 목표가 설정되어 있고, 그 밖의 실행계획에 있어서 주요 사항의 윤곽을 공통적으로 인식할 정도의 합의가 있어야 한다.**[16)] 나아가 합의는 실행행위로 나아간다는 확정적인

15) 대법원 1999. 11. 12. 선고 99도3801 판결.

의미를 가진 것이어야 하고, 내란에 관한 생각이나 이론을 논의한 것으로는 부족하다. 또한, 내란음모죄에 해당하는 합의가 있다고 하기 위해서는 단순히 내란에 관한 범죄결심을 외부에 표시·전달하는 것만으로는 부족하고 객관적으로 내란범죄의 실행을 위한 합의라는 것이 명백히 인정되고, 그 합의에 **실질적인 위험성**이 인정되어야 한다.

그리고 내란음모가 실질적 위험성이 있는지 여부는 합의 내용으로 된 폭력행위의 유형, 내용의 구체성, 계획된 실행시기와의 근접성, 합의 당사자의 수와 합의 당사자들 사이의 관계, 합의의 강도, 합의 당시의 사회정세, 합의를 사전에 준비하였는지 여부, 합의의 후속 조치가 있었는지 여부 등을 종합적으로 고려하여 판단하여야 한다.[17]

2. 선동

선동의 사전적 의미는 "남을 부추기어 어떤 사상을 갖게 하거나 행동을 하도록 조장함"이다. 판례의 입장을 정리하면 :

(1) 내란선동죄는 내란이 실행되는 것을 목표로 선동함으로써 성립하는 독립한 범죄이다. '내란선동'이란 피선동자들에게 내란행위를 결의, 실행하도록 충동하고 격려하는 일체의 행위를 말한다.[18]

(2) 선동으로 말미암아 피선동자들에게 반드시 범죄의 결의가 발생할 것을 요건으로 하지 않는다. 내란선동은 주로 내란행위의 외부적 준비행위에도 이르지 않은 단계에서 이루어지지만, 다수인의 심리상태에 영향을 주는 방법으로 내란의 실행욕구를 유발 또는 증대시킴으로써 집단적인 내란의 결의와 실행으로 이어지게 할 수 있는 파급력이 큰 행위이다. 따라서 내란을 목표로 선동하는 행위는 그 자체로 내란예비·음모에 준하는 불법성이 있다고 보아 내란예비·음모와 동일한 법정형으로 처벌되는 것이다.

내란선동은 주로 언동, 문서, 도화 등에 의한 표현행위의 단계에서 문제되므로 내란선동죄의 구성요건의 해석은 국민의 기본권인 표현의 자유가 위축되거나 본질이 침해되지 아니하도록 죄형법정주의의 기본정신에 따라 엄격하게 해야 한다. 내란을 실행시킬 목표를 가지고 있다 해도 단순히 특정한 정치적 사

16) 대법원 2015. 1. 22. 선고 2014도10978 전원합의체 판결.

17) 앞의 각주와 같다.

18) 대법원 1977. 3. 22. 선고 74도3510 전원합의체 판결.

상이나 추상적인 원리를 옹호하거나 교시하는 것만으로는 내란선동이 될 수 없고, 그 내용이 내란에 이를 수 있을 정도의 폭력적인 행위를 선동하는 것이어야 한다. 나아가 피선동자의 구성 및 성향, 선동자와 피선동자의 관계 등에 비추어 **피선동자에게 내란 결의를 유발하거나 증대시킬 위험성이 인정되어야 내란선동**으로 볼 수 있다.[19)]

19) 대법원 2015. 1. 22. 선고 2014도10978 전원합의체 판결.

제2장 외환의 죄

제92조(외환유치) 외국과 통모하여 대한민국에 대하여 전단을 열게 하거나 외국인과 통모하여 대한민국에 항적한 자는 사형 또는 무기징역에 처한다.
제93조(여적) 적국과 합세하여 대한민국에 항적한 자는 사형에 처한다.
제94조(모병이적) ① 적국을 위하여 모병한 자는 사형 또는 무기징역에 처한다.
② 전항의 모병에 응한 자는 무기 또는 5년 이상의 징역에 처한다.
제95조(시설제공이적) ① 군대, 요새, 진영 또는 군용에 공하는 선박이나 항공기 기타 장소, 설비또는 건조물을 적국에 제공한 자는 사형 또는 무기징역에 처한다.
② 병기 또는 탄약 기타 군용에 공하는 물건을 적국에 제공한 자도 전항의 형과 같다.
제96조(시설파괴이적) 적국을 위하여 전조에 기재한 군용시설 기타 물건을 파괴하거나 사용할 수 없게 한 자는 사형 또는 무기징역에 처한다.
제97조(물건제공이적) 군용에 공하지 아니하는 병기, 탄약 또는 전투용에 공할 수 있는 물건을 적국에 제공한 자는 무기 또는 5년 이상의 징역에 처한다.
제98조(간첩) ① 적국을 위하여 간첩하거나 적국의 간첩을 방조한 자는 사형, 무기 또는 7년 이상의 징역에 처한다.
② 군사상의 기밀을 적국에 누설한 자도 전항의 형과 같다.
제99조(일반이적) 전7조에 기재한 이외에 대한민국의 군사상 이익을 해하거나 적국에 군사상 이익을 공여하는 자는 무기 또는 3년 이상의 징역에 처한다.
제100조(미수범) 전8조의 미수범은 처벌한다.
제101조(예비, 음모, 선동, 선전) ① 제92조 내지 제99조의 죄를 범할 목적으로 예비 또는 음모한 자는 2년 이상의 유기징역에 처한다. 단 그 목적한 죄의 실행에 이르기 전에 자수한 때에는 그 형을 감경 또는 면제한다.
② 제92조 내지 제99조의 죄를 선동 또는 선전한 자도 전항의 형과 같다.
제102조(준적국) 제93조 내지 전조의 죄에 있어서는 대한민국에 적대하는 외국 또는 외국인의 단체는 적국으로 간주한다.
제103조(전시군수계약불이행) ① 전쟁 또는 사변에 있어서 정당한 이유 없이 정부에 대한 군수품 또는 군용공작물에 관한 계약을 이행하지 아니한 자는 10년 이하의 징역에 처한다.
② 전항의 계약이행을 방해한 자도 전항의 형과 같다.
제104조(동맹국) 본장의 규정은 동맹국에 대한 행위에 적용한다.

제2장 외환의 죄는 제92조 [외환유치]부터 제104조 [동맹국]까지 13개 조문으로 구성되어 있다. 미수와 예비, 음모, 선동, 선전의 처벌조문 그리고 제102, 104조 개념을 설명하는 조문을 제외하면 구성요건은 총 9개이다. 이 조항들은

나치의 영향을 받은 일본형법가안을 본받은 것들로 시대와 맞지 않는 규정들이라는 비판을 받고 있다.1) 제99조 [간첩]을 제외하면 제2장에 속하는 조문들에 관한 판결은 없다.

§ 2. 제98조 [간첩]

> 제98조(간첩) ① 적국을 위하여 간첩하거나 적국의 간첩을 방조한 자는 사형, 무기 또는 7년 이상의 징역에 처한다.
> ② 군사상의 기밀을 적국에 누설한 자도 전항의 형과 같다.

Ⅰ. 보호법익

보호법익은 외부로 부터 대한민국의 안전이다.

Ⅱ. 구성요건

1. 객관적 구성요건

(1) 간첩

'간첩'이란 적국에 제보하기 위하여 은밀한 방법으로 우리나라의 군사상은 물론 정치, 경제, 사회, 문화, 사상 등 기밀에 속한 사항 또는 도서, 물건을 **탐지·수집**하는 것을 말한다.2)

간첩이 이미 탐지·수집하여 지득하고 있는 사항을 타인에게 보고·누설하는 행위는 간첩의 사후행위로서 위 조항에 의하여 처단의 대상이 되는 간첩행위 자체라고 할 수 없다.3) 직무에 관하여 군사상 기밀을 지득한 자가 이를 적국에 누설한 경우에는 제98조 제2항이 적용된다.4) 직무에 관계없이 지득한 군사상

---

1) 김일수/서보학, 각론[8], 752쪽; 이재상 등, 각론[10], 680쪽.
2) 대법원 2011. 1. 20. 선고 2008재도11 전원합의체 판결.
3) 대법원 2011. 1. 20. 선고 2008재도11 전원합의체 판결.
4) 대법원 1982. 7. 13. 선고 82도968 판결.

기밀을 적국에 누설한 경우에는 형법 제99조에 각 해당한다.[5)]

순수한 국가기밀 뿐 아니라 정치, 경제, 사회, 문화, 사상 등 각 방면에 걸쳐서 우리나라의 국방상 북괴집단에게 알리지 않거나 확인되지 않는 것이 우리나라의 이익이 되는 모든 기밀사항을 탐지 수집함을 말한다. 우리나라의 전반에 걸친 민심동향을 파악 수집하는 것도 국가기밀의 수집에 포함된다.[6)]

[판결 11] 을은 1955년 6월 월북하여 노동당 간부 박일영으로 부터 갑의 신당운동의 내용과 사생활을 조사해 오라는 지령을 받고 월남한 후 재차 월북하여 그에게 갑(조봉암)의 주소, 전화번호, 신당조직 추진상황을 보고했다. 을은 1956년 2월 월북하여 박일영으로 부터 "갑과 합작할 용의가 있고 재정적으로 후원한다고 전하라"는 지령을 받고, 그 해 3월 갑을 만나 지령을 전하고, 갑으로부터 "돈을 벌었으면 개인적으로 원조해 달라"는 말을 들었으며, 월북하여 보고했다. 을은 박일영으로부터 선거자금을 원조한다고 전하라는 지령을 받고 월남하여 갑에게 그 지령을 전하고, "선거자금은 얼마나 드는가"라고 물어 "약 2억 환이면 족하다."는 말을 듣고, 월북해 박일영에게 보고했다.

을인 박일영으로부터 금품을 받아 월남하여 갑에게 교부하고, 월북하여 박일영에게 교부사실과 정부통령선거에서 갑이 약 200만 표를 획득했다는 보고를 했다. 을은 박일영으로부터 "빨리 창당하라, 정당은 기관지가 필요하니 속히 일간신문지 판권을 획득하여 평화통일노선을 적극 추진하도록 하라, 그 운영자금은 원조한다고 전하라"는 지령을 받고 월남하여 갑에게 그 지령을 전하고, 월북하여 박일영에게 갑과의 회담내용을 보고했다. 을은 위 자리에서 박일영과 임춘추로부터 물품을 받아 월남하여, 갑과 갑의 장녀 A, 그의 운전사 B 등에게 현금과 백삼 등을 교부했다. 을은 임호로 부터 지령을 받고 월남해, 1957년 2월 갑에게 합계 500만 환 가량의 보증수표를 교부하고 갑으로부터 진보당 중앙위원 및 상임위원 명단, 진보당의 선언 강령 정책 당헌이라는 소책자 및 진보당 동향을 감시하라는 치안국장의 무전지시 사본 등을 교부받고 월북 전달했다.

을은 최 모로부터 "조속히 신문사를 경영하도록 하라, 진보당의 조직을 강화하는 동시에 혁신세력을 규합하여 연합전선을 추진하도록 하라, 미군철수를 주장하라"는 지령을 갑에게 전하고, 갑으로부터 "사업이 잘 되기는 하나 경제적으로 곤란하므로 좀 더 원조해 달라"는 취지의 자필서한과 진보당 지방당 간부 명단 1장, 대구시당 간부예정자 명단 1장 등을 받고 월북 전달했다.

을은 임호로부터 지령 금품을 받고 월남하여, 보증수표 및 미화를 갑에게 교부

5) 대법원 1982. 7. 13. 선고 82도968 판결; 1982. 2. 23. 선고 81도2958 판결; 1981. 9. 22. 선고 81도1944 판결.

6) 대법원 1969. 2. 25. 선고 68도1825 판결.

하고, 갑으로부터 중앙정치 10월호 1권, 진보당 조직 명단 1장 등을 교부받고 월북하여 전달했다. 을은 조 모 등으로부터 지령을 받고 월남하여, 갑을 만나 그 지령을 전하고 갑으로부터 "반미운동과 관련하여 진보당의 지위가 확고하지 못해 주장하기 어렵다, 진보당의 지방조직은 잘 되어 간다, 나는 제4대 민의원 총선거에서 인천에서 출마할 예정이다."라는 말과 진보당의 제4대 민의원 입후보자 명단 1장과 자금요청서 1장 등이 들어 있는 진보당선거대책이란 서한을 교부받았다.7)

[판결 11] 갑의 행위는 을로부터 북한의 지령을 전달받고 대화를 나누었으며 그로부터 금품 등을 수수하고 그에게 진보당 관련 문건 등을 교부하였다는 것일 뿐이다. 결국 진보당의 중앙위원장인 갑이 이미 지득하고 있던 진보당 관련 문건 등을 보고·누설한 행위에 불과하다. 이러한 행위는 그 사실 자체로서 제98조 제1항에 규정된 간첩행위, 즉 **우리나라의 기밀을 탐지·수집하는 간첩행위**라고 보기 어렵다. 이 부분 공소사실이 간첩죄에 해당한다고 판단한 원심판결에는 제98조 제1항에 규정한 간첩죄에 관한 법리오해의 위법이 있다.

(2) 기밀

기밀에 속하는 이상 국내에서 비록 신문, 잡지, 라디오 등에 보도되고 알려진 사항이라고 하더라도 **북괴집단에 유리한 자료가 될 경우에는 역시 기밀사항**이다.8)

[판결 87] 甲은 조총련 대남공작원 乙로부터 지령을 받아 1961년 입북하여 약 1개월간 밀봉교육을 받고 그곳에서 "민단으로 위장전향하고 남조선으로 침투하여 각종 정보를 수집하라"는 취지의 지령을 받았다. 甲은 부산에서 의령까지의 자동차소요시간을 알아내고, 丙으로부터 태능골프장의 출입인사관계 및 서울시내의 도시계획관계, 인구밀집에 따른 군사전략상의 문제, 경북고속도로상의 비상활주로 건설내용을 보고받았다.9)

[판결 87] 앞의 사실들 어느 것이나 국가기밀에 해당됨이 명백하고 이를 탐지 수집한 소위는 국가보안법과 형법 제98조 제1항 간첩죄에 해당한다.

---

7) 대법원 2011. 1. 20. 선고 2008재도11 전원합의체 판결.

8) 대법원 1987. 9. 8. 선고 87도1446 판결; 1983. 6. 14. 선고 83도863 판결.

9) 대법원 1987. 9. 8. 선고 87도1446 판결.

2. 간첩 방조

국가보안법 제4조 제1항 제2호, 형법 제98조 제1항에 의한 반국가단체의 구성원 또는 그 지령을 받은 자에 대한 간첩방조죄가 성립하기 위하여는 행위자는 그 방조의 상대방이 반국가단체의 간첩임을 인식하면서 간첩행위를 원조하여 용이하게 하는 행위가 요구된다.[10)]

제98조 제1항의 간첩방조죄는 정범인 간첩죄와 대등한 독립 죄로서 간첩죄와 동일한 법정형으로 처단하게 되어 있어, 형법 총칙 제32조에 의하여 감경대상이 되는 종범과는 그 성질이 달라 종범 감경을 할 수 없다.[11)]

3. 주관적 구성요건

간첩죄에 있어서는 '적국을 위하여'라는 주관적인 요건을 필요로 한다. 반면, 간첩방조죄에 있어서는 이러한 주관적 요건의 필요 없고 '적국의 간첩'이라는 인식만 있으면 된다는 규정이다.[12)]

4. 간첩 미수, 기수

간첩죄 실행의 착수에 관한 대법원 판결은 일치하지 않는다. 대한민국에 입국한 시점이라는 판결이[13)] 있고, 국가기밀의 탐지, 수집행위를 시작하는 시점이라는 취지의 판결도 있다.[14)] 간첩행위의 기수시기는 기밀에 속한 사항 또는 도서, 물건을 탐지·수집한 때이다.[15)]

---

10) 대법원 1994. 3. 11. 선고 93도3145 판결.

11) 대법원 1986. 9. 23. 선고 86도1429 판결.

12) 대법원 1973. 5. 8. 선고 73도249 판결.

13) 대법원 1971. 2. 25. 선고 70도2417 판결: "간첩은 대한민국지역에 입국함과 동시에 간첩행위에 착수한 것이므로 간첩과 접선방법을 합의하였음은 간첩방조에 해당한다."

14) 대법원 1974. 11. 12. 선고 74도2662 판결: "간첩미수죄는 국가기밀을 탐지수집하라는 지령을 받았거나 소위 무인포스트를 설정하는 것만으로는 부족하고 그 지령에 따라 국가기밀을 탐지 수집하는 행위의 실행의 착수가 있어야 성립된다."

15) 대법원 2011. 1. 20. 선고 2008재도11 전원합의체 판결.

제3장 국기에 관한 죄

제105조(국기, 국장의 모독) 대한민국을 모욕할 목적으로 국기 또는 국장을 손상, 제거 또는 오욕한 자는 5년 이하의 징역이나 금고, 10년 이하의 자격정지 또는 700만원 이하의 벌금에 처한다.
제106조(국기, 국장의 비방) 전조의 목적으로 국기 또는 국장을 비방한 자는 1년 이하의 징역이나 금고, 5년 이하의 자격정지 또는 200만원 이하의 벌금에 처한다.

§3. 국기, 국장에 관한 죄

제3장 조문에 관한 판례는 없다. 조문과 문헌[1]을 요약하면 다음과 같다:

國旗(국어사전: 나라를 상징하는 기)란 국가의 권위를 상징하기 위해 일정한 형식에 따라 제작된 기를 말한다. 國章은 국기 이외의 휘장(국어사전: 신분이나 직무, 명예 따위를 나타내기 위해 옷이나 모자 따위에 다는 표)이다.

제105조, 106조는 모두 목적범이다. '국기' '국장'에는 제109조와 같이 '공용에 공하는'이라는 요건이 없어 사용에 공하는 것도 포함된다.

보호법익은 **대한민국의 존립과 명예**라고 할 수 있다. 국기나 국장은 대한민국의 존립과 명예를 상징하는 것이므로, 이를 모욕할 목적으로 손상, 제거, 오욕하는 행위는 국가의 존립을 해하는 행위로 보아 처벌한다는 취지이다.

상응하는 독일형법조문은 §90a이다 :

모임(집회)에서 또는 문서 등을 유포함을 통하여 1. 독일연방공화국 또는 지방정부 또는 합헌적 규칙을 모욕하거나 악의적으로 깎아 내리는 행위 2. 독일연방공화국 또는 지방정부의 색, 국기, 휘장 또는 국기를 모독하는 행위는 징역 3년 이하 또는 벌금으로 처벌한다.

1) 이재상, 총론[10], 690~691.

제4장 국교에 관한 죄

제107조(외국원수에 대한 폭행 등) ① 대한민국에 체재하는 외국의 원수에 대하여 폭행 또는 협박을 가한 자는 7년 이하의 징역이나 금고에 처한다.
② 전항의 외국원수에 대하여 모욕을 가하거나 명예를 훼손한 자는 5년 이하의 징역이나 금고에 처한다.
제108조(외국사절에 대한 폭행 등) ①대한민국에 파견된 외국사절에 대하여 폭행 또는 협박을 가한 자는 5년 이하의 징역이나 금고에 처한다.
② 전항의 외국사절에 대하여 모욕을 가하거나 명예를 훼손한 자는 3년 이하의 징역이나 금고에 처한다
제109조(외국의 국기, 국장의 모독) 외국을 모욕할 목적으로 그 나라의 공용에 공하는 국기 또는 국장을 손상, 제거 또는 오욕한 자는 2년 이하의 징역이나 금고 또는 300만원 이하의 벌금에 처한다.
제110조(피해자의 의사) 제107조 내지 제109조의 죄는 그 외국정부의 명시한 의사에 반하여 공소를 제기할 수 없다.
제111조(외국에 대한 사전) ① 외국에 대하여 사전한 자는 1년 이상의 유기금고에 처한다.
② 전항의 미수범은 처벌한다.
③ 제1항의 죄를 범할 목적으로 예비 또는 음모한 자는 3년 이하의 금고 또는 500만원 이하의 벌금에 처한다. 단 그 목적한 죄의 실행에 이르기 전에 자수한 때에는 감경 또는 면제한다.
제112조(중립명령위반) 외국간의 교전에 있어서 중립에 관한 명령에 위반한 자는 3년 이하의 금고 또는 500만원 이하의 벌금에 처한다.<개정 1995.12.29>
제113조(외교상기밀의 누설) ① 외교상의 기밀을 누설한 자는 5년 이하의 징역 또는 1천만원 이하의 벌금에 처한다.<개정 1995.12.29>
② 누설할 목적으로 외교상의 기밀을 탐지 또는 수집한 자도 전항의 형과 같다.

Ⅰ. 보호법익

외국과의 외교관계를 대한민국의 존립과 기능의 문제로 보고, 외국의 국가원수, 외교사절, 국기를 존중 보호하려는 목적의 조문으로 추정된다. 보호법익은 국가의 존립과 외교(기능)이라고 할 수 있다.

Ⅱ. 조문의 구성과 내용

제111조는 개인과 개인에 준하는 단체의 외국과의 전쟁을 금지하는 조문이다. 제112조는 이른바 '공백' 또는 '백지'형법으로 불리며 조문으로 금지하려는 행위는 명령에 위임되어 있다. 즉, 어떤 행위를 해야 하고 하지 않아야 하는지는 형법이 아닌 중립에 관한 행정명령에 의해 결정된다.

§4. 제113조 [외교상 기밀의 누설]

> [판결 95] 갑, 을 등은 피고인들이 "말"지 특집호에 공개한 사항 중 외교상의 기밀에 해당한다고 기소되었다.[1)]

[판결 95] '외교상의 기밀'이란 외국과의 관계에서 국가가 보지해야 할 기밀로서, 외교정책상 외국에 대하여 비밀로 하거나 확인되지 아니함이 대한민국의 이익이 되는 모든 정보자료이다.[2)] 어떤 사실, 사항의 존재나 진위 여부에 대한 대한민국 정부의 공식적인 입장이나 견해는 외교상의 기밀이 될 수 있다.

오늘날 각종 언론매체의 성장과 정보산업의 급속한 발전 및 그에 따른 정보교환의 원활성 등을 감안해 볼 때 어떤 사항들이 보도된 나라 이외의 다른 외국도 그 내용을 쉽게 지득할 수 있었다고 볼 수 있어 외국에 이미 널리 알려져 있는 사항은 특단의 사정이 없는 한 이를 비밀로 하거나 확인되지 아니함이 외교정책상의 이익이 된다고 할 수 없는 것이어서 외교상의 기밀에 해당하지 않는다.

정부가 국내 언론사에 이른바 "보도지침"을 보내 보도의 자제나 금지를 요청하는 형식으로 언론을 통제하고 있다는 사실을 공개한 것으로 인정될 뿐이고, 피고인들이 공개한 내용만으로는 위와 같이 보도의 자제나 금지가 요청된 사항에 대한 대한민국 정부의 공식적인 입장이나 견해는 물론 그 사항 자체의 존부나 진위조차 이를 알거나 확인할 수 없으므로, 피고인들의 위 행위가 외교상의 기밀을 알리거나 확인함으로써 이를 누설한 경우에 해당한다고 볼 수도 없다.

---

1) 대법원 1995. 12. 5. 선고 94도2379 판결.
2) 대법원 1995. 12. 5. 선고 94도2379 판결.

제5장 공안을 해하는 죄

> **제114조(범죄단체의 조직)** 사형, 무기 또는 장기 4년 이상의 징역에 해당하는 범죄를 목적으로 하는 단체 또는 집단을 조직하거나 이에 가입 또는 그 구성원으로 활동한 사람은 그 목적한 죄에 정한 형으로 처벌한다. 다만, 형을 감경할 수 있다. [전문개정 2013.4.5]

§5. 범죄단체조직

Ⅰ. 보호법익

보호법익은 공공의 안녕 또는 '국법질서'[1]이다. 문헌에는 범죄단체조직을 사회적 법익 즉 공공의 안전이 보호법익이라고 설명하는 것이 일반적이다. 입법자의 의도는 제5장 공안에 관한 죄를 국법질서 즉, 국가존립과 기능의 유지를 위한 규범이라고 본 것으로 추정된다.

Ⅱ. 구성요건

1. 주관적 구성요건

단체는 '범죄를 행할 목적'으로 조직되어야 한다.

> [판결 69] 갑과 을은 증권투자인들의 스스로의 권익을 보호하기 위하여 발족한 '투자인협회'의 간부진 개편을 통해 간부 내지 회원이 되었다. 투자인협회는 증권거래소상장 기업체의 주주총회 때마다 소위 '총회꾼'들이 회의의 진행을 교란하고 이면으로 집행부로부터 금품을 요구하는 사실이 있으므로 이들 총회꾼들을 제거하고, 주주총회를 원활하게 진행케 함으로써 정부시책에 적극 호응함과 동시에 진실한 투자인의 권익보호를 도모할 의도에서 발족되었다.

1) 대법원 1976. 4. 13. 선고 76도340 판결.

갑, 을 등은 목적달성을 위한 행동과정에 있어서 주주총회에서 다른 주주들을 압도하고, 자신들의 의도대로 주주총회의 진행을 좌우할 수 있다는 위력을 보인 후, 각 상장기업체의 장들로 하여금 투자인 협회의 비위를 거슬르거나 요구를 거절하면 앞으로의 주주총회를 원활히 진행할 수 없을 것이라는 생각이 들게 위포케 함으로써 과거에 집행진을 괴롭히던 총회꾼들의 주주총회에서의 주주로서의 권리행사를 방해했다. 종전에 각 회사의 주주총회에서 총회꾼들의 작란으로 집행진들로 하여금 상당히 곤경에 빠지게 한 사례가 많았는데, 갑과 을 그리고 그들이 이끄는 투자인협회 관계자들이 총회꾼들의 발언 내지 행동을 억압 봉쇄하여 회의가 단시간 내로 집행진의 의도한대로 종결이 되었다.2)

[판결 69] 갑과 을이 문제의 투자자협회에 가담한 목적은 범죄를 목적으로 한 것이 아니고 투자인들의 권익을 보호하기 위한 목적이었다. 목적달성을 위한 행동과정에 있어서 일부 총회꾼들의 주주로서 권리행사를 방해한 바가 있고, 그에 대한 사례조로 각 해당 회사로부터 금품을 수수한 바 있다고 하더라도 갑, 을의 의도가 표면상의 명분 내지 구실에 불과하며 진실한 의도가 범죄행위 자체를 목적으로 한 것으로 인정되지 않는 이상 범죄단체조직죄에 해당하지 않는다.3)

2. 객관적 구성요건 ; 단체의 조직 또는 가입

범죄를 목적으로 하는 '단체'라 함은 특정다수인이 일정한 범죄를 수행한다는 공동목적 아래 이루어진 계속적인 결합체로서 단순한 다중의 집합과 달라 그 단체를 주도하는 최소한의 통솔체제를 갖추고 있음을 요한다.4)

보이스피싱이라는 사기범죄를 목적으로 다수인이 계속적인 결합체를 구성하여 총책을 중심으로 간부급 조직원들과 상담원들, 현금인출책 등으로 구성되어 내부의 위계질서가 유지되고 조직원의 역할 분담이 이루어지는 최소한의 통솔체계를 갖추었다면 형법상의 범죄단체에 해당한다.5)

☆[판결 87] A, B, C 등은 수괴, 간부를 구분할 수 있을 정도의 지휘통솔체계를 갖춘 단체를 구성 또는 가입한 후 甲으로부터 단체생활에 필요한 자금을 제공받고, 싸움에 대비하여 수시로 단체 및 개인훈련을 실시하는 한편 甲의 사주를

2) 대법원 1969. 8. 19. 선고 69도935 판결.

3) 대법원 1969. 8. 19. 선고 69도935 판결.

4) 대법원 1985. 10. 8. 선고 85도1515 판결; 1981. 11. 24. 선고 81도2608 판결.

5) 대법원 2017. 10. 26. 선고 2017도8600 판결.

> 받거나 고향의 선배들을 괴롭히는 자들을 응징한다는 명목 등으로 단체구성 후 1년여 동안 16건에 걸쳐 강도상해 및 폭력행위(상해, 협박 등)를 자행해 왔다.
> 이들은 유도학교동문 또는 고향 선후배들로 생활비절감 등의 편의상 함께 모여 단체생활을 했을 뿐이며 '진석이파'란 단체명칭은 수사당국이 조작한 것으로 실존하지 않는다고 주장한다.6)

[판결 87] A, B, C 등은 범죄단체조직죄 구성요건을 충족한 것이다.

형법 제114조 또는 폭력행위 등 처벌에 관한 법률 제4조의 범죄단체조직 또는 가입죄가 성립하려면, 범죄를 목적으로 하는 단체를 조직하거나, 그와 같은 정을 알면서 그 단체에 가입해야 한다.7) 범죄를 목적으로 하는 단체를 조직함으로써 성립하고 그 후 목적한 범죄의 실행행위를 하였는가 여부는 위 죄의 성립에 영향이 없다.8)

§6. 소요, 다중불해산

> **제115조(소요)** 다중이 집합하여 폭행, 협박 또는 손괴의 행위를 한 자는 1년 이상 10년 이하의 징역이나 금고 또는 1천500만 원 이하의 벌금에 처한다.<개정 1995.12.29>

Ⅰ. 제115조 [소요]

1. 보호법익, 취지

소요죄의 입법취지나 보호법익을 알 수 있는 입법 자료는 없고 보호법익을 언급한 대법원 판결은 없다. 문헌에는 공공이 안전이 보호법익으로 언급되어 있다.9)

'공공의 안전이 보호법익'이라는 주장의 근거는 소요죄가 '제5장 공안을 해하는 죄'에 편별 되어 있다는 점일 것이다. 그러나 제115조에는 '다중이 집합하여'라는 조건이 붙어 있을 뿐 행위는 폭행, 협박, 손괴이다. "폭행, 협박 또는

6) 대법원 1987. 10. 13. 선고 87도1240 판결.

7) 대법원 1969. 8. 19. 선고 69도935 판결.

8) 대법원 1975. 9. 23. 선고 75도2321 판결.

9) 김일수/서보학, 각론[8], 437쪽; 이재상 등, 각론[10], 496쪽.

손괴 행위를 한 자"라는 표현은 다중이 힘을 합하여가 아니라 다중 속의 어떤 개인이 제3자인 어떤 개인을 폭행, 협박 또는 개인의 물건을 손괴하는 행위라는 의미라고 보아야 한다.10) '다중이 집합하여'위세를 과시하거나 과시하지 않더라도 집합한 그 자체로 공중에게 불안감이 조성되고 공공의 안전이 위협받을 수 있다. 그러나 폭행, 협박, 손괴를 하는 자 그리고 대상이 되는 것은 어느 한 개인이며 개인 소유의 물건이 손괴된다. 그렇다면 개인의 재산, 자유, 재물도 제115조의 보호법익임을 부정하기 어렵다. 따라서 제115조의 보호법익은 공공의 안전 및 개인의 자유라고 해야 할 것이다.11)

2. 구성요건

(1) 다중

'다중'의 뜻에 대한 판례는 없다. 문헌에는 '한 지방의 평온을 해할 정도의 다수'라고 설명되어 있다.12) 제115조와 비교되는 독일형법 §125에서 '다중(Meschenmenge)'은 얼른 그 수가 파악되지 않는 정도의 여러 사람으로 한두 사람이 들어가고 나오고는 의미가 없는 정도의 수라고 설명하는 것이 문헌과 판례의 견해이다. 대략 15~20인 정도가 기준이 되나 좁은 공간에서는 10명도 다중으로 인정된 판결이 있는가 하면 11명의 청소년집단은 다중으로 인정되지 않은 판결도 있다.13)

(2) 폭행, 협박

소요죄의 '폭행'은 사람 또는 물건에 대한 모든 종류의 유형력의 행사이고, '협박'은 공포심을 일으키는 모든 종류의 해악의 통지로서 최광의의 폭행, 협박이라는 것이 문헌의 설명이다.14)

3. 공범

집합한 다중의 한사람이 폭행, 협박, 손괴하거나 그를 교사하거나 또는 방조

---

10) 이재상 등, 각론[10], 497쪽.
11) 같은 논리: SK[6]/*Rudolphi*, (46. Lfg), §125 Rn 2.
12) 김일수/서보학, 각론[8], 442쪽; 이재상 등, 각론[10], 497쪽.
13) SK[6]/*Rudolphi*, (46. Lfg), §125 Rn 7; BGHSt 33, 308.
14) 김일수/서보학, 각론[8], 441쪽; 이재상 등, 각론[10], 498쪽.

하거나를 구별하지 않고 모두 제115조의 정범으로 처벌한다. 즉. 115조는 예외적으로 정범과 공범을 구별하지 않는 구성요건이다.

Ⅱ. 제116조 [다중불해산], 제117조 [전시공수계약불이행]

제116조(다중불해산) 폭행, 협박 또는 손괴의 행위를 할 목적으로 다중이 집합하여 그를 단속할 권한이 있는 공무원으로부터 3회 이상의 해산명령을 받고 해산하지 아니한 자는 2년 이하의 징역이나 금고 또는 300만 원 이하의 벌금에 처한다.
제117조(전시공수계약불이행) ① 전쟁, 천재 기타 사변에 있어서 국가 또는 공공단체와 체결한 식량 기타 생활필수품의 공급계약을 정당한 이유 없이 이행하지 아니한 자는 3년 이하의 징역 또는 500만원 이하의 벌금에 처한다.
② 전항의 계약이행을 방해한 자도 전항의 형과 같다.
③ 전2항의 경우에는 그 소정의 벌금을 병과할 수 있다.

1. 다중불해산죄

(1) 취지

제116조는 소요의 목적으로 집합한 사람들에게 해산명령을 받으면 해산하라는 요구규범이다. 진정부작위범이다. 소요죄의 예비단계를 구성요건화한 것이라는 설명15)은 제116조의 내용, 표현을 기준으로 수긍할 수 있다. 보호법익은 공공의 안전이라고 해야 할 것이다.

(2) 구성요건

3회 이상의 해산명령 즉 요구규범을 거부함으로써 구성요건이 실현되므로 진정부작위범 형태의 구성요건이다. 해산명령은 단속할 권한이 있는 공무원만 할 수 있으며, 시간적 간격이 없는 해산명령은 1회로 한다는 것이 문헌의 설명이다.16)

2. 제117조 [전시공수계약불이행]

입법목적은 불명확하다. 보호법익은 국가기능이라는 국가적 법익 그리고 전

15) 김일수/서보학, 각론[8], 444쪽; 이재상 등, 각론[10], 501쪽.
16) 김일수/서보학, 각론[8], 445쪽; 이재상 등, 각론[10], 502쪽.

시의 생활필수품보장이라는 개인적 법익의 양면을 보호한다.

제117조 제1항은 진정 부작위범이고 계약체결자만 범행이 가능한 특별범(신분범)이다. 제2항은 작위, 부작위 형태 모두 가능한 형태이다.

§ 7. 공무원자격 사칭

제118조(공무원자격의 사칭) 공무원의 자격을 사칭하여 그 직권을 행사한 자는 3년 이하의 징역 또는 700만원 이하의 벌금에 처한다.

I. 보호법익, 취지

제118조는 공무원의 자격 즉 공무원임을 사칭하는 것을 금지하면서 사칭한 직권을 행사하는 것도 금지한다. 입법목적은 문서로 남아있지 않아 알 수 없으나, 제118조의 입법취지는 **국가기관의 진정함에 대한 일반의 신뢰**라고 하면 정확할 것이다.[17)]

이 조문은 독일형법 § 132의 영향을 받은 입법으로 추정된다. 독일조문은 자격을 사칭하거나 또는 직권을 행사한 자를 처벌하지만 제118조는 사칭하고 아울러 직권을 행사해야 처벌한다는 점이 다르다. 그러나 독일연방법원은 § 132a가 있으므로 한국형법 118조와 같이 해석한다.[18)]

§ 132 Amtsanmaßung [권한 참칭] 권한 없이 공적인 직위를 행사하거나 오직 공적 직위에 의하여 허용되는 행위를 한 사람은 2년 이하의 징역이나 벌금형으로 처벌한다.

개인들이 공적 직위자에 대하여 갖게 되는 진실성과 신빙성에 대한 신뢰를 보호법익으로 한다.[19)] 국가기능의 효율성을 확보하기 위해 국가의 작용이 최소한 추상적으로 위험에 처할 경우 처벌한다는 취지이다.

17) SK-*Rudolphi*, § 132, Rn 2. 김일수/서보학, 각론[8], 447쪽

18) BGH GA 67, 114.

19) SK-*Rudolphi/Stein*, § 132, Rn 2; S/S-*Sternberg-Lieben*, § 132 Rn 1.

Ⅱ. 구성요건

'공무원'에는 공무원 임용령 제43조에 의한 임시직원도 포함된다.[20]

'자격을 사칭'한다란 공무원 자격 없는 사람이 공무원 자격자인 것처럼 말하고 처신하는 것이다. '직권을 행사하다'란 진정한 자격을 갖춘 공무원의 직무권한을 자격을 사칭하는 자가 행하는 것이다.

Ⅲ. 판례

> [판결 81] 甲은 乙로부터 그의 채무자 丙에 대한 금 100만원의 채권의 추심을 부탁받고 행동대원을 동원 丙을 위협하여 금원을 갈취할 것을 결의했다. 甲은 丙에게 乙, 丁, 戊와 같이 합동수사반에서 왔다고 집밖으로 데리고 나와 대기중인 승용차에 태워 H호텔로 가면서 甲은 합동수사반 소령, 丁은 동 수사반 대위, 戊는 치안본부 직원으로 사칭하고 "누구를 구속해야겠다." "잠복근무를 해야 겠다"는 등 말을 하면서 동인을 임의 동행하여 그 직권을 행사하였다.[21]

☆[판결 81] 공무원자격사칭죄가 성립하려면 어떤 직권을 행사할 수 있는 권한을 가진 공무원임을 사칭하고 그 직권을 행사한 사실이 있어야 한다. 甲 등은 위임 받은 채권을 용이하게 추심하는 방편으로 합동수사반원의 지위를 사칭, 협박의 수단으로 이용한 사실은 인정이 되나 (...) 위 채권의 추심행위는 개인적인 업무이지 합동수사반의 수사업무의 범위에는 속한다고 볼 수 없고, 그 밖에 피고인들의 일연의 행위가 범죄수사를 위한 임의동행 등 수사권한을 행사한 것으로 볼 자료는 (...) 찾아볼 수 없다.

---

20) 대법원 1973. 5. 22. 선고 73도884 판결.

21) 대법원 1981. 9. 8. 선고 81도1955 판결.

제 6 장 폭발물에 관한 죄

제119조(폭발물사용) ① 폭발물을 사용하여 사람의 생명, 신체 또는 재산을 해하거나 기타 공안을 문란한 자는 사형, 무기 또는 7년 이상의 징역에 처한다.
② 전쟁, 천재 기타 사변에 있어서 전항의 죄를 범한 자는 사형 또는 무기징역에 처한다.
③ 전2항의 미수범은 처벌한다.
제120조(예비, 음모, 선동) ① 전조 제1항, 제2항의 죄를 범할 목적으로 예비 또는 음모한 자는 2년 이상의 유기징역에 처한다. 단 그 목적한 죄의 실행에 이르기 전에 자수한 때에는 그 형을 감경 또는 면제한다.
② 전조 제1항, 제2항의 죄를 범할 것을 선동한 자도 전항의 형과 같다.
제121조(전시폭발물제조 등) 전쟁 또는 사변에 있어서 정당한 이유 없이 폭발물을 제조, 수입, 수출, 수수 또는 소지한 자는 10년 이하의 징역에 처한다.

§ 8. 폭발물에 관한 죄

Ⅰ. 제119조 [폭발물사용]

1. 보호법익

보호법익은 공공의 안전 그리고 개인의 생명과 신체이다.[1)]

2. 구성요건

(1) 고의

폭발물을 사용하여 사람의 생명, 신체 또는 재산을 해하거나 기타 공안을 문란 한다는 고의 있어야 한다.[2)]

---

1) 대법원 2012. 4. 26. 선고 2011도17254 판결.
2) 대법원 1969. 7. 8. 선고 69도832 판결.

> [판결 69] 피해자들이 근무하는 8갱의 광부들이 버린 큰 돌덩어리를 치우기 위하여 甲은 다이나마이트를 폭파하였다. 甲은 폭파 당시에 발파경고를 소홀히 했고, 심지를 절약하려고 발파심지의 길이를 짧게 했다.[3] 사상자가 발생했다.

[판결 69] 갑은 사람의 생명, 신체 또는 재산을 해하거나 기타 공안을 문란 한다는 고의 있어야 하는데 갑은 다이나마이트 폭파시 피해자들의 신체를 해한다는 고의가 없어 제119조 폭발물 사용죄가 성립하지 않는다.[4]

(2) 폭발물

폭발물이란 폭발작용의 위력이나 파편의 비산 등으로 **사람의 생명, 신체, 재산 및 공공의 안전이나 평온에 직접적이고 구체적인 위험을 초래할 수 있는 정도의 강한 파괴력을 가지는 물건**이다. 어떤 물건이 제119조 '폭발물'에 해당하는지는 폭발작용 자체의 위력이 공안을 문란하게 할 수 있는 정도로 고도의 폭발성능을 가지고 있는지에 따라 판단해야 한다.[5]

> [판결 12] 돈을 빌려 주식투자를 하다 손실을 갑은 빚 독촉을 받자 폭발물의 폭발시켜 사회혼란을 초래하면 주가지수가 하락할 것으로 예상하고 풋옵션 투자로 수익을 내어 채무를 변제하려는 의도로, 인터넷 검색을 통해 폭발물 제조법을 습득하고, 필요한 재료들을 구입했다. 갑은 꽃병에 부탄가스통을 넣고 폭죽에서 빼낸 화약을 꽃병 속에 채운 후 병 뚜껑을 테이프로 감고 꽃병과 배터리와 타임스위치를 전선으로 연결하는 방법으로 폭발물 2개를 만들어 배낭 2개에 나누어 담아 을에게 건네주었다. 을은 서울역 물품보관함에 폭발물이 든 배낭 1개를 집어넣고 문을 잠그는 방법으로 폭발물을 설치하고, 같은 날 고속버스터미널 물품보관함에도 같은 방법으로 폭발물을 설치한 다음, 물품보관함 열쇠 2개를 갑에게 주었다. 갑은 폭발시간을 타임스위치로 설정하여 서울역과 강남고속버스터미널 물품보관함의 폭발물이 폭발하게 하였다. 폭발음과 함께 연기가 서울역과 강남고속버스터미널 내에 퍼지자 행인들이 긴급히 대피했고, 경찰서, 소방서, 대테러 기관 등이 출동하게 하는 혼란이 벌어졌다.[6]

3) 대법원 1969. 7. 8. 선고 69도832 판결.
4) 앞의 각주와 같다.
5) 대법원 2012. 4. 26. 선고 2011도17254 판결.
6) 대법원 2012. 4. 26. 선고 2011도17254 판결.

☆[판결 12] 갑이 만든 폭발물은 "그 폭발작용 자체에 의하여 공공의 안전을 문란하게 하거나 사람의 생명, 신체 또는 재산을 해할 정도의 성능이 없거나, 사람의 신체 또는 재산을 경미하게 손상시킬 수 있는 정도에 그쳐 사회의 안전과 평온에 직접적이고 구체적인 위험을 초래하여 공공의 안전을 문란하게 하기에는 현저히 부족한 파괴력과 위험성의 정도만을 가진 물건"이어서 "형법 제172조 제1항에 규정된 '폭발성 있는 물건'에는 해당될 여지가 있으나 이를 형법 제119조 제1항에 규정된 '폭발물'에 해당한다고 볼 수는 없다"는 이유로 제119조 제1항이 적용되지 않았다.

제172조(폭발성물건파열) ① 보일러, 고압가스 기타 폭발성 있는 물건을 파열시켜 사람의 생명, 신체 또는 재산에 대하여 위험을 발생시킨 자는 1년 이상의 유기징역에 처한다.

3. 침해범

제199조는 구체적 위험범이라는 견해가 절대 다수,[7] 추상적 위험범이라는 견해가 소수이다.[8] 이 두 견해에서 위험범이 무엇인지, 구체적 위험은 어떤위험이며 추상적 위험은 어떤 위험인지 설명되지 않아 어떤 견해가 옳다고 말하기 어렵다. 판례는 입장표명이 없다.

저자의 견해는 제199조가 침해범이라는 것이다. 먼저 **위험범**은 **행위대상에 대한 현실적 침해 또는 구성요건의 실현으로 인한 결과가 발생하지 않았지만 행위대상에 대한 위험이 초래되면 구성요건이 실현된 것으로 인정되는 구성요건의 형태**이다. **구체적 위험범**은 어떤 행위가 이루어지면 행위대상이 실제로 위험에 처하고 결과가 발생하지 않는 것이 예외적인 경우이다. **추상적 위험범**은 행위대상이 실제로 위험에 처하지는 않았으나 구성요건에 정해진 행위가 이루어지면 전형적인 위험이 발생한 것으로 기수에 달하게 되는 구성요건이다.[9]

제119조는 "폭발물을 사용하여 사람의 생명, 신체 또는 재산을 해하거나 공안을 문란한"경우에 구성요건이 실현된다고 분명히 표현되어 있다. 즉, 사람이 죽거나 상해를 입거나 손괴가 실제로 이루어져야 아니면 공안이 교란되어야 구성요건이 실현되고 기수에 달한다는 것이다. 뿐만 아니라 제119조 제3항에 미

---

7) 김일수/서보학, 각론[8], 449쪽; 이재상 등, 각론[10], 505쪽.

8) 유기천, 각론 (하), 286쪽.

9) 위험범, 추상적·구체적 위험에 관한 상세한 설명: 한정환, 형법총론 제1권, 133쪽 이하; *Roxin*, AT[3]1, § 11 Rn 120 이하.

수범 처벌조항이 있다. 살해의 고의로 폭발물을 사용했으나 결과가 발생하지 않으면 미수범인 것이다.

제119조 제1항이 위험범이라는 견해는 어떤 경우에 미수범이 성립하는지 설명하지 못한다. "폭발물을 폭발시키거나 폭발가능한 상태에 두는 때에 실행의 착수가 있다"는 주장이 있다.10) 외진 산에서 혼자 폭발물을 폭발시키는 것은 제119조 1항의 실행의 착수가 아니다. 생명, 신체, 재산을 해할 고의로 폭발물을 폭발시켰으나 결과가 발생하지 않을 때 비로소 제119조 제1항의 실행에 착수한 것이다. 폭발물을 폭발 가능한 상태에 두는 것은 실행의 착수가 아니다. 폭발물은 만들 때 이미 폭발이 가능한 상태이다. 폭발이 불가능한 것은 폭발물이 아니고 비폭발물이다. 폭발물은 폭발시키려고 점화를 하는 순간 실행에 착수한 것이다.

10) 김일수/서보학, 각론[8], 450쪽.

제 7 장 공무원의 직무에 관한 죄

§ 9. 제122조 [직무유기]

> 제122조(직무유기) 공무원이 정당한 이유 없이 그 직무수행을 거부하거나 그 직무를 유기한 때에는 1년 이하의 징역이나 금고 또는 3년 이하의 자격정지에 처한다.

Ⅰ. 보호법익

보호법익은 국가의 원활한 기능 내지 국가 기능 수행의 확보이다.[1] 따라서 제122조는 공무원이 법정 직무의 수행을 거부하거나 유기하는 행위를 처벌하려는 구성요건이다.

국가공무원법은 공무원이 성실의무(국가공무원법 제56조), 복종의무(동법 제57조), 직장이탈금지의무(동법 제58조) 그리고 직무상의 의무를 위반하여 직무를 태만했을 경우 징계(동법 제78조) 등을 규정한다. 제122조 직무유기죄는 판단기준에 따라 처벌범위가 확대되어 상급자나 명령권자의 요구에 만족하지 못한 공무원의 행위가 전부 처벌의 대상이 될 수 있다는 위험 내지 문제점을 내포하고 있다.

문헌에는 '공무원의 직무수행의 성실'이 보호법익이라는 견해[2], '국가의 기능'이라는 입장[3]으로 나뉜다. 공무원 직무수행의 성실을 요구하는 구성요건은 결국은 '국가의 본래 기능의 원활한 수행'이라는 목적의 조건이고 일부이다. 공무원의 직무수행과 관련한 구성요건은 국가운영의 정당함과 원활함을 그 보호법익으로 하므로 후자가 옳다.

---

1) 대법원 2014. 4. 10. 선고 2013도229 판결; 2013. 4. 26. 선고 2012도15257 판결.

2) 황산덕, 각론, 43쪽.

3) 이재상 등, 각론[10], 699쪽.

Ⅱ. 구성요건

1. 부작위범

직무유기죄는 구체적으로 그 직무를 수행하여야 할 작위의무가 있는데도 불구하고 이러한 직무를 저버린다는 인식하에 그 작위의무를 수행하지 않음으로써 성립[4]하는 부작위범이다.[5]

2. 행위주체 : 공무원

공무원은 국가공무원법, 지방공무원법과 공무원임용법에서 정한 자이다. 공증인, 집행관, 방범대원 등도 법에 근거가 있는 한 공무원이 될 수 있다.[6] 형법의 2차적 기능의 이념에 따라 형법의 적용은 제한적이어야 하기 때문에 법에 의해 공무원의 신분을 명백히 인정해야 하는 경우가 아니면 공무원의 신분을 확대하여 인정하지 않는 것이 옳다.

3. 직무수행의 거부와 직무유기

직무수행거부와 직무유기는 공무원의 작위의무를 전제로 하고, 그 작위의무를 공무원이 고의로 위반한 경우이다.

'직무유기'여부를 판단하는 **판례의 기준**은, 공무원이 법령, 내규 등에 의한 추상적 성실의무를 태만히 하는 일체의 경우에 성립하는 것이 아니라 **직장의 무단이탈, 직무의 의식적인 포기 등과 같이 국가의 기능을 저해하고 국민에게 피해를 야기 시킬 가능성이 있는 경우[7] 또는 구체적 위험성이 있는 경우이다.[8]**

일단 직무집행의 의사로 자신의 직무를 수행한 경우에는 그 직무집행의 내용이 위법한 것으로 평가된다는 점만으로 직무유기죄가 성립되지 않는다. **태만·**

4) 대법원 2010. 1. 14. 선고 2009도9963 판결.

5) 대법원 2004. 3. 26. 선고 2002도5004. 판결.

6) 김일수/서보학, 각론[8], 626쪽.

7) 대법원 2014. 4. 10. 선고 2013도229 판결; 2013.4.26. 선고 2012도15257 판결; 2011. 7. 28. 선고 2011도1739 판결; 2010. 1. 14. 선고 2009도9963 판결.

8) 대법원 2007. 7. 12. 선고 2006도1390 판결.

분망 또는 착각 등으로 인하여 직무를 성실히 수행하지 않은 경우나 형식적으로 또는 **소홀히** 직무를 수행한 탓으로 적절한 직무수행에 이르지 못한 것에 불과한 경우에도 직무유기죄는 성립하지 않는다.9)

Ⅲ. 판례

[판결 13] 시국선언을 주도한 교원들이 공무 이외의 일을 위한 집단행위금지의무 위반을 이유로 국가공무원법위반죄로 기소되었다. 지방검찰청 검사장은 교원들의 시국선언 서명운동 및 발표행위가 교육공무원법, 교육공무원징계령, 공무원징계양정기준에 의하여 징계사유에 해당한다고 판단하여 교육공무원징계령 제6조 제3항에 의하여 공소장과 범죄결과통보서를 송부했다. 통보를 받은 ○○도교육감 갑에게는 교육공무원징계령 제6조 제4항에 따라 징계의결요구권자로서 1월 이내에 징계의결요구를 하여야 할 직무상 의무가 발생했다.

도교육감 갑은 지방검찰청 검사장들로부터 범죄결과통보를 받고서도 '검찰의 기소가 명백히 잘못되었다고 인정할 만한 객관적 사정이 있다거나 징계위원회의 구성 및 소집의 곤란, 자료 미비 등으로 인해 1월 이내에 징계의결 요구가 불가능하는 등의 상당한 이유가 없는데도 1월 이내에 ○○도교육청 징계위원회에 징계의결 요구를 하지 않았다. 갑은 사법부의 최종 판단 시까지 징계의결요구를 유보한 것이 아니라 주관적인 가치관과 개인적인 소신을 이유로 위 교원들에 대한 징계의결요구를 거부한 것이다.10)

[판결 13] 지방자치법은 지방자치단체의 장이 법령의 규정에 따라 그 의무에 속하는 국가위임사무 등의 관리와 집행을 명백히 게을리 하고 있다고 인정되면 주무부장관이 그 직무의 이행을 명령할 수 있고, 지방자치단체의 장은 그 이행명령에 이의가 있으면 15일 이내에 대법원에 소를 제기할 수 있다고 규정하고 있다(제170조 제1항, 제3항). 이 규정은 지방교육자치에 관한 법률 제3조에 의하여 지방자치단체의 교육과 학예에 관한 사무에도 준용된다.

따라서 지방자치단체의 교육기관 등의 장은 국가위임사무인 교육공무원에 대한 징계사무를 처리함에 있어 주무부장관의 직무이행명령을 받은 경우에도 이의가 있으면 대법원에 소를 제기할 수 있다. 수사기관 등으로부터 징계사유를 통보받고도 징계요구를 하지 않아 주무부장관으로부터 징계요구를 하라는 직무이행명령을 받았다고 해도 그에 대한 이의의 소를 제기한 경우에는, 수사기관 등으로부터 통보받은 자료 등

9) 대법원 2013. 4. 26. 선고 2012도15257 판결.

10) 대법원 2013. 6. 27. 선고 2011도797 판결: 서울고법 2011. 1. 6. 선고 2010노2212 판결.

으로 보아 징계사유에 해당함이 객관적으로 명백한 경우 등 특별한 사정이 없는 한 징계사유를 통보받은 날로부터 1개월 내에 징계요구를 하지 않았다는 것만으로 곧바로 직무를 유기한 것에 하지 않는다.11)

> [판결 07] ㅇ광역시 ㅂ구청장인 甲은 징계에 관한 행정자치부의 지침에 다소 과한 측면이 있다고 보고 지방자치단체장으로서 소속 직원의 절반이 넘는 파업참가 공무원 전원에 대하여 징계의결 요구를 할 경우 발생할 혼란과 그에 따른 부작용을 우려하였다. 나아가 위 파업 참가 행위가 동일사건에 해당하지 아니한다고 평가할 여지가 있다고 판단하고 나름대로 사안의 경중을 가려 가담 정도가 중한 일부 대상자에 대하여는 북구 인사위원회에 징계의결 요구를 하고 가담 정도가 가벼운 나머지 대상자에 대하여는 훈계처분을 하도록 지시했다.12)

☆[판결 07] 甲의 직무집행행위가 위법하게 평가되는 것은 별론으로 하고 직장의 무단이탈이나 직무의 의식적인 포기에 준하는 것으로 평가할 수 없을 뿐 아니라, 적어도 甲으로서는 자신이 취한 일련의 조치가 직책에 따른 정당한 직무 수행 방식이라고 믿었던 것으로 볼 수 있다.

직무유기죄는 직장의 무단이탈이나 직무의 의식적인 포기 등과 같이 국가의 기능을 저해하고 국민에게 피해를 야기시킬 구체적 위험성이 있고 불법과 책임비난의 정도가 높은 법익침해의 경우에 한하여 성립하는 것이므로, 어떠한 형태로든 직무집행의 의사로 자신의 직무를 수행한 경우에는 그 직무집행의 내용이 위법한 것으로 평가된다는 점만으로 직무유기죄가 성립하지 않는다.13)

> [판결 10] 검사 갑은 사법경찰관 을이 병을 긴급체포한 것이 적법한 가에 대해 의문이 들어 대면조사를 위해 피의자 병의 인치를 2회에 걸쳐 명하였으나 을은 이를 이행하지 않았다.14)

[판결 10] 제139조 '인권옹호에 관한 검사의 명령'은'그에 위반할 경우 사법경찰관리를 형사처벌까지 함으로써 준수되도록 해야 할 정도로 인권옹호를 위해 꼭 필요한 검사의 명령'으로 법적 근거를 가진 적법한 명령이어야 한다.

긴급체포된 피의자에 대한 긴급체포의 승인 및 구속영장 청구 여부를 심사한 검사가 이 사건 긴급체포 등 강제처분의 적법성에 의문을 갖고 수사서류 외에 피의자를

---

11) 대법원 2013. 6. 27. 선고 2011도797 판결.
12) 대법원 2007. 7. 12. 선고 2006도1390 판결.
13) 대법원 2007. 7. 12. 선고 2006도1390 판결.
14) 대법원 2010. 10. 28. 선고 2008도11999 판결.

대면 조사할 충분한 사유가 있었던 것으로 보이므로, 2회에 걸친 검사의 이 사건 명령은 적법하고 타당한 수사지휘권의 행사에 해당한다. 또한 이 사건 명령의 외관, 형식 및 내용, 명령이 발하여진 시기와 경위 등을 종합하면, 을은 이 사건 명령이 강제수사 과정에서의 인권옹호에 관한 것임을 알고 있었던 것으로 보인다.[15)]

제139조 인권옹호직무명령불준수죄와 제122조 직무유기죄의 각 구성요건과 보호법익 등을 비교해 보면, 인권옹호직무명령불준수죄가 직무유기죄에 대하여 법조경합 중 특별관계에 있다고 하기보다 양 죄를 **상상적 경합**관계로 보아야 한다.[16)]

> [판결 10-1] 토사채취 허가와 같이 환경에 영향을 미치는 개발사업의 경우에는「환경정책기본법」에 정한 사전환경성검토를 거쳐야 한다. 평창군 토사채취 허가를 담당하는 실무 담당자 갑은 임의로 부하직원 을로 하여금 사전재해영향성평가와 관련한 검토조서인 '1회 방문민원 실무종합 심의회 검토조서' 중 재난안전관리과의 항목을 삭제하도록 하여 사전재해영향성검토를 거치지 않고 토사채취 허가가 나가도록 했다.[17)]

[판결 10-1] 강원도지사가 자치단체장들에게 「자연재해대책법」개정으로 새로 도입된 사전재해영향성검토 협의제도와 관련하여 행정계획 및 개발사업 중 '산지개발 및 골재채취' 협의대상에 '「산지관리법」 제32조 규정에 의한 토사채취 허가'가 포함된다고 주의를 촉구하는 공문을 보냈고, 평창군수는 실무담당 과장 등에게 **자연재해대책법시행령**이 개정, 공포되어 사전재해영향성검토 협의를 요청하여야 하는 행정계획 및 개발사업의 범위와 그 협의시기가 법제화되었으므로, 반드시 사전재해영향성검토를 협의하여 사업을 추진하라는 공문을 보낸 사실이 있음에 비추어 갑은 정당한 사유 없이 직무를 의식적으로 방임 내지 포기하여 수행하지 아니한 경우에 해당한다.

> [판결 04] 공무원 甲은 乙회사가 공장폐쇄명령을 받자, 문제가 된 기존의 냉각시설에 물을 사용하지 않고 공기를 이용하여 냉각하는 방법을 개발했으나, 물을 이용하여 냉각하는 방법보다 효율이 떨어지자 폐쇄명령 전과 동일하게 물을 이용하여 냉각하는 직접냉각방식으로 공장을 운영하고 있다는 사실을 폐쇄명령 이행 여부를 확인하기 위해 공장을 방문하여 확인했다. 그럼에도 갑은 丙으로 하여금 이 사건 출장복명서에 직접냉각수를 제조공정을 개선하여 간접냉각수로 바꿔 사용 중에 있다는 취지의 허위 내용을 기재하도록 했으며, 그 사실을 적발하였으면 형사고발 및 행정조치를 취하여야 함에도 조치를 취하지 않았다.[18)]

---

15) 대법원 2010. 10. 28. 선고 2008도11999 판결.

16) 대법원 2010. 10. 28. 선고 2008도11999 판결.

17) 대법원 2010. 1. 14. 선고 2009도9963 판결.

☆[판결 04] 공무원 갑이 어떠한 위법사실을 발견하고도 직무상 의무에 따른 적절한 조치를 취하지 아니하고 위법사실을 적극적으로 은폐할 목적으로 허위공문서를 작성, 행사한 경우에는 직무위배의 위법상태는 허위공문서작성 당시부터 그 속에 포함되는 것으로 작위범인 허위공문서작성 및 그 행사죄 만 성립하고 부작위범인 직무유기죄는 따로 성립하지 않는다.

갑은 그 일시, 장소에서 적발한 을 주식회사의 폐수배출시설 폐쇄명령 불이행 사실을 은폐하는 데 행사할 목적으로 그 출장복명서의 폐쇄명령 이행사항 확인란을 허위로 작성했으므로, 갑의 직무 위배의 위법상태는 그 출장복명서를 허위로 작성할 당시부터 그 속에 포함되어 허위공문서작성죄만 성립하고, 직무유기죄는 따로 성립하지 않는다.[19)]

[판결 84] 세무서 소득세과 재산세계에 근무하면서 과세자료처리 및 정리 등 사무를 취급하는 갑이 같은 재산세계 직원 을의 책상서랍 속에 병에 대한 양도소득세 과세자료전들이 은닉되어 있는 것을 발견했다. 당시 갑은 위 과세자료들을 자료대장에 등재할 직무를 직접 담당하고 있지 않았지만 이러한 업무의 보조업무에 해당하는 업무를 담당하고 있었다. 또 위 자료전의 은닉이 병에 대한 양도소득세가 부과되지 않도록 하기 위한 고의적 은닉이라는 사실과 병이 주민등록을 여러 차례 옮겨 전출한 사실을 알고 있었다.[20)]

[판결 84] 갑에게는 을로 하여금 위 자료전을 조속히 처리함으로써 국가의 적정한 조세징수권행사를 할 수 있도록 조치할 의무가 있다. 이 의무는 윤리적, 추상적인 직무를 넘어선 구체적인 직무이므로, 갑이 을에 대하여 과세자료를 자료정리부에 등재하여 자기에게 넘겨 달라고 촉구만 하고 그대로 이를 방치한 것은 직무유기죄이다.[21)]

1. 직무수행거부 내지 직무유기가 인정된 판례 예시

[판결 11] 형사소송법 제475조, 제81조에 의하면 구속영장과 동일한 효력이 있는 형집행장은 검사의 지휘에 의하여 사법경찰관리가 집행하고, 이러한 형의 집행에 관한 규정은 같은 법 제492조에 의하여 벌금미납자에 대한 노역장유치의 집행에 준용된다. 예시한 규정을 종합하면, 벌금미납자에 대한 검거는 사법경찰관리의 직무범위에 속하므로 경찰관이 벌금미납자로 지명수배 되어 있는 자를 세 차례에 걸쳐 만나고도

18) 대법원 2004. 3. 26. 선고 2002도5004 판결.
19) 대법원 2004. 3. 26. 선고 2002도5004 판결.
20) 대법원 1984. 4. 10. 선고 84도1653 판결.
21) 대법원 1984. 4. 10. 선고 84도1653 판결.

그를 검거하여 검찰청에 신병을 인계하는 등의 필요한 조치를 취하지 않은 것은 정당한 이유 없이 직무를 유기한 것이다.[22]

[판결 10-2] 경찰관들이 현행범으로 체포한 도박혐의자 17명에 대해 현행범인체포서 대신에 임의동행동의서를 작성하게 했고, 그나마 제대로 조사도 하지 않은 채 석방했다. 현행범 석방사실을 검사에게 보고도 하지 않았고, 석방일시·사유를 기재한 서면을 작성하여 기록에 편철하지 않았으며, 압수한 일부 도박자금에 관하여 압수조서 및 목록도 작성하지 않은 채 검사의 지휘도 받지 않고 반환했고, 일부 도박혐의자의 명의도용 사실과 도박 관련 범죄로 수회 처벌받은 전력을 확인하고서도 아무런 추가조사 없이 석방한 단순히 업무를 소홀히 수행한 것이 아니라 정당한 사유 없이 의도적으로 수사업무를 방임 내지 포기한 것이다.[23]

[판결 59] 세관공무원이 밀수품의 상륙을 묵인한 경우[24],

[판결 71] 인감증명서발급사무를 담당하는 공무원이 내용의 기재와 인감의 날인도 없는 인감증명서를 발행한 경우[25],

[판결 72] 차량번호판 교부담당직원이 운행정지처분을 받은 자동차에 대해 번호판을 재교부한 경우[26] 등이다.

[판결 09] 시청 담당과장이 물건적치기간 연장신청이 허가대상토지를 골재생산영업을 위한 부대시설로 편법적으로 사용하기 위한 것이라는 점을 잘 알면서도, 허가요건 등을 자세히 검토하지도 않고 신청한 내용대로 물건적치기간 연장허가를 내준 행위는 직무유기이다.[27]

(2) 직무수행거부 또는 직무유기가 부정된 판례 예시

[판결 14] 교육기관·교육행정기관·지방자치단체 또는 교육연구기관의 장이 징계의결을 집행하지 못할 법률상·사실상의 장애가 없는데도 징계의결서를 통보받은 날로부터 법정 시한이 지나도록 집행을 유보하는 모든 경우에 직무유기죄가 성립하는 것은 아니고, 그러한 유보가 직무에 관한 의식적인 방임이나 포기에 해당한다고 볼 수 있는 경우에 한하여 직무유기죄가 성립한다.[28]

[판결 69] 시청 양정계 직원이 보관되어 있는 정부양곡을 소홀히 조사한 경우[29],

---

22) 대법원 2011. 9. 8. 선고 2009도13371 판결.
23) 대법원 2010. 6. 24. 선고 2008도11226 판결.
24) 대법원 1959. 2. 28. 선고 4294형상105 판결.
25) 대법원 1971. 6. 22. 선고 71도778 판결.
26) 대법원 1972. 6. 27. 선고 72도969 판결.
27) 대법원 2009. 3. 26. 선고 2007도7725 판결.
28) 대법원 2014. 4. 10. 선고 2013도229 판결.
29) 대법원 1969. 8. 19. 선고 69도932 판결.

[판결 82] 사법경찰관리가 경미한 범죄혐의사실을 조사하여 훈방한 경우[30],

[판결 82-1] 수사관이 허위내용의 진술조서를 작성하거나, 기타 공무원이 허위공문서를 작성한 때[31]에는 직무를 집행하지 않은 것은 아니고 법정절차를 이행하지 않았거나 내용이 부실한 경우이므로 직무유기가 되지 않는다.

[판결 70] 세관의 검사담당직원이 보세화물장치요강에 따라 위험물을 위험창고에 옮기지 않은 경우[32],

[판결 84] 일직사관이 근무장소인 상황실 부근에서 잠잔 경우[33], 호송교도관의 감독소홀로 인하여 집단도주사건이 일어난 경우 교도소 보안과 출정계장은 직장의 무단이탈 또는 직무의 의식적 포기가 없으므로 직무유기가 되지 않는다.

§10. 직권남용, 불법체포, 불법감금

> 제123조(직권남용) 공무원이 직권을 남용하여 사람으로 하여금 의무 없는 일을 하게 하거나 사람의 권리행사를 방해한 때에는 5년 이하의 징역, 10년 이하의 자격정지 또는 1천만 원 이하의 벌금에 처한다.

Ⅰ. 보호법익

직권남용, 불법체포 등의 보호법익은 국가기능의 합법적, 정상적 수행이다.

Ⅱ. 제124조 [불법체포, 불법감금]

공무원이 그 일반적 직무권한에 속하는 사항에 관하여 직권의 행사에 가탁하여 실질적, 구체적으로 위법·부당한 행위를 한 경우에 성립한다.

일반적 직무권한은 반드시 법률상의 강제력을 수반하는 것임을 요하지 않으며, 그것이 남용될 경우 직권행사의 상대방으로 하여금 법률상 의무 없는 일을 하게 하거나 정당한 권리행사를 방해하기에 충분한 것이면 된다.[34]

---

30) 대법원 1982. 6. 8. 선고 82도117 판결.

31) 대법원 1982. 9. 14. 선고 81도2588 판결; 1982. 12. 28. 선고 82도2210 판결.

32) 대법원 1970. 11. 24. 선고 70도2113 판결.

33) 대법원 1984. 3. 27. 선고 83도3260 판결.

34) 대법원 2015. 3. 26. 선고 2013도2444 판결.

1. 직권남용

직권남용(권리행사방해)죄에서 **'직권의 남용'이란 공무원이 일반적 직무권한에 속하는 사항을 불법하게 행사하는 것, 즉 형식적·외형적으로는 직무집행으로 보이나 실질은 정당한 권한 이외의 행위를 하는 경우이다.**[35]

직권남용 해당여부의 판단은 구체적인 공무원의 직무행위가 그 목적, 그것이 행하여진 상황에서 볼 때의 필요성·상당성 여부, 직권행사가 허용되는 법령상의 요건을 충족했는지 등 제반 요소를 고려하여 결정한다.[36]

> [판결 15] 서울특별시 ○○구청장으로 재직하던 갑과 주택과장으로 재직 중이던 을이 공모하여, 직권을 남용하여 △△구역 주택재개발정비사업조합으로 하여금 조합원이 아닌 병에게 보류지 아파트를 조합원 가격으로 배정, 분양하게 했다. 병은 △△조합의 사업구역 밖에 소재한 토지, 건물을 소유하다가 △△구역 주택재개발정비사업에 필요한 도로확장공사 때문에 위 토지, 건물의 일부를 수용당하게 되자, 병의 처인 정이 갑의 처인 무를 통하는 등으로 병, 정 부부가 ○○구청장에게 민원을 제기한 것이다.[37]

[판결 15] 이 사건 민원이 갑에게 일상적인 민원이었다고 볼 수 없다. 갑의 을에 대한 지시는 관할관청의 지위에서 △조합 측과 병의 대립되는 이해관계를 합리적으로 조정하여 민원해결을 독려하는 수준을 넘어서 재개발사업에 대한 관리, 감독 권한을 이용하여 △조합에 대한 병의 요구 사항을 최대한 관철시키라는 정도에 이르렀다. 을은 지시사항을 이행하기 위하여 그 필요성이나 상당성이 인정될 수 있는 정당한 권한 행사를 넘어 직무행사를 가탁하여 △조합에 부당한 요구를 한 것으로 인정된다. △조합 측은 을의 요구사항을 자발적으로 받아들일 이유가 없었고, 오히려 이 사건 재개발사업 진행에 있어 불이익을 피하기 위하여 부득이하게 위 요구사항을 수용한 것으로 보인다. 갑, 을 역시 보류지 배정을 통한 민원 해결 요청이 △조합에는 사실상 거부하기 어려운 압력으로 작용할 수밖에 없다는 사정을 인식하고 있었다고 평가된다는 점에서 **직권남용권리행사방해죄**가 성립한다.

---

35) 대법원 2013. 9. 12. 선고 2013도6570 판결; 2013. 1. 31. 선고 2012도2409 판결; 2012. 1. 27. 선고 2010도11884 판결.

36) 앞의 각주와 같다.

37) 대법원 2015. 3. 26. 선고 2013도2444 판결.

2. 의무 없는 일을 하게 함

'의무 없는 일을 하게 한 때'란 '사람'으로 하여금 **법령상 의무 없는 일을 하게 하는 때**를 의미한다. 직무집행의 기준과 절차가 법령에 구체적으로 명시되어 있고 실무 담당자에게도 직무집행의 기준을 적용하고 절차에 관여할 고유한 권한과 역할이 부여되어 있다면 실무 담당자로 하여금 그러한 기준과 절차를 위반하여 직무집행을 보조하게 한 경우에는 '의무 없는 일을 하게 한 때'에 해당한다.38)

> [판결 13] 갑은 A로부터 담당 공무원에게 영향력을 행사하여 B 회사가 울산시로부터 산업단지 개발 승인을 받을 수 있도록 도와달라는 부탁을 받고 울산시 공무원들에게 부당한 압박을 가하려는 의도로 을을 통하여 공직윤리지원관실을 동원했고, 병, 정은 그러한 의도를 인식하면서 갑의 지시 사항을 공직윤리지원관실 점검4팀장 C, 팀원 D, E에게 순차 전달하였으며, 공직윤리지원관실 점검4팀은 B 회사의 이익을 위하여 울산시 공무원들에게 부당한 압박을 가하려는 의도로 울산시 공무원의 비리조사 또는 산업단지 인허가에 관한 감사 등을 빙자하여 울산시 공무원들로 하여금 감사를 준비하고 관련 자료를 제출하도록 했다.39)

[판결 13] 갑, 을, 병은 C, D, E와 순차 공모하여 공무원의 직권을 남용하여 울산광역시 공무원들로 하여금 **의무 없는 일을 하게 함으로써** 직권남용권리행사방해죄를 범했다.

> [판결 13-1] 광주지방법원 파산부 재판장 갑은 담당 회생사건의 채무자인 A, B 주식회사의 관리인들을 소집하여 '○○건설 측 구 경영진에게 회사 부실에 관한 손해배상책임을 물어야 하므로 변호사 乙과 상담해 보라'는 취지로 말하고, 그 후 위 관리인들이 乙을 방문하여 위와 같은 경위로 방문하게 되었음을 고지하고 채권회수 방안에 대해 상담한 다음 을과 변호사 선임 약정에 관한 사건위임계약 허가를 신청하자 이에 관하여 허가결정을 내렸다. 갑은 직무상 관련이 있는 법률사건 또는 법률사무의 수임에 관하여 당사자들을 특정한 변호사에게 소개·알선하였다는 혐의로 기소되었다.40)

38) 대법원 2013. 1. 31. 선고 2012도2409 판결; 2012. 1. 27. 선고 2010도11884 판결.
39) 대법원 2013. 9. 12. 선고 2013도6570 판결.
40) 대법원 2013. 1. 31. 선고 2012도2409 판결.

[판결 13-1] 갑이 변호사 乙을 찾아가 상담해 보라고 말한 행위는 위 회사들의 회생절차를 맡고 있던 파산부 재판장으로서 위 회사들의 회생을 위하여 기존 경영진에 대한 손해배상청구권 중 일부라도 회수함으로써 위 회사들의 회생을 원활히 하고자 하는 목적 아래 관리인들이 그 업무를 잘 처리할 수 있도록 그 방법에 관하여 조언하였거나 권고한 것이다. 따라서 갑이 직무 본래의 취지에 반하여 권한을 행사한 것으로 볼 수 없고, 위 관리인들의 의사결정을 왜곡하여 을의 선임을 강제하였다고 볼 수도 없어 관리인에게 의무 없는 일을 하게 한 것이 아니다.41)

[판결 12] 시장 갑은 자신의 인사관리업무를 보좌하는 행정과장 을과 공동하여, 관련 법령에 정해진 절차에 따라 평정대상 공무원에 대한 평정단위별 서열명부가 작성되고 이에 따라 평정순위가 정해졌는데도 평정권자나 실무 담당자 등에게 특정 공무원들에 대한 평정순위 변경을 구체적으로 지시하여 평정단위별 서열명부를 새로 작성하도록 했다.42)

[판결 12] 지방공무원법, 지방공무원 임용령, 지방공무원 평정규칙의 입법 목적에 비추어 평정권자나 확인권자가 아닌 지방자치단체의 장이나 그의 인사관리업무를 보좌하는 자에게는 소속 공무원에게 지시하여 관련 법령에서 정해진 절차에 따라 작성된 평정단위별 서열명부를 특정 공무원에 대한 평정순위를 변경하는 내용으로 재작성하게 할 권한이 없다.

갑, 을의 행위는 자신의 일반적 직무권한에 속하는 사항에 관하여 직권을 남용하여 평정권자나 실무 담당자 등으로 하여금 의무 없는 일을 하도록 한 것으로서 직권남용권리행사방해죄에 해당한다.43)

[판결 11] 서울특별시 교육감인 갑은 인사담당장학관 을 등에게 지시하여 승진후보자명부상 승진 또는 자격연수 대상이 될 수 없는 특정 교원들을 적격 후보자인 것처럼 추천하거나 임의로 평정점을 조정하는 방법으로 승진임용하거나 그 대상자가 되도록 했다.44)

[판결 11] 서울특별시교육청 소속 교육공무원에 대한 인사권은 교육감의 일반적인 직무권한에 속하는 사항이지만, 교육감이 승진대상자를 특정한 후 그들을 승진시킬

41) 대법원 2013. 1. 31. 선고 2012도2409 판결.
42) 대법원 2012. 1. 27 선고. 2010도11884 판결.
43) 대법원 2012. 1. 27. 선고 2010도11884 판결.
44) 대법원 2011. 2. 10. 선고 2010도13766 판결.

목적으로 법령에 위반하여 위와 같은 행위를 한 것이라면 그 실질은 정당한 권한 행사를 넘어 직무의 행사에 가탁한 부당한 행위라고 할 것이므로 직권남용이다. 인사실무를 담당하는 장학관이나 장학사로 하여금 법령에 위배되는 일을 하게 한 것은 법령상 의무 없는 일을 하게 한 것이므로 직권남용권리행사방해가 성립한다.[45)]

> [판결 11-1] 해군본부 법무실장 갑은 국방부 검찰수사관 을에게 군내 납품비리 수사와 관련한 수사기밀사항을 보고하게 하여 직무상 권한을 남용하였다는 내용으로 기소되었다.[46)]

[판결 11-1] 갑은 해군 검찰업무뿐 아니라 소송, 징계업무 등 법무업무 전반에 관하여 해군참모총장을 보좌하는 자로서 해군 소속 인원의 사법처리와 관련된 중요 사항에 관하여 보고를 받을 일반적인 직무권한이 있다. 그러나 여기서 나아가 국방부 검찰단의 향후 수사 방향에 대한 내용 등 수사기밀사항에 대한 보고를 요구하는 행위는 형식적, 외형적으로는 직무집행으로 보이나 실질은 일반적 직무권한 범위를 넘어 직무의 행사에 가탁한 부당한 행위이고, 을로서는 외부에 유출될 경우 검찰단의 수사기능에 현저한 장애를 초래할 수 있는 검찰단 내부 수사 내용을 갑에게 보고할 법률상의 의무가 없었다고 보아, 갑에게 직권남용권리행사방해죄를 인정했다.[47)]

3. 권리행사 방해

직권남용권리행사방해죄에서의 '권리'는 법률에 명기된 권리에 한하지 않고 법령상 보호되어야 할 이익이면 족하고, 공법상의 권리인지 사법상의 권리인지를 묻지 않는다.[48)]

Ⅲ. 제124조 [불법체포, 불법감금]

> **제124조(불법체포, 불법감금)** ① 재판, 검찰, 경찰 기타 인신구속에 관한 직무를 행하는 자 또는 이를 보조하는 자가 그 직권을 남용하여 사람을 체포 또는 감금한 때에는 7년 이하의 징역과 10년 이하의 자격정지에 처한다.
> ② 전항의 미수범은 처벌한다.

---

45) 대법원 2011. 2. 10. 선고 2010도13766 판결.
46) 대법원 2011. 7. 28. 선고 2011도1739 판결.
47) 대법원 2011. 7. 28. 선고 2011도1739 판결.
48) 대법원 2010. 1. 28. 선고 2008도7312 판결.

1. 보호법익, 성격

국가의 사법기능과 개인의 신체자유이다.49) 제124조는 제276조 체포, 감금죄의 가중구성요건이라는 견해가 다수이다. 제124조가 개인의 신체자유를 보호하는 점 그리고 제276조의 법정형량이 5년 이하의 징역과 비교하면 가중구성요건이다. 국가기관인 공무원의 공정한 업무수행이라는 보호법익을 감안하면 제27조와 다른 독자적 구성요건으로서의 성격도 있다.

2. 구성요건

신분범이다. 부진정 신분범이라는 견해도 있지만, '재판, 검찰, 경찰 등 기타 인신구속에 관한 직무를 행하는 자'그리고 '직권남용'이 구성요건요소인 제124조는 진정 신분범이다.50)

직권남용은 예시된 검찰, 경찰 등 공무원에게 법이 위임한 업무 권한, 범위를 벗어나는 권한 행사이다. 체포는 사람에게 행동의 자유를 제한, 속박하는 행위, 감금은 일정한 공간, 장소 밖으로 나가지 못하게 가두는 행위이다.

3. 판례

[판결 06] 경찰관 갑, 을, 병은 상해죄만으로는 구속되기 어려운 정에 대하여 허위의 진술조서를 작성하고, 정의 혐의 없음이 입증될 수 있는 유리한 사실의 확인결과, 참고자료 및 공용서류인 A의 참고인 진술조서 등을 구속영장신청기록에 누락시키는 한편, 정에게 사문서위조 및 동행사, 신용카드대금 편취, 갈취 혐의가 인정된다는 허위내용의 범죄인지보고서를 작성한 후 열거한 범죄사실로 구속영장을 신청하여 그 정을 모르는 담당 검사로 하여금 구속영장을 청구하게 하고, 수사서류 등이 허위 작성되거나 누락된 사실을 모르는 영장전담판사로부터 구속영장을 발부받아 정이 검사의 구속취소에 의하여 석방될 때까지 25일 동안 구속·수감되게 했다.51)

---

49) 김일수/서보학, 각론[8], 641쪽.

50) 신분범, 진정·부진정 신분범에 관한 설명: 한정환, 형법총론 제2권, 323쪽.

51) 대법원 2006. 5. 25. 선고 2003도3945 판결.

☆ [판결 06] 감금죄는 간접정범의 형태로도 행하여질 수 있다. 인신구속에 관한 직무를 행하는 자 또는 이를 보조하는 자들인 갑, 을, 병이 정을 구속하기 위하여 진술조서 등을 허위로 작성한 후 이를 기록에 첨부하여 구속영장을 신청하고, 진술조서 등이 허위로 작성된 정을 모르는 검사와 영장전담판사를 기망하여 구속영장을 발부받은 후 그 영장에 의하여 피해자를 구금한 것은 형법 제124조 제1항의 직권남용감금죄에 해당한다.[52]

[판결 05] 을에 대한 고소사건을 담당하던 경찰관 갑은 을의 소재 파악을 위해 을의 거주지와 을이 경영하던 공장 등을 찾아가 보았으나, 을이 공장 경영을 그만 둔 채 거주지에도 귀가하지 않는 등 소재를 감추자 법원의 압수수색영장에 의한 휴대전화 위치추적 등의 방법으로 을의 소재를 파악하려고 하던 중, 23:00경 주거지로 귀가하던 을을 발견했다. 갑은 을이 계속 소재를 감추려는 의도가 다분하고 증거인멸 및 도망의 염려가 있다는 이유로 사기 혐의로 긴급체포했다.[53]

[판결 05] 긴급체포의 요건을 갖추었는지 여부는 사후에 밝혀진 사정을 기초로 판단하는 것이 아니라 체포 당시의 상황을 기초로 판단해야 한다. 이에 관한 검사나 사법경찰관 등 수사 주체의 판단에는 상당한 재량의 여지가 있다. 긴급체포 당시의 상황으로 보아 그 요건의 충족 여부에 관한 검사나 사법경찰관의 판단이 경험칙에 비추어 현저히 합리성을 잃은 경우에 긴급체포는 위법이다.[54] 갑의 긴급체포는 적법이다.

[결정 03] 검사 갑은 뺑소니사건으로 기소유예 처분한 버스운전자 을이 자신이 피해자임에도 가해자로 입건했다는 진정을 했으나 결과에 변동 없이 사건이 종결되자 항고와 재항고를 하자 기소유예 했던 사건을 재기했다. 을은 갑에게 조사를 받지 않겠다고 하고 다음날 부장검사에게 수사검사를 교체해달라고 찾아가 기다리는 것을 갑은 도로교통법위반으로 긴급체포해 심문한 후 벌금 100만원에 약식 기소했다.[55]

[결정 03] 체포영장을 발부받을 수 없을 정도로 긴급을 요하는 경우에 해당한다고 도저히 볼 수 없어 긴급성의 요건을 갖추지 못했다. 뿐만 아니라, 재항고인이 도망할

52) 대법원 2005. 12. 9. 선고 2005도7569 판결.

53) 대법원 2005. 12. 9. 선고 2005도7569 판결.

54) 대법원 2005. 12. 9. 선고 2005도7569 판결. 같은 내용의 판결 : 대법원 2008. 5. 29. 선고 2008도2099 판결; 대법원 2003. 3. 27. 자 2002모81 결정; 2002. 6. 11. 선고 2000도5701 판결 등 참조.

55) 대법원 2003. 3. 27. 자 2002모81 결정.

염려나 증거를 인멸할 염려가 있다고 볼 수도 없어 형사소송법 제70조 제1항 제2호나 제3호의 요건 또한 갖추지 못했으므로, 갑의 판단은 당시의 상황과 경험칙에 비추어 현저히 합리성을 잃은 경우에 해당하고 긴급체포는 위법한 체포에 해당한다. 갑에게는 직권을 남용하여 을을 체포·감금한다는 고의도 있다.

대법원 1997. 6. 13. 선고 97도877 판결(사실관계는 알려지지 않았다) :

[1] 감금죄에 있어서의 감금행위는 사람으로 하여금 일정한 장소 밖으로 나가지 못하도록 하여 신체의 자유를 제한하는 행위이다. 그 방법은 반드시 물리적, 유형적 장애를 사용하는 경우뿐만 아니라 심리적, 무형적 장애에 의하는 경우도 포함된다. 설사 그 장소가 경찰서 내 대기실로서 일반인과 면회인 및 경찰관이 수시로 출입하는 곳이고 여닫이문만 열면 나갈 수 있도록 된 구조라 하여도 경찰서 밖으로 나가지 못하도록 그 신체의 자유를 제한하는 유형, 무형의 억압이 있었다면 이는 감금에 해당한다.

[2] 형사소송법이나 경찰관직무집행법 등의 법률에 정하여진 구금 또는 보호유치 요건에 의하지 않고 즉결심판 피의자라는 사유만으로 피의자를 구금, 유치할 수 있는 법률상 근거가 없고, 경찰 업무상 그러한 관행이나 지침이 있었다 하더라도 이로써 인신구속을 행할 수 있는 근거는 되지 않는다. 즉결심판 피의자의 정당한 귀가요청을 거절한 채 다음날 즉결심판법정이 열릴 때까지 피의자를 경찰서 보호실에 강제 유치시키려고 함으로써 피의자를 경찰서 내 즉결피의자 대기실에 1020분 동안 있게 한 행위는 형법 제124조 제1항의 불법감금죄에 해당한다.

대법원 1991. 12. 30. 자 91모5 결정[재정신청기각 결정에 대한 재항고] :

긴급체포된 사람이 경찰서 안에서 식사도 하고 사무실 안팎을 내왕하였다 하여도 긴급체포된 사람을 경찰서 밖으로 나가지 못하도록 그 신체의 자유를 제한하는 유형, 무형의 억압이 있었다면 이는 바로 감금행위에 해당 할 수도 있다.

Ⅳ. 제125조 [폭행, 가혹행위]

> **제125조(폭행, 가혹행위)** 재판, 검찰, 경찰 기타 인신구속에 관한 직무를 행하는 자 또는 이를 보조하는 자가 그 직무를 행함에 당하여 형사피의자 또는 기타 사람에 대하여 폭행 또는 가혹한 행위를 가한 때에는 5년 이하의 징역과 10년 이하의 자격정지에 처한다.

1. 보호법익

제125조의 보호법익은 국가기능과 개인의 신체, 자유이다. 제125조의 보호법익인 '국가기능'은 법을 적용하는 기관, 공무원의 적용의 정확, 공정함이다. 범

죄혐의가 있어 수사 받는 사람 또는 그와 관련된 사람들의 신체 및 자유 역시 보호법익으로 한다.

2. 구성요건

재판, 검찰, 경찰 기타 인신구속에 관한 직무를 행하는 자 또는 이를 보조하는 자만이 행위주체가 되므로 신분범이다. '직무를 행함에 당하여'란 직무를 행하는 기회에 또는 직무수행 중에라는 의미이다. '폭행'은 사람의 신체에 대한 폭행을 의미한다고 보아야 할 것이다. '가혹행위'는 신체적, 정신적으로 고통을 주는 행위이다. 굶기거나 잠을 재우지 않는 행위 등도 가혹행위이다.[56]

V. 제126조 [피의사실공표]

> **제126조(피의사실공표)** 검찰, 경찰 기타 범죄수사에 관한 직무를 행하는 자 또는 이를 감독하거나 보조하는 자가 그 직무를 행함에 당하여 지득한 피의사실을 공판청구 전에 공표한 때에는 3년 이하의 징역 또는 5년 이하의 자격정지에 처한다.

1. 보호법익

정당한 국가의 수사기능과 수사과정에서 있을 수 있는 개인의 비밀이다.

2. 구성요건

진정 신분범이다. 제126조 '직무를 행함에 당하여'란 직무를 수행하던 중 또는 '직무수행과 관련하여'의 뜻으로 해석해야 할 것이다.

'피의사실'이란 수사기관이 혐의를 두고 있는 범죄사실로서 그 내용이 공소사실에 이를 정도로 구체적으로 특정될 필요는 없지만, 그것이 단순한 의견의 표명에 이르는 정도로는 피의사실을 공표한 것이라고 할 수 없다. 그 발언이 피의사실인가 또는 의견인가를 구별함에 있어서는 언어의 통상적 의미와 용법, 문제 된 발언이 사용된 장소와 문맥, 그 발언이 행하여진 사회적 상황과 배경 등 전체적 정황을 종합적으로 고려하여 판단한다.[57]

---

56) 김일수/서보학, 각론[8], 645쪽; 이재상 등, 각론[10], 713쪽.

'공판청구 전'이란 기소하기 전의 뜻이다. '공표'란 불특정 또는 다수인에게 내용을 알리는 것이라고 문헌에 설명되고 있다.58)

§11. 제127조 [공무상 비밀누설]

> **제127조(공무상비밀의 누설)** 공무원 또는 공무원이었던 자가 법령에 의한 직무상 비밀을 누설한 때에는 2년 이하의 징역이나 금고 또는 5년 이하의 자격정지에 처한다.

Ⅰ. 보호법익

보호법익은 국가의 기능이다. 비밀 그 자체를 보호하는 것이 아니라 공무원의 비밀엄수의무의 침해에 의하여 위험하게 되는 이익, 즉 공무원에 의한 비밀누설에 의하여 위협받는 국가의 기능이다.59)

Ⅱ. 구성요건

'공무원 또는 공무원이었던 자'만 구성요건을 실현할 수 있는 진정 신분범이다.

'법령에 의한 직무상 비밀'이란 법령에 의하여 비밀로 규정되었거나 비밀로 분류 명시된 사항에 한정하지 않는다. 정치, 군사, 외교, 경제, 사회적 필요에 따라 비밀로 된 사항은 물론 정부나 공무소 또는 국민이 객관적, 일반적인 입장에서 외부에 알려지지 않는 것에 상당한 이익이 있는 사항도 포함된다. 그러나 **실질적으로 비밀로서 보호할 가치가 있는 것이어야 한다.**60)

> [판결 12] 구청에서 체납차량 영치 및 공매 등의 업무를 담당하던 공무원 갑은 을의 부탁을 받고 차적 조회 시스템을 이용하여 을의 유사휘발유 제조 현장 부근에서 경찰의 잠복근무에 이용되고 있던 경찰청 소속 차량의 소유관계에 관한 정보를 알아내 을에게 알려줌으로써 수사에 어려움을 주었다.61)

---

57) 대법원 2013. 11. 28. 선고 2009다51271 판결.

58) 김일수/서보학, 각론[8], 633쪽; 이재상 등, 각론[10], 707쪽.

59) 대법원 2012. 3. 15. 선고 2010도14734 판결.

60) 대법원 2012. 3. 15. 선고 2010도14734 판결.

[판결 12] "구 자동차관리법 제7조 제4항, 구 자동차등록규칙 제10조, 제12조가 자동차 소유자의 성명까지 기재된 신청서를 제출해야 자동차등록원부의 열람이나 그 등본 또는 초본을 발급받을 수 있게 규정함으로써 자동차의 소유자에 관한 정보가 공개되지 않은 측면이 있다 해도, 재산의 소유 주체에 관한 정보에 불과한 자동차의 소유자에 관한 정보를 정부나 공무소 또는 국민이 객관적, 일반적인 입장에서 외부에 알려지지 않는 것에 상당한 이익이 있는 사항으로서 실질적으로 비밀로 보호할 가치가 있다거나, 누설하면 국가의 기능이 위협받는다고 볼 수 없다. 경찰청 소속 차량으로 잠복수사에 이용될 수도 있고 그 경우 그 소속이 외부에 드러나지 말아야 할 사실상의 필요성이 있다고 해도 마찬가지이다. 따라서 갑이 을에게 제공한 차량의 소유관계에 관한 정보는 제127조 '법령에 의한 직무상 비밀'이 아니다.

[판결 11] 변호사 사무실 직원인 갑은 법원공무원인 을에게 부탁하여, 수사 중인 사건의 체포영장 발부자 53명의 명단을 누설 받았다.[62]

☆[판결 11] 을은 제127조 직무상 비밀을 누설행위를 했다. 그러나 비밀을 누설받은 갑의 행위는 **대향범 관계**에 있으므로 공범에 관한 형법총칙 규정이 적용될 수 없으므로, 갑의 행위가 공무상비밀누설교사죄에 해당하지 않는다.

대향범 관계에서 공무원이 아닌 누설의 상대방은 처벌되지 않는다는 것이 일관된 판례임을 기억해야 한다. 그러나 대향범 관계가 어떤 관계인지 결정하는 기준이 불분명하고 상대방에게 공범규정이 적용되지 않아 처벌되지 않는다는 판례는 인정할 근거가 없어 타당하지 않다.[63]

[판결 08] 공무원 갑, 을, 병은 공모하여 2003년 태풍 매미로 인한 수해복구공사와 관련하여 6억 원 미만의 공사에 대하여는 관내 업체가 참여하는 수의계약 방식으로 시행할 것을 기안하여 의령군수의 결재를 받아 각 공사를 시행할 공사업체를 미리 선정한 후, 각 해당 공사업체에게 공사 예정가격을 미리 알려주고 이를 기초로 산출된 가격으로 견적서를 제출하게 하여 공사계약을 체결했다.[64]

[판결 08] 지방자치단체의 장 또는 계약담당공무원이 수의계약에 부칠 사항에 관하

61) 대법원 2012. 3. 15. 선고 2010도14734 판결; 2003. 6. 13. 선고 2001도1343 판결.
62) 대법원 2011. 4. 28. 선고 2009도3642 판결.
63) 대향범의 개념과 관련 판례 및 상세한 설명 : 한정환, 형법총론 제2권, 340쪽 이하.
64) 대법원 2008. 3. 14. 선고 2006도7171 판결.

여 당해 규격서 및 설계서 등에 의하여 결정한 '예정가격'은 형법 제127조의 '공무상 비밀'에 해당한다. 갑 등이 공사업체에 예정가격을 가르쳐준 행위는 공무상비밀누설이다.

[판결 07] 2001. 5. 25.경까지 대검찰청 차장검사로 재직한 갑은 2001. 1. 말 사무실에서, 평소 대통령 차남 A의 비서실장 겸 대리인 역할을 하는 것으로 소문난 B로부터, 서울지방검찰청 외사부에서 수사 중이던 1,200억 원대 무역금융 사기 피의사건의 피의자로 인지되어 해외 도피 중이던 ㄱ그룹 부회장 C가 귀국하여 조사를 받으려 하는데 불구속이 될 수 있도록 해달라는 취지의 전화 부탁을 받고, 당시 서울지검 외사부장이던 검사 D에게 위 사건의 경중에 대하여 확인한 결과 D로부터 "크게 엄벌할 중한 사안은 아니어서 불구속 수사가 가능하다"는 취지의 보고를 받자, 그 무렵 위 사무실에서 전화로 B에게 C가 귀국하더라도 불구속 수사가 될 수 있음을 시사하는 취지로 "들어와 조사받아도 되겠던데"라고 말하여 C에 대한 불구속 수사방침을 알렸다.[65]

[판결 07] 갑이 ㄱ그룹에 대한 수사가 계속 진행 중인 상태에서 수사책임자인 외사부장과 주임검사가 위 무역금융사기 건이 C를 엄벌할 정도로 중한 사안은 아니라는 잠정적인 판단을 하고 있다는 수사팀의 내부 상황을 확인한 뒤, 그 내용을 B에게 전달한 행위는 ㄱ그룹에 대한 외사부의 수사 기능에 현저한 장애를 초래할 위험이 있는 비밀누설 행위이다. 갑이 직무 집행과 관련하여 알게 된 위와 같은 수사상 비밀을 누설한 것은 공무상 비밀누설죄이다.[66]

[판결 09] 미국과의 자유무역협정 체결 협상을 위한 협상전략과 분야별 쟁점에 대한 대응방향 등을 담고 있는 문건은, 내용이 일반에 알려진 공지의 사실에 해당하는 것으로 볼 수 없고, 또한 그 내용이 (...) 정부나 공무소 또는 국민이 객관적, 일반적인 입장에서 외부에 알려지지 않는 것에 상당한 이익이 있는 사항으로서, 실질적으로 비밀로서 보호할 가치가 있는 것이면 직무상 비밀에 해당한다.[67]

Ⅲ. 제128조 [선거방해]

제128조(선거방해) 검찰, 경찰 또는 군의 직에 있는 공무원이 법령에 의한 선거에 관하여 선거인, 입후보자 또는 입후보자 되려는 자에게 협박을 가하거나 기타 방법으로 선거의 자유를 방해한 때에는 10년 이하의 징역과 5년 이상의 자격정지에 처한다.

65) 대법원 2007. 6. 14. 선고 2004도5561 판결.
66) 대법원 2007. 6. 14. 선고 2004도5561 판결.
67) 대법원 2009. 6. 11. 선고 2009도2669 판결.

보호법익은 국가의 기능이다. 제128조는 특히 선거의 자유를 침해하는 행위를 금지함으로써 정당하고 원활한 선거를 보장하자는 취지이다. 검찰, 경찰 또는 군인에 의한 선거방해만 처벌하므로 신분범이다. 검찰, 경찰, 군인 의 공무수행의 적법, 공정 역시 보호법익이다.

§ 12. 수뢰죄

> 제129조(수뢰, 사전수뢰) ① 공무원 또는 중재인이 그 직무에 관하여 뇌물을 수수, 요구 또는 약속한 때에는 5년 이하의 징역 또는 10년 이하의 자격정지에 처한다.
> ② 공무원 또는 중재인이 될 자가 그 담당할 직무에 관하여 청탁을 받고 뇌물을 수수, 요구 또는 약속한 후 공무원 또는 중재인이 된 때에는 3년 이하의 징역 또는 7년 이하의 자격정지에 처한다.

Ⅰ. 제129조 제1항 [수뢰]

1. 개념, 용어

'뇌물'의 개념은 제129조 이하 법조문들에 정의되지 않았다. 판례[68]는 뇌물은 공무원의 "직무와 대가관계가 있는 부당한 이익"이라는 견해이다.[69]

공무원 또는 중재인이 수수·요구·약속한 이익이 그의 직무행위와의 대가관계로 제공된 것일 때에만 뇌물이 된다. 대부분의 뇌물죄 피의자·피고인은 자신이 받은 이익이 대가관계 없는'선물', '후원금'이라고 주장하므로, 직무관련성', '대가성'을 판단할 객관적 기준이 무엇인지가 뇌물관련 죄에서 핵심문제이다.

2. 보호법익, 조문체계

(1) 조문의 취지

---

68) 대법원 2017. 1. 12. 선고 2016도15470 판결.

69) 한국형법 제129조에 상응하는 독일형법 §331은 공무원이 '직무수행의 대가로 이득을 취하는 것'을 금지하고 있다. 반면 우리형법은 공무원이 '뇌물을 수수·요구·약속한' 경우 처벌한다고만 규정함으로써, 판례, 문헌에서 뇌물에 직무관련성과의 대가관계를 요구하게 된 것으로 보인다.

제129조 이하에 다양한 형태의 뇌물 관련 죄들이 규정되어 있다. 특별형법인 **특정범죄가중처벌 등에 관한 법률**(이하: 특가법)에 의하여 뇌물액이 5천만 원 이상인 경우 무기징역까지 처벌이 가능하고, 정부관리기업체의 간부직원도 원래 공무원범죄인 뇌물죄의 주체가 된다. 나아가 형사소송법 제279조의 8에 의하여 전문심리위원이 뇌물죄에서는 공무원으로 인정되는 등 각종 법규에 뇌물죄의 주체가 확대 규정되어 있다.

이 법들은 뇌물수수를 엄하게 처벌하여 공직자들의 부패를 막아 정의로운 국정운영을 하려는 국가의지를 반영하고 있다.

(2) 문헌, 판례

판례에 의하면, **공무원의 직무집행의 공정과 그에 대한 사회의 신뢰 및 직무행위의 불가매수성**을 보호법익이다.70) 문헌에는 '공무원의 직무행위에 대한 불가매수성' 또는 '직무자체의 공정성과 직무행위의 불가매수성에 대한 공공의 신뢰'가 뇌물죄의 보호법익으로 서술되어 있다.71) 문헌과 판례의 설명은 부분적으로 타당하지만 **국가의 기능과 역할**이라는 뇌물죄 구성요건의 보호법익을 명확하게 적시한 것은 아니다.

(3) 독일의 학설과 판례

뇌물죄의 보호법익에 관하여 독일의 문헌에는 대체로 다음의 세 가지 견해가 있다:

첫째, 국가의지가 왜곡(Verfälschung des Staatswillens)되는 것을 방지하는 것이 뇌물죄의 보호법익이라는 견해이다. 국가기관인 공무원의 뇌물수수로 인하여 '원칙에 입각한 공정한 직무행위'라는 '국가의 의지'가 왜곡되는 것을 막는 것이 뇌물죄의 목적이라고 주장한다.72) 종래 독일에서의 다수설이었으나 '국가의지'라는 보호법익이 너무 추상적이고 애매하다는 점에서73) 현재는 다수설로 보기 어렵다.

---

70) 대법원 2016. 1. 14. 선고 2015도15798 판결; 2014. 3. 27. 선고 2013도11357 판결; 1996. 1. 23, 선고 94도3022 판결 등.

71) 김일수/서보학, 각론[8], 649쪽; 이재상 등, 각론[10], 716쪽.

72) *Bockelmann*, ZStW 72(1960), 257 ff; *Dölling*, JuS 1981, 574 등.

73) *Loos*, Zum Rechtsgut der Bestechungsdelikt, in: FS für *Welzel*, 1974, 884, 886.

둘째, 뇌물수수를 통해 국가행위의 객관성·정당성에 대한 일반의 신뢰가 침해되어, 결국 원활한 국가기능이 손상되는 것이라고 보는 견해이다. 뇌물죄의 보호법익이 '국가기관의 기능 및 국가운영'이라고 주장한다.74) 현재 독일문헌의 다수설로 보이며 연방법원의 입장이기도 하다.

셋째, 앞의 두 견해를 절충하여 복합적인 보호법익을 인정하는 입장으로, 뇌물죄는 국가행위의 정당성에 대한 국민의 신뢰를 보호하여 국가기관을 통한 국가의 업무수행능력을 보호하는 동시에, 국가의 본래의지가 국가기관의 부당한 직무수행으로 인하여 변질되지 않도록 하는 것도 동시에 보호법익으로 보는 견해이다.75)

(4) 저자의 입장

뇌물죄 구성요건의 목적은, 뇌물 수수가 공무원의 직업윤리와 국가운영에 대한 국민의 신뢰를 흔드는 행위이므로, 이를 근절하여 국민이 신뢰할 수 있는 공정하고 원활한 국가운영을 확보하자는 것이다.76) 뇌물관련 죄의 본질은 목적을 방해하는 뇌물제공자와 수수자 간의 '불법을 내용으로 하는 약속'에 있다.77) 따라서 뇌물죄의 보호법익은 **국가 그리고 국가기관의 법령을 준수한 '공정한 기능수행', '국가운영'이라는 제도와 국가기관의 정당한 기능수행을 위한 내부·외부적인 조건들의 보호**라고 정의할 수 있다.78)

제129조 제2항으로 수뢰당시 공무원자격이 없는 자의 사전수뢰를 처벌되는 것, 제131조 제3항에 의하여 공무원이었던 자 즉 현재는 공무원이 아닌 자의 수뢰행위를 처벌하는 것79) 또 제132조의 알선수뢰는 직접적인 직무관련성이 없이 위법한 이익을 취득하는 자를 처벌하는 것 등은 뇌물죄의 보호법익이 단순히 직무행위의 불가매수성이 아니라 국가기관과 그의 정당한 기능이라는 '제도 자체의 보호'라는 저자의 입장을 뒷받침하고 있다. 뿐만 아니라 자유시장경제에 바탕을 둔 민주주의체제에서는 윤택한 경제와 국정운영에 대한 국민의 신

---

74) LK[10]/*Jescheck*, Vor § 331 Rn 17; S/S/*Heine/Eisele*, § 331 Rn 5.

75) 독일의 입법취지이다: Bundetagsdrucksache Ⅵ/3, 250, 258 이하.

76) *Loos*, 앞의 논문, 890.

77) BGHSt 15, 97 f, 242; NStZ 1984, 24 ff; *Rudolphi*, SK, § 331 Rn 4; LK/*Jescheck*, Rn 17 Vor § 331; S/S/*Heine/Eisele*, § 331 Rn 5 이하 참조.

78) *Loos*, 앞의 논문, 888 이하; *Rudolphi*, SK, § 331 Rn 4.

79) 제131조 제3항은 제129조에 포함된 내용이므로 중복이다.

뢰에 바탕을 둔 사회질서가 국가운영에서 필수 조건이다. 따라서 특가법 제1조가 천명하고 있는 사회질서유지와 경제발전은 저자가 정의한 **국가기능수행의 내·외부적인 조건**에 포함된다.

뇌물죄의 보호법익을 저자의 정의대로 이해하면 '대가관계'를 규범의 의미와 목적에 따라 인정할 수 있어, 뇌물에 해당하지 않는 이른바 '의례적·사교적 선물'[80] 등이 인정되는 범위가 줄어들게 된다.

3. 제129조 제1항 구성요건

(1) 공무원

제129조 이하의 구성요건요소 '공무원'을 정의한 조문은 찾기 어렵다. 판례에 의하면, 공무원은 법령의 근거에 기하여 국가 또는 지방자치단체 및 이에 준하는 공법인의 사무에 종사하는 자로서 그 노무의 내용이 단순한 기계적 육체적인 것에 한정되어 있지 않은 자이다.[81] "법령에 기한 임명권자에 의한 임용"이 요건이라고 한 판결도 있다.[82]

[판결 14] 법령에 기한 임명권자에 의하여 임용되어 공무에 종사하여 온 사람이 나중에 그가 임용결격자이었음이 밝혀져 당초의 임용행위가 무효라고 하더라도, 그가 임용행위라는 외관을 갖추어 실제로 공무를 수행한 이상 공무 수행의 공정과 그에 대한 사회의 신뢰 및 직무행위의 불가매수성은 여전히 보호되어야 한다. 따라서 이러한 사람은 제129조에서 규정한 공무원으로 봄이 상당하고, 수뢰죄의 처벌대상이다. 임용결격사유가 있어 임용행위가 무효라고 하더라도, 임용되어 지방공무원으로 계속 근무하면서 범행 당시 지방서기관으로 승진하여 ○시청 주민생활지원과장으로서의 공무를 수행하고 있었던 자는 제129조 '공무원'이라고 보아야 한다.[83]

[판결 12] 서울시청 구내식당 소속 시간제 종사원으로 고용된 사람은, 서울특별시의 내부규정에 불과한 위 운영규정은 법령에 해당하지 아니하고, 피고인 1의 채용, 징계, 신분보장, 보수, 업무 등의 내용이 지방공무원법상 계약직 공무원의 그것과 명백히 다르므로, 뇌물죄, 허위공문서작성죄에서 '공무원'에 해당하지 않는다.[84]

---

80) 대법원 1985. 3. 12. 선고 83도150, 568 판결.

81) 대법원 2012. 8. 23. 선고 2011도12639 판결; 2002. 11. 22. 선고 2000도4593 판결.

82) 대법원 2014. 3. 27. 선고 2013도11357 판결.

83) 대법원 2014. 3. 27. 선고 2013도11357 판결.

84) 대법원 2012. 8. 23. 선고 2011도12639 판결.

형사소송법 제279조의 2에 의하여 전문심리위원은 제129조에서 제132조의 공무원으로 인정된다. 공공기관운영법 제53조와 도로교통법 제129조의2 에도 공무원의제 조항이 있다.85) 도시 및 주거환경 정비법 제84조 역시 같다.

나아가 2015년 부정청탁 및 금품 등 수수의 금지에 관한 법률(약칭: 청탁금지법)이 만들어져 부정청탁과 관련된 금품수수가 처벌되고 제재대상에는 같은 법 제2조에 의하여 사립학교 교직원, 언론기관의 임직원도 포함된다.

(2) 중재인

제129조 '중재인'은 법령에 의하여 중재의 직무를 담당하는 자로서 사적인 중재인은 포함되지 않고, **노동쟁의조정법에 의한 중재위원**(동법 제32조), **중재법에 의한 중재인**(동법 제4조)이 여기에 해당한다.

(3) 직무에 관하여

(가) 직무의 뜻, 범위

제129조 이하에서 「직무」란 공무원이 자신의 직위에 따라 수행하거나 할 수 있는 일체의 공무를 말한다. 반드시 직위와의 엄격한 상관관계나 사항적 관할이 요구되지 않는다고 하여, 「직무」의 개념을 넓게 이해하는 것이 판례86)의 입장이다.

[판결 10] 제129조 '직무'는 공무원이 법령상 관장하는 직무 그 자체뿐만 아니라 **그 직무와 밀접한 관계가 있는 행위 또는 관례상이나 사실상 소관하는 직무행위 및 결정권자를 보좌하거나 영향을 줄 수 있는 직무행위**를 포함한다. 따라서 국회 정무위원회 수석전문위원으로서 정무위원회 소관 기관에 대하여 상당한 영향력을 가진 자가 그 소관 기관 등의 업무에 관한 청탁 또는 부탁을 받고 금품을 수수한 행위는 자신의 직무이거나 그 직무와 밀접한 관계가 있는 행위이다.87)

(나) 직무, 직무관련성

(ㄱ) 법적 근거

공무원이 사실상 처리하는 직무이든 관습상 수행하는 직무이든 간에, 직무행

85) 대법원 2016. 11. 25. 선고 2014도14166 판결.

86) 대법원 1983. 5. 10. 선고 83도301 판결; 1987. 11. 14. 선고 87도1463 판결; 1992. 2. 28. 선고 91도3364 판결; 1994. 3. 22. 선고 93도2962 판결 등.

87) 대법원 2010. 12. 23. 선고 2010도10910 판결.

위에는 반드시 법적 근거가 필요하다.[88] 법적근거는 법령으로 정해진 것 이외에도 내부적 복무규정 또는 상사의 명령이나 동료의 위임 등과 같이 직무행위에 정당성을 부여하는 등의 근거를 의미한다.

(ㄴ) **의례적 선물, 개인적 용역**

공무원이 그 직무의 대상이 되는 사람으로부터 금품 기타 이익을 받은 때에는 사회상규에 비추어 **의례상의 대가**에 불과한 것이거나, 개인적인 친분관계가 있어서 **교분상의 필요**에 의한 것이라고 명백하게 인정할 수 있는 경우 등과 같은 특별한 사정이 없는 한 직무 관련성이 인정된다.[89]

공무원이 공무수행과 무관한 개인적인 일로 받은 이익은 뇌물이 아니다. 예컨대 경찰관이 휴무기간에 개인경호원으로 일하고 받은 보수 또는 건축기사인 공무원이 주말휴무일에 개인설계사무소에서 도면을 그려 주고받은 보수 등은 공무원의 복무수칙에 어긋날 경우는 있을 수는 있으나 직무와 관련된 뇌물이 아니다.

(ㄷ) **판례**

판례는 해당공무원의 권한 내에 있는 직무행위뿐 아니라 직접적인 권한에는 속하지 않더라도 관련되어 있는 직무 그리고 과거에 담당하였거나 장래에 담당할 직무,[90] 사실상 처리하는 직무[91] 등을 포함한다고 하여, 직무의 범위를 넓게 해석하고 있다.

학교환경위생정화위원인 구청의 환경위생과장이 당구장허가업무와 관련하여 금품을 수수한 것[92], 도청의 농지조성계 직원이 공유수면매립공사준공인가와 관련하여 금품을 수수한 경우[93] 직무관련성이 인정된다. "실무상 시의회를 거치게 되어 있다"는 이유로 시의회의원이 토지구획정리사업에 관하여 금품을 받은 경우 직무관련성이 인정된다.[94] 직무가 반드시 자신이 결정권이 있는 업무

88) 분명히 표현한 판결: 대법원 1992. 2. 28. 선고 91도3364 판결. 같은 취지이나 다소 불분명한 입장: 대법원 1996. 1. 23. 선고 94도3022 판결.

89) 대법원 2015. 10. 29. 선고 2012도2938 판결.

90) 대법원 1977. 6. 7. 선고 77도42 판결; 대판 1984. 9. 25. 선고 84도1568 판결; 1992. 4. 15. 선고 91도3364 판결; 1995. 9. 5. 선고 95도 1269 판결.

91) 대법원 1981. 4. 28. 선고 81도459 판결; 1987. 11. 24. 선고 87도1463 판결; 1996. 11.15. 선고 95도1114 판결.

92) 대법원 1983. 5. 10. 선고 83도301 판결.

93) 대법원 1984. 9. 25. 선고 84도1568 판결.

에 한하지 않으며, 결정권자를 단순히 보좌하는 지위에 있는 경우에도 직무관련성이 인정된다.95)

(ㄹ) 저자의 견해

판례에서 제129~131조에서의 직무관련성을 엄격히 제한하지 않고 넓게 적용하는 것은 일면 수긍할 수 있다. 그러나 제132조에 알선수뢰가 별도로 규정되어 있으므로 제129~131조의 '직무에 관하여'는 수뢰 공무원 자신의 직·간접 소관 내지 처리능력범위 안에 있는 공무와의 연관성으로 제한되는 것이 더 논리적이다. 예를 들면, 치안본부에 파견 근무하던 보안부대원이 경찰서장에게 경찰공무원의 승진을 부탁하고 금품을 받은 경우 제129조의 직무관련성을 부인한 판결은 타당하다.96) 마찬가지로 교육부에서 대학입시관련업무를 담당하는 공무원이 토목공사입찰과 관련하여 건축업자로부터 금품을 받았다면 직무관련성은 부정해야 한다.

앞의 예들에서 제129조의 직무관련성이 인정되지 않는다고 하여 제132조의 알선수뢰죄 역시 부정되는 것은 아니다.97) 즉 불법을 약속한 공무원 자신이 처리할 법적인 권한 또는 사실상의 권한이 없는 직무에 관하여 뇌물을 수수·요구·약속한 경우, 제132조의 알선수뢰죄가 적용될 수 있다. 여기서 '처리할 권한'은 법령으로 해당공무원이 처리할 수 있는 것으로 정해진 업무는 물론, 업무처리의 관례상 그리고 직위에 따라 사실상 처리할 수 있는 능력과 가능성이 있는 공무를 포함한다. 부서를 옮긴 공무원이 전에 담당한 직무에 관하여 이득을 취한 경우에도 직무관련성을 인정한 판결이 있다.98) 그러나 공무원이 전에 담당하고 현재는 담당하지 않는 직무와 관련하여 뇌물을 제공받는다는 것은 현실성이 없고, 해당공무원이 현실적으로 처리할 능력과 권한이 없는 직무와 수수·요구·약속한 이익 간에는 원칙적으로 대가관계가 될 수 없다.99) 다만 해당

---

94) 대법원 1996. 11. 15. 선고 95도1114 판결.

95) 대법원 1980. 10. 14. 선고 80도1373 판결; 1984. 8. 14. 선고 84도1139 판결; 1996. 11. 15. 선고 95도1114 판결.

96) 대법원 1983. 10. 11. 선고 83도425 판결.

97) 대법원 1983. 10. 11. 선고 83도425 판결.

98) 대법원 1984. 9. 25. 선고 84도1568 판결; 1994. 3. 22. 선고 93도2962 판결.

99) 근무처를 옮긴 공무원이 전에 담당하던 업무와 관련하여 금품을 수수한 경우 제129조의 직무관련성은 부정하고, 부정한 행위가 있을 경우 제131조가 문제된다는 판결도 있다: 대법원 1984.8.14. 선고 84도1139 판결.

공무원의 직위변동으로 더 이상 담당업무가 아니더라도, 예외적으로 전에 자신의 소관이었던 공무처리에 영향력을 행사하여 문제의 업무를 처리한 것 내지 할 수 있을 것이 객관적으로 명백한 경우는 직무관련성이 인정될 수 있다. 그러나 이런 사안에서는 제132조 '알선수뢰'를 적용하는 것이 타당하다.100) 그러나 "직무수행의 시기와 금품수수 시기는 문제되지 않는다"는 판례101)와 같이, 공무원이 담당했던 당시에 처리한 공무에 대해 자리를 옮긴 후 뇌물을 수수·요구·약속한 경우 직무관련성이 인정된다.

(4) 뇌물

제129조 이하에서의 뇌물은 공무원 등이 자신의 직무와 '관련된'행위를 하는 **대가로 수수·요구·약속한 모든 이익**이다.

뇌물은 '직무에 관한 불법한 보수' 혹은 '직무에 관한 부당한 이익'이라고 정의되어 있는 설명102)은 부정확하다. 첫째, 비록 제129조가 '직무에 관하여 뇌물을 수수한 자'를 처벌한다고 규정하지만 '관하여'는 여러 가지의 해석이 가능하다. 법령에 정해진 담당업무에 **한정**되지 않고, 직·간접으로 관련되어 있는 업무도 포함한다는 것 외에 '관하여'의 범위는 명백하지 않다. 둘째 '부당한' 이익 또는 '불법한 보수'라는 정의는 불필요하다. 제129조, 제130조에 관하여 직무행위의 대가로 받은 이익은 모두 위법하기 때문이다.

[판결 17] 정치자금의 기부행위는 정치활동에 대한 재정적 지원행위이고 뇌물은 공무원의 직무행위에 대한 위법한 대가로서 양자는 별개의 개념이다. 정치자금의 명목으로 금품을 주고받았고 정치자금법에 정한 절차를 밟았다고 할지라도, 정치인의 정치활동 전반에 대한 지원의 성격을 갖는 것이 아니라 공무원인 정치인의 특정한 구체적 직무행위와 관련하여 금품 제공자에게 유리한 행위를 기대하거나 또는 그에 대한 사례로서 금품을 제공함으로써 정치인인 공무원의 **직무행위에 대한 대가**로서의 실체를 가진다면 뇌물이다.103)

---

100) 실제로 알선수뢰를 인정한 예는, 轉任한 상관이 전 부하직원에게 직무행위를 하도록 한 경우: 대법원 1990. 7. 27. 선고 90도890 판결. 전임자인 세무공무원이 동급의 후임자에게 알선행위를 한 경우 지위를 이용한 것으로 본 판결은: 대법원 1989. 12. 26. 선고 89도2018 판결.

101) 대법원 1996. 1. 23. 선고 94도3022 판결; 1995. 9. 5. 선고 95도1269 판결.

102) 김일수/서보학, 각론[8], 651쪽; 이재상 등, 각론[10], 718쪽.

103) 대법원 2017. 3. 22. 선고 2016도21536 판결.

(가) 금품, 물질적 이익

[판결 14] 뇌물의 내용인 이익이라 함은 **금전, 물품 기타의 재산적 이익**뿐만 아니라 사람의 수요·욕망을 충족시키기에 족한 일체의 **유형·무형의 이익**을 포함한다. 성적 욕구의 충족도 이익에 포함된다.[104)]

물질적, 재산적 이익이란 현금 등 금품의 수수, 채무이행시기의 연장, 대출의 보장, 렌트카의 제공, 골프장 또는 헬스클럽회원권 내지 이용기회의 제공 등을 생각할 수 있다. 그러나 수뢰자의 이익이 반드시 증뢰자의 재산 감소를 의미하지는 않으며,[105)] 액수의 대소도 문제되지 않는다.[106)]

예컨대 명절에 집배원에게 감사의 표시로 수 만원 상당의 선물을 주는 것같이 일반적 인식에 따라 처벌의 당위성과 필요성이 없는 소액은 문제 삼을 필요가 없다. 이와 같은 행위를 처벌하는 것은 뇌물관련죄 구성요건의 의미와 목적이 아니기 때문이다.

[판결 85] 회사대표가 자신의 사업을 관할하는 관청에 근무하는 고위공무원과 해당상임위에 속한 국회의원들을 골프모임에 초대하여 부담한 비용은, 액수의 다과에 관계없이 뇌물이다.[107)]

[판결 08] 아현 2지구 재건축추진위원장이 재건축조합의 조속한 설립인가를 관할하는 마포구청의 주택과장에게 두 차례에 걸쳐 점심 식사를 제공한 것은 을의 직무내용, 그 직무와 갑과의 관계, 갑과 을이 특수한 사적 친분관계는 없었던 점 및 이익을 수수한 경위와 시기 등을 종합해 보면 을의 직무와 관련한 뇌물이다.[108)]

(나) 비물질적 이익

[판결 10] 뇌물의 내용인 이익은 사람의 수요 욕망을 충족시키기에 족한 일체의 **유형, 무형의 이익**을 포함한다. **투기적 사업에 참여할 기회**를 얻는 것도 이익에 해당한다.[109)] 갑이 을에게 대토분양권을 양도한 것은, 그 양도 당시인 1988.12. 말경은 부

---

104) 대법원 2014. 1. 29. 선고 2013도13937 판결.

105) BGH, Nachschlagewerk des Budesgerichtshofs, Hrsg. *Lindenmaier/Möhrng*, § 331 Nr. 1; SK/*Rudolphi*, § 331 Rn 20.

106) 비록 그 동안 화폐가치에 상당한 변동이 있었지만 430원 상당의 과자와 쇠고기선물도 뇌물로 인정한 판례도 있다: 대법원 1968.10.8. 68도1066. 독일통설의 입장도 같다: LK/*Jescheck*, § 331 Rn 8; SK/*Rudolphi*, § 331 Rn 20; S/S/*Heine/Eisele*, § 331 Rn 20.

107) 대법원 1985. 3. 12. 선고 83도150 판결에서, 이 경우의 비용은 "사적인 친분관계에 의한 사교적 의례일 뿐" 뇌물이 아니라고 한 판결은 기준이 불분명하여 수긍하기 어렵다.

108) 대법원 2008. 11. 27. 선고 2006도8779 판결.

동산 투기 바람이 일어나 부동산 시세가 급등하던 시점이었고, 을은 양도받은 후 2년 남짓 지나 4배 이상의 가격으로 전매하였으며, 위 대토분양권은 3년 내에 양도하지 못한다는 제한이 있었지만 사실상 전매가 행하여졌고, 3년이 지나면 양도가 얼마든지 가능한 점 등으로 보면, **투기적 기회의 제공**으로서 뇌물에 해당한다.

비물질적 이익은 물건이 아님에도 뇌물이라고 보는 데에 이론이 없다. 예로는 **이성과의 성관계 제공**[110], 또는 '**투기적 사업에 참여할 기회를 제공**하는 것'[111], '**승진기회의 제공**'[112] 등이 주로 인용된다.[113] 뇌물로서의 비물질적인 이익이란 객관적으로 計量이 가능한 것이어야 하고, 수수자에게 도움이 되는 것으로 제한해야 한다.[114] 공무원에게 상관의 환심을 사게 해 준 것은 계량이 불가능하므로 뇌물이 아니라는 것이 독일문헌의 다수 견해이다.[115] 그러나 예외적이고 현저한 상관의 환대, 승진 및 보직에서의 특혜 등은 뇌물일 수 있다.

(5) 대가관계

(가) 뜻

불법한 보수 내지 부당한 이익의 수수·요구·약속은 직무수행행위와 대가관계에 있어야 한다. 대가관계는 뇌물의 수수·요구 등과 동시교환형식 (이른바 'do ut des') 예컨대 "내가 지금 일을 처리 할 테니, 너는 즉시 돈을 다오"와 같이 이행될 필요는 없고, 이미 행한 직무행위나 앞으로 할 행위와 대가관계에 있을 경우에도 인정된다.[116] 공무원의 불법행위와 뇌물수수를 규정하는 제131조 제1항 '수뢰 후 부정처사' 그리고 제131조 제2항 '사후수뢰'에서는 이 점이 명백하나, 불법행위가 요건이 아닌 제129조에서도 마찬가지로 해석해야 한다.

공무원이 수수한 이익에 직무행위에 대한 대가로서의 성질과 직무 외의 행

109) 대법원 2010. 5. 13. 선고 2009도7040 판결.

110) 대법원 2014. 1. 29. 선고 2013도13937 판결. RGSt 64, 291; 71, 396; OLG Hamm, Deutsche Richter Zeitung 1948, 449 참조.

111) 대법원 2010. 5. 13. 선고 2009도7040 판결; 1995. 9. 5. 선고 95도1269 판결; 1994. 11. 14. 선고 94도129 판결.

112) BGH NJW 85, 2656.

113) 긍정하는 입장인 일본판례와 학설에 관한 서술: 이동흡, 뇌물죄에 있어서 뇌물과 직무관련성, 형사법에 관한 제문제, 법원행정처(하), 1990, 87.

114) SK/*Rudolphi*, § 331 Rn 21; S/S/*Heine/Eisele*, § 331 Rn 21.

115) LK/*Jescheck*, § 331 Rn 9; S/S/*Heine/Eisele*, § 331 Rn 21.

116) LK/*Jescheck*, § 331 Rn 13; SK/*Rudolphi*, § 331 Rn 27 참조.

위에 대한 사례로서의 성질이 불가분적으로 결합되어 있는 경우에는 그 전부가 직무행위에 대한 대가로서의 성질을 가진다.117)

[판결 81] 아파트의 건립과 은행융자와 관련된 공무를 담당했던 공무원들에게 건설회사가 완공된 아파트를 특혜분양해 준 경우, 대가관계는 인정되어야 하나 실제로는 부정되었다.118)

(나) 판례

대가관계에 관한 판례의 기준은 분명치 않다. 즉, 엄격한 대가관계를 요건으로 하는 것인지 대가관계가 명백하지 않아도 뇌물의 성립을 인정하는 입장인지 알기 어렵다.

[판결 14] 뇌물죄는 공무원의 직무집행의 공정과 이에 대한 사회의 신뢰 및 직무행위의 불가매수성을 그 보호법익으로 하므로, 직무에 관한 청탁이나 부정한 행위를 필요로 하는 것은 아니어서 수수된 금품의 뇌물성을 인정하는 데 특별한 청탁은 요건이 아니다. 또한 금품이 **직무에 관하여** 수수된 것으로 족하고 **개개의 직무행위와 대가적 관계**에 있을 **필요는 없다**.119)

[판결 11] 공무원의 직무와 금원의 수수가 **전체적으로** 대가관계에 있으면 뇌물수수죄가 성립하고, 특별히 청탁의 유무, **개개의 직무행위의 대가적 관계**를 고려할 필요는 없으며, 또한 그 직무행위가 특정된 것일 필요도 없다.120)

(6) 뇌물의 수수, 요구, 약속

형법 제129조부터 제132조까지의 구성요건에 해당하는 행위의 첫째 형태는 공무원 또는 중재인이 그 직무와 관련하여 뇌물을 '수수'한 것이다.

(가) 영득의 의사

[판결 12] 공무원인 갑은 부동산업자 을로부터 건축허가를 내 달라는 부탁받고 3,000만 원권 자기앞수표가 든 봉투를 건네받았는데, 그 후 을과 수시로 통화하면서도 이를 즉시 을에게 돌려주지 않고 자기앞수표를 10일 가량 가지고 있다가 돌려주었다.121)

---

117) 대법원 2013. 4. 11. 선고 2012도16277 판결.

118) 대법원 1981. 4. 28. 선고 80도3323 판결. 대가관계를 부정했으나, 근거는 밝히지 않았다.

119) 대법원 2014. 1. 29. 선고 2013도13937 판결.

120) 대법원 2011. 12. 8. 선고 2010도15628 판결.

[판결 12] 자신이 담당하는 건축허가 등 업무와 관련하여 공소외 1로부터 영득의 의사로 위 자기앞수표를 수수하였다가 공무원으로서 고액의 수표를 사용하는 것이 용이하지 아니하고 문제가 될 수도 있다는 생각에 이를 반환한 것으로 보아, 피고인 1이 영득의 의사로 위 자기앞수표를 뇌물로 받은 것으로 판단하였다. 원심의 위와 같은 판단은 정당하다.

수수한다는 것은 영득의 의사로 받는 것이다.[122] 자신이 사용하거나 처분할 목적에서든, 다른 제3자에게 전달해 줄 의도로 받았는가는 차이가 없다.[123]

영득의 의사가 있는 한, 공무원 혹은 중재인이 수수한 후에 뇌물을 반환하였다고 해도 제129조는 적용된다.[124] 반환할 의도로 일시 받아 둔 경우에는 본조의 죄는 성립하지 않는다.[125]

수뢰자가 먼저 뇌물을 요구하여 증뢰자가 제공하는 돈을 받았다면 받은 돈 전부에 대한 영득의 의사가 인정된다. 영득의 의사로 뇌물을 수령한 이상 그 액수가 예상보다 너무 많아 후에 이를 반환하였다고 하더라도 뇌물죄의 성립에는 영향이 없다.[126]

영득의 의사가 없으면, 뇌물을 수수한 것이 아니다.[127] 뇌물인지 모르고 이를 수수했으나 뇌물임을 알고 즉시 반환하거나, 증뢰자가 일방적으로 뇌물을 두고 가므로 후일 기회를 보아 반환할 의사로 어쩔 수 없이 일시 보관하다가 반환하는 경우 등이 예이다.[128]

이익을 수수한 자의 반환할 의도여부와 반환시점에 대한 객관적인 판단기준을 확정하기는 어렵다.[129] 특히 해당공무원이 부재중에 책상이나 서랍 등에 두고 간 촌지[130]의 경우, 영득의 의사 혹은 일시보관의 의사로 수수한 것인가를

121) 대법원 2012. 8. 23. 선고 2010도6504 판결.
122) 대법원 2010. 4. 15. 선고 2009도11146 판결.
123) SK/*Rudolphi*, §331 Rn 26; SS/*Heine/Eisele*, §331, 26; BGHSt 14, 127 참조.
124) 대법원 1985. 5. 14. 선고 83도205 판결; 1987. 4. 14. 선고 86도2075 판결; 1987. 9. 22. 선고 87도1472 판결.
125) 대법원 1985. 1. 22. 선고 84도2082 판결; 1985. 3. 12. 선고 83도150 판결; 1989. 7. 25. 선고 89도126 판결.
126) 대법원 2007. 3. 29. 선고 2006도9182 판결.
127) 대법원 2010. 4. 15. 선고 2009도11146 판결.
128) 대법원 2007. 3. 29. 선고 2006도9182 판결.
129) BGHSt 15, 103; SS/*Heine/Eisele*, §331 Rn 27 참조.
130) 대법원 1985. 3. 12. 선고 83도150 판결; 1989. 7. 25. 선고 89도126 판결.

구분한다는 것은 쉽지 않다. 반환에 필요한 기간이 경과한 후에도 반환의사를 명백히 표현하지 않았거나 반환하지 않은 이익은, 비록 수익자가 수수할 당시에는 영득의사가 전혀 없었다고 하더라도 영득의 의사가 인정된다고 보는 것이 옳다. 그러나 금품을 받은 공무원이 동료와 상의하고 상급자의 결재까지 받은 후 공금으로 보관하다가 반환한 경우에는 영득의 의사가 부인되어야 할 것이다.[131)]

반면 영득의 의사로 금품을 수수한 이상, 마음이 변해서 나중에 반환할 의사로 보관했다고 해도 영득의사가 인정된다.[132)] 또 받은 뇌물액이 너무 많아 일부를 다른 사람에게 나누어 준 경우 전액에 대한 뇌물수수를 인정한 판결[133)], 수수한 금품을 개인적 용도가 아닌 공동비용에 충당한 경우에도 불법한 약속에 기하여 대가관계가 인정되는 한 원칙적으로 뇌물성은 부정되지 않는다고 본 판결[134)]은 타당하다.

> [판결 07] 세무공무원 갑은 을이 추가세무조사 대상자로 지정하지 않으면 섭섭하지 않도록 해 주겠으니 얼마면 되겠느냐고 부탁하자 손가락 한 개를 들어 보임으로써 뇌물을 요구했고, 을이 이에 응하여 현금 1억 원이 든 가방을 제공하자 이를 수령하였다.[135)]

[판결 07] 갑이 스스로 대가를 요구하여 돈을 받은 그 받은 돈 전부를 영득의 의사로 수령한 것이라고 보아하고, 설령 갑이 내심으로 1,000만 원 정도로 생각하고 수령하였다고 하여 1,000만 원에 대하여만 영득의 의사가 인정되고 이를 초과하는 액수에 대하여는 영득의 의사가 부정될 수는 없다.

(나) 수수

> [판결 12] ㄱ회사 사업소장 갑은 정비사업전문관리업자인 A 주식회사의 대표이사로서 공무원으로 의제되는 을에게 재개발공사 시공자 선정과 관련한 청탁을

131) 대법원 1989. 7. 25. 선고 89도126 판결.

132) 대법원 1992. 2. 8 선고 91도3364 판결.

133) 앞의 각주와 같다.

134) 대법원 1984. 2. 14. 선고 83도3218 판결. 또 공개된 공사현장에서 금품을 수수하고 이를 인부의 식대 및 홍보비로 쓰고 私利를 취하지 않은 경우에도 뇌물수수를 인정하고 있다: 대법원 1985. 5. 14. 선고 83도2050 판결.

135) 대법원 2007. 3. 29. 선고 2006도9182 판결.

하면서 그 대가로 3억 3천만 원의 자금을 위 회사에 1년간 무상으로 대여하여 그로 말미암은 금융이익 상당액을 제공했다.136)

공무원이 직접 뇌물을 받지 아니하고 증뢰자로 하여금 다른 사람에게 뇌물을 공여하도록 한 경우, 그 다른 사람이 공무원의 사자 또는 대리인으로서 뇌물을 받은 경우 등과 같이 사회통념상 그 다른 사람이 뇌물을 받은 것을 공무원이 직접 받은 것과 같이 평가할 수 있는 관계가 있는 경우에는 '뇌물수수'가 성립한다.

공무원으로 의제되는 정비사업전문관리업자의 임직원이 직무에 관하여 자신이 아닌 정비사업전문관리업자 등에게 뇌물을 공여하게 하는 경우에도 뇌물수수가 인정된다.137)

뇌물죄에서 금품이나 재산상 이익 등이 반드시 공여자와 수뢰자 사이에 직접 수수될 필요는 없고, 그 사이에서 제3자가 먼저 공여자를 대신하여 자신의 자금으로 수뢰자에게 지급한 다음 공여자로부터 그 금액을 상환받는 방식으로 수수되었다 할지라도, 공여자와 수뢰자 사이에 금품 제공에 관한 의사의 합치가 존재하고 그러한 지급방법에 관하여 수뢰자가 양해하였다고 인정되는 한, 공여자와 수뢰자 사이에 직접 금품이 수수되지 않았다고 해도 뇌물수수죄의 죄책을 면할 수 없다.138)

[판결 09] 공무원이 직접 뇌물을 받지 않고 증뢰자로 하여금 다른 사람에게 뇌물을 공여하도록 한 경우, 그 다른 사람이 공무원의 사자 또는 대리인으로서 뇌물을 받은 경우나, 그 다른 사람이 뇌물을 받음으로써 공무원은 그만큼 지출을 면하게 되는 경우 등 사회통념상 그 다른 사람이 뇌물을 받은 것을 공무원이 직접 받은 것과 같이 평가할 수 있는 관계가 있는 경우에는 제129조 제1항의 뇌물수수죄가 성립한다.139)

(다) 요구

제129조 이하에서의 '요구'라 함은 뇌물죄의 주체인 공무원이 취득의 의사로

136) 대법원 2012. 5. 17. 선고 2009도6788 전원합의체 판결.
137) 대법원 2012. 5. 17. 선고 2009도6788 전원합의체 판결.
138) 대법원 2008. 6. 12. 선고 2006도8568 판결.
139) 대법원 2009. 10. 15. 선고 2009도6422 판결.

뇌물의 교부를 일방적으로 요구·청구하는 것이다. 요구의 형태는 명백한 표현 뿐 아니라 비유적·암시적인 표현 등을 모두 망라한다. 뇌물관련 죄의 구성요건 표지 「요구」는 장래의 이익제공자 혹은 중개자가 인지할 수 있어야 충족되는 것은 물론이나, 상대방이 반드시 요구의 의미를 정확히 이해해야 하는 것은 아니다.[140] 따라서 공무원 혹은 중재인의 상대방이 이 요구에 동의 했는가 또는 실제로 뇌물이 교부되었는가의 여부가 문제되지 않는다.

(라) 약속

(ㄱ) 내용

뇌물죄의 핵심은 **'증·수뢰자간의 위법한 약속'**에 있다.[141] 수뢰자가 직무행위의 대가로 뇌물을 요구하는 것은 위법한 약속의 종국적 체결에 대한 제의로서, 증뢰자가 이 제의를 받아들이면 위법한 대가관계가 성립한다.

제129조 구성요건 '약속'은 양 당사자 사이의 뇌물수수의 합의를 말한다. '합의'란 그 방법에 아무런 제한이 없고 명시적일 필요도 없지만, 장래 공무원의 직무와 관련하여 뇌물을 주고받겠다는 양 당사자의 의사표시가 확정적으로 합치해야 한다.[142]

(ㄴ) 대상

불법약속의 객체는 특정한 직무행위 또는 특정한 행위가 여러 번 반복되는 것이어야 한다. 특정한 직무행위란 종류, 수행시간, 동기 등이 반드시 세세히 특정되어 있어야 하는 것은 아니지만, 업무의 범위나 내용이 개괄적으로는 정해져 있어야 한다.[143]

한국현실은 생활 현장과 공무원의 업무는 어떤 형태로든 관련되어 있으므로, 관련 공무원들에게 당장은 입증하기 힘든 일 또는 장래의 일과 관련하여 이익을 제공하는 경우가 많다. 이 때 공무원이 제공자의 의도를 이해한 경우, '개괄적으로 정해진 직무행위'와 대가관계를 인정해야 할 것이다. 한국사회에서 흔한 예로, 공무를 특정하지 않고 "잘 봐 달라", "잘 부탁한다"며 금품을 제공하

---

140) LK/*Jescheck*, § 331 Rn 4; SK/*Rudolphi*, § 331 Rn 24; S/S/*Heine/Eisele*, § 331 Rn 24.

141) SK/*Rudolphi*, Rn 28 § 331; SS/*Heine/Eisele*, § 331 Rn 5; BGHSt 15, 97, 242, 355.

142) 대법원 2012. 11. 15. 선고 2012도9417 판결.

143) 독일판례의 입장이다: BGHSt, 15, 250; 32, 290; BGH NStZ 1984, 24; SK/*Rudolphi*, §331 Rn 29 참조. 일본판례의 입장도 같다. 일본판례에 관하여는 이동흡, 앞의 논문, 67/8.

는 경우에도, 당사자 간에는 직무행위가 개괄적 내지 포괄적으로 정해진 것으로 인정될 경우가 대부분이다.[144]

또 다른 문제는 대가관계 없이 단지 공무원에게 전반적으로 좋은 인상을 심어 주기 위해 이익을 제공한 경우이다. 이익 제공자에게 매수의 의도가 없고, 수익자도 매수의 의미를 이해하지 못한 사교적인 선물로 받은 경우라면 대가관계가 인정되지 않으므로 뇌물죄를 부정하는 것이 타당할 수 있다.[145]

반면, 이익을 대가관계 없이 제공·수수하는 것은 생각하기 어렵기 때문에 대가관계를 인정할 증거가 없다는 이유로 뇌물죄를 부정하는 것도 뇌물죄의 입법의도에 부합하는 태도는 아니다.

[판결 12] A 유한회사의 이사 갑과 대표 을이 공모하여, A 회사가 추진하는 골프장 조성 공사와 관련하여 병이 관할 시장으로서 인허가 절차가 신속하게 처리되도록 하는 등 편의를 봐준 데 대한 사례 차원에서 시장직 퇴임 후의 해외 연수비용 명목으로 미화 50,000달러를 제공하기로 하고, 병은 위 돈을 제공받기로 함으로써 공무원의 직무에 관하여 뇌물을 약속했다는 내용으로 기소되었다.[146]

'약속'은 양 당사자의 뇌물수수의 합의를 말한다. '합의'란 그 방법에 아무런 제한이 없고 명시적일 필요도 없지만, 장래 공무원의 직무와 관련하여 뇌물을 주고받겠다는 양 당사자의 의사표시가 확정적으로 합치해야 한다.[147] 약속의 목적물인 이익이 약속당시에 반드시 현존하고 있을 필요는 없고 豫期할 수 있으면 족하며, 약속의 대상이 금전인 경우 그 가액이 확정되어 있을 필요는 없다.[148]

[판결 12] 을과 병 사이에 또는 피고인들 3자 사이에 뇌물을 공여하고 수수하기로 하는 확정적인 의사의 합치로서 약속이 있었다고 보기 어렵고, 설령 당시 병의 뇌물요구 의사표시가 있었다고 보더라도 뇌물을 공여하겠다는 피고인 을의 확정적인 의사가 병에게 그 퇴임일 이전에 전달되었음을 인정할 만한 증거도 없으므로, 결국 병의

144) 군부대지휘관에게 부하장교가 "잘 보아달라"면서 준 금품을 지휘관이 받은 경우, 지휘관이 대가관계를 인식한 것으로 인정한 판결: 대법원 1977. 6. 7. 선고 76도3662 판결.

145) 독일 통설·판례의 입장: BGHSt 15, 233, 250; SK/*Rudolphi*, Rn 29 § 331.

146) 대법원 2012. 11. 15. 선고 2012도9417 판결.

147) 대법원 2012. 11. 15. 선고 2012도9417 판결.

148) 대법원 1981. 8. 20. 선고 81도698 판결.

시장직 퇴임일 이전에 피고인들 사이에 뇌물공여 및 수수에 관한 약속이 이루어졌다고 단정할 없다.149)

제129조 이하의 '약속'은 공무원, 중재인 등이 능동적으로 요구하지 않았으나 이익을 제공할 자가 앞으로 제공하겠다고 제의하고, 수수자가 이를 명시적 혹은 암시적으로 수락의 의사표명을 한 것을 칭한다. 뇌물죄의 핵심은 **증·수뢰자 간의 불법의 약속**이므로, 조건부인 뇌물제공 제의 혹은 조건부수락도 제129조 이하의 약속에 해당한다.150)

Ⅱ. 제129조 제2항 [사전수뢰]

1. 제129조 제2항 '공무원 또는 중재인이 될 자'

공무원채용시험에 합격하여 발령을 대기하고 있는 자 또는 선거에 의해 당선이 확정된 자 등 공무원 또는 중재인이 될 것이 예정되어 있는 자뿐만 아니라 공직취임의 가능성이 확실하지는 않더라도 어느 정도의 개연성을 갖춘 자를 포함한다.151)

2. 청탁

'청탁'은 일정한 직무행위를 해 줄 것을 의뢰하는 것이고 '청탁을 받고'란 청탁에 응할 것을 수락하는 일체의 행위라는 것이 문헌의 설명이다.152)

3. 공무원 또는 중재인이 된 때

"공무원 또는 중재인이 실제로 되었을 때" 처벌한다는 것은 객관적 처벌조건이라는 것이 문헌이 설명이다.

---

149) 대법원 2012. 11. 15. 선고 2012도9417 판결.

150) SK/*Rudolphi*, § 331 Rn 25.

151) 대법원 2010. 5. 13. 선고 2009도7040 판결.

152) 김일수/서보학, 각론[8], 664쪽; 이재상 등, 각론[10], 729쪽.

Ⅲ. 행위의 수와 죄의 수

> [판결 00] 병원 약제부장 갑은 1994. 2.부터 1998. 1. 사이에 설과 추석 및 연말마다 약품도매상인 을로부터 매번 금 1,000,000원씩의 돈을 받아 왔다.

[판결 00] 갑이 그 각 돈을 받을 때마다 을이 특정하고 단일한 명시적 청탁을 했다고 볼 수는 없다 해도, 각 돈은 갑이 병원 약제부장으로서 담당하는 납품관련 업무와 관련하여 도매상 을을 배려해 준 데에 대한 사례나 앞으로도 잘 배려하여 달라는 뜻으로 주고받은 것이라고 보아야 한다. 갑의 각 수뢰행위는 단일하고도 계속된 범의 아래 동종의 범행을 일정기간 반복하여 행하고 피해법익도 동일한 경우에 해당하여 각 범행은 통틀어 포괄일죄이다.[153)]

Ⅳ. 제130조 [제3자 뇌물제공]

> 제130조(제삼자뇌물제공) 공무원 또는 중재인이 그 직무에 관하여 부정한 청탁을 받고 제3자에게 뇌물을 공여하게 하거나 공여를 요구 또는 약속한 때에는 5년 이하의 징역 또는 10년 이하의 자격정지에 처한다.

1. 부정한 청탁

'청탁'은 공무원에 대하여 일정한 직무집행을 하거나 하지 않을 것을 의뢰하는 것이다. '부정한' 청탁이란 의뢰한 직무집행 자체가 위법하거나 부당한 경우는 물론, 의뢰한 직무집행 그 자체는 위법하거나 부당하지 아니하지만 당해 직무집행을 어떤 대가관계와 연결시켜 그 직무집행에 관한 대가의 교부를 내용으로 하는 청탁이다.

제130조의 제3자 뇌물공여죄에서 '부정한 청탁'을 요건으로 하는 취지는 처벌의 범위가 불명확해지지 않도록 하기 위한 것으로서, '부정한 청탁'은 명시적인 의사표시에 의한 것은 물론, **묵시적인 의사표시**에 의한 것도 가능하다. 묵시적인 의사표시에 의한 부정한 청탁이 있다고 하기 위하여는 당사자 사이에 청탁의 대상이 되는 직무집행의 내용과 제3자에게 제공되는 금품이 그 **직무집행**

153) 대법원 2000. 1. 21. 선고 99도4940 판결.

에 대한 대가라는 점에 대하여 **공통의 인식이나 양해**가 존재해야 한다. 그러한 인식이나 양해 없이 막연히 선처하여 줄 것이라는 기대에 의하거나 직무집행과는 무관한 다른 동기에 의하여 제3자에게 금품을 공여한 경우에는 묵시적인 의사표시에 의한 부정한 청탁이 있다고 보기 어렵고, 공무원이 먼저 제3자에게 금품을 공여할 것을 요구했다고 해도 같다.[154)]

2. 제3자

뇌물을 받는 제3자란 행위자와 공동정범 이외의 사람을 말한다. 교사자나 방조자도 포함될 수 있다. 그러므로 공무원 또는 중재인이 부정한 청탁을 받고 제3자에게 뇌물을 제공하게 하고 제3자가 그러한 공무원 또는 중재인의 범죄행위를 알면서 방조한 경우에는 그에 대한 별도의 처벌규정이 없더라도 방조범에 관한 형법총칙의 규정이 적용되어 제3자 뇌물수수방조죄가 인정될 수 있다.[155)]

뇌물을 받는 제3자가 뇌물임을 인식할 것은 제130조의 요건이 아니다. 뇌물을 제3자에게 공여하게 한 동기를 묻지 않으므로, 어떤 금품이 공무원의 직무행위와 관련하여 교부된 것이라면 그것이 시주의 형식으로 교부되었고 또 불심에서 우러나온 것이라 하더라도 뇌물이 된다.[156)]

3. 제129조 제1항과 제130조

제130조 '제3자 뇌물제공죄'를 제129조 제1항의 단순수뢰죄와 비교해 보면, 공무원이 직접 뇌물을 받지 않고, 제3자에게 뇌물을 공여하도록 하고 그 제3자로 하여금 뇌물을 받도록 한 경우에는 부정한 청탁을 받고 그와 같은 행위를 한 경우에 한하여 단순수뢰죄와 같은 형으로 처벌한다.

공무원이 직접 뇌물을 받지 않고, 증뢰자로 하여금 제3자에게 뇌물을 공여하도록 하고 그 제3자로 하여금 뇌물을 받도록 하였다 하더라도 부정한 청탁을 받은 일이 없다면 이를 처벌하지 않는다는 취지로 해석해야한다. 다만 그 다른 사람이 공무원의 사자 또는 대리인으로서 뇌물을 받은 경우나 그 밖에 예컨대 평소 공무원이 그 다른 사람의 생활비 등을 부담하고 있었다거나 혹은 그 다른

154) 대법원 2014. 9. 4. 선고 2011도14482 판결; 대법원 2009. 1. 30. 선고 2008도6950 판결.
155) 대법원 2017. 3. 15. 선고 2016도19659 판결.
156) 대법원 2006. 6. 15. 선고 2004도3424 판결.

사람에 대하여 채무를 부담하고 있었다는 등의 사정이 있어서 그 다른 사람이 뇌물을 받음으로써 공무원은 그만큼 지출을 면하게 되는 경우 등 사회통념상 그 다른 사람이 뇌물을 받은 것을 공무원이 직접 받은 것과 같이 평가할 수 있는 관계가 있는 경우에는 제129조 제1항의 단순수뢰죄가 성립한다.157)

V. 제131조 [수뢰 후 부정처사, 사후수뢰]

> 제131조(수뢰 후 부정처사, 사후수뢰) ① 공무원 또는 중재인이 전2조의 죄를 범하여 부정한 행위를 한 때에는 1년 이상의 유기징역에 처한다.
> ② 공무원 또는 중재인이 그 직무상 부정한 행위를 한 후 뇌물을 수수, 요구 또는 약속하거나 제삼자에게 이를 공여하게 하거나 공여를 요구 또는 약속한 때에도 전항의 형과 같다.
> ③ 공무원 또는 중재인이었던 자가 그 재직 중에 청탁을 받고 직무상 부정한 행위를 한 후 뇌물을 수수, 요구 또는 약속한 때에는 5년 이하의 징역 또는 10년 이하의 자격정지에 처한다.
> ④ 전3항의 경우에는 10년 이하의 자격정지를 병과할 수 있다.

제131조 제1항[수뢰 후 부정처사]는 공무원 또는 중재인이 제129조, 제130조의 죄를 범한 후에 대가인 '부정한 행위를 한 때'에 가중 처벌하는 규정이다. 제131조 제1항의 죄를 범한 자는 **특정범죄 가중처벌 등에 관한 법률** 제2조 제1항의 형법 제129조, 제130조에 규정된 죄를 범한 자에 해당된다.158) 제131조 제2항[부정처사 후 수뢰]는 공무원 또는 중재인이 먼저 부정한 행위를 한 후 뇌물을 수수, 요구 또는 약속하는 행위 또는 제3자에게 공여하게 하거나 공여를 요구 또는 약속하는 행위이고, 처벌은 수뢰 후 부정처사와 같이 한다. 제131조 제3항 [사후 수뢰]는 공무원 또는 중재인이었으나 더 이상 그 직에 종사하지 않는 자가 재직 중에 청탁을 받고 직무상 부정행위를 한 후 뇌물을 수수, 요구 또는 약속한 행위이다.

'부정한 행위'란 직무에 위배되는 일체의 행위를 말하는 것으로 직무행위 자체는 물론 그것과 객관적으로 관련 있는 행위까지 포함한다.159)

---

157) 대법원 1998. 9. 22. 선고 98도1234 판결.

158) 대법원 2004. 3. 26. 선고 2003도8077 판결.

159) 대법원 2003. 6. 13. 선고 2003도1060 판결.

Ⅵ. 제132조 [알선수뢰]

> 제132조(알선수뢰) 공무원이 그 지위를 이용하여 다른 공무원의 직무에 속한 사항의 알선에 관하여 뇌물을 수수, 요구 또는 약속한 때에는 3년 이하의 징역 또는 7년 이하의 자격정지에 처한다.

1. 취지, 내용

입법취지에 관한 설명은 찾기 어렵지만, 제132조는 공무원이 '자신의 지위를 이용'해 자신의 소관업무가 아닌 다른 공무원의 직무사안을 알선하는 대가로 뇌물을 수수·요구·약속하는 것을 처벌하는 구성요건이라 할 수 있다.

공무원이 다른 공무원의 직무에 관한 사안으로 자신이 직접 처리할 수 없음에도 공무원의 직위를 이용하여 직무수행을 가능하도록 하는 행위는 간접적으로 직무관련성이 있고 국가기능을 방해하는 행위이므로 처벌하겠다는 취지인 것으로 추정된다.

2. 알선의 뜻, 범위

'알선'이란 공무원이 특정한 공무수행행위가 다른 공무원에 의하여 이루어지도록 중개하는 행위로 해석된다.

판례에 의하면 알선수뢰란 "다른 공무원의 직무에 속한 사항을 알선한다는 명목으로 뇌물을 수수하는 행위"이고, 반드시 알선의 상대방인 다른 공무원이나 그 직무의 내용이 구체적으로 특정될 필요까지는 없다. **알선행위**는 장래의 것도 무방하므로 알선뇌물수수죄가 성립하기 위하여는 뇌물을 수수할 당시 반드시 상대방에게 알선에 의하여 해결을 도모하여야 할 현안이 존재해야 할 필요가 없다.[160)]

'교섭성립의 편의제공' 또는 '청탁의 목적을 달성하기 위한 편의제공'에 한정되지 않는다. 알선을 이와 같이 해석해야 국가(기관)의 기능이라는 제도 즉 뇌물관련 죄의 보호법익이 효과적으로 보호된다.

---

160) 대법원 2013. 4. 11. 선고 2012도16277 판결.

중재인은 제132조의 주체가 아니다. 따라서 중재인의 알선행위가 있을 경우 특가법 제3조에 따라 여타의 비공무원과 같이 알선수재죄로 처벌된다. 특가법 제3조는 공무원이 아닌 자가 직무관련성이 있는 공무원의 공무수행을 알선하는 경우를 범죄구성요건화한 것이다. 공무원은 알선에서 자신의 지위를 이용했을 것이 제132조의 구성요건표지이나, 비공무원에게는 이와 같은 제한이 없다. 그러나 비공무원이 공무원의 알선행위 보다 더 중하게 처벌되는 것은 뇌물죄의 존재목적에 부합하는지 검토가 필요하다.

3. 지위이용

제132조 “그 지위를 이용하여”에 친구, 친족관계 등 사적인 관계를 이용하는 경우에는 해당하지 않으나, 다른 공무원이 취급하는 사무처리에 법률상이거나 사실상으로 영향을 줄 수 있는 관계에 있는 공무원이 그 지위를 이용하는 경우에는 여기에 해당하고 그 사이에 반드시 상하관계, 협동관계, 감독권한 등의 특수한 관계에 있음을 요하지 않는다.161)

상위직 공무원이 하위직 공무원에게 또는 상급관청의 공무원이 하급관청의 공무원에게 영향력을 행사하는 것은 ‘지위 이용’이다. 군교육청 서무과장이 관내 초등학교 공요원 임용을 학교장에 추천하는 대가로 금품을 받은 경우에는 자신의 지위를 이용한 것으로 제132조 ‘알선행위’에 해당한다.162)

그러나 군청 농지계 직원은 도지사의 직무권한에 속하는 골재채취예정지고시업무에163), 검찰주사는 검사의 직무에164) 자신의 지위를 이용하여 알선행위를 할 수 없다는 입장으로 보인다.

제129조 이하의 규정들과 특가법 제3조, 특경법 제7조를 연관 지워 보면 또 뇌물관련 죄의 보호법익을 고려하면 제132조의 ‘공무원이 그 지위를 이용하여’라는 구성요건표지는 불필요한 것이다. 공무원이 자신의 소관업무가 아닌 다른 공무원의 소관업무를 알선하고 받은 이익 역시 뇌물로 보아 처벌한다는 것이 제132조의 취지이므로, 이 조항에서 ‘알선’은 공무원의 다른 공무원의 직무와 관련한 일체의 매개행위라고 해석해야 한다.

---

161) 대법원 1995. 1. 12. 선고 94도2687 판결; 1984. 1. 31. 선고 83도3015 판결.

162) 대법원 1988. 1. 19. 선고 86도1138 판결.

163) 대법원 1982. 6. 8. 선고 82도404 판결; 1984. 1. 31. 선고 83도3015 판결.

164) 대법원 1982. 6. 8. 선고 82도403 판결.

[판결 10] 중령으로 근무하다가 전역하여 육군본부 정보작전지원참모부에서 육군의 조직 구조와 기능을 진단·조정하는 업무를 담당하는 조직진단관으로 근무하고 있는 3급 군무원 갑은 장군진급심사를 앞두고 있던 을로부터 육군본부 인사참모부의 선발관리실장인 병 준장에게 부탁하여 장군진급이 되도록 해달라는 부탁을 받고 을에게서 5,000만 원을 받았다.165)

[판결 10] '그 지위를 이용하여'란 친구, 친족관계 등 사적인 관계를 이용하는 경우이거나 단순히 공무원으로서의 신분이 있다는 것만을 이용하는 경우가 아니고, 적어도 다른 공무원이 취급하는 사무의 처리에 법률상 또는 사실상 영향을 줄 수 있는 관계에 있는 공무원이 그 지위를 이용하는 경우이어야 한다.

갑이 을에게 돈을 수수할 당시 자신의 지위를 이용하여 병의 진급업무에 사실상 영향을 줄 수 있는 관계에 있었다고 할 수 없어 알선수뢰가 성립하지 않는다.

비판: 제132조 '지위를 이용하여'는 제129조 '직무관련성'과 달리 법령에 근거가 있어야 하는 것에 제한할 근거는 없다. 뇌물관련 죄의 보호법익이 국가기관의 정당한 기능과 제도의 확보라는 점에서 '지위를 이용하여'라는 구성요건표지는 지위의 고하나 업무의 종류를 기준으로 판단해야할 당위성은 없다. 따라서 하위직공무원이 상급자의 공무를 알선하는 것을 배척하는 것으로 해석해야 하는 것은 아니다.

친분관계나 혈연, 지연 등을 앞세운 하위직공무원의 상급자의 공무행위에 대한 알선행위도 '사실상 영향력'이 없다고 단정할 수 없을 경우, 알선에 포함되는 것이 옳다. '지위를 이용'한다는 것은 알선행위가 대상인 공무원에 영향을 미쳤는가 또는 미치도록 시도했다는 것이 분명한가라는 사실관계와, 알선자인 공무원이 금품내지 이익을 수수·요구·약속했는가가 문제이다. 반면 알선의 효과로 알선 받은 공무원이 실제로 알선의 영향 내지 효과로 직무행위를 수행했는가는 알선수뢰의 성립요건이 아니다.166)

◈ 요점

1. 위험범

제129조 이하 뇌물 관련 죄는 모두 위험범이다. 따라서 뇌물을 수수·요구·

165) 대법원 2010. 11. 25. 선고 2010도11460 판결.
166) 같은 취지: 대법원 1992. 5. 8. 선고 92도532 판결.

약속·알선한 이상 실제로 공무원이 직무행위를 했는가 또는 증뢰자가 현실적으로 수뢰자의 직무행위로 인하여 이득을 보았는가는 뇌물죄의 성립에서 문제되지 않는다. 또 공무원, 중재인 혹은 정부관리기업체의 간부직원이 뇌물의 대가인 직무행위를 할 의사가 실제로 있었는지의 여부 역시 문제되지 않는다.[167] 따라서 뇌물죄의 미수범 처벌조항이 없는 것은 옳은 입법이다.

2. 대가관계

뇌물의 적용기준은 공무원 등이 수수, 요구, 약속한 이익과 직무행위 간의 대가관계가 핵심이다. 직무와 대가관계에 있는 뇌물은 뇌물죄의 존재목적, 보호법익을 기준으로 판단해야 합리적인 범위가 정해진다. 뇌물죄의 보호법익을 직무행위의 불가 매수성으로 보면, 뇌물의 기준이 불명확해 질 수 있으므로, 국가기관의 공정 원활한 기능수행을 보호법익이라고 해야 한다.

대가성이 없다는 이유로 부당한 이익을 취득한 공직자들이 처벌되지 않는 경우가 많은데, 제공자와 공무원이 수수·요구·약속한 이익의 의미를 이해하고 합의했다면, 명백한 증거가 없어도 대가관계는 인정되어야 한다. 이 견해가 뇌물죄의 존재이유와 보호법익에 상응하는 합목적적인 해석이다.

3. 직무관련성

제129조~제131조의 직무는 증뢰자와 불법을 약속한 수뢰공무원에게 직무수행의 권한이 법령으로 또는 법령에 근거하여 현실적으로 부여·처리되는 직무에 한정해야 한다. 자신의 소관하는 업무가 아닌 사항을 처리하는 것은 불가능하므로, 알선의 방법을 통해야 가능하고, 제132조는 타인 소관인 공무와 관련하여 뇌물을 받은 공무원을 처벌하기 위한 규정이다.

4. 형법과 특별형법에서의 뇌물관련 죄의 유형과 상호 관계

(1) 제129조 [수뢰]에서는 증뢰자의 청탁 수뢰자의 불법행위가 요건이 아니고 뇌물의 수수시기와 직무집행행위의 전후도 문제되지 않는다.[168] **제129조 제2항 [사전수뢰]**는 공무원 또는 중재인으로 임명되지 않은 자에게 뇌물죄가 적용되

---

167) SK/*Rudolphi*, §331 Rn 17.

168) 대법원 1992. 2. 28. 선고 91도3364 판결; 1994. 3. 22. 선고 93도2962 판결; 1995. 9. 95 선고 95도1269 판결; 1996. 1. 23. 선고 94도3022 판결. 독일의 통설도 같은 입장이다: LK/*Jescheck*, § 331 Rn 14; SK-*Rudolphi*, § 331 Rn 17; S/S/*Heine/Eisele*, §331 Rn 16.

는 독특한 조문이다. (i) **청탁이 있어야** 하고 (ii) 공무원의 신분을 후에 실제로 취득할 것이 구성요건 요소라는 점이 단순수뢰와 다르다.

(2) 공무원, 중재인, 정부관리기업체 간부직원이 수뢰 이전에 불법한 직무수행행위를 한 경우 가중구성요건으로 제131조 제2항 [부정처사 후 수뢰], 수뢰 후 부정행위가 있을 경우 **제131조 제1항 [수뢰 후 부정처사]**가 적용된다.

(2) **제130조 [제3자 뇌물제공]**은 공무원 혹은 중재인이 자신의 직무와 관련된 부정한 청탁을 받고 자신이 아닌 제3자에게 뇌물을 공여하게 한 경우로서'부정한 청탁'이 구성요건요소인 점이 특징이다.

(3) **제132조 [알선수뢰]**는 공무원이 '지위를 이용'하여 다른 공무원의 직무에 관련한 사항을 알선하고 뇌물을 수수한 행위이다. 자신의 소관직무와는 직접적인 관계가 없는 사안에 대한 공무원의 중개행위를 금지한 조문으로, 제129~131조에서의 직무관련성 판단의 기준이 된다. 이 구성요건들에 중재인은 해당되지 않는다.

(4) 특가법 제4조에 의하여, 정부 또는 지방자치단체가 출자한 기업체 그리고 공공성이 현저하고 정부 또는 지방자치단체의 지도감독권이 인정되는 기업체의 간부직원 역시 뇌물죄의 주체가 된다.169)

Ⅶ. 제133조 [증뢰, 증뢰물 전달]

> 제133조(뇌물공여 등) ① 제129조 내지 제132조에 기재한 뇌물을 약속, 공여 또는 공여의 의사를 표시한 자는 5년 이하의 징역 또는 2천만 원 이하의 벌금에 처한다.
> ② 전항의 행위에 공할 목적으로 제삼자에게 금품을 교부하거나 그 정을 알면서 교부를 받은 자도 전항의 형과 같다.

제133조 제1항은 제129조부터 제132조[알선수뢰]까지의 뇌물을 공무원 또는 중재인에게 주겠다고 약속하는 것 즉 받는 자와 합의하는 행위, 제공하는 행위 또는 주겠다는 의사를 표시하는 행위를 처벌하는 구성요건이다. 수수, 요구, 약속에 대응하는 행위들이고 뇌물을 주는 자를 받는 자와 동등하게 처벌하는 조항이다. 이 조항이 없으면 증뢰자는 처벌되지 않거나 수뢰의 교사 또는 방조범

169) 정부관리기업체의 범위는 동법시행령 제2조, 간부직원의 구체적인 범위는 동법시행령 제3조 참조.

이 될 수밖에 없기 때문에 만든 조문으로 추정된다.

제133조 제2항은 증뢰자가 공무원 등에게 뇌물을 줄 목적으로 금품을 제3자에게 교부하는 행위 또는 증뢰(의도)자의 그런 의도를 알면서 금품을 교부받은 제3자를 처벌하는 조항이다. 증뢰물 전달행위를 제133조 제1항 [뇌물공여]죄와 같은 형으로 처벌하는 독립된 구성요건이다. 여기에서 '제3자'란 행위자와 공동정범 이외의 자를 말한다.170)

Ⅷ. 제134조 [몰수, 추징]

> 제134조(몰수, 추징) 범인 또는 정을 아는 제삼자가 받은 뇌물 또는 뇌물에 공할 금품은 몰수한다. 그를 몰수하기 불능한 때에는 그 가액을 추징한다.

제134조의 규정에 의한 필요적 몰수 또는 추징은 제129조 내지 133조를 위반한 자에게 제공되거나 공여될 금품 기타 재산상 이익을 박탈하여 그들로 하여금 부정한 이익을 보유하지 못하게 함에 그 목적이 있다.

금품의 무상대여를 통하여 위법한 재산상 이익을 취득한 경우 범인이 받은 부정한 이익은 그로 인한 금융이익 상당액이라 할 것이므로 추징의 대상이 되는 것은 무상으로 대여 받은 금품 그 자체가 아니라 위 금융이익 상당액이라고 봄이 상당하다. 한편, 여기에서 추징의 대상이 되는 금융이익 상당액은 객관적으로 산정되어야 할 것인데, 범인이 금융기관으로부터 대출받는 등 통상적인 방법으로 자금을 차용하였을 경우 부담하게 될 대출이율을 기준으로 하거나, 그 대출이율을 알 수 없는 경우에는 금품을 제공받은 범인의 지위에 따라 민법 또는 상법에서 규정하고 있는 법정이율을 기준으로 하여, 변제기나 지연손해금에 관한 약정이 가장되어 무효라고 볼 만한 사정이 없는 한, 금품수수일로부터 약정된 변제기까지 금품을 무이자로 차용하여 얻은 금융이익의 수액을 산정한 뒤 이를 추징하여야 할 것이다.171)

---

170) 대법원 2012. 12. 27. 선고 2012도11200 판결.

171) 대법원 2008. 9. 25. 선고 2008도2590 판결.

제 8 장 공무방해에 관한 죄

§ 13. 공무방해죄

Ⅰ. 보호법익

국가기관의 적법·정당한 법집행을 반항이나 방해로부터 보호하자는 것이 제136조 규범의 취지이다. 판례에 의하면, 공무원에 의하여 구체적으로 행하여지는 **국가 또는 공공기관의 기능의 보호**가 보호법익이다.[1]

독일문헌에는 합법적 법집행에 대한 국가의지의 실현만이 §113(제136조) 의 보호법익이라는 견해,[2] 국가의지의 실현과 함께 법집행을 하는 기관 즉 사람을 보호하는 것 역시 포함하는 견해[3]가 있다.

Ⅱ. 제136조 [공무집행방해

> 제136조(공무집행방해) ① 직무를 집행하는 공무원에 대하여 폭행 또는 협박한 자는 5년 이하의 징역 또는 1천만 원 이하의 벌금에 처한다.

1. 제136조 제1항

공무원이 직무를 집행 중이어야 하고 직무집행은 적법해야 한다. 적법한 공무집행이란 그 행위가 공무원의 추상적 권한에 속할 뿐만 아니라 구체적 직무집행에 관한 법률상 요건과 방식을 갖추어야 한다. 적법성이 결여된 직무행위를 하는 공무원에게 대항하여 한 폭행이나 협박은 공무집행방해죄를 구성하지 않는다.[4]

---

1) 대법원 2010. 2. 25. 선고 2008도9049 판결.

2) NK/*Paeffgen*, §113 Rn 3.

3) S/S[29]/*Eser*, §113 Rn 1.

폭행은 사람에 대한 직접, 간접의 유형력 행사로서 광의의 폭행개념이라고 설명되고 있다. 협박은 직무를 집행하는 공무원에게 공포심을 발생케 하는 모든 형태의 해악통지로서 역시 광의의 협박개념이라고 한다.5)

(1) 직무의 집행

(가) 직무

'직무'는 법적 근거에 의한 것으로 구체적으로 그 공무원에게 위임된 직무이어야 한다. 또 공무원이 현재 수행 중인 직무를 말한다.

(나) '집행하는'

'집행하는'이란 특정의 직무를 집행할 권한 있는 공무원의 공무집행이라고 해석해야 한다. 공무원이 직무수행에 직접 필요한 행위를 현실적으로 행하고 있는 때만을 가리키는 것이 아니라 공무원이 직무수행을 위하여 근무 중인 상태에 있는 때를 포괄한다.6)

> [판결 99] 甲은 주차단속공무원 乙이 자신의 차에 불법주차 스티커를 붙였다가 자신이 휠체어를 탄 장애인임을 알고 이를 다시 떼어 낸 직후 乙을 폭행했다.7)

[판결 99] 폭행 당시 乙은 일련의 직무수행을 위하여 근무 중인 상태에 있었으므로 공무집행방해가 성립한다. 乙이 불법주차 스티커를 甲의 차에 붙인 후 다시 떼어 낸 행위만을 따로 분리하여 그 시점에 직무수행이 종료되고 乙이 甲에 대하여 별개의 조치를 취하거나 다른 차량에 대한 단속에 착수할 때에 직무수행이 재개된다고 할 수는 없다.8)

직무의 성질에 따라서는 그 직무수행의 과정을 개별적으로 분리하여 부분적으로 각각의 개시와 종료를 논하는 것이 부적절하고 여러 종류의 행위를 포괄하여 일련의 직무수행으로 파악해야 할 경우가 있다. 따라서 구체적인 업무를

---

4) 대법원 2012. 12. 13. 선고 2012도11162 판결; 2009. 2. 12. 선고 2008도9926 판결; 2005. 10. 28. 선고 2004도4731 판결.

5) 김일수/서보학, 각론[8], 680쪽; 이재상 등, 각론[10], 746쪽.

6) 대법원 2002. 4. 12. 선고 2000도3485 판결.

7) 대법원 1999. 9. 21. 선고 99도383 판결.

8) 대법원 1999. 9. 21. 선고 99도383 판결.

처리하고 있지 않고 있더라도 자기 자리에 앉아 있는 것만으로도 업무의 집행으로 볼 수 있을 때에도 직무집행 중으로 인정될 때도 있다. 뿐만 아니라 직무자체의 성질이 부단히 대기하고 있을 것을 필요로 하는 것일 때에는 대기 자체를 곧 직무행위로 보아야 할 경우도 있다.[9)]

법령의 위임에 따른 **적법한** '직무집행'인 이상 공권력의 행사를 내용으로 하는 권력적 작용뿐만 아니라 사경제주체로서의 활동을 비롯한 비권력적 작용도 포함한다.[10)] 업무방해죄와 별도로 공무집행방해죄를 규정하고 있는 것은 사적 업무와 공무를 구별하여 공무에 관해서는 공무원에 대한 폭행, 협박 또는 위계의 방법으로 그 집행을 방해하는 경우에 한하여 처벌하겠다는 취지이므로, 공무방해 행위를 업무방해죄로 의율할 수 없다.[11)]

(다) 직무행위의 적법성

제136조의 공무집행방해죄에서는 적법한 공무집행이 전제가 된다. 공무집행이 '적법'한가에 대한 대법원의 판단기준은: (ㄱ) 그 행위가 해당 공무원의 추상적인 직무권한에 속할 뿐 아니라 **구체적**으로도 그 권한 내에 있어야 하며, (ㄴ) 직무행위로서의 **중요한 방식**을 갖추어야 한다.[12)]

(ㄱ) 추상적, 구체적 직무권한

추상적인 권한에 속하는 공무원의 어떠한 공무집행이 적법한지 여부는 행위 당시의 구체적 상황에 기하여 객관적·합리적으로 판단하여야 하고 사후적으로 순수한 객관적 기준에서 판단할 것은 아니다.

> [판결 14] 경찰관 A, B는 112신고를 받고 현장에 출동해서 갑이 술값을 내지 않고 가려다 여종업원과 실랑이가 있었다는 사실을 들었고 여종업원이 피묻은 휴지를 얼굴에 대고 있는 것을 보고 A가 갑에게 확인하려고 질문을 시도했다. 갑이 질문에 응하지 않고 계산대 쪽으로 피했다가 재차 질문을 받자 출입문 쪽으로 나가려고 하므로 A가 앞을 막아서서 상황을 설명해 달라고 하자 갑은 욕설하며 A의 멱살을 잡았다. B가 갑을 제지하기 위해 뒤쪽에서 어깨를 잡자 '넌 뭐야'라고

9) 대법원 1999. 9. 21. 선고 99도383 판결.

10) 대법원 2003. 12. 26. 선고 2001도6349 판결(한일어업협정에 따른 감선 지원사업의 일환인 제주도의 어선경쟁입찰업무).

11) 대법원 2009. 11. 19. 선고 2009도4166 전원합의체 판결.

12) 대법원 1991. 5. 10. 선고 91도453 판결.

말하고 팔꿈치로 B의 턱을 1회 때렸다. A와 B는 갑에게 피의사실의 요지 및 현행범인 체포의 이유와 변호인을 선임할 수 있음을 고지하고 변명의 기회를 제공한 다음 공무집행방해죄 현행범으로 체포했다.[13)]

[판결 14] A와 B가 "경찰 정복차림이었고, 갑이 경찰관들에게 신분증 제시 등을 요구한 적이 없으며, 욕설을 하며 바깥으로 나가려고 하다가 제지하는 위 경찰관들을 폭행한 사실, 사정을 앞서 본 법리에 비추어 보면, 당시 갑은 위 A, B가 경찰관이고 검문하는 이유가 자신에 관한 범죄행위 때문임을 모두 알고 있었다고 보이므로, 이러한 상황에서 위 경찰관들이 갑에게 신분증을 제시하거나 그 소속 등을 밝히지 않았다고 하여 그 불심검문이 위법한 공무집행이라고 볼 수 없다"[14)]는 이유에서 A와 B의 직무집행은 적법하다고 인정했다.

[판결 13] 갑이 식당에서 소란을 피우고 있다는 신고를 받고 경찰관 A가 현장에 도착했을 때 C와 식당 종업원들이 식당 밖에 나와 손짓하고 있었으며, 식당 안에 들어갔을 때는 갑이 소란행위를 일시 중단한 채 자리에 앉아 있어 C에게 누가 영업을 방해했느냐고 묻자 C가 갑을 지목했다. 이에 A는 갑에게 상황을 설명해 달라고 하였고, 갑은 자신이 사장인데 무슨 영업방해냐고 항의했으며, A는 사업자등록증상으로는 갑이 사장이 아니라고 말하고 나가서 얘기하자고 했으나, 갑은 소리를 지르고 A 등에게 욕설을 하며 양은그릇 2개를 양손에 들고 서로 부딪치는 등의 소란을 피웠다. A는 현행범으로 체포하겠다고 갑에게 고지하고 수갑을 채우는 과정에서 갑이 A를 도우려던 C의 낭심을 걷어차는 등 폭행했다. A와 함께 출동한 경찰관 B가 갑에게 수갑을 채운 후 갑의 양쪽 겨드랑이에 팔을 끼워 바깥으로 데리고 나가려 하자 갑은 테이블을 걷어차 넘어뜨렸으며, 바깥에 나가서는 순찰차량 밑에 하반신을 밀어 넣고 연행되지 않으려고 저항하였고, 차량 밑에서 끌어내려는 B 경사의 코 부분을 머리로 받고 어깨를 물어 상해를 입혔다.[15)]

[판결 13] **현행범 체포의 적법성**은 체포 당시의 구체적 상황을 기초로 객관적으로 판단해야 하고, 사후에 범인으로 인정되었는지에 의할 것은 아니다.[16)] 갑이 식당 안에서 소리를 지르거나 양은그릇을 부딪치는 등의 소란행위가 업무방해죄의 구성요건에 해당하지 않아 사후적으로 무죄로 판단된다고 하더라도, 갑이 상황을 설명해 달라거나 밖에서 얘기하자는 경찰관 A의 요구를 거부하고 소리를 지르고 양은그릇을 두드

13) 대법원 2014. 12. 11. 선고 2014도7976 판결
14) 대법원 2014. 12. 11. 선고 2014도7976 판결.
15) 대법원 2013. 8. 23. 선고 2011도4763 판결.
16) 대법원 2013. 8. 23. 선고 2011도4763 판결.

리면서 소란을 피운 당시 상황에서는 객관적으로 보아 갑이 업무방해죄의 현행범이라고 인정할 만한 충분한 이유가 있으므로, 경찰관들이 갑을 체포하려고 한 행위는 적법한 공무집행이다. 따라서 그 과정에서 갑이 A의 체포에 저항하며 A를 도우려던 사람들을 폭행하거나 상해를 가한 것은 공무집행방해죄를 구성한다.[17)]

불심검문 대상자 관련 판례 : [판결 14] "경찰관직무집행법 제3조 제1항에 규정된 대상자 해당 여부를 판단함에 있어 불심검문 당시의 구체적 상황은 물론 사전에 얻은 정보나 전문적 지식 등에 기초하여 객관적·합리적인 기준에 따라 판단해야 한다. 반드시 불심검문 대상자에게 형사소송법상 체포나 구속에 이를 정도의 혐의가 있을 것을 요하는 것은 아니다. 경찰관은 불심검문 대상자에게 질문하기 위하여 범행의 경중, 범행과의 관련성, 상황의 긴박성, 혐의의 정도, 질문의 필요성 등에 비추어 그 목적 달성에 필요한 최소한의 범위에서 사회통념상 용인될 수 있는 상당한 방법으로 그 대상자를 정지시킬 수 있다."[18)]

(ㄴ) **직무행위의 절차, 방식**

직무를 집행하는 행위는 절차와 방식에 따른 것이어야 한다. 체포함에는 영장을 제시해야 하고, 피의사실의 요지, 체포의 이유 등을 고지해야 한다.

> [판결 00] 경찰 A와 B가 순찰 근무 중 교통사고 발생 후 4분 만에 무선을 통해 사고를 일으킨 검정색 승용차가 도주한 방면을 수색하던 중 세워져 있던 운전석 범퍼 및 펜더 부분이 파손된 검정색 그랜져에서 내리는 갑을 발견하여 긴급체포했다. 그러나 형사소송법 제72조, 제312조의 2에 따른 '범죄사실의 요지, 체포의 이유와 변호인을 선임할 수 있음을 말하고 변명할 기회'를 주지 않았다. 갑은 체포를 벗어날 목적으로 폭행한다고 생각할 겨를도 없이 단지 자신을 강제로 붙잡고 놓아주지 않는 그들의 손에서 벗어나기 위하여 발버둥치는 과정에서 팔꿈치로 그들의 가슴 부분을 밀어 넘어뜨리거나 손으로 밀었다.[19)]

☆ [판결 00] 긴급체포의 요건이 충족된 것은 인정되나, A와 B가 **적법절차**를 준수하지 않고 실력으로 연행하려고 한 것은 적법한 공무집행이 아니다. 갑이 그 경찰관에 대하여 이를 거부하는 방법으로써 폭행을 했다고 해도 공무집행방해죄가 성립하지 않는다.[20)]

---

17) 앞의 각주와 같다.

18) 대법원 2014. 12. 11. 선고 2014도7976 판결.

19) 대법원 2000. 7. 4. 선고 99도4341 판결.

20) 대법원 2000. 7. 4. 99도4341 판결. 같은 취지 : 대법원 1996. 12. 23. 선고 96도2673 판

(4) 공무원

공무원은 법령에 의하여 임명되어 국가 또는 지방자치단체에 근무하는 자이다. 공무원을 설명한 판결은:

[판결 15] 형법상 '공무원'은 국가 또는 지방자치단체 및 이에 준하는 공법인의 사무에 종사하는 자로서 그 노무의 내용이 단순한 기계적 육체적인 것에 한정되어 있지 않은 자를 말한다.21)

[판결 11] 국민기초생활 보장법 제15조 제1항 제4호, 같은 법 시행령 제20조, 같은 법 시행규칙 제25조에 따라 자활근로자로 선정되어 사회복지담당 공무원의 복지도우미로 근무하던 사람은 공무원으로서 공무를 담당한 것이 아니다.22)

[판결 15] 국민권익위원회 위원장과 근로계약을 체결한 기간제 근로자로서 청사 안전관리 및 민원인 안내 등의 사무를 담당한 사람은 법령의 근거에 기하여 국가 등의 사무에 종사하는 형법상 공무원이 아니다.23)

(5) 폭행, 협박

(가) 폭행

제136조 공무집행방해죄의 폭행은 사람에 대한 직·간접의 유형력 행사라는 이른바 '광의의 폭행'으로 반드시 신체적 접촉이 이루어 져야하는 것은 아니고 직접 사람의 신체에 대한 유형력의 행사이어야 할 필요도 없다.

> [판결 13] 갑은 지구대 내에서 자신을 업무방해로 즉결심판에 회부하였다는 이유로 화가 나, 위반자용 즉결심판출석통지서를 찢어 버리고 지구대 소속인 경위 A, 순경 B에게 '경찰관들이 관내 업주로부터 금품을 수수한 것을 다 알고 있다. 갈 때까지 가보자. 나를 감옥에 보내려면 보내라.'고 소리를 지르며 마치 경찰관들이 관내 업주로부터 뇌물을 받았다는 이유로 신고할 듯이 언동을 보이고, 위 경찰관들이 갑이 나간 후 다시 들어오지 못하도록 출입문을 잠그면 위 출입문을 주먹으로 두드리는 등 약 1시간 40분 동안 행패를 부렸다.24)

결; 1995. 5. 9. 선고 94도3016 판결; 1994. 10. 25. 선고 94도2283 판결 등.

21) 대법원 2015. 5. 29. 선고 2015도3430 판결; 2011. 1. 27. 선고 2010도14484 판결.

22) 대법원 2011. 1. 27. 선고 2010도14484 판결; 1978. 4. 25. 선고 77도3709 판결.

23) 대법원 2015. 5. 29. 선고 2015도3430 판결.

24) 대법원 2013. 12. 26. 선고 2013도11050 판결.

☆[판결 13] "밤늦은 시각에 술에 취해 한참 동안 소란을 피운 행위는 공무원의 정당한 직무집행을 방해하기에 충분한 행위임은 분명하고, 그 행위의 정도에 따라 공무원에 대한 **간접적** 유형력의 행사로서 제136조 '폭행'에 해당한다."[25]

반면, "경찰관의 지시대로 차량을 정차하기는 했으나 운전면허증 제시요구에 불응하고 다시 출발하는 과정에서 경찰관이 운전석의 열린 유리창 윗부분을 잡고 놓지 않은 상태로 어느 정도 진행하다가 속도가 빨라지자 더 이상 따라가지 못하고 손을 놓아버린 경우 운전자의 행위는 폭행에 해당하지 않는다"는 [판결 96]이 있다.[26] 또 갑, 을이 경찰청 민원실에서 말똥을 책상 및 민원실 바닥에 뿌리고 소리를 지르는 등 난동을 부린 행위가 위력으로 경찰관의 민원접수 업무를 방해한 것이 아니라는 [판결 10]도 있다.[27]

이론적으로 폭행은 직접 사람이 점유하고 있거나 타고 있는 물건에 대한 것으로 제한되어야 한다.[28] 예를 들어 경찰차에 돌을 던지거나 철조망을 뜯어내는 행위는 제136조의 '폭행'이다. 경찰관이 운전자에게 정지신호를 보내자 경찰관을 향해 차로 돌진하거나 문을 잡고 검문하는 경찰관을 뿌리치려고 차를 발진한 경우 등은 모두 '폭행'에 해당한다.

제260조가 있으므로 제136조에서는 폭행 대신 '완력' 또는 '폭력의 행사'라고 하면 오해와 혼란을 피할 수 있다.

(나) 협박

제136조의 구성요건요소 협박 역시 이른바 '광의의 협박'이다. 공무원에게 고지하는 해악의 내용은 그 경위, 행위 당시의 주위 상황, 행위자의 성향, 행위자와 상대방과의 친숙함의 정도, 지위 등의 상호관계 등 행위 당시의 여러 사정을 종합하여 객관적으로 상대방으로 하여금 공포심을 느끼게 하는 것이어야 한다. 협박이 경미하여 상대방이 전혀 개의치 않을 정도인 경우에는 협박에 해당하지 않는다.[29]

---

25) 앞의 각주 판결 참조.

26) 대법원 1996. 4. 26. 선고 96도281 판결. 유사한 사건: 1994. 9. 9. 선고 94도701 판결.

27) 대법원 2010. 2. 25. 선고 2008도9049 판결.

28) LK-*Bubnoff*, § 113 Rn 14 이하.

29) 대법원 2011. 2. 10. 선고 2010도15986 판결; 2006. 1. 13. 선고 2005도4799 판결.

> [판결 11] 수산업협동조합 조합장을 7년 이상 역임해와 지역사회에 상당한 영향력을 행사하고 있는 갑은 해양경찰소속 경찰공무원 을이 자신의 악취법위반사건을 수사하자 전화로 강력히 항의하면서 해양경찰청 고위 간부들과의 친분관계를 이용하여 을에게 인사상 불이익을 가하겠다고 말했다.30)

[판결 11] 갑은 수산업협동조합 조합장을 7년 이상 역임해와 지역사회에 상당한 영향력을 행사하고 있으므로 검찰청 또는 해양경찰청 고위 간부들과의 친분관계를 과시하면서 이를 이용하여 인사 상 불이익을 가하겠다고 말한 것은 을이 공포심을 느낄 수 있는 해악의 고지이다.31)

2. 제136조 제2항 [직무행위강요, 사퇴강요]

> 제136조(공무집행방해) ② 공무원에 대하여 그 직무상의 행위를 강요 또는 저지하거나 그 직을 사퇴하게 할 목적으로 폭행 또는 협박한 자도 전항의 형과 같다.

(1) 보호법익

보호법익은 국가의 기능이다. 특히 제136조 제2항은 공무집행행위와 **공무원 직위유지의 자유**이다.

(2) 구성요건

제136조 제2항은 목적범이다. 공무원의 직무상 행위를 강요 또는 저지하려는 목적 또는 공무원의 직에서 사퇴하게 만들 목적으로 공무원을 폭행 또는 협박하는 행위이다.

'그 직을 사퇴하게 할 목적'이란 공무의 집행을 방해하기 위하여 직무권한의 근거가 되는 직을 사퇴케 하려는 목적이라고 해석해야 할 것이다. 개인적 사정이나 공무원의 직무상 행위 방해와 관계없이 직을 사퇴케 하는 경우는 제136조 제2항의 대상에서 제외해야 한다는 견해와32) 포함해야 한다는 견해가33) 있으나 제136조 제2항의 취지를 감안하면 전자가 논리적이다.

---

30) 대법원 2011. 2. 10. 선고 2010도15986 판결.

31) 대법원 2011. 2. 10. 선고 2010도15986 판결.

32) 김일수/서보학, 각론[8], 684쪽.

33) 이재상 등, 각론[10], 750쪽.

Ⅲ. 제137조 [위계에 의한 공무집행방해]

제137조(위계에 의한 공무집행방해) 위계로써 공무원의 직무집행을 방해한 자는 5년 이하의 징역 또는 1천만 원 이하의 벌금에 처한다.

1. 구성요건

(1) 위계

'위계'란 행위목적을 이루기 위하여 상대방에게 오인, 착각, 부지를 일으키게 하는 것이다.

[판결 03] 위계에 의한 공무집행방해죄는 행위목적을 이루기 위하여 상대방에게 오인, 착각, 부지를 초래하고 이를 이용함으로써 법령에 의하여 위임된 공무원의 적법한 직무에 관하여 그릇된 행위나 처분을 하게 함으로써 성립한다.[34]

[판결 08] 건축민원업무를 담당하는 공무원 갑은 자신의 업무 범위에 속하지도 않는 농정업무에 관하여 위계를 써서 담당공무원 을로 하여금 착오를 일으키게 하고, 그 착오를 이용하여 국토이용관리법상 준농림지를 식품접객업이 가능하도록 용도를 변경하는 병의 신청에 대한 승인서를 발급하게 했다.[35]

[판결 08] 담당자가 아닌 갑이 출원인 병의 청탁을 들어줄 목적으로 자신의 업무 범위에 속하지도 않는 을의 업무에 관하여 그 일부를 을을 대신하여 처리하면서 위계를 써서 을로 하여금 오인, 착각, 부지를 일으키게 하고 그 오인, 착각, 부지를 이용하여 인·허가 처분을 하게 하였다면 이는 허가관청의 불충분한 심사가 원인이 아니라 담당자가 아닌 공무원의 위계행위가 원인이 된 것으로 위계에 의한 공무집행방해죄가 성립한다.[36]

[판결 03] 한일어업협정 발효로 일본의 배타적 경제수역에서의 어로활동에 지장을 받게 되어 어업을 폐업하고자 하는 어업인의 어선을 매입하고 폐업에 따른 지원금을 지급하는 방법으로 어업인을 지원하는 감척(감척)어선지원사업에서, 자

34) 대법원 2003. 10. 9. 선고 2000도4993 판결.
35) 대법원 2008. 3. 13. 선고 2007도7724 판결.
36) 대법원 2008. 3. 13. 선고 2007도7724 판결.

> 신의 어선으로 일본의 배타적 경제수역에서의 어업에 종사하던 갑은 위 사업에 따른 지원금을 이미 지급받았으므로, 제주도가 위 지원사업에서 매입한 감척어선을 노후어선과 대체하는 사업으로 실시하는 감척어선 제한경쟁입찰에 1999. 8. 16. 이후에 매수한 어선을 피대체어선으로 하여 참가할 자격이 없었음에도 불구하고, 감척어선을 낙찰받아 어업을 계속할 의도에서 을과 공모하여 1999. 11. 30. 경 새로이 매수한 노후어선을 을 앞으로 소유권을 형식적으로 이전한 다음, 마치 을이 감척어선 입찰에 직접 참가하는 것처럼 가장하여 을 명의로 입찰참가신청서를 작성·제출하고, 을의 대리인 자격으로 입찰에 참가하여 을 명의로 감척어선을 낙찰받아 감척어선매매계약을 체결하고, 자신의 자금으로 낙찰대금을 지급함으로써 그 어선에 대한 실질적인 소유권을 취득했다.[37]

[판결 03] 갑은 을이 감척어선을 낙찰 받는 것으로 오인한 담당공무원의 착각을 이용하여 법령의 위임에 따른 담당공무원의 적법한 직무집행인 입찰참가자격 심사·낙찰자 결정·감척어선매매계약 체결 등 일련의 직무집행을 위계로써 방해한 것이다.

(2) 공무집행방해

(가) 뜻

[판결 03] 공무원의 직무집행이란 법령의 위임에 따른 공무원의 적법한 직무집행인 이상 공권력의 행사를 내용으로 하는 권력적 작용뿐만 아니라 사경제주체로서의 활동을 비롯한 비권력적 작용도 포함된다.[38]

위계에 의한 공무집행방해는 위계를 수단으로 법령으로 위임된 공무원의 적법한 직무에 관하여 그릇된 행위나 처분을 하게 함으로써 현실적 직무집행을 방해하는 것이다.[39] **구체적**인 공무집행을 저지하거나 **현실적**으로 곤란하게 하는 데까지는 이르지 못하고 미수에 그친 경우에는 미수범 처벌규정이 없어 처벌할 수 없다.[40]

(나) 유형

(ㄱ) 행정기관에 하는 신고

신고는 사인이 행정청에 대하여 일정한 사실 또는 관념을 통지함으로써 공법상 법률효과가 발생하는 행위를 칭한다. 원칙적으로 행정청에 대한 일방적

37) 대법원 2003. 12. 26. 선고 2001도6349 판결.
38) 대법원 2003. 12. 26. 선고 2001도6349 판결.
39) 대법원 2015. 2. 26. 선고 2013도13217 판결; 2011. 9. 8. 선고 2010도7034 판결; 2009. 4. 23. 선고 2007도1554 판결.
40) 대법원 2003. 2. 11. 선고 2002도4293 판결; 2000. 3. 24. 선고 2000도102 판결.

통고로 그 효과가 완성될 뿐 이에 대응하여 신고내용에 따라 법률효과를 부여하는 행정청의 행위나 처분을 예정하고 있지 않다. 따라서 신고인이 허위사실을 신고서에 기재하거나 허위의 소명자료를 첨부하여 제출했다면 관계 법령의 별도 처벌규정이 있을 경우 이를 적용하는 것은 별개 문제이고, 일반적으로 허위 신고가 형법상 위계에 의한 공무집행방해죄를 구성하지 않는다.

다만 관계 법령이 비록 신고라는 용어를 사용하고 있더라도 **사실상 인허가 등 처분의 신청행위와 다를 바 없다고 평가**되는 등의 예외적인 경우에는 위계에 의한 공무집행방해죄가 성립할 여지가 있다. 이때에도 행정청이 나름대로 충분히 사실관계를 확인하더라도 그 신고내용이 허위이거나 법령의 취지에 맞지 아니함을 발견할 수 없었던 경우가 아니라면 심사를 담당하는 행정청이 신고내용이나 자료의 진실성을 충분히 검토하지 않고 경솔하게 이를 믿고 어떠한 행위나 처분을 했다고 하여 이를 신고인의 위계에 의한 결과로 볼 수 없으므로 위계에 의한 공무집행방해죄는 성립하지 않는다.[41)]

신청인이 업무담당자에게 허위의 주장을 하면서 이에 부합하는 허위의 소명자료를 첨부하여 제출한 경우 그 수리 여부를 결정하는 업무담당자가 관계 규정이 정한 바에 따라 그 요건의 존부에 관하여 나름대로 충분히 심사를 하였으나 신청사유 및 소명자료가 허위임을 발견하지 못하여 그 신청을 수리한 경우에는 업무담당자의 불충분한 심사가 아니라 신청인의 위계행위에 의한 것으로서 위계에 의한 공무집행방해죄가 성립한다.[42)]

[판결 11] 갑은 1996. 11. 14. 국내에 입국했다가 2004. 11. 17. 불법체류를 이유로 강제출국 당한 후 중국에서 정상적인 절차를 거치지 않고 중국관청으로부터 이름과 생년월일이 허위인 호구부를 발급받아, 선양 대한민국 총영사관에서 2005년 허위인 이성린 명의의 사증을 발급받아 다시 입국한 후 출입국관리사무소에 이성린 명의의 외국인등록신청서를 제출하여 그 명의로 외국인등록증을 발급받았다. 갑은 계속해서 2009년 이성린 명의의 귀화허가신청서를 제출했다.[43)]

[판결 11] 갑이 동일성을 확인할 수 없는 호구부를 중국관청으로부터 발급받아 대

41) 대법원 2011. 9. 8. 선고 2010도7034 판결; 2010. 10. 28. 선고 2008도9590 판결; 2002. 9. 4. 선고 2002도2064 판결.

42) 대법원 2011. 5. 26. 선고 2011도1484 판결; 2009. 2. 26. 선고 2008도11862 판결.

43) 대법원 2011. 4. 28. 선고 2010도14696 판결.

한민국 총영사관에 제출하고, 영사관 담당직원이 호구부의 기재를 통해 갑이 강제출국 당한 자임을 확인하지 못했다고 해도, 그 업무담당자로서는 사증 및 외국인등록증의 발급요건의 존부에 대하여 충분한 심사를 한 것으로 보아야 한다. 이러한 경우에는 사증 및 외국인등록증을 발급한 것이 행정청의 **불충분한 심사**로 인한 것이 아니라 출원인의 **적극적인 위계**에 의한 것으로서 위계에 의한 공무집행방해죄가 성립한다. 또한 갑의 위계행위에 의하여 귀화허가에 관한 공무집행을 방해하는 상태를 초래했음이 분명하므로 귀화허가신청에 관한 귀화허가가 이루어지지 않았다는 사유는 위계에 의한 공무집행방해죄의 성립에 영향이 없다.

[판결 10] 갑은 을이 만든 과속단속카메라에 촬영되더라도 불빛을 반사시켜 차량 번호판이 식별되지 않도록 하는 기능이 있는 '파워매직세이퍼'를 차량번호판에 뿌린 상태로 차량을 운행하여 경찰의 단속을 피했다.44)

[판결 10] 법령에서 어떤 행위를 금지하고 이를 위반하는 행위에 대한 벌칙을 두는 한편, 공무원으로 하여금 그 금지규정의 위반 여부를 감시·단속하게 하고 있는 경우 그 공무원에게는 금지규정 위반행위의 유무를 감시하여 확인하고 단속할 권한과 의무가 있다. 어떠한 행위가 공무원이 관계 법령이 정한 바에 따라 금지규정 위반행위의 유무를 충분히 감시하여 확인하고 단속하더라도 이를 발견하지 못할 정도이면 이는 위계에 의하여 공무원의 감시·단속업무를 적극적으로 방해한 것으로서 위계에 의한 공무집행방해죄가 성립된다. 그와 같은 행위가 이에 이르지 않고 단순히 공무원의 감시·단속을 피하여 금지규정에 위반하는 행위를 한 것에 불과하다면 이는 공무원의 불충분한 감시·단속에 기인한 것이지, 행위자 등의 위계에 의하여 공무원의 감시·단속에 관한 직무가 방해되었다고 할 수 없어서 위계에 의한 공무집행방해죄가 성립하지 않는다. 갑의 위계에 의한 공무집행방해죄와 을의 방조는 성립하지 않는다.

[판결 05] 갑은 도시개발공사의 공고상 보상계획 및 이주대책대상인 종교시설이 되기 위한 기준일인 1997.3.6. 이전에 사건 건물에서 ㅁ사를 창건하여 주지로서 재직한 바 없거나, ㅁ사는 위 기준일 이전에 대한불교미타종에 등록된 바가 없는데도 1998.7.1.경 그 날짜를 소급하여 등록했다. 도시개발공사가 이 사건 건물에 대한 일반물건 조사까지 마쳤다가 갑의 사찰존치신청을 받고 사단법인 한국불교종단협의회, 서울 마포구청 등 관련기관에 ㅁ사의 등록일과 집회시기 등에 관하여 조회하는 등 가능한 심사를 하였으나 신청사유와 제출한 자료가 거짓임을 발견하지 못했고, 이에 따라 대규모로 행해지는 이 사건 택지개발사업에서 아파

44) 대법원 2010. 4. 15. 선고 2007도8024 판결.

트가 완공되어 입주가 개시된 현재까지 장기간 동안 이 건물에 대한 철거조치나 종교시설존치면적 등을 확정짓지 못하고 있다.45)

[판결 05] 갑이 등록일을 기준일 이전으로 소급한 등록증을 발급받아 제출한 것은 위계에 의한 공무집행방해죄에서 말하는 위계에 해당한다. 도시개발공사의 업무지연 경위, 이 사건 사업의 성격 등에 비추어 갑의 위계에 의해 이 사건 사업에 관한 도시개발공사의 직무집행은 현실적으로 곤란한 지경에 이르렀다.

[판결 03] G회사는 국내외 단일공사 종합운동장 또는 축구전용경기장 관람석 22,500석 이상의 준공실적이 없었으므로 광주시가 발주하는 염주종합경기장 입찰에 대한 참가자격을 갖추지 못했다. 갑, 을 등 G사 직원들은 사우디 공사실적에 관련된 사문서를 변조한 다음 이를 첨부한 실적증명발급요청서를 해외건설협회에 제출하여 위 입찰참가자격에 적합한 실적증명서을 받아내고, 이를 위 염주종합경기장 입찰참가신청서에 첨부하여 제출함으로써 그 입찰에서 G회사가 낙찰자로 결정되고 공사계약을 체결하게 했다.46)

[판결 03] 甲, 乙 등은 사문서를 변조하여 이에 속은 해외건설협회로부터 실적증명을 받아 이 증명서를 근거로 지방자치단체의 공사입찰에 참가자격을 얻고 낙찰자로 결정되어 계약을 체결한 것은 위계로써 광주시 시설공사 발주에 대한 정당한 직무집행을 방해한 것이다.47)

[판결 02] 甲은 개인택시운송사업 면허를 받은 지 5년이 지나지 않아 원칙적으로 개인택시운송사업을 양도할 수 없는 乙과 공모하여 질병이 있는 노숙자 丙으로 하여금 丙이 개인택시운송사업을 양도하려고 하는 乙인 것처럼 하여 진료를 받게 한 뒤 사정을 모르는 의사로부터 乙이 1년 이상의 질병에 걸려 있는 것으로 된 진단서를 발급받았다. 甲이 이 진단서를 소명자료로 삼아 행정청에 개인택시운송사업의 양도·양수 인가신청을 하여 인가처분을 받았다.48)

[판결 02] 1년 이상의 치료를 요하는 질병에 걸려 운전할 수 없는지의 여부를 판

45) 대법원 2005. 3. 10. 선고 2004도8470 판결.

46) 대법원 2003. 10. 9. 선고 2000도4993 판결.

47) 대법원 2003. 10. 9. 선고 2000도4993 판결.

48) 대법원 2002. 9. 10. 선고 2002도2131 판결. 같은 내용: 대법원 2002. 9. 4. 선고 2002도2064 판결.

단하려면 상당한 수준의 의학적인 지식과 경험이 필요하고, 전문적인 지식이나 경험이 없는 행정청으로서는 의사의 진단이나 소견에 의존할 수밖에 없다. 또 의사가 진단서를 허위로 작성한 때에는 제233조에 따라 형벌을 받게 되어 진단서는 일반적으로 그 기재 내용을 신뢰할 수 있으므로, 행정청의 업무담당자가 양도인이 소명자료로 제출한 진단서를 믿어 양도인이 1년 이상의 치료를 요하는 질병에 걸려 직접 운전할 수 없다고 인정하고 개인택시운송사업 양도·양수 인가처분을 하였다면, 설령 나중에 그 진단서의 내용이 거짓으로 밝혀졌다고 하더라도 행정청으로서는 인가요건의 존부에 관하여 충분히 심사 한 것으로 보아야 한다. 따라서 이러한 경우에는 행정청이 개인택시운송사업의 양도·양수에 대한 인가처분을 한 것이 행정청의 불충분한 심사로 인한 것이 아니라 출원인의 위계에 의한 것으로 인정된다.

(ㄴ) 법원에 대한 허위의 증거제출

법원은 당사자의 허위 주장 및 증거 제출에도 불구하고 진실을 밝혀야 하는 것이 직무이므로, 가처분신청 시 당사자가 허위의 주장을 하거나 허위의 증거를 제출했다고 해도 그것만으로 법원의 구체적이고 현실적인 어떤 직무집행이 방해되었다고 볼 수 없고, 이로써 바로 위계에 의한 공무집행방해죄가 성립한다고 볼 수 없다.

[판결 12] **허위의 매매계약서 및 영수증을 소명자료로 첨부하여 가처분신청을 하여 법원으로부터 유체동산에 대한 가처분결정을 받은 경우**, 법원의 가처분결정 업무의 적정성이 침해되었다고 볼 여지는 있으나 법원의 구체적이고 현실적인 어떤 직무집행이 방해되었다고 할 수는 없다. 따라서 기만적인 행위로 인하여 잘못된 가처분결정이 내려졌다는 이유만으로 바로 위계에 의한 공무집행방해죄가 성립하지는 않는다.[49]

[판결 16] '등기의무자인 A가 등기필증을 멸실하였기 때문에 A의 부동산에 관하여 갑 앞으로 소유권이전등기신청을 하기 위해서는 A가 등기소에 출석하거나 변호사 또는 법무사가 등기의무자인 A로부터 위임을 받아 이를 확인하는 서면을 등기신청서에 첨부하여야 한다. 갑과 법무사인 을이 공모하여 등기신청에 필요한 확인서면에 등기의무자인 A의 무인 대신 갑의 무인을 찍어 이를 등기관에게 제출함으로써 등기가 마쳐지게 되었다.[50]

[판결 16] 등기신청은 단순한 '신고'가 아니라 그 신청에 따른 등기관의 심사 및 처분을 예정하고 있는 것이다. 등기신청인이 제출한 허위의 소명자료 등에 대하여 등

49) 대법원 2012. 4. 26. 선고 2011도17125 판결.
50) 대법원 2016. 1. 28. 선고 2015도17297 판결.

기관이 나름대로 충분히 심사를 하였음에도 이를 발견하지 못해 등기가 마쳐지게 되었다면 위계에 의한 공무집행방해죄가 성립할 수 있다. 등기관이 등기신청에 대하여 부동산등기법상 그 등기신청에 필요한 서면이 제출되었는지 여부 및 제출된 서면이 형식적으로 진정한 것인지 여부를 심사할 권한은 갖고 있으나 그 등기신청이 실체법상의 권리관계와 일치하는지 여부를 심사할 실질적인 심사권한은 없다고 하여 공무집행방해가 부정되지 않는다.

(ㄷ) **수사기관에 대한 허위 증거 제출**

헌법, 형사소송법에 의하여 자기에게 불리한 진술을 강요당하지 않을 특권이 있으므로 피의자 등이 수사기관에 허위사실을 진술하거나 증거를 감추고 허위의 증거를 제출했다고 해도, 위계에 의한 공무집행방해죄가 성립하지 않는다. 수사기관이 충분한 수사를 하지 않고 허위의 진술과 증거만으로 증거의 수집·조사를 마쳤다면, 이는 수사기관의 불충분한 수사에 의한 것으로서 피의자 등의 위계에 의하여 수사가 방해되었다고 볼 수 없기 때문이다.

그렇다고 처벌을 면하기 위하여 위법한 방법으로 허위의 증거를 조작하는 것까지 허용되지는 않는다. 피의자 등이 **적극적**으로 허위의 증거를 **조작**하여 제출하고 그로 인하여 수사기관이 그 진위에 관하여 나름대로 충실한 수사를 하더라도 제출된 증거가 허위임을 발견하지 못할 정도라면, 이 행위는 위계로 수사기관의 수사행위를 **적극적**으로 방해한 것이므로 위계에 의한 공무집행방해죄가 성립된다.[51)]

> [판결 11] 수협조합장 갑은 2009. 2. 25. 을로부터 동양화 1점을 뇌물로 수수한 혐의로 검찰조사를 받으면서 '2008년 3월경 을로부터 아무 부탁 없이 동양화 1점을 기증받아 즉시 기증물관리대장에 기재하게 한 후 이를 대회의실에 걸어두었다'는 취지로 진술하고 기증물관리대장을 증거자료로 제출했다. 사실은 2008년 3월 당시 ○수산업협동조합에는 기증물관리대장 자체가 없었으며, 갑은 위 뇌물수수 사건 수사 직전인 2009년 2월경 총무계장 병에게 작성일자를 소급하여 허위 기재한 기증물관리대장을 만들게 하고, '이 사건 기증물관리대장은 2006년 3월경 최초 작성하였으며 기증물관리대장에 기재된 바와 같이 2008. 3. 21. 동양화 1점을 기증받았다'고 허위 진술할 것을 지시했고, 병은 허위 진술했다.[52)]

[판결 11] 갑이 뇌물수수 사건의 조사 직전에 기증물관리대장을 조작하도록 지시

51) 대법원 2011. 2. 10. 선고 2010도15986 판결.

52) 대법원 2011. 2. 10. 선고 2010도15986 판결.

하고, 병으로 하여금 동양화 1점을 종전부터 존재하는 기증물관리대장에 등재하여 관리하고 있는 것처럼 허위 진술하도록 지시한 행위는, 단순히 수사기관에 대하여 허위사실을 진술하거나 자신에게 불리한 증거를 은닉하는 데 그친 것이 아니라 적극적으로 피의사실에 관한 증거를 조작한 것으로 볼 수 있고, 이는 위계에 의한 공무집행방해죄에 해당한다.

> [판결 03] 교통사고를 낸 갑이 사고 조사 담당경찰관 을에게 병의 혈액을 자신의 것인 것처럼 건네줌으로써 丙의 혈액을 국립과학수사연구소에 혈중 알콜 농도 감정 의뢰케 하고 을은 그 결과에 따라 갑의 음주운전사건을 공소권 없음 의견으로 송치했다.53)

[판결 03] 갑이 수사기관에 대하여 허위사실을 진술하거나 자신에게 불리한 증거를 은닉하는 데 그친 것이 아니라 수사기관의 착오를 이용하여 적극적으로 피의사실에 관한 증거를 조작한 것이므로 위계에 의한 공무집행방해죄가 인정된다.

(ㄹ) **교도관에 대한 업무방해**

> [판결 05] 변호사 갑은 휴대전화와 증권거래용 단말기를 구치소 내로 몰래 반입하고, 교도관에게 적발되지 않기 위해 휴대전화의 핸즈프리를 상의 호주머니 속에 숨긴 다음 수용자 을 등과 머리를 맞대고 변호인과 수용자가 상담하는 것처럼 보이게 하거나 가방을 세워 두어 통화모습을 가리는 등의 방법으로 마치 형사사건에 관하여 상담하고 있는 것처럼 가장했다. 교도관에 의하여 갑의 전화사용사실이 적발되자 다른 사람 명의의 휴대전화를 개설한 다음 을 등 수용자를 접견하면서 접견사무실에는 갑의 휴대전화를 보관시키고 접견실에서는 다른 사람 명의로 개설한 휴대전화를 몰래 가지고 들어가는 방법을 사용하기도 했다.54)

[판결 05] 행형법 제66조 제1항에 의하여 미결수용자와 변호인과의 접견에는 교도관이 참여하거나 그 내용을 청취 또는 녹취하지 못하고 다만 보이는 거리에서 감시할 수 있다. 이에 따라 변호인 접견의 경우 교도관이 휴대전화 등의 휴대를 제재하는 경우는 없고 자발적으로 휴대전화 등을 소지하지 못하도록 하고 있으며, 또 접견하는 인원에 비해 감시하는 교도관의 수가 턱없이 부족한 구치소 사정으로 인하여 접견실에서 수용자들이 변호사를 통하여 허가 없이 물품을 수수하거나 외부와 전화 통화하는 것을 적발하기가 매우 어려운 실정이다.

갑의 행위는 구체적이고 현실적으로 접견호실통제 업무를 담당하는 교도관들에 대

53) 대법원 2003. 7. 25. 선고 2003도1609 판결.
54) 대법원 2005. 8. 25. 선고 2005도1731 판결.

하여 그들의 통상적인 업무처리과정하에서는 사실상 적발이 어려운 위계를 사용하여 그 직무집행에 지장을 주거나 곤란하게 한 것이다.

[판결 03] 구치소의 수용자인 갑이 교도관인 을 또는 A, B 등과 공모하여 그들로부터 담배를 교부받아 이를 흡연하거나 같은 수용자인 병, 정에게 건네주어 피우게 했고 A로부터 휴대폰을 건네받아 외부와 전화통화를 했다.55)

[판결 03] 갑은 위계에 의한 교도관 또는 구치소장에 대한 공무집행방해로 기소되었다. 수용자가 교도관의 감시·단속을 피해 규율위반행위를 하는 것은 금지규정에 위반되는 행위를 한 것일 뿐으로 위계에 의한 공무집행방해죄가 성립하지 않는다.

수용자가 아닌 자가 교도관의 검사 또는 감시를 피하여 금지물품을 교도소 내로 반입되도록 하였다고 하더라도 교도관에게 교도소 등의 출입자와 반출·입 물품을 단속, 검사하거나 수용자의 거실 또는 신체 등을 검사하여 금지물품 등을 회수하여야 할 권한과 의무가 있는 이상, 수용자 아닌 자의 행위를 위계에 의한 공무집행방해죄에 해당하는 것으로는 볼 수 없으며, 교도관이 수용자의 규율위반행위를 알면서도 이를 방치하거나 도와주었더라도, 이를 다른 교도관 등에 대한 관계에서 위계에 의한 공무집행방해죄가 성립하는 것으로 볼 수는 없다.

2. 위계에 의한 공무집행방해를 인정한 기타 판결

[판결11] 갑 외 2인이 공모하여 허위 물량배정계획서와 일괄 작성한 견적서들을 지방조달청에 제출하여 위계로써 지방조달청장의 단체수의계약 체결에 관한 정당한 직무집행을 방해한 것은 위계에 의한 공무집행방해이다.56)

[판결 09] 지방의회 의장 선거의 감표위원이 되어 투표용지에 사전에 날인하게 된 것을 기화로 누가 어떤 후보에게 투표를 하였는지 구별할 수 있도록 그 용지에 표시를 하는 행위는 무기명투표의 비밀성을 침해하는 행위이다. 그 후에 그 용지에 의하여 투표가 행하여졌다면 그 자체만으로 의원들의 비밀선거에 의한 의장 선출 직무와 의장의 투표사무 감독 직무를 위계로써 방해하는 행위에 해당한다. 거기서 나아가 의원들이 비밀성이 침해되었음을 알아서 자신들의 소신과 다른 투표를 하게 되어야 비로소 의원들 및 의장의 위 직무의 집행이 방해되는 것은 아니다.57)

55) 대법원 2003. 11. 13. 선고 2001도7045 판결.
56) 대법원 2011. 5. 26. 선고 2011도1484 판결.
57) 대법원 2009. 9. 10. 선고 2009도6541 판결.

3. 위계에 의한 공무집행방해가 부정된 판결

> [판결 00] 甲이 친구인 법원 집행관실 사무원 乙로부터 다른 사람들의 입찰가액을 미리 알아내어 입찰하고 부동산을 낙찰 받았다.[58)]

[판결00] 甲은 법원경매업무 담당 집행관의 구체적 직무집행을 저지하거나 현실적으로 곤란하게 한 것이 아니고 입찰의 공정을 해한 것으로 제315조의 경매·입찰방해죄를 범한 것이고 제137조 위계에 의한 공무집행방해죄에는 해당되지 않는다.

> [판결 10] 구 식물방역법(2008. 2. 29. 개정되기 전) 제11조 제1항은 "식물 등을 수출하고자 하는 자는 당해 식물 등이 수입국의 요구사항에 적합한지의 여부에 관하여 식물방역관의 검사를 받아야 하며, 그 검사를 받은 결과 합격한 것이 아니면 수출하지 못 한다"이다. 제33조 제4호에 의하여 "제11조 제1항의 규정에 위반하여 검사합격을 받지 않고 수출하거나 거짓 그 밖의 부정한 방법에 의하여 검사합격을 받아 수출한 자"는 처벌된다. 제33조 처벌조항이 적용되려면 '검사합격을 받지 아니하거나 거짓 그 밖의 부정한 방법에 의하여 검사합격을 받을 것' 그리고 '수출한 자일 것' 두 가지 요건이 모두 충족되어야 한다.
>
> 갑은 국립식물검역소에 각 허위의 소독작업결과서가 첨부된 수출식물검사신청서를 제출함으로써 부정한 방법으로 수출검사합격증명서를 발급받은 후 이를 수출업체에 교부했다. 갑이 수출화물 목재포장재를 수출하였다거나 이에 가담하였다는 증거는 없다. 갑의 신청을 받아 심사하는 담당공무원 을은 신청사유의 사실 여부를 정당하게 조사하였더라면 신청사유가 허위임을 알 수 있었다. 그러나 을은 신청사유의 사실 여부를 조사하지 아니한 채 신청사유 및 첨부 서류가 진실한 것으로 가볍게 믿고 수출검사합격증명서를 발급했다.[59)]

[판결 10] 증명서의 발급은 담당공무원 을이 신청사유를 충분히 심사하지 못한 데에 기인한 결과이므로, 갑의 행위로 인하여 위 담당공무원의 공무집행이 방해되었다고 단정할 수 없다.[60)]

---

58) 대법원 2000. 3. 24. 선고 2000도102 판결.

59) 대법원 2010. 10. 28. 선고 2008도9590 판결.

60) 앞의 각주와 같다.

Ⅳ. 제138조 [법정 또는 국회회의장모욕]

> 제138조(법정 또는 국회회의장모욕) 법원의 재판 또는 국회의 심의를 방해 또는 위협할 목적으로 법정이나 국회회의장 또는 그 부근에서 모욕 또는 소동한 자는 3년 이하의 징역 또는 700만 원이하의 벌금에 처한다.

1. 보호법익

보호법익은 국가 기능 즉 법원의 재판기능 국회의 심의기능이다.

2. 구성요건

제138조는 목적범이다. 재판 또는 심의를 방해 또는 위협할 목적으로 모욕 또는 소동 행위를 해야 한다.

'모욕'은 경멸의 의사표시, '소동'은 소란을 피우거나 소음을 내서 재판, 심의를 방해하는 행위를 말한다는 것이 문헌의 설명이다. 모욕의 대상은 판사나 국회의원에 한정되지 않고 검사, 서기, 방청인 등도 해당된다고 한다. 문헌의 설명은 대체로 무난 적절한 것으로 보인다.61) '법정, 국회회의장 또는 그 부근에서' 모욕 또는 소란을 피워야 한다. 이유는 재판이나 심의에 영향을 미칠 수 있는 곳이어야 한다는 것으로 짐작된다.

Ⅴ. 제139조 [인권옹호직무방해]

> 제139조(인권옹호직무방해) 경찰의 직무를 행하는 자 또는 이를 보조하는 자가 인권옹호에 관한 검사의 직무집행을 방해하거나 그 명령을 준수하지 아니한 때에는 5년 이하의 징역 또는 10년 이하의 자격정지에 처한다.

1. 보호법익

보호법익은 국가기능 즉 검사의 인권옹호기능이다.

---

61) 김일수/서보학, 각론[8], 688쪽; 이재상 등, 각론[10], 754쪽.

2. 구성요건

(1) 신분범

행위주체는 경찰의 직무를 행하는 자 또는 이를 보조하는 자이다.

(2) 인권옹호에 관한 검사의 직무집행 또는 명령

'인권옹호에 관한 검사의 직무집행'은 검사의 경찰에 대한 수사지휘(형사소송법 제196조), 구속영장의 집행지휘(형사소송법 제81조) 등이다. '직무집행을 방해'는 직무집행을 어렵게 만드는 행위이다.

'인권옹호에 관한 검사의 명령'은 적법한 명령으로'그에 위반할 경우 사법경찰관리를 형사처벌까지 함으로써 준수되도록 해야 할 정도로 인권옹호를 위해 꼭 필요한 검사의 명령'이어야 한다.62)

사법경찰관이 검사에게 긴급체포된 자에 대한 긴급체포 승인 건의와 함께 구속영장을 신청한 경우, 검사는 피의자를 검찰청으로 출석시켜 직접 대면 조사할 수 있는 권한을 가진다. 따라서 검사가 구속영장 청구 전에 피의자를 대면조사하기 위하여 사법경찰관리에게 피의자를 검찰청으로 인치할 것을 명하는 것은 적법하고 타당한 수사지휘 활동이고 수사지휘를 전달받은 사법경찰관리는 이를 준수할 의무가 있다.

검사의 구속영장 청구 전 피의자 대면조사는 강제수사가 아니므로 피의자는 검사의 출석 요구에 응할 의무가 없고, 피의자가 검사의 출석 요구에 동의한 때에 한하여 사법경찰관리는 피의자를 검찰청으로 호송해야 한다.

> [판결 10] 검사 갑은 경찰에 긴급 체포된 을의 체포가 적법한 것인가에 의문을 갖고 대면조사를 하기 위해 을을 인치할 것을 경찰관 병에게 2회에 걸쳐 명하였으나 병은 이를 이행하지 않았다.63)

[판결 10] 2회에 걸친 검사의 명령은 적법하고 타당한 수사지휘권의 행사에 해당한다. 인치명령은 강제수사 과정에서 야기될 수 있는 피의자의 신체적 인권에 대한

62) 대법원 2010. 10. 28. 선고 2008도11999 판결.

63) 대법원 2010. 10. 28. 선고 2008도11999 판결.

침해를 방지하기 위해 사법경찰관리를 형사처벌까지 함으로써 준수되도록 해야 할 정도로 인권옹호를 위해 꼭 필요한 명령으로 볼 수 있다. 사법경찰관 병에게 인권옹호직무명령 불준수가 인정된다. 인권옹호직무명령위반죄와 직무유기죄는 법조경합이 아니고 상상적 경합의 관계이다.[64]

Ⅵ. 제140조 [공무상비밀표시무효]

> 제140조(공무상비밀표시무효) ① 공무원이 그 직무에 관하여 실시한 봉인 또는 압류 기타 강제처분의 표시를 손상 또는 은닉하거나 기타 방법으로 그 효용을 해한 자는 5년 이하의 징역 또는 700만 원 이하의 벌금에 처한다.
> ② 공무원이 그 직무에 관하여 봉함 기타 비밀장치한 문서 또는 도화를 개봉한 자도 제1항의 형과 같다.
> ③ 공무원이 그 직무에 관하여 봉함 기타 비밀장치한 문서, 도화 또는 전자기록 등 특수매체기록을 기술적 수단을 이용하여 그 내용을 알아낸 자도 제1항의 형과 같다.

1. 보호법익

국가기관으로서의 공무원의 기능 즉 공무수행이다. 제140조에서 국가기능은 봉인된 문서 또는 민사집행법상의 압류 기타 강제처분의 대상인 물건에 대한 **국가의 통제권**이다.[65]

2. 제140조 구성요건

(1) 표시

제140조 제1항 공무상표시무효죄 중 "공무원이 그 직무에 관하여 실시한 압류 기타 강제처분의 표시를 기타 방법으로 그 효용을 해하는 것"이란 손상 또는 은닉 이외의 방법으로 그 표시 자체의 효력을 사실상으로 감살 또는 멸각시키는 것을 의미한다.[66] 그러나 그 표시의 근거인 처분의 법률상의 효력까지 상실케 한다는 의미는 아니다.[67]

---

64) 앞의 각주와 같다.

65) SK/*Rudolphi*, § 136 Rn 1.

66) 대법원 2007. 7. 27. 선고 2007도4378 판결; 2004. 10. 28. 선고 2003도8238 판결.

67) 대법원 2004. 10. 28. 선고 2003도8238 판결.

(2) 집행 행위

봉인, 동산의 압류, 부동산의 점유 등과 같은 구체적인 강제처분을 실시했다는 표시를 손상 또는 은닉하거나 기타 방법으로 그 효용을 해함으로써 성립한다. 집행관이 법원으로부터 피신청인에 대하여 부작위를 명하는 가처분이 발령되었음을 고시했으나, 나아가 봉인 또는 물건을 자기의 점유로 옮기는 등의 구체적인 집행행위를 하지 않았다면, 피신청인이 가처분의 부작위명령을 위반하였다는 것만으로는 공무상 표시의 효용을 해하는 행위에 해당하지 않는다.[68)]

(3) 집행과 표시의 절차

공무원이 실시한 봉인 등의 표시에 절차상 또는 실체상의 하자가 있다고 하더라도 객관적·일반적으로 그것이 공무원이 그 직무에 관하여 실시한 봉인 등으로 인정할 수 있는 상태에 있다면 적법한 절차에 의하여 취소되지 아니하는 한 공무상표시무효죄의 객체로 된다.[69)]

[판결 16] 집행관이 O마트의 부동산 점유이전금지가처분을 집행하면서 '채무자는 점유를 타에 이전하거나 또는 점유명의를 변경하여서는 아니 된다'는 등의 집행취지가 기재되어 있는 고시문을 해당 부동산에 부착했다. 가처분결정의 주문은 "① 채무자 갑의 이 사건 부동산에 대한 점유를 풀고 채권자가 위임하는 집행관에게 인도하여야 한다. ② 집행관은 현상을 변경하지 아니할 것을 조건으로 하여 채무자에게 사용을 허가하여야 한다. ③ 채무자는 그 점유를 타에 이전하거나 점유명의를 변경하여서는 아니 된다. ④ 집행관은 그 취지를 적당한 방법으로 공시하여야 한다"이다. 그 와중에 갑은 이 사건 부동산을 사업장 소재지로 하는 ○마트의 사업자등록명의를 갑 단독 명의에서 을과의 공동 명의로 변경했다.[70)]

[판결 16] 집행관은 가처분결정의 취지가 기재되어 있는 고시문을 해당 부동산에 부착함으로써 갑으로부터 이 사건 부동산의 점유를 인도받고 현상을 변경하지 아니할 것을 조건으로 갑에게 그 사용을 허가했다 할 것이므로 이 사건 부동산의 '점유'에 대하여는 구체적인 집행행위가 이루어졌다고 볼 수 있다. 반면 원심이 '점유명의'에 해당한다고 본 이 사건 마트의 '사업자등록명의'에 대하여는 집행관의 어떠한 집행행

68) 대법원 2016. 5. 12. 선고 2015도20322 판결.

69) 대법원 2007. 3. 15. 선고 2007도312 판결; 2001. 1. 16. 선고 2000도1757 판결.

70) 대법원 2016. 5. 12. 선고 2015도20322 판결.

위가 있었다고 볼 증거가 없다.

봉인, 동산의 압류, 부동산의 점유 등과 같은 구체적인 강제처분을 실시했다는 표시를 손상 또는 은닉하거나 기타 방법으로 그 효용을 해함으로써 성립하므로 집행관이 법원으로부터 피신청인에 대하여 부작위를 명하는 가처분이 발령되었음을 고시하는 데 그치고 나아가 봉인 또는 물건을 자기의 점유로 옮기는 등의 구체적인 집행행위를 하지 않았다면, 피신청인이 가처분의 부작위명령을 위반하였다는 것만으로는 **제140조 제1항 공무상 표시의 효용**을 해하는 행위에 해당하지 않는다.71)

그렇다면 설령 이 사건 마트의 사업자등록명의가 점유명의에 해당하더라도, 앞서 본 법리에 비추어 살펴보면 피고인이 이 사건 마트의 사업자등록명의를 변경한 것은 구체적인 집행행위가 없는 가처분의 부작위명령을 위반한 것에 불과하여 공무상 표시의 효용을 해하는 행위에 해당하지 않는다.

[판결 04] 점유이전금지가처분 채무자인 갑은 집행관이 건물에 관한 가처분을 집행하면서 '채무자는 점유를 타에 이전하거나 또는 점유명의를 변경하여서는 아니된다.'는 등의 집행 취지가 기재되어 있는 고시문을 건물에 부착한 이후에 제3자 을로 하여금 문제의 건물 중 3층에서 카페 영업을 할 수 있도록 이를 무상으로 사용케 했다.72)

[판결 04] 갑의 행위는 위 고시문의 효력을 사실상 멸각시키는 행위로 **제140조 제1항** 공무상표시무효죄에 해당한다. 점유이전금지가처분 채권자가 가처분이 가지는 당사자항정효로 인하여 가처분 채무자로부터 점유를 이전받은 제3자를 상대로 본안판결에 대한 승계집행문을 부여받아 가처분의 피보전 권리를 실현할 수 있다 하더라도 결론은 같다.73)

[판결 01] 가압류집행 당시 농장의 축사 10개 안에는 채무자인 영농조합이 점유하는 비육돈 3,100여 마리가 사육되고 있었다. 집행관은 가압류 집행을 하면서 비육돈의 정확한 숫자를 세어보거나 중량을 측정하여 보지 않은 채 집행에 참여한 채권자와 채무자측 직원의 진술을 토대로 전체 비육돈 중 100여 마리는 곧 폐사할 것으로 판단하고 가압류할 전체 비육돈의 수를 3,000마리로 보아, 이 사건 농장의 축사 안에 있는 비육돈을 무게에 따라 세 분류로 나누어 각 1,000마리씩을 가압류목적물로 한다는 취지로 기재한 공시서를 축사에 붙여 놓았다. 가압류집행 당시 갑도 현장에 참여하여 채권자 및 채무자는 물론 갑 등 피고인들도 위와 같

71) 대법원 2016. 5. 12. 선고 2015도20322 판결.

72) 대법원 2004. 10. 28. 선고 2003도8238 판결.

73) 대법원 2004. 10. 28. 선고 2003도8238 판결.

은 가압류집행 과정을 모두 알고 있었음에도 가압류된 비육돈을 수회에 걸쳐 농장 밖으로 반출하고는 그 대신 중량 30kg 이하의 새로운 자돈을 축사에 입사시키면서 농장 직원들에게 전체적으로 3,000마리는 항상 유지하라고 지시했다.[74)]

[판결 01] 공무원이 직권을 남용하여 위법하게 실시한 봉인 또는 압류 기타 강제처분의 표시임이 명백하여 법률상 당연 무효 또는 부존재라고 볼 수 있는 경우에는 그 봉인 등의 표시는 공무상표시무효죄의 객체가 되지 아니하여 이를 손상 또는 은닉하거나 기타 방법으로 그 효용을 해한다 하더라도 공무상표시무효죄가 성립하지 않는다.

봉인 등의 표시에 절차상 또는 실체상의 하자가 있다고 하더라도 객관적·일반적으로 그것이 공무원이 그 직무에 관하여 실시한 봉인 등으로 인정할 수 있는 상태에 있다면 적법한 절차에 의하여 취소되지 아니하는 한 공무상표시무효죄의 객체로 된다.[75)] 이 사건 가압류공시서에 다소의 흠이 있다고 하더라도 가압류공시서의 기재 내용을 전체적으로 보면 가압류는 이 사건 농장에서 사육되고 있던 비육돈 전부를 그 목적물로 특정하여 집행이 된 것으로 유효하다고 보아야 할 것이므로, 가압류공시서는 공무상표시무효죄의 객체로 된다.[76)]

3. 제140조의 2 [부동산강제집행효용침해]

제140조의2(부동산강제집행효용침해) 강제집행으로 명도 또는 인도된 부동산에 침입하거나 기타 방법으로 강제집행의 효용을 해한 자는 5년 이하의 징역 또는 700만원 이하의 벌금에 처한다.

(1) 보호법익

국가의 기능 즉 **부동산에 대한 국가의 강제집행권**이다. 국가의 강제집행으로 명도 또는 인도된 부동산에 채무자 또는 제3자가 침입하거나 점거한 경우 인도받은 자는 다시 소송을 해야 하는 데 이를 국가기능을 해하는 죄로 본 조문으로 추정할 수 있다.

(2) 구성요건

'기타 방법'이란 강제집행의 효용을 해할 수 있는 수단이나 방법에 해당하는

74) 대법원 2001. 1. 16. 선고 2000도1757 판결.

75) 대법원 2001. 1. 16. 선고 2000도1757 판결; 2000. 4. 21. 선고 99도5563 판결.

76) 대법원 2001. 1. 16. 선고 2000도1757 판결.

일체의 방해 행위를 말한다.77)

'강제집행의 효용을 해하는 것'이란 강제집행으로 명도 또는 인도된 부동산을 권리자가 그 용도에 따라 사용·수익하거나 권리행사를 하는 데 지장을 초래하는 일체의 침해행위를 말한다.78)

> [판결 14] A는 토지 및 건물을 경매절차에서 매수하고 인도집행을 마쳤다. 이 토지 및 건물에서 어린이집을 운영하던 갑은 이 사건 건물의 정문 쪽 철제 울타리 부분에 가로 15m, 세로 1.2m의 시멘트 벽돌담을 설치했다. 벽돌담을 설치한 곳은 이 사건 토지와 접하는 갑 소유의 대지 17㎡, 대지 3㎡와 완도군 소유의 대지 41㎡ 지상으로, 위 각 토지는 공중이 통행하는 도로로 이용되고 있는데, 이 사건 벽돌담이 이 사건 건물의 정문을 가로막는 위치와 방향으로 설치됨으로써 이 사건 건물의 이용자들은 이 사건 건물과 그 옆 건물 사이에 생긴 좁은 공간을 통하여 출입할 수밖에 없었다.79)

[판결 14] 벽돌담 설치행위는 강제집행으로 인도된 이 사건 토지 및 건물을 권리자인 A가 그 용도에 따라 사용·수익하거나 권리행사를 하는 데 지장을 초래하는 침해행위이다. 벽돌담이 갑이 어린이집을 운영하면서 어린이들의 안전을 위해 설치한 기존의 철제 울타리를 따라 설치되었다고 해도, A가 위 철제 울타리의 존속을 전제로 제한된 범위에서만 이 사건 토지 및 건물을 사용·수익하는 것은 아니므로, 갑의 **제140조의 2 '부동산 강제집행 효용침해'**행위는 인정된다.

Ⅶ. 제141조 [공용서류 등의 무효, 공용물의 파괴]

> 제141조(공용서류 등의 무효, 공용물의 파괴) ① 공무소에서 사용하는 서류 기타 물건 또는 전자기록 등 특수매체기록을 손상 또는 은닉하거나 기타 방법으로 그 효용을 해한 자는 7년 이하의 징역 또는 1천만원 이하의 벌금에 처한다.
> ② 공무소에서 사용하는 건조물, 선박, 기차 또는 항공기를 파괴한 자는 1년 이상 10년 이하의 징역에 처한다.

1. 보호법익

제1항의 보호법익은 국가기능 즉, 국가기관에서 사용하는 서류, 물건, 전자기

---

77) 대법원 2014. 1. 23. 선고 2013도38 판결; 2002. 11. 8. 선고 2002도4801 판결.

78) 대법원 2014. 1. 23. 선고 2013도38 판결; 2002. 11. 8. 선고 2002도4801 판결.

79) 대법원 2014. 1. 23. 선고 2013도38 판결.

록에 대한 국가의 보관 및 사용권이다. 제2항의 보호법익은 공용의 건조물. 선박, 기차 또는 항공기에 대한 국가의 보관, 사용권이다.

2. 구성요건

'서류'는 서명이 없어 보장기능이 없는 것 즉, 문서로서의 효력이 없는 것도 포함한다.

> [판결 06] 경찰관 갑은 갈취사건에서 사실관계를 확인하기 위하여 참고인 을에게 질문 하고 답변을 인쇄된 진술조서 용지에 문답형식으로 기재한 후 그 내용의 확인을 위하여 읽어보고 서명을 하도록 요구했다. 그 기재한 수량이 3~4장 정도였던 사실이 인정되는데 을에 대한 진술조서를 수사기록에 편철하지 않고 숨겼다.[80]

[판결 06] 경찰관 갑이 작성한 진술조서가 미완성이고 작성자와 진술자가 서명·날인 또는 무인한 것이 아니어서 공문서로서의 효력이 없다고 하더라도 제141조 '공무소에서 사용하는 서류'이다. 따라서 갑이 진술조서가 "공무소에서 사용하는 서류"라는 사실과 이를 "은닉하는 방법으로 그 효용을 해한다"는 사실을 인식하는 등 고의가 인정되면 제141조 공용서류 등의 은닉죄가 성립한다.[81]

'물건'은 제141조 제2항에 예시되지 않은 모든 물건이라고 할 수 있다. '전자기록 등 특수매체기록'은 컴퓨터, 촬영기 등으로 작성된 기록이다.

Ⅷ. 제142조 [공무상 보관물의 무효]

> 제142조(공무상 보관물의 무효) 공무소로부터 보관명령을 받거나 공무소의 명령으로 타인이 관리하는 자기의 물건을 손상 또는 은닉하거나 기타 방법으로 그 효용을 해한 자는 5년 이하의 징역 또는 700만원 이하의 벌금에 처한다.

1. 보호법익

보호법익은 국가의 기능이다. 제142조에서의 국가기능은 국가기관으로부터

80) 대법원 2006. 5. 25. 선고 2003도3945 판결.

81) 대법원 2006. 5. 25. 선고 2003도3945 판결. 유사한 판결: 대법원 1987. 4. 14. 선고 86도2799 판결.

보관명령을 받아 보관, 관리하고 있는 물건에 대한 국가의 보관, 사용권이다.

2. 구성요건

신분범이다. 자기 소유의 물건이지만 국가기관의 명령으로 타인이 보관하고 있는 물건을 손상, 은닉, 그 외의 방법으로 효용을 해하는 행위이다.

> [판결 75] 제3채무자인 갑은 법원 집달리로부터 을에 대한 채무의 지급을 하면 안 된다는 집행력 있는 채권가압류결정정본을 송달받았음에도, 어선건조자금 340,000원을 을에게 임의 지급했다.82)

[판결 75] 채권가압류명령의 송달을 받은 것이 곧 형법 제142조 소정의 공무상 보관명령이 있는 경우에 해당한다고 볼 수 없고, 제140조 제1항 소정의 소위 강제처분의 표시가 있었다고 볼 수도 없어, 갑에게 공무상보관물의 무효죄, 공무상 비밀표시무효죄 모두 성립되지 않는다.83)

Ⅸ. 제144조 [특수공무방해]

> 제144조(특수공무방해) ① 단체 또는 다중의 위력을 보이거나 위험한 물건을 휴대하여 제136조, 제138조와 제140조 내지 전조의 죄를 범한 때에는 각조에 정한 형의 2분의 1까지 가중한다.
> ② 제1항의 죄를 범하여 공무원을 상해에 이르게 한 때에는 3년 이상의 유기징역에 처한다. 사망에 이르게 한 때에는 무기 또는 5년 이상의 징역에 처한다.

1. 보호법익, 조문의 취지

보호법익은 제8장의 죄 모두 국가의 기능, 공무집행권이다. 제144조는 공무집행을 방해하는 수단이 단체 또는 다중의 위력을 보이거나 위험한 물건을 휴

82) 대법원 1975. 5. 13. 선고 73도2555 판결. 채권가압류명령을 송달받은 것이 제142조 공무상 보관명령이 있는 경우에 해당하지 않는다는 것을 재차 확인한 판결: 대법원 1995. 1. 20. 선고 94도2842 판결.

83) 대법원 1975. 5. 13. 선고 73도2555 판결. 채권가압류명령을 송달받은 것이 제142조 공무상 보관명령이 있는 경우에 해당하지 않는다는 것을 재차 확인한 판결: 대법원 1995. 1. 20. 선고 94도2842 판결.

대한 것일 때에는 해당구성요건의 법정형량보다 더 가중 처벌한다는 취지이다.

2. 구성요건

(1) 위험한 물건을 휴대하여

> [판결 95] 직진하던 택시운전자 甲은 의무경찰 乙이 좌회전 할 것을 지시하고 불과 30㎝ 앞에서 이유를 설명하자 신경질적으로 갑자기 좌회전함으로써 택시 우측 범퍼로 무릎을 받아 乙에게 상처를 입혔다.[84]

[판결 95] 공무집행방해의 미필적 고의는 인정되나, **"그와 같은 운전행위로 사회통념상 피해자인 의무경찰이나 제3자가 위험성을 느꼈으리라고는 보이지 않는다"**는 이유로 특수공무집행방해치상죄의 성립을 부정했다.[85] 택시가 제144조 '위험한 물건' 인지 택시운전이 '위험한 물건을 휴대'한 것인지는 판단하지 않았다.

> [판결 08] 갑은 신호위반에 따른 정지 지시를 무시하고 도주한 자신을 추격해 온 경찰관 2명이 자신의 차 앞뒤로 오토바이를 세우고 하차를 요구하자 불응하고 차를 후진하여 차 뒤에 있는 오토바이를 들이받은 후, 앞에 있는 오토바이와의 사이에 생긴 공간을 이용하여 핸들을 좌측으로 꺾으면서 급발진 함으로써 운전석 쪽의 펜더 옆에 서 있던 경찰관 을의 다리를 앞 범퍼로 들이받았고, 을이 차 본 넷 위에 앞으로 넘어지면서 본넷을 붙잡고 있는데도 차를 그대로 몰고 진행하던 중 우측 인도에 심어져 있던 가로수를 들이받아 차 범퍼와 가로수 사이에 을의 다리가 끼어 절단되게 하고 결국 저혈량성 쇼크 등으로 사망했다.[86]

☆[판결 08] 갑은 '위험한 물건'인 자동차를 이용하여 경찰관 을의 교통단속에 관한 정당한 직무집행을 방해하고 그로 인해 공소외인을 사망에 이르게 한 특수공무집행방해치사죄에 해당한다.[87]

(2) 폭행

> [판결 10] 갑은 노조원 600명과 함께 2009.7. 쌍용자동차공장의 로디우스 공장

84) 대법원 1995. 1. 24. 선고 94도1949 판결.
85) 대법원 1995. 1. 24. 선고 94도1949 판결.
86) 대법원 2008. 2. 28. 선고 2008도3 판결.
87) 대법원 2008. 2. 28. 선고 2008도3 판결.

> 에 윤활유를 뿌려 놓아 경찰기동대 소속 순경 A가 미끄러져 넘어졌고, 경사 B는 그 위에 뿌려 놓은 철판조각에 왼손 약지, 경감 C는 왼손바닥을 다쳐서 이들의 정당한 직무집행이 방해되었다.[88]

[판결 10] 대법원은 먼저 제144조 '폭행'을 '유형력의 행사'로 정의했다. 피해 경찰들은 갑과 노조원들이 바닥에 미리 뿌려 놓은 윤활유에 미끄러져 넘어지거나 미리 뿌려 놓은 철판조각에 찔려 다친 것이고, 갑 등이 위 윤활유나 철판조각을 위 각 피해자들의 면전에서 그들의 공무집행을 방해할 의도로 뿌린 것이 아니며, 단순히 경찰이 위 공장에 진입할 경우에 대비하여 그들의 부재중에 미리 뿌려 놓은 것에 불과하다. 따라서 갑 등이 위 피해 경찰관들에 대하여 유형력의 행사, 즉 폭행한 것이 아니라고 판결했다.

3. 제144조 제2항 [공무집행방해치사상]

제144조 제2항은 결과적 가중범이다. 기본구성요건은 제144조 제1항 특수공무집행방해이고 결과는 그로 인한 상해와 사망이다.

(1) 상해의 정도

특수공무집행방해로 인한 상해가 제257조의 '상해'로 평가될 수 없을 정도의 하찮은 상처로서 굳이 치료할 필요가 없는 것이어서 그로 인하여 건강상태를 침해하였다고 보기 어려운 경우에는 위 죄가 성립하지 않는다.[89]

(2) 경합

부진정 결과적가중범에 있어서, 고의로 중한 결과를 발생하게 한 행위가 별도의 구성요건에 해당하고 그 고의범에 대하여 결과적가중범에 정한 형보다 더 무겁게 처벌하는 규정이 있는 경우에는 그 **고의범과 결과적가중범이 상상적 경합관계**에 있다.[90] 반대로 고의범에 대하여 더 무겁게 처벌하는 규정이 없는 경우에는 결과적 가중범이 고의범에 대하여 특별관계에 있다고 해석되므로 결과적가중범만 성립하고 이와 법조경합의 관계에 있는 고의범에 대하여는 별도로

---

88) 대법원 2010. 12. 23. 선고 2010도7412 판결.

89) 대법원 2011. 5. 26. 선고 2010도10305 판결.

90) 대법원 2008. 11. 27. 선고 2008도7311 판결; 1996. 4. 26. 96도485 선고; 1995.1.20. 94도2842 판결.

죄를 구성한다고 볼 수 없다.[91)]

따라서 직무를 집행하는 공무원에 대하여 위험한 물건을 휴대하여 고의로 상해를 가한 경우에는 특수공무집행방해치상죄만 성립할 뿐, 별도로 폭력행위 등 처벌에 관한 법률 위반(집단·흉기 등 상해)죄를 구성하지 않는다.

---

91) 대법원 2008. 11. 27. 선고 2008도7311 판결.

제9장 도주와 범인은닉의 죄

§14. 도주와 범인은닉

제145조(도주, 집합명령위반) ① 법률에 의하여 체포 또는 구금된 자가 도주한 때에는 1년 이하의 징역에 처한다.
② 전항의 구금된 자가 천재, 사변 기타 법령에 의하여 잠시해금된 경우에 정당한 이유없이 그 집합명령에 위반한 때에도 전항의 형과 같다.
제146조(특수도주) 수용설비 또는 기구를 손괴하거나 사람에게 폭행 또는 협박을 가하거나 2인 이상이 합동하여 전조 제1항의 죄를 범한 자는 7년 이하의 징역에 처한다.

Ⅰ. 제145조 [도주], 제146조 [특수도주]

1. 보호법익, 특징

보호법익은 구금, 체포권 등 법집행 기능이다. 독일형법은 구금, 체포된 자가 스스로 도주한 행위를 처벌하지 않는다.

제145조는 일본형법 제97조 "재판에 의하여 구금된 기결 또는 미결의 자가 도주한 때에는 1년 이하의 징역에 처한다"와 같다.

2. 구성요건

(1) 신분범

제145조 제1항, 제2항 그리고 제146조는 법률에 의하여 체포 되거나 구금된 자만 실현할 수 있는 구성요건으로 진정 신분범이다.

[판결 06] 경찰관 갑은 절도 피의자 을에게 임의동행을 요구하면서 경찰서에 가서 확인을 해 보고 을의 이야기가 맞으면 그냥 돌아가도 좋다고 설득했다고 진술했으나, 동행 요구에 응하지 않아도 된다는 점을 고지했다고 주장하지 않았다.

> 을은 동행 요구에 대해 거부할 수 있다는 것을 사전에 고지 받은 적이 없다고 진술했다. 을은 경찰서에서도 화장실에 갈 때도 경찰관 1명이 따라와 감시하는 등 임의로 퇴거할 수 있는 상황이 아니었다. 갑은 경찰서로 동행할 당시에 물리력을 행사한 바가 없고, 을이 명시적으로 거부의사를 표명하지 않았다. 갑은 임의동행 후 6시간 상당이 경과한 이후에 을에 대하여 긴급체포의 절차를 밟았다.[1)]

[판결 06] 갑이 을을 수사관서까지 동행한 것은 적법요건이 갖추어지지 아니한 채 사법경찰관의 동행 요구를 거절할 수 없는 심리적 압박 아래 행하여진 사실상의 강제연행, 즉 불법 체포에 해당한다. 긴급체포절차를 밟은 것은 임의동행 형식으로 행해진 불법 체포에 기하여 사후적으로 취해진 것에 불과하므로, 긴급체포 또한 위법하다. 을은 불법 체포된 자이므로 형법 제145조 제1항 '법률에 의하여 체포 또는 구금된 자'가 아니어서 도주죄의 주체가 될 수 없다.

(2) 부작위범

제146조 제2항은 적법하게 체포, 구금되었다가 잠시 해금된 자가 집합명령에 응하지 않음으로써 성립하는 진정부작위범이다.

(3) 합동범

제146조 특수도주는 '손괴'를 요건으로 한다는 점에서 특수절도와 같고, '2인 이상이 합동하여'라는 요건은 특수절도, 특수강도와 같다.

Ⅱ. 제147조 [도주원조]

> 제147조(도주원조) 법률에 의하여 구금된 자를 탈취하거나 도주하게 한 자는 10년 이하의 징역에 처한다.

1. 보호법익

보호법익은 제145조, 제146조와 같이 국가의 법적용기능이다. 구체적으로는 적법한 구금권 내지 형집행 작용이다.

1) 대법원 2006. 7. 6. 선고 2005도6810 판결.

2. 구성요건

구금된 자를 탈취하는 행위는 폭력을 수단으로 하는 것에 제한되지 않고 속임 등도 포함한다는 것이 문헌의 한결같은 설명이다.2) 그렇다면 탈취는 '도주하게 함'에 포함되므로 중복이어서 불필요한 요건이다.

> [판결 91] 갑은 동생 을이 수감되어 있던 서산시 소재 병원에서 간수자를 폭행하고 병원에서 탈주하자, 을이 서울로 도피할 수 있도록 자기 소유의 승용차를 인도해 주었다.3)

[판결 91] 도주죄는 즉시범이다. 을이 간수자의 실력적 지배를 이탈한 상태에 이르렀을 때에 기수가 되어 도주행위가 종료된다. 제147조 도주원조죄는 도주죄에 있어서의 범인의 도주행위를 야기 시키거나 이를 용이하게 하는 등 그와 공범관계에 있는 행위를 독립한 구성요건으로 하는 범죄이다. 따라서 범인의 도주행위가 기수에 이른 후 범인의 도피를 도와주는 행위는 범인도피죄이지 도주원조죄는 아니다.

Ⅲ. 제148조 [간수자의 도주원조]

> 제148조(간수자의 도주원조) 법률에 의하여 구금된 자를 간수 또는 호송하는 자가 이를 도주하게 한 때에는 1년 이상 10년 이하의 징역에 처한다.

제148조는 제147조의 가중구성요건으로 부진정 신분범이다.

> [판결 55] 서울지방법원 구치감 근무순경 갑은 단기 4287년 6월 7일 오후 5시경 피의자 을을 우 구치감으로부터 서대문경찰서까지 호송도중 동 을의 간청에 의하여 무포박으로 호송하다가 동일 오후 8시 30분경 서대문 십자로부근에서 을을 놓쳐 도주케 하였다.4)

[판결 55] 갑의 "과실은 인정할 수 있으나 범죄를 인정하기에는 불충분하다"는 판결은 고의가 인정되지 않아 처벌하지 않는다는 의미로 보인다.

---

2) 김일수/서보학, 각론[8], 712쪽; 이재상 등, 각론[10], 771쪽.

3) 대법원 1991. 10. 11. 선고 91도1656 판결.

4) 대법원 1955. 4. 15. 선고 4287형상206 판결.

Ⅳ. 제151조 [범인은닉과 도피]

> 제151조(범인은닉과 친족 간의 특례) ① 벌금 이상의 형에 해당하는 죄를 범한 자를 은닉 또는 도피하게 한 자는 3년 이하의 징역 또는 500만원 이하의 벌금에 처한다.
> ② 친족 또는 동거의 가족이 본인을 위하여 전항의 죄를 범한 때에는 처벌하지 아니한다.

1. 보호법익, 취지

판례는 제151조 '범인은닉, 도피'죄의 보호법익을 "수사, 재판 및 형의 집행 등에 관한 원활한 국권의 행사 보장"이라고 보는 듯하다.[5)]

형사사법작용을 곤란 또는 불가능하게 하는 일체의 행위는 그 수단과 방법에 제한 없이 제151조에 해당한다.[6)]

2. 구성요건

(1) 위험범

판례에 의하면, 제151조는 위험범이다. 행위자의 행위로 인하여 현실적으로 형사사법의 작용을 방해하는 결과가 초래될 필요는 없다.[7)]

(2) 벌금형 이상의 형에 해당하는 죄를 범한 자

(가) 죄를 범한 자

'죄를 범한 자'란 혐의를 받고 수사대상이 되어 있는 자를 포함한다.[8)] 수사대상이 되어 있는 사람은 진범 여부와 관계없이 **'죄를 범한 자'**에 해당한다.[9)] 벌금 이상의 형에 해당하는 죄를 범한 자라는 것을 인식하면서도 도피하게 한

---

5) 대법원 2014. 3. 27. 선고 2013도152 판결.

6) 대법원 2003. 2. 14. 선고 2002도5374 판결.

7) 대법원 2013. 1. 10. 선고 2012도13999 판결; 2004. 3. 26. 선고 2003도8226 판결; 2003. 2. 14. 선고 2002도5374 판결.

8) 대법원 2003. 12. 12. 선고 2003도4533 판결.

9) 대법원 2014. 3. 27. 선고 2013도152 판결.

경우에는 도피하게 하는 행위를 할 당시에는 아직 수사대상이 되어 있지 않았다고 하더라도 범인도피죄가 성립한다.10)

> [판결 14] 갑이 운영하는 ○주유소 및 △주유소에서 유사석유를 판매하고, 갑이 □에너지에 유사석유를 공급한 것으로 단속되자, 갑이 수사 과정에서 을로 하여금 ○주유소의 실제 업주이며, 병으로 하여금 △주유소의 실제 업주이며, 정으로 하여금 갑에게 석유를 공급하였는데 자신도 유사석유임을 몰랐다는 내용으로 각 허위진술 하도록 했다.11)

[판결 14]12) 증거가 부족하여 갑에 대하여 석유 및 석유대체연료 사업법위반죄를 인정할 수 없다고 해도, 갑의 교사에 의하여 을, 병 및 정이 허위로 진술했고 그것이 적극적으로 수사기관을 기만하여 착오에 빠지게 함으로써 범인의 발견 또는 체포를 곤란 내지 불가능하게 할 정도에 해당하여 범인도피죄를 구성한다. 그들은 석유 및 석유대체연료 사업법위반죄의 혐의를 받아 수사대상이 된 갑을 도피하도록 한 것이고 교사한 갑에 대하여 범인도피교사가 성립될 수 있다.

> [판결 03] 갑은 을이 벌금 이상의 형에 해당하는 죄를 범한 자라는 것을 알면서도 사건 당일 증거물인 사고 차량을 치워 수리하도록 하는 한편, 을을 외국으로 도주하게 했다.13)

[판결 03] 제151조 제1항 '죄를 범한 자'는 수사대상이 되어 있는 자를 포함한다. 벌금 이상의 형에 해당하는 죄를 범한 자라는 것을 인식하면서도 도피하게 한 경우에는 그 자가 당시에는 아직 수사대상이 되어 있지 않았다고 하더라도 범인도피죄가 성립한다.

제155조 제1항 [증거인멸죄]의 '타인의 형사사건'이란 인멸행위 시에 아직 수사절차가 개시되기 전이라도 장차 형사사건이 될 수 있는 것까지 포함한다. 따라서 갑의 행위는 범인도피와 증거인멸죄에 해당한다.

(나) 벌금형 이상의 형에 해당하는 자

'벌금 이상의 형에 해당하는 자'에 대한 인식은 실제로 벌금 이상의 형에 해당하는 범죄를 범한 자라는 것을 인식하면 족하고 법정형이 벌금 이상이라는

---

10) 대법원 2003. 12. 12. 선고 2003도4533 판결.

11) 대법원 2014. 3. 27. 선고 2013도152 판결.

12) 대법원 2014. 3. 27. 선고 2013도152 판결.

13) 대법원 2003. 12. 12. 선고 2003도4533 판결.

것까지 알 필요는 없다.14) 범죄의 구체적인 내용이나 범인의 인적 사항 및 공범이 있는 경우 공범의 구체적 인원수 등까지 알 필요는 없다.15)

(3) 은닉

죄를 범한 자임을 인식하면서 장소를 제공하여 체포를 면하게 하는 행위를 말한다.16) 장소를 제공한 후 동인에게 일정 기간 동안 경찰에 출두하지 말라고 권유하는 언동을 해야 범인은닉죄가 성립하는 것이 아니다. 또 그 권유에 따르지 않을 경우 강제력을 행사하지 않아도 은닉에 해당한다. 죄를 범한 자가 은닉자의 말에 복종하는 관계에 있어야 은닉이 인정되는 것은 아니다.17)

[판결 11] 을과 사기죄 공동정범인 갑은 을이 사기 혐의 등으로 고소된 사실을 알고 을을 중국으로 도피시켜 고소사건의 수사를 받는 것을 피하게 하려는 등의 목적으로 중국행 비행기표를 사주고 중국내 거소를 마련해 주었으며 매달 생활비를 송금해 주었다.18)

[판결 11] 공동정범 중 1인이 다른 공동정범을 은닉한 경우, 그것이 "일반적으로 형사사법작용을 방해하는 위험을 초래하는 성질을 가지는 때"에는 제151조 제1항의 범인은닉죄가 성립한다.

(4) 도피하게 함

(가) 뜻

'도피하게 한'이란 은닉 이외의 방법으로 범인에 대한 수사, 재판 및 형의 집행 등 형사사법의 작용을 곤란 또는 불가능하게 하는 일체의 행위를 말하고, 도피행위의 수단과 방법에는 제한이 없다.19)

그러나 적어도 함께 규정되어 있는 은닉행위에 비견될 정도로 수사기관으로 하여금 범인의 발견·체포를 곤란하게 하는 행위, 즉 **직접 범인을 도피시키는**

14) 대법원 2000. 11. 24. 선고 2000도4078 판결.
15) 대법원 1995. 12. 26. 선고 93도904 판결.
16) 대법원 2002. 10. 11. 선고 2002도3332 판결.
17) 대법원 2002. 10. 11. 선고 2002도3332 판결.
18) 대법원 2011. 9. 8. 선고 2011도7262 판결.
19) 대법원 2004. 3. 26. 선고 2003도8226 판결; 1995. 12. 26. 선고 93도904 판결.

행위 또는 **도피를 직접적으로 용이하게 하는 행위**에 한정된다.[20)]

따라서 그 자체로는 도피시키는 것을 직접적인 목적으로 한 것으로 보기 어려운 어떤 행위의 결과 간접적으로 범인이 안심하고 도피할 수 있게 한 경우는 포함되지 않는다.[21)]

(나) 도피행위를 한다는 고의

공범이 더 있다는 사실을 숨긴 채 허위보고를 하고 조사를 받고 있는 범인에게 다른 공범이 더 있음을 실토하지 못하도록 하는 등의 행위를 하였다면 도피행위에 대한 고의가 있었다고 인정된다.[22)]

수사 경찰 갑이 고문에 가담한 공범이 더 있다는 사실을 숨긴 채 허위보고를 하고, 조사를 받고 있는 범인 을에게 다른 공범이 더 있음을 실토하지 못하도록 하는 등의 행위를 하였다면 도피행위에 대한 고의는 인정된다.[23)]

(다) 참고인진술

수사기관에서 범인에 관하여 참고인 조사를 받으면서 그가 알고 있는 사실을 묵비하거나 허위로 진술하였다고 하더라도, 그것이 **적극적으로 수사기관을 기만하여 착오에 빠지게 함으로써** 범인의 발견 또는 체포를 곤란 내지 불가능하게 할 정도의 것이 아니라면 범인도피죄를 구성하지 않는다.[24)]

참고인이 수사기관에서 허위 진술을 하였다고 하여 그 자체를 처벌하거나 이를 수사방해 행위로 처벌하는 규정이 없는 이상 범인도피죄의 인정 범위를 함부로 확장해서는 안 될 것이기 때문이다.[25)]

[판결 13] 을이 사장인 불법 사행성 게임장 종업원 갑은 경찰서에 자진 출석하여 을의 사행행위 등 규제 및 처벌 특례법 제30조 제1항 제1호 위반 혐의와 관련된 진술을 하면서, 게임장의 운영 경위, 자금 출처, 게임기 구입 경위 등에 대하여 적극적으로 허위 진술하여 자신이 실제 업주라고 허위 진술을 했다. 경찰이

20) 대법원 2011. 4. 28. 선고 2009도3642 판결; 2004. 3. 26. 선고 2003도8226 판결.

21) 대법원 2011. 4. 28. 선고 2009도3642 판결; 2008. 12. 24. 선고 2007도11137 판결; 2003. 2. 24. 선고 2002도 5374 판결.

22) 대법원 1995. 12. 26. 선고 93도904 판결.

23) 대법원 1995. 12. 26. 선고 93도904 판결.

24) 대법원 2003. 2. 14. 선고 2002도5374 판결.

25) 대법원 2013. 1. 10. 선고 2012도13999 판결; 2010. 1. 28. 선고 2009도10709 판결.

> 위 진술을 토대로 자신에 대한 구속영장을 신청하자 도주했다.
> 검찰조사에서 심경에 변화를 일으킨 갑은 종전 진술은 거짓이며 실제 업주는 을과 병인데, "바지사장이라고 진술하면 바지비로 3,000만 원을 주겠다. 들어가서 8개월 살면 가출소 되게 해주겠다."며 허위 진술을 교사했다고 자백했다.[26)]

[판결 13] 갑이 단순히 실제 업주라고 허위로 진술하는 것만으로는 부족하고 게임장 등의 운영 경위, 자금 출처, 게임기 등의 구입 경위, 점포의 임대차계약 체결 경위 등에 관해서까지 적극적으로 허위로 진술하거나 허위 자료를 제시하여 그 결과 수사기관이 실제 업주를 발견 또는 체포하는 것이 곤란 내지 불가능하게 될 정도에까지 이른 것으로 평가될 수 있어야 범인도피죄를 구성한다.[27)]

진술을 번복한 경위에 관한 내용, 이미 수사기관과 법원에서 믿지 않았던 내용을 다시 반복하여 진술한 것에 불과한 것에 대한 허위 진술로 인하여 수사기관이 실제 업주 을 등을 발견 또는 체포하는 것이 곤란 내지 불가능하게 될 정도에까지 이른 것으로 평가하기 어렵다는 이유로 갑의 범인도피죄는 부정되었다.

> [판결 08] 갑과 을은 '사행행위 등 규제 및 처벌 특례법'에 반하여 오락실을 운영했다. 갑이 수사기관에서 '이 사건 오락실의 실제 업주로서 이를 단독으로 운영하였다'는 취지로 허위 진술하여 공범인 을의 존재를 숨겼다.[28)]

[판결 08] [판결 13]과 마찬가지 이유에서 허위진술이 적극적으로 수사기관을 기만하여 착오에 빠지게 함으로써 범인의 발견 또는 체포를 곤란 내지 불가능하게 한 경우에 해당한다고 볼 수 없다는 이유로 범인도피죄가 부정되었다.

(라) 형사사법작용의 방해

참고인이 실제의 범인이 누군지도 정확하게 모르는 상태에서 실제의 범인이 아닌 어떤 사람을 범인이 아닐지도 모른다고 생각하면서도 수사기관에 그를 범인이라고 지목하는 허위의 진술을 했고, 그 허위 진술에 의하여 범인으로 지목된 사람이 구속 기소됨으로써 실제 범인이 용이하게 도피하는 결과를 초래한다고 하더라도, 참고인에게 **적극적으로 실제 범인을 도피시켜 국가의 형사사법의 작용을 곤란하게 할 의사**가 없었다면 범인 도피죄가 성립하지 않는다.[29)]

---

26) 대법원 2013. 1. 10. 선고 2012도13999 판결.
27) 앞의 각주와 같다.
28) 대법원 2008. 12. 24. 선고 2007도11137 판결.
29) 대법원 1997. 9. 9. 선고 97도1596 판결.

> [판결 14-1] 벌금 이상의 형에 해당하는 죄를 범하고 도피 중이던 갑이 을에게 자동차를 이용하여 원하는 목적지로 이동시켜 달라고 요구하거나 속칭 '대포폰'을 구해 달라고 부탁함으로써 을이 요청에 응하도록 했다.[30)]

[판결 14][31)] 범인 스스로 도피하는 행위는 처벌되지 않기 때문에 범인이 도피를 위하여 타인에게 도움을 요청하는 행위 역시 도피행위의 범주에 속하는 한 처벌되지 않는다. 범인의 요청에 응하여 범인을 도운 타인의 행위가 범인도피죄에 해당한다고 하더라도 마찬가지이다. 다만 범인이 타인으로 하여금 허위의 자백을 하게 하는 등으로 범인도피죄를 범하게 하는 경우와 같이 방어권의 남용으로 볼 수 있을 때에는 범인도피교사죄에 해당할 수 있다.

을은 갑이 평소 가깝게 지내던 후배이고, 갑이 자신의 휴대폰을 사용할 경우 소재가 드러날 것을 염려하여 을에게 요청하여 대포폰을 개설하여 받고, 을에게 전화를 걸어 자신이 있는 곳으로 오도록 한 다음 을이 운전하는 자동차를 타고 청주시 일대를 이동하여 다닌 행위는 형사사법에 중대한 장애를 초래한다고 보기 어려운 통상적 도피의 한 유형으로 보아야 한다.

> [판결 03] 갑은 경찰서교통사고처리계에서, 도로교통법위반(음주운전)으로 현행범 체포된 을이 병의 인적 사항을 모용하면서 병 행세를 하고 있다는 사실을 알면서도 평소 외우고 있던 정의 주민등록번호 및 허위의 주소 등을 신원보증서에 기재하고 을의 신원을 보증하여 석방되도록 하여 범인 을을 도피케 했다.[32)]

[판결 03] 신원보증서를 작성하여 수사기관에 제출하는 보증인 갑이 정의 인적 사항을 허위로 기재했다고 해도, 그로써 적극적으로 수사기관을 기망한 결과 피의자를 석방하게 하였다는 등 특별한 사정이 없는 한, 그 행위만으로 범인도피죄가 성립되지 않는다.[33)]

> [판결 91] 갑은 동생 을이 수감되어 있던 서산소재 병원에서 간수자를 폭행하고 탈주하자, 서울로 도피할 수 있도록 자기 소유 벤츠승용차를 인도해 주었다.[34)]

30) 대법원 2014. 4. 10. 선고 2013도12079 판결.
31) 대법원 2014. 4. 10. 선고 2013도12079 판결.
32) 대법원 2003. 2. 14. 선고 2002도5374 판결.
33) 대법원 2003. 2. 14. 선고 2002도5374 판결.
34) 대법원 1991. 10. 11. 선고 91도1656 판결.

[판결 91] 도주죄는 즉시범이고, 범인이 간수자의 실력적 지배를 이탈한 상태에 이르면 기수가 되어 도주행위는 종료된다. 도주원조죄는 도주죄에 있어서의 범인의 도주행위를 야기시키거나 이를 용이하게 하는 등 그와 공범관계에 있는 행위를 독립한 구성요건으로 하는 범죄이므로, 을의 도주행위가 기수에 이른 후 그의 도피를 도운 갑의 행위는 범인도피죄에 해당한다.35)

(5) 판결

[판결 06] 갑은 음주운전 혐의로 적발되자 지인 을을 불러내어 그로 하여금 단속경찰관 병이 갑에 대한 주취운전자 적발보고서를 작성하거나 재차 음주측정을 하지 못하도록 제지하는 등으로 병의 수사를 곤란하게 했다.36)

[판결 06] 갑의 행위는 범인도피죄에서의 '도피'에 해당하고, 을에게 전화를 걸어 음주단속 현장으로 나오게 하여 "어떻게 좀 해 보라"고 재촉한 것은 범인도피교사이다.

[판결 04] 갑은 을이 마약류관리법위반죄로 기소중지 되어 집에 들어갈 수 없다며 방 값이 싼 데를 알아봐 달라거나 계약서를 대신 작성해 달라고 부탁하자, 자신의 처 병 이름으로 대신 계약을 체결하여 주었다.37)

[판결 04] 비록 임대차계약서가 공시되는 것은 아니라 하더라도 수사기관이 탐문수사나 신고를 받아 범인을 발견하고 체포하는 것을 곤란하게 하여 범인도피죄에 해당한다.38)

[판결 00] 갑은 1999년 영동고속도로에서 을이 운전하는 승용차에 동승하여 가던 중 을이 교통사고를 야기하여 벌금 이상의 형에 해당하는 교통사고처리특례법위반죄를 범하였다는 것을 알면서도 을이 처벌을 면하게 할 목적으로 위 교통사고에 관한 조사를 담당 경찰관에게 자기가 운전하다가 교통사고를 발생하게 하였다고 허위 사실을 진술했다.39)

35) 대법원 1991. 10. 11. 선고 91도1656 판결.
36) 대법원 2006. 5. 26. 선고 2005도7528 판결.
37) 대법원 2004. 3. 26. 선고 2003도8226 판결.
38) 대법원 2004. 3. 26. 선고 2003도8226 판결.
39) 대법원 2000. 11. 24. 선고 2000도4078 판결.

[판결 00] 범인이 아닌 자가 수사기관에 범인임을 자처하고 허위사실을 진술하여 진범의 체포와 발견에 지장을 초래하게 한 행위는 범인도피죄에 해당한다.[40]

> [판결 06] 갑은 무면허 상태로 승용차를 운전하고 접촉사고를 내 경찰조사를 받게 되자 무면허 운전 사실 등이 발각되지 않기 위해, 동생 을에게 "내가 무면허상태에서 술을 마시고 차를 운전하다가 교통사고를 내었는데 네가 대신 교통사고를 내었다고 조사를 받아 달라"고 부탁하여, 이를 승낙한 을이 경찰서에서 자신이 승용차를 운전하다 교통사고를 낸 사람이라고 허위 진술하게 했다.[41]

[판결 06] 범인이 자신을 위하여 타인으로 하여금 허위의 자백을 하게 하여 범인도피죄를 범하게 하는 경우, 범인도피교사죄가 성립한다.[42] 을이 제151조 제2항에 의하여 처벌되지 않더라도 갑은 범인도피교사죄가 성립한다는 것이 일관된 판례이고, 이 법리는 범인도피죄 방조에도 적용된다.[43]

> [판결 95] 을과 병은 정과 공모하여 병이 이 사건 사고를 낸 운전사인 양 수사관서에 허위 신고했다. 갑은 이러한 사실을 인식하고도 진범인 정이 자수하기 전에, 병과 정을 만나 정을 도피시키는 행위를 하였다.[44]

[판결 95] 범인도피죄는 범인을 도피하게 함으로써 기수에 이르지만 범인도피행위가 계속되는 동안에는 범죄행위도 계속되고 행위가 끝날 때 비로소 범죄행위가 종료된다. 비록 갑이 을, 병, 정과 사전에 범인도피의 공모를 하지 않았다고 해도 그 들의 범행을 인식하면서 그와 공동의 범의를 가지고 기왕의 범인도피상태를 이용하여 스스로 범인도피행위를 계속한 것이므로 범인도피의 공동정범이 성립한다.

3. 친족 간의 특례

사실혼관계에 있는 자는 민법 상 친족이라 할 수 없어 위 조항에서 말하는 친족에 해당하지 않는다.[45]

---

40) 대법원 2000. 11. 24. 선고 2000도4078 판결.
41) 대법원 2006. 12. 7. 선고 2005도3707 판결.
42) 대법원 2000. 3. 24. 선고 2000도20 판결.
43) 대법원 2008. 11. 13. 선고 2008도7647 판결.
44) 대법원 1995. 9. 5. 선고 95도577 판결.
45) 대법원 2003. 12. 12. 선고 2003도4533 판결.

제10장 위증과 증거인멸의 죄

제152조[위증, 모해위증], 제154조[허위의 감정, 통역, 번역], 제155조[증거인멸 등과 친족 간의 특례] 그리고 제156조[무고]는 '국가의 사법기능'이 보호법익이다.

제152조~제154조는 증인의 허위진술 그리고 감정인, 통·번역인의 허위 감정, 통·번역으로 국가의 사법작용이 방해받는 것을 방지하는 것. 제155조는 증거인멸을 통해 범죄자처벌이라는 국가기능이 저해되는 것을 막자는 목적이다. 제156조[무고] 역시 허위사실에 의한 고소 등으로 국가의 사법 기능과 작용이 방해받지 않도록 하자는 취지이다.

§ 15. 위증

> **제152조(위증, 모해위증)** (1) 법률에 의하여 선서한 증인이 허위의 진술을 한 때에는 5년 이하의 징역 또는 1천만원이하의 벌금에 처한다.
> (2) 형사사건 또는 징계사건에 관하여 피고인, 피의자 또는 징계혐의자를 모해할 목적으로 전항의 죄를 범한 때에는 10년 이하의 징역에 처한다.
> **제153조(자백, 자수)** 전조의 죄를 범한 자가 그 공술한 사건의 재판 또는 징계처분이 확정되기 전에 자백 또는 자수한 때에는 그 형을 감경 또는 면제한다.

I. 보호법익, 조문체계

판례에 의하면 "위증죄의 보호법익은 국가의 사법작용 및 징계작용에 있다." "위증죄는 선서에 의하여 담보된 증인 진술의 정확성을 확보함으로써 법원 또는 심판기관의 진실 발견을 위한 심리를 해하여 정당한 판단이 위태롭게 되는 것을 방지하는 기능을 수행한다."[1)]

독일법에서 위증죄는 법정은 물론 국회의 각 위원회 등에서의 바른 사실관

---

1) 대법원 2010. 1 .21. 선고 2008도942 전원합의체 판결.

계의 확인을 담보하기 위하여 그릇된 증언을 형법상의 불법으로 규정하는 위증죄 구성요건을 두고 있다.[2] 한국에서는 1988년 만들어진 '국회에서의 증언감정 등에 관한 법률'제14조에 위증이 규정되었고, 제152조 이하에서는 법정에서의 위증만 처벌된다. 보호법익은 국가의 재판기능, 징계사건에서는 국가의 징계(행정)기능이다.

Ⅱ. 제152조 [위증, 모해위증]

1. 신분범, 자수범

위증죄는 신분범이자 자수범이다. 형사피고인은 자기 사건의 증인이 될 수 없으므로 위증죄의 주체가 될 수 없다. 그러나 자기의 형사피고사건에 관하여 타인을 교사하여 위증하게 한 경우, 위증교사죄가 성립한다는 것이 판례의 입장이다.[3]

2. 법률에 의하여 선서한 증인

(1) 선서

제152조의 구성요건은 선서한 증인에 의해서만 실현이 가능한 신분범이다. 선서는 법률에 근거하고 법률에 정해진 절차에 따라 이루어 져야 한다.

위증죄의 의의 및 보호법익, 형사소송법에 규정된 증인신문절차의 내용, 증언거부권의 취지 등을 종합적으로 살펴보면, 증인신문절차에서 법률에 규정된 증인 보호를 위한 규정이 지켜진 것으로 인정되지 않은 경우에는 증인이 허위의 진술을 하였다고 하더라도 위증죄의 구성요건인 "법률에 의하여 선서한 증인"에 해당하지 아니한다고 보아 이를 위증죄로 처벌할 수 없는 것이 원칙이다.

다만, 법률에 규정된 증인 보호 절차라 하더라도 개별 보호절차 규정들의 내용과 취지가 같지 아니하고, 당해 신문 과정에서 지키지 못한 절차 규정과 그 경위 및 위반의 정도 등 제반 사정이 개별 사건마다 각기 상이하므로, 이러한 사정을 전체적·종합적으로 고려하여 볼 때, 당해 사건에서 증인 보호에 사실상

---

2) 독일형법 § 153 이하. *Rudolphi*, SK, Vor § 153 Rn 3.

3) 대법원 2004. 1. 27. 선고 2003도5114 판결.

장애가 초래되었다고 볼 수 없는 경우에까지 예외 없이 위증죄의 성립을 부정할 것은 아니다.[4)]

심문절차로 진행되는 가처분 신청사건에서 증인으로 출석하여 선서하고 허위의 공술을 한 경우, 그 선서는 법률적 근거가 없어 무효이므로 위증죄는 성립하지 않는다.[5)] 마찬가지로 심문절차로 진행된 소송비용 확정 신청사건에서 증인으로 출석하여 선서한 후 허위의 공술을 하였다고 하더라도 그 선서는 법률상 무효이므로 위증죄는 성립하지 않는다.[6)]

(2) 증인

형법 제152조 제1항 "법률에 의하여 선서한 증인"이라 함은 "법률에 근거하여 법률이 정한 절차에 따라 **유효한 선서를 한** 증인"이라는 의미이고, 그 증인 신문은 법률이 정한 절차 조항을 준수하여 적법하게 이루어진 경우여야 한다.[7)]

공범인 공동피고인은 당해 소송절차에서는 피고인의 지위에 있으므로 다른 공동피고인에 대한 공소사실에 관하여 증인이 될 수 없다. 소송절차가 분리되어 피고인의 지위에서 벗어나게 되면 다른 공동피고인에 대한 공소사실에 관하여 증인이 될 수 있다.[8)]

민사소송의 당사자는 증인능력이 없으므로 증인으로 선서하고 증언하였다고 하더라도 위증죄의 주체가 될 수 없다. 당사자가 법인의 대표자의 경우에도 마찬가지이다.[9)]

(3) 증언거부권

(가) 증언거부권의 고지

증언거부권 제도는 증인에게 증언의무의 이행을 거절할 수 있는 권리를 부여한 것이고, 증언거부권의 고지 제도는 증인에게 그러한 권리의 존재를 확인시켜 침묵할 것인지 아니면 진술할 것인지에 관하여 심사숙고할 기회를 충분히

---

4) 대법원 2010. 1. 21. 선고 2008도942 전원합의체 판결.
5) 대법원 2003. 7. 25. 선고 2003도180 판결.
6) 대법원 1995. 4. 11. 선고 95도186 판결.
7) 대법원 2010. 1. 21. 선고 2008도942 전원합의체 판결.
8) 대법원 2008. 6. 26. 선고 2008도3300 판결.
9) 대법원 1998. 3. 10. 선고 97도1168 판결.

부여함으로써 침묵할 수 있는 권리를 보장하기 위한 것이다.

재판장이 신문 전에 증인에게 증언거부권을 고지하지 않은 경우에도 당해 사건에서 증언 당시 증인이 처한 구체적인 상황, 증언거부사유의 내용, 증인이 증언거부사유 또는 증언거부권의 존재를 이미 알고 있었는지, 증언거부권을 고지 받았더라도 허위진술을 하였을 것이라고 볼 만한 정황이 있는지 등을 전체적·종합적으로 고려하여 증인이 침묵하지 아니하고 진술한 것이 자신의 진정한 의사에 의한 것인지를 기준으로 위증죄의 성립 여부를 판단하여야 한다.

따라서 헌법 제12조 제2항에 정한 불이익 진술의 강요금지 원칙을 구체화한 자기부죄 거부 특권에 관한 것이거나 기타 증언거부사유가 있음에도 증인이 증언거부권을 고지 받지 못함으로 인하여 그 증언거부권을 행사하는 데 사실상 장애가 초래되었다고 볼 수 있는 경우에는 위증죄는 성립하지 않는다.[10]

(나) 공동피고인의 증언거부

공동피고인은 형사소송법 제148조에 근거하여 자기의 범죄사실이 발각되어 유죄판결을 받을 염려가 있을 경우 다른 공동피고인에 관한 증언을 거부할 수 있다. 증인 선서를 한 공동피고인이 증언거부권을 포기하고 허위의 진술을 한 이상 위증죄의 처벌을 면할 수 없다.[11]

3. 허위의 진술

형사소송법 제307조(증거재판주의) ① 사실의 인정은 증거에 의하여야 한다.

(1) 사실에 관한 증언

(가) 증거인 증언은 사실에 관한 것에 한정되고, 위증죄는 법률에 의하여 선서한 증인이 **사실에 관하여 기억에 반하는 진술**을 한 때에 성립한다. 증인의 진술이 경험한 사실에 대한 법률적 평가이거나 단순한 의견에 지나지 아니하는 경우에는 위증죄에서 말하는 허위의 공술이 아니다.[12]

(나) 경험한 객관적 사실에 대한 증인 나름의 법률적·주관적 평가나 의견을

10) 대법원 2013. 5. 23. 선고 2013도3284 판결; 2010. 1. 21. 선고 2008도942 전원합의체 판결.
11) 대법원 2008. 10. 23. 선고 2005도10101 판결; 1987. 7. 7. 선고 86도1724 판결.
12) 대법원 2009. 3. 12. 선고 2008도11007 판결; 2007. 9. 20. 선고 2005도9590 판결.

부연한 부분에 다소의 오류나 모순이 있더라도 위증죄가 성립하지 않는다.13)

(다) 객관적 사실과 전체적인 부분에 있어 일치되고 또 그것이 기억에 반하는 허위의 진술이라고 보기도 어렵다면, 증언의 단편적인 구절에 구애될 것이 아니라 당해 신문절차에 있어서의 증언 전체를 일체로 파악하여 허위진술인지 판단해야 한다. 증언의 전체적 취지가 사실과 일치되고 그것이 기억에 반하는 공술이 아니라면 사소한 부분에 관하여 기억과 불일치하더라도 그것이 신문취지의 몰이해 또는 착오에 인한 것이라면 위증이 아니다.14)

(라) 증언의 의미가 그 자체로 불분명하거나 다의적으로 이해될 수 있는 경우에는 언어의 통상적인 의미와 용법, 문제된 증언이 나오게 된 전후 문맥, 신문의 취지, 증언이 행하여진 경위 등을 종합하여 당해 증언의 의미를 명확히 한 다음 허위성을 판단한다.15)

(2) 공판기일 신문과 증언

(가) 증인의 증언은 그 전부를 일체로 관찰·판단하는 것이므로 선서한 증인이 일단 기억에 반하는 허위의 진술을 하였더라도 그 신문이 끝나기 전에 그 진술을 철회·시정한 경우 위증이 되지 않는다.16)

(나) 공판기일에 허위 공술한 것으로 위증죄는 기수이다. 그 후 다른 공판일에 다시 증인으로 신청·채택되어 종전 신문절차에서 한 허위 진술을 철회하였더라도 이미 성립한 위증죄에 영향을 미치지 않는다.17)

Ⅲ. 판결

[판결 13] 갑은 A, B와 그들의 형사책임을 모두 떠안기로 하고 그 대가로 합계 1억 8,000만 원을 받았다. 갑은 A, B가 대금을 지급할 의사 없이 피해자들로부터 육류를 공급받아 편취한 사기죄 피고사건의 증인으로 출석했다. 재판장은 갑에게 형사소송법 제148조 또는 149조에 해당하는가의 여부를 물어 이에 해당하

13) 대법원 2009. 3. 12. 선고 2008도11007 판결; 2001. 3. 23. 선고 2001도213 판결.
14) 대법원 2007. 10. 26. 선고 2007도5076 판결; 1996. 3. 12. 선고 95도2864 판결.
15) 대법원 2001. 12. 27. 선고 2001도5252 판결.
16) 대법원 2008. 4. 24. 선고 2008도1053 판결; 1993. 12. 7. 선고 93도2510 판결.
17) 대법원 2010. 9. 30. 선고 2010도7525 판결.

지 아니함을 인정하자 위증의 벌을 경고한 후 선서서와 같이 선서를 하게 했다. 갑은 A 등으로부터 이 같은 이유로 돈을 받은 사실이 전혀 없다고 진술했다.[18)]

[판결 13] 검사와 판사의 신문 내용은 갑이 A 등과 공모하여 피해자들로부터 육류를 공급받아 편취하는 사기죄를 범하였는지와 관련된 것으로서 갑이 형사소추 또는 공소제기를 당하거나 유죄판결을 받을 염려가 있는 내용에 해당한다. 그런데 원심이 채택한 증거에 의하면, A 등에 대한 사기 피고사건의 갑에 대한 증인신문조서에는 "증인에게 형사소송법 제148조 또는 149조에 해당하는가의 여부를 물어 이에 해당하지 아니함을 인정하고 위증의 벌을 경고한 후 별지 선서서와 같이 선서를 하게 하였다."라고 기재되어 있다. 사정이 이와 같다면, 갑은 형사소송법 제148조가 정한 자기부죄거부특권에 관한 증언거부사유가 있음에도 증언거부권을 고지받지 못함으로 인하여 증언거부권을 행사하는 데 사실상 장애가 초래된 상태에서 선서와 증언을 한 것으로 보아야 한다. 갑에게 이 부분 공소사실에 기재된 진술에 관하여 위증의 죄책을 물을 수 없다.

[판결 12] 증·수뢰사건 공동피고인으로 함께 재판을 받으면서 서로 뇌물을 주고받은 사실이 없다고 다투던 갑과 을은 중 증·수뢰의 상대방인 공동피고인에 대한 사건이 변론 분리되어 뇌물공여 또는 뇌물수수의 증인으로 채택되었고, 증언거부권을 고지 받지 못한 상태에서 자신들의 종전 주장을 되풀이함에 따라 거짓 진술에 이르게 되었다.[19)]

[판결 12] 피고인의 지위에 있는 공동피고인은 다른 공동피고인에 대한 공소사실에 관하여 증인이 될 수 없으나, 소송절차가 분리되어 피고인의 지위에서 벗어나게 되면 다른 공동피고인에 대한 공소사실에 관하여 증인이 될 수 있고, 이는 대향범인 공동피고인의 경우에도 다르지 않다[20)] 갑과 을이 이 사건 증언 당시 증언거부권을 고지 받지 못함으로 인하여 그 증언거부권을 행사하는 데 사실상 장애가 초래되었다고 보기에 충분하므로, 이를 위증죄로 처벌할 수는 없다.[21)]

---

18) 대법원 2013. 5. 23. 선고 2013도3284 판결.

19) 대법원 2012. 3. 29. 선고 2009도11249 판결.

20) 대법원 2012. 3. 29. 선고 2009도11249 판결; 대법원 2010. 1. 21. 선고 2008도942 판결(대향범은 아니고 쌍방폭행으로 기소된 피고인들의 변론이 분리되어 위증하게 된 사건이다); 2008. 6. 26. 선고 2008도3300 판결.

21) 대법원 2012. 3. 29. 선고 2009도11249 판결.

[판결 12-1] 甲은 법원에서 심문절차로 진행되는 방영 등 금지가처분 신청사건에서 증인 선서를 하고 진술하면서, 기억에 반하는 허위 공술을 했다.22)

[판결 12-1] 甲이 심문절차에서 증인으로 출석하여 선서하였지만, 그 선서는 법률상 근거·효력이 없으므로 위증은 성립하지 않는다.

[판결 10] 위증 교사를 받은 갑이 관련사건의 제1심 제9회 공판기일에 증인으로 출석하여 허위 진술을 했고, 진술이 철회·시정된 바 없이 증인신문절차가 그대로 종료되었다. 제21회 공판기일에 증인으로 다시 출석하여 종전 선서의 효력이 유지됨을 고지 받고 증언하면서 종전 기일에 한 진술이 허위 진술임을 시인하고 이를 철회하는 진술을 했다.23)

[판결 10] 공판기일에 이미 허위 공술한 갑의 위증죄는 기수이다. 그 후 다른 공판일에 다시 증인으로 신청·채택되어 종전 신문절차에서 한 허위 진술을 철회하였더라도 이미 성립한 위증죄에 영향을 미치지 않는다.24)

[판결 10-1] 갑이 을과 쌍방 상해 사건으로 공소 제기되어 을과 함께 재판을 받으면서 자신은 폭행한 사실이 없다고 주장하며 다투던 중 을에 대한 상해 사건이 변론 분리되면서 피해자 증인으로 채택되어 검사로부터 신문받게 되었고 그 과정에서 갑 자신의 을에 대한 폭행 여부에 관하여 신문을 받게 됨에 따라 증언거부사유가 발생하게 되었는데도, 재판장으로부터 증언거부권을 고지 받지 못한 상태에서 자신의 종전 주장을 그대로 되풀이함에 따라 결국 거짓 진술에 이르게 되었다.25)

[판결 10-1] 헌법 제12조 제2항에 정한 불이익 진술의 강요금지 원칙을 구체화한 자기부죄거부특권에 관한 것이거나 기타 증언거부사유가 있음에도 증인이 증언거부권을 고지 받지 못함으로 인하여 그 증언거부권을 행사하는 데 사실상 장애가 초래되었다고 볼 수 있는 경우에는 위증죄의 성립을 부정해야 한다. 증언거부권을 고지받지 못한 갑에게는 사실상의 장애가 초래되었으므로 위증죄는 성립하지 않는다.

이와 달리, 피고인이 증인으로 선서한 이상 진실대로 진술한다고 하면 자신의 범죄를 시인하는 진술을 하는 것이 되고 증언을 거부하는 것은 자기의 범죄를 암시하는

22) 대법원 2003. 7. 25. 선고 2003도180 판결.
23) 대법원 2010. 9. 30. 선고 2010도7525 판결.
24) 대법원 2010. 9. 30. 선고 2010도7525 판결.
25) 대법원 2010. 1. 21. 선고 2008도942 전원합의체 판결.

것이 되는 처지에 있다 하더라도 증인에게는 증언을 거부할 수 있는 권리를 인정하여 위증죄로부터의 탈출구를 마련하고 있는 만큼 적법행위의 기대가능성이 없다고 할 수 없고 선서한 증인이 허위의 진술을 한 이상 증언거부권 고지 여부를 고려하지 아니한 채 위증죄가 바로 성립한다는 취지로 대법원 1987. 7. 7. 선고 86도1724 전원합의체 판결에서 판시한 대법원의 의견은 위 견해에 저촉되는 범위 내에서 이를 변경하기로 한다.26)

> [판결 08] 갑은 2004. 4. 7. 강도상해죄로 징역 4년을 선고받고 2004. 4. 16. 판결이 확정되었다. 갑은 2002. 9. 27. 새벽 부산 동래구 황제룸주점 앞길에서 술취한 행인 병과 어깨를 부딪치며 시비를 걸어 동인의 멱살을 잡고 주먹으로 얼굴을 때리는 등으로 병의 지갑을 강취했다. 2005. 1. 14. 법원에서, 자기와 위 강도상해 사건 공범으로 기소된 을에 대한 재판의 증인으로 출석하여 선서하고 증언하면서 "피해자 병과 어깨를 부딪친 후 멱살을 잡고 시비한 사실이 있는가요?"라는 검사 질문에 "그런 사실은 없습니다"라고 기억에 반하는 허위의 진술을 했다.27)

[판결 08] 갑, 을이 강도상해죄 공범이고 갑이 강도상해죄로 이미 유죄판결이 확정되었다면, 갑에게는 통상의 공동피고인과 달리 형사소송법 제148조에 규정하고 있는 '유죄판결을 받을 사실이 발로될 염려가 있는 경우'에 해당되지 않기 때문에 증언거부권이 없다. 따라서 갑에게는 위증하지 않을 의무가 있고 위증한 경우 기대불가능성을 이유로 면책되지 않는다.28)

> [판결 08-1] 갑은 게임장 종업원, 을은 게임장 운영자로서 공모하여 관할관청의 허가를 받지 않고 게임장 영업행위를 했다."는 게임산업진흥에 관한 법률 위반의 공소사실로 을과 공동으로 기소되어 심리가 진행되고 있다. 변론이 분리되지 않은 상태에서 을에 대한 공소사실에 관하여 증인으로 채택된 갑은 선서하고 기억과 다른 증언을 했다.29)

[판결 08-1] 변론이 분리되지 아니한 이상 피고인 갑은 공범인 을에 대한 공소사실에 관하여 증인이 될 수 없다. 따라서 갑이 을에 대한 공소사실에 관하여 증인으로 출석하여 선서한 다음 증언함에 있어 기억에 반하는 허위의 진술을 했다고 해도 위증죄는 성립하지 않는다.30)

---

26) 대법원 2010. 1. 21. 선고 2008도942 전원합의체 판결.

27) 대법원 2008. 10. 23. 선고 2005도10101 판결.

28) 대법원 2008. 10. 23. 선고 2005도10101 판결.

29) 대법원 2008. 6. 26. 선고 2008도3300 판결.

[판결 07] 갑은 토지의 매매협상 과정에서"을이 당시 매수희망자인 가인주택 회장 병으로부터 35억 원의 매매가를 제시받고도 이를 거절한 사실 알고 있다"고 증언했으나 사실은 "을이 가인주택으로부터 일단 매매대금은 25억 원으로 하고 공사수주를 통하여 10억 원 이상의 수익을 올리게 해주겠다는 제의를 받았으나 이를 거절"한 것이다.31)

[판결 07] 증인의 증언이 기억에 반하는 허위진술인지 여부는 그 증언의 단편적인 구절에 구애될 것이 아니라 당해 신문절차에 있어서의 증언 전체를 일체로 파악하여 판단하여야 한다. 증언의 전체적 취지가 객관적 사실과 일치되고 그것이 기억에 반하는 공술이 아니라면 사소한 부분에 관하여 기억과 불일치하더라도 그것이 신문취지의 몰이해 또는 착오에 인한 것이라면 위증이 될 수 없다.

이 사건 토지의 매매협상 과정 등에 관한 제반 사정에 비추어 보면, '윤정기가 당시 매수희망자인 가인주택 회장으로부터 35억 원의 매매가를 제시받고도 이를 거절한 사실 알고 있다'고 한 이 사건 증언은 '윤정기가 가인주택으로부터 일단 매매대금은 25억 원으로 하고 공사수주를 통하여 10억 원 이상의 수익을 올리게 해주겠다는 제의를 받았으나 이를 거절하였다'는 객관적 사실과 전체적인 부분에 있어 일치되고 또 그것이 기억에 반하는 허위의 진술이라고 보기 어렵다.

[판결 01] A 화장품회사 직원 甲은 일시적으로 사업자등록이 말소된 乙의 대리점에 화장품을 공급하여 주었으나, 乙이 곧 사업자등록을 다시 발급받았고 A회사 역시 乙 대리점명의로 세금계산서를 발행한 점에 미루어 세금포탈을 위해 무자료거래를 할 의도는 아니었다. 그러나 甲은 乙이 원고, A 회사가 피고인 민사소송에서 "증인은 乙에게 사업자등록증은 필요 없고 말소된 사업자등록증으로도 물건을 줄 수 있다고 하면서 물건을 공급하여 주었는가?"라는 변호사의 질문에 "아니다. 그렇게 물건을 줄 수는 없다."고 증언했다.32)

[판결 01] 갑은 을에게 일부 화장품을 먼저 공급하고 나중에 새로 등록된 사업자등록으로 이를 정리하겠다는 의사로 화장품을 공급했고 사업자등록을 하는데 필요한 서류를 교부해 주어서 乙은 신규 사업자등록증을 받았다. 신규 사업자등록증을 확인한 A 회사는 작성일자를 화장품 공급이 있던 달의 마지막 날로 한 乙의 대리점 명의의 세금계산서를 발급했다. 이와 같이 甲의 증언은 "세금포탈을 위한 무자료거래는

---

30) 대법원 2008. 6. 26. 선고 2008도3300 판결.

31) 대법원 2007. 10. 26. 선고 2007도5076 판결.

32) 대법원 2001. 12. 27. 2001도5252.

없었다."는 취지로, 사업자등록증이 없는 乙에게 일시적으로 화장품 공급을 한 점 자체를 부인하는 진술은 아니다. 따라서 甲의 증언이 객관적 사실에 반하고 기억에 어긋나는 허위의 진술은 아니다.

Ⅳ. 제152조 제2항 [모해위증]

1. 모해할 목적

제152조 제2항의 모해위증죄에 있어서 '모해할 목적'이란 피고인·피의자 또는 징계혐의자를 불리하게 할 목적을 말한다. 허위진술의 대상이 되는 사실에는 공소 범죄사실을 직접, 간접적으로 뒷받침하는 사실은 물론 이와 밀접한 관련이 있는 것으로서 만일 그것이 사실로 받아들여진다면 피고인이 불리한 상황에 처하게 되는 사실도 포함된다. 모해의 목적은 허위의 진술을 함으로써 피고인에게 불리하게 될 것이라는 인식이 있으면 충분하고 그 결과의 발생까지 희망할 필요는 없다.[33)]

2. 모해목적 위증죄의 교사범

[판결 94] 갑은 병을 모해할 목적으로 증인 을에게 위증 하도록 교사하여 병을 모해할 목적이 없는 을이 그 자기의 기억에 반하는 내용의 증언을 했다.[34)]

[판결 94][35)] 甲이 丙을 모해할 목적으로 乙에게 위증을 교사한 이상 乙에게는 丙을 모해할 목적이 없었다고 하더라도 형법 제33조 단서의 규정에 의하여 甲에게는 모해위증에 대한 교사죄가 인정된다. 이유는 "제31조 제1항은 공범인 교사범이 그 성립과 처벌에 있어서 정범에 종속한다는 일반적인 원칙을 선언한 것에 불과하고, 신분관계로 인하여 형의 경중이 있는 경우에 신분이 있는 자가 신분이 없는 자를 교사하여 죄를 범하게 한 때에는 제33조 단서가 제31조 제1항에 우선하여 적용된다. 따라서 신분이 있는 교사범이 신분이 없는 정범보다 중하게 처벌된다."

33) 대법원 2007. 12. 27. 선고 2006도3575 판결.
34) 대법원 1994. 12. 23. 선고 93도1002 판결.
35) 대법원 1994. 12. 23. 선고 93도1002 판결.

V. 제154조 [허위의 감정, 통역, 번역]

> 제154조(허위의 감정, 통역, 번역) 법률에 의하여 선서한 감정인, 통역인 또는 번역인이 허위의 감정, 통역 또는 번역을 한 때에는 전2조의 예에 의한다.

제154조의 보호법익은 제152조와 같다. 감정인은 전문지식을 가진 자로서 법원에 의견을 제시하는 사람을 일컫는다. 의사, 학자 등 전문직 종사자가 대부분이다.

> [판결 00] 갑은 건축설계사로 대구지법 경주지원 부당이득금 사건에서 감정인 선서를 한 다음 경주시 용강동 소재 아파트 103동에 대한 "건축설계서와 현재의 시공상태를 점검하고 건축설계서와 미시공부분을 확인하며, 건축설계서와 달리 시공된 부분의 유무를 확인하고, 위와 같은 부분이 있다면 그 부분을 재시공할 경우의 공사비용 또는 차액을 산출 감정하여 그 결과를 서면으로 보고하라"는 감정명령을 받고 그 감정을 함에 있어 위 사건의 원고 을 외 89명에게 이익이 되게 할 의도로, 위 법원에 제2차 감정보고서를 제출하면서 설치된 통기관을 설치되지 않았다고 설시했다.[36)]

[판결 00] 허위감정죄는 고의범이므로, 비록 감정내용이 객관적 사실에 반한다고 하더라도 감정인의 주관적 판단에 반하지 않는 이상 허위의 인식이 없어 허위감정죄로 처벌할 수 없다.

하나의 소송사건에서 동일한 선서 하에 이루어진 법원의 감정명령에 따라 감정인이 동일한 감정명령사항에 대하여 수차례에 걸쳐 허위의 감정보고서를 제출하는 경우에는 각 감정보고서 제출행위시마다 각기 허위감정죄가 성립하나, 단일한 범의 하에 계속하여 허위의 감정을 한 것이라면 포괄하여 1개의 허위감정죄를 구성한다.

갑이 범행이후 위 민사사건의 법원에 제5차 감정보고서를 제출함으로써 제2차 내지 제4차 감정보고서의 통기관에 대한 허위의 감정내용을 사실에 부합하도록 정정했다고 해도, 이미 성립된 허위감정죄의 죄책에는 영향이 없다.

---

36) 대법원 2000. 11. 28. 선고 2000도1089 판결.

§ 16. 증거인멸

제155조(증거인멸 등과 친족 간의 특례) (1) 타인의 형사사건 또는 징계사건에 관한 증거를 인멸, 은닉, 위조 또는 변조하거나 위조 또는 변조한 증거를 사용한 자는 5년 이하의 징역 또는 700만원 이하의 벌금에 처한다.
(2) 타인의 형사사건 또는 징계사건에 관한 증인을 은닉 또는 도피하게 한 자도 제1항의 형과 같다.
(3) 피고인, 피의자 또는 징계혐의자를 모해할 목적으로 전2항의 죄를 범한 자는 10년 이하의 징역에 처한다.
(4) 친족, 호주 또는 동거의 가족이 본인을 위하여 본조의 죄를 범한 때에는 처벌하지 아니한다.

Ⅰ. 보호법익

제155조의 보호법익은 국가의 사법기능과 징계권이다.

Ⅱ. 제155조 [증거인멸 등과 친족 간의 특례]

1. 타인의 형사사건

자기가 피의·피고인인 형사사건은 제155조 제1, 2항의 적용대상이 아니다.[37] 자기가 처벌 또는 징계 받을 것이 두려워 증거가 될 자료를 인멸하는 행위가 동시에 다른 공범자의 형사사건이나 징계사건에 관한 증거를 인멸한 결과가 된다고 하더라도 이를 증거인멸죄로 다스릴 수 없다. 공범자가 아닌 자의 형사사건이나 징계사건에 관한 증거를 인멸한 결과가 된 경우 역시 증거인멸죄에 해당하지 않는다.[38] 그러나 자기의 형사사건에 관한 증거를 인멸하기 위하여 타인을 교사하여 죄를 범하게 한 자에 대하여는 증거인멸교사죄가 성립할 수 있다.[39]

---

37) 대법원 2003. 3. 14. 선고 2002도6134 판결.

38) 대법원 2013. 11. 28. 선고 2011도5329 판결; 1995. 9. 29. 선고 94도2608 판결.

39) 대법원 2000. 3. 24. 선고 99도5275 판결. 같은 취지의 판결 : 대법원 1982. 4. 27. 선고 82도274 판결.

'타인의 형사사건'은 증거위조 행위 시에 아직 수사절차가 개시되기 전이라도 장차 형사사건이 될 수 있는 것까지 포함하고, 그 형사사건이 기소되지 않거나 무죄가 선고되더라도 증거위조죄의 성립에 영향이 없다.40)

'형사사건 또는 징계사건'이란 은닉행위 시에 아직 수사 또는 징계절차가 개시되기 전이라도 장차 형사 또는 징계사건이 될 수 있는 것까지를 포함한다.41)

> [판결 03] 甲, 乙은 H조직폭력배의 우두머리로서 반대파인 병을 제거하기 위하여 조직원 1, 2, 3과 공모하여 丙의 양쪽 다리 아킬레스건을 절단했다. 이 후 갑, 을은 조직원 1~2명을 경찰에 자수시켜 위 상해가 H파의 계획된 범행이 아니라 마치 자수한 조직원의 우발적인 범행인 것처럼 허위진술하게 함으로써 사건을 축소·은폐하려 하였다. 그러나 목격자 丁이 경찰에 출석하여 사실대로 진술할 경우 범행의 전모는 물론 나아가 범죄단체 구성 사실까지 밝혀질 것을 우려한 나머지 丁이 경찰에 출석하지 못하도록 겁을 주어 정이 경찰에 진술하지 못하고 다른 곳으로 도피하도록 했다.42)

[판결 03] 제155조 제2항 '증인도피'는 타인의 형사사건 또는 징계사건에 관한 증인을 은닉·도피하게 한 행위이다. 자신의 형사처분이나 징계처분이 두려워 즉 자기의 이익을 위하여 증인이 될 사람을 도피하게 했다면, 그 행위가 동시에 다른 공범자의 형사사건이나 징계사건에 관한 증인을 도피하게 한 결과가 된다고 해도 이를 증인도피죄로 처벌할 수 없다.43) 甲과 乙이 丁을 도피케 한 것은 범죄 실행자들만 전면에 내세우고 H파의 우두머리인 자신들은 수사대상에서 빠지기 위해 丁의 진술을 방해하기 위한 것으로 제155조 제2항에 해당되지 않는다.

> [판결 11] 노동조합 지부장 갑은 업무상횡령 혐의로 조합원들로부터 고발을 당하자 을과 공동하여 조합 회계서류를 무단 폐기한 후 폐기에 정당한 근거가 있는 것처럼 을로 하여금 조합 회의록을 조작하여 수사기관에 제출하도록 교사했다.44)

---

40) 대법원 2013. 11. 28. 선고 2011도5329 판결; 2011. 2. 10. 선고 2010도15986 판결.

41) 대법원 1982. 4. 27. 선고 82도274 판결: 甲이 수사 또는 징계절차가 개시되면 실화로 처벌 또는 징계당할 것이 두려워 乙에게 증거가 될 석유난로를 숲에 버리라고 교사한 사건이며, 甲은 증거인멸죄의 교사범으로 처벌되었다.

42) 대법원 2003. 3. 14. 선고 2002도6134 판결.

43) 대법원 2003. 3. 14. 선고 2002도6134 판결. 같은 판결: 1995. 9. 29. 선고 94도2608 판결; 1976. 6. 22. 선고 75도1446 판결.

44) 대법원 2011. 7. 14. 선고 2009도13151 판결.

[판결 11] 회의록의 변조·사용은 이 사건 회계서류 폐기에 정당한 근거가 존재하는 양 꾸며냄으로써 갑과 을이 공범관계에 있는 문서손괴죄의 형사사건에 관한 증거를 변조·사용한 것으로 볼 수 있어 갑, 을에 대한 증거변조 및 변조증거사용은 인정되지 않는다.

간접정범도 정범의 일종인 이상 증거변조죄 및 변조증거사용죄의 정범으로 처벌되지 않는 갑을 같은 죄의 간접정범으로 처벌할 수는 없다. 비록 자기의 형사사건에 관한 증거를 변조·사용하기 위하여 타인을 교사하여 증거를 변조·사용하도록 하였더라도 피교사자인 타인이 같은 형사사건의 공범에 해당하여 증거변조죄 및 변조증거사용죄로 처벌되지 않은 이상 본 죄의 교사범을 처벌하는 취지와 달리 자기 방어권 행사를 위해 제3자로 하여금 새로운 범죄를 저지르게 함으로써 자기 방어권의 한계를 일탈하여 새로이 국가의 형사사법기능을 침해한 경우라고도 보기 어렵다. 갑에게 증거변조죄 및 변조증거 사용죄의 간접정범도 성립하지 않는다.[45]

[판결 95] 공무원 甲, 乙은 공문서인 여객안전점검표를 허위로 작성했다. 甲, 乙은 검찰로부터 이 사건 선박의 침몰사건과 관련하여 선박의 안전운항과 관련된 서류제출을 요구받자, 이미 항만청 해무과 소속 공무원들이 위 선박의 정원초과 운항사실 등을 적발하여 선장등으로부터 정원초과운항확인서 4장을 작성 받아 보관중이면서도 이에 따른 아무런 조치를 취하지 않은 채 방치한 사실과 관련하여 자신들을 비롯한 항만청 관계자들이 처벌 및 징계를 받을 것을 두려워, 순차로 丙에게 문제의 서류 4장을 소각하도록 함으로써 선박의 정원초과운항과 관련하여 구속 기소된 丁에 대한 선박안전법위반사건의 증거를 인멸하였다.[46]

[판결 95] 공무원 甲, 乙이 자신들이 형사처벌이나 징계처분을 받지 않기 위하여 증거가 될 자료를 인멸하였으므로, 이 인멸행위가 정에 대한 별개 범행의 증거를 인멸한 결과가 된다고 하더라도 증거인멸죄는 성립하지 않는다.

2. 증거의 인멸, 은닉, 위조 또는 변조

(1) 증거

(가) '증거'란 타인의 형사사건 또는 징계사건에 관하여 수사기관이나 법원 또는 징계기관이 국가의 형벌권 또는 징계권의 유무를 확인하는 데 관계있다고 인정되는 일체의 자료를 의미한다. 타인에게 유리한 것이건 불리한 것이건 가

45) 대법원 2011. 7. 14. 선고 2009도13151 판결.

46) 대법원 1995. 9. 29. 선고 94도2608 판결.

리지 아니하며 또 증거가치의 유무 및 정도를 불문한다.[47]

H그룹 비자금의 관리·운용과 관련된 영상이 촬영되었을 것으로 보이는 CCTV 녹화 하드디스크나 갑의 주식회사 을에 대한 지배관계 및 비자금 등 수사의 단서가 될 수 있는 위 회사의 관련 서류 및 컴퓨터 파일, 주식 저가매도와 관련한 조세포탈 등의 단서가 될 수 있는 병 회사의 회계서류는 증거인멸죄의 대상이 되는 증거이다.[48]

(2) 위조

(가) 뜻

제155조 제1항 '타인의 형사사건에 관한' '증거 위조'는 **증거 자체**를 위조함을 말한다. '위조'는 문서에 관한 죄에 있어서의 위조 개념과는 달리 새로운 증거의 창조를 의미한다. 존재하지 않는 증거를 이전부터 존재하고 있는 것처럼 작출하는 행위도 증거위조에 해당한다.

증거가 문서의 형식을 갖는 경우 증거위조죄에 있어서의 증거에 해당하는지 여부가 그 작성권한의 유무나 내용의 진실성에 좌우되지 않는다.[49]

(나) 참고인의 진술, 진술서

판례에 의하면 참고인이 수사기관에서 한 허위의 진술은 제155조 제1항 '증거위조'에 해당되지 않는다.[50] 참고인이 타인의 형사사건 등에서 직접 진술 또는 증언하는 것을 대신하거나 그 진술 등에 앞서 허위의 사실 확인서나 진술서를 작성해 수사기관 등에 제출하거나 또는 제3자에게 교부하여 제3자가 이를 제출한 것은 증거위조죄를 구성하지 않는다. 확인서나 진술서의 작성·제출을 통해 참고인은 존재하지 않는 문서를 이전부터 존재하고 있는 것처럼 작출하는 등의 방법으로 새로운 증거를 창조한 것이 아니고, 참고인으로 수사기관에서 허위의 진술을 하는 것과 차이가 없기 때문이다.[51]

---

47) 대법원 2015. 10. 29. 선고 2015도9010 판결; 2013. 9. 26. 선고 2013도5214 판결; 2007. 6. 28. 선고 2002도3600 판결.

48) 대법원 2013. 9. 26. 선고 2013도5214 판결.

49) 대법원 2011. 7. 28. 선고 2010도2244 판결; 2007. 6. 28. 선고 2002도3600 판결.

50) 대법원 1995. 4. 7. 선고 94도3412 판결.

51) 대법원 2015. 10. 29. 선고 2015도9010 판결.

> [판결 15] 갑은 공식적으로는 외교부 소속 사건사고 담당 영사이고, 비공식적으로는 국정원 소속 해외정보관이다. 갑은 국정원 수사팀의 지시에 따라 법원 등에 증거로 제출될 것을 알면서 국정원 파견 영사가 수행하는 직무권한 범위 내 공무의 일환으로 '주선양총영사관 갑 명의'로 직접 확인한 바 없는 사실을 확인한 것처럼 '2013. 9. 27.자 확인서 및 사실확인서'와 '2013. 12. 17.자 확인서'를 작성했다. 위 확인서 등에 총영사관의 관인이 날인되어 있고 사서증서 인증이 되어 있으며, 첨부서류로 '출입경기록' 또는 '일사적답복 및 거보재료'가 첨부되어 있다.[52]

[판결 15] '2013. 9. 27.자 확인서 및 사실확인서'와 '2013. 12. 17.자 확인서'는 그 목적이 공적인 증명에 있다기보다는 영사 갑이 국정원 수사팀의 지시에 따라 'A 등의 출입경사실을 확인하였다'는 내용과 '삼합변방검사참에 정황설명서에 관해 문의한 것처럼 하여 그 결과 등'을 보고 형식으로 기재한 일종의 보고서로서 그 명칭 여하에 상관없이 갑의 진술을 기재한 '진술서'의 성격이다.

갑이 을 등과 공모하여 관련 사건의 증거로 제출하기 위해 허위 확인서 등을 작성했다고 해도 이는 존재하지 않는 문서를 이전부터 존재하고 있는 것처럼 작출하는 등의 방법으로 새로운 증거를 창조하는 것이 아니고, 갑이 관련 사건에 관하여 수사기관에서 허위의 진술을 하는 것과 차이가 없으므로, 증거위조죄에서의 '증거위조'에 해당하지 않는다.

(다) 참고인이 만든 녹음파일, 녹취록

참고인이 타인의 형사사건 등에 관하여 **제3자와 대화를 하면서 허위로 진술하고 위와 같은 허위 진술이 담긴 대화 내용을 녹음한 녹음파일 또는 이를 녹취한 녹취록**은 참고인의 허위진술 자체 또는 참고인 작성의 허위 사실확인서 등과는 달리 그 진술내용만이 증거자료로 되는 것이 아니고 **녹음 당시의 현장음향 및 제3자의 진술 등이 포함되어 있어 그 일체가 증거자료가 된다.** 이는 증거위조죄에서 말하는 '증거'에 해당한다.[53]

참고인이 허위 진술이 담긴 대화 내용을 녹음한 녹음파일 또는 이의 녹취록을 만들어 내는 행위는 무엇보다도 그 녹음의 자연스러움을 뒷받침하는 현장성이 강하여 단순한 허위진술 또는 허위의 사실 확인서 등에 비하여 수사기관 등을 그 증거가치를 판단함에 있어 오도할 위험성을 현저히 증대시킨다. 이러한 행위는 **허위의 증거를 새로이 작출하는 행위**로서 증거위조죄에서 말하는 '위

52) 대법원 2015. 10. 29. 선고 2015도9010 판결.

53) 대법원 2013. 12. 26. 선고 2013도8085 판결.

조'에 해당한다.54)

> [판결 13] 갑이 친딸 을을 강간하였다는 등의 범죄사실로 재판을 받던 중 누나 병에게 을이 병의 딸 정과 대화를 하면서 '아빠가 때려 화가 나서 아빠가 몸에다 손댔다고 거짓말했다'는 취지로 허위 진술하는 것을 병의 휴대폰에 녹음하게 한 다음 위와 같은 허위진술이 담긴 대화 내용을 녹취한 이 사건 녹취록을 만들어 담당재판부에 증거로 제출하게 했다.55)

[판결 13] 참고인 병이 타인의 형사사건 등에 관하여 제3자 을과 대화 하면서 허위로 진술하고 위와 같은 허위 진술이 담긴 대화 내용을 녹음한 녹음파일 또는 이를 녹취한 녹취록을 만들어 수사기관 등에 제출하는 것은, 병이 타인의 형사사건 등에 관하여 수사기관에 허위의 진술을 하거나 이와 다를 바 없는 것으로서 허위의 사실확인서나 진술서를 작성하여 수사기관 등에 제출하는 것과는 달리, 증거위조죄를 구성한다.56) 갑은 증거위조교사죄 병은 증거위조죄이다.

(라) 선서무능력자에 대한 위증교사

선서무능력자로서 범죄 현장을 목격하지도 못한 사람으로 하여금 형사법정에서 범죄 현장을 목격한 양 허위의 증언을 하도록 하는 것은 제155조 제1항의 증거위조에 해당하지 않는다.57)

(3) 은닉

증거은닉죄는 타인의 형사사건이나 징계사건에 관한 증거를 은닉할 때 성립하고 자신의 형사사건에 관한 증거은닉 행위는 형사소송에 있어서 피고인의 방어권을 인정하는 취지와 상충하여 처벌의 대상이 되지 않는다.

자신의 형사사건에 관한 증거은닉을 위하여 타인에게 도움을 요청하는 행위 역시 원칙적으로 처벌되지 않는다. 다만 그것이 방어권의 남용이라고 볼 수 있을 때는 증거은닉교사죄로 처벌할 수 있다. 방어권 남용이라고 볼 수 있는지 여부는, 증거를 은닉하게 하는 것이라고 지목된 행위의 태양과 내용, 범인과 행위자의 관계, 행위 당시의 구체적인 상황, 형사사법작용에 영향을 미칠 수 있는

54) 대법원 2013. 12. 26. 선고 2013도8085 판결.
55) 대법원 2013. 12. 26. 선고 2013도8085 판결.
56) 대법원 2013. 12. 26. 선고 2013도8085 판결.
57) 대법원 1998. 2. 10. 선고 97도2961 판결.

위험성의 정도 등을 종합하여 판단한다.[58)]

Ⅲ. 판결

> [판결 16] 갑은 정치인 을은 갑과 오랜 기간 친분을 유지해온 측근이고, 병은 갑의 보좌관이다. 갑은 A로부터 시계와 안마의자 등을 받았다. 갑은 안마의자가 정치활동과 무관하여 아무 문제가 없다고 생각하여 다른 금품은 A에게 반환하면서도 안마의자는 자신의 주거지에 그대로 두었다가, 혹시라도 문제가 될까 염려하여 안마의자를 을에게 보관해 달라고 부탁하고 병에게 운반을 지시했다. 을과 병은 갑의 요청에 응했다.[59)]

[판결 16] 안마의자는 정치활동을 위하여 제공된 것이 아니어서 정치자금법에 의하여 수수가 금지되는 정치자금에 해당하지 않는다. 안마의자가 갑에게 배송된 자료가 있고, 통화내역과 CCTV 영상 확인 등을 통하여 갑의 주거지에 있던 안마의자가 을의 주거지로 운반된 사실도 조기에 드러난 점에서 갑이 안마의자를 운반, 보관하게 함으로써 수사에 중대한 장애를 초래했다고 단정할 수 없다. 또한 갑이 을, 병과 안마의자의 출처나 귀속관계 등을 거짓으로 진술하기로 공모한 사정도 보이지 않는다. 갑의 위와 같은 행위로 형사사법작용에 중대한 장애를 초래하였다거나 그러한 위험성이 있었다고 보기 어렵고 자기 자신이 한 증거은닉 행위의 범주에 속한다고 볼 여지가 충분하여 방어권을 남용한 정도에 이르렀다고 단정하기 어렵다.[60)]

> [판결 06] 경찰서 방범과장이던 피고인이 부하직원으로부터 A오락실을 음반·비디오물 및 게임물에 관한 법률 위반 혐의로 단속하여 범죄행위에 제공된 증거물로 오락기의 변조 기판을 압수하여 위 방범과 사무실에 보관중임을 보고받아 알고 있었음에도 그 직무상의 의무에 따라 위 압수물을 같은 경찰서 수사계에 인계하고 검찰에 송치하여 범죄 혐의의 입증에 사용하도록 하는 등의 적절한 조치를 취하지 않고, 오히려 부하직원에게 위와 같이 압수한 변조 기판을 돌려주라고 지시하여 A오락실 업주에게 이를 돌려주었다.[61)]

[판결 06] 직무위배의 위법상태가 증거인멸행위 속에 포함되어 있는 것으로 보아

58) 대법원 2016. 7. 29. 선고 2016도5596 판결.
59) 대법원 2016. 7. 29. 선고 2016도5596 판결.
60) 대법원 2016. 7. 29. 선고 2016도5596 판결.
61) 대법원 2006. 10. 19. 선고 2005도3909 전원합의체 판결.

야 할 것이므로, 작위범인 증거인멸죄만이 성립하고 부작위범인 직무유기(거부)죄는 따로 성립하지 않는다.

이와 달리, 사법경찰관인 피고인이 피의자 등에게 관련자를 은폐하기 위하여 허위진술을 하도록 교사하였다면 타인을 교사하여 증거인멸죄를 범하게 한 것인 동시에 그것이 또한, 정당한 직무집행을 거부한 것이 된다고 판시한 대법원 1967. 7. 4. 선고 66도840 판결은 이를 변경한다.[62]

[판결 67] 사법경찰관 사무취급 甲은 丙을 체포하려고, 밀수품 보관 피의자 乙을 조사하면서 허위진술을 유도했다. 즉 乙은 자신의 처남 丙이 이 사건 밀수품을 가지고 와서 보관케 되었고, 丙은 자동차 부속품상사에 다닌다고 사실대로 진술하였음에도 불구하고, "밀수품을 가져온 사람으로 가공인물을 내세워야 丙이 석방될 수 있다. 그러니 가공인물 丁으로부터 밀수품을 받았다고 말하고, 丙은 직업 없이 놀고 있다고 진술할 것을 사주하여 신문조서에 기입했다.[63]

[판결 67] 비록 甲이 사법경찰관으로서 범죄수사의 방법으로 한 것이라 하여도 타인을 교사하여 증거인멸죄를 범하게 한 것은 부정할 수 없다.

62) 대법원 2006. 10. 19. 선고 2005도3909 전원합의체 판결.

63) 대법원 1967. 7. 4. 선고 66도840 판결.

제 11 장 무고

제11장은 제156조의 무고죄 그리고 제157조에 무고한 자가 사건의 재판 또는 징계처분 이 확정되기 전에 자백 또는 자수한 경우에 처벌을 감경 또는 면제해 줄 수 있다는 두 개의 구성요건으로 구성되어 있다.

§ 17. 무고죄

> 제156조(무고) 타인으로 하여금 형사처분 또는 징계처분을 받게 할 목적으로 공무소 또는 공무원에 대하여 허위의 사실을 신고한 자는 10년 이하의 징역 또는 1천 5백만원 이하의 벌금에 처한다.

Ⅰ. 보호법익

판례에 의하면 제156조는 국가의 형사사법권 또는 징계권의 적정한 행사를 주된 보호법익, 부당하게 처벌 또는 징계 받지 않을 개인의 이익을 부수적 보호법익으로 한다.1)

독일문헌에는 제156조에 상응하는 § 164의 보호법익은 국가가 법을 집행하고 운용하는 기능을 유지하고 보호하는 것이라는 견해가 다수이다.2) 소수의 견해는 § 164는 간접적·부수적으로 개인이 국가기관으로 부터 근거 없이 부당하게 추적, 수사당하지 않도록 보호한다는 점에서, § 164가 국가에 의한 법의 보호·유지기능과 더불어 부당한 처벌을 받지 않을 개인적 이익을 동등하게 보호한다는 견해 즉 국가적 이익과 개인적 이익이 § 164의 누적적 혹은 선택적 보호법익이라는 주장이다.3) 그러나 소수 견해에 의하면 첫째, 무고를 당하는 사람이

---

1) 대법원 2005. 9. 30. 선고 2005도2712 판결.

2) *Rudolphi*, SK, § 164 Rn 1.

3) S/S/*Lenckner/Bosch*, §164 Rn 1 f; *Dreher/Tröndle*, § 164 Rn 2.

무고행위를 양해·승락할 수 있고, 그럴 경우 구성요건 혹은 위법성이 조각된다. 둘째 외국의 관청에 무고하여 자국의 사법기능이 전혀 침해되지 않고 피무고자 개인의 이익만이 침해받은 경우에도 § 164가 적용되는데, 이 결과는 § 164의 존재목적과 합치하지 않는다.[4)]

Ⅱ. 제156조 [무고] 주관적 구성요건

1. 목적

제156조는 목적범이다. 행위자는 행위 대상자가 처벌 또는 징계처분을 받도록 할 목적으로 행위 해야 한다. 고소를 한 목적이 상대방을 처벌받도록 하는데 있지 않고 시비를 가려달라는 데에 있다고 하여 무고죄의 범의가 없다고 할 수는 없다.[5)] 처벌 또는 징계처분을 받게 할 목적 없이 흑백을 가려달라고 신고하는 경우에는 무고죄가 성립하지 않는다.[6)]

> [판결 06] 갑이 을과 공모하고 을이 병에 대하여 허위사실이 기재된 고소장을 접수했다. 갑과 을은 수사기관의 고소인 출석요구에 응하지 않음으로써 그 단계에서 수사가 중지되고 고소가 각하될 것으로 의도하고 있었고, 더 나아가 병에 대한 출석요구와 피의자신문 등의 수사권까지 발동될 것은 의욕 하지 않았다.[7)]

[판결 06] 허위 사실이 기재된 고소장을 수사기관에 제출하도록 한 이상 갑, 을에게는 병이 그로 인하여 형사처분을 받게 될 수도 있다는 점에 대한 인식이 있었다고 보아야 하고, 또 그 고소장 접수 당시에 이미 국가의 형사사법권의 적정한 행사가 저해될 위험도 발생했다고 보아야 한다.

2. 고의

(1) 신고하는 범죄사실이 허위라는 것을 확실히 또는 미필적으로 인식해야 한다. 즉 허위라는 것을 알지 못한 경우 고의가 인정될 수 없다.[8)]

---

4) *Rudolphi*, SK, § 164, Rn 2.
5) 대법원 2007. 4. 26. 선고 2007도1423 판결.
6) 대법원 1978. 8. 22. 선고 78도1357 판결.
7) 대법원 2006. 8. 25. 선고 2006도3631 판결.
8) 대법원 2003. 1. 24. 선고 2002도5939 판결.

미필적 고의로 충분하므로 신고사실이 **허위라고 확신**했을 필요는 없다.[9] 신고사실의 **진실여부에 대한 확신 없이** 즉, 사실일 수도 아닐 수도 있다고 생각하고 신고한 경우는 무고의 요건을 충족한다.[10]

(2) 무고죄에 있어서 신고사실이 객관적 사실과 일치하지 않는 것이라도 신고자가 **진실이라고 확신하고 신고**하였을 때에는 무고죄가 성립하지 않는다. 진실이라고 확신한다 함은 신고자가 알고 있는 사실관계에 의하더라도 신고사실이 허위라거나 또는 허위일 가능성이 있다는 인식을 하지 못하는 경우를 말한다. 신고자가 알고 있는 사실관계에 의하여 신고사실이 허위라거나 허위일 **가능성이 있다는 인식을 하면서도 이를 무시한 채** 무조건 자신의 주장이 옳다고 생각하는 경우까지 포함되는 것은 아니다.[11]

(3) 판례는 "형사처분 또는 징계처분을 받게 할 목적은 허위신고를 함에 있어서 다른 사람이 그로 인하여 형사 또는 징계처분을 받게 될 것이라는 것을 인식하는 것으로 족하고, 그 결과발생을 희망할 필요까지는 없다"[12]는 입장이다. 행위자가 허위사실을 적시한 고소장을 수사기관에 제출한 이상 그러한 인식은 있었다고 인정된다.[13] 처벌을 희망하지 않으면서 허위사실을 신고하거나 고소하는 경우는 생각하기 어렵다.

Ⅲ. 第156条 [무고]

1. 무고의 대상

타인이 형사, 징계처분을 받도록 할 목적한 무고이어야 한다. 따라서 이른바 「自己무고」를 통하여 자신이 혐의와 처분을 받도록 하는 것은 제156조에 해당하지 않는다. 타인은 반드시 특정되어 있고, 처분을 받는 것이 가능한 사람이어야 한다. 따라서 사망한 사람, 실제로는 없는 가공의 인물에 대한 무고는 성립하지 않는다.

---

9) 대법원 2014. 12. 24. 선고 2012도4531 판결; 2012. 5. 24. 선고 2011도11500 판결; 1997. 3. 28. 선고 96도2417 판결; 1996. 5. 10. 선고 96도324 판결.

10) 대법원 2007. 4. 26. 선고 2007도1423 판결.

11) 대법원 2008. 5. 29. 선고 2006도6347 판결.

12) 대법원 2014. 3. 13. 선고 2012도2468 판결; 2005. 9. 30. 선고 2005도2712 판결; 1995. 12. 12. 선고 94도3271 판결.

13) 대법원 2005. 9. 30. 선고 2005도2712 판결.

2. 형사처분 또는 징계처분

[판결 10] 갑은 변호사 을이 운영하는 '법무법인 ○'에서 사무장으로 근무했다. 갑은 2006. 4.경 영등포구치소에 수감되어 있던 병으로부터 외부인들과의 연락관계 등을 대신하며 매주 2회 접견을 해주는 조건으로 3억원을 받기로 약정한 후 병의 사건을 정상적으로 선임을 한 것처럼 변호사 선임계를 제출하였다가 2, 3주 후 사임계를 제출한 후 매주 2회씩 거의 1년여 동안 접견을 하며 외부와의 연락병 역할(일명 비둘기)을 하는 등 변호사로서는 해서는 아니 될 파렴치한 행동을 하는 등 변호사로서의 자질이 부족하고 품위유지의무를 위반하였으니 징계가 필요하다."는 취지의 진정서 1부를 서울지방변호사회회장을 수취인으로 하여 우편으로 발송, 접수케 했다.[14)]

형사처분은 형벌과 사회보호법에 의한 보안처분 그리고 소년법에 의한 보호처분을 포함한다. 제156조의 '징계처분'은 '공법상의 특별권력관계에 기인하여 질서유지를 위하여 과하여지는 제재를 의미한다.[15)]

[판결 11] 구 변호사법 제92조, 제95조, 제96조, 제100조 등에 의하면 (i) 변호사에 대한 징계가 대한변호사협회 변호사징계위원회를 거쳐 최종적으로 법무부의 변호사징계위원회에서 결정되고 이에 불복하는 경우 행정소송을 할 수 있다. (ii) 제93조, 제94조, 제101조의2 등에 의하여 판사 2명과 검사 2명이 위원으로 참여하여 대한변호사협회 변호사징계위원회나 법무부의 변호사징계위원회를 구성되고, 서류의 송달, 기일의 지정이나 변경 및 증인·감정인의 선서와 급여에 관한 사항에 대하여 '형사소송법'과 '형사소송비용 등에 관한 법률'의 규정을 준용하도록 정하고 있다. (iii) 이런 절차를 마련한 것은 변호사의 공익적 지위에 기인하여 공법상의 특별권력관계에 준하여 징계에 관하여도 공법상의 통제를 하려는 의도로 보여지는 점 등에서 변호사에 대한 징계처분은 형법 제156조에서 정하는 '징계처분'에 포함되므로, 구 변호사법 제97조의2 등 관련 규정에 의하여 그 징계 개시의 신청권이 있는 지방변호사회의 장은 형법 제156조에서 정한 '공무소 또는 공무원'에 포함된다.

---

14) 대법원 2010. 11. 25. 선고 2010도10202 판결; 서울북부지방법원 2009. 12. 30. 선고 2008고정2829 판결.

15) 대법원 2010. 11. 25. 선고 2010도10202 판결.

따라서 변호사를 징계처분을 받게 할 목적으로 서울지방변호사회에 회장을 수취인으로 하는 진실에 대한 확신도 없는 내용의 진정서를 제출한 갑에게는 무고죄가 인정된다.[16]

3. 공무원 또는 공무소

형사처분의 경우 '공무소 또는 공무원'이란 검사, 사법경찰관리 등 형사소추 또는 수사를 할 권한이 있는 관청과 그 감독기관 또는 그 소속 공무원을 말한다.[17]

징계처분의 경우에는 징계권자 또는 징계권의 발동을 촉구하는 직권을 가진 자(기관)와 그 감독기관 또는 그 소속 구성원을 말한다.

군인에 대한 무고죄의 경우에 공무소 또는 공무원에 대한 신고는 반드시 해당 군인에 대하여 징계처분 또는 형사처분을 심사 결행할 직권 있는 소속 상관에게 직접 하여야 하는 것은 아니지만, 지휘명령 계통이나 수사관할 이첩을 통하여 그런 권한 있는 상관에게 도달되어야 무고죄가 성립한다.[18]

수사기관을 통괄하는 대통령에게[19] 또는 관내 경찰서장을 지휘·감독하는 도지사에게 처벌을 요구하는 진정서 등을 제출하는 것[20]도 여기에 해당한다.

'공무원' 또는 '공무소'라는 표지는 뜻과 범위가 불명확하고 실익이 없으므로, '수사기관' 또는 징계권을 행사할 수 있는 (국가)기관으로 특정·한정하는 것이 좋다.

4. 허위의 사실

(1) 무고죄를 구성하기 위해서는 신고 된 사실 자체가 형사처분의 원인이 될 수 있는 것이어야 하고, 만약 그 **사실 자체가 범죄로 구성되지 않는다면 허위의 사실을 신고하였다 하더라도 무고죄는 성립하지 않는다.**[21]

허위사실 **적시의 정도**는 수사관서 또는 감독관서에 대하여 수사권 또는 징

16) 대법원 2010. 11. 25. 선고 2010도10202 판결.
17) 대법원 2014. 12. 24. 선고 2012도4531 판결.
18) 대법원 2014. 12. 24. 선고 2012도4531 판결.
19) 대법원 1977. 6. 28. 선고 77도1445 판결.
20) 대법원 1982. 11. 22. 선고 81도2380 판결.
21) 대법원 2002. 11. 8. 선고 2002도3738 판결; 1992. 10. 13. 선고 92도1799 판결 등.

계권의 발동을 촉구하는 정도의 것이면 충분하고 반드시 범죄구성요건 사실이나 징계요건 사실을 구체적으로 명시하여야 하는 것은 아니다.[22]

(2) 피무고인이 한 것으로 신고한 사실은 반드시 사실 즉 현실과 객관적으로 일치하지 않아야 한다. 고소내용이 진실과 일치하면 무고가 성립하지 않는다.[23] 위증죄에서의 허위여부가 행위자의 주관적 사실에 의하여 판단되는 것과 다르다.

(3) 고소내용이 터무니없는 허위사실이 아니고 사실에 기초하여 그 정황을 다소 과장한 데 지나지 아니한 경우 역시 무고죄가 성립하지 않는다.[24] 또 신고된 사실에 따라 처벌·징계되는 이상 신고 된 일부사실이 허위이더라도 이것이 처벌 또는 징계사유의 成否에 영향이 없는 경우 무고에 해당하지 않는다[25]. 그러나 그 일부 허위인 사실이 국가의 심판작용을 그르치거나 부당하게 처벌을 받지 아니할 개인의 법적 안정성을 침해할 우려가 있을 정도로 고소사실 전체의 성질을 변경시키는 때에는 무고죄가 성립될 수 있다.[26]

(4) 신고사실의 일부에 허위의 사실이 포함되어 있다고 하더라도 그 허위 부분이 범죄의 성립 여부에 영향을 미치는 중요한 부분이 아니고, 단지 신고한 사실을 과장한 것에 불과한 경우에는 무고죄에 해당하지 않는다.[27]

(5) 신고한 사실이 객관적 사실에 반하는 허위사실이라는 요건은 적극적으로 증명되어야 하며, 신고사실의 진실성을 인정할 수 없다는 소극적 증명만으로 곧 그 신고사실이 객관적 진실에 반하는 허위사실이라고 단정하여 무고죄의 성립을 인정할 수는 없다.[28] 즉, **신고사실의 진실성을 인정할 수 없다는 점만으로 곧 그 신고사실이 객관적 진실에 반하는 허위사실이라고 단정하여 무고죄의 성립을 인정할 수는 없다.** 수표금액의 지급 또는 거래정지처분을 면할 목적으로 금융기관에 거짓 신고를 하는 경우에 성립하는 부정수표 단속법 제4조 위반죄에서도 이 원칙은 적용된다.[29]

---

22) 대법원 2014. 12. 24. 선고 2012도4531 판결.

23) 대법원 1970. 4. 28. 선고 70도568 판결; 1985. 2. 26. 선고 84도2510 판결.

24) 대법원 2003. 1. 24. 선고 2002도5939 판결.

25) 대법원 1985. 4. 9. 선고 85도283 판결; 1986. 7. 8. 선고 86도1132 판결; 1986. 7. 22. 선고 86도582 판결.

26) 대법원 2004. 11. 6. 선고 2003도7178 판결; 1995. 12. 22. 선고 95도414 판결.

27) 대법원 2011. 9. 8. 선고 2011도3489 판결; 2003. 1. 24. 선고 2002도5939 판결; 1996. 5. 31. 선고 96도771 판결.

28) 대법원 2014. 2. 13. 선고 2011도15767 판결; 2010. 11.11. 선고 2008도7451 판결; 2004. 1. 27. 선고 2003도5114 판결.

[판결 14-3]에서 대법원은 을이 "각 당좌수표를 발행할 당시에 갑의 승낙을 받았다고 주장하고 있으나, 을의 진술에 따르더라도 A 회사의 인감도장을 거의 을이 보관하면서 약속어음이나 당좌수표를 발행해 왔고, 약속어음을 할인하거나 당좌수표를 담보로 자금을 차용하는 경우 갑에게 구두로 보고하였을 뿐 정식 결재를 받지 않았고, 위 당좌수표 2장을 회사의 관리대장에 정리해 두거나 원리금 상환내역을 별도로 기록하지 않았다는 것이다. 그 밖에 위 당좌수표 2장이 병에게 발행될 당시 갑이 승낙하였음을 인정할 만한 객관적인 자료는 찾을 수 없다" 따라서 제출된 증거만으로 갑이 수사기관 및 금융기관에 신고한 내용이 객관적 사실에 반하는 허위임이 합리적 의심 없이 증명되었다고 단정하기 어렵다는 이유로 무고를 부정했다.[30]

(6) 신고 된 사실이 친고죄일 경우, 그에 대한 고소기간이 경과하여 공소를 제기할 수 없음이 그 신고내용 자체에 의하여 분명한 때에는 당해 국가기관의 직무를 그르치게 할 위험이 없으므로 이러한 경우에는 무고죄는 성립하지 않는다.[31] 무고죄의 공소시효는 신고 시가 기준이다.[32]

5. 신고

(1) 방식

허위사실의 신고방식은 구두에 의하건 서면에 의하건 관계가 없고, 서면에 의하는 경우에도 그 신고내용이 타인으로 하여금 형사처분 또는 징계처분을 받게 할 목적의 허위사실이면 충분하며 그 명칭이 반드시 고소장이어야만 무고죄가 성립하는 것은 아니다.[33]

(2) 자발적 신고

신고는 자발적인 것이어야 한다. 수사기관 등의 추문(推問), 즉 수사기관 등이

29) 대법원 2014. 2. 13. 선고 2011도15767 판결.

30) 대법원 2014. 2. 13. 선고 2011도15767 판결.

31) 1997년 1월 甲은 乙이 약 20개월 전인 1995. 4. 하순 자신을 강간한 것을 비롯해 1995. 6.경까지 4회 내지 5회에 걸쳐 강간했다는 고소장을 작성, 접수한 사건이다(대법원 1998. 4. 14. 선고 98도150판결). 같은 취지 : 대법원 1994. 2. 8. 선고 93도3445 판결; 1985. 5. 28. 선고 84도2919 판결 등.

32) 대법원 2008. 3. 27. 선고 2007도11153 판결 등.

33) 대법원 2014. 12. 24. 선고 2012도4531 판결.

추궁하여 캐어묻거나 진술을 이끌어내는 과정에서 허위의 진술을 하는 것은 무고죄를 구성하지 않는다.

당초 고소장에 기재하지 않은 사실을 수사기관에서 고소보충조서를 받을 때 자진하여 진술했다면 이 진술 부분까지 신고한 것으로 보아야 한다. 그리고 참고인의 진술이 수사기관 등의 추문에 의한 것인지 여부는 수사가 개시된 경위, 수사기관의 질문 및 그에 대한 답변의 형식과 내용, 수사의 혐의사실과 참고인의 진술의 관련성 등을 종합하여 판단해야 한다.[34)]

Ⅳ. 판결

> [판결 14] 국방부근무지원단장 갑은 "헌병계통으로 범죄첩보가 입수되면 지휘계통으로 보고된다는 것을 알고 있다. 갑은 자신의 상관인 해병대 사령관 A를 형사처분 또는 징계처분을 받게 할 목적으로 진위여부에 대한 확신 없이 국방부 근무지원단 헌병대대 수사과장 준위 을에게 A의 '쌀군납 사건과 진급로비 사건'을 알리고 을이 이를 각 국방부 조사본부와 포항지청에 알리게 했다. 육·해·공군 장병들의 사건·사고에 대한 수사관할 및 수사권한은 국방부조사본무에 있고, 국방부 근무지원단 헌병대대에는 국방부 근무지원단 소속 장병의 사건·사고에 대하여만 수사관할 및 수사권한이 있어 해병대 사령관에 대한 수사권한은 없다. 또한 국방부 근무지원단 헌병대는 수사관할이 없는 해병대 사령관에 대한 수사와 관련하여 타기관인 포항지청에 수사협조를 요청할 수도 없다.[35)]

[판결 14] 헌병대수사과장 준위 을은 해병대사령관 A에 대하여 수사·징계 권한이 있는 공무원이 아니므로 갑이 을에게 위 사건을 알린 행위만으로는 무고죄가 성립되지 않는다. 그러나 갑이 을을 통해 국방부 조사본부에 첩보 및 자료를 제출하게 한 것은 무고죄의 신고에 해당한다.

포항지청은 군인신분인 A에 대한 형사소추나 징계권한이 없다. 갑이 을을 통하여 A에 관한 '쌀군납 사건 및 진급로비 사건'을 포항지청에 알린 행위가 무고죄에 해당하기 위해서는 을에 의하여 포항지청에 제공된 자료가 수사관할 이첩 등을 통해 A에 대한 수사권이 있는 국방부 조사본부 등에 도달한 사실이 인정되어야 한다.

> [판결 14-1] 갑은 사립대학교 교수 을과 병이 징계처분을 받게 할 목적으로 국민권익위원회에서 운영하는 범정부 국민포털인 국민신문고에 민원을 제기했다.[36)]

34) 대법원 2014. 2. 21. 선고 2013도4429 판결.

35) 대법원 2014. 12. 24. 선고 2012도4531 판결.

[판결 14-1] 무고죄에서 '징계처분'이란 공법상의 감독관계에서 질서유지를 위하여 과하는 신분적 제재를 말한다. 사립학교 교원은 학교법인 또는 사립학교경영자가 임면하고(사립학교법 제53조, 제53조의2), 그 임면은 사법상 고용계약에 의하며, 학생 교육의 대가로 학교법인 등으로부터 임금을 지급받으므로 학교법인 등과 사립학교 교원의 관계는 사법상 법률관계에 해당한다. 따라서 학교법인 등의 사립학교 교원에 대한 인사권의 행사로서 징계 등 불리한 처분은 사법적 법률행위의 성격을 가진다.

형벌법규의 해석은 엄격하여야 하고, 명문의 형벌법규의 의미를 피고인에게 불리한 방향으로 지나치게 확장해석하거나 유추해석하는 것은 죄형법정주의의 원칙에 어긋나는 것으로서 허용되지 않는다. 위와 같은 법리를 종합하여 보면, 사립학교 교원에 대한 학교법인 등의 징계처분은 제156조 '징계처분'에 포함되지 않는다.[37)]

> [판결 14-2] 갑은 을이 "2008. 10.경 민사사건의 재판과정에서 위조된 합의서를 제출함으로써 위조사문서를 행사하였으니 처벌해 달라"는 내용의 허위사실이 기재된 고소장을 제출했다. 갑은 '을이 재판과정에서 위조된 확인서, 주식매매계약서를 행사했다'는 고소장을 제출하면서 '이 사건 합의서도 도장을 찍은 바가 없으므로 위조 및 행사 여부를 가려주시기 바랍니다'라고 기재했고 고소보충 진술 시에도 오로지 이 사건 확인서, 주식매매계약서가 위조되었다는 점에 관하여만 진술하고 이 사건 합의서에 대하여는 별도로 언급하지 않았다.[38)]

[판결 14-2] 무고죄에서 형사처분 또는 징계처분을 받게 할 목적은 허위신고를 함에 있어서 다른 사람이 그로 인하여 형사 또는 징계처분을 받게 될 것이라는 인식이 있으면 족하고 그 결과발생을 희망하는 것까지 요하는 것은 아니므로, 고소인이 고소장을 수사기관에 제출한 이상 그러한 인식은 있었다고 보아야 한다.

갑이 제출한 고소장에 '이 사건 합의서도 도장을 찍은 바가 없으므로 위조 및 행사 여부를 가려주시기 바랍니다'라고 기재하였다는 것이므로 그 기재 내용이 허위의 사실이라면 갑이 이 부분에 대해서도 '허위 사실을 신고한 것'으로 보아야 하고, 그 이후에 갑이 수사기관에서 고소보충 진술 시 이 사건 합의서에 관해서는 전혀 언급을 하지 않았다고 하더라도 달리 볼 것은 아니다. 원심은 이 부분 기재 내용이 '허위의 사실'인지 여부 등에 대해서도 심리를 한 다음 이 부분에 관한 무고죄의 성부에 대해서 판단하였어야 한다.[39)]

---

36) 대법원 2014. 7. 24. 선고 2014도6377 판결.
37) 대법원 2014. 7. 24. 선고 2014도6377 판결.
38) 대법원 2014. 3. 13. 선고 2012도2468 판결.
39) 대법원 2014. 3. 13. 선고 2012도2468 판결.

[판결 14-3] A 회사 대표이사 갑은 회사 자금을 담당하는 부장 을을 통해 병에게 2006. 5. 11. 액면금 1억 6,840만 원, 지급기일 백지로 된 A 회사 명의의 당좌수표 1장, 2006. 8.경 액면금 1억 원, 지급기일 백지의 당좌수표 1장을 발행했다. 병이 당좌수표의 지급기일을 2008. 11. 25.로 보충했다가 을의 요청에 따라 2008. 12. 31.과 2009. 1. 20. 및 2009. 3. 25.로 각 변경하여 보충한 후 2009. 3. 25. 하나은행 서현역지점에 위 각 당좌수표를 지급 제시했다.

갑은 을이 회사경영자금이 부족할 때마다 회사의 어음을 담보로 돈을 차용하거나 할인받아 4~50억 정도의 자금을 융통하였다는 사실을 알고 있었고, 그 과정에서 병에게 문제된 당좌수표 2장을 발행했고 병이 그 각 지급기일을 위와 같이 여러 차례 보충하여 은행에 지급 제시한 사실을 알았다. 설령 을이 병에게 위 당좌수표 2장을 발행하여 할인받거나 자금을 차용한 사실을 사전에 몰랐다 하더라도 2009. 3.경 을과 병을 통해 병이 위 당좌수표 2장을 소지하게 된 경위 설명을 듣고 을이 회사 자금조달을 위하여 병에게 돈을 빌리고 당좌수표 2장을 교부하여 병이 이를 정당하게 취득 소지하고 있음을 알고 있었다. 그럼에도 갑은 2009. 4. 9. "을이 위 당좌수표 2장을 위조하여 하나은행 서현동지점에 지급 제시하여 행사했다"는 내용의 고소장을 작성해서 경찰서 민원실에 제출했다.[40)]

부정수표단속법 제4조(거짓 신고자의 형사책임) 수표금액의 지급 또는 거래정지처분을 면할 목적으로 금융기관에 거짓 신고를 한 자는 10년 이하의 징역 또는 20만원 이하의 벌금에 처한다.

[판결 14-3] 무고죄는 타인으로 하여금 형사처분이나 징계처분을 받게 할 목적으로 신고한 사실이 객관적 진실에 반하는 허위사실인 경우에 성립되므로 신고한 사실이 객관적 진실에 반하는 허위사실이라는 점에 관한 적극적인 증명이 있어야 한다. 신고사실의 진실성을 인정할 수 없다는 점만으로 곧 그 신고사실이 객관적 진실에 반하는 허위사실이라고 단정하여 무고죄의 성립을 인정할 수는 없다. 이 원칙은 수표금액의 지급 또는 거래정지처분을 면할 목적으로 금융기관에 거짓 신고를 하는 경우에 성립하는 부정수표 단속법 제4조 위반죄에서도 마찬가지이다.

갑은 2005년경 당좌수표와 약속어음의 금액란은 수기로 기재하여 발행했고, 2007년경 기계를 구입한 이후부터 금액란을 기계로 인쇄하였다고 진술했다. 을도 제1심법정에서 같은 취지로 진술한 바 있다. 이 사건 각 당좌수표는 모두 금액이 기계로 인쇄되어 있으므로, 위 각 진술에 따르면 위 각 당좌수표는 모두 2007년 이후에 발행되었다는 것이 된다. 따라서 위 각 진술은 1억 6,840만 원 당좌수표가 2006. 5. 11. 발행되었다는 을, 병의 진술, 1억 원 당좌수표가 2006년에 발행되었다는 A 회사원 정의 진술

40) 대법원 2014. 2. 13. 선고 2011도15767 판결.

및 공소사실에 모두 배치되고, 오히려 정으로부터 위 각 당좌수표를 받은 것은 2008. 9.경이라는 말을 들었다는 갑 진술을 뒷받침하므로 갑이 모르는 상태에서 을이 수표를 발행했다는 주장은 허위라고 입증된 것이 아니라는 이유로 무고죄를 부정했다.[41)]

> [판결 12] 갑은 2009. 7. 19.경 을과 병에게 A 주식회사로부터 장모 B 명의로 리스한 에쿠스 차량을 담보로 700만 원을 차용하면서, 10일 이내에 차용금을 갚지 못하면 을 등이 차를 처분하더라도 아무 이의를 제기하지 않기로 약정했다. 갑이 약정 기간 내에 빌린 돈을 갚지 못하게 되자 을이 약정에 따라 2009. 9. 중순경 담보로 제공된 승용차를 900만 원에 처분했다. 갑은 2009. 12. 17. "2009. 8. 중순경 에쿠스 차량을 담보로 제공하고 을로부터 700만 원을 차용했고, 차량을 찾으려고 연락하여 보았으나 연락이 끊어졌으니 처벌해 달라."라는 취지의 고소장을 제출하고, 같은 날 고소인 보충조사를 받으면서 "2009. 8. 중순경 에쿠스차를 담보로 제공하고 열흘 뒤에 찾으러 간다고 한 후 을로부터 700만 원을 빌렸는데 을, 병이 갑을 위해 보관하고 있던 승용차를 마음대로 처분하여 횡령하였으니 처벌해 달라."라는 취지로 허위 내용을 진술했다.[42)]

[판결 12] 갑이 을로부터 700만 원을 차용하면서 변제기까지 차용금을 갚지 못하면 담보로 제공한 차량을 처분하더라도 아무런 이의를 제기하지 않겠다고 했다면, 을과 병이 갑의 허락 없이 마음대로 차량을 처분하였다는 취지의 고소 내용은 **허위사실의 기재이므로 그 자체로 독립하여 무고죄가 성립**한다. 을과 병이 갑으로부터 A 회사의 리스 차량을 담보로 받는 행위에 대하여 장물취득죄 등 다른 범죄가 성립한다고 하더라도 무고죄의 성립과 무관하다.[43)]

> [판결 11] 갑은 2006년 11월경 서울 관악구 신림동에 있는 모텔 방에서 을에게 도박자금으로 사용하라고 돈을 빌려주고, 2007. 2. 7.경 부천남부경찰서에 "을이 차용금을 변제할 의사나 능력이 없으면서 2007. 1. 25.경 부천시 소사구 모텔 방에서 '내비게이션 덤핑 물건을 구입할 돈 500만 원을 빌려주면 며칠 사용하고 바로 갚겠다'고 거짓말하여 500만 원을 편취하였으니 처벌해 달라."는 내용의 고소장을 제출했다.[44)]

[판결 11] 갑의 고소 내용은 을이 변제의사와 능력도 없이 차용금 명목으로 금원

---

41) 대법원 2014. 2. 13. 선고 2011도15767 판결.
42) 대법원 2012. 5. 24. 선고 2011도11500 판결.
43) 대법원 2012. 5. 24. 선고 2011도11500 판결.
44) 대법원 2011. 9. 8. 선고 2011도3489 판결.

을 편취했으니 사기죄로 처벌하여 달라는 것이고, 을이 차용금의 용도를 사실대로 이야기하였더라면 금원을 대여하지 않았을 것인데 차용금의 용도를 속이는 바람에 대여하게 되었다는 취지로 주장한 사실은 없다. 위와 같은 고소 내용에 비추어, 수사기관으로서는 차용금의 용도와 무관하게 다른 자료들을 토대로 피고소인이 변제할 의사나 능력이 없이 금원을 차용하였는지 여부를 조사할 수 있는 것이므로, 비록 피고인이 도박자금으로 대여한 사실을 숨긴 채 고소장에 대여금의 용도에 관하여 허위로 기재하고, 대여 일시·장소 등 변제의사나 능력의 유무와 관련성이 크지 않은 사항에 관하여 사실과 달리 기재했다 하더라도, 사기죄의 성립 여부에 영향을 줄 정도의 중요한 부분을 허위로 신고했다고 보기는 어렵다.[45)]

[판결 05] 甲과 乙은 공모하여 丙에게 돈을 빌려 준 적이 없음에도 丙이 형사처분을 받게 할 목적으로 "자신들이 2002년 4월 22일 丙에게 2002. 5. 19.까지 1주일 단위로 원리금을 균등 상환하는 조건으로 각 5,000만 원을 빌려 주었는데 2002. 5. 22.까지 원리금을 전혀 변제하지 않았으니 엄벌에 처해 달라."는 허위사실을 적은 고소장을 甲, 乙 각자 명의로 작성하여 경찰서에 제출, 접수했다.[46)]

[판결 05] 甲과 乙이 丙의 형사처분이라는 결과발생을 의욕한 것은 아니라 하더라도 적어도 그러한 결과발생에 대한 미필적인 인식은 있었던 것으로 보아야 한다는 이유에서 고의를 인정했다.[47)]

[판결 04] 甲은 도박현장에서 乙에게 도박자금으로 120만 원을 빌려주었다가 100만 원을 수표로 돌려받았으나, 그 수표가 사고수표이어서 변제받지 못하였다. 甲은 위 금원을 도박자금으로 빌려주었다는 사실을 감추고 단순한 대여금인 것처럼 하여 乙이 120만 원을 빌려 간 후 변제하지 아니하고 있으니 처벌하여 달라고 고소했다. 이후 甲은 경찰조사에서 을이 사고처리를 위해 필요하다고해서 빌려주었고 카드로 현금서비스 받아 갚겠다고 약속했다고 진술했다.[48)]

[판결 04] 수사기관이 甲의 고소내용을 근거로 乙의 범행방법을 특정하여 수사권을 발동하고, 이를 기초로 하여 (...) 어떠한 내용의 형사처분을 할 것인지를 결정하는 데에 직접적인 영향을 줄 정도에 이르는 내용에 관하여 허위의 사실을 고소한 것이다. 따라서 甲의 신고내용에 포함된 허위의 사실이 독립하여 형사처분 등의 대상이

45) 대법원 2011. 9. 8. 선고 2011도3489 판결.
46) 대법원 2005. 9. 30. 선고 2005도2712 판결.
47) 대법원 2005. 9. 30. 선고 2005도2712 판결.
48) 대법원 2004. 1. 16. 선고 2003도7178 판결.

되지 아니하고, 단지 신고사실의 정황을 과장하는 데 불과하거나 허위의 일부 사실의 존부가 전체적으로 보아 범죄사실의 성립 여부에 직접 영향을 줄 정도에 이르지 아니한다고 할 수는 없다는 이유로 무고죄를 인정했다.[49)]

> [판결 02] 甲은 1998. 5. 8. 乙로부터 건물의 지층 약 25평을 보증금 1천만 원, 월차임 70만 원, 임차기간 1998. 5. 10.부터 12개월로 정하여 임차하여 내연녀 丙에게 다방운영을 위탁했다. 1998. 5. 18. 갑은 임차인을 병으로 계약서변경작성에 동의한 바 있다. 갑은 2001. 7. 25. 자기가 동의한 사실을 숨기고, "1998. 5. 18. 甲 모르게 을과 병이 임차인을 丙으로 하는 임대차계약서를 다시 작성하여 乙과 丙이 임차보증금 1,000만 원과 권리금 800만 원 도합 1,800만 원을 편취하였으니 乙, 丙을 배임죄 또는 사기죄로 처벌해 달라"라는 고소장을 경찰서에 제출했다.[50)]

[판결 02] 타인에게 형사처분을 받게 할 목적으로 '허위의 사실'을 신고한 행위가 무고죄를 구성하기 위해서는 신고 된 사실 자체가 형사처분의 원인이 될 수 있는 것이어야 한다. 만약 신고 된 사실이 범죄로 구성되지 않으면 허위의 사실을 신고했다 하더라도 무고죄는 성립하지 않는다(대법원 1992. 10. 13. 선고 92도1799 판결 등 참조).

甲이 乙, 丙 간의 임대차계약서 작성을 승낙했음에도 불구하고 승낙을 하지 않은 것처럼 허위의 사실을 신고했다고 하더라도, 고소사실 자체가 사문서위조, 횡령이나 배임, 사기 기타 범죄로 구성되지 않으면 무고죄가 성립하지 않는다.[51)] 乙의 甲에 대한 책임은 민사상 보증금반환채무이지 사기, 횡령, 배임에 해당하지 않고, 乙과 丙의 계약서 작성은 이른바 사문서의'무형위조'로서 범죄를 구성하지 않기 때문에 갑의 고소사실은 허위이지만 무고가 아니라고 이유를 설명했다.

---

49) 대법원 2004. 1. 16. 선고 2003도7178 판결.

50) 대법원 2002. 11. 8. 선고 2002도3738 판결.

51) 대법원 2002. 11. 8. 선고 2002도3738 판결.

제12장 신앙에 관한 죄

제158조[장례식 등의 방해]에서 제162조[사체 등의 영득 미수범]까지는 독일 형법 11. Abschnitt(§§ 166-168) '종교와 세계관에 관한 범죄'를 넘겨받은 구성요건들로 추정된다. 11장의 구성요건들은 헌법에 보장된 종교의 자유에 의하면 타인의 종교나 세계관에 대하여 용인할 것이 요구됨에도 이를 무시함으로써 사회의 평온과 평화를 파괴하는 결과를 예방하자는 취지에서 만들어졌다.[1] 다만 제163조[변사체검시방해]는 형사소송법 제222조와 관련된 국가의 사법기능방해에 관한 내용의 구성요건임에도 제12장에 포함되어 있다는 점이 특이하다.

§18. 제158조 [제전(장례식, 제사, 예배·설교) 방해죄]

Ⅰ. 보호법익

제158조 장례식방해죄의 보호법익은 '장례식의 평온과 공중의 추모감정',[2] 예배방해죄는 '공중의 종교생활의 평온과 종교 감정'이다.[3]

Ⅱ. 구성요건

장례식방해죄는 추상적 위험범으로서 범인의 행위로 인하여 장례식이 현실적으로 저지 내지 방해되었다고 하는 결과의 발생까지 요하지 않고 방해행위의 수단과 방법에도 아무런 제한이 없다. 일시적인 행위라 하더라도 무방하나, 적어도 객관적으로 보아 장례식의 평온한 수행에 지장을 줄 만한 행위를 함으로써 장례식의 절차와 평온을 저해할 위험이 초래될 수 있는 정도는 되어야 비로소 방해 행위가 있다고 보아 장례식방해죄가 성립한다.[4]

---

1) SK-*Rudolphi*, Vor §166 Rn 1.
2) 대법원 2013. 2. 14. 선고 2010도13450 판결.
3) 대법원 2008. 2. 28. 선고 2006도4773 판결.

예배방해죄 구성요건은 예배가 집행중이거나 예배의 집행과 시간적으로 밀접불가분의 관계에 있는 준비단계에서 이를 방해하는 경우에 한하여 실현된다.5)

Ⅲ. 판결

[판결 13] 고 노무현 전 대통령에 대한 영결식에서 장의위원 갑은 당시 대통령 을과 약 20여m가량 떨어진 자리에 앉아 있었다. 갑은 을 부부가 헌화하기 위하여 헌화대로 나오려는 순간 갑자기 자리에서 일어나 헌화대 쪽을 향하여 몇 발짝 걸어가면서 "사죄하라. 어디서 분향을 해."라고 크게 소리를 질렀다. 주변에 있던 경호원들이 바로 갑에게 달려들어 손으로 입을 막은 채 끌어내 제압했고, 갑이 계속 소리를 지르려고 시도했으나 경호원들에 제압당해 이루어지지 못하였다. 그러자 갑 뒤쪽에 앉아 있던 일부 영결식 참석자들이 자리에서 일어나 "손대지 마라." 등 소리를 지르기도 해 잠시 소란이 발생했으나, 사회자의 장내 정리 발언에 따라 곧바로 정리되었다. 을은 갑이 지른 소리를 듣고 잠시 그쪽을 바라보았을 뿐 헌화대로 나가 헌화 절차를 마무리하였고, 그 이후의 영결식 절차 역시 정상적으로 진행되었다.6)

[판결 13] 갑이 소리를 지르자 을은 잠깐 그쪽을 바라보기만 했을 뿐 어떤 동요가 없었고, 그로 인해 헌화 등 장례 절차의 진행에 지장이 초래될 만한 상황은 일어나지 않았다. 갑이 을의 헌화 순서에 맞추어 헌화대 쪽을 향하여 몇 걸음을 옮기면서 크게 소리를 지른 행위가 비록 을의 헌화를 방해하려는 의도를 가지고 한 행동이라 해도, 여러 객관적 사정으로 보아 이 사건 영결식의 평온한 수행에 지장을 줄 만한 행위로서 이로 말미암아 이 사건 영결식의 절차와 평온을 저해할 위험이 초래될 정도라고 단정하기 어렵다. 따라서 갑은 장례식방해죄의 방해 행위를 하지 않았다.7)

[판결 08] 지금은 교인이 아닌 갑은 전에 다니던 예배당 건물에 침입한 후 출입문 자물쇠를 교체하여 교인들의 출입을 막음으로써 7개월 이상 교인들의 예배를 방해했다.8)

---

4) 대법원 2013. 2. 14. 선고 2010도13450 판결.
5) 대법원 2008. 2. 1. 선고 2007도5296 판결.
6) 대법원 2013. 2. 14. 선고 2010도13450 판결.
7) 대법원 2013. 2. 14. 선고 2010도13450 판결.
8) 대법원 2008. 2. 1. 선고 2007도5296 판결.

[판결 08] 예배방해죄는 공중의 종교생활의 평온과 종교 감정을 그 보호법익으로 하므로, 예배중이거나 예배와 시간적으로 밀접불가분의 관계에 있는 준비단계에서 이를 방해하는 경우에만 성립한다. 위 법리에 비추어 갑이 장기간 예배당 건물의 출입을 통제한 사실만으로 예배방해죄가 성립한다고 볼 수 없고, 위 기간 교인들의 예배 내지 그와 밀접불가분의 관계에 있는 준비단계를 계속하여 방해하였다고 볼 수도 없다.[9)]

> [판결 82] 甲은 乙의 집에 가서 시비 중, 마침 제사상에 사용할 음식을 마련하여 임시로 작은 상 위에 올려놓은 것을 발로 찼다.[10)]

[판결 82] 제사음식을 임시로 작은 상에 올려놓은 행위는 제전과 시간적으로 밀접불가분의 관계인 준비단계가 아니므로, 甲의 제전방해죄는 성립하지 않는다.[11)]

> [판결 71] 교회 목사 丙은 A교회에서 예배를 인도하지 말라는 당회의 결의가 있었고 본인에게 통고가 되었으며, 이미 사표를 제출하였다. A교회 당회는 그 결의에 의하여 장로로 하여금 순번으로 예배와 설교를 하게했다. 이러한 상황 하에서 장로 甲과 乙이 丙의 설교나 예배인도를 저지하기 위하여 마이크를 탈취하고 교회 밖으로 축출했다.[12)]

[판결 71] 丙이 정식절차를 밟은 위임목사가 아니기 때문에 당회가 예배인도와 설교의 거부를 결의할 수 있다. 그러나 丙이 장로회의 목사로서 평신도 약 350여명 앞에서 설교와 예배인도를 하고 있었다면 특별한 사정이 없는 한 丙의 설교와 예배인도는 형법상 보호를 받을 가치가 있다. 甲과 乙이 예배장소에 침입하여 丙의 예배인도 및 설교를 방해하기 위하여 폭행, 폭언, 소란 등 의식의 평온한 수행에 지장을 주는 행위를 한 것은 제158조에 규정된 예배 또는 설교를 방해하는 죄에 해당한다는 것이 대법원의 결론이다.

---

9) 대법원 2008. 2. 1. 선고 2007도5296 판결.
10) 대법원 1982. 2. 23. 선고 81도2691 판결.
11) 대법원 1982. 2. 23. 선고 81도2691 판결.
12) 대법원 1971. 9. 28. 선고 71도1465 판결.

§ 19. 제159 [사체 등의 오욕], 제160조 [분묘발굴], 제163조 [검시방해]

I. 보호법익

제160조의 목적·보호법익에 대하여 대법원은 "종교감정의 공서양속",[13] "분묘에 대한 사람의 인륜도덕 내지 종교적 감정"[14] 또는 "분묘의 평온을 유지하여 사자에 대한 종교적 숭경의 감정이나 종교적 습속의 보호"라고 표현하고 있다.[15] 따라서 분묘에 대하여 아무런 권한 없는 자나 또는 권한이 있는 자라도 사체에 대한 종교적 양속에 반하여 함부로 이를 발굴하는 경우 처벌대상이 된다.[16]

II. 제159조 [사체 등의 오욕]

> 제159조(사체 등의 오욕) 사체, 유골 또는 유발을 오욕한 자는 2년 이하의 징역 또는 500만원 이하의 벌금에 처한다.

1. 제159조의 보호법익은 사자에 대한 존중심과 사후의 안식을 기원하는 사회 윤리적 요구이다.[17]
2. '오욕'은 죽은 사람의 가치와 명예를 훼손하는 일체의 행위이다.

III. 제160조 [분묘발굴]

> 제160조(분묘의 발굴) 분묘를 발굴한 자는 5년 이하의 징역에 처한다.

---

13) 대법원 1971. 10. 25. 선고 71도1727 판결.
14) 대법원 1990. 2. 13. 선고 89도2061 판결.
15) 대법원 1995. 2. 10. 선고 94도1190 판결.
16) 대법원 1995. 2. 10. 선고 94도1190 판결.
17) SK/*Rudolphi*, Vor § 168 Rn 1.

1. 분묘

'분묘'는 사람의 사체, 유골, 유발 등을 매장하여 제사나 예배 또는 기념의 대상으로 하는 장소이다. 사체나 유골이 토괴화 되었더라도 분묘에 해당한다. 사자가 누구인지 불명하다고 해도 현재 제사 숭경하고 종교적 예의의 대상으로 되어 있고 이를 수호, 봉사하는 자가 있으면 분묘에 해당한다.[18]

2. 발굴

'발굴'이란 분묘의 복토의 전부 또는 일부를 제거하거나 이를 파괴, 해체하여 분묘를 손괴하는 행위를 말한다.[19] 발굴행위에는 유골시체가 외부로부터 인지할 수 있는 상태까지 현출되어야 하는 것은 아니다.[20] 법률상 그 분묘를 수호, 봉사하며 관리하고 처분할 권한이 있는 자 또는 그로부터 정당하게 승낙을 얻은 자가 사체에 대한 종교적, 관습적 양속에 따른 존숭의 예를 갖추어 이를 발굴하는 경우에는 그 행위의 '위법성은 조각된다'. 분묘에 대한 봉사, 수호 및 관리, 처분권은 종중이나 그 후손들 모두에게 속하여 있는 것이 아니라 오로지 그 분묘에 관한 호주상속인에게 전속하는 것이고 이 법리는 사후양자로서 그 가를 계승한 경우에도 같다.[21]

그러나 제160조 구성요건은 "타인의 분묘를 권한 또는 승낙 없이 발굴한"의 뜻이므로 분묘관리 처분권자에 의한 발굴은 구성요건에 해당하지 않는다고 하는 것이 더 타당하다.

3. 판결

> [판결 07] 분묘를 수호, 봉사하며 관리하고 처분할 권한이 있는 구 민법상 호주상속인 갑은 사체에 대한 종교적, 관습적 양속에 따른 존숭의 예를 갖추어 조상의 분묘를 발굴하여 납골당에 안치했다.[22]

18) 대법원 1990. 2. 13. 선고 89도2061 판결.

19) 대법원 1990. 2. 13. 선고 89도2061 판결.

20) 대법원 1962. 3. 29. 선고 4294형상539 판결.

21) 대법원 2007. 12. 13. 선고 2007도8131 판결; 1995. 2. 10. 선고 94도1190 판결.

[판결 07] 갑은 사건 분묘에 관한 구 민법상의 호주상속인이고, 사체에 대한 종교적, 관습적 양속에 따른 존숭의 예를 갖추어 이 사건 분묘를 발굴하여 납골당에 안치한 행위는 종교적, 관습적 양속에 반하지 아니하여 위법성이 조각된다.

> [판결 95] 甲은 乙의 분묘를 사실상 관리, 수호하고 봉제사를 행하여 왔으나, 실질상 손이 끊겨 수호 관리하기 힘든 조상들의 묘를 화장방식으로 바꾸기로 한 종중의 결의에 따라 乙의 양손자 丙의 승낙 하에 종교적 예를 갖추어 이 사건 분묘를 발굴하여 화장하였다. 그러나 화장에 동의하지 않은 양손녀 丁은 甲을 제160조 위반으로 고소했다.23)

[판결 95] 甲이 乙의 동의를 얻은 이상, 丙의 동의가 없어도 위법하지 않다.

> [판결 90] 문제의 분묘는 乙이 자신의 대조모의 분묘로 알고 수호, 봉사하다가 미국으로 이민가면서 동서 丙에게 관리를 부탁하여 丙이 관리해 온 것인데, 甲이 위 분묘의 봉분을 (丙의 증언에 의하면 봉분과 비를) 약 6미터 가량 떨어진 산 밑으로 옮겼다.24)

[판결 90] "문제의 묘가 허묘나 치표가 아닌 이상 제160조에서의 분묘에 해당하므로 甲이 그 봉분을 옮긴 것은 분묘를 발굴한 것에 해당한다."

> [판결 71] 甲은 생모 乙이 개가하여 낳은 異父 동생 丙이 약 9년 전 乙의 묘를 설묘하여 관리하여 왔음에도 묘지가 좋지 않은 곳이어서 좋은 곳으로 옮기고자 분묘를 발굴하여 그 유골을 가져 왔으나, 丙의 방해로 개장하지 못하고, 5일만에 丙에게 반환했다.25)

[판결 71] "분묘발굴의 피해법익이 '종교 감정의 공서 양속'임을 감안할 때 설사 甲의 의도가 예에서와 같다 하더라도 분묘를 관리하고 있는 丙의 의사에 반하여 이루어진 경우, 위법성이 배제되지 않는다."

---

22) 대법원 2007. 12. 13. 선고 2007도8131 판결.

23) 대법원 1995. 2. 10. 선고 94도1190 판결.

24) 대법원 1990. 2. 13. 선고 89도2061 판결.

25) 대법원 1971. 10. 25. 선고 71도1727 판결.

Ⅳ. 제161조 [사체유기은닉]

> 제161조(사체 등의 영득) ① 사체, 유골, 유발 또는 관내에 장치한 물건을 손괴, 유기, 은닉 또는 영득한 자는 7년 이하의 징역에 처한다.
> ② 분묘를 발굴하여 전항의 죄를 범한 자는 10년 이하의 징역에 처한다.

1. 뜻, 보호법익

죽은 사람에 대한 존중, 안식의 보호라는 사회 윤리적 요청을 지키자는 것이다.[26]

2. 구성요건

(1) 유기

사체유기는 (가) 법률, 계약 또는 조리 상 사체를 장제 또는 감호할 의무가 있는 자가 이를 방치하거나 (나) 사체를 장제·감호할 법적 의무없는 자가 그 장소적 이전을 하면서 종교적, 사회적 풍습에 따른 의례에 의하지 않고 이를 방기한 경우이다.[27] 정리하면, 장제·감호 의무자는 장소를 이전하는 적극적 유기는 물론 소극적으로 방치로도 사체유기죄를 범할 수 있으나, 의무없는 자는 적극적 유기만 가능하다.

(2) 은닉

사체은닉은 사체의 발견을 불가능 또는 심히 곤란하게 하는 것이다. 그러나 살인, 강도살인 등의 범인이 사후 사체의 발견이 불가능 또는 곤란하게 하려고 인적이 드문 장소로 피해자를 유인하거나 실신한 피해자를 끌고 가서 살해하고 사체를 그대로 둔 채 도주한 경우에는, 비록 결과적으로 사체의 발견이 현저하게 곤란을 받게 되는 사정이 있다 하더라도 별도로 사체은닉죄가 성립되지 아니한다.[28]

---

26) SK/*Rudolphi*, Vor § 168 Rn 1.

27) 대법원 1986. 6. 24. 선고 86도891 판결; 1956. 10. 19. 선고 4289형상244 판결.

(3) 손괴

손괴는 사자에 대한 숭경의 감정을 해하는 위법한 물질적 손괴를 말한다. 근육이 부패하여 자연적으로 분골된 경우라 할지라도 생전의 위치와 순서를 그대로 보존해야 하므로, 이장하는 경우 그 자연적 태세를 변경·혼란함이 없이 계골하는 것이 관례이다. 따라서 계골하지 않고 전체유골에서 일부를 분리함은 손괴에 해당한다.29)

3. 판례

[판결 97] 남태평양에서 조업 중인 참치잡이 원양어선 선원인 甲, 乙 등 5인은 선장 등이 조업거부 등을 이유로 징계의결을 하고 자신들을 강제 하선시키기 위하여 사모아로 회항하게 되자, 이에 불만을 품고 1등 항해사를 제외한 선장, 갑판장 등 선원 7명을 살해하고, 외국인 선원 10명은 어창에 감금하여 동사시켰다. 사망한 선장을 바다에 던진 후 甲, 乙 등은 한국이나 일본으로 항해하여 선박을 매도하거나 침몰시킨 후 밀입국하기로 결의한 다음 사모아로 향하던 항로를 한국으로 수정했다.30)

[판결 84] 甲은 재물을 탈취하려고 乙女의 머리를 쇠망치로 때려 살해한 후 흔적을 없애려고 사체를 마루 밑에 숨겼다.31)

[판결 97]~[판결 84] "사람을 살해한 자가 그 사체를 다른 장소로 옮겨 유기하였을 때에는 별도로 사체유기죄가 성립하고, 이 같은 사체유기는 불가벌적 사후행위가 아니다."

[판결 84]에서 강도살인범 甲이 사체를 장소를 이동하여 유기한 것으로 사체유기죄와의 경합범이다.

[판결 86] 甲은 乙의 목 뒷부분을 몽둥이로 3회 강타하여 쓰러뜨린 다음 발견을 불가능 또는 심히 곤란하게 하기 위하여 산소로 올라가는 산길을 피해 숲속으

28) 대법원 1986. 6. 24. 선고 86도891 판결.
29) 대법원 1957. 7. 5. 선고 57도148 판결.
30) 대법원 1997. 7. 25. 선고 97도1142 판결.
31) 대법원 1984. 11. 27. 선고 84도2263 판결.

로 끌고 들어가 칡넝쿨로 乙의 목을 감아 조여 살해한 뒤 그 사체를 방치한 채 그대로 하산했다.[32)]

[판결 86] 甲에게 조리 상 사체를 장제 또는 감호할 의무가 없고 사체에 대하여 장소적 이전을 한 것도 아니어서 사체를 유기한 것은 아니다. 또 살인, 강도살인 등의 목적으로 사람을 살해한 자가 사후 사체의 발견이 불가능 또는 심히 곤란하게 하려는 의사로 인적이 드문 장소로 피해자를 유인하거나 실신한 피해자를 끌고 가서 그곳에서 살해하고 사체를 그대로 둔 채 도주한 경우에는 비록 결과적으로 사체의 발견이 현저하게 곤란을 받게 되는 사정이 있다 하더라도 별도로 사체은닉죄가 성립되지 않는다.

[판결 61] 甲은 父 乙 소유 과수원을 관리 중 과수원 노무자의 딸 丙이 기왕의 성관계를 이유로 결혼해 줄 것을 희망했으나 이루어지지 않자 비관하여 과수원내 원두막에서 농약을 복용 자살했고, 甲은 그 사체를 비밀리에 매장함으로써 곤혹을 모면하려고 했다.[33)]

[판결 61] 유해를 일정한 장소에 수용 안정케 함과 동시에 이로써 후인으로 하여금 그 추념의 표식이 되게 하려 함을 목적으로 하고, 반드시 일반 장제의 의례를 갖추어야 하는 것은 아니더라도 사리와 상례에서 벗어난 지하에의 매몰은 정상적 매장이라 할 수 없다. 甲에게 법률상 또는 계약상의 의무는 아니더라도 관계기관에 신고 또는 그 유가족에의 통보 연락해야 할 조리 상의 의무가 있으므로, 이를 이행하지 않은 甲의 행위는 사체 유기에 해당한다.

◈ 요점

1. 적극적으로 사체를 다른 곳에 옮겨 유기하는 경우에는 유기하는 자의 그 사체에 대한 감호의무의 유무가 문제되지 않는다. 단지 소극적으로 사체를 방치함에 그친 경우, 법령 또는 관습에 의하여 장제 또는 감호의무가 있어야 사체유기죄가 성립한다.[34)]

2. 장소의 이전을 동반한 사체유기는 살인죄와 경합범이 되나 장소를 이전하지 않은 경우는 불가벌적 사후행위이다.

---

32) 대법원 1986. 6. 24. 선고 86도891 판결.
33) 대법원 1961. 1. 18. 선고 60도859 판결.
34) 대법원 1948. 6. 8. 선고 4281형상48 판결.

V. 제163조 [변사체 검시방해]

제163조(변사체검시방해) 변사자의 사체 또는 변사의 의심 있는 사체를 은닉 또는 변경하거나 기타 방법으로 검시를 방해한 자는 700만원 이하의 벌금에 처한다.

제163조는 신앙에 관한 죄에 편별될 것이 아니고 공무방행죄에 속해야 하는 조문이다. 형사소송법 제222조에 변사자의 검시의무가 규정되어 있는데 이를 방해하는 행위라고 할 수 있다. '변사자'란 자연사 또는 통상적인 병사가 아닌 자로서[35)] 사인이 분명하지 않은 자이다.[36)]

[판결 70] 의사 甲은 자궁 외 임신으로 자신의 병원에서 수술을 받고 입원하여 치료를 받고 있던 중 폐동맥 천색증이 발생하여 치료에도 불구하고 사망한 乙女의 사체를 남편 丙의 요구에 따라 丙에게 인도했다.[37)]

[판결 70] 변사자란 부자연한 사망으로서 그 사인이 분명하지 않은 자를 의미한다. 질병으로 의사의 치료를 받아오다가 사망한 경우, 그 사인이 명백한 것은 변사자라고 할 수 없다. 따라서 앞의 예에서 甲이 사체를 검시 전 가족에게 인도한 것은 제163조의 검시 방해에 해당하지 않는다.[38)]

---

35) 이재상 등, 각론[10], 665쪽.

36) 대법원 1970. 2. 24. 선고 69도2272 판결.

37) 대법원 1970. 2. 24. 선고 69도2272 판결.

38) 같은 취지의 판결 : 대법원 2003. 6. 27. 선고 2003도1331 판결.

제 13 장 방화와 실화의 죄

§ 20. 방화죄

제164조(현주건조물등에의 방화) ① 불을 놓아 사람이 주거로 사용하거나 사람이 현존하는 건조물, 기차, 전차, 자동차, 선박, 항공기 또는 광갱을 소훼한 자는 무기 또는 3년 이상의 징역에 처한다.
② 제1항의 죄를 범하여 사람을 상해에 이르게 한 때에는 무기 또는 5년 이상의 징역에 처한다. 사망에 이르게 한 때에는 사형, 무기 또는 7년 이상의 징역에 처한다.
제165조(공용건조물 등에의 방화) 불을 놓아 공용 또는 공익에 공하는 건조물, 기차, 전차, 자동차, 선박, 항공기 또는 광갱을 소훼한 자는 무기 또는 3년 이상의 징역에 처한다.

Ⅰ. 제164조 [현주건조물 등에의 방화]

1. 보호법익

판례는 방화죄의 보호법익을 둘로 나누어 제1차적인 보호법익은 공공의 안전, 2차적 보호법익을 개인의 재산권이라고 본다.1)

판례의 견해는 제164조 제1항, 제2항의 내용에 비추어 수긍하기 어렵다. 제1항 법문에 '사람의 주거', '사람이 현존하는 건조물' 그리고 제2항에 '상해', '사망'이 표기되어 있는데도 생명과 신체를 보호대상에 포함하지 않고 재산을 인정한 것은 어떤 면에서도 옳지 않다.2)

독일이 1871년 만들어진 방화관련 조문들을 120여년 만인 1999년 재정비한 예를 타산지석으로, 1953년 일본형법을 모델로 급조된 한국의 방화 관련조항들

1) 대법원 2009. 10. 15. 선고 2009도7421 판결.
2) 독일에서는 1998년 6차 형법개정 이후 현주건조물방화의 보호법익은 사람의 생명과 건강이라는 견해가 다수이다 : NK^2/*Herzog*, vor § 306 Rn 2, § 306a Rn 1; S/S^{29}/*Heine/Bosch*, § 306 Rn 1.

을 시대에 맞게 정비하는 것이 필요해 보인다. 보호법익 역시 공공의 안전에 집착할 것이 아니고 생명의 보호를 중시하는 법원의 전향적인 판결이 요구되는 시점이다. 근자의 대형화재사고는 인명사고이지 공공의 안전을 위협하는 경우는 드물다는 것이 이런 사정을 반영한다.

제165조는 공공의 안전이 보호법익이다. 제165조는 공용 또는 공익에 공하는 건조물, 자동차 등을 보호대상으로 하므로 어느 개인이 방화에 동의, 승낙할 수 없기 때문이다.

2. 구성요건

(1) 위험범

제164조 제1항은 추상적 위험범이다.[3] 추상적 위험범은 보호대상에 대하여 전형적·유형적으로 위험한 행위를 구성요건에서 금지 또는 요구하고 있는 범죄형태이다. 주거에 사용하는 건조물, 선박 등에 또는 주거용 건조물, 선박 등은 아니라도 사람이 그 안에 있는 건물에 불을 지르면 그 안의 사람의 생명, 신체, 건강은 침해되거나 위험에 처할 것은 자명하다. 따라서 제164조 제1항은 추상적 위험범인 것이다.

추상적 위험범과 대응하는 개념은 구체적 위험범이다. 구체적 위험범은 구성요건에 구체적인 위험이 발생할 것이 정해져 있다. 제166조 제2항, 제167조 제1항이 그 예이다. 구체적 위험이란 추상적 위험처럼 보호대상에 대한 위험의 발생이 전형적이고 개연성이 높다는 정도가 아니고 실제로 존재의 위기에 놓여야 한다.

위험범 이론은 독일에서 만들어졌고, 앞에 설명한 것은 독일문헌에서 보편적으로 인정된 견해를 소개한 것이다. 한국의 판례와 문헌이 독일이론을 그대로 적용할 이유가 없고, 한국의 사회와 문화에 맞는 이론을 발전시키는 것이 바람직한 것임은 말할 필요도 없다. 그러기 위해서는 위험범의 개념, 위험범이론이 필요한 이유, 실익, 판단기준 등이 먼저 명확히 정의되어야 한다. 그러나 위험범의 실체와 기준 등에 관하여 판례, 통설의 기준과 이론은 분명한 것과는 거리가 멀다. 예를 들어"법익이 보호받는 정도는 추상적 위험범이다"라는 주장

3) 위험범, 추상적·구체적 위험에 관한 상세한 설명: 한정환, 형법총론 제1권, 133쪽 이하; *Roxin*, AT^{3}1, §11 Rn 120 이하; S/S/*Heine/Bosch*, Vorbem.§306 ff, Rn 2/4.

은[4] '법익', '추상적', '위험범'이 먼저 분명히 정의되어야 그것이 옳은지 그른지에 관하여 말할 수 있다. 그러나 앞의 세 가지 개념이 명확히 정의되어 있지 않기 때문에 앞의 주장은 옳다고 하기도 그르다고 할 수 없다. 독일이론을 적용하면 위험범은 조문에 정해져 있는 것이므로, 적용자 또는 주장자가 이 구성요건에서 "법익이 보호받는 정도는 위험범이다"라는 주장은 무의미하다.

(2) 불을 놓아

문헌에는 '불을 놓아'란 "목적물을 소훼케 하는 행위"이고, '소훼'는 대상건조물 또는 물건이 타서 손괴됨을 뜻한다고 한다.[5] 그렇다면, 제164조 제1항이 위험범이라는 주장은 보호대상 건조물 등은 소훼되어 기수에 이르더라도 그 안의 사람이 위험에 처해야 구성요건이 실현되는 형태라고 해석할 때에만 가능하다. 불을 놓은 행위는 부작위로도 가능하다.[6]

[판결 10] 갑은 모텔 방에 투숙하여 담배를 피운 후 재떨이에 담배를 껐으나 담뱃불이 완전히 꺼졌는지 확인하지 않고 휴지를 재떨이에 버리고 잠을 자 담뱃불이 휴지와 침대시트에 옮겨 붙게 함으로써 화재가 발생했다. 갑은 자기 과실로 화재가 발생했음에도 화재 발생 사실을 안 상태에서 모텔을 빠져나오면서 모텔 주인이나 다른 투숙객들에게 이를 알리지 않아 사상자가 발생했다.[7]

☆[판결 10] 갑의 중과실로 화재가 발생했다 하더라도, 부작위에 의한 현주건조물방화치상죄가 성립하려면, 갑에게 법률상의 소화의무 외에 소화의 가능성 및 용이성이 있었음에도 발생한 화력을 방치함으로써 소훼의 결과를 발생시켜야 한다. 나아가 부작위가 작위에 의한 법익침해와 동등한 형법적 가치를 가진다고 볼 수 있어 그 범죄의 실행행위로 평가될 만한 것이라야 한다.

화재가 갑의 중대한 과실로 발생한 이상 갑에게 화재를 소화할 법률상 의무가 있으나 갑이 화재 발생 사실을 안 상태에서 모텔을 빠져나오면서 모텔 주인이나 다른 투숙객들에게 이를 알리지 않았다는 것만으로는 갑이 화재를 용이하게 소화할 수 있었다고 말하기 어렵다. 갑에게 현주건조물 방화치사상죄는 성립하지 않는다.[8]

---

4) 김일수/서보학, 각론[8], 155쪽 등; 이재상 등, 각론[10], 404쪽 등.
5) 김일수/서보학, 각론[8], 461쪽; 이재상 등, 각론[10], 519쪽.
6) 대법원 2010. 1. 14. 선고 2009도12109 판결; 김일수/서보학, 각론[8], 461쪽; 이재상 등, 각론[10], 519쪽.
7) 대법원 2010. 1. 14. 선고 2009도12109 판결.

(3) 현주(존) 건조물

> [판결 96] 서울지방노동청사의 1층 당직실에는 피해자 A 및 B가 당직근무 중이었고, 4층에는 C 외 6명이 야간근무중이었다. 피고인 갑을 비롯한 30여 명의 공범들이 화염병 등 소지 공격조와 쇠파이프 소지 방어조로 나누어 청사 건물을 집단방화하기로 공모하고 공격조가 건물로 침입하여 화염병 수십 개를 1층 민원실 내부로 던져 불을 붙여 위 건물 내부를 소훼케 하는 도중에 공격조의 일인이 위 건조물 내의 A의 머리를 향해 불이 붙은 화염병을 얼굴 등 몸에 불이 붙어 이로 안면부화상 등을 입었고 B는 건물 내부에 화염병이 투척되자 화장실로 피신하였다가 출동한 소방서 직원들에 의하여 불이 진화된 사실, 또한 4층의 직원들은 안에서 구조를 대기하고 있다가 소방서 직원들에 의하여 구출되었다.9)

[판결 96] 공격조 일인이 방화대상 건물 내에 있는 피해자를 향하여 불붙은 화염병을 던진 행위는, 비록 그것이 A의 진화행위를 저지하기 위한 것이었다고 하더라도, 공격조에게 부여된 임무 수행을 위하여 이루어진 일련의 방화행위 중의 일부라고 보아야 할 것이고, 따라서 A의 화상은 이 사건 방화행위로 인하여 입은 것이므로 갑을 비롯하여 당초 공모에 참여한 집단원 모두는 위 상해 결과에 대하여 현존건조물방화치상의 죄책을 면할 수 없다.10)

(4) 고의

주거에 사용하거나 사람이 현존하는 건조물, 선박, 항공기 등에 불을 지름으로써 그 안에 사람의 생명, 신체, 건강을 해칠 수 있다는 사실을 미필적으로나마 인식하고 의욕 해야 한다. 인식하지 못한 경우에는 제170조 제1항 또는 제171조가 적용될 수 있다.

3. 실행의 착수시점과 기수시기

(1) 실행의 착수

> [판결 02] 갑은 가정불화와 직장에서 승진 등 문제로 정신적 갈등을 겪던 중, 부부싸움을 하다가 격분하여 "집을 불태우고 같이 죽어 버리겠다."며 창고에서

8) 대법원 2010. 1. 14. 선고 2009도12109 판결.
9) 대법원 1996. 4. 12. 선고 96도215 판결.
10) 대법원 1996. 4. 12. 선고 96도215 판결.

> 플라스틱 휘발유통을 들고 나와 처 을과 자녀 2명이 있는 집 주위에 휘발유를 뿌리고, 1회용 라이터를 켜 불을 놓아 건조물을 소훼하려고 하였다. 그대로 방치할 경우 주택 주변에 살포된 휘발유에 충분히 연소될 정도였으나, 불길이 번지지 않았다. 갑은 휘발유통을 높이 쳐들어 자신을 만류하던 앞집 거주 병과 자신의 몸에 휘발유가 쏟아 졌는데도 라이터를 켜 자신과 병의 몸에 불이 붙어 병이 3도 화상을 입었다.11)

☆[판결 02] 매개물을 통한 점화에 의하여 건조물을 소훼함을 내용으로 하는 형태의 방화죄의 경우, 범인이 매개물에 불을 켜서 붙였거나 또는 범인의 행위로 인하여 매개물에 불이 붙게 됨으로써 **연소 작용이 계속될 수 있는 상태에 이르렀다면,** 그것이 곧 진화되는 등의 사정으로 인하여 목적물인 건조물 자체에는 불이 옮겨 붙지 못했다고 해도, 방화죄의 실행의 착수가 인정된다.

갑이 흥분된 상태에서 병과 실랑이를 벌이면서 휘발유통을 높게 쳐들어 병의 몸에 휘발유가 쏟아지는 것과 동시에 자신의 몸에도 휘발유가 쏟아졌는데도, 병이 몸에 쏟아진 휘발유를 씻어내고자 수돗가로 가려고 돌아서는 순간, 라이터를 꺼내서 켜는 바람에 갑과 병의 몸에 불이 붙게 되었다. 그 후 외부적 사정에 의하여 갑이 라이터로 붙인 불이 주변에 뿌려진 휘발유를 거쳐 방화 목적물인 주택 자체에 옮겨 붙지는 않았다고 하더라도, 갑이 뿌린 휘발유가 인화성이 강한 상태로 주택 주변과 갑 및 피해자 병의 몸에 적지 않게 살포되어 있었고, 갑은 그러한 사정을 알면서도 라이터를 켜 불꽃을 일으켰으며, 그로 인하여 매개물인 휘발유에 불이 붙어 **연소작용이 계속될 수 있는 상태**에 이르고, 실제로 피해자가 발생하기까지 한 점 등을 볼 때, 갑의 행위는 현존건조물방화죄의 **실행의 착수**에 해당한다.12)

(2) 기수시기

[판결 07] 현주건조물방화죄는 **화력이 매개물을 떠나 목적물인 건조물 스스로 연소할 수 있는 상태에 이름으로써 기수가 된다.**

피해자의 사체 위에 옷가지 등을 올려놓고 불을 붙인 천 조각을 던져 그 불길이 방안을 태우면서 천정에까지 옮겨 붙었다면, 설령 그 불이 완전연소에 이르지 못하고 도중에 진화되었다고 하더라도, 일단 천정에 옮겨 붙은 이상 그 때에 이미 현주건조물방화죄는 기수이다.13)

판례와 같은 기준을 문헌에서는 **'독립연소설'**이라고 부른다.14) 추상적 위험범에

---

11) 대법원 2002. 3. 26. 선고 2001도6641 판결.
12) 대법원 2002. 3. 26. 선고 2001도6641 판결.
13) 대법원 2007. 3. 16. 선고 2006도9164 판결.

서는 독립연소설 구체적위험범에서는 중요부분연소설이 옳다는 주장도 있다.15)

4. 죄수

[판결 96] 갑은 자기 집 안방에서 잠을 자고 있는 을과와 동생 병을 살해하기 위하여 그 곳에 있던 두루마리 화장지를 말아 장롱 뒷면에 나 있는 구멍을 통해 장롱 안으로 집어넣은 다음, 라이터로 화장지에 불을 붙여 장롱으로 불이 번지자 그 곳을 빠져 나옴으로써 을과 병이 연기로 인하여 질식사했다.16)

[판결 96] **제164조 후단이 규정하는 현주건조물방화 치사상죄는 그 전단이 규정하는 죄에 대한 일종의 가중처벌 규정으로서 과실이 있는 경우뿐만 아니라, 고의가 있는 경우에도 포함된다.**

사람을 살해할 목적으로 현주건조물에 방화하여 사망에 이르게 한 경우에는 현주건조물방화치사죄로 의율 하여야 하고 이와 더불어 살인죄와의 상상적 경합범으로 의율할 것은 아니다. 다만 존속살인죄와 현주건조물방화치사죄는 상상적 경합범 관계에 있으므로, 법정형이 중한 존속살인죄로 의율 함이 타당하다.

[판결 98] 갑, 을, 병이 A와 B를 상대로 강도한 후 살해할 의도로 이불에 싸서 이불에 방화함으로써 A, B가 사망한 경우, 갑과 을, 병의 행위는 현주건조물방화치사죄와 강도살인죄의 상상적 경합이다.17)

5. 제164조 제2항 [방화치사상]

현주건조물 등에 의한 방화로 인하여 그 안에 있던 사람이 상해를 입은 경우는 무기 또는 5년 이상의 징역, 사망하면 사형, 무기, 7년 이상의 징역으로 처벌한다. 사망과 상해에 대한 고의가 있는 경우에도 이 조항이 적용된다는 것이 판례의 입장이다.18) 이를 부진정 결과적 가중범이라고 부른다.

[판결 83] 갑은 을의 집에 침입하여 을과 딸 A(19세)의 머리를 절구로 때려 실신시켜 이불로 뒤집어씌우고 불을 붙여 전소케 하고, 딸 B(11세), C(8세)가 불

14) 김일수/서보학, 각론[8], 462쪽; 유기천, 각론 (하), 28쪽; 이재상 등, 각론[10], 517쪽.

15) 김일수/서보학, 각론[8], 469쪽.

16) 대법원 1996. 4. 26. 선고 96도485 판결.

17) 대법원 1998. 12. 8. 선고 98도3416 판결.

18) 대법원 1983. 1. 18. 선고 82도2341 판결.

> 이 붙은 집에서 빠져 나오려는 하자 탈출하지 못하도록 방문 앞에 버티고 서서 막아 을과 B, C는 소사하고, 탈출한 A는 화상을 입고 입원가료 중 사망했다.19)

[판결 83] 현주건조물 방화치사상죄는 현주건조물방화죄에 대한 일종의 가중처벌 규정으로 사형, 무기 또는 7년 이상의 징역의 무거운 법정형을 정하고 있는 취의에 비추어 보면 과실이 있는 경우 뿐 아니라 고의가 있는 경우도 포함된다.

을과 A에 대해서는 방화치사죄, 현주건조물방화가 기수에 이른 후 탈출을 막음으로써 사망한 B와 C에 대해서는 현주건조물방화죄와 살인죄의 경합범이라는 취지의 판결이다.

Ⅱ. 제165조 [공용건조물 등의 방화]

'공용에 공하는' 건조물은 국가 또는 공공단체에서 사용하는 건조물 등이라는 뜻이고, '공익에 공하는'이란 공중의 이익을 위해 사용되는 뜻이라고 설명된다.20)

공용 또는 공익에 공하는 이상 소유자가 누구냐는 의미가 없다고 한다. 다른 기준에서 말하자면, 제165조는 물건의 손괴를 대상으로 한 규범이 아니고 공공의 안전을 보호법익으로 한다는 것이다.

이 조문은 추상적 위험범이고, 제174조에 의하여 미수범, 제175조에 의하여 예비·음모가 처벌된다.

Ⅲ. 제166조 [일반건조물 등에의 방화], 제167조 [일반물건에의 방화]

> 제166조(일반건조물 등에의 방화) ① 불을 놓아 전2조에 기재한 이외의 건조물, 기차, 전차, 자동차, 선박, 항공기 또는 광갱을 소훼한 자는 2년 이상의 유기징역에 처한다.
> ② 자기소유에 속하는 제1항의 물건을 소훼하여 공공의 위험을 발생하게 한 자는 7년 이하의 징역 또는 1천만원 이하의 벌금에 처한다.
> 제167조(일반물건에의 방화) ① 불을 놓아 전3조에 기재한 이외의 물건을 소훼하여 공공의 위험을 발생하게 한 자는 1년 이상 10년 이하의 징역에 처한다.
> ② 제1항의 물건이 자기의 소유에 속한 때에는 3년 이하의 징역 또는 700만원 이하의 벌금에 처한다.

---

19) 대법원 1983. 1. 18. 선고 82도2341 판결.

20) 김일수/서보학, 각론[8], 468쪽; 유기천, 각론 (하), 33쪽; 이재상 등, 각론[10], 522쪽.

1. 제166조 제1항 [일반 건조물 등에의 방화]

제166조 제1항은 방화의 대상이 제164조, 제165조와 다르다. 추상적 위험범이고 미수와 예비·음모가 처벌된다.

아직 논의는 없지만 제166조의 보호법익은 공공의 안전이 아닌 방화로 부터 소유권의 보호라고 하는 것이 더 옳다. 이 주장은 법리의 변화에 의한 것이 아니고 기술, 사회, 환경의 변화에 따른 것이다. 현대사회에서 건조물 등에 대한 화재는 더 이상 공공의 안전에 대한 위험이 되지 않고, 재산손괴에 대한 위험이고 손해이기 때문이다.21)

2. 제166조 제2항 [자기소유 일반건조물 등에의 방화]

제166조 제2항[자기소유 일반건조물방화]는 제166조 제1항과 방화의 대상물이 자기소유라는 것이 다르고, 그에 따라 '공공의 위험'이라는 요건이 추가되었다. 제166조 제2항은 구체적 위험범이고, 미수범은 처벌되지 않는다.

제166조 제2항의 보호법익은 제1항과 달리 '공공의 안전'이다. 자기 건조물, 자동차 등에 대한 손괴는 죄가 아니기 때문에 공공의 위험이 발생하지 않는 한 자기 재산에 대한 방화를 처벌하지 않는다. 그러나 제168조 제1항 '연소'죄가 있는데 제166조 제2항이 적용될 여지가 있는지는 의문이다. 제166조 제2항 '공공의 위험'이 "불특정 또는 다수인인의 생명, 신체, 재산에 대한 침해가능성이라면,22) 자기 건조물에 대한 방화로 초래되는 공공의 위험은 연소 외에는 생각하기 어렵다. 문헌에는 연소는 과실에 의한 것이고, 제166조 제2항 자기물건에의 방화는 공공의 위험을 초래할 고의로 자기 소유 건조물에 방화하는 경우라고 설명하지만, 현실성이 없는 논리이다.23) 공공의 위험을 초래할 고의로 방화를 하는 사람은 당연히 타인 소유의 물건에 방화할 것이기 때문이다.

3. 제167조 [일반물건에의 방화]

제166조 제1항에 예시된 건조물, 기차, 전차, 자동차, 선박, 항공기 또는 광갱

---

21) LK[2]/*Herzog*, vor § 306 Rn 2, § 306a Rn 1; S/S[29]/*Heine/Bosch*, § 306 Rn 1.

22) 유기천, 각론 (하), 20, 33쪽.

23) 유기천, 각론 (하), 33쪽; 이재상 등, 각론[10], 522쪽.

을 제외한 타인소유(제1항) 자기소유(제2항)의 물건에 방화하여 공공의 위험을 초래한 행위를 처벌하는 조항이다. 구체적 위험범이며 미수는 처벌되지 않는다. 나머지 설명과 문제점은 제166조에서 한 바와 같다.

> [판결 13] 갑은 지붕과 문짝, 창문이 없고 담장과 일부 벽체가 붕괴된 철거 대상 건물로서 사실상 기거·취침에 사용할 수 없는 상태의 폐가 내부와 외부에 쓰레기를 모아놓고 태워 그 불길이 폐가 주변 수목 4~5그루를 태우고 폐가의 벽을 일부 그을리게 하였다.24)

[판결 13] 건조물은 토지에 정착되고 벽 또는 기둥과 지붕 또는 천장으로 구성되어 사람이 내부에 기거하거나 출입할 수 있는 공작물을 말하고, 반드시 사람의 주거용이어야 하는 것은 아니라도 사람이 **사실상 기거·취침에 사용할 수 있는 정도**는 되어야 한다. 지붕과 문짝, 창문이 없고 담장과 일부 벽체가 붕괴된 철거 대상 건물로서 사실상 기거·취침에 사용할 수 없는 상태의 폐가는 제166조 '건조물'이 아닌 제167조 '물건'에 해당한다. 갑이 이 사건 폐가의 내부와 외부에 쓰레기를 모아놓고 태워 그 불길이 이 사건 폐가 주변 수목 4~5그루를 태우고 폐가의 벽을 일부 그을리게 하는 정도만으로는 방화죄의 기수에 이르렀다고 보기 어렵다. 일반물건방화죄에 관하여는 미수범의 처벌 규정이 없다.25)

> [판결 09] 갑은 노상에서 전봇대 주변에 놓인 재활용품과 쓰레기 등을 발견하고 소지하고 있던 라이터를 이용하여 불을 붙인 다음 불상의 가연물을 집어넣어 화염을 키움으로써 공공의 위험을 발생하게 하였다.26)

[판결 09] 방화죄는 공공의 안전을 제1차적인 보호법익, 개인의 재산권을 제2차적 보호법익으로 한다. 무주물에 대한 방화는 자기 소유 물건을 방화하는 것과 같다. 불을 놓아 무주물을 소훼하여 공공의 위험을 발생하게 한 경우에는 '무주물'을 '자기 소유의 물건'에 준하는 것으로 보아 형법 제167조 제2항을 적용하여 처벌한다.

Ⅳ. 제168조 [연소], 제169조 [진화방해]

> 제168조(연소) ① 제166조제2항 또는 전조 제2항의 죄를 범하여 제164조, 제165조 또는

24) 대법원 2013. 12. 12. 선고 2013도3950 판결.
25) 대법원 2013. 12. 12. 선고 2013도3950 판결.
26) 대법원 2009. 10. 15. 선고 2009도7421 판결.

> 제166조제1항에 기재한 물건에 연소한 때에는 1년 이상 10년 이하의 징역에 처한다.
> ② 전조 제2항의 죄를 범하여 전조 제1항에 기재한 물건에 연소한 때에는 5년 이하의 징역에 처한다.

1. 제168조 [연소]

사전에 연소는 "한 곳에서 일어난 불이 이웃으로 번져서 탐."으로 설명되어 있다. 문헌에는27) "행위자가 예견치 않았던 물건에 불이 이전되어 이를 소훼한 것"이라고 설명되어 있다.

연소죄에 관한 판례는 없고, 문헌에는 자기소유 건조물 또는 물건에 방화한 불이 다른 건조물과 물건으로 번진 것에 과실이 있는 경우에 한정된다고 설명되어 있다.28) 연소한 것을 예견치 못했다면 과실이 인정될 수 있는지는 설명되지 않았다. 또 연소에서 고의가 배제되어야 하는 이유나 근거 역시 설명되지 않았다.

2. 제169조 [진화방해]

> 제169조(진화방해) 화재에 있어서 진화용의 시설 또는 물건을 은닉 또는 손괴하거나 기타 방법으로 진화를 방해한 자는 10년 이하의 징역에 처한다.

'화재에 있어서'는 "공공의 위험이 발생할 정도의 물건의 연소상태가 있는 것"이라고 한다.29) 진화용 시설 또는 물건을 은닉, 손괴, 기타 방법으로 진화를 방해하는 행위이므로 이를 준 방화죄라고도 부르는 학자가 많다고 한다.

§ 21. 제170조 [실화], 제171조 [업무상 실화, 중실화]

I. 제170조 [실화]

> 제170조(실화) ① 과실로 인하여 제164조 또는 제165조에 기재한 물건 또는 타인의

27) 유기천, 각론 (하), 35쪽; 이재상 등, 각론[10], 524쪽.
28) 김일수/서보학, 각론[8], 469쪽; 유기천, 각론 (하), 35쪽; 이재상 등, 각론[10], 524쪽.
29) 김일수/서보학, 각론[8], 470쪽; 유기천, 각론 (하), 36쪽; 이재상 등, 각론[10], 525쪽.

소유에 속하는 제166조에 기재한 물건을 소훼한 자는 1천500만원 이하의 벌금에 처한다.
② 과실로 인하여 자기의 소유에 속하는 제166조 또는 제167조에 기재한 물건을 소훼하여 공공의 위험을 발생하게 한 자도 전항의 형과 같다.

과실로 인하여 제164조(현주건조물), 제165조(공용건조물), 제166조(일반건조물), 제167조(일반물건)을 소훼하는 행위가 실화죄에 해당한다.

[결정 94] 갑은 을 등 소유의 사과나무 밭에서 바람이 세게 불어 그냥 담뱃불을 붙이기가 어렵자 마른 풀을 모아 놓고 성냥불을 켜 담배불을 붙인 뒤, 그 불이 완전히 소화되었는지 확인하지 않은 채 자리를 이탈하여 남은 불씨가 주변에 있는 마른 풀과 잔디에 옮겨 붙고, 계속하여 피해자들 소유의 사과나무에 옮겨 붙어 사과나무 217주 등 시가 671만원 상당을 소훼하였다.[30)]

[결정 94] 제170조 제2항 '자기의 소유에 속하는 제166조 또는 제167조에 기재한 물건을 소훼하여 공공의 위험을 발생하게 한 자'를 '자기의 소유에 속하는 제166조에 기재한 물건 또는 자기의 소유에 속하는 제167조에 기재한 물건을 소훼하여 공공의 위험을 발생하게 한 자'로 해석하여 '타인의 소유에 속하는 제167조에 기재한 물건을 소훼하여 공공의 위험을 발생하게 한 자'를 제외함으로써 타인의 물건을 과실로 소훼하여 공공의 위험을 발생하게 한 경우에는 처벌하지 아니한다면, 우리 형법이 제166조에서 타인의 소유에 속하는 일반건조물 등을 방화한 경우(이 경우 공공의 위험을 발생하게 함을 요건으로 하고 있다)보다 더 무겁게 처벌하고 있고, 제167조에서 타인의 소유에 속하는 일반물건을 소훼하여 공공의 위험을 발생하게 한 경우를 자기의 소유에 속하는 물건에 대한 경우보다 더 무겁게 처벌하고 있으며, 제170조에서 과실로 인하여 타인의 소유에 속하는 제166조에 기재한 물건(일반건조물 등)을 소훼한 경우에는 공공의 위험발생을 그 요건으로 하지 아니하고 있음에 반하여 자기의 소유에 속하는 제166조에 기재한 물건을 소훼한 경우에는 공공의 위험발생을 그 요건으로 하고 있음에 비추어, 명백히 불합리하다.

따라서 형법 제170조 제2항에서 말하는 '자기의 소유에 속하는 제166조 또는 제167조에 기재한 물건'이라 함은 '자기의 소유에 속하는 제166조에 기재한 물건 또는 자기의 소유에 속하든, 타인의 소유에 속하든 불문하고 제167조에 기재한 물건'을 의미하는 것이라고 해석하여야 할 것이며, 제170조 제1항과 제2항의 관계로 보아서도 제166조에 기재한 물건(일반건조물 등) 중 타인의 소유에 속하는 것에 관하여는 제1항

30) 대법원 1994. 12. 20. 자 94모32 전원합의체 결정.

에서 이미 규정하고 있기 때문에 제2항에서는 그중 자기의 소유에 속하는 것에 관하여 규정하고, 제167조에 기재한 물건에 관하여는 소유의 귀속을 불문하고 그 대상으로 삼아 규정하고 있는 것이라고 봄이 관련조문을 전체적, 종합적으로 해석하는 방법일 것이다.

[판결 94] 갑, 을은 자신들과 함께 술을 마시고 만취되어 의식이 없는 병을 부축하여 정의 자취집에 함께 가서 촛불을 가져 오라고 하여 정이 가져온 촛불이 켜져 있는 방안에 이불을 덮고 자고 있는 병을 혼자 두고 나왔다. 촛불은 병의 발로부터 불과 약 70~80cm 떨어진 곳에 마분지로 된 양초갑 위에 놓여 있었고 당시 촛불을 켜놓아야 할 별다른 사정은 없었다. 집에 불이 났고 병은 사망했다.[31]

[판결 94] 술에 취한 병이 정신없이 몸부림을 치다가 발이나 이불자락으로 촛불을 건드리는 경우 그것이 넘어져 불이 이불이나 비닐장판 또는 벽지 등에 옮겨 붙어 화재가 발생할 가능성이 있고, 또한 화재가 발생하는 경우 화재에 대처할 능력이 없는 병이 사망할 가능성이 있음을 예견할 수 있다. 이러한 경우 병을 혼자 방에 두고 나오는 피고인들로서는 촛불을 끄거나 양초가 쉽게 넘어지지 않도록 적절하고 안전한 조치를 취하여야 할 주의 의무가 있다. 비록 피고인들이 직접 촛불을 켜지 않았다 할지라도 위와 같은 주의 의무를 다하지 않은 이상 피고인들로서는 이 사건 화재발생과 그로 인한 피해자의 사망에 대하여 과실책임을 면할 수 없다.

Ⅱ. 제171조 [업무상 실화, 중실화]

제171조(업무상실화, 중실화) 업무상과실 또는 중대한 과실로 인하여 제170조의 죄를 범한 자는 3년 이하의 금고 또는 2천만원 이하의 벌금에 처한다. <개정 1995.12.29>

1. 업무상 실화

업무상 실화죄에 있어서의 '업무'는 그 직무상 화재의 원인이 된 화기를 직접 취급하는 것에 그치지 않고 화재의 **발견, 방지 등 의무**를 포함한다.

[판결 83] 갑 등은 도정공장 내에 설치되어 있는 백열전구에 종이류로 된 전등갓을 설치했고 또한 이를 그대로 방치하였다가 뒤늦게 제거하다가 불티가 쌀겨에 튀어 화재가 발생했다는 사실로 기소되었다.[32]

31) 대법원 1994. 8. 26. 선고 94도1291 판결[과실치사, 실화].

[판결 83] 공동의 과실이 경합되어 화재가 발생한 경우에 적어도 각 과실이 화재의 발생에 대하여 하나의 조건이 된 이상은 그 공동적 원인을 제공한 각자에 대하여 실화죄가 성립한다. 피고인들은 각자 같은 업무상 주의의무가 있음에도 불구하고 이를 태만히 하여 도정공장 내에 설치되어 있는 백열전구에 종이류로 된 전등갓을 설치하였고 또한 이를 그대로 방치하였다가 뒤늦게 제거한 사실이 정당하게 시인되니 이건 화재가 위 전등갓을 제거하는 과정에서 떨어진 불티로 인하여 발생한 것이라면 피고인들은 각자 업무상 실화죄의 죄책을 면할 수 없다.

그러나 "화분편의 국소적인 자연낙하에 의한 미강의 자연발화는 불가능한 것으로 사료되며 이건 화재는 쌀겨가루에 떨어진 불티로 인하여 일어난 것은 아니고 도리어 실험칙에 의하여 전기관계에 있는 것"이라는 감정에 근거하여 대법원은 "증거의 증명력은 합리적인 의심을 배제할 정도의 확신을 가져올 수 있는 것이어야 하며 단지 반대증거보다 우월한 정도의 증명력으로서는 부족하다"는 이유로 업무상 실화를 인정한 원심을 파기 환송했다.[33)]

2. 중실화

중실화는 아주 작은 주의를 기울였다면 화재를 막을 수 있었지만 그 작은 주의를 기울이지 않아 화재가 발생한 경우를 말한다.

[판결 89] 연탄아궁이로부터 80센티미터 떨어진 곳에 쌓아둔 스폰지요, 솜 등이 연탄아궁이 쪽으로 넘어지면서 화재현장에 의한 화재가 발생한 경우라고 하더라도 그 스폰지요, 솜 등을 쌓아두는 방법이나 상태 등에 관하여 아주 작은 주의만 기울였더라면 스폰지 요나 솜 등이 넘어지고 또 그로 인하여 화재가 발생할 것을 예견하여 회피할 수 있었음에도 불구하고 부주의로 이를 예견하지 못하고 스폰지와 솜 등을 쉽게 넘어질 수 있는 상태로 쌓아둔 채 방치하였기 때문에 화재가 발생한 것으로 판단되어야만, "중대한 과실"로 인하여 화재가 발생한 것으로 볼 수 있다.[34)]

[판결 60] 중과실은 행위자가 **극히 근소한 주의**를 함으로써 결과발생을 인식할 수 있음에도 불구하고 부주의로서 이를 인식하지 못한 경우를 말한다. 경과실과의 구별은 구체적인 경우에 사회통념을 고려하여 결정될 문제이다.

피고인이 사용한 양촉은 신품으로 약 3시간 지속할 수 있고 창고 내에는 상자위에 녹여서 붙여 놓은 촛불 부근에 헌가마니 쓰레기 등이 있을 뿐 휘발유 등 인화물질은 없었으며 양곡이 입고되어 있었고 약 30분 후에는 고사를 끝내고 고사에 사용한 쌀가

32) 대법원 1983. 5. 10. 선고 82도2279 판결[업무상실화].
33) 대법원 1983. 5. 10. 선고 82도2279 판결.
34) 대법원 1989. 1. 17. 선고 88도643 판결.

마니를 입고할 예정으로 촛불을 끄지 아니하고 그대로 세워 놓고 창고 문을 닫고 나왔다면, 인정되는 과실은 피고인이 촛불을 들고 나오든가 소화하고 나오지 않은 것으로 경과실에 불과하다.[35)]

§ 22. 폭발성물건파열

제172조(폭발성물건파열) ① 보일러, 고압가스 기타 폭발성 있는 물건을 파열시켜 사람의 생명, 신체 또는 재산에 대하여 위험을 발생시킨 자는 1년 이상의 유기징역에 처한다.
② 제1항의 죄를 범하여 사람을 상해에 이르게 한 때에는 무기 또는 3년 이상의 징역에 처한다. 사망에 이르게 한 때에는 무기 또는 5년 이상의 징역에 처한다.

Ⅰ. 보호법익

폭발성 물건으로부터의 공공의 안전과 생명, 신체, 재산이 보호법익이다.

Ⅱ. 제172조 [폭발성물건파열

구체적 위험범이다. 폭발성물건파열은 방화는 아니지만 폭발물의 파괴력이 화력에 준한다고 보아 방화죄와 같이 규정되었다고 한다.[36)] 제172조 제2항 폭발성물건파열치사상은 부진정 결과적 가중범이다.

[판결 12] 돈을 빌려 주식투자를 하다 손실을 갑은 빚 독촉을 받자 폭발물의 폭발시켜 사회혼란을 초래하면 주가지수가 하락할 것으로 예상하고 풋옵션 투자로 수익을 내어 채무를 변제하려는 의도로, 인터넷 검색을 통해 폭발물 제조법을 습득하고, 필요한 재료들을 구입했다. 갑은 꽃병에 부탄가스통을 넣고 폭죽에서 빼낸 화약을 꽃병 속에 채운 후 병 뚜껑을 테이프로 감고 꽃병과 배터리와 타임스위치를 전선으로 연결하는 방법으로 폭발물 2개를 만들어 배낭 2개에 나누어 담아 을에게 건네주었다. 을은 서울역 물품보관함에 폭발물이 든 배낭 1개를 집어넣고 문을 잠그는 방법으로 폭발물을 설치하고, 같은 날 고속버스터미널 물품

35) 대법원 1960. 3. 9. 선고 4292형상761 판결.
36) 김일수/서보학, 각론[8], 452쪽; 이재상 등, 각론[10], 527쪽.

보관함에도 같은 방법으로 폭발물을 설치한 다음, 물품보관함 열쇠 2개를 갑에게 주었다. 갑은 폭발시간을 타임스위치로 설정하여 11: 05경 서울역 11:55경 강남고속버스터미널 물품보관함의 폭발물이 폭발하게 하였다. 폭발음과 함께 연기가 서울역과 강남고속버스터미널 내에 퍼지자 행인들이 긴급히 대피했고, 경찰서, 소방서, 대테러 기관 등이 출동하게 하는 혼란이 벌어졌다.[37]

[판결 12] 제119조 제1항 '폭발물사용죄'는 폭발물을 사용하여 공안을 문란하게 함으로써 성립하는 공공위험범죄로서 개인의 생명, 신체 등과 아울러 공공의 안전과 평온이 보호법익이다. 법정형이 사형, 무기 또는 7년 이상의 징역이다. 그 범죄의 행위태양에 해당하는 생명, 신체 또는 재산을 해하는 경우에 성립하는 살인죄, 상해죄, 재물손괴죄 등의 범죄를 비롯한 유사한 다른 범죄에 비하여 무겁게 설정되어 있다. 제119조 '폭발물'에 해당 여부는 폭발작용의 위력이 공안을 문란하게 할 수 있는 정도로 고도의 폭발성능을 가지고 있는지 여부에 따라 판단한다.

제172조 '폭발성물건파열'죄는 법정형이 1년 이상의 유기징역이다. 폭발물사용죄에서 폭발물이란 그 폭발작용의 위력이나 파편의 비산 등으로 사람의 생명, 신체, 재산 및 공공의 안전이나 평온에 직접적이고 구체적인 위험을 초래할 수 있는 정도의 강한 파괴력을 가지는 물건을 의미한다.

갑의 제작물은 그 폭발작용 자체에 의하여 공공의 안전을 문란하게 하거나 사람의 생명, 신체 또는 재산을 해할 정도의 성능이 없거나, 사람의 신체 또는 재산을 경미하게 손상시킬 수 있는 정도에 그쳐 사회의 안전과 평온에 직접적이고 구체적인 위험을 초래하여 공공의 안전을 문란하게 하기에는 현저히 부족한 파괴력과 위험성의 정도만을 가진 물건이다. 따라서 갑의 제작물은 제172조 제1항에 규정된 '폭발성 있는 물건'에는 해당될 여지가 있으나 제119조 제1항에 규정된 '폭발물'에 해당한다고 볼 수는 없다.[38]

Ⅲ. 제172조의 2 [가스·전기등 방류]

제172조의2(가스·전기등 방류) ① 가스, 전기, 증기 또는 방사선이나 방사성 물질을 방출, 유출 또는 살포시켜 사람의 생명, 신체 또는 재산에 대하여 위험을 발생시킨 자는 1년 이상 10년 이하의 징역에 처한다.
② 제1항의 죄를 범하여 사람을 상해에 이르게 한 때에는 무기 또는 3년 이상의 징역에 처한다. 사망에 이르게 한 때에는 무기 또는 5년 이상의 징역에 처한다.

---

37) 대법원 2012. 4. 26. 선고 2011도17254 판결; 서울중앙지방법원 2011. 8. 26. 선고 2011고합552 판결.

38) 대법원 2012. 4. 26. 선고 2011도17254 판결.

제172조의 2는 종래 [가스, 전기, 증기 등 공작물 파괴죄]였으나, 원자력의 개발로 방사선, 방사선 물질의 방출, 유출, 살포가 추가되었다. 추상적 위험범이고, 제2항은 부진정 결과적 가중범이라고 해석해야할 것이다.

Ⅳ. 제173조의 2 [과실 폭발성물건파열 등]

제173조의2(과실폭발성물건파열등) ① 과실로 제172조제1항, 제172조의2제1항, 제173조제1항과 제2항의 죄를 범한 자는 5년 이하의 금고 또는 1천500만원 이하의 벌금에 처한다.
② 업무상과실 또는 중대한 과실로 제1항의 죄를 범한 자는 7년 이하의 금고 또는 2천만원 이하의 벌금에 처한다.

[판결 01] 갑은 을 소유 다가구주택 1층 103호에 입주하여 거주하다가 이사를 가면서 외부에 설치된 가스용기로부터 분배되어 실내까지 연결된 가스호스의 끝부분에 자신의 비용으로 설치하여 사용하던 중간밸브(휴즈콕크)를 떼어가면서 적절한 조치를 취하지 않았다. 을은 세입자가 이사를 가게 되면 새로 이사 오는 세입자가 새로이 설치하지 않아도 되는 가스사용시설과 같은 고정시설에 대한 이상유무를 점검하지 않았다. 갑, 을의 과실이 경합하여 103호로 이사 온 병과 그의 손님 정이 위 주택에 설치된 가스이용시설을 사용하지 않고 휴대용 연소기를 사용하던 중, 원인 모르게 103호로 유입되는 가스를 개별적으로 차단하는 메인밸브가 개방됨으로써 액화석유가스가 위 103호 실내로 유입된 후 병이 화장실 전등을 켜는 순간 액화석유가스를 점화 파열시켜 사람의 생명, 신체 또는 재산에 대하여 위험을 발생시키고, 이로 인하여 병은 전신 3°화상으로 즉시 사망에 이르게 하였으며, 정 등 5인이 상해를 입었다.[39)]

[판결 01] 휴즈콕크는 액화석유가스의 안전 및 사업관리법시행규칙 제50조 [별표 18] 제7호 (가)목의 규정에 의하여 연소기 각각에 대하여 설치해야 할 안전장치에 해당하고, 그 설치 및 부대공사는 제4종 이상의 가스시설시공업 면허를 가진 자만이 시행할 수 있다(건설산업기본법시행령 제7조 [별표 1]) 을 소유 주택의 가스설비는 각 가구별로 분기된 배관에는 가구별로 유입되는 가스를 개별적으로 차단할 수 있는 배관용 밸브(메인밸브) 및 가스계량기가 약 2m 정도의 높이에 3개가 나란히 설치되어 있어서 마음만 먹으면 누구나 쉽게 이를 개폐할 수 있고, 경우에 따라서는 착오로 남의 집의 메인밸브를 개폐할 수 있는 가능성을 배제할 수 없다. 103호로 유입되는 가

39) 대법원 2001. 6. 1. 선고 99도5086 판결.

스를 막을 아무런 안전장치가 없어 가스 유출로 인한 대형사고의 가능성이 있다는 것은 평균인의 관점에서 객관적으로 볼 때 충분히 예견할 수 있다. 갑이 단지 자신의 비용으로 설치한 것이라는 이유만으로 메인밸브만을 잠궈 놓은 채 아무런 조치 없이 위 휴즈콕크를 제거한 것은 과실이 있고, 갑의 과실은 가스폭발사고와 상당인과관계가 있다. 갑은 과실 폭발성 물건 파열죄, 과실치사상죄에 해당한다.[40)]

40) 대법원 2001. 6. 1. 선고 99도5086 판결.

제14장 일수와 수리에 관한 죄

일수와 수리에 관한 제14장은 제177조[현주건조물 등에의 일수], 제178조[공용건조물 등에의 일수], 제179조[일반건조물 등에의 일수], 제180조[방수방해], 제181조[과실일수], 제182조 제177조-179조 제1항 미수범 처벌. 제183조 제177-제179조 제1항에 대한 예비, 음모 처벌규정, 제184조[수리방해]까지이다.

§23. 제177조 [현주건조물 등에의 일수]~제184조 [수리방해]

Ⅰ. 보호법익

제177조 이하 일수죄의 보호법익은 수력으로부터 공공의 안전이다.[1] 수리방해죄의 보호법익은 타인의 수리권 이다.[2] 현실적으로 큰 의미는 없지만, 독일법과 일제 시대의 법, 일본형법가안을 이어받은 것이라고 한다.[3]

Ⅱ. 일수죄

제177조(현주건조물등에의 일수) ① 물을 넘겨 사람이 주거에 사용하거나 사람이 현존하는 건조물, 기차, 전차, 자동차, 선박, 항공기 또는 광갱을 침해한 자는 무기 또는 3년 이상의 징역에 처한다.
② 제1항의 죄를 범하여 사람을 상해에 이르게 한 때에는 무기 또는 5년 이상의 징역에 처한다. 사망에 이르게 한 때에는 무기 또는 7년 이상의 징역에 처한다.
제178조(공용건조물 등에의 일수) 물을 넘겨 공용 또는 공익에 공하는 건조물, 기차, 전차, 자동차, 선박, 항공기 또는 광갱을 침해한 자는 무기 또는 2년 이상의 징역에 처한다.
제179조(일반건조물 등에의 일수) ① 물을 넘겨 전2조에 기재한 이외의 건조물, 기

1) 유기천, 각론 (하), 44쪽.
2) 대법원 2001. 6. 26. 선고 2001도404 판결.
3) 유기천, 각론 (하), 43쪽.

> 차, 전차, 자동차, 선박, 항공기 또는 광갱 기타 타인의 재산을 침해한 자는 1년 이상 10년 이하의 징역에 처한다.
> ② 자기의 소유에 속하는 전항의 물건을 침해하여 공공의 위험을 발생하게 한 때에는 3년 이하의 징역 또는 700만원 이하의 벌금에 처한다.
> ③ 제176조의 규정은 본조의 경우에 준용한다.

1. 추상적 위험범이다. 추상적 위험범은 제177조 '물을 넘기는 행위' 같이 어떤 행위를 하면 그 행위의 대상이 피해를 입는 것이 통상적인 경우이어서 구성요건이 실현된 것으로 인정되는 구성요건의 형태이다. 제177조에서, 댐, 제방으로 범람이 막혀 있는 물을 통제할 수 없는 상태로 넘기는 행위는 주거, 건조물 등은 물론 인명 손상의 결과를 초래하는 것이 일반적 진행이다. 따라서 물을 넘기는 행위만으로 제177조 제1항, 제178조, 제179조 제1항 구성요건은 실현되어 기수가 된다.

2. 일수

제177조부터 제179조까지 구성요건에서 '일수'는 다른 지역으로 흐르지 않도록 댐이나 제방으로 통제, 관리된 곳에서 흐르고 있거나 가두어 지거나 통제된 상태의 물을 넘쳐흐르게 하는 것이다. 물을 넘기는 수단, 방법에는 제한이 없고, 제방 등의 파괴는 물론 수문을 여는 것도 방법이라는 것이 문헌의 설명이다.4)

3. 침해

대상으로 예시된 건조물, 자동차, 선박 등에서 중요한 부분에 대한 효용의 상실이라고 설명할 수 있다.5)

4. 결과적 가중범 등

제177조 제2항은 일수행위로 인한 치사상의 결과가 발생한 결과적 가중범이다. 기타 제178조의 '공용', '공익' 등 다른 구성요건요소는 방화죄와 같다.

---

4) 김일수/서보학, 각론[8], 474쪽; 이재상 등, 각론[10], 533쪽.

5) 유기천, 각론 (하), 44쪽.

Ⅲ. 第184조 [수리방해]

제184조(수리방해) 제방을 결궤하거나 수문을 파괴하거나 기타 방법으로 수리를 방해한 자는 5년 이하의 징역 또는 700만 원 이하의 벌금에 처한다.

1. 제방 결궤, 수문파괴

결궤는 무너뜨리는 것을 뜻한다.

2. 수리방해

(1) 수리

수리관개용·목축용·발전이나 수차 등의 동력용·상수도의 원천용 등 널리 물이라는 천연자원을 사람의 생활에 유익하게 사용하는 것을 칭한다. 다만, 형법 제185조의 교통방해죄 또는 형법 제195조의 수도불통죄의 경우 등 다른 규정에 의하여 보호되는 형태의 물의 이용은 제외된다.

[판결 01] 甲은 乙, 丙의 농촌주택에서 배출되는 생활하수의 소형 PVC 배수관을 토사로 막아 하수가 내려가지 못하게 하였다.6)

[판결 01] 원천 내지 자원으로서의 물의 이용이 아니라, 하수나 폐수 등 이용이 끝난 물을 배수로를 통하여 내려 보내는 것은 형법 제184조 소정의 수리에 해당한다고 할 수 없고, 그러한 배수 또는 하수처리를 방해하는 행위는 특히 그 배수가 수리용의 인수(引水)와 밀접하게 연결되어 있어서 그 배수의 방해가 직접 인수에까지 지장을 초래한다는 등의 특수한 경우가 아닌 한, 수리방해죄의 대상이 될 수 없다. 따라서 甲에게는 수리방해죄가 성립하지 않는다.

(2) 방해

수리를 방해한다는 것은 제방을 무너뜨리거나 수문을 파괴하는 등 제185조에 예시된 것을 포함하여 저수시설, 유수로(流水路)나 송·인수시설 또는 이들에

---

6) 대법원 2001. 6. 26. 선고 2001도404 판결.

부설된 여러 수리용 장치를 손괴·변경하거나 효용을 해침으로써 수리에 지장을 일으키는 행위를 칭한다.

수리방해죄의 보호법익이 '타인의 수리권'이므로 수리방해죄가 성립하려면 행위자가 법령, 계약 또는 관습 등에 의하여 타인의 권리에 속한다고 인정될 수 있는 물의 이용을 방해해야 한다.[7)]

---

7) 대법원 2001. 6. 26. 선고 2001도404 판결.

제 15 장 교통방해의 죄

제185조(일반교통방해) 육로, 수로 또는 교량을 손괴 또는 불통하게 하거나 기타 방법으로 교통을 방해한 자는 10년 이하의 징역 또는 1천500만 원 이하의 벌금에 처한다.
제186조(기차, 선박 등의 교통방해) 궤도, 등대 또는 표지를 손괴하거나 기타 방법으로 기차, 전 차, 자동차, 선박 또는 항공기의 교통을 방해한 자는 1년 이상의 유기징역에 처한다.
제189조(과실, 업무상과실, 중과실) (1) 과실로 인하여 제185조 내지 제187조의 죄를 범한 자는 1천만 원 이하의 벌금에 처한다. (2) 업무상과실 또는 중대한 과실로 인하여 제185조 내지 제187조의 죄를 범한 자는 3년 이하의 금고 또는 2천만 원 이하의 벌금에 처한다.
제190조(미수범) 제185조 내지 제187조의 미수범은 처벌한다.
제191조(예비, 음모) 제186조 또는 제187조의 죄를 범할 목적으로 예비 또는 음모 한 자는 3년 이하의 징역에 처한다.

§ 24. 교통방해죄

Ⅰ. 보호법익

일반교통방해죄의 보호법익은 '일반 공중의 교통의 안전'이다.[1] 육로 등을 손괴 또는 불통하게 하거나 기타의 방법으로 교통을 방해하여 통행을 불가능하게 하거나 현저하게 곤란하게 하는 일체의 행위를 처벌하는 것을 그 목적으로 한다.[2]

또한 일반교통방해죄는 이른바 '추상적 위험범'으로서 교통이 불가능하거나 또는 현저히 곤란한 상태가 발생하면 바로 기수가 되고 교통방해의 결과가 현실적으로 발생해야 하는 것은 아니다.[3]

---

1) 대법원 2010. 2. 25. 선고 2009도13376 판결; 2007. 12. 14. 선고 2006도4662 판결; 2002. 4. 26. 선고 2001도6903 판결; 1999. 4. 27. 선고 99도401 판결; 1995. 9. 15. 선고 95도1475 판결.

2) 대법원 2010. 2. 25. 선고 2009도13376 판결.

Ⅱ. 제185조 [일반교통방해]

1. 육로

'육로'란 일반 공중 즉, 특정인에 한하지 않는 불특정 다수인 또는 차마의 왕래에 공용된, 자유롭게 통행할 수 있는 공공성을 지닌 장소이다.[4)]

사실상 일반 공중의 왕래에 공용되는 육상의 통로를 널리 일컫는 것으로 그 부지의 소유관계나 통행권리관계 또는 통행인의 많고 적음 등을 가리지 않고,[5)] 노면의 폭 등도 문제되지 않는다.[6)]

통행로를 이용하는 사람이 적은 경우에도 위 규정에서 말하는 육로에 해당할 수 있으나, 공로에 출입할 수 있는 다른 도로가 있는 상태에서 토지 소유자로부터 일시적인 사용승낙을 받아 통행하거나 토지 소유자가 개인적으로 사용하면서 부수적으로 타인의 통행을 묵인한 장소에 불과한 도로는 위 규정에서 말하는 육로에 해당하지 않는다.[7)]

'일반 공중'이란 특정인에 한하지 않는 불특정다수인을 말하므로, 육로는 불특정다수인 또는 차마가 자유롭게 통행할 수 있는 공공성을 지닌 장소이다.[8)]

2. 손괴

'손괴'란 물리적으로 파괴하여 그 효용을 상실하게 하는 것이다. 성수대교의 건설 당시의 부실제작 및 부실시공행위 등에 의하여 구조물(에스트러스)이 붕괴되는 것도 제185조의 '손괴'에 포함된다.[9)]

---

3) 대법원 2007. 12. 14. 선고 2006도4662 판결.
4) 대법원 2010. 2. 25. 선고 2009도13376 판결.
5) 대법원 2002. 4. 26. 선고 2001도6903 판결; 1991. 12. 10. 선고 91도2550 판결. 사실상 도로로 사용되고 있고 새 도로가 만들어 졌다고 해도 구 도로를 완전히 대체할 수 없는 상황에서 도로가 된 토지 소유자가 통행을 방해해도 교통방해죄가 성립한다(대법원 1999. 7. 27. 선고 99도1651).
6) "2m 폭의 도로를 70cm 정도로 줄여 인근 7가구 주민의 통행을 어렵게 만든 행위"가 교통방해죄로 인정된 예가 있다(대법원 1994. 11. 4. 선고 94도2112 판결). 또 1989. 6. 27. 선고 88도2264 판결.
7) 대법원 2017. 4. 7. 선고 2016도12563 판결.
8) 대법원 1999. 4. 27. 선고 99도401 판결; 1984. 9. 11. 선고 83도2617 판결.

3. 판결

(1) 교통방해가 인정된 사례

[판결 07] 문제의 서울 소공동 '소공주길'은 조선호텔 방향으로 편도 3개 차로, 그 반대방향으로 편도 1개 차로가 설치된 왕복 4차로 도로이다. 조선호텔 방향으로 진행하는 차량은 인접한 소공로로 진입하게 되는 등 그 기능이 주변 롯데백화점이나 조선호텔의 주차장에 출입하는 차량이 이용하는 것에 한한다고 볼 수 없고 평소 다수의 차량이 이 도로를 통행하고 있다. 갑은 2004. 9. 4. 및 2004. 9. 25., 갑과 을이 2005. 3. 2.부터 같은 해 7. 29.까지 137회에 걸쳐 2, 3대의 차량과 간이테이블 수십 개를 이용하여 이 사건 도로 중 조선호텔 방면 편도 3개 차로 중 길가 쪽 2개 차로를 차지하는 포장마차를 설치하고 영업했다.10)

[판결 07] 비록 그와 같은 점거행위가 주로 주간에 비하여 차량통행이 적은 야간에 이루어진 것이라고 하더라도(경우에 따라서는 주간에도 이루어졌다) 그로 인하여 이 사건 도로의 교통을 방해하여 차량통행이 현저히 곤란한 상태가 발생하였다고 하지 않을 수 없고, 이 사건 도로를 통행하는 차량이 나머지 1개 차로와 반대편 차로를 이용할 수 있었다고 해도 갑과 을의 행위는 일반교통방해죄에 해당한다.11)

[판결 07-1] 갑은 자신의 토지가 주민들이 농기계 등으로 그 주변의 농경지나 임야에 통행하는 데 이용하여 사실상 일반 공중의 왕래에 공용되는 육상의 통로에 해당함에도 깊이 1m 정도의 구덩이를 파는 등의 방법으로 통행을 막았다.12)

[판결 07-1] 이미 불특정 다수인이 통행하고 있는 육상의 통로에 구덩이를 파 통행을 방해한 행위는 교통방해죄에 해당한다.13)

[판결 02] 국도에서부터 길이 80m인 도로가 하천부지와 甲의 토지를 통과하여 乙의 여관 丙의 농장 등으로 연결되도록 설치되어 있다. 그 중 甲 소유의 토지는 약 20여 m 정도이고 나머지는 하천부지이며, 甲이 이 도로를 매입하기 이전

9) 대법원 1997. 11. 28. 선고 97도1740 판결.
10) 대법원 2007. 12. 14. 선고 2006도4662 판결.
11) 대법원 2007. 12. 14. 선고 2006도4662 판결.
12) 대법원 2007. 3. 15. 선고 2006도9418 판결.
13) 대법원 2007. 3. 15. 선고 2006도9418 판결.

부터 등산객, 인근 주민, 여관, 버섯농장 손님 등 불특정 다수인의 통행로로 이용되어 왔다. 도로사용을 승낙하거나 묵인하여 오던 甲은 어느 날 그 도로의 중간에 바위를 놓아두거나 이를 파헤침으로써 차량의 통행을 못하게 했다.

[판결 02] 도로의 토지 일부의 소유자라 하더라도 도로의 중간에 바위를 놓아두거나 이를 파헤침으로써 차량의 통행을 못하게 한 행위는 일반교통방해죄 및 업무방해죄에 해당한다.

[판결 99] 갑 소유의 토지는 1968.경부터 골재운반용 트럭들이 지나다님으로서 사실상 도로화되었고, 1980년대에 아스팔트 포장까지 되어 인도와 차도의 구분이 없는 왕복 2차로의 일부로 되었다. 구리시는 1995. 9. 21. 갑의 이 토지를 포함한 위 구도로 옆으로 폭 20m의 신도로를 개통함으로써 이 토지는 신도로가에 있는 남아 있는 토지의 형태로 되었다. 그러나 신도로가 개통된 후에도, 위 구도로는 종전에 구도로를 건축선으로 하여 건축된 건물들과 신도로 사이에 위치하여 여전히 편도 2차로의 아스팔트 포장도로의 형태를 유지하고 있고, 신도로와는 높이가 달라 종전에 이 사건 토지 부분을 통행하던 차량들은 여전히 이 사건 토지를 거쳐서 신도로로 진입할 수 있도록 되어 있으므로 이 토지는 여전히 사실상 도로로서의 필요성이 있으며 신도로에 의하여 대체될 수 없는 상태로 되어 있어 여전히 일반인 및 차량이 통행하고 있다. 갑은 이 토지가 자신의 소유라 하여 높이 1.5m, 길이 약 70m의 담장을 둘렀고 구리시장은 갑에 대하여 위 담장의 철거명령 및 철거대집행계고처분을 하였으나 갑이 취소소송을 제기하여 서울고등법원으로부터 승소확정판결을 받았다.[14)]

[판결 99] "이 사건 토지 부분은 위 신도로가 생긴 후에도 사실상 일반공중의 왕래에 공용되는 육상의 통로에 해당"하므로 갑은 제185조를 실현했다는 것이 판례의 입장이다. "서울고등법원은 이 사건 토지는 1973. 2. 22.경부터는 인근 주민들과 각종 차량의 통행에 제공되어서 사실상의 도로로 되었으므로 도로교통법상의 도로라고 인정" 했다. 그러나 "도로교통법에 의하여 시정 또는 제거명령을 할 수 있는 행정청은 관할경찰서장이지 시장이 아니고, 이 사건 토지가 건축법상의 도로라고 볼 증거가 없으며, 형법 제185조, 민법 제219조는 계고처분의 근거규정이 될 수 없다는 이유를 들어 위 처분을 취소한 것이므로 위 판결이 이 사건 토지가 사실상의 도로라는 점에 방해가 되는 것은 아니다." 또 구리시가 갑 등을 상대로 이 사건 토지 등에 관하여 시효취득을 원인으로 한 소유권이전등기를 구하는 소송을 제기하였다가 취하하였다거나 이 사건 토지에 면한 상가건물의 소유자인 고소인 을이 이 사건 공소제기 후 갑으로

---

14) 대법원 1999. 7. 27. 선고 99도1651 판결.

부터 이 사건 토지 등을 보증금 3,000만 원에 임차한 사정도 이 사건 토지를 사실상 도로로 보는 데에 영향이 없다.15)

> [판결 95] 甲은 10여 년 전 자신 소유 토지상에 경운기, 리어카가 다닐 수 있도록 1.3Km의 비포장 농로를 개설하여 인근의 주민들이 농로로 이용해 왔다. 이 도로에서 약 500m 떨어진 곳의 임야를 취득한 乙, 丙, 丁 등이 분묘용지조성을 위하여 농로로 포크레인이 통행하게 되자 그 차중과 차폭 등에 의하여 甲의 집 헛간, 화장실 및 도로 측면이 붕괴되고 주변의 나무가 상하는 등의 피해가 발생했다. 이에 甲은 중장비차의 통행을 금지한다는 팻말을 세웠음에도 계속하여 포크레인이 통행하여 피해가 심해지자 통행하는 차량의 폭을 제한하기 위하여 도로의 동쪽 노변에 약 50개의 말뚝을 박은 후 위 말뚝에 철조망을 쳐서 포크레인이 다닐 수 없도록 했다.16)

[판결 95] 농로로 개설되었다 하더라도 그 도로가 사실상 일반 공중의 왕래에 공용되는 도로로 된 이상 경운기나 리어카 등만 통행할 수 있는 것이 아니고 다른 차량도 통행할 수 있는 것이므로 이러한 차량의 통행을 방해한다면 이는 일반교통방해죄에 해당한다. 평소 1톤 트럭이나 적은 포크레인 및 가스를 배달하는 차가 왕래하였던 사실도 있어, 甲이 위 도로에 말뚝을 박고 그 말뚝에 철조망까지 쳐서 노폭을 제한함으로써 경운기 이외의 다른 차량 등의 통행을 불가능하게 한 것은 제185조의 구성요건에 해당한다.

2. 부정된 사례

> [판결 17] 이 사건 농로는 비포장도로로 양쪽 길가에 수목이 우거져 있고, 큰길 쪽부터 차례로 피고인 갑 소유 토지, A소유 토지, B소유 토지가 있으며, 갑 소유 토지의 일부가 이 사건 농로에 포함되어 있다. 이 농로는 B가 1996년경, A가 1997년경 각각 토지를 매수할 당시 개설되어 있었으나, B만 가끔씩 농사를 지으려고 지나다녔다. 갑은 2003년경 그 소유 토지를 매수했고 2007년경부터 큰길과 접한 지점에 쇠사슬 등을 설치하여 위 토지를 이용한 농로 통행을 제한했다. 2B는 그 무렵부터 갑으로부터 일시적 사용승낙을 받아 이 사건 농로를 통행했다.
>
> 그런데 A가 2014. 3. 7.경 자신의 토지에 주택을 신축하면서 공사차량의 진출입을 위해 이 사건 농로의 진입로 부분을 확장하고 통행하기 시작했는데, 그 과정에서 통행을 막으려는 갑과 분쟁이 발생했다. 큰길에서 A소유 토지와 B소유 토

15) 대법원 1999. 7. 27. 선고 99도1651 판결.
16) 대법원 1995. 9. 15. 선고 95도1475 판결.

> 지에 진입할 수 있는 시멘트 포장도로가 있는데, 현재는 이를 사용하지 않아 영월군에서 가드레일 등을 설치하여 막아 놓은 상태이다.17)

[판결 17] 2014. 3.경에는 이 사건 농로가 불특정 다수인 또는 차마가 자유롭게 통행할 수 있는 공공성을 지닌 장소였다고 보기 어려웠고, A와 B 소유의 토지는 당시 사용하고 있지는 않았지만 시멘트 포장도로로 큰길과 연결되어 있었다. 따라서 이 사건 농로는 단순히 갑 소유 토지와 인접한 토지에 거주하는 B가 갑으로부터 일시적인 승낙을 받아 통행하다가 그 무렵 A도 통행을 시작한 통행로에 불과하여 제185조 '육로'로 볼 수 없다.18)

> [판결 10] 을의 음식점으로 진입도로는 기존의 아스팔트포장도로와 갑 소유의 도로가 있다. 을은 1997년 산지전용허가를 받은 이후 이 사건 토지에 도로를 개설하려고 몇 차례 개설을 위한 일부 공사를 하였으나 완료하지 못하다가 기존의 도로를 사용할 수 없게 되자 비로소 콘크리트 포장공사를 했고, 토지 소유자 갑이 도로 이용을 저지했다. 을이 갑을 상대로 제기한 이 사건 토지에 대한 통행권 확인청구에서 갑이 승소함으로써 을이 도로의 소유자 갑에게 통행권을 주장할 수 없게 되자, 갑은 2007.4.29.부터 30.까지 을의 음식점으로 통하는 진입도로에서, 위 진입도로에 대한 소유권을 행사하지 못한다는 이유로, 포크레인 등 장비를 동원하여 위 진입도로 노면의 일부를 손괴하고 쇠사슬을 위 진입도로에 걸어 둠으로써 불특정 다수인이 통행하는 위 진입도로의 교통을 방해했다.11)

[판결 10] 갑의 토지는 일반교통방해죄에서 정한 불특정 다수인을 위한 공공성을 가진 도로가 아니라는 이유로 교통방해죄가 부정되었다.12)

> [판결 09] 갑은 인천국제공항여객터미널 1층 5A번 버스정류장 앞 노상에서, 공항리무진 버스 외의 다른 차의 주차가 금지된 구역에 카니발 밴 차량을 40분가량 세워두고 호객 영업을 하는 방법으로 그 곳을 통행하는 버스의 교통을 곤란하게 했다.13)

[판결 09] 갑이 카니발 밴 차량을 40분가량 주차한 장소는 위 여객터미널 도로 중

17) 대법원 2017. 4. 7. 선고 2016도12563 판결.
18) 대법원 2017. 4. 7. 선고 2016도12563 판결.
11) 대법원 2010. 2. 25. 선고 2009도13376 판결.
12) 대법원 2010. 2. 25. 선고 2009도13376 판결.
13) 대법원 2009. 7. 9. 선고 2009도4266 판결.

에서 공항리무진 버스들이 승객들을 승·하차시키는 장소로서 일반 차량들의 주차가 금지된 구역이기는 하지만 위와 같이 주차한 장소의 옆 차로를 통하여 다른 차량들이 충분히 통행할 수 있었을 것으로 보이고, 위와 같은 주차행위로 인하여 공항리무진 버스가 출발할 때 후진을 하여 차로를 바꾸어 진출해야 하는 불편을 겪기는 하였지만 통행이 불가능하거나 현저하게 곤란하지는 않았던 것으로 보인다.[14]

> [판결 99-2] 甲은 자신의 토지위에 설치된 담장을 헐고 인접한 토지의 소유자들인 乙, 丙, 丁 등에게 도로로 사용할 수 있도록 했다. 그러나 乙, 丙, 丁 등이 자동차를 주차하는 등 甲의 토지이용을 방해하자 원래의 경계선상에 다시 담장을 설치하여 통행을 막았다.[15]

[판결 99-2] 甲의 토지는 "불특정다수인 또는 차마가 자유롭게 통행할 수 있는 공공성을 지닌 장소"가 아니기 때문에 교통방해죄가 성립하지 않는다.

> [판결 88] 도시계획이 수립되고 甲의 농토를 통하여 부근일대의 큰 도로로 통행하려는 주민들이 늘어나자, 甲은 이를 막고 농작물을 재배하려고 수차에 걸쳐 철조망 등을 설치하였으나 그때마다 주민들이 이를 부수고 통행했다.[16]

[판결 88] 대법원은 "자유롭게 통행할 수 있는 공공성이 있는 곳이 아니다"라는 이유로 제185조의 적용을 부정했다.[17] 반면 자유롭게 통행되고 있고 공공성이 인정되는 한, 소수의 사람이 통행하는 길이고 소유자가 적법한 건축허가를 얻어 도로를 막았다고 해도 제185조를 적용한 예도 있다.[18]

[판결 92] 약 600명의 노동조합원들이 차도만 있고 보도는 따로 없는 도로 우측의 편도 2차선의 대부분을 차지하면서 행진·시위함으로써 나머지 편도 2차선으로 상, 하행차량이 통행하느라 차량의 소통을 방해했다.[19] 교통방해죄가 부정되었다.

---

14) 대법원 2009. 7. 9. 선고 2009도4266 판결.
15) 대법원 1999. 4. 27. 선고 99도401 판결.
16) 대법원 1988. 5. 10. 선고 88도262 판결.
17) 대법원 1988. 4. 25. 선고 88도18 판결. "일반 공중의 내왕에 공용" 여부가 기준이 된 판결: 대법원 1984. 11. 13. 선고 84도2192 판결; 1984. 9. 11. 선고 84도2617 판결.
18) 대법원 1988. 4. 25. 선고 88도18 판결.
19) 대법원 1992. 8. 18. 선고 91도2771 판결.

Ⅲ. 제187조 [기차 등의 전복 등]

> 제187조(기차 등의 전복 등) 사람의 현존하는 기차, 전차, 자동차, 선박 또는 항공기를 전복, 매몰, 추락 또는 파괴한 자는 무기 또는 3년 이상의 징역에 처한다.

> **도로교통법** 제74조(벌칙) 제차의 운전자가 업무상 필요한 주의를 태만하거나 중대한 과실로 인하여 타인의 건조물 기타 재물을 손괴한 때에는 2년 이하의 금고 또는 100만원 이하의 벌금에 처한다.

1. 보호법익

제187조는 교통방해죄의 한 형태로서 공중교통안전을 보호법익으로 하는 공공위험죄이다. 공공교통기관의 안전에 대한 침해는 교통기관의 대형화 및 고속화에 따라 공중의 생명, 신체, 재산 등에 중대한 손해를 미칠 위험과 직결하고 있다는 점에서 만들어진 조문이라고 이해할 수 있다.[20)]

2. 구성요건

(1) 주관적 구성요건

선박 매몰죄의 고의에는 행위 시에 사람이 현존하는 것이라는 점에 대한 인식과 이를 매몰한다는 결과발생에 대한 인식이 필요하나, 현존하는 사람을 사상에 이르게 한다는 등 공공의 위험에 대한 인식까지는 필요하지 않다.[21)]

사람이 현존하는 선박에 대해 매몰행위의 실행을 개시하고 그로 인하여 선박을 매몰시켰다면 매몰시 사람이 현존하지 않았거나 범인이 선박에 있는 사람을 안전하게 대피시켰다고 하더라도 선박매몰죄의 기수가 성립된다.[22)]

(2) 객관적 구성요건

(가) 항공기의 '추락'

항공기의 '추락'이라 함은 공중에 떠 있는 항공기를 정상 시 또는 긴급 시의

---

20) 대법원 1983. 9. 27. 선고 82도671 판결.

21) 대법원 2000. 6. 23. 선고 99도4688 판결.

22) 대법원 2000. 6. 23. 선고 99도4688 판결.

정해진 항법에 따라 지표 또는 수면에 착륙 또는 착수시키지 못하고, 그 이외의 상태로 지표 또는 수면에 낙하시키는 것이다.[23)]

(나) 자동차, 기차, 선박 등의 '파괴'

형법이 제187조를 교통방해의 죄 중 하나로서 그 법정형을 높게 정하는 한편 미수, 예비·음모까지도 처벌 대상으로 삼고 있는 사정에 덧붙여 '파괴' 외에 다른 구성요건 행위인 전복, 매몰, 추락 행위가 일반적으로 상당한 정도의 손괴를 수반할 것이 당연히 예상되는 사정 등을 고려해 볼 때, 제187조 '파괴'는 다른 구성요건 행위인 전복, 매몰, 추락 등과 같은 수준으로 인정할 수 있을 만큼 **교통기관으로서의 기능·용법의 전부나 일부를 불가능하게 할 정도의 파손**을 의미하고 그 정도에 이르지 않는 단순한 손괴는 포함되지 않는다.[24)] 경미한 손괴는 포함하지 않는다.[25)]

3. 판결

> [판결 09] 총 길이 338m, 갑판 높이 28.9m, 총 톤수 146,848t, 유류탱크 13개, 평형수탱크 4개인 대형 유조선 허베이호는 예인선과의 충돌로 인하여 좌현 1, 3, 5번 유류탱크에 각 한 군데씩 구멍(1번 탱크 0.3m×0.03m, 3번 탱크 1.2m×0.1m, 5번 탱크 1.6m×2m)이 생기고 선수마스트, 위성통신 안테나, 항해등 등이 파손되어 수리될 때까지 유조선으로서의 기능을 할 수 없게 되었다.[26)]

[판결 09] 충돌로 허베이호에 발생한 손상은 제187조에서 정한 선박의 '파괴'에 이를 정도라고 보기 어렵고, 이는 유류탱크에 생긴 구멍에서 기름이 누출되어 이를 수리할 때까지 기름을 운송하는 유조선으로서의 기능을 정상적으로 수행할 수 없었다고 하여 달리 볼 것도 아니다.[27)]

> [판결 97] 성수대교 붕괴사고에 있어서 교량의 유지·관리 책임을 맡고 있던 서울시 도로국 산하 동부건설사업소 소장 甲과 소속 공무원 1, 2 등은 교량 시공

23) 대법원 1990. 9. 11. 선고 90도1486 판결.
24) 대법원 2009. 4. 23. 선고 2008도11921 판결.
25) 대법원 1970. 10. 23. 선고 70도1611 판결: 따라서 택시간의 접촉사고로 철판이 손괴된 경우 제187조가 적용되지 않는다.
26) 대법원 2009. 4. 23. 선고 2008도11921 판결.
27) 대법원 2009. 4. 23. 선고 2008도11921 판결.

> 자 D건설 상무 A와 직원 현장소장 B 등이 부실 시공한 교량의 점검을 게을리 했고, 서울시 도로국 시설과장 乙은 교량의 정밀안전진단을 요구받고도 이를 시행하지 않아 교량이 붕괴하여 자동차 6대가 한강에 추락하는 사고가 발생했다.[28)]

[판결 97] 甲, 乙에게 교량손괴에 의한 '업무상과실일반교통방해죄' 및 '업무상 과실 자동차 추락죄'가 인정된다(상상적 경합).

> [판결 90] 조종사 갑은 헬리콥터에 승무원 3명, 승객 16명을 태우고 울릉헬리포트를 이륙하여 강구헬리포트를 향해 운항하다 울릉헬리포트에서 약 63킬로미터 떨어진 해상에서 엔진오일의 압력경고등이 작동하고 엔진오일압력이 떨어지자 비행이 불가능하다고 판단하고 울릉도로 회항하게 되었다. 출력을 제대로 낼 수 없는 제1번 엔진도 가동하여 전속력을 내게 함으로써 고장 나지 않은 제2번 엔진까지 무리가 가서 제 출력을 내지 못하게 했고 고도유지가 어려워지고 제1번 엔진에 화재위험까지 불러일으켜 안전운항을 곤란케 했으며 항공기에 실려 있던 화물 등을 해상에 투하하여 엔진의 부담을 덜고 항공기의 침하속도를 늦추는 등의 조처를 취하지 않았다. 또한 속도를 줄이고 기체 균형을 유지하는 등 충격을 줄여 안전하게 비상착수를 해야 함에도 이를 게을리 하고 항공기를 긴급시의 항법으로서 정해진 절차에 따라 운항하지 못한 과실로 인하여 항공기를 안전하게 비상 착수시키지 못하고 해상에 추락시켰다.[29)]

[판결 90] 甲은 경비정 등 구조선박을 대기시켜 비상착수 등 사고가 발생하더라도 바로 승객들을 구조할 수 있도록 요청했어야 함에도 이러한 제반조치를 취하지 않았고, 비상착수에 대비한 아무런 안전조치도 취하지 않았다는 이유로 '항공기 추락죄'의 업무상과실을 인정했다.

> [판결 83] 자동차 정비공 甲은 운전면허 없이 또 주의의무를 태만히 한 채 시내버스를 몰고 좌회전하다가 같은 방향으로 진행 중이던 승용차를 충격하여 운전사, 승객 등 3명에게 뇌진탕 등 상해를 가하고 승용차를 손괴했다.[30)]

[판결 83][31)] (1) 보호법익: 제187조는 교통기관의 대형화·고속화에 따라 공중의 생명, 신체, 재산 등에 중대한 손해를 미칠 위험과 직결된 공공교통기관의 안전을 보

---

28) 대법원 1997. 11. 28. 선고 97도1741 판결 그리고 1997. 11. 28. 선고 97도1740 판결.
29) 대법원 1990. 9. 11. 선고 90도1486 판결.
30) 대법원 1983. 9. 27. 선고 82도671 판결.
31) 대법원 1983. 9. 27. 선고 82도671 판결.

호하려는 규범이다.[32] (2) 제187조 행위의 객체·대상은 "사람이 현존하는 기차, 전차, 자동차, 선박 또는 항공기"로 한정된다.[33] (3) 제187조 행위의 방법·형태는 "교통기관으로서의 용법의 전부 또는 일부를 불가능하게 할 정도의 손괴"(대법원 1970. 10. 23. 70도1611)이다.[34]

제187조의 구성요건이 도로교통법 제74조의 구성요건보다 축소 한정되는 관계에 있는 점에 비추어 양법규는 일반법과 특별법관계가 아닌 별개의 독립된 구성요건이므로 경합범으로 취급해야 한다.

Ⅳ. 제188조 [교통방해치사상]

> 제188조(교통방해치사상) 제185조 내지 제187조의 죄를 범하여 사람을 상해에 이르게 한 때에는 무기 또는 3년 이상의 징역에 처한다. 사망에 이르게 한 때에는 무기 또는 5년 이상의 징역에 처한다.

결과적 가중범으로 치상은 3년, 치사는 5년 이상의 징역형으로 처벌한다.

> [판결 14] 갑이 고속도로 2차로를 따라 자동차를 운전하다가 1차로를 진행하던 을의 차량 앞에 급하게 끼어든 후 곧바로 정차하여, 을의 차량 및 이를 뒤따르던 차량 두 대는 연이어 급제동하여 정차하였으나, 그 뒤를 따라오던 병의 5t 트럭이 앞에 서있는 트럭을 들이받음으로써 앞의 차량들을 연쇄적으로 추돌케 하여 병이 사망하고 나머지 운전자들은 상해를 입었다.[35]

[판결 14] 편도 2차로의 고속도로 1차로 한가운데에 정차한 갑은 현장의 교통상황이나 일반인의 운전 습관·행태 등에 비추어 고속도로를 주행하는 다른 차량 운전자들이 제한속도 준수나 안전거리 확보 등의 주의의무를 완전하게 다하지 않을 수도 있다는 점을 알았거나 충분히 알 수 있었으므로, 갑의 정차 행위와 사상의 결과 발생 사이에 상당인과관계가 있고, 사상의 결과 발생에 대한 예견가능성도 인정되므로 갑에게 일반교통방해치사상죄가 인정된다.

---

32) 도로교통법 제74조는 차량운행에 수반되는 위험성에 비추어 운전자에게 고도의 주의의무를 강조하고, 차량운행과 직접 관계없는 제3자의 재물을 보호하자는 취지의 조문이다.

33) 도로교통법 제74조는 '건조물 기타 재물' 일반이 대상이다.

34) 도로교통법 제74조는 단순 손괴이다.

35) 대법원 2014. 7. 24. 선고 2014도6206 판결.

제16장 음용수에 관한 죄

제16장 제192-197조 구성요건들의 보호법익은 공중인 음용에 공동 사용하는 물의 청결과 음용수로서의 기능 보호라고 할 수 있다.1)

§25. 음용수에 관한 죄

Ⅰ. 제192조 [음용수사용방해]

제192조(음용수의 사용방해) (1) 일상음용에 공하는 정수에 오물을 혼입하여 음용하지 못하게 한 자는 1년 이하의 징역 또는 500만 원이하의 벌금에 처한다.
(2) 전항의 음용수에 독물 기타 건강을 해할 물건을 혼입한 자는 10년 이하의 징역에 처한다.

1. 보호법익

공동음용수의 청결과 음용수로서의 기능 보호이다.

2. 구성요건

대법원 판결이 없어 구성요건의 적용기준은 불명확하다. 문헌의 설명에 잘못된 점 몇 개만 지적한다.

(1) "일상음용에 공하는 정수"란 다수인이 계속·반복하여 음용에 사용하는 정수이고 이에는 "일가족의 음용에 공하기 위하여 담아둔 물도 본죄의 객체에 포함된다"는 것이 통설이라고 한다.2)

---

1) NK-*Ransiek*, § 324 Rn 2; SK-*Horn*, § 324 Rn 2; S/S/*Heine/Hecker*, § 324 Rn 1. 독일의 경우 1980년 이후 음용수에 제한하지 않고 물의 청결을 통한 인간과 환경의 보호를 목적으로 한다는 취지로 법을 정비했다.

2) 김일수/서보학, 각론[8], 486; 이재상, 각론[10], 624.

이 조항이 개인의 법익이 아닌 사회적 법익을 보호하기 위한 조항이라고 보면, 2~3인 가족이 음용을 위하여 담아둔 물을 포함하는 것은 무리이다.

(2) 이 조항은 "추상적 위험범이므로 구성요건결과의 발생을 요하지 않는다"는 주장이 있다.[3]

오물을 혼입하여 '음용하지 못하게 한'이란 음용이 불가능하게 되었다는 결과를 표현한 것인데 위험범이라고 주장한 것은 잘못이다. 위험범은 행위의 대상·법익의 향유자가 실제로 침해되지 않아도 구성요건이 실현되는 형태의 구성요건을 칭한다.[4] 앞의 주장자가 위험범의 개념을 달리 주장한다면 모르겠으나 그렇지 않다면, 제192조 제1항은 침해범이고, 결과발생이 요건이 아닌 제192조 제2항은 위험범이다.

Ⅱ. 제193조 [수도음용수의 사용방해]

> **제193조(수도음용수의 사용방해)** (1) 수도에 의하여 공중의 음용에 공하는 정수 또는 그 수원에 오물을 혼입하여 음용하지 못하게 한 자는 1년 이상 10년 이하의 징역에 처한다.
> (2) 전항의 음용수 또는 수원에 독물 기타 건강을 해할 물건을 혼입한 자는 2년 이상의 유기징역에 처한다.

제193조 제1항은 제192조 제1항에'수도에 의하여', '공중의 음용에 공하는'이란 두 요건이 추가된 조항이다. 수도를 통한 공중에 제공되는 정수를 오염시켜 사용을 못하게 한 것은 더 많은 사용자에게 피해를 주는 행위라는 점에서 제192조 제1항보다 현저히 무겁게 처벌된다.

제192조 제2항은 제1항이 단순히 더렵혀 마시지 못하게 한 행위임에 비하여 독물 기타 건강에 유해한 물질을 혼입한 행위라는 점에서 추상적 위험범으로 해석될 수 있고 제1항보다 법정 형량이 더 무겁다.

Ⅲ. 제194조 [음용수 혼독치사상]

> **제194조(음용수 혼독 치사상)** 제192조 제2항 또는 제193조제2항의 죄를 범하여 사람

3) 김일수/서보학, 각론[8], 487쪽.

4) 위험범의 개념에 대한 설명 : 한정환, 총론 제1권, 133~134쪽; *Roxin*, AT I § 10 Rn 54, 122.

> 을 상해에 이르게 한 때에는 무기 또는 3년 이상의 징역에 처한다. 사망에 이르게 한 때에는 무기 또는 5년 이상의 징역에 처한다.

1. 구성요건

제194조는 위험범인 제192조 제2항, 제193조 제2항에 해당하는 행위로 인하여 사상의 결과가 발생한 경우로서 결과적 가중범이고 무기징역이 최고형인 중한 죄이다.

2. 부진정 결과적 가중범

사망의 결과가 발생하면 진정 결과적 가중범 상해의 결과가 발생하면 부진정 결과적가중범이라고 주장되나,[5] 그래야 하는 이유는 설명되지 않았다.

상해에 대한 고의가 있으면 제194조와 상해죄의 상상적 경합이 된다고 주장하는데,[6] 역시 그래야 하는 이유와 실익에 대해서는 언급되지 않아 주장의 취지, 실익 모두 불명확하다,

기본범죄 즉 음용수에 독물 기타 건강을 해할 물건을 혼입하는 행위가 미수에 그쳐도 제194조가 적용된다는 주장이 있는데,[7] 독물 또는 유해한 물건을 정수 또는 수원에 혼입하지 못했는데 그 행위로 인한 결과가 발생할 수는 없다.

Ⅳ. 제195조 [수도불통죄]

> **제195조(수도불통)** 공중의 음용수를 공급하는 수도 기타 시설을 손괴 기타 방법으로 불통하게 한 자는 1년 이상 10년 이하의 징역에 처한다.

공중에게 음용수를 공급하는 수도나 기타 시설을 손괴하거나 기타의 방법으로 불통하게 만드는 행위를 처벌하는 구성요건이다.

손괴는 물리적으로 훼손하여 효용을 해하는 것이고, **불통**은 손괴가 아닌 방법으로 흐름을 막아 공급과 사용을 하지 못하게 하는 것이다.

---

5) 김일수/서보학, 각론[8], 490; 이재상, 각론[10], 627.

6) 앞의 각주와 같다.

7) 이재상, 각론[10], 624.

> [판결 77] 용산 제1시장 번영회장 甲과 부회장 乙, 丙은 상호 공모하여 용산 제1시장 내 丁의 집 부근에서 丁, 戊 등이 3개월분 수도료를 납부치 않는다는 이유로 번영회에서 시장주민의 음료수를 공급하기 위하여 동소에 시설하여 둔 수도관의 접속부분 나사못을 빼찌로 뽑고 접속부분을 막아 불통케 하였다.[8]

[판결 77] 문제된 수도는 시장상인들로 구성된 번영회에서 구청장의 허가를 얻어 시설한 사설상수이다. 수도사용료는 제1시장 내 전체사용량에 대하여 번영회로 일괄 부과되어 번영회는 소정율에 따라 수용자로부터 징수하여 일괄 납부하는 방식이며 그 관리책임자는 갑, 을, 병 3명이 지정되어 있다. 이들이 막은 수도관은 丙, 丁 등의 집에 식수를 공급하는 것으로 3개월분의 수도사용료가 체납되자 번영회 총회에서 단수조치하기로 결의를 하고 사전 경고까지 했고 丁으로 부터는 단수에 대한 승낙을 받은 후에 단수조치를 했다. 그렇다면 단수행위는 적법하다.

[판결 57] 비록 **절차를 밟지 아니한 수도**라 할지라도 그것이 현실로 공중생활에 필요한 음용수를 공급하고 있는 시설로 되어있는 이상 이 시설을 불법하게 손괴하여서 수도를 불통케 했을 때에는 수도불통죄가 성립한다.

하천수를 막아 부락민의 음료수에 사용할 경우 이 하천수는 공중의 음료수를 공급하는 수도 기타의 시설에 해당하고, 시당국의 허가를 얻지 않았더라도 공용수도로서 주민의 음료수에 사용되고 있는 수도관을 손괴하면 수도불통죄가 성립한다.[9]

V. 미수, 예비·음모

제196조에 의하여 제192조 제2항, 제193조 제2항, 제195조의 미수범이 처벌된다.

제197조는 제192조 제2항, 제193조 제2항 또는 제195조의 죄를 범할 목적으로 예비 또는 음모한 자를 2년 이하의 징역으로 처벌한다는 조항이다.

8) 대법원 1977. 11. 22. 선고 77도103 판결.
9) 대법원 1957. 2. 1. 선고 56도317 판결.

제 17 장 아편에 관한 죄

제198조(아편 등의 제조 등) 아편, 몰핀 또는 그 화합물을 제조, 수입 또는 판매하거나 판매할 목적으로 소지한 자는 10년 이하의 징역에 처한다.
제199조(아편흡식기의 제조 등) 아편을 흡식하는 기구를 제조, 수입 또는 판매하거나 판매할 목적으로 소지한 자는 5년 이하의 징역에 처한다.
제200조(세관 공무원의 아편 등의 수입) 세관의 공무원이 아편, 몰핀이나 그 화합물 또는 아편흡식기구를 수입하거나 그 수입을 허용한 때에는 1년 이상의 유기징역에 처한다.
제201조(아편흡식 등, 동장소제공) ① 아편을 흡식하거나 몰핀을 주사한 자는 5년 이하의 징역에 처한다.
② 아편흡식 또는 몰핀 주사의 장소를 제공하여 이익을 취한 자도 전항의 형과 같다.
제202조(미수범) 전4조의 미수범은 처벌한다.
제203조(상습범) 상습으로 전5조의 죄를 범한 때에는 각조에 정한 형의 2분의 1까지 가중한다.
제204조(자격정지 또는 벌금의 병과) 제198조 내지 제203조의 경우에는 10년 이하의 자격정지 또는 2천만원 이하의 벌금을 병과할 수 있다.
제205조(아편 등의 소지) 아편, 몰핀이나 그 화합물 또는 아편흡식기구를 소지한 자는 1년 이하의 징역 또는 500만원 이하의 벌금에 처한다.
제206조(몰수, 추징) 본장의 죄에 제공한 아편, 몰핀이나 그 화합물 또는 아편흡식기구는 몰수한다. 그를 몰수하기 불능한 때에는 그 가액을 추징한다.

§ 26. 아편에 관한 죄

Ⅰ. 보호법익

입법이유서, 대법원 판례가 없어 제17장 구성요건들의 취지, 기준은 알기 어렵다. 조문들의 내용을 종합하여, 보호법익은 아편으로 부터 공공의 건강이라고 할 수 있다. 아편에 관한 죄는 한국, 중국, 일본에서만 형법에 규정이 있다고 한다.[1)]

1) 김일수/서보학, 각론[8], 491; 이재상, 각론[10], 629.

제17장의 조항들 외에도 아편은 **마약류관리에 관한 법률** 제2조 제2호 나.에 의하여 마약으로 분류되어 있고 같은 법 제4조에 의하여 소지, 소유, 사용, 운반, 관리, 수입, 수출, 제조, 조제, 투약, 수수, 매매, 매매의 알선 또는 제공하는 행위가 금지되어 있으며 위반 행위 시 같은 법 제61조에 의하여 징역형으로 처벌된다.

Ⅱ. 조문별 구성요건

마약류관리법이 형법의 아편에 관한 죄를 대체하는 특별법으로 기능하므로 아편에 관한 죄에 대한 대법원 판결은 찾기 어렵다. 그렇지만 각종 객관식 시험에서는 의무적 몰수 등 구성요건의 내용을 묻는 문제가 종종 출제된다.

1. 제198조 [아편 등의 제조 등], 제199조 [아편 흡식기의 제조 등]

제198조는 아편, 몰핀 또는 그 화합물을 **제조, 수입, 판매**하는 행위를 처벌하는 구성요건이다. 판매행위의 전단계인 판매목적의 **소지 행위**까지를 포함하여 처벌10년 이하의 징역형으로 처벌한다.

제205조 판매 목적이 없는 소지행위가 1년 이하의 징역형인데 비해 판매 할 목적의 소지행위는 10년 이하의 징역으로 월등히 중하게 처벌된다. 제조, 수입, 판매는 확산력으로 인하여 중하게 처벌하겠다는 의도로 해석된다.

2. 제200조 [세관 공무원의 아편 등의 수입]

세관공무원은 수입불허품을 단속할 지위. 권한과 의무가 있다는 점에서 그의 의무 위반에 불법의 내용이 중하다고 보아 제17장의 조문들 중에서 법정형량을 가장 무겁게 정한 것으로 추정된다. 제200조는 신분범이다.

3. 제201조 [아편흡식 등 동 장소제공]

제1항은 아편을 흡식 즉 호흡하거나 복용하는 행위 그리고 몰핀을 주사하는 행위를 금지한다. 제2항은 아편 흡식 또는 몰핀 주사를 할 수 있는 장소를 제공하여 이익을 취득하는 행위를 처벌한다는 조항이다.

4. 미수범 처벌 등

제202조에 의하여 제198조~제201조의 미수범이 처벌된다.

제203조에 의하여 제198조~제202조의 상습범은 **각조에 정한 형의 1/2까지** 가중 처벌된다.

제204조에 의하여 제198조~제203조의 경우, 10년 이하의 자격정지 또는 2천만원 이하의 벌금을 병과할 수 있다.

제206조에 의하여 제17장의 죄에 제공한 아편, 몰핀이나 그 화합물 또는 아편 흡식기구는 몰수하고, 몰수가 불능한 때에는 그 가액을 추징한다.

5. 제205조 [아편 등의 소지]

아편, 몰핀이나 그 화합물 또는 아편흡식기구를 소지하는 행위를 1년이하의 징역형으로 처벌한다는 조문이다. 제198, 199조와의 관계에서, 소지행위는 판매할 목적이 아닌 흡입, 주사하기 위한 것으로 해석되어야 할 것이다. 소지행위는 흡입, 주사를 위한 행위이므로 이 단계부터 처벌하겠다는 취지로 보인다.2)

6. 제206조 [몰수, 추징]

제17장의 죄에 제공한 아편, 몰핀이나 그 화합물 또는 아편 흡식기구는 몰수한다. 몰수가 불가능한 때에는 그 가액을 추징한다.

---

2) 김일수/서보학, 각론[8], 499; 이재상, 각론[10], 636.

제18장 통화에 관한 죄

§27. 통화에 관한 죄

제207조(통화의 위조 등) ① 행사할 목적으로 통용하는 대한민국의 화폐, 지폐 또는 은행권을 위조 또는 변조한 자는 무기 또는 2년 이상의 징역에 처한다.
② 행사할 목적으로 내국에서 유통하는 외국의 화폐, 지폐 또는 은행권을 위조 또는 변조한 자는 1년 이상의 유기징역에 처한다.
③ 행사할 목적으로 외국에서 통용하는 외국의 화폐, 지폐 또는 은행권을 위조 또는 변조한 자는 10년 이하의 징역에 처한다.
④ 위조 또는 변조한 전3항 기재의 통화를 행사하거나 행사할 목적으로 수입 또는 수출한 자는 그 위조 또는 변조의 각 죄에 정한 형에 처한다.

Ⅰ. 보호법익

통화에 대한 공공의 신용과 거래의 안전이다.[1]

Ⅱ. 제207조 [통화위조 등]

1. 행사할 목적

'행사할 목적'이란 유가증권위조의 경우와 달리 위조·변조한 통화를 진정한 통화로서 유통에 놓겠다는 목적을 말한다. 자신의 신용력을 증명하기 위해 타인에게 보일 목적으로 통화를 위조한 경우에는 행사할 목적이 인정되지 않는다.[2]

2. 위조통화

통화위조죄와 위조통화 행사죄의 객체인 위조통화는 유통과정에서 일반인이

1) 대법원 2004. 5. 14. 선고 2003도3487 판결.
2) 대법원 2012. 3. 29. 선고 2011도7704 판결.

진정한 통화로 오인할 정도의 외관을 갖추어야 한다.3)

> [판결 86] 갑과 을은 일만원권 지폐의 앞, 뒷면을 전자복사기로 복사하고 비슷한 크기로 잘라 진정한 지폐와 유사한 형태로 만들어냈다. 지질이 진권과 유사하고 그 전후면에 옅은 푸른색계통의 색상이 많아 야간에는 일견하여 일만원권의 진권이라고 믿을 수 있었다.4)

[판결 86] 위조된 1만원 권은 복사상태가 정밀하지 못하고 진정한 통화의 색체를 갖추지 못한 흑백으로만 되어 있어 객관적으로 진정한 것으로 오인할 정도에 이르지 못했다. 실제로 행사의 상대방인 병은 야간에 택시 안에서도 이를 진정한 것으로 오인하지 않았다. 갑 등이 위조행사한 통화는 통화위조죄와 그 행사죄의 객체가 될 수 없어 갑, 을의 행위는 통화위조죄와 위조통화행사죄를 구성하지 않는다.

3. 제207조 제1항 '통용하는'

'통용하는'은 현재 지불수단으로 사용되고 있는 상태를 말한다.

'대한민국의 화폐'는 현재 지불수단으로서의 효력이 있으면 충분하다.

> [판결 04] 갑은 중국에서 을을 만나 5파운드 지폐를 스캐너 등으로 위조한 10만 파운드화 1매를 받아 다음 날 국내로 가지고 들어왔다. 이후 위 위폐의 처리방안을 알아보던 중 A를 만나 위 위폐를 유통시킬 수 있다는 말을 들은 후 중국에 있는 을에게 전화로 위폐 100매를 국내로 보내줄 것을 요구했다. 을은 중국에서 위조된 10만 파운드화 195매를 B에게 주며 한국에 가져가 갑에게 전해주라고 했다. B는 을에게 받은 위조된 파운드화 100매를 가지고 인천공항으로 입국했다.5)

[판결 04] 통화에 관한 죄와 문서에 관한 죄에 대하여 (법조경합의) 특별관계이다. 통화에 관한 죄가 성립하는 때에는 문서에 관한 죄는 별도로 성립하지 않는다.

위조된 외국의 화폐, 지폐 또는 은행권이 **강제 통용력**을 가지지 않는 경우에는 **제207조 제3항 '외국에서 통용하는** 외국의 화폐 등'에 해당하지 않는다. 그 화폐 등이 국내에서 사실상 거래 대가의 지급수단이 되고 있지 않는 경우에는 제207조 제2항'내국에서 유통하는 외국의 화폐 등'에도 해당하지 않는다. 그 화폐 등을 행사한 행위는

---

3) 대법원 2012. 3. 29. 선고 2011도7704 판결.

4) 대법원 1986. 3. 25. 선고 86도255 판결.

5) 대법원 2004. 5. 14. 선고 2003도3487 판결.

제207조 제4항 '위조통화행사죄'를 구성하지 않는다.

영국 중앙은행은 10만 파운드화 권종을 발행하거나 유통시킨 사실이 전혀 없고, 위 10만 파운드화는 1971년에 발행된 5파운드화 권종을 스캐너 등을 이용하여 위조한 것으로 영국에서 강제통용력이 없음은 물론 국내에서 유통되지도 않는 것이다. 갑의 행위는 제207조 제4항 '위조통화행사죄'에 해당하지 않는다.

그러나 위 10만 파운드화가 영국 지폐의 외관을 갖고 있다고 하더라도, 영국 중앙은행 "CHIEF CASHIER"의 의사의 표현으로 그 내용이 법률상 또는 사회생활상 의미있는 사항에 관한 증거가 될 수 있는 것이므로, 형법상 '문서 또는 도화'에 해당한다. 따라서 갑이 10만 파운드화를 행사한 행위는 위조사문서 행사죄 또는 위조사도화 행사죄이다.

[판결 04-1] 갑은 을과 공모하여, 행사할 목적으로 서울에서 미국 100만 달러 지폐 6장과 10만 달러 지폐 6장 등 660만 달러(한화 약 73억 원 상당)가 위조지폐라는 정을 알면서도 병으로부터 교부받아 취득하였다.[6)]

[판결 04-1] 100만 달러 지폐는 미국에서 발행된 적이 없이 단지 여러 종류의 관광용 기념상품으로 제조, 판매되고 있을 뿐이어서 미국에서 통용하는 지폐라 할 수 없다. 10만 달러 지폐는 1934년까지 미국에서 발행되어 은행 사이에서 유통되다가 그 이후에는 발행되지 않고 있으나 화폐수집가나 재벌들이 이를 보유하여 오고 있다. 위 10만 달러 지폐가 과연 미합중국에서 발행 당시에 강제 통용력을 부여했던 것인지, 만일 강제통용력을 부여했다면 그 이후 강제 통용력을 폐지하는 조치가 있었는지 여부에 따라 미국에서 통용하는 지폐에 해당하는지 여부가 결정된다. **제207조 제3항 '외국에서 통용한다'**고 함은 그 외국에서 **강제통용력**을 가지는 것을 의미한다. 외국에서 통용하지 않는 즉, 강제통용력이 없는 지폐는 그것이 비록 일반인의 관점에서 통용할 것이라고 오인할 가능성이 있다고 하더라도 위 제207조 제3항 '외국에서 통용하는 외국의 지폐'에 해당하지 않는다.

만일 제207조 제3항 '외국에서 통용하는 지폐'에 일반인의 관점에서 통용할 것이라고 오인할 가능성이 있는 지폐까지 포함시키면 이는 위 처벌조항을 문언상의 가능한 의미의 범위를 넘어서 유추해석 내지 확장 해석하여 적용하는 것이어서 죄형법정주의의 원칙에 어긋나는 것으로 허용되지 않는다.

[판결 02] 한국은행발행 500원짜리 주화와 일본의 500￥짜리 주화는 그 재질 및 크기가 유사하여 한국은행발행 500원짜리 주화의 표면을 깎아내어 일본국의 500￥짜리 주화의 무게와 같도록 하면 이를 일본국의 자동판매기 등에 투입하여

6) 대법원 2004. 5. 14. 선고 2003도3487 판결.

일본국의 500￥짜리 주화처럼 사용할 수 있다는 사실에 착안한 갑 등은 한국은행 발행 500원짜리 주화를 매집한 다음, 일부는 앞면의 학 문양 부분을 선반으로 깎아내고 그 나머지는 일본에서 가공하기로 하여 그 전부를 일본에 밀반출했다. 이같이 가공한 주화는 이전 주화와 비교하여, 앞면의 학 문양 일부가 깎여나가 무게가 약간 줄어들었을 뿐 그 크기와 모양, 앞면의 다른 문양 및 500원이라는 액면이 표시된 뒷면의 문양은 그대로 남아있다.7)

[판결 02] 갑 등이 500원짜리 주화의 표면 일부를 깎아내어 손상을 가했지만 그 크기와 모양 및 대부분의 문양이 그대로 남아 있어, 기존의 500원짜리 주화의 명목가치나 실질가치가 변경되었다거나, 객관적으로 보아 일반인으로 하여금 일본국의 500￥짜리 주화로 오신케 할 정도의 새로운 화폐를 만들어 낸 것이라고 볼 수 없다. 일본의 자동판매기 등이 위와 같이 가공된 주화를 일본국의 500￥짜리 주화로 오인한다는 것만으로 그 명목가치가 일본국의 500￥으로 변경되었다거나 일반인으로 하여금 일본국의 500￥짜리 주화로 오신케 할 정도에 이르렀다고 볼 수도 없어 통화변조죄는 성립하지 않는다.

4. 제207조 제2항 : 내국에서 유통하는 외국화폐의 위변조

(1) 내국에서 유통

'내국에서 유통'은 제207조 제1항, 제3항 '통용'과 달리, 강제 통용력이 없이 사실상 거래 대가의 지급수단이 되고 있는 상태를 가리킨다.8)

(2) 외국의 화폐

그 나라 법이 화폐로 인정하는 것에 한정해야 한다.9) 국내에서 사용이 금지된 화폐라고 해도 그 나라 법이 화폐임을 인정하는 한 제207조 2항의 객체가 된다.10)

대법원은 앞의 설명과 반대 입장이다.

[판결 03] "스위스 화폐의 진폐는 스위스 국내에서 1998년까지 일반 상거래를 할

7) 대법원 2002. 1. 11. 선고 2000도3950 판결.

8) 대법원 2003. 1. 10. 선고 2002도3340 판결.

9) *Rudolphi*, SK, Vor § 146 Rn 2.

10) *Rudolphi*, SK, Vor § 146 Rn 2.

수 있었고 현재 통용되지 않고 있으며 다만 스위스 은행에서 2020. 4. 30.까지 신권과의 교환이 가능하고, 국내은행에서도 신권과 마찬가지로 환전이 되고 따라서 이태원 등 일부 지역에서 외국인 특히 관광객이 이를 상품에 대한 지급수단으로 사용할 여지는 있다. 이 스위스 화폐의 진폐가 국내은행에서 환전할 수 있다 하더라도 이는 지급수단이 아니라 은행이 매도가격과 매수가격의 차액 상당의 이득을 얻기 위하여 하는 외국환매매거래의 대상으로서 상품과 유사한 것에 불과하다 할 것이므로 이를 가리켜 **국내에서 유통**되고 있다고 보기는 어렵다. 이태원 등 관광지에서 지급수단으로 사용된다 하더라도 이는 관광객과 상인 사이에 상인이 정한 일정한 환율로 계산하여 사용될 뿐 아니라 다시 타인에게 이전됨이 없이 은행에서 환전되는 것으로서 이러한 경우 역시 상인은 이 사건 스위스 화폐를 은행에서의 매수환율보다 낮은 가격에 매수하여 은행에 매도함에 따른 차익을 목적으로 이를 취득한 것으로서 지급수단이라기보다는 은행에서 환전하는 경우와 마찬가지로 외국환거래의 대상으로 봄이 상당하여, 스위스 화폐의 진폐는 **내국에서 '유통하는'** 화폐라고 볼 수 없다."[11]

이 스위스화폐의 진폐를 취득하거나 양여한 것은 관세법 제234조 제3호에서 수·출입이 금지되는 물품으로 정한 '화폐위조품'에 해당하므로 관세법위반죄이다.

5. 제207조 제3항

'외국에서 통용'은 그 외국에서 **강제 통용력**을 가지는 것을 의미한다. 외국에서 통용하지 아니하는 즉, 강제 통용력이 없는 지폐는 그것이 비록 일반인의 관점에서 통용할 것이라고 오인할 가능성이 있다고 하더라도 제207조 제3항에서 정한 '외국에서 통용하는 외국의 지폐'에 해당하지 않는다. 일반인의 관점에서 통용할 것이라고 오인할 가능성이 있는 지폐까지 포함시키는 것은 문언상의 가능한 의미의 범위를 넘는 유추 내지 확장 해석이다.[12]

[판결 04-2] 갑이 2002. 7. 중순경 취득한 미화 1달러권 지폐 500매와 미화 2달러권 지폐 400매 그리고 위 화폐 중 갑, 을이 공모하여 2002. 8. 27. 행사한 미화 1달러권 지폐 400매와 미화 2달러권 지폐 400매는 모두 1995년 미국에서 진정하게 발행된 통화이다. 병이 이것을 화폐수집가들이 골드라고 부르며 수집하는 희귀화폐인 것처럼 만들기 위하여 발행연도 1995를 1928로 빨간색으로 고치고, 발행번호와 미국 재무부를 상징하는 문양 및 재무부장관의 사인 부분을 지운 후 빨간색으로 다시 가공했다.[13]

---

11) 대법원 2003. 1. 10. 선고 2002도3340 판결.

12) 대법원 2004. 5. 14. 선고 2003도3487 판결.

[판결 04-2] 병이 한 정도의 가공행위만으로는 기존 통화의 명목가치나 실질가치가 변경되었다거나 객관적으로 보아 일반인으로 하여금 기존 통화와 다른 진정한 화폐로 오신하게 할 정도의 새로운 물건을 만들어 낸 것으로 보기는 어렵다. 같은 취지에서 갑에 대한 변조 외국통화 취득, 갑과 을에 대한 변조외국통화행사(**제207조 제4항**)는 인정되지 않는다.

6. 위조통화와 사기죄

통화위조죄에 관한 규정은 공공의 거래상의 신용 및 안전을 보호하는 공공적인 법익을 보호함을 목적으로 하고 있고 사기죄는 개인의 재산법익에 대한 죄이어서 양죄의 보호법익은 다르다. 위조통화를 행사하여 재물을 불법영득한 때에는 위조통화행사죄와 사기죄의 양죄가 성립한다.[14)]

7. 예비, 음모와 자수에 관한 규정

제213조에 의하여 통화에 관한 죄 중 제207조 제1~3항에 한하여 예비, 음모가 처벌된다. 실행의 착수 이전 자수하면 필수적으로 형이 감면된다.

> 제213조(예비, 음모) 제207조제1항 내지 제3항의 죄를 범할 목적으로 예비 또는 음모한 자는 5년 이하의 징역에 처한다. 단, 그 목적한 죄의 실행에 이르기 전에 자수한 때에는 그 형을 감경 또는 면제한다.

---

13) 대법원 2004. 3. 26. 선고 2003도5640 판결.

14) 대법원 1979. 7. 10. 선고 79도840 판결.

제 19 장 유가증권, 우표와 인지에 관한 죄

§28. 유가증권 위·변조죄

제214조(유가증권의 위조 등) ① 행사할 목적으로 대한민국 또는 외국의 공채증서 기타 유가증권을 위조 또는 변조한 자는 10년 이하의 징역에 처한다.
② 행사할 목적으로 유가증권의 권리의무에 관한 기재를 위조 또는 변조한 자도 전항의 형과 같다.
제215조(자격모용에 의한 유가증권의 작성) 행사할 목적으로 타인의 자격을 모용하여 유가증권을 작성하거나 유가증권의 권리 또는 의무에 관한 사항을 기재한 자는 10년 이하의 징역에 처한다.

Ⅰ. 보호법익

1. 판례

판례는 유가증권 위조·변조죄의 처벌목적(결국 보호법익의 의미)을 유가증권의 유통질서 보호라는 견해이다.[1)]

2. 독일입법의 취지

독일형법의 입법취지는 "경제적 거래와 유통에서 유가증권은 화폐와 유사한 외관과 기능으로 만들어 지며 대규모로 존재·유통되는 것으로 특별한 신뢰의 대상이므로 특별한 보호가 필요하다"는 것이다.[2)]

1) 대법원 2010. 12. 9. 선고 2010도12553 판결.
2) 같은 내용의 설명은 BTDr 7/229, 550 참조.

Ⅱ. 제214조 [유가증권 위·변조죄]

[판결 01] 병 부부는 수차 갑에게 돈을 대여하면서 대여금채권 총액이 늘어나게 되자 평소 갑뿐만 아니라 역시 가까운 사이인 갑의 남편 을이 확실한 직장을 갖고 있고 적지 않은 급여를 받고 있는 것을 알고 있었으므로, 갑에게 "을에게도 채무를 알리고 대여금에 대한 변제담보조로 남편명의로 약속어음을 발행하여 달라"고 요구했다. 이에 갑은 을 몰래 을의 목도장을 새겨 1993. 8. 25., 같은 해 9월 15일, 1994. 4. 6. 세 차례 병으로부터 돈을 빌리면서 을 명의로 약속어음 3장을 작성하여 그 정을 모르는 병에게 대여금에 대한 변제담보조로 교부했다. 이 약속어음 3장은 인쇄된 어음 용지에 약속어음의 필요적 기재사항인 발행인, 수취인, 액면 금액, 발행지, 지급지, 지급장소, 발행일, 지급기일이 모두 기재되어 있고 발행인 기명 앞에 을의 인장도 날인되어 있다. 갑이 약속어음을 을 몰래 작성한 것이라는 사정을 병이 알았을 것이라고 인정할 증거는 없다.[3)]

1. 유가증권

(1) 개념

제214조의 유가증권이란 증권 상에 표시된 재산상의 권리의 행사와 처분에 그 증권의 점유를 필요로 하는 것을 총칭하는 것이다. **재산권이 증권에 화체된다는** 것과 그 **권리의 행사와 처분에 증권의 점유를 필요로 한다**는 두 가지 요소를 갖추면 족하지 반드시 유통성을 가질 필요는 없다.[4)]

(2) 공채증서, 유가증권의 종류

공채증서는 국채와 지방채를 포함하며 외국의 공채증서 역시 제214, 217조의 대상에 포함된다.

유가증권의 종류는 법률상의 유가증권과 사실상의 유가증권으로 나누어 볼 수 있다. 법률상의 유가증권으로는 어음, 수표, 화물상환증, 선하증권, 창고증권과 같이 법률로 그 형식이 정해진 증권을 말한다. 사실상의 유가증권은 승차권, 상품권과 같이 법률로 그 형식이 특정되어 있지 않으나 재산적인 권리가 증권

---

3) 대법원 2001. 8. 24. 선고 2001도2832 판결.
4) 대법원 2001. 8. 24. 선고 2001도2832 판결.

상에 표시된 증권을 말한다.

〔공중전화카드〕

공중전화카드는 문자로 기재된 부분과 자기기록 부분이 일체로써 공중전화 서비스를 제공받을 수 있는 재산상의 권리를 화체하고 있고, 이를 카드식 공중전화기의 카드 투입구에 투입함으로써 그 권리를 행사하는 것으로 볼 수 있으므로, 공중전화카드는 제214조 '유가증권'이다.[5)]

〔회원용 리프트 탑승권〕

회원용 리프트탑승권은 그 소지인이 스키장에서 기재된 일시에 리프트를 탑승할 수 있는 권리가 화체된 증권으로서 그 권리의 행사와 처분에 증권의 점유를 필요로 하는 유가증권이다. 판매하는데 사용할 목적으로 발매할 권한 없이 그곳에 설치된 발매기를 임의 조작함으로써 리프트탑승권을 부정 발급하여 취득한 행위는 권리가 화체된 문서인 리프트탑승권 그 자체를 절취하는 행위가 아니라 권한 없이 발매기를 조작함으로써 리프트탑승권을 위조하는 행위에 해당한다.[6)]

〔정기예탁금 증서〕

정기예탁금증서가 예탁금반환채권의 유통이나 행사를 목적으로 작성된 것이 아니고 신용협동조합이 증서 소지인에게 변제하여 그 책임을 면할 목적으로 발행된 이른바 '면책증권'에 불과하여 정기예탁금 증서의 점유가 예탁금반환채권을 행사함에 있어 그 조건이 된다고 볼 수 없는 것이라면 위 증권 상에 표시된 권리가 증권에 화체되었다고 볼 수 없어 제216조, 제217조 '유가증권'에 해당하지 않는다.[7)]

(3) 외관, 형식

제214조 '유가증권'은 일반인이 진정한 것으로 오신할 정도의 형식과 외관을 갖추어야 한다. 증권이 문방구 약속어음 용지를 이용하여 작성되었다고 하더라도 그 전체적인 형식·내용에 비추어 일반인이 진정한 것으로 오신할 정도의

---

5) 대법원 1998. 2. 27. 선고 97도2483 판결.
6) 대법원 1998. 11. 24. 선고 98도2967 판결.
7) 대법원 1984. 11. 27. 선고 84도2147 판결.

약속어음 요건을 갖추고 있으면 형법상 유가증권에 해당한다.[8)]

[판결 01] 병이 진정한 것으로 오신할 정도의 약속어음 요건을 갖추고 있으므로 당연히 형법상 유가증권에 해당하므로 갑의 행위는 유가증권위조 및 위조유가증권행사죄에 해당한다.

정해진 형식이 있는 유가증권은 그 형식에 따른 것이어야 하고 특별한 지질과 활자나 인쇄형식이 진정한 것으로 믿을 만한 외형을 갖추어야 한다.[9)] 위조된 유가증권은 통상 진정한 것이라고 믿을만한 외관을 갖추어서, 진짜라는 인상과 확신을 주어야 하고, 그렇지 못한 것은 경우에 따라 문서 위·변조가 성립할 수 있다. 문서위조와 별도로 유가증권위조죄를 특별히 처벌하는 것은 그 외형이 유가증권의 진정을 담보하기 때문이다. 유가증권위조죄는 문서위조죄의 특별한 경우이다.

(4) 발행인

약속어음과 같이 유통성을 가진 유가증권의 위조는 일반거래의 신용을 해하게 될 위험성이 매우 크다는 점에서 적어도 행사할 목적으로 외형상 일반인으로 하여금 진정하게 작성된 유가증권이라고 오신케 할 수 있을 정도로 작성된 것이라면 그 발행명의인이 가령 실재하지 않은 사자 또는 허무인이라 하더라도 그 위조죄가 성립된다.

사자 명의로 된 약속어음을 작성함에 있어 사망자의 처로부터 사망자의 인장을 교부받아 생존 당시 작성한 것처럼 약속어음의 발행 일자를 그 명의자의 생존 중의 일자로 소급하여 작성한 때에는 발행명의인의 승낙이 있었다고 볼 수 없다.[10)]

[판결 11] 갑은 사망한 을의 처 병으로부터 을의 인장을 교부 받아 을이 생존하고 있을 때 작성한 것처럼 발행 일자를 소급 작성했다.[11)]

[판결 11] 발행명의인 을의 승낙이 없는 이상 병이 이를 승낙 또는 동의하였다고

8) 대법원 2001. 8. 24. 선고 2001도2832 판결.

9) *Rudolphi*, SK, § 151 Rn 7/8.

10) 대법원 2011. 7. 14. 선고 2010도1025 판결.

11) 대법원 2011. 7. 14. 선고 2010도1025 판결.

해도, 갑은 유가증권위조와 동행사죄이다.12)

2. 위조와 변조

(1) 위조

(가) 명의 위조

제214조 '위조'는 문서죄에서와 같이, 타인의 명의를 자기 것인 양하여 유가증권을 만들어 내는 행위가 위조행위의 전형이다. 위조한 유가증권의 진품인 유가증권이 실존하지 않아도 유가증권 위조죄는 인정된다.13)

약속어음의 액면금액을 권한 없이 변경하는 것은 유가증권변조에 해당할 뿐 유가증권위조는 아니므로, 위조 약속어음의 액면금액을 권한 없이 변경하는 행위는 당초의 위조와는 별개의 새로운 유가증권위조가 아니다.14)

(나) 백지인 위조 약속어음

액면 란이 백지인 위조 약속어음의 액면 란에 권한 없이 금액을 기입하여 그 위조어음을 완성하는 행위는 당초의 위조행위와는 별개의 유가증권위조죄를 구성한다.15)

(2) 변조

'변조'란 **진정으로 성립**된 유가증권의 내용에 권한 없는 자가 그 유가증권의 동일성을 해하지 않는 한도에서 변경을 가하는 것이다.16)

[판결 84] 갑은 1980. 12. 9. 명동 L양화점에서 행사할 목적으로 친구인 A은행 본점 직원 을로부터 을이 가입한 A은행소비조합이 발급한 L(주)제품 대금 30,000원짜리 구두 2족을 구입할 수 있는 유가증권인 신용카드 1매를 차용함을 기화로 자신이 마치 을 본인인 것으로 가장하고 양화점 종업원 병에게 진정하게 성립한 신용카드인 것처럼 제시하여 병으로 하여금 동 신용카드 1매상의 금액란에 "30,000"

---

12) 대법원 2011. 7. 14. 선고 2010도1025 판결.
13) BGHSt 30, 71 참조.
14) 대법원 2006. 1. 26. 선고 2005도4764 판결.
15) 대법원 1982. 6. 22. 선고 82도677 판결.
16) 대법원 2012. 9. 27. 선고 2010도15206 판결.

원으로 되어 있는 것을 볼펜으로 지우고 그 위에 "47,200+39,000원"으로 고쳐 쓰게 하여 동 신용카드의 금액이 "47,200+39,000원"인 것처럼 신용카드 1매를 변조하고, 86,000원 상당의 구두를 구입했다.17)

[판결 84] 이 사건 신용카드는 한국외환은행 소비조합이 그 소속 조합원에게 그의 직번 (일종의 구좌번호), 구입상품명 등을 기재하여 교부하고 조합원은 이를 사용할 때 연월일, 금액 등을 기입, 제시하여 엘칸토 양화점(위 소비조합과 할부판매약정을 한 상점)에서 상품을 신용구입하고 그 양화점을 통하여 위 은행 소비조합에 이를 제출시켜 3개월마다 정산하여 조합원으로부터 수금하는 방식을 취하는 경우로서 이는 위 카드에 의해서만 신용구매의 권리를 행사할 수 있는 점에 있어서 재산권이 증권에 화체되었다고 볼 수 있으니 유가증권이다. 유가증권의 변조죄에 있어서 변조는 진정으로 성립된 유가증권의 내용에 권한 없는 자가 그 유가증권의 동일성을 해하지 않는 한도에서 변경을 가하는 것을 말한다. 설사 진실에 합치하도록 변경한 것이라 하더라도 권한 없이 변경한 경우에는 변조이고 정을 모르는 제3자를 통하여 간접정범의 형태로도 범할 수 있다.18)

타인에 의하여 **위조된** 약속어음의 기재사항을 권한 없이 변경하였다고 하더라도 유가증권 변조죄는 성립하지 않는다.19)

변조된 부분은 진정하게 성립된 부분이 아니다. 따라서 유가증권의 내용 중 권한 없는 자에 의하여 이미 변조된 부분을 다시 권한 없이 변경하였다고 하더라도 유가증권 변조죄는 성립하지 않는다.20)

어음발행인이라 하더라도 어음상에 권리의무를 가진 자가 있는 경우에는 이러한 자의 동의를 받지 아니하고 어음의 기재 내용에 변경을 가하였다면 이는 유가증권의 권리의무에 관한 기재를 변조한 것에 해당한다.21)

약속어음의 발행인으로부터 어음금액이 백지인 **약속어음의 할인을 위임받은 자**가 위임 범위 내에서 어음금액을 기재한 후 어음할인을 받으려고 하다가 그 목적을 이루지 못하자 유통되지 아니한 당해 약속어음을 원상태대로 발행인에게 반환하기 위하여 어음금액의 기재를 삭제하는 것은 그 권한 범위 내에 속한

---

17) 대법원 1984. 11. 27. 선고 84도1862 판결.
18) 대법원 1984. 11. 27. 선고 84도1862 판결.
19) 대법원 2006. 1. 26. 선고 2005도4764 판결.
20) 대법원 2012. 9. 27. 선고 2010도15206 판결.
21) 대법원 2003. 1. 10. 선고 2001도6553 판결.

다고 할 것이므로, 이를 유가증권변조라고 볼 수 없다.22)

약속어음의 정당한 소지인이 약속어음의 제3배서란과 제4배서란 사이에 보전지를 결합시키고 그 보전지의 배서란에 자신의 성명과 배서일자를 기재하고 날인한 것은 타인의 명의를 모용하여 한 것이 아님은 물론, 타인명의의 유가증권의 기재내용에 변경을 가한 것도 아님이 명백하므로, 형법 제214조 제2항 소정의 유가증권위조, 변조죄에 해당하지 않는다.23)

Ⅲ. 제215조 [자격모용에 의한 유가증권의 작성]

> 제215조(자격모용에 의한 유가증권의 작성) 행사할 목적으로 타인의 자격을 모용하여 유가증권을 작성하거나 유가증권의 권리 또는 의무에 관한 사항을 기재한 자는 10년 이하의 징역에 처한다.

1. 주식회사의 대표이사 자격, 직함

주식회사의 대표이사가 그 대표 자격을 표시하는 방식으로 작성한 문서에 표현된 의사 또는 관념이 귀속되는 주체는 대표이사 개인이 아닌 주식회사이므로 그 문서의 명의자는 주식회사라고 보아야 한다. 따라서 위와 같은 문서 작성행위가 위조에 해당하는지는 그 작성자가 주식회사 명의의 문서를 적법하게 작성할 권한이 있는지에 따라 판단해야 하고, 문서에 대표이사로 표시되어 있는 사람으로부터 그 문서 작성에 관한 위임 또는 승낙을 받았는지에 따라 판단할 것은 아니다.

원래 주식회사의 적법한 대표이사는 회사의 영업에 관하여 재판상 또는 재판외의 모든 행위를 할 권한이 있으므로, 대표이사가 직접 주식회사 명의의 문서를 작성하는 행위는 자격모용사문서작성 또는 위조에 해당하지 않는 것이 원칙이다. 이는 그 문서의 내용이 진실에 반하는 허위이거나 대표권을 남용하여 자기 또는 제3자의 이익을 도모할 목적으로 작성된 경우에도 마찬가지이다.

이 법리는 주식회사의 대표이사가 대표 자격을 표시하는 방식으로 약속어음 등 유가증권을 작성하는 경우에도 마찬가지로 적용된다.24)

---

22) 대법원 2006. 1. 13. 선고 2005도6267 판결.

23) 대법원 1989. 12. 8. 선고 88도753 판결.

24) 이상의 설명은 대법원 2015. 11. 27. 선고 2014도17894 판결에 의함.

[판결 15] 갑은 2012. 7. 2. A주식회사의 공동대표이사로 새로 선임한 을의 제안에 따라, 당시 그 양도대금 중 잔금 이행 문제로 △과 분쟁 중이던 A 주식회사에 대한 채권 확보를 위해 A 주식회사 공동대표이사 병의 법인 인감과 인감증명서를 직원 ㅁ을 통해 을에게 전달하여 A 주식회사 명의의 약속어음을 발행하고 공증을 받기로 하였다. 이에 따라 을은 2012. 7. 2. 약속어음 용지의 수취인란에 "B주식회사", 금액란에 "일백억 원정", 발행일란에 "2012. 7. 2.", 발행인 성명란에 "A 주식회사 대표이사 공소외 병" 등으로 기재하고 병 이름 옆에 A 주식회사의 법인인감을 날인하였다. 이로써 갑은 을과 공모하여 행사할 목적으로 유가증권인 A 주식회사 대표이사 병 명의로 된 약속어음 1장을 만들었다. 이어서 을은 2012. 7. 16. 공증인가법인인 ◎ 법무법인에서 그 위조 사실을 모르는 변호사에게 공증을 받기 위하여 위와 같이 위조한 약속어음을 마치 진정하게 발행된 것처럼 제시하였다. 이로써 갑은 을과 공모하여 위조한 유가증권을 행사했다.25)

[판결 15] 을은 병과 함께 A 주식회사의 각자 대표이사이므로 특별한 사정이 없는 한 단독 대표이사와 같이 A 주식회사의 영업에 관하여 재판상 또는 재판 외의 모든 행위를 단독으로 할 권한이 있다. 따라서 을이 A 주식회사의 영업에 관하여 A 주식회사 명의의 이 사건 약속어음을 작성한 것은 그의 적법한 권한에 따른 것이다. 병이 A 주식회사를 대표하여 이 사건 약속어음을 발행한 것처럼 기재한 점에 허위가 있다고 하더라도 유가증권위조죄가 성립하지 않고, 이를 전제로 한 위조유가증권행사죄 역시 성립하지 않는다. 그리고 을은 병으로부터 이 사건 약속어음의 작성에 관하여 위임 또는 승낙을 받은 자의 지위가 아니라 A 주식회사의 각자 대표이사 지위에서 이 사건 약속어음을 작성한 것이므로, 병으로부터 개별적·구체적 위임이나 승낙은 물론 포괄적 위임이나 승낙 없이도 이 사건 약속어음을 단독으로 적법하게 작성할 수 있다. 병으로부터 개별적·구체적 위임이나 승낙을 받지 않았다고 하여 이 사건 약속어음 작성이 유가증권위조죄에 해당한다고 볼 수 없다.26)

[판결 91] 갑은 1985. 11. 26.부터 A 주식회사의 대표이사로 재직하다가 1987. 4. 29.경 A 회사의 대표이사가 을로 변경되었음에도 불구하고 이전부터 사용하여 오던 갑명의로 된 위 회사 대표이사의 명판을 이용하여 여전히 갑을 위 회사의 대표이사로 표시하여 약속어음을 발행 행사했다.27)

[판결 91] 약속어음을 작성, 행사함에 있어 회사의 대표이사가 을로 변경됨으로써

25) 대법원 2015. 11. 27. 선고 2014도17894 판결.
26) 대법원 2015. 11. 27. 선고 2014도17894 판결.
27) 대법원 1991. 2. 26. 선고 90도577 판결.

대표이사로서 직무집행의 권한이 없게 된 갑이 후임 대표이사의 을의 승낙을 얻었다거나, 위 회사의 실질적인 대표이사로서의 권한을 행사하고 있고 은행과의 당좌계약을 변경하는 데에 시일이 걸려 잠정적으로 전임 대표이사인 그의 명판을 사용한 것이라 하더라도 이는 합법적인 대표이사로서의 권한 행사라 할 수 없어 자격모용유가증권작성 및 동행사죄에 해당한다.

[판결 74] 갑이 약속어음을 발행함에 있어 발행인의 주소란에 "안동택시" 발행인란에 "갑"이라고 기재하고 이름 밑에 "주식회사 안동택시 대표이사 갑"이라는 인장을 압날하여 동 어음을 을에게 교부했다.28)

[판결 74] 안동택시의 대표이사의 자격을 모용하여 유가증권인 약속어음을 작성행사하였다고 할 수 없다.

[판결 87] 대표이사 직무집행정지가처분결정은 대표이사의 직무집행만을 정지시킬 뿐 대표이사의 자격까지 박탈하는 것은 아니나 가처분결정이 송달되어 일절의 직무집행이 정지된다. 직무집행의 권한이 없게 된 대표이사가 그 권한 밖의 일인 대표이사 명의의 유가증권을 작성 행사하는 행위가 회사업무의 중단을 막기 위한 긴급한 인수인계 행위라 하더라도 합법적인 권한행사라 할 수 없으므로 이는 자격모용유가증권작성 및 동 행사죄에 해당한다.29)

Ⅳ. 제216조 [허위유가증권작성

제216조(허위유가증권의 작성 등)행사할 목적으로 허위의 유가증권을 작성하거나 유가증권에 허위사항을 기재한 자는 7년 이하의 징역 또는 3천만원 이하의 벌금에 처한다.
제217조(위조유가증권 등의 행사 등)위조, 변조, 작성 또는 허위기재한 전3조 기재의 유가증권을 행사하거나 행사할 목적으로 수입 또는 수출한 자는 10년 이하의 징역에 처한다.

1. 유가증권과 복사본

허위작성유가증권행사죄 또는 위조유가증권행사죄에 있어서의 유가증권이라

28) 대법원 1974. 11. 26. 선고 74도1708 판결.
29) 대법원 1987. 8. 18. 선고 87도145 판결.

함은 허위작성 또는 위조된 유가증권의 원본을 말하며, 전자복사기 등을 사용하여 기계적으로 복사한 사본은 이에 해당하지 않는다.30) 이에 따라 복사된 위조유가증권을 은행에 증빙자료로 제출한 행위는 위조 유가증권 행사죄에 해당하지 않는다.31)

[판결 10] 갑은 을이 갑으로부터 1,500만 원을 차용하는 것처럼 가장하기로 공모한 후, 갑이 위조된 100만 원 권 자기앞수표 14장 외에 10만 원 권 수표 10장이 들어 있는 봉투를 전달자 병을 통해 을과 그 위조사실을 모르는 정이 함께 있는 자리에서 을에게 교부했고 을은 그 자리에서 자신의 연인 정을 보증인으로 하는 차용증을 작성하여 병에게 주었다. 이때 을은 봉투에서 10만 원 권 수표 10장을 꺼내어 정에게 보여 주었으나 위조된 100만 원권 자기앞수표는 봉투에서 꺼내거나 정에게 보여 주지 않았다. 을은 정의 부모에게 정이 보증인임을 내세워 돈을 뜯어 낼 계획이었다.32)

[판결 10] 정이나 을이 위조된 자기앞수표를 병에게 제시하는 등으로 이를 인식하게 했다고 할 수 없어 정이나 을이 위조된 자기앞수표가 들어 있는 봉투를 병의 면전에서 주고받은 행위를 이 사건 위조된 자기앞수표를 행사한 것은 아니어서 정이나 을이 자기앞수표를 교부한 것이 이를 행사한 경우에 해당하지 않는다.33)

제216조 전단의 허위유가증권작성죄는 작성권한 있는 자가 자기 명의로 기본적 증권행위를 함에 있어서 유가증권의 효력에 영향을 미칠 기재사항에 관하여 진실에 반하는 내용을 기재하는 경우에 성립한다. 자기앞수표의 발행인이 수표의뢰인으로부터 수표자금을 입금 받지 않았는데도 채 자기앞수표를 발행하더라도 그 수표의 효력에는 아무런 영향이 없으므로 허위유가증권 작성죄가 성립하지 않는다.34)

V. 제217조 [위조 유가증권 등의 행사 등]

제217조(위조유가증권 등의 행사 등) 위조, 변조, 작성 또는 허위기재한 전3조 기재의 유가증권을 행사하거나 행사할 목적으로 수입 또는 수출한 자는 10년 이하의 징역에 처한다.

30) 대법원 2007. 2. 8. 선고 2006도8480 판결.
31) 대법원 2010. 5. 13. 선고 2008도10678 판결.
32) 대법원 2010. 12. 9. 선고 2010도12553 판결.
33) 대법원 2010. 12. 9. 선고 2010도12553 판결.
34) 대법원 2005. 10. 27. 선고 2005도4528 판결.

1. 보호법익

유가증권의 유통질서.[35)]

2. 판결

> [판결 10] 갑, 을은 을이 갑으로부터 1,500만 원을 차용하는 것처럼 가장하기로 공모한 다음, 갑이 위조된 100만 원권 자기앞수표 14장 외에 10만 원권 수표 10장이 들어 있는 봉투를 병을 통해 을과 그 위조사실을 모르는 정이 함께 있는 자리에서 을에게 교부하자, 을은 그 자리에서 자신의 연인 정을 보증인으로 하는 차용증을 작성하여 갑에게 주었다. 이때 을은 봉투에서 10만 원권 수표 10장을 꺼내어 정에게 보여 주었으나 위조된 100만 원권 자기앞수표는 봉투에서 꺼내거나 정에게 보여 주지 않았다.[36)]

[판결 10] 교부자가 진정 또는 진실한 유가증권인 것처럼 위조유가증권을 행사했을 때뿐만 아니라 위조유가증권임을 알고 있는 자에게 교부하였더라도 피교부자가 이를 유통시킬 것임을 인식하고 교부했다면, 그 교부행위 그 자체가 유가증권의 유통질서를 해할 우려가 있어 처벌의 이유와 필요성이 충분히 있다고 할 것이므로 위조유가증권행사죄가 성립한다.

위조유가증권의 교부자와 피교부자가 서로 유가증권위조를 공모하였거나 위조유가증권을 타에 행사하여 그 이익을 나누어 가질 것을 공모한 공범의 관계에 있다면, 그들 사이의 위조유가증권 교부행위는 그들 이외의 자에게 행사함으로써 범죄를 실현하기 위한 전단계의 행위에 불과한 것으로서 위조유가증권은 아직 범인들의 수중에 있다고 볼 것이지 행사되었다고 볼 수는 없다.

갑이나 을이 위조된 자기앞수표를 정에게 제시하는 등으로 이를 인식하게 했다고 할 수 없어 이들이 위 봉투를 정의 면전에서 주고받은 행위를 위조된 자기앞수표를 행사한 경우에 해당한다고 볼 수 없고, 따라서 갑이나 을에게 위 수표를 교부한 것이 이를 행사한 경우에 해당한다고 볼 수도 없다.

> [판결 98] 갑은 그가 위조한 O 명의의 유가증권(갑은 피해자 O 및 △로부터 그 전에 미리 서명날인만을 받아놓은 백지 약속어음에 발행일 '93. 4. 15.', 금액

35) 대법원 2010. 12. 9. 선고 2010도12553 판결.
36) 대법원 2010. 12. 9. 선고 2010도12553 판결.

'일십팔억원정, 1,800,000,000', 수취인 '갑, 을'이라고 함부로 기재하였다)인 약속어음 1매를 갑이 O를 상대로 제기한 약속어음금청구사건에서 그 청구를 대여금청구로 변경하면서 그 소변경신청서에 이를 첨부 제출했다.[37)]

[판결 98] 갑이 위조약속어음 원본을 법원에 제출했다고 인정할 증거가 없고, 위조유가증권행사죄에 있어서 '유가증권'은 위조된 유가증권의 원본을 말하는 것이지 전자복사기 등을 사용하여 기계적으로 복사한 사본은 이에 해당하지 않는다. 갑의 행위는 **위조유가증권행사**가 아니다.

§ 29. 인지·우표의 위조 등

제218조(인지·우표의 위조 등) ① 행사할 목적으로 대한민국 또는 외국의 인지, 우표 기타 우편요금을 표시하는 증표를 위조 또는 변조한 자는 10년 이하의 징역에 처한다.
② 위조 또는 변조된 대한민국 또는 외국의 인지, 우표 기타 우편요금을 표시하는 증표를 행사하거나 행사할 목적으로 수입 또는 수출한 자도 제1항의 형과 같다.
제219조(위조인지·우표 등의 취득) 행사할 목적으로 위조 또는 변조한 대한민국 또는 외국의 인지, 우표 기타 우편요금을 표시하는 증표를 취득한 자는 3년 이하의 징역 또는 1천만원 이하의 벌금에 처한다.
제220조(자격정지 또는 벌금의 병과) 제214조 내지 제219조의 죄를 범하여 징역에 처하는 경우에는 10년 이하의 자격정지 또는 2천만원 이하의 벌금을 병과할 수 있다.
제221조(소인말소) 행사할 목적으로 대한민국 또는 외국의 인지, 우표 기타 우편요금을 표시하는 증표의 소인 기타 사용의 표지를 말소한 자는 1년이하의 징역 또는 300만원이하의 벌금에 처한다.
제222조(인지·우표유사물의 제조 등) ① 판매할 목적으로 대한민국 또는 외국의 공채증서, 인지, 우표 기타 우편요금을 표시하는 증표와 유사한 물건을 제조, 수입 또는 수출한 자는 2년 이하의 징역 또는 500만원 이하의 벌금에 처한다.
② 전항의 물건을 판매한 자도 전항의 형과 같다.

'인지'란 수입인지에 관한 법률이나 인지세법에 따라 일정한 수수료 또는 인지세를 납부하는 방법으로 사용하기 위한 증표이다. 발행권자와 액수가 표시되어 있다. '기타 우편요금을 표시하는 증표'는 우편법 제20조에 의하여 우편요금으로 납부할 수 있는 증표이다.

---

37) 대법원 1998. 2. 13. 선고 97도2922 판결.

[판결 89] 갑, 을 등은 각 우표상인들로서 갑이 A부터 이 사건 위조우표를 매수하여 을, 병의 순으로 각 그 중 일부씩을 전매함에 있어서 이 사건 우표가 위조우표라는 정을 알면서 액면가의 10 내지 20배의 가격으로 서로 사고팔았지만, 이 사건 위조우표의 정도가 일반인이 육안으로 진품과 구별하기 어려울 정도로 인쇄되어 있어서 갑 등으로부터 전매한 사람이 다른 사람에게 진정한 우표로 팔 수도 있다는 점을 인식하면서 각 피교부자들에게 위 우표를 판매했다.[38]

[판결 89] 위조우표취득죄 및 위조우표행사죄에 관한 형법 제219조 및 제218조 제2항에 규정된 "행사할 목적" 또는 "행사하거나"에 있어서의 "행사"라 함은 위조된 대한민국 또는 외국의 우표를 진정한 우표로서 사용하는 것을 말한다.

반드시 우편요금의 납부용으로 사용하는 것에 한정되지 아니하고 우표수집의 대상으로서 매매하는 경우도 이에 해당된다. 또한 위조우표행사죄에 규정된 "행사할 목적"에는 위조된 우표를 그 정을 알고 있는 자에게 교부하더라도 교부받은 사람이 그 우표를 진정하게 발행된 우표로서 사용할 것이라는 정을 인식하면서 이를 교부하는 경우도 해당된다. 갑 등의 행위는 **위조우표취득죄** 및 **위조우표행사죄**이다.

제223조(미수범) 제214조 내지 제219조와 전조의 미수범은 처벌한다.
제224조(예비, 음모) 제214조, 제215조와 제218조제1항의 죄를 범할 목적으로 예비 또는 음모한 자는 2년 이하의 징역에 처한다.

---

38) 대법원 1989. 4. 11. 선고 88도1105 판결.

제20장 문서에 관한 죄

§ 30. 개념, 용어

Ⅰ. 보호법익

문서위조 또는 변조 및 동행사죄의 보호법익은 문서 자체의 가치가 아니고 문서에 대한 공공의 신용[1] 즉, 법적 거래·유통에 대한 신용과 안전이다. 하나의 물체로서의 문서는 '법익의 객체'이지 '법익' 그 자체는 아니다.[2]

사람의 의사표시가 종이 또는 이에 상응하는 물체에 형체화된 것을 문서라고 정의하면, 문서에 자기 의사를 표시한 자는 그 문서의 발행인이다. 판례와 문헌에는 발행인 대신 흔히 명의인이라는 낱말이 사용되고 있다.

발행인은 문서에 표시된 내용이 자신의 의사임을 시각적·객관적으로 확인하기 때문에 사회적 유통·거래에서 문서는 구술보다 확실한 증명수단이다. 따라서 제225조 이하의 구성요건들은 이 증명수단인 문서를 위조 또는 변조 그리고 부당 사용하는 행위를 금지하는 것이다.

문서화된 의사표시내용의 진실성은 제227조 허위공문서 작성 등의 죄, 제233조 허위진단서 등의 작성죄를 예외로 보면 원칙적으로 문서죄 구성요건들의 보호법익이 아니다.

Ⅱ. 개념, 용어

1. 문서 또는 도화

(1) 판례

---

1) 대법원 2012. 2. 23. 선고 2011도14441 판결; 1993. 7. 27. 선고 93도1435 판결.

2) 「법익」의 개념과 「법익의 객체」와의 구별에 관하여는 한정환, 미수행위의 불법, 성시탁 교수 화갑기념논문집, 440쪽 이하; 한정환, 형법총론 제1권, 33쪽.

(가) 증거

2013년 12. 12 판결: 문서에 관한 죄의 객체인 '문서 또는 도화'는 (i) **문자나 이에 준하는 부호**를 사용하여 (ii) 물체 위에 표현한 어떤 사람의 의사 또는 관념이고, (iii) 그 내용이 **법률상 또는 사회생활상 의미 있는 사항에 관한 증거**가 될 수 있는 것을 말한다.3)

2010년 7. 29 판결: (i) 문자나 문자에 준하는 가독적 부호 또는 상형적 부호로써 (ii) 어느 정도 계속적으로 물체 위에 고착된 어떤 사람의 의사 또는 관념의 표현이어야 하고, (iii) 법률상 또는 사회생활상 의미 있는 사항에 관한 증거가 될 수 있는 내용이어야 한다.4)

(나) 작성 명의인(발행자)의 서명, 날인

문서 또는 도화에 작성명의인의 날인 등이 없다고 하여도 그 명의자의 문서 등이라고 믿을 만한 형식과 외관을 갖춘 경우에는 그 죄의 객체가 될 수 있다.5)

> [판결 10] 갑은 '길림연초공업유한책임공사'가 제조하는 '장백산' 담배의 정품 담뱃갑에 표시된 'CHANGBAISHAN' 'JILIN TOBACCO INDUSTRY CO. LTD.' 등의 문자 및 成文의 문양 등과 같은 모양의 도안이 표시된 담뱃갑 및 '북경시연초질량감독검측참'이 제조하는 '중남해' 담배의 정품 담뱃갑에 표시된 '중남해', 'BEIJING CIGARETTE FACTORY' 등의 문자 및 홀로그램 문양 등과 같은 모양의 도안이 표시된 담뱃갑에 들어 있는 중국산 담배를 밀수입했다.6)

[판결 10] 갑이 밀수입한 중국산 담배가 들어 있던 각 담뱃갑은 그 안에 있는 담배가 '길림연초공업유한책임공사'가 제조하는 '장백산' 담배 또는 '북경시연초질량감독검측참'이 제조하는 '중남해' 담배라는 사실을 증명하는 것으로서 각 사문서 등 위조의 대상이 되는 도화이다.7)

(다) 사본

문서위조 또는 변조의 객체가 되는 문서는 반드시 원본에 한한다고 보아야

3) 대법원 2013. 12. 12. 선고 2012도2249 판결.
4) 대법원 2010. 7. 29. 선고 2010도2705 판결; 대법원 2010. 7. 15. 선고 2010도6068 판결; 1995. 9. 5. 선고 95도1269 판결.
5) 대법원 2010. 7. 29. 선고 2010도2705 판결.
6) 대법원 2010. 7. 29. 선고 2010도2705 판결.
7) 대법원 2010. 7. 29. 선고 2010도2705 판결.

할 근거는 없고 문서의 사본이라도 원본과 동일한 의식내용을 보유하고 증명수단으로서 원본과 같은 사회적 기능과 신용을 가지는 것으로 인정된다면 이를 위 문서의 개념에 포함시키는 것이 상당하다. 나아가 광의의 문서의 개념에 포함되는 도화의 경우에 있어서도 마찬가지이다.[8)]

형법 **제237조의 2**에 따라 전자복사기, 모사전송기 기타 이와 유사한 기기를 사용하여 복사한 문서의 사본도 문서원본과 동일한 의미를 가지는 문서로서 이를 다시 복사한 문서의 **재사본**도 문서위조죄 및 동 행사죄의 객체인 문서에 해당한다. 진정한 문서의 사본을 전자복사기를 이용하여 복사하면서 일부 조작을 가하여 그 사본 내용과 전혀 다르게 만드는 행위는 공공의 신용을 해할 우려가 있는 별개의 문서사본을 창출하는 행위로서 문서위조 행위에 해당한다.[9)]

[판결 04] 갑은 을의 주민등록증을 이용하여 주민등록증상 이름과 사진을 하얀 종이로 가린 후 복사기로 복사를 하고, 다시 컴퓨터를 이용하여 위조하고자 하는 당사자의 인적사항과 주소, 발급일자를 기재한 후 덮어쓰기를 하여 이를 다시 복사하는 방식으로 전혀 별개의 주민등록증사본을 만들었다.[10)]

[판결 04] 갑의 행위는 공문서위조 및 행사죄에 해당한다.

(라) 전자기록

전산처리를 통하여 만들어진 자료나 서류들이 문서인가에 관하여는 논란이 있다. 전산처리에 의한 자료 혹은 서류가 인간의 생각을 표현하는 것으로 특정한 인간의 행위를 통하여 기획되고 산출된 것임이 종국적으로 증명되고 발행인이 특정되어 있으면 문서로 인정해야 한다. 한국형법은 사전자기록에 관한 **제232조의 2** 등을 통해 입법적으로 이 문제를 해결했다.

(마) 모니터 화면의 이미지

컴퓨터 모니터 화면에 나타나는 이미지는 이미지 파일을 보기 위한 프로그램을 실행할 경우에 그때마다 전자적 반응을 일으켜 화면에 나타나는 것에 지나지 않아서 계속적으로 화면에 고정된 것으로는 볼 수 없으므로, 형법상 문서

8) 대법원 1993. 7. 27. 선고 93도1435 판결.
9) 대법원 2004. 10. 28. 선고 2004도5183 판결.
10) 대법원 2004. 10. 28. 선고 2004도5183 판결.

에 관한 죄에 있어서의 문서에는 해당되지 않는다.

(바) 영수증, 통지서

문서는 사람의 동일성을 표시하기 위하여 사용되는 일정한 상형인 인장이나, 사람의 인격상의 동일성 이외의 사항에 대해서 그 동일성을 증명하기 위한 부호인 기호와는 구분된다. 이른바 **'생략문서'**도 그것이 사람 등의 동일성을 나타내는 데 그치지 않고 그 이외의 사항도 증명, 표시하는 한 인장이나 기호가 아니라 문서로서 취급해야 한다.11)

구청 세무계장 명의의 소인을 세금 영수필 통지서에 날인하는 의미는 은행 등 수납기관으로부터 그 수납기관에 세금이 정상적으로 입금되었다는 취지의 영수필 통지서가 송부되어 와서 이에 기하여 수납부 정리까지 마쳤으므로 이제 그 영수필 통지서는 보관하면 된다는 점을 확인함에 있는데, 소인이 가지는 의미가 위와 같은 것이라면 이는 하나의 문서로 보아야 한다.12)

(2) 독일문헌

형법상 문서는 "사람의 생각·의사가 형태화된 것으로, 그 내용이 법적 거래에서 어떤 것을 증명하기 위한 것이고 또 증명하기에 적합한 것으로 발행자를 분명히 알 수 있는 것"이라고 정의되고 있다.

독일문헌의 정의와 판례의 정의는 표현방법이 다를 뿐 내용은 같다. 즉, 문서는 사람의 생각과 의사를 표현·설명하는 것이다. 문서에 관한 죄에서 '문서'는 반드시 (가) 지속·고착화기능 (나) 증명기능 (다) 보장기능이 인정되어야 한다.

(가) 고착화·지속기능 ; 「계속기능」

문서는 눈으로 확인되는 (시각을 통해 관찰되는) 물체·대상이어야 한다. 문서에는 인간의 의사를 설명·표현이 형체를 가진 물건에 고착되어야 하므로 일정한 지속성이 있어야 한다.

[국립대학 졸업증명서 파일] 국립대학 교무처장 명의의 **졸업증명서 파일**은 그 파일을 보기 위해 일정한 프로그램을 실행하여 모니터 등에 이미지 영상을 나타나게 해야 하므로, 파일 그 자체는 문서 죄에 있어서의 '문서'에 해당되지 않는다.13)

---

11) 대법원 1995. 9. 5. 선고 95도1269 판결.

12) 대법원 1995. 9. 5. 선고 95도1269 판결.

[공인중개사자격증 파일] 컴퓨터 스캔 작업을 통하여 만들어낸 공인중개사 자격증의 이미지 파일은 전자기록으로서 전자기록 장치에 전자적 형태로서 **고정되어 계속성이 있다고 볼 수는 있으나,** 그러한 형태는 그 자체로서 시각적 방법에 의해 이해할 수 있는 것이 아니어서 문서에 관한 죄에 있어서의 '문서'가 아니다.[14)]

(나) 증명기능

법적으로 필요하고 의미 있는 사실을 증명하는 것이어야 한다. 상황과 성격에 따라 사실증명을 위한 객체, 예를 들어 족적, 지문, 혈흔 등은 비록 시각을 통해 확인되는 물체들이기는 하나 인간의 생각과 의사의 표현이 아니라는 점에서 형법에서의 문서와는 구별된다.

반면, 세금 영수필 통지서에 날인된 **구청 세무계장 명의의 소인**은 은행 등 수납기관으로부터 세금이 그곳에 정상적으로 입금되었다는 영수필 통지서가 송부되어 와서 이에 기하여 수납부 정리까지 마쳐져 이제 그 영수필 통지서를 보관하면 된다는 점을 확인한다는 의미이므로, 소인은 인장이 아닌 문서라는 것이 판례의 입장이다.[15)]

(다) 보장기능

문서는 누구의 의사표시인지가 분명해야 한다. 즉 발행한 자가 누구이며 어떤 사안에 관한 의사표시·설명인지가 나타나 있어야 한다.

> [판결 05] 갑은 중국 현지에서 교부받은 임상경력증명서의 양식에 응시생의 이름과 생년월일 및 학습기간 등을 기재한 다음 의원 상급자(원장) 및 한의원 이름을 생각나는 대로 임의로 기재하고 당해 한의원 명의의 직인을 임의로 새겨 날인함으로써 각 임상경력증명서를 만들었다.[16)]

[판결 05] 발행인의 권한 내에서 작성된 문서라고 믿게 할 수 있는 정도의 형식과 외관을 갖추고 있으면 문서위조죄가 성립하고, 위의 요건을 구비한 이상 그 명의인이 실재하지 않는 허무인이거나 또는 문서의 작성일자 전에 이미 사망하였다고 하더라도 그러한 문서 역시 공공의 신용을 해할 위험성이 있으므로 문서위조죄가 성립한다. 이는 공문서뿐만 아니라 사문서의 경우에도 마찬가지이다.

---

13) 대법원 2010. 7. 15. 선고 2010도6068 판결.

14) 대법원 2008. 4. 10. 선고 2008도1013 판결.

15) 대법원 1995. 9. 5. 선고 95도1269 판결.

16) 대법원 2005. 2. 24. 선고 2002도18 전원합의체 판결.

갑이 지어낸 임상경력증명서의 명의인인 한의원이 실재하지 않는다고 하더라도, 위 각 임상경력증명서들은 일반인으로 하여금 당해 명의인의 권한 내에서 작성된 문서라고 믿게 할 수 있는 정도의 형식과 외관을 갖추고 있다고 보기에 충분하므로 갑의 행위는 문서위조죄와 동 행사죄에 해당한다.

이와 달리, 타인 명의의 문서를 위조하여 행사하였다고 하더라도 그 명의인이 실재하지 않는 허무인이거나 또는 문서의 작성일자 전에 이미 사망한 경우에는 사문서위조죄 및 동행사죄가 성립하지 않는다고 판시한 대법원 1997. 7. 25. 선고 97도605 판결, 1994. 9. 30. 선고 94도1787 판결 등은 이를 모두 변경한다.[17)]

[판결 11] 갑은 2010. 2. 24. 15:00경 인천 만수2동 주민센터 내에서 소유권이전등기에 사용할 사망한 부 을의 인감증명서를 발급받기 위해 을로부터 그의 인감증명서를 발급받을 수 있는 권한을 위임받은 것처럼 인감증명 위임장 또는 법정대리인 동의서에 을의 이름 주민등록번호, 주소를 기재하고, 을의 성명 옆에 을의 도장을 날인하여 을의 권리의무에 관한 사문서인 인감증명 위임장 또는 법정대리인 동의서 1매를 작성하여 그 정을 모르는 담당직원에게 제출하여 인감증명서를 발급받았다.[18)]

[판결 11] 갑이 부동산의 매매에 관한 포괄적인 권한을 갖게 된 것은 을의 2010. 2. 4.자 위임 내지 대리권 수여에 기한 것인데, 을이 2010. 2. 11. 사망함으로써 포괄적인 명의사용의 근거가 되는 이 사건 부동산 매매에 관한 위임관계 내지 포괄적인 대리관계는 종료된 것으로 보아야 하므로 특별한 사정이 없는 한 갑이 더 이상 위임받은 사무의 처리와 관련하여 을의 명의를 사용하는 것이 허용된다고 볼 수 없다. 따라서 갑의 행위는 사문서위조와 동 행사죄에 해당한다.[19)]

2. 문서죄 구성요건의 체계, 구조

우리 형법에서 문서죄의 기본구성요건은 제231조의 [사문서위조죄]이고, 제225조의 [공문서위조죄]는 보호의 객체의 중요성에 따른 가중구성요건이라고 보는 것이 다수 견해로 보인다. 이 견해에 의하면 우리형법에서 문서죄 구성요건은 중복된 규정이다.

17) 대법원 2005. 2. 24. 선고 2002도18.
18) 대법원 2011. 9. 29. 선고 2011도6223 판결.
19) 대법원 2011. 9. 29. 선고 2011도6223 판결.

3. 용어

(1) 공문서

공문서는 「공무소 또는 공무원이 직무와 관련하여 작성한 문서」이다.[20] 제225조 등 조문에 「공무원」, 「공무소」의 개념과 범위가 규정되어 있지 않으므로 공문서가 인정되는 범위는 불분명하다.

형법 또는 기타 특별법에 의하여 공무원 등으로 의제되는 경우를 제외하고는 계약 등에 의하여 공무와 관련되는 업무를 일부 대행하는 경우가 있다고 하더라도 공무원 또는 공무소가 될 수 없다.[21]

[판례 16] 국토해양부장관에게서 '구 화물자동차 운수사업법 제3조 제3항 단서에 따른 허가사항 변경신고'에 관한 업무를 위탁받은 화물자동차운송사업협회의 임원과 직원이 화물자동차법령에 따라 국토해양부장관으로부터 '화물자동차법 제3조 제3항 단서에 따른 허가사항 변경신고'에 관한 업무를 위탁받았더라도 형법 제225조의 공문서위조죄나 형법 제227조의 허위공문서작성죄의 주체인 공무원이 될 수 없고, 그 공무원이 아닌 협회 이사장이 작성한 대폐차수리통보서는 사문서이다.[22]

[판례 16-1] 선박안전법 제60조 제1항에 따라 해양수산부장관의 선박검사업무 등을 대행하여 선박검사증서를 발급한 선박안전기술공단 공단 임직원은 공문서의 작성 주체인 공무원이 아니다.[23]

(2) 사문서

제231조에 의하면 사문서는 「사인 명의로 작성된 권리의무와 사실증명에 관한 문서」이다. 이 정의는 부정확하고 불필요한 것이다. 형법에서 문서란 법적 관계를 증명하는데 적합하고 또 이를 위하여 발행된 것에 제한되므로, 권리의무와 사실증명에 관한 것이어야 함은 당연하다.

따라서 개인과 개인이 주고받은 편지, 문학작품, 개인의 메모 단순한 인식의

20) 대법원 2016. 3. 24. 선고 2015도15842 판결.
21) 대법원 2016. 3. 24. 선고 2015도15842 판결; 2016. 1. 14. 선고 2015도9133 판결.
22) 대법원 2016. 3. 24. 선고 2015도15842 판결.
23) 대법원 2016. 1. 14. 선고 2015도9133 판결.

표지(예를 들어 강의실 표시번호라든가 방주인의 표기)등은 이른바 '우연문서'가 성립하지 않는 한 원칙적으로 형법규범을 해석하고 적용하는 것과 관련하여 문서가 아니다.

(3) 발행과 작성

문헌에서 '발행'이라는 낱말은 쓰이지 않고 '작성'만 쓰이고 있다. 그러나 문서의 작성과 발행은 구별되어야 한다.

(가) 발행

문서의 '발행'은 문서에 자신이 의사표시를 하는 사람이라는 것을 표기하는 것을 의미한다. 문서의 발행은 모든 문서죄의 시작 출발점이다. 문서죄에서 발행인이 과연 문서에 기재된 의사표시를 스스로 했는가의 여부가 문서의 위조, 변조를 결정하는 가장 본질적 문제이다.

(나) 작성

문서의 '작성'은 발행명의인 또는 제3자가 문서에 내용을 표기하는 것을 말한다. 문서의 발행에서 발행인이 자신의 의사를 문서에 자신의 손으로 스스로 기입 했는가 또는 기입된 사실, 내용이 진실인가는 공문서에서 허위공문서 작성죄, 사문서에서는 의사, 변호사, 세무사 등이 작성한 업무관련 문서를 제외하면 문제 되지 않는다.

발행과 작성의 구별을 통하여 얻는 실익은 위조는 발행인 아닌 자가 발행인의 이름으로 문서를 발행하는 경우이므로, 유형위조와 무형위조라는 불필요한 개념들을 배제할 수 있다는 것이다. 권한 없이 타인명의로 문서를 발행하는 것은 항상 문서위조가 되므로, 명의인에 의한 사문서의 발행은 어떤 경우에도 문서위조에 해당되지 않는다는 것이 명백해 진다.

(4) 위조와 변조

위조는 타인의 명의로 문서를 발행하는 행위이다. 즉 자신이 문서에 표기된 발행인이 아니면서 발행인인 것처럼 하여 문서를 발행하는 것이다.

(사)**문서변조**죄는 권한 없는 자가 이미 진정하게 성립된 타인 명의의 문서내용에 대하여 **동일성을 해하지 않을 정도로 변경**을 가하여 새로운 증명력을 만들어 냄으로써 공공적 신용을 해할 위험성이 있을 때 성립한다는 것이 판례의

설명이다.[24] 판례에서 **'내용의 동일성'**이 무엇을 지칭·의미하는지는 불명확하다. 계약서에 계약당사자의 이름을 바꾼다든지 계약기간을 변경하는 것이 계약서라는 이름 자체를 변화시키지 않았다는 점에서 계약의 동일성을 변경하지 않았다고 볼 수 있을지 모르지만, 계약당사자가 아닌 사람이 자기가 당사자인 것처럼 계약서의 내용을 작성한 이상 문서의 위조에 해당한다.

또한 판례에 의하면, 사문서의 위·변조죄는 타인 명의를 모용하여 문서를 작성하는 것을 말하므로 사문서를 작성·수정함에 있어 그 명의자의 명시적이거나 묵시적인 승낙이 있었다면 사문서의 위·변조죄에 해당하지 않고, 행위 당시 명의자의 현실적인 승낙은 없었지만 행위 당시의 모든 객관적 사정을 종합하여 명의자가 행위 당시 그 사실을 알았다면 당연히 승낙했을 것이라고 추정되는 경우 역시 사문서의 위·변조죄가 성립하지 않는다.[25]

독일문헌의 설명을 참고하면, **변조**는 진정으로 발행된 문서의 의사표시내용에 대하여 사후에 부당한 변경을 가하는 것이다. 변조를 통하여 마치 발행인이 변경된 내용의 의사표시를 한 것 같은 외관이 성립해야 한다.[26] 변조가 발행인이 아닌 자에 의한 **문서의 내용변경**을 의미한다면, 내용의 동질성이 변하지 않지만 새로운 증명력을 만든다는 점에서 위조와 구별된다는 것이다.

타인이 발행인으로 되어 있는 문서를 발행인이 아닌 제3자가 그 발행인의 명의는 그대로 둔 채 내용을 자기가 원하는 대로 변경하는 것은 문서에 나타난 생각과 설명의 주체를 바꾼 것이고 허위의 문서를 만들어 낸 것과 같은 결과이므로 위조에 해당한다.

(5) 형식주의와 실질주의, 유형위조와 무형위조

(가) 형식주의, 실질주의

문헌에 "형식주의란 문서에 관한 죄의 보호대상을 문서 성립의 진정이라고 해석하는 견해이고, 실질주의는 문서에 표시된 내용의 진실을 보호하는 것"이며 제233조 허위공문서 작성죄가 처벌된다는 점에서 형법은 형식주의를 원칙으로 하고 예외적으로 실질주의를 인정하고 있다고 주장된다.[27]

---

24) 대법원 2015. 11. 26. 선고 2014도781 판결.

25) 대법원 2015. 11. 26. 선고 2014도781 판결; 2011. 9. 29. 선고 2010도14587 판결.

26) BGH MDR/D 75, 23; SS/*Cramer*, § 267 Rn 64.

27) 유기천, 형법각론 (하), 134쪽; 이재상 등, 각론, 573쪽.

이 주장이 틀린 것은 아닐지라도, 굳이 이렇게 구별할 필요는 없다.

(나) 유형위조, 무형위조

문헌에 유형위조는 권한 없이 타인의 문서를 작성하는 것, 무형위조는 위조자가 작성권한은 있으나 진실에 반하는 내용의 문서를 작성하는 것이라는 설명이 있다.[28] 이 주장에 의하면, 유형위조는 실제 문서발행자와 문서에 표시된 형식상의 발행자가 일치하지 않는 경우라는 것이므로, 위조를 달리 표현한 것에 불과하다. 이 견해에서 정의된 무형위조는 문서위조가 아니다.[29]

"형법은 무형위조를 작성이라고 한다"면[30] 유형위조와 무형위조를 구별할 이유와 실익이 전혀 없다. 발행인이 소유·보관하고 있는 자기가 발행한 문서의 내용을 변경하는 것은 무형위조가 아니고 정상적, 합법적인 문서의 발행이다.

허위사실을 내용으로 하는 문서발행 행위가 예외적으로 처벌되는 허위공문서작성죄와 허위진단서작성죄는 문서 위·변조죄와 취지, 보호법익이 다른 범죄형태이다. 제227조 허위공문서작성죄는 제7장 공무원의 직무관련죄에 편제되어야 옳다. 제223조 허위진단서작성죄는 공익을 대변하는 사문서이므로 공문서에 준해서 처벌하는 것이라는 견해는[31] 수긍할 수 있다.

§31. 공문서 등의 위조·변조

Ⅰ. 제225조 [공문서 등의 위조·변조]

제225조(공문서등의 위조·변조) 행사할 목적으로 공무원 또는 공무소의 문서 또는 도화를 위조 또는 변조한 자는 10년 이하의 징역에 처한다.

[판결 17] 공군 △전투비행단장과 ㄱ 주식회사는 'ㄱ 회사는 전투비행단에 전자유도 전동카트시스템을 기부 채납하되, 전투비행단이 ㄱ 회사에 지불하는 원금

28) 김일수/서보학, 각론, 565쪽; 이재상 등, 각론, 583쪽.

29) 유형위조가 불어 faux matèrie 무형위조는 faux moral의 번역이면 [유기천, 각론 (하), 136] 이 번역은 옳지 않다.

30) 이재상 등, 각론, 583쪽.

31) 유기천, 각론 (하), 137쪽.

상환액의 총액이 시설투자비 1,008,000,000원에 금융비용을 포함한 액수에 이를 때까지 ㄱ 회사가 체력단련장을 사용·수익한다'는 내용의 합의서를 작성했다. 체력단련장 시설의 관리사장 갑은 체력단련장 사무실에서 합의서 내용 중 시설투자비 '1,008,000,000원'을 '1,127,000,000원'으로 임의로 변경한 수정합의서를 작성한 다음, 전투비행단장의 결재를 받지 않았는데도 결재를 받은 것처럼 단장 명의 직인 담당자를 기망하여 이 사건 수정합의서에 날인하도록 하여 이를 ㄱ 회사 대표 ㄴ에게 진정하게 작성된 문서인 것처럼 교부하였다.[32)]

[판결 17] 보조 직무에 종사하는 공무원이 허위공문서를 기안하여 허위임을 모르는 작성권자의 결재를 받아 공문서를 완성한 때에는 허위공문서작성죄의 간접정범이 될 것이지만, 이러한 결재를 거치지 않고 임의로 작성권자의 직인 등을 부정 사용함으로써 공문서를 완성한 때에는 공문서위조죄가 성립한다. 이는 공문서의 작성권한 없는 사람이 허위공문서를 기안하여 작성권자의 결재를 받지 않고 공문서를 완성한 경우에도 마찬가지이다.

작성권자의 직인 등을 보관하는 담당자는 일반적으로 작성권자의 결재가 있는 때에 한하여 보관 중인 직인 등을 날인할 수 있을 뿐이다. 이러한 경우 다른 공무원 등이 작성권자의 결재를 받지 않고 직인 등을 보관하는 담당자를 기망하여 작성권자의 직인을 날인하도록 하여 공문서를 완성한 때에도 공문서위조죄가 성립한다.

갑이 허위의 내용이 기재된 수정합의서를 기안하여 작성권자인 전투비행단장의 결재를 받지 않고 이를 모르는 단장 명의 직인 담당자로부터 단장의 직인을 날인받아 수정합의서를 완성한 행위는 제225조에서 정한 공문서위조죄에 해당하고, 이러한 문서를 행사한 행위는 형법 제229조에서 정한 위조공문서행사죄에 해당한다.

[판결 12] 갑은 위조한 전문건설업등록증, 공장등록(신청)증명서 등의 컴퓨터 이미지 파일을 공사 수주에 사용하기 위하여 발주자 을 또는 ▽기술서비스의 담당직원 병에게 이메일로 송부했다. 을 또는 병은 갑으로부터 이메일로 송부 받은 컴퓨터 이미지 파일을 프린터로 출력할 당시 그 이미지 파일이 위조된 것임을 몰랐고 갑에게 받은 파일을 출력하여 사용했다.[33)]

[판결 12] 공문서위조죄는 공문서의 작성권한 없는 자가 공무소, 공무원의 명의를 이용하여 문서를 작성하는 것이다.[34)] 위조문서 행사죄에 있어서 '행사'는 위조된 문서

32) 대법원 2017. 5. 17. 선고 2016도13912 판결.
33) 대법원 2012. 2. 23. 선고 2011도14441 판결.
34) 대법원 2008. 1. 17. 선고 2007도6987 판결.

를 진정한 것으로 사용함으로써 문서에 대한 공공의 신용을 해칠 우려가 있는 행위를 말하므로 그 행사의 상대방에는 아무런 제한이 없다. 그러나 문서가 위조된 것임을 이미 알고 있는 공범자 등에게 행사하는 경우에는 위조문서 행사죄가 성립할 수 없다.

간접정범을 통한 위조문서행사범행에 있어 도구로 이용된 자라고 하더라고 문서가 위조된 것임을 알지 못하는 자에게 행사한 경우에는 위조문서 행사죄가 성립한다.[35)]
[판결 2] 갑이 간접정범으로서 도구인 을과 병을 통해 위조된 공문서를 행사한 것으로 제229조 위조·변조공문서행사죄에 해당한다.

> [판결 10] 갑은 국립대학교 교무처장 명의의 '졸업증명서 파일'을 위조했다.[36)]

[판결 10] 형법상 문서에 관한 죄에 있어서 문서라 함은, 문자 또는 이에 대신할 수 있는 가독적 부호로 계속적으로 물체상에 기재된 의사 또는 관념의 표시인 원본 또는 이와 사회적 기능, 신용성 등을 동일시할 수 있는 기계적 방법에 의한 복사본으로서 그 내용이 법률상, 사회생활상 주요 사항에 관한 증거로 될 수 있는 것을 말한다.

컴퓨터 모니터 화면에 나타나는 이미지는 이미지 파일을 보기 위한 프로그램을 실행할 경우에 그때마다 전자적 반응을 일으켜 화면에 나타나는 것에 지나지 않아서 계속적으로 화면에 고정된 것으로는 볼 수 없으므로, 형법상 문서에 관한 죄에 있어서의 문서에는 해당되지 않는다.

이 사건 졸업증명서 파일은 그 파일을 보기 위하여 일정한 프로그램을 실행하여 모니터 등에 이미지 영상을 나타나게 하여야 하므로, 파일 그 자체는 형법상 문서에 관한 죄에 있어서의 문서에 해당되지 않는다.

> [판결 09] 이혼 당사자인 갑, 을은 가정법원의 서기관이 이혼의사확인서등본을 작성한 뒤 이혼신고서를 확인서등본 뒤에 첨부하여 그 직인을 간인하여 교부해 주었는데 간인으로 연결된 이혼신고서를 떼어내고 원래 이혼신고서의 내용과는 다른 이혼신고서를 작성하여 이혼의사확인서등본과 함께 호적관서에 제출했다.[37)]

[판결 09] 가정법원의 이혼신고서를 확인서등본 뒤에 첨부하여 그 직인을 간인하였다고 하더라도 이혼신고서가 공문서인 이혼의사확인서등본의 일부가 된 것은 아니다. 따라서 갑, 을은 공문서인 이혼의사확인서등본을 변조하였다거나 변조된 이혼의사확인서등본을 행사한 것이 아니다.

35) 대법원 2012. 2. 23. 선고 2011도14441 판결.
36) 대법원 2010. 7. 15. 선고 2010도6068 판결.
37) 대법원 2009. 1. 30. 선고 2006도7777 판결.

> [판결 08] 갑은 컴퓨터 스캔작업을 통해 공인중개사 자격증의 이미지 파일을 만들어 냈다.38)

[판결 08] 공인중개사 자격증의 이미지 파일은 전자기록으로서 전자기록 장치에 전자적 형태로서 고정되어 계속성이 있다고 볼 수는 있으나, 그러한 형태는 그 자체로서 시각적 방법에 의해 이해할 수 있는 것이 아니어서 이를 형법상 문서에 관한 죄에 있어서의 '문서'로 보기 어렵다.

> [판결 07] 갑녀는 자신의 집에서 사귀고 있던 을남에게 나이와 성명을 속이는 용도로 행사할 목적으로 권한 없이, 컴퓨터로 '미애', '701226'을 작성하여 출력한 다음, 주민등록증 성명란 '길자'라는 글자 위에 위와 같이 출력한 '미애'라는 글자를, 주민등록번호란 '640209'라는 글자 위에 위와 같이 출력한 '701226'이라는 글자를 각 오려붙인 다음, 이를 컴퓨터 스캔 장치를 이용하여 스캔함으로써 이미지 파일을 생성하는 방법으로 복사하여 컴퓨터 모니터로 출력함으로써 화면에 이미지가 나타나도록 하는 방법으로 공문서인 강남구청장 발행의 주민등록증 1장을 위조했다. 위조한 주민등록증 이미지가 저장되어 있는 파일을 을에게 보내는 이메일에 마치 진정하게 성립한 것처럼 첨부, 전송하여 그 무렵 그 정을 모르는 을로 하여금 첨부파일을 열람하도록 함으로써 을이 사용하는 컴퓨터 모니터에 위조한 주민등록증의 이미지가 나타나도록 했다.39)

[판결 07] 컴퓨터 모니터 화면에 나타나는 이미지는 이미지 파일을 보기 위한 프로그램을 실행할 경우에 그때마다 전자적 반응을 일으켜 화면에 나타나는 것에 지나지 않아서 계속적으로 화면에 고정된 것으로는 볼 수 없으므로, 형법상 문서에 관한 죄에 있어서의 '문서'에는 해당되지 않는다.

> [판결 07-1] 시장명의의 종량제쓰레기봉투는 먼저 필름을 만들고 동판을 만든 후 제조된다. 갑은 쓰레기봉투를 만들어 진정한 것으로 판매할 목적으로 필름을 제조하다 검거되었다.40)

[판결 07-1] 부천시장 명의의 **공문서인 쓰레기봉투**를 위조하는 범행의 실행의 착수에 이르지 않은 준비단계로 보아야 한다. 쓰레기봉투에 인쇄할 부천시장 명의의 문

38) 대법원 2008. 4. 10. 선고 2008도1013 판결.

39) 대법원 2007. 11. 29. 선고 2007도7480 판결.

40) 대법원 2007. 2. 23. 선고 2005도7430 판결.

안이 필름에 그대로 복사되어 있다고 하더라도, 필름은 오로지 쓰레기봉투 비닐에 부천시장 명의의 문안을 인쇄하기 위한 작업에 필요한 동판 제작을 위한 공정에 투입할 용도에서 일시적으로 제작되는 물건일 뿐이어서, 갑에게 필름을 진정한 공문서로 행사할 범의가 있었다고 볼 수 없다.

[판결 05] 지하수 개발업자 갑은 을 소유 임야 30,000평에서 온천수가 나올 것으로 알고, 위 임야에 온천개발을 하는 데 필요한 공사비는 갑이 전액 부담하고 온천수가 나오면 임야의 절반을 을이 갖기로 하는 계약을 체결했다. 같은 날 공증인합동사무소에서 합의내용 제1조에 '갑은 시공에 필요한 비용의 전액을 부담한다. 온천구 시공 전에 필요한 환경영향평가 등 준비비용 일체와 온천구 허가 취득비용 및 예상치 못했던 일체의 비용을 전액 부담한다.'라고 기재한 온천수개발합의서를 작성하여 인증서를 각 교부받았다. 갑은 병에게 도급을 주어 온천수 개발공사를 완료하였으나 온천수가 나오지 않아 병에게 공사비도 지급하지 못하게 되자, 인증합의서를 변조하여 을을 상대로 공사대금으로 5천만원을 청구하는 소송을 제기하여 공사비 및 기타 투자비용을 사취하기로 작정하고 행사할 목적으로, 권한 없이 인증합의서의 "온천구 허가 취득비용 및 예상치 못했던 일체의 비용을 전액 부담한다." 부분 중 '예상치 못했던 일체의 비용을' 부분을 인증합의서의 다른 부분에서 '시공', '와', '필요한', '일체의' '비용은', '을이'라는 글자를 복사하여 오려 붙이고 '온천구 허가 취득비용' 부분의 '온천구' 다음에 '시공'이라고 적어 넣고, '허가' 다음에 '권'이라고 적어 '온천구 시공 허가권 취득 비용 및 시공 외 필요한 일체의 비용은 을이 전액 부담한다.'라는 내용으로 고쳐 소장을 법원에 접수했다. 그러나 갑이 제기한 소는 소취하 간주되었다.41)

[판결 05] 사서증서 인증서 중 인증기재 부분은 공문서에 해당한다. 그러나 인증이 있었다고 하여 사서증서의 기재 내용이 공문서인 인증기재 부분의 내용을 구성하는 것은 아니므로, 갑이 사서증서의 기재 내용을 일부 변조한 행위는 공문서 변조죄가 아닌 사문서 변조죄이다.

[판결 04] 갑 등이 공모하여 A의 승낙 없이, 서울 서초구 서초 제2동장이 A에게 발행한 이 사건 인감증명서 2통의 사용용도 란에 기재된 토지사용승인용(70㎡)의 '70'을 지운 후 '135'로 기재하여 성남시 분당구청 공무원에게 일괄 제출하여 사용했다42)

---

41) 대법원 2005. 3. 24. 선고 2003도2144 판결.

42) 대법원 2004. 8. 20. 선고 2004도2767 판결.

[판결 04] 인감증명법 제12조 제1항, 동법시행령 등 인감증명의 신청과 인감증명서의 발급에 관한 법령의 규정에 의하면, 인감의 증명을 신청함에 있어서 그 용도가 부동산매도용 이외의 경우에는 신청 당시 사용용도 란을 기재해야 하는 것은 아니고, 필요한 경우에 신청인이 직접 기재하여 사용하도록 되어 있다. 사용용도에 따른 인감증명서의 유효기간에 관한 종전의 규정도 삭제되어 유효기간의 차이도 없으므로 인감증명서의 사용용도 란의 기재는 증명청인 동장이 작성한 증명문구에 의하여 증명되는 부분과는 아무런 관계가 없다. 따라서 권한 없는 자가 임의로 인감증명서의 사용용도 란의 기재를 고쳐 썼다고 하더라도 공무원 또는 공무소의 문서 내용에 대하여 변경을 가하여 새로운 증명력을 작출한 경우라고 볼 수 없으므로 공문서 변조죄나 이를 전제로 하는 변조공문서행사죄가 성립되지는 않는다.

[판결 04-1] 갑은 타인의 주민등록증을 이용하여 주민등록증상 이름과 사진을 하얀 종이로 가린 후 복사기로 복사를 하고, 다시 컴퓨터를 이용하여 위조하고자 하는 당사자의 인적사항과 주소, 발급일자를 기재한 후 덮어쓰기를 하여 이를 다시 복사하는 방식으로 전혀 별개의 주민등록증사본을 만들었다.[43)]

[판결 04-1] 제237조의2에 따라 전자복사기, 모사전송기 기타 이와 유사한 기기를 사용하여 복사한 문서의 사본도 문서원본과 동일한 의미를 가지는 문서로서 이를 다시 복사한 문서의 재사본도 문서위조죄 및 동 행사죄의 객체인 문서에 해당한다. 진정한 문서의 사본을 전자복사기를 이용하여 복사하면서 일부 조작을 가하여 그 사본 내용과 전혀 다르게 만드는 행위는 공공의 신용을 해할 우려가 있는 별개의 문서사본을 창출하는 행위로서 문서위조 행위에 해당한다. 갑의 행위는 공문서 위조죄에 해당한다.

Ⅱ. 제226조 [자격모용 공문서 작성]

제226조(자격모용에 의한 공문서등의 작성) 행사할 목적으로 공무원 또는 공무소의 자격을 모용하여 문서 또는 도화를 작성한 자는 10년 이하의 징역에 처한다.

[판결 08] 식당의 주·부식 구입 업무를 담당하는 공무원 갑은 **주·부식구입요구서**의 과장결재란에 권한 없이 자신의 서명을 했다. 또한 갑은 공무소의 주·부식 구입·검수 업무 등을 담당하는 조리장·영양사 등의 명의를 위조하여 검수결과보고서를 작성했다.[44)]

43) 대법원 2004. 10. 28. 선고 2004도5183 판결.

[판결 08] 공문서의 작성권한 없는 자가 공무원의 자격을 모용하여 공문서를 작성하는 경우에는 자격모용공문서작성죄가 성립한다. 갑이 공문서인 주·부식구입요구서의 과장결재란에 자신의 서명을 한 것은 갑이 과장의 자격을 모용하여 자신의 이름으로 공문서를 작성한 것이므로 자격모용공문서작성죄가 성립하지만 공문서위조죄는 성립하지 않는다.

행위주체가 공무원과 공무소가 아닌 경우에는 형법 또는 기타 특별법에 의하여 공무원 등으로 의제되는 경우를 제외하고는 계약 등에 의하여 공무와 관련되는 업무를 일부 대행하는 경우가 있다 하더라도 공무원 또는 공무소가 될 수는 없다.

검수결과보고서 중 담당자 경사 을 1 명을 제외한 종사자 후생계 조리장 및 영양사는 그 신분이 공무원이거나 공무원으로 의제되는 자에 해당한다고 단정할 수 없으므로 일반인으로 하여금 공무원 또는 공무소의 권한 내에서 작성된 문서라고 믿을 수 있는 형식과 외관을 구비한 문서라고 보기 어렵다. 갑이 위 종사자들의 서명을 임의로 기재했다고 해도 공문서위조죄는 성립하지 않는다.

> [판결 93] 갑이 부동산매매계약서와 영수증을 작성함에 있어 매도인 란 또는 영수인란에 "국방부 합참자료실장 이사관 갑"이라는 이름을 기재하고 그 옆에 자신의 도장을 압날한 다음 그 상단에 '국방부장관'이라는 고무인을 압날했다.[45)]

[판결 93] 갑은 마치 자신이 국방부장관으로부터 적법한 문서작성권한을 부여받아 그 문서를 작성할 자격이 있는 것처럼 이를 모용하여 위 부동산매매계약서와 영수증을 작성하고 이를 행사했다.

> [판결 93] 갑은 부산시 제2구청장으로 전보된 후에 제1구청장의 권한에 속하는 이 사건 건축허가에 관한 기안용지의 결재란에 서명했다.[46)]

[판결 93] 이 사건 당시 제1구의 전결규정에 의하면 이 사건 건물에 대한 건축허가는 구청장의 권한에 속한다. 허가관계문서의 작성권자는 구청장인 갑이다. 갑이 제2구청장으로 전보된 후에 제1구청장의 권한에 속하는 이 사건 건축허가에 관한 기안용지의 결재란에 서명을 한 것은 자격모용에 의한 공문서작성죄에 해당한다.

44) 대법원 2008. 1. 17. 선고 2007도6987 판결.
45) 대법원 1993. 7. 27. 선고 93도1435 판결.
46) 대법원 1993. 4. 27. 선고 92도2688 판결.

Ⅲ. 제227조 [허위공문서작성 등]

> 제227조(허위공문서작성 등) 공무원이 행사할 목적으로 그 직무에 관하여 문서 또는 도화를 허위로 작성하거나 변개한 때에는 7년 이하의 징역 또는 2천만원 이하의 벌금에 처한다.

1. 구성요건

(1) 직무에 관한 문서

직무에 관한 문서란 공무원이 **직무권한 내에서 작성하는 문서**를 말한다. 그 문서는 대외적인 것이거나 내부적인 것을 구별하지 아니하며, 그 직무권한이 반드시 법률상 근거가 있음을 필요로 하는 것이 아니고 명령, 내규 또는 관례에 의한 직무집행의 권한으로 작성하는 경우라도 포함된다.

구체적인 행위가 **공무원의 직무에 속하는지 여부**는 그것이 공무의 일환으로 행하여졌는가 하는 형식적인 측면과 함께 그 공무원이 수행하여야 할 직무와의 관계에서 합리적으로 필요하다고 인정되는 것이라고 할 수 있는가 하는 실질적인 측면을 아울러 고려하여 결정하여야 할 것이다.[47)]

(2) 허위

허위라 함은 표시된 내용과 진실이 부합하지 않아 그 문서에 대한 공공의 신용을 위태롭게 하는 경우를 말한다. 허위공문서작성죄는 허위공문서를 작성함에 있어 그 내용이 허위라는 사실을 인식하면 성립한다.[48)]

2. 판결

> [판결 15] 중국 선양주재 영사관 영사 갑은 2013. 9. 27.자 확인서 및 사실확인서에 을의 출입경기록 내용이 사실인지 여부 등을 확인한 바가 없음에도 직접 확인했다고 기재했다. 2013. 12. 17.자 확인서에는, 자신이 직접 중국 삼합변방검

47) 대법원 2015. 10. 29. 선고 2015도9010 판결.
48) 대법원 2013. 10. 24. 선고 2013도5752 판결.

> 사참에 관련사항을 문의하거나 확인하지 않았고 일종의 답변서인 '일사적답복' 등을 교부받지 않았음에도 직접 문의하고 확인하여 확인서의 첨부서류인 삼합변방검사참 명의의 '일사적답복'과 일종의 범죄신고서인 A, B 명의의 '거보재료'를 교부받았다는 진실과 부합하지 않는 내용을 기재했다.49)

[판결 15] 갑이 작성한 문서는 공문서이고 갑은 고의로 허위내용으로 작성했다.

> [판결 13] 원래 건축지도계 담당공무원이 불법건축물에 대한 현장 확인을 거쳐 그 원상복구 여부를 결재권자에게 보고하고 결재를 득하여야 하나, 시흥시청은 인력사정 등을 이유로 청원경찰에게 현장확인이라는 단순 업무를 대행케 하고 그로 하여금 원상복구된 건축물의 사진을 첨부한 출장복명서를 작성·제출케 했다.
>
> 청원경찰 갑은 실제로 현장확인을 하지 않고 동료 청원경찰 을에게 원상복구 여부에 대한 현장확인을 부탁한 다음, 을이 작성한 출장복명서가 진실한 것인지를 제대로 알지도 못하면서 자신이 직접 현장확인을 하여 보니 원상복구가 완료되었다는 내용의 출장복명서에 자신의 서명을 함으로써 출장복명서를 완성하여 그 정을 모르는 담당공무원 병에게 제출했다.50)

[판결 13] 갑, 을의 행위는 허위공문서작성죄 및 허위작성공문서 행사죄이다.

> [판결 11] 공무원 갑은 허위 사실을 기재한 자동차운송사업 변경(증차)허가신청 검토조서를 작성한 다음 이를 자동차운송사업 변경(증차)허가신청 검토보고에 첨부하여 결재를 상신했고, 담당계장 을은 그은 사정을 알고 중간 결재를 했으며 사정을 알지 못하는 최종 결재자인 담당과장 병이 위 검토보고에 결재를 하여 자동차운송사업 변경허가가 이루어졌다.51)

[판결 11] 공문서인 검토보고의 작성자는 병이다. 검토보고의 내용 중 일부에 불과한 위 검토조서의 작성자인 갑과 병의 업무상 보조자이자 중간 결재자인 을은 허위공문서작성죄의 주체가 될 수 없으나, 허위임을 모르는 작성권자 병으로 하여금 허위의 공문서를 결재·작성하게 한 경우에 해당하여 그 간접정범에 해당한다. 간접정범은 형법 제34조 제1항, 제31조 제1항에 의하여 죄를 실행한 자와 동일한 형으로 처벌된다.

---

49) 대법원 2015. 10. 29. 선고 2015도9010 판결.

50) 대법원 2013. 10. 24. 선고 2013도5752 판결.

51) 대법원 2011. 5. 13. 선고 2011도1415 판결.

> [판결 07] 공증담당 변호사 갑은 사서증서인 투자증서의 인증서를 작성함에 있어서, 인증촉탁 신청서에 당사자의 대리인으로 기재된 법무사 을의 직원 병으로부터 촉탁서류를 제출받았을 뿐 위 을이 투자증서의 날인이 당사자 본인의 것임을 확인한 바가 없음에도 을이 공증사무실에 출석하여 위 투자증서의 날인이 당사자 본인의 것임을 확인한 양 기재하여 발급해 주었다.[52)]

[판결 07] 사서증서 인증을 촉탁 받은 공증인이 사서증서 인증서를 작성함에 있어서, 당사자가 공증인의 면전에서 사서증서에 서명 또는 날인을 하거나, 당사자 본인이나 그 대리인으로 하여금 사서증서의 서명 또는 날인이 본인의 것임을 확인하게 한 바가 없음에도 불구하고, 당사자가 공증인의 면전에서 사서증서에 서명 또는 날인을 하거나, 본인이나 그 대리인이 사서증서의 서명 또는 날인이 본인의 것임을 확인한 양 인증서에 기재했다면, 허위공문서작성죄의 죄책을 면할 수 없다.

갑은 인증서 작성 당시 허위문서작성에 관한 인식이 있었고, 인증촉탁 대리인이 법무사일 경우에 그 직원이 공증사무실에 촉탁서류를 제출할 뿐 법무사 본인이 사서증서의 날인 또는 서명이 당사자 본인의 것임을 확인하지 아니하는 것이 업계의 관행이라고 할지라도 그와 같은 업계의 관행이 정당하다고 볼 수 없다.

> 공증인법 제57조 제1항: "사서증서의 인증은 당사자로 하여금 공증인의 면전에서 사서증서에 서명 또는 날인하게 하거나 사서증서의 서명 또는 날인을 본인이나 그 대리인으로 하여금 확인하게 한 후 그 사실을 증서에 기재함으로써 행한다."

> [판결 04] 국립병원의 내과과장 겸 진료부장으로 근무하는 의사로서 보건복지부 소속 의무서기관인 갑이 을의 부탁을 받고 허위의 진단서를 작성했고 그 사례 명목으로 금품을 수수했다.[53)]

[판결 04] 제233조 '허위진단서작성죄'의 대상은 공무원이 아닌 의사가 사문서로서 진단서를 작성한 경우에 한정되고, 공무원인 의사가 공무소의 명의로 허위진단서를 작성한 경우에는 허위공문서작성죄 만 성립하고 허위진단서작성죄는 별도로 성립하지 않는다. 갑은 형이 가장 무거운 부정처사 후 수뢰죄에 가중 처벌된다.

---

52) 대법원 2007. 1. 25. 선고 2006도3844 판결.

53) 대법원 2004. 4. 9. 선고 2003도7762 판결.

Ⅳ. 제227조의 2 [공전자기록 위작·변작]

> 제227조의2(공전자기록위작·변작) 사무처리를 그르치게 할 목적으로 공무원 또는 공무소의 전자기록 등 특수매체기록을 위작 또는 변작한 자는 10년 이하의 징역에 처한다.

1. 구성요건

(1) 사무처리를 그르치게 할 목적

"사무처리를 그르치게 할 목적"이란 위작 또는 변작된 전자기록이 사용됨으로써 시스템을 설치·운용하는 주체의 사무처리를 잘못되게 하는 것을 말한다.

(2) 위작

"위작"이란 1. 전자기록에 관한 시스템을 설치·운영하는 주체와의 관계에서 전자기록의 생성에 관여할 권한이 없는 사람이 전자기록을 작출하거나 전자기록의 생성에 필요한 단위 정보의 입력을 하는 경우

2. 시스템의 설치·운영 주체로부터 각자의 직무 범위에서 개개의 단위 정보의 입력 권한을 부여받은 사람이 그 권한을 남용하여 허위의 정보를 입력함으로써 시스템 설치·운영 주체의 의사에 반하는 전자기록을 생성하는 경우이다. '허위의 정보'라고 함은 진실에 반하는 내용을 의미한다.[54]

2. 판결

> [판결 11] 구 여객자동차운수사업법과 시행령은, 승합차의 경우 차량충당연한은 3년이며, 차량충당연한은 최초의 신규등록일 또는 제작연도의 말일을 기산일로 하여 산정하도록 하고 있다. 또한 자동차관리법에 의하면, 자동차등록원부에는 제작연월일과 최초등록일을 기재해야 한다.
>
> 자동차등록 담당공무원 갑은 여객자동차운수사업법상 차량충당연한 규정에 위배되어 영업용으로 변경 및 이전등록이 불가능한 차량인 것을 알면서 자동차등록정보처리시스템의 자동차등록원부 용도 란에 '영업용'으로 입력했으나, 변경 및 이전등록에 관한 구체적 등록내용인 최초등록일 등은 사실대로 입력했다.[55]

---

54) 대법원 2013. 11. 28. 선고 2013도9003 판결.

[판결 11] 버스들은 법령상 등록요건인 차량충당연한의 자격에 미달하는 탓에 영업용으로 변경 및 이전등록이 될 수는 없고, 이를 위반하여 이루어진 등록은 말소의 대상이 되므로, 그 자동차등록정보 처리시스템의 자동차등록원부 중 용도 란에 입력된 '영업용'이라는 정보는 그 등록의 전제되는 법령상 자격의 구비 여부를 사실대로 반영하지 못한 것이다. 그러나 자동차등록원부 상 '영업용으로의 용도변경 및 이전'에 관한 등록정보가 확인·공시하는 내용에 그 자동차가 영업용으로 용도 변경되어 이전되었다는 사실 외에 그 변경 및 이전등록에 필요한 법령상 자격의 구비 사실까지 포함한다고 볼 법적인 근거가 없고, 위 용도 란의 기재에 따라 현실적으로 각종 행정적 취급을 달리하는 사정이 있다고 하여도 마찬가지이다.

그렇다면 앞서 본 법리에 비추어, 위 변경 및 이전등록에 관한 구체적 등록내용인 최초등록일 등이 사실대로 입력됨으로써 그 등록과 관련된 사실관계에 대한 내용에 거짓이 있다고 볼 수 없는 이상, 이러한 행위를 공전자기록 등 위작죄에 있어서 '위작'에 해당한다고 할 수 없다.

[판결 13] 공무원 갑은 출장결과보고서상 실제 야구장 답사를 가서 현황을 파악한 공무원이 누구이고, 서울에서 열린 세미나 등에 누가 참석했는지 등에 관하여 허위의 정보를 입력했다.[56)]

[판결 13] 출장결과보고서는 증명적 기능을 가진 공전자기록이다. 갑은 이 공전자기록의 신뢰도에 결정적인 영향을 미치는데다가 그 관련 업무를 처리함에 있어 중요한 정보사실과 다른 정보를 입력한다는 점을 알면서도 허위의 정보를 입력함으로써 시스템 설치·운영 주체의 의사에 반하는 출장결과보고서를 작성했다. 공전자기록위작 및 동행사죄에 해당한다.

[판결 10] 공군 복지근무지원단 예하 18지구대에서 부대매점 및 창고관리 부사관으로 근무하던 갑은 창고 관리병 을로 하여금 위 복지근무지원단의 업무관리시스템인 복지전산시스템에 갑이 그 전에 이미 횡령한 바 있는 면세주류를 2009. 7. 10.경 및 2009. 7. 14.경 마치 당일 정상적으로 판매한 것처럼 허위로 입력하게 했다.[57)]

[판결 10] 갑은 각 지구대의 판매량의 신뢰도에 직접 영향을 미쳐 그 관련 업무를 처리함에 있어 중요한 정보를 허위로 생성하게 한 것이므로 공전자기록 위·변작죄에 해당한다.

55) 대법원 2011. 5. 13. 선고 2011도1415 판결.
56) 대법원 2013. 11. 28. 선고 2013도9003 판결.
57) 대법원 2010. 7. 8. 선고 2010도3545 판결.

Ⅴ. 제228조 [공정증서원본 등의 부실기재]

제228조(공정증서원본 등의 부실기재) ① 공무원에 대하여 허위신고를 하여 공정증서원본 또는 이와 동일한 전자기록 등 특수매체기록에 부실의 사실을 기재 또는 기록하게 한 자는 5년 이하의 징역 또는 1천만원 이하의 벌금에 처한다.
② 공무원에 대하여 허위신고를 하여 면허증, 허가증, 등록증 또는 여권에 부실의 사실을 기재하게 한 자는 3년 이하의 징역 또는 700만원 이하의 벌금에 처한다.

1. 보호법익

공정증서원본불실기재죄는 특별한 신빙성이 인정되는 공문서에 대한 공공의 신용을 보장함을 보호법익으로 하는 범죄이다.

공무원에 대하여 진실에 반하는 허위신고를 하여 공정증서원본 또는 이와 동일한 전자기록 등 특수매체기록에 실체관계에 부합하지 아니하는 불실의 사실을 기재 또는 등록하게 함으로써 성립한다.

2. 구성요건

(1) 공정증서원본, 공전자기록

(가) 공정증서원본: 부동산 등기부, 법인등기부, 상업등기부, 집행수락부 약속어음 공정증서.58)

제228조 제2항 '등록증'은 공무원이 작성한 모든 등록증을 말하는 것이 아니라, 일정한 자격이나 요건을 갖춘 자에게 그 자격이나 요건에 상응한 활동을 할 수 있는 권능 등을 인정하기 위하여 공무원이 작성한 증서를 말한다.

사업자등록증은 단순한 사업사실의 등록을 증명하는 증서에 불과하고 그에 의하여 사업을 할 수 있는 자격이나 요건을 갖추었음을 인정하는 것은 아니어서 형법 제228조 제1항 '등록증'에 해당하지 않는다.59)

공증인이 채권양도·양수인의 촉탁에 따라 그들의 진술을 청취하여 채권의 양도·양수가 진정으로 이루어짐을 확인하고 채권양도의 법률행위에 관한 공정

58) 대법원 2006. 6. 27. 선고 2006도2864 판결.
59) 대법원 2005. 7. 15. 선고 2003도6934 판결.

증서를 작성한 경우 그 **공정증서가 증명하는 사항은 채권양도의 법률행위가 진정으로 이루어졌다는 것**일 뿐 그 공정증서가 나아가 양도되는 채권이 진정하게 존재한다는 사실까지 증명하는 것으로 볼 수는 없다.

양도인이 허위의 채권에 관하여 그 정을 모르는 양수인과 실제로 채권양도의 법률행위를 한 이상, 공증인에게 그러한 채권양도의 법률행위에 관한 공정증서를 작성하게 하였다고 하더라도 그 공정증서가 증명하는 사항에 관하여는 불실의 사실을 기재하게 하였다고 볼 것은 아니고, 따라서 공정증서원본불실기재죄가 성립하지 않는다.[60]

자동차운전면허대장은 운전면허 행정사무집행의 편의를 위하여 범칙자, 교통사고유발자의 인적사항·면허번호 등을 기재하거나 운전면허증의 교부 및 재교부 등에 관한 사항을 기재하는 것에 불과하며, 그에 대한 기재를 통해 당해 운전면허 취득자에게 어떠한 권리의무를 부여하거나 변동 또는 상실시키는 효력을 발생하게 하는 것은 아니다. 자동차운전면허대장은 사실증명에 관한 것에 불과하므로 제228조 제1항 '공정증서원본'이 아니다.

(나) 공전자기록: 자동차등록정보처리시스템의 자동차등록원부.[61]

(2) 부실기재

공정증서원본 등에 기재된 사항이 존재하지 아니하거나 외관상 존재한다고 하더라도 무효에 해당하는 하자가 있다면 그 기재는 불실기재이다.[62]

3. 판례

[판결 11] A 주식회사 등 전세버스 업체들은 버스 49대를 영업용으로 양수한 사실은 물론 그 증차에 관한 사업계획 변경신청을 한 사실이 없다. 더 나아가 문제된 버스들은 자동차등록원부상 최초등록일로부터 3년 이상 경과되어 영업용 전세버스로 등록할 수도 없다. 그럼에도 가평군청 자동차등록 담당공무원 갑은 A 주식회사 등이 버스들을 영업용으로 양수하여 이전 등록한 것처럼 공전자기록인 자동차등록정보 처리시스템의 자동차등록원부에 '영업용'으로 변경 및 이전등록 처리했다.[63]

60) 대법원 2004. 1. 27. 선고 2001도5414 판결.

61) 대법원 2011. 5. 13. 선고 2011도1415 판결.

62) 대법원 2007. 5. 31. 선고 2006도8488 판결.

[판결 11] 공전자기록등불실기재죄는 공무원에게 허위의 신고를 하여 공전자기록에 불실의 사실을 기록하게 함으로써 성립하고, '허위의 신고'란 진실에 반하는 사실을 신고하는 것을 말한다.

비록 피고인 갑이 변경 및 이전등록신청 대상 버스들의 차령이 3년 이상인 관계로 영업용 전세버스로 대체등록될 수 없어서 여객자동차운수사업에 충당될 수 없다는 점을 알면서 위 버스들에 관하여 영업용으로의 변경 및 이전등록신청을 했다 하더라도, 신고 내용에 거짓이 없는 이상 그러한 사정만으로는 위 피고인이 허위의 신고를 하였다고 할 수 없다.

> [판결 10] 갑은 자동차운전면허증 재교부신청서의 사진 란에 피고인 본인의 사진이 아닌 다른 사람의 사진을 붙여 제출함으로써 담당공무원으로 하여금 공정증서원본인 자동차운전면허대장에 불실의 사실을 기재하게 하고, 위와 같이 불실의 사실이 기재된 자동차운전면허대장을 비치하게 하여 이를 행사하였다.[64)]

[판결 10] 자동차운전면허대장은 운전면허 행정사무집행의 편의를 위하여 범칙자, 교통사고유발자의 인적사항·면허번호 등을 기재하거나 운전면허증의 교부 및 재교부 등에 관한 사항을 기재하는 것에 불과하며, 그에 대한 기재를 통해 당해 운전면허 취득자에게 어떠한 권리의무를 부여하거나 변동 또는 상실시키는 효력을 발생하게 하는 것으로 볼 수는 없다. 자동차운전면허대장은 사실증명에 관한 것에 불과하므로 형법 제228조 제1항에서 말하는 공정증서원본이 아니다.

다만 운전면허증에 불실의 사실을 기재하게 한 경우에 한하여 형법 제228조 제2항에 따라 처벌할 수 있다.

Ⅵ. 제229조 [위조 등 공문서의 행사]

> 제229조(위조등 공문서의 행사) 제225조 내지 제228조의 죄에 의하여 만들어진 문서, 도화, 전자기록등 특수매체기록, 공정증서원본, 면허증, 허가증, 등록증 또는 여권을 행사한 자는 그 각 죄에 정한 형에 처한다.

> [판결 12] 발행인 갑과 수취인 을 사이에 아무런 채권채무가 없는 데도 공증인 병에게 액면가 3억원의 어음발행행위를 진정한 어음발행행위가 있는 것처럼 허위신고함으로써 병으로 하여금 그 어음발행행위에 대하여 집행력 있는 어음공정증

63) 대법원 2011. 5. 13. 선고 2011도1415 판결.
64) 대법원 2010. 6. 10. 선고 2010도1125 판결.

> 서원본을 촉탁 작성케 하고 이를 비치하게 하였다. 갑, 을은 갑의 채권자인 A가 채권배당절차에서 배당을 받지 못하도록 어음공정증서를 집행권원으로 신청하여 채권압류 및 추심명령을 받음으로써 배당법원으로부터 배당을 받으려 했다.[65)]

[판결 12] 갑, 을의 어음발행행위는 통정허위표시로서 무효이므로, 이러한 무효인 어음발행행위에 대하여 공증인 병으로 하여금 어음공정증서원본을 작성하고 비치하게 한 것은 공정증서원본불실기재 및 불실기재공정증서원본행사죄에 해당한다.

> [판결 10] 화성시 자생식물원 조성공사의 감리업체인 A 주식회사의 책임감리원 갑이, 이 공사를 감독하는 화성시 농업기술센터 담당공무원 공소외 2을과 공모하여, 1차분 공사가 완료되지 않았는데도 마치 완료된 것처럼 허위 내용의 준공검사조서를 작성한 다음 이를 A 주식회사 명의의 준공검사결과보고 기안문서에 첨부하여 을에게 제출하고, 을은 이를 접수하여 서명한 후 농업기술센터의 담당과장 및 소장의 결재를 받아 사무실에 비치했다.[66)]

[판결 10] 지방자치단체를 당사자로 하는 계약의 이행완료에 관한 검사는 지방자치단체의 장 또는 계약담당자의 직무권한에 속하는 사항으로서 이를 전문기관에 위임하여 수행하게 한다고 하여 그 직무 소관이 달라지는 것은 아니고 다만 이때에는 전문기관으로부터 검사결과를 문서로 통보받아 확인하는 방법으로 그 직무를 집행하게 되는 것이므로, 지방자치단체의 장 또는 계약담당자가 그 검사를 위임받아 수행한 전문기관으로부터 검사결과를 검사조서로 작성·보고받고 이를 확인하여 승인하는 의미로 검사조서에 결재하였다면 그와 같이 결재된 검사조서는 공무원이 그 직무권한 내에서 작성한 문서로서 허위공문서작성죄의 객체인 공문서에 해당한다. 사무실에 비치한 것은 허위공문서 행사죄이다.

Ⅶ. 제230조 [공문서 등의 부정행사]

> 제230조(공문서 등의 부정행사) 공무원 또는 공무소의 문서 또는 도화를 부정행사한 자는 2년 이하의 징역이나 금고 또는 500만원 이하의 벌금에 처한다.

공문서부정행사죄는 1. 사용권한자와 용도가 특정되어 작성된 공문서 또는

---

65) 대법원 2012. 4. 26. 선고 2009도5786 판결.

66) 대법원 2010. 4. 29. 선고 2010도875 판결.

공도화를 사용권한 없는 자가 사용권한이 있는 것처럼 가장하여 부정한 목적으로 행사하거나 또는 2. 권한 있는 자라도 정당한 용법에 반하여 부정하게 행사하는 경우에 성립한다.[67]

[판결 01] 폭력행위 등 처벌에 관한 법률위반죄 피의자 갑은 그 신분을 확인하려는 경찰공무원에게 자신의 인적사항을 속이기 위하여 다른 사람 을의 운전면허증을 제시했다.[68]

[판결 01] 운전면허증은 운전면허를 받은 사람이 운전면허시험에 합격하여 자동차의 운전이 허락된 사람임을 증명하는 공문서로서, 운전면허증에 표시된 사람이 운전면허시험에 합격한 사람이라는 '자격증명'과 이를 지니고 있으면서 내보이는 사람이 바로 그 사람이라는 '동일인증명'의 기능을 동시에 가지고 있다. 갑의 행위는 그 사용목적에 따른 행사로서 공문서부정행사죄에 해당한다.

[판결 99] 갑은 타인의 주민등록등본을 그와 아무런 관련 없는데도 마치 자신의 것인 양 행사했다.[69]

[판결 99] 주민등록표등본은 시장·군수 또는 구청장이 주민의 성명, 주소, 성별, 생년월일, 세대주와의 관계 등 주민등록법 소정의 주민등록사항이 기재된 개인별·세대별 주민등록표의 기재 내용 그대로를 인증하여 사본·교부하는 문서로서 그 사용권한자가 특정되어 있다고 할 수 없고, 또 용도도 다양하며, 반드시 본인이나 세대원만이 사용할 수 있는 것이 아니므로, 타인의 주민등록표등본을 그와 아무런 관련 없는 사람이 마치 자신의 것인 것처럼 행사하였다고 하더라도 공문서부정행사죄가 성립되지 않는다.

[판결 82] 갑은 호적이 없어 주민등록증을 발급받지 못하고 있다가 을과 공동하여 6.25사변 중 행방불명된 을의 형 병 명의로 주민등록증을 발급 받고자 그 정을 모르는 주민등록 담당공무원에게 자신이 병인 양 허위의 신고를 하여 착오를 일으킨 위 공무원으로부터 갑의 사진이 부착되고 갑의 지문이 찍힌 병 명의의 주민등록증을 발급받아 소지하고 있다가 검문경찰관에게 제시했다.[70]

67) 대법원 1999. 5. 14. 선고 99도206 판결.
68) 대법원 2001. 4. 19. 선고 2000도1985 전원합의체 판결.
69) 대법원 1999. 5. 14. 선고 99도206 판결.
70) 대법원 1982. 9. 28. 선고 82도1297 판결.

[판결 82] 항소심 광주지법합의부는 "공문서부정행사죄는 진정하게 성립된 공무소의 문서를 권한없는 자가 행사하는 경우인데, 이 사건 주민등록증은 갑 자신의 사진이 첨부되고 그의 지문이 찍힌 갑의 주민등록증이므로 갑이 이를 사용하였다 하여 공문서부정행사죄가 성립되는 것은 아니다"라고 판결했다.

대법원은 "갑은 문제된 주민등록증은 허위사실이 기재되어 발행되었다는 사실을 잘 알고 있고 비록 그 문서가 형식상으로는 그 사용목적이 그에 부착된 사진 상의 인물이 병의 신원사항을 가진 사람임을 증명하는 용도로 작성되어 있기는 하나 주민등록증의 발행목적상 갑에게 위와 같은 허위사실을 증명하는 용도로 이를 사용할 수 있는 권한이 없다는 것을 충분히 인식하고 있었다. 그럼에도 불구하고, 이를 부정한 목적을 위하여 행사하였다면 공문서부정행사죄를 구성한다."고 판결했다.

§ 32. 사문서 위조·변조죄

Ⅰ. 제231조 [사문서 등의 위조·변조]

> 제231조(사문서 등의 위조·변조) 행사할 목적으로 권리·의무 또는 사실증명에 관한 타인의 문서 또는 도화를 위조 또는 변조한 자는 5년 이하의 징역 또는 1천만원 이하의 벌금에 처한다.

1. 보호법익

문서위조 또는 변조 및 동행사죄의 보호법익은 문서에 대한 공공의 신용이다. 문서 자체의 가치가 아니다.71)

2. 사문서 위조

(1) 사문서

형법상 문서에 관한 죄에 있어서 문서라 함은, 문자 또는 이에 대신할 수 있는 가독적 부호로 계속적으로 물체상에 기재된 의사 또는 관념의 표시인 원본 또는 이와 사회적 기능, 신용성 등을 동일시할 수 있는 기계적 방법에 의한 복사본으로서 그 내용이 **법률상, 사회생활상 주요 사항에 관한 증거**로 될 수 있

71) 대법원 2011. 9. 29. 선고 2011도6223 판결.

는 것이다.72)

자격모용 사문서 작성죄 및 자격모용작성사문서행사죄의 객체인 **사문서**는 **권리·의무 또는 사실증명에 관한 타인의 문서 또는 도화**를 가리키고, 권리·의무에 관한 문서라 함은 권리의무의 발생·변경·소멸에 관한 사항이 기재된 것을 말하며, 사실증명에 관한 문서는 권리·의무에 관한 문서 이외의 문서로서 **거래상 중요한 사실을 증명하는 문서**를 의미한다.73)

거래상 중요한 사실을 증명하는 문서는, 법률관계의 발생·존속·변경·소멸의 전후과정을 증명하는 것이 주된 취지인 문서뿐만 아니라 직접적인 법률관계에 단지 간접적으로만 연관된 의사표시 내지 권리·의무의 변동에 **사실상으로만 영향을 줄 수 있는 의사표시를 내용으로 하는 문서**도 포함될 수 있다고 할 것인데, 이에 해당하는지 여부는 문서의 제목만을 고려할 것이 아니라 문서의 내용과 더불어 문서 작성자의 의도, 그 문서가 작성된 개관적인 상황, 문서에 적시된 사항과 그 행사가 예정된 상대방과의 관계 등을 종합적으로 고려하여 판단하여야 한다.74)

(2) 사본

문서위조 또는 변조의 객체가 되는 문서는 반드시 원본에 한한다고 보아야 할 근거는 없다. 문서의 사본이라도 원본과 동일한 의식내용을 보유하고 증명수단으로서 원본과 같은 사회적 기능과 신용을 가지는 것으로 인정된다면 이를 위 문서의 개념에 포함된다. 나아가 광의의 문서의 개념에 포함되는 도화의 경우에 있어서도 마찬가지이다.75)

[판결 16] 변호사회가 발급한 경유증표는 증표가 첨부된 변호사선임서 등이 변호사회를 경유하였고 소정의 경유회비를 납부하였음을 확인하는 문서이므로 법원, 수사기관 또는 공공기관에 이를 제출할 때에는 원본을 제출해야 하고 사본으로 원본에 갈음할 수 없다. 변호사 갑은 의뢰인 을로부터 대량의 저작권법 위반의 고소 사건을 위임받은 후 네이버 아이디(ID) 불상의 피고소인 30명을 각각 고소하기 위하여 20건 또는 10건의 고소장을 개별적으로 수사관서에 제출하면서 각

72) 대법원 2010. 7. 15. 선고 2010도6068 판결.
73) 대법원 2012. 5. 9. 선고 2010도2690 판결.
74) 대법원 2012. 5. 9. 선고 2010도2690 판결.
75) 대법원 1993. 7. 27. 선고 93도1435 판결.

> 하나의 고소위임장에만 서울지방변호사회로부터 발급받은 진정한 경유증표 원본을 첨부한 후 이를 일체로 하여 컬러복사기로 20장 또는 10장의 고소위임장을 각 복사하여 통상 수사관서에 고소장을 접수하면서 고소위임장에 경유증표 원본을 첨부하여 제출하는 것과 유사한 방식으로 고소위임장과 일체로 복사한 경유증표를 고소장에 첨부하여 검찰청 수사과에 접수했다.76)

[판결 16] '문서가 원본인지 여부'가 중요한 거래에서 문서의 사본을 진정한 원본인 것처럼 행사할 목적으로 다른 조작을 가함이 없이 문서의 원본을 그대로 컬러복사기로 복사한 후 복사한 문서의 사본을 원본인 것처럼 행사한 행위는 사문서위조죄 및 동행사죄에 해당한다.

또한 사문서위조죄는 명의자가 진정으로 작성한 문서로 볼 수 있을 정도의 형식과 외관을 갖추어 일반인이 명의자의 진정한 사문서로 오신하기에 충분한 정도이면 성립한다. 각 고소위임장에 함께 복사되어 있는 변호사회 명의의 경유증표는 원본이 첨부된 고소위임장을 그대로 컬러 복사한 것으로서 일반적으로 문서가 갖추어야 할 형식을 모두 구비하고 있고, 이를 주의 깊게 관찰하지 아니하면 그것이 원본이 아닌 복사본임을 알아차리기 어려울 정도이므로 일반인이 명의자의 진정한 사문서로 오신하기에 충분한 정도의 형식과 외관을 갖추었으므로 갑의 행위는 사문서위조죄 및 동행사죄에 해당한다.77)

(3) 위조

(가) 타인명의의 문서

문서의 위조는 작성권한 없는 자가 타인 명의를 모용하여 문서를 작성하는 것을 말한다.

문서의 진정한 작성명의자가 누구인지는 문서의 표제나 명칭만으로 이를 판단하여서는 안 되고, 문서의 형식과 외관은 물론 문서의 종류, 내용, 일반 거래에서 그 문서가 가지는 기능 등 제반 사정을 종합적으로 참작하여 판단해야 한다.78)

> [판결 10] 갑은 ○이라는 가명을 사용하여 을이 운영하는 다방에 취업하면서

76) 대법원 2016. 7. 14. 선고 2016도2081 판결.

77) 대법원 2016. 7. 14. 선고 2016도2081 판결.

78) 대법원 2016. 10. 13. 선고 2015도17777 판결.

선불금으로 100만 원을 받고 이에 대한 반환을 약속하는 현금보관증을 작성, 교부했다. 갑은 취업을 위하여 실제 나이보다 4살 어린 1954년생으로 가장하였고, 현금보관증에도 본인의 실명과 실제 주민등록번호 대신에 ○이라는 가명과 출생연도 부분이 허위인 주민등록번호를 기재하여 교부했다. 을은 ○이 갑의 가명이라는 것과 위 주민등록번호가 실재하지 않는 번호라는 것을 몰랐다.79)

[판결 10] 실제의 본명 대신 가명이나 위명을 사용하여 사문서를 작성한 경우, 그 문서의 작성명의인과 실제 작성자 사이에 인격의 동일성이 그대로 유지되는 때에는 위조가 되지 않으나, 명의인과 작성자의 인격이 상이할 때에는 위조죄가 성립할 수 있다.

현금보관증이라는 문서의 성질과 기능, 위와 같은 작성 경위에 비추어 보면 현금보관증에 표시된 명칭과 주민등록번호 등으로부터 인식되는 인격은 1954년에 출생한 52세 가량의 여성인 ○이고, 1950년생 갑과는 다른 인격인 것이므로, 이 사건 문서의 명의인과 작성자 사이에 인격의 동일성이 인정되지 않는다. 비록 갑이 ○이라는 가명을 다방에 근무하는 동안 계속 사용해 왔고, 주소는 실제 갑의 주소와 동일하게 기재되어 있으며, 갑이 위 문서로부터 발생할 책임을 면하려는 의사나 편취의 목적을 가지지는 않았다고 하더라도, 위 문서를 작성함에 있어서 자신이 위 문서에 표시된 명의인인 1954년생 ○로 가장한 것만은 분명하므로, 명의인과 작성자의 인격의 동일성을 오인케 한 갑의 행위는 사문서 위조, 동행사죄에 해당한다.80)

(나) 형식과 외관

사문서위조죄는 그 명의자가 진정으로 작성한 문서로 볼 수 있을 정도의 형식과 외관을 갖추어 일반인이 명의자의 진정한 사문서로 오신하기에 충분한 정도이면 성립한다.81)

[판결 11-1] 갑은 자신의 父 을에게서 을 소유 부동산의 매매에 관한 권한 일체를 위임받아 매도했는데, 그 후 을이 갑자기 사망하자 부동산 소유권 이전에 사용할 목적으로 을이 자신에게 인감증명서 발급을 위임한다는 취지의 인감증명 위임장을 작성한 후 주민센터 담당직원에게 제출했다.82)

---

79) 대법원 2010. 11. 11. 선고 2010도1835 판결.

80) 대법원 2010. 11. 11. 선고 2010도1835 판결.

81) 대법원 2016. 7. 14. 선고 2016도2081 판결.

82) 대법원 2011. 9. 29. 선고 2011도6223 판결.

[판결 11-1] 문서위조죄는 문서의 진정에 대한 공공의 신용을 보호법익으로 한다. 행사할 목적으로 작성된 사문서가 일반인으로 하여금 당해 명의인의 권한 내에서 작성된 문서라고 믿게 할 수 있는 정도의 형식과 외관을 갖추고 있으면 사문서위조죄가 성립한다.

문서로서의 요건을 구비한 이상 명의인이 문서의 작성일자 전에 이미 사망하였더라도 그러한 문서 역시 공공의 신용을 해할 위험성이 있으므로 사문서위조죄가 성립한다. 위와 같이 사망한 사람 명의의 사문서에 대하여도 문서에 대한 공공의 신용을 보호할 필요가 있다는 점을 고려하면, 문서명의인이 이미 사망하였는데도 문서명의인이 생존하고 있다는 점이 문서의 중요한 내용을 이루거나 그 점을 전제로 문서가 작성되었다면 이미 문서에 관한 공공의 신용을 해할 위험이 발생했다 할 것이고, 사망한 명의자의 승낙이 추정된다는 이유로 사문서위조죄의 성립을 부정할 수 없다.83)

(다) 복사문서

'문서가 원본인지 여부'가 중요한 거래에 있어서, 문서의 사본을 진정한 원본인 것처럼 행사할 목적으로 다른 조작을 가함이 없이 문서의 원본을 그대로 컬러복사기로 복사한 후 위와 같이 복사한 문서의 사본을 원본인 것처럼 행사한 행위는 사문서위조죄 및 동행사죄에 해당한다.84)

> [판결 11-2] 갑은 A사단법인이 주는 복지사상 수상후보자로 을을 추천하기 위해 자원봉사자 확인서에 찍혀 있는 직인 부분을 칼로 오려서 풀로 붙인 후 복사하여 이 사건 각 문서를 만들었다. 문서 작성명의자의 인영은 문서의 진정성립 여부를 판단하기 위한 중요한 부분에 해당하는데, 직인 부분이 이상하다는 이유로 이 사건 각 문서가 경남사회복지사협회에서 반려되었다.85)

[판결 11-2] 직인을 오려붙인 흔적을 감추기 위하여 복사한 것으로서 일반적으로 문서가 갖추어야 할 형식을 다 구비하고 있고, 주의 깊게 관찰하지 아니하면 그 외관에 비정상적인 부분이 있음을 알아차리기가 어려울 정도이므로, 일반인이 그 명의자의 진정한 사문서로 오신하기에 충분한 정도의 형식과 외관을 갖추었다고 판단된다.86)

(라) 명의자의 승낙 또는 위임

사문서를 작성함에 있어 그 명의자의 명시적이거나 묵시적인 승낙 내지 위

83) 대법원 2011. 9. 29. 선고 2011도6223 판결.
84) 대법원 2016. 7. 14. 선고 2016도2081 판결.
85) 대법원 2011. 2. 10. 선고 2010도8361 판결.
86) 대법원 2011. 2. 10. 선고 2010도8361 판결.

임이 있었다면 이는 사문서위조에 해당하지 않는다. 문서 작성권한의 위임이 있는 경우라고 하더라도 위임을 받은 자가 그 위임받은 권한을 초월하여 문서를 작성한 경우는 사문서위조죄가 성립한다. 단지 위임받은 권한의 범위 내에서 이를 남용하여 문서를 작성한 것에 불과하다면 사문서위조죄가 성립하지 않는다."[87]

> [판결 12] A 은행 지배인으로 등기되어 있는 갑은 지급보증의 실질을 가지는 양수도약정서를 작성하기 위해서는 A 은행의 내부규정인 여신업무전결기준표에 정해진 신용취급전결한도 내에서 여신심사를 거쳐 전결권자의 승인을 받아야 하고, 여신업무 관련 인감계를 작성하기 위해서는 내부규정에 따라 사용인감 관리자에게 관련 서류를 첨부하여 사용 용도를 설명하고 그로부터 결재를 받아 수령한 정식의 사용인감을 사용해야 함에도 불구하고, 위와 같은 내부규정을 전혀 지키지 않은 채 B회사가 대출을 받을 수 있도록 하기 위하여 임의로 이 사건 양수도약정서 및 이 사건 사용인감계를 작성했다.[88]

[판결 12] 원래 주식회사의 지배인은 회사의 영업에 관하여 재판상 또는 재판 외의 모든 행위를 할 권한이 있으므로, 지배인이 직접 주식회사 명의 문서를 작성하는 행위는 위조나 자격모용사문서작성에 해당하지 않는 것이 원칙이고, 이는 그 문서의 내용이 진실에 반하는 허위이거나 권한을 남용하여 자기 또는 제3자의 이익을 도모할 목적으로 작성된 경우에도 마찬가지이다.[89]

그러나 회사의 내부규정 등에 의하여 각 지배인이 회사를 대리할 수 있는 행위의 종류, 내용, 상대방 등을 한정하여 그 권한을 제한한 경우에 그 제한된 권한 범위를 벗어나서 회사 명의의 문서를 작성하였다면, 이는 자기 권한 범위 내에서 권한 행사의 절차와 방식 등을 어긴 경우와 달리 문서위조죄에 해당한다. [판결 12]의 A 은행 내부규정은 지급보증 등 여신에 관하여 금액 규모 등에 따라 전결권자를 구분하고 나아가 여신 결재가 이루어진 것을 전제로 인감관리자의 결재를 받아 사용인감계를 작성하도록 하는 등으로 지급보증 등의 의사결정 권한을 상위 결재권자에게 부여하고 있으므로, 갑의 문서작성 행위는 제한된 지배인의 대리권한을 넘는 경우에 해당하여 사문서위조죄가 성립한다.

---

87) 대법원 2012. 6. 28. 선고 2010도690 판결.
88) 대법원 2012. 9. 27. 선고 2012도7467 판결.
89) 대법원 2012. 9. 27. 선고 2012도7467 판결.

3. 사문서 변조

[판결 15] 세무사 갑은 토지 매매계약서 사본의 매수인 A의 서명 앞부분에 마치 A가 개인 명의로 계약한 것이 아니라 ○씨△파 종중을 대리하여 계약을 체결한 것처럼 '○씨△파 대표'라는 문구를 부기하여'과세전적부심사청구서'에 첨부하여 중부지방국세청 납세자보호담당관실의 직원에게 제출했다.[90]

[판결 15] 사문서변조죄는 권한 없는 자가 이미 진정하게 성립된 타인 명의의 사문서 내용을 동일성을 해하지 않을 정도로 변경하여 새로운 증명력을 만드는 경우에 성립한다. 그러므로 사문서를 수정할 때 명의자가 명시적이거나 묵시적으로 승낙을 하였다면 사문서변조죄가 성립하지 않고, 행위 당시 명의자가 현실적으로 승낙하지는 않았지만 명의자가 그 사실을 알았다면 당연히 승낙했을 것이라고 추정되는 경우에도 사문서변조죄가 성립하지 않는다(대법원 2011. 9. 29. 선고 2010도14587 판결 등 참조). 매도인 B는 법원에 '피고인이 이 사건 매매계약서에 이 사건 문구를 기입하는 것에 대하여 당시 자신이 그 사정을 알았다면 당연히 승낙하였을 것이다'라는 취지의 사실확인서를 제출한 점 등을 종합하면, 이 사건 매매계약의 실제 매수인은 이 사건 종중이므로 이 사건 매매계약서의 작성명의인인 망 A의 상속인들과 B로서는 갑이 이 사건 매매계약서에 이 사건 문구를 기입한다는 것을 그 당시 알았더라면 이를 승낙하였을 것이므로 사문서변조죄는 성립하지 않는다.

[판결 05] 지하수 개발업자 갑은 1998. 3. 3.경 을 소유 임야에서 온천수가 나올 것으로 알고, 개발에 필요한 공사비는 갑이 전액 부담하고 온천수가 나오면 임야의 절반을 갑이 갖기로 하는 계약을 체결하고, 공증인사무소에서 "갑은 시공에 필요한 비용 전액을 부담한다. 온천구 시공 전 필요한 환경영향평가 등 준비비용과 온천구 허가 취득비용 및 예상치 못했던 일체의 비용을 전액 부담한다."라고 기재한 온천수개발합의서를 작성하여 인증서를 각 교부받았다. 갑은 병에게 도급을 주어 개발공사를 완료했으나 온천수는 나오지 않았고 공사비도 지급하지 못하게 되자 인증합의서를 고쳐 을을 상대로 공사대금청구소송을 제기하여 공사비 및 기타 투자비용을 받아내기로 마음먹었다. 갑은 인증합의서를 "온천구 시공 허가권 취득 비용 및 시공 외 필요한 일체의 비용은 을이 전액 부담한다."는 내용으로 고쳐 2001. 6. 26. 을에 대해 공사대금청구 소송을 제기하면서 소장에 고쳐진 인증서를 첨부 제출했으나 2002. 3. 28. 소취하 간주됨으로써 미수에 그쳤다.[91]

90) 대법원 2015. 11. 26. 선고 2014도781 판결.

[판결 05] 공증인법 제57조 제1항은 "사서증서의 인증은 당사자로 하여금 공증인의 면전에서 사서증서에 서명 또는 날인하게 하거나 사서증서의 서명 또는 날인을 본인이나 그 대리인으로 하여금 확인하게 한 후 그 사실을 증서에 기재함으로써 행한다."라고 규정하고 있다. 공증인이 사서증서에 대하여 하는 인증은 당해 사서증서에 나타난 서명 또는 날인이 작성명의인에 의하여 정당하게 성립하였음을 인증하는 것일 뿐 그 사서증서의 기재 내용을 인증하는 것은 아니다 .

그렇다면 사서증서 인증서 중 인증기재 부분은 공문서에 해당한다고 하겠으나, 위와 같은 내용의 인증이 있었다고 하여 사서증서의 기재 내용이 공문서인 인증기재 부분의 내용을 구성하는 것은 아니라고 할 것이므로, 이 사건과 같이 사서증서의 기재 내용을 일부 변조한 행위는 사문서변조죄이다.

Ⅱ. 제232조 [자격모용에 의한 사문서의 작성]

제232조(자격모용에 의한 사문서의 작성) 행사할 목적으로 타인의 자격을 모용하여 권리·의무 또는 사실증명에 관한 문서 또는 도화를 작성한 자는 5년 이하의 징역 또는 1천만원 이하의 벌금에 처한다.

1. 타인

제232조 '타인'에는 자연인뿐만 아니라 법인, 법인격 없는 단체를 비롯하여 거래관계에서 독립한 사회적 지위를 갖고 활동하고 있는 존재로 취급될 수 있으면 여기에 해당된다.92)

[판결 12] 갑은 조합장직무대행이 아닌데 관리처분총회에서 결의한 조합원 분담금의 금액은 일반분양아파트 14채의 수입금을 조합의 총분양수입에 포함하여 산출한 것이기에 일반분양아파트의 수입금을 나중에 조합이 취득한다 하더라도 당초 결의된 분담금 금액을 더 인하하는 것이 불가능함을 알고 있었음에도, "일반분양아파트 14채의 분양수입금을 찾아내어 그 수입금으로 조합원들의 분담금을 더 인하할 수 있다"라는 내용의 조합장직무대행명의 안내문을 작성, 조합원들에게 배포했다.93)

91) 대법원 2005. 3. 24. 선고 2003도2144 판결.
92) 대법원 2008. 2. 14. 선고 2007도9606 판결.
93) 대법원 2012. 5. 9. 선고 2010도2690 판결.

[판결 12] 갑은 안내문 발송 당시 조합장 직무대행의 지위에 있지 않았고, 갑 스스로도 이를 인식하고 있었으며, 위 안내문은 조합원들의 권리·의무의 변동 및 조합원들과 조합임원들 간의 법적 분쟁에 직·간접적으로 영향을 줄 수 있는 의사표시를 내용으로 하는 것으로서 자격모용사문서작성 및 동행사죄의 객체인 '사실증명에 관한 문서'에 해당한다.

> [판결 08] 주식회사의 적법한 대표이사로 선임된 갑이 이미 퇴임한'대평레미콘 주식회사 대표이사 을'로 표시하여 위 회사명의 문서를 작성했다. 그 문서 내용 중 일부가 진실에 반하는 허위였고 위 회사의 운영을 실질적으로 장악·통제하고 있던 1인 주주인 병의 구체적인 위임 또는 승낙도 받지 않았다.94)

[판결 08] 주식회사의 대표이사가 그 대표 자격을 표시하는 방식으로 작성된 문서에 표현된 의사 또는 관념이 귀속되는 주체는 대표이사 개인이 아닌 주식회사이므로, 그 문서의 명의자는 주식회사라고 보아야 한다. 따라서 위와 같은 문서 작성행위가 위조에 해당하는지는 그 작성자가 주식회사 명의의 문서를 적법하게 작성할 권한이 있는지에 따라 판단하여야 하고, 문서에 대표이사로 표시되어 있는 사람으로부터 그 문서 작성에 관하여 위임 또는 승낙을 받았는지에 따라 판단할 것은 아니다.

원래 주식회사의 적법한 대표이사는 회사의 영업에 관하여 재판상 또는 재판외의 모든 행위를 할 권한이 있으므로, 대표이사가 직접 주식회사 명의 문서를 작성하는 행위는 자격모용사문서작성 또는 위조에 해당하지 않는 것이 원칙이다. 이는 그 문서의 내용이 진실에 반하는 허위이거나 대표권을 남용하여 자기 또는 제3자의 이익을 도모할 목적으로 작성된 경우에도 마찬가지이다.

그리고 주식회사 대표이사의 대표권도 정관이나 주주총회 또는 이사회 결의 등에 의하여 적법하게 제한할 수 있는 것이지만, 회사의 운영을 실질적으로 장악·통제하고 있는 1인 주주가 적법한 대표이사의 권한 행사를 사실상 제한하고 있다는 것만으로는 대표이사의 대표권에 적법한 제한이 설정되었다고 할 수 없고, 대표이사가 권한을 행사하는 과정에서 단순히 그 1인 주주의 위임 또는 승낙을 받지 않았다고 하여 그 대표권 행사가 권한을 넘어서는 행위가 되는 것은 아니다. 갑의 행위는 사문서위조가 아니다.

> [판결 08-1] ○부동산 사무실의 대표는 갑이 아닌 을임에도 ○부동산 사무실에서, 권한 없이, 그곳에 비치된 부동산매매계약서 용지의 매매대금란에 '사억구천만원', 매도인란에 A, 공인중개사란에 ○부동산 대표 갑 등으로 기재한 다음 위 ○부동산 대표 갑의 이름 옆에 자신의 도장을 날인하는 방법으로, ○부동산 대표

94) 대법원 2008. 11. 27. 선고 2006도9194 판결.

을의 자격을 모용하여 부동산매매계약서 1통을 작성하고, 그 계약서를 그 정을 모르는 B에게 교부했다.[95)]

[판결 08-1] (1) 자격모용에 의한 사문서작성죄는 문서위조죄와 마찬가지로 **문서의 진정에 대한** 공공의 신용을 그 보호법익으로 한다.

(2) 행사할 목적으로 타인의 자격을 모용하여 작성된 문서가 일반인으로 하여금 당해 명의인의 권한 내에서 작성된 문서라고 믿게 할 수 있는 정도의 형식과 외관을 갖추고 있으면 성립한다.

(3) 자격모용에 의한 사문서작성죄에서의 '타인'에는 자연인뿐만 아니라 법인, 법인격 없는 단체를 비롯하여 거래관계에서 독립한 사회적 지위를 갖고 활동하고 있는 존재로 취급될 수 있으면 여기에 해당된다. 부동산중개사무소를 대표하거나 대리할 권한이 없는 사람이 부동산매매계약서의 공인중개사란에 ○부동산 대표 △(갑)라고 기재한 사안에서, ○부동산이라는 표기는 단순히 상호를 가리키는 것이 아니라 독립한 사회적 지위를 가지고 활동하는 존재로 취급될 수 있으므로 자격모용사문서작성죄의 '명의인'에 해당한다.

위와 같은 이유에서 갑의 행위는 자격모용사문서작성 및 동행사죄에 해당한다.

[판결 05] 공동주택건설사업을 추진하는 M주택조합의 장 A는 변호사 갑에게 공동주택사업의 시행 및 시공을 위한 업자를 선정하는 권한 일체를 위임하는 위임장을 작성하여 주었다. A는 갑이 위임계약의 내용에 반하여 업자들에게 보증금을 요구하는 등의 행위를 했다는 이유로, 2002. 3. 15.경 대리권의 위임을 해지한다는 내용의 내용증명우편을 발송했고 갑은 같은 달 18.경 수령했다. A는 같은 달 26.경에도 갑에게 같은 내용의 내용증명우편을 다시 발송했다. 갑은 이 내용증명우편을 받고서도 2002. 5. 10.경 자신의 법률사무소에서 K 주식회사 개발본부장 L과 M 주택조합과 K 주식회사가 공동주택단지 개발사업을 공동으로 추진한다는 내용의 '공동주택단지 개발사업 공동추진계약서'를 작성하고, M 주택조합의 대리인 변호사 갑이라고 기재 날인하는 방법으로 공동주택단지 개발사업 공동추진계약서 1장을 작성하여 L에게 교부했다.[96)]

[판결 05] 대리권은 대리권의 위임을 해지한다는 취지의 내용증명우편이 갑에게 송달됨으로써 적법하게 철회되었다. 따라서 갑이 K 주식회사와 계약을 체결할 당시 갑에게 대리권이 없었으며, 갑은 당시 미필적으로나마 대리권이 존재하지 아니하는

95) 대법원 2008. 2. 14. 선고 2007도9606 판결.

96) 대법원 2005. 4. 15. 선고 2004도6404 판결.

것을 인식하고 있었다고 봄이 상당하므로 갑에게 자격모용사문서작성과 동행사죄가 인정되었다.

[판결 92] 사문서의 작성명의인이 이미 사망한 자인 경우에는 그 문서의 작성일자가 명의인의 생존중의 일자로 된 경우가 아니면 사문서위조죄나 그 행사죄를 구성하지 않는 것이며, 이는 자격모용사문서작성죄나 그 행사죄에 있어서도 같다.[97)]

Ⅲ. 제232조의 2 [사전자기록 위작·변작]

제232조의2(사전자기록위작·변작) 사무 처리를 그르치게 할 목적으로 권리·의무 또는 사실증명에 관한 타인의 전자기록등 특수매체기록을 위작 또는 변작한 자는 5년 이하의 징역 또는 1천만원 이하의 벌금에 처한다.

[판결 1] 해외건설협회 업무진흥실 차장 갑은 허위의 전산자료를 변경 입력했다. 갑의 행위는 비록 원본파일의 변경까지 초래하지는 아니하였더라도 조작의 대상으로 삼은 전자기록은 컴퓨터에 연결된 모니터에 표시됨으로써 그 내용이 외부에 표출되는 것이기는 하지만, 단순히 모니터에 표시되는 화상형태로만 존재하는 것이 아니라 모니터에 표시되기 전에 작업자의 명령 처리를 위하여 임시기억장치인 램에 올라가 있었던 것이었다. 그 프로그램 처리 구조상 원본파일로부터 이와 같이 램에 올려지는 임시적 복제파일의 생성이 당연히 예정되어 있었다.[98)]

[판결 1] [1] 사전자기록위작·변작죄에서 말하는 권리의무 또는 사실증명에 관한 타인의 전자기록 등 특수매체기록이란 **일정한 저장매체**에 전자방식이나 자기방식에 의하여 **저장된 기록**을 의미한다.

[2] 비록 컴퓨터의 기억장치 중 하나인 램(RAM, Random Access Memory)이 임시기억장치 또는 임시저장매체이기는 하지만, 형법이 전자기록 위·변작죄를 문서위·변조죄와 따로 처벌하고자 한 입법취지, 저장매체에 따라 생기는 그 매체와 저장된 전자기록 사이의 결합강도와 각 매체별 전자기록의 지속성의 상대적 차이, 전자기록의 계속성과 증명적 기능과의 관계, 본죄의 보호법익과 그 침해행위의 태양 및 가벌성 등에 비추어 볼 때, 위 램에 올려진 전자기록 역시 사전자기록 위작·변작죄에서 말하는 전자기록 등 특수매체기록에 해당한다.

[3] 램에 올려진 전자기록은 원본파일과 불가분적인 것으로 원본파일의 개념적 연장선상에 있는 것이므로, 비록 원본파일의 변경까지 초래하지는 아니하였더라도 이러

97) 대법원 1992. 12. 24. 선고 92도2322 판결.
98) 대법원 2003. 10. 9. 선고 2000도4993 판결.

한 전자기록에 허구의 내용을 권한 없이 수정 입력한 것은 그 자체로 그러한 사전자기록을 변작한 행위의 구성요건에 해당된다고 보아야 할 것이며 그러한 수정입력의 시점에서 사전자기록 변작죄의 기수가 인정된다.99)

> [판결 2] 갑은 부산 동대신 1동 새마을금고의 부장으로서 위 금고의 예금 및 입·출금 업무를 총괄하는 자이다. 2006. 8. 3. 위 금고 사무실에서 같은 달 2. 위 금고 상조복지회로부터 위 금고의 전 이사장인 을에게 지급된 상조금 2,323,400원이 위 금고의 을 명의 예금계좌로 입금되자 위 금고가 을에 대해 가지고 있던 대출금 및 손해배상 채권의 실현을 담보하기 위해 그 정을 모르는 위 금고 여직원 병으로 하여금 그곳에 설치된 컴퓨터를 이용하여 위 예금 관련 컴퓨터 프로그램에 접속하여 을 명의의 예금계좌 출금 화면에 위 계좌 비밀번호를 임의로 입력한 후 위 2,323,400원을 위 예금계좌로부터 위 금고의 가수금계정으로 계좌이체하는 내용을 입력하게 했다.100)

[판결 2] 제232조의2 **전자기록**은 그 자체로서 객관적·고정적 의미를 가지면서 독립적으로 쓰이는 것이 아니라 개인 또는 법인이 전자적 방식에 의한 정보의 생성·처리·저장·출력을 목적으로 구축하여 설치·운영하는 시스템에서 쓰임으로써 예정된 증명적 기능을 수행하는 것이다. "사무처리를 그르치게 할 목적"이란 위작 또는 변작된 전자기록이 사용됨으로써 위와 같은 시스템을 설치·운영하는 주체의 사무처리를 잘못되게 하는 것을 말한다.

위 금고의 내부규정이나 여신거래기본약관이 효율적인 채권관리를 위해 필요한 경우에는 채무자의 예금을 그 채무자에 대한 채권과 상계하거나 상계에 앞서 일시적인 지급정지조치를 취할 수 있도록 규정하고 있음에 비추어, 채무자의 계좌에 입금된 돈을 그에 대한 채권확보를 위해 필요한 경우 채무자의 동의 없이 일시 위 금고의 가수금계좌로 이체할 수 있다. 갑은 위 금고의 예금 및 입·출금 업무를 총괄하는 지위에 있는 사람으로서 위 규정에 의거 을에 대한 기존의 채권확보를 위해 이사장의 결재를 받는 등 내부적인 절차를 밟아 그의 예금계좌에 있는 돈을 위 금고의 가수금계좌로 이체한 것임을 알 수 있으므로, 위 금고의 업무에 부합하는 것으로서 그 사무처리를 그르치게 할 목적이 있었다고 볼 수는 없고, 위 계좌이체 과정에 을의 비밀번호를 사용한 잘못이 있다 하여 달리 볼 것은 아니다.

99) [1], [2], [3] 모두 대법원 2003. 10. 9. 선고 2000도4993 판결.

100) 대법원 2008. 6. 12. 선고 2008도938 판결.

Ⅳ. 제234조 [위조 사문서 등의 행사]

> 제234조(위조사문서등의 행사) 제231조 내지 제233조의 죄에 의하여 만들어진 문서, 도화 또는 전자기록등 특수매체기록을 행사한 자는 그 각 죄에 정한 형에 처한다.

사문서위조죄의 객체가 되는 문서의 진정한 작성명의자가 누구인지는 문서의 표제나 명칭만으로 이를 판단하여서는 안 되고, 문서의 형식과 외관은 물론 문서의 종류, 내용, 일반 거래에서 그 문서가 가지는 기능 등 제반 사정을 종합적으로 참작하여 판단해야 한다.[101)]

> [판결 16] 갑이 A, B, C, D로부터 신축아파트에 대한 투자금을 지급받은 후 투자자들에게 각 투자보증서를 작성하여 교부하였는데, 투자보증서에는 말미에 ㄱ 주식회사"라는 문구가 인쇄되어 있고, 그 상단에 "건축대표: 을"이라는 문구가 인쇄되어 있었다. 각 투자보증서에는 전화번호, 주민번호 등 주로 피고인 개인을 가리키는 사항이 기재되거나 나타나 있고 ㄱ 회사를 지칭하는 것으로 볼 만한 표시는 문서 말미에 인쇄된 "ㄱ 회사"가 유일하며 또한 이 사건 각 투자보증서의 내용을 보더라도 명시적으로 ㄱ 회사가 아파트 신축사업을 한다거나 투자금을 수령하고 그 반환 주체가 된다고 볼 만한 부분은 없다.[102)]

[판결 16] 이 사건 각 투자보증서의 형식과 외관, 내용, 작성경위, 일반 거래에서 그 문서가 가지는 기능 등 위에서 본 제반 사정에서 이 사건 각 투자보증서의 작성명의자는 ㄱ 회사가 아니라 갑 개인으로 보아야 한다.

설령 갑이 이 사건 각 확인서를 작성하였더라도, 이는 갑이 ㄱ 회사의 '건축대표'라는 직함을 사용하여 작성한 것으로서 자격모용사문서작성죄를 구성할 여지가 있을 뿐 사문서위조죄는 성립하지 않는다. 나아가 각 확인서가 위조사문서임을 전제로 하는 위조사문서행사죄도 성립하지 않는다.

Ⅴ. 제236조 [사문서의 부정행사]

> 제236조(사문서의 부정행사) 권리·의무 또는 사실증명에 관한 타인의 문서 또는 도화를 부정행사한 자는 1년 이하의 징역이나 금고 또는 300만원 이하의 벌금에 처한다.

---

101) 대법원 2016. 10. 13. 선고 2015도17777 판결.

102) 대법원 2016. 10. 13. 선고 2015도17777 판결.

사문서부정행사죄는 사용권한자와 용도가 특정되어 작성된 권리의무 또는 사실증명에 관한 타인의 사문서 또는 사도화를 사용권한 없는 자가 사용권한이 있는 것처럼 가장하여 부정한 목적으로 행사하거나 또는 권한 있는 자라도 정당한 용법에 반하여 부정하게 행사하는 경우에 성립한다.[103]

> [판결 02] 갑은 절취한 을의 케이티 전화카드를 자신의 전화카드인 것처럼 공중전화기에 넣고 모두 1,706회에 걸쳐 사용했다.[104]

[판결 02] 사용자에 관한 각종 정보가 전자 기록되어 있는 자기띠가 카드번호와 카드발행자 등이 문자로 인쇄된 플라스틱 카드에 부착되어 있는 전화카드의 경우 그 자기띠 부분은 카드의 나머지 부분과 불가분적으로 결합되어 전체가 하나의 문서를 구성한다. 전화카드를 공중전화기에 넣어 사용하는 경우 비록 전화기가 전화카드로부터 판독할 수 있는 부분은 자기띠 부분에 수록된 전자기록에 한정된다고 할지라도, 전화카드 전체가 하나의 문서로서 사용된 것으로 보아야 하고 그 자기띠 부분만 사용된 것으로 볼 수는 없다. 따라서 갑이 절취한 전화카드를 공중전화기에 넣어 사용한 것은 권리의무에 관한 타인의 사문서를 부정행사한 경우에 해당한다.

> [판결 07] 갑은 2003년 초경부터 피해자 을·병이 운영하고 있던 과천시 소재 A 주식회사의 법률자문 역할을 담당하던 중 2004. 2. 16.경 위 을·정 간의 파산선고사건과 관련하여 재산목록을 작성하여 제출할 상황이 되자 '편의상 채권채무가 있는 것처럼 해 두자'는 취지로 제의하여 '금 5천만 원' 차용인 을 연대보증인 병으로 된 '차용증 및 이행각서'를 작성하여 이를 소지하고 있음을 기화로, 2005. 9. 9. 서울중앙지방법원에서 을, 병에게 금원을 대여한 사실이 없음에도 불구하고, 위와 같이 소지하게 된 '차용증 및 이행각서'를 첨부하여 금 5천만 원 및 이에 대한 이자를 구하는 취지로 대여금청구소장을 제출했다.[105]

[판결 07] '차용증 및 이행각서'는 그 작성명의인들이 자유의사로 작성한 문서로 그 **사용권한자가 특정**되어 있다고 할 수 없고 또 그 용도도 다양하다. 설령 갑이 그 작성명의인들의 의사에 의하지 아니하고 이 사건 '차용증 및 이행각서'상의 채권이 실제로 존재하는 것처럼 그 지급을 구하는 민사소송을 제기하면서 소지하고 있던 이 사건 '차용증 및 이행각서'를 법원에 제출하였다고 하더라도 그것이 사문서부정행사죄에 해당한다고 할 수 없다.

---

103) 대법원 2007. 3. 30. 선고 2007도629 판결.
104) 대법원 2002. 6. 25. 선고 2002도461 판결.
105) 대법원 2007. 3. 30. 선고 2007도629 판결.

제21장 인장에 관한 죄

§33. 인장 등 위조, 부정사용 죄

I. 제238조 [공인 등의 위조, 부정사용]

> 제238조(공인 등의 위조, 부정사용) ① 행사할 목적으로 공무원 또는 공무소의 인장, 서명, 기명 또는 기호를 위조 또는 부정사용한 자는 5년 이하의 징역에 처한다.
> ② 위조 또는 부정사용한 공무원 또는 공무소의 인장, 서명, 기명 또는 기호를 행사한 자도 전항의 형과 같다.
> ③ 전 2항의 경우에는 7년 이하의 자격정지를 병과할 수 있다.

1. 부정사용(제238조 제1항)

공기호인 자동차등록번호판의 '부정사용'이란 "진정하게 만들어진 자동차등록번호판을 권한 없는 자가 사용하든가, 권한 있는 자라도 권한을 남용하여 부당하게 사용하는 행위를 말하는 것"[1]이다.

2. 행사(제238조 제2항)

부정사용한 공기호인 자동차등록번호판을 마치 진정한 것처럼 그 용법에 따라 사용하는 행위를 말한다.[2]

3. 목적범

제238조는 목적범이다. 행사할 목적은 공인 등의 위조, 부정사용죄의 성립요건이다.

---

1) 대법원 1997. 7. 8. 선고 96도3319 판결.
2) 대법원 1997. 7. 8. 선고 96도3319 판결.

[판결 16] 갑은 을로부터 크레인 화물차량의 수리를 의뢰받고 견인차량을 이용하여 화물차량을 자신이 운영하는 자동차공업사로 견인하여 오던 중 이 사건 화물차량의 등록번호판을 분실했다. 을은 화물차량이 프레임이 부러져 지게차 대용으로 사용하려고 했고, 창고에서 지게차 대용으로 고정해 놓고 쓰더라도 등록번호판이 있어야 한다고 판단하여 갑에게 등록번호판을 찾아서 다시 부착해 달라고 요구했다. 갑은 분실한 등록번호판을 찾지 못했고 화물차량의 등록원부상의 소유자와 실제 차주가 일치하지 않아 자동차등록번호판의 재교부도 신청하지 못하고 있는 상황에서 을로부터 견적이 적게 나오는 업체로 차량을 옮긴다는 말을 듣고 보관 중이던 다른 차량의 등록번호판을 떼어 화물차 뒷부분에 부착했다. 이 과정에서 갑은 떼 낸 번호판에 흰색 페인트를 칠한 다음 검은색 페인트로 번호를 기재한 것으로 정교하지는 않으나 실제 자동차등록번호판과 모양, 크기, 글자의 배열 등이 유사하여 일반인은 진정한 번호판으로 오신하게 할 수 있었다.[3)]

[판결 16] '행사할 목적'으로 공기호인 자동차등록번호판을 위조한 경우, 공기호위조죄가 성립한다. 이 때 '행사할 목적'이란 위조한 자동차등록번호판을 마치 진정한 것처럼 그 용법에 따라 사용할 목적을 말한다. 또한 '위조한 자동차등록번호판을 그 용법에 따라 사용할 목적'이란 위조한 자동차등록번호판을 자동차에 부착하여 운행함으로써 일반인으로 하여금 자동차의 동일성에 관한 오인을 불러일으킬 수 있도록 하는 것을 말한다.[4)]

갑은 위조한 자동차등록번호판을 이 사건 화물차량에 부착하여 이 사건 화물차량을 자신이 운영하는 작업장에서 다른 장소로 이동시키거나 화물차량의 실제 소유자인 을이 이를 인수받아 그 용법에 따라 사용하는 것을 전제로 자동차등록번호판을 부착하지 않아 발생할지 모르는 문제를 사전에 예방하기 위하여 자동차등록번호판을 위조한 것으로 행사할 목적으로 공기호인 자동차등록번호판을 위조한 것이다.

[판결 07] 갑과 을은 절취한 쏘나타 승용차의 번호판을 떼어낸 후 미리 절취하여 소지하고 있던 포텐샤 승용차의 번호판을 임의로 부착하여 운행했다.[5)]

[판결 07] 쏘나타차량의 절취는 특수절도, 자동차등록번호판을 떼어낸 행위는 자동차관리법 제81조 제1호, 제10조 제2항, 포텐샤 승용차의 번호판을 쏘나타 승용차에

3) 대법원 2016. 4. 29. 선고 2015도1413 판결
4) 대법원 2016. 4. 29. 선고 2015도1413 판결.
5) 대법원 2007. 9. 6. 선고 2007도4739 판결.

부착함으로써 부정사용한 행위는 제238조 제1항, 번호판을 부정사용한 자동차를 운행한 행위는 형법 제238조 제2항, 제1항에 각각 해당한다. 각 죄는 경합범이다.

> [판결 82] 갑은 을로부터 택시미터기의 빈차 표시판과 택시지붕위의 보안 등에 대한 신호장치의 수리를 위탁받아 자신이 경영하는 계량기공사에서 택시미터기의 두부검정납봉의 봉인철사를 절단한 다음, 그 뒷면 철판을 열고 위 각 장치에 전등이 켜지도록 수리한 다음 절단한 위 봉인으로서 택시미터기를 재봉인했다.6)

[판결 82] 봉인철사를 절단한 이상 이를 다시 부착하려면 소관 검정기관에서만 할 수 있고 다른 기관이나 사람이 검정납봉을 부착할 수 없으므로 피고인 갑이 마음대로 동 검정납봉을 재봉인 부착한 소위는 형법 제238조 제2항에 규정된 공무소의 기호를 부정 사용한 때에 해당된다.

Ⅱ. 제239조 [사인 등의 위조, 부정사용]

> 제239조(사인 등의 위조, 부정사용) ① 행사할 목적으로 타인의 인장, 서명, 기명 또는 기호를 위조 또는 부정사용한 자는 3년 이하의 징역에 처한다.
> ② 위조 또는 부정사용한 타인의 인장, 서명, 기명 또는 기호를 행사한 때에도 전항의 형과 같다.

1. 위 조

(1) 외관

사서명 등 위조죄가 성립하려면 서명 등이 일반인으로 하여금 특정인의 진정한 서명 등으로 오신하게 하기에 충분한 정도이어야 한다. 진정한 서명 등으로 오신하기에 충분한 정도인지 여부는 그 서명 등의 형식과 외관, 작성경위 등을 고려하여야 할 뿐만 아니라 그 서명 등이 기재된 문서에 있어서의 서명 등 기재의 필요성, 그 문서의 작성경위, 종류, 내용 및 일반거래에 있어서 그 문서가 가지는 기능 등도 함께 고려하여 판단한다.7)

6) 대법원 1982. 6. 8. 선고 82도138 판결.
7) 대법원 2011. 3. 10. 선고 2011도503 판결.

(2) 기수시점

어떤 문서에 권한 없는 자가 타인의 서명 등을 기재하는 경우에는 그 문서가 완성되기 전이라도 일반인으로서는 그 문서에 기재된 타인의 서명 등을 그 명의인의 진정한 서명 등으로 오신할 수도 있으므로, 일단 서명 등이 완성된 이상 문서가 완성되지 않은 경우에도 서명 등의 위조죄는 성립한다.8)

[판결 11] 갑은 자신이 을인 것처럼 행세하면서 피의자 조사를 받은 다음 신분이 탄로 나기 전에 이미 경찰관 병에 의하여 작성된 피의자신문조서의 말미에 을의 서명 및 무인을 하고, 을의 이름이 기재된 수사과정확인서에 무인했다.9)

[판결 11] 수사기관이 수사대상자의 진술을 기재한 후 진술자로 하여금 그의 면전에서 조서의 말미에 서명 등을 하도록 한 후 그 자리에서 바로 회수하는 수사서류의 경우에는 그 진술자가 그 문서에 서명 등을 하는 순간 바로 수사기관이 열람할 수 있는 상태에 놓이게 되는 것이므로, 그 진술자가 마치 타인인 양 행세하며 타인의 서명 등을 기재한 경우 그 서명 등을 수사기관이 열람하기 전에 즉시 파기하였다는 등의 특별한 사정이 없는 이상 그 서명 등 기재와 동시에 위조사서명 등 행사죄가 성립한다. 그와 같이 위조사서명 등 행사죄가 성립된 직후에 수사기관이 위 서명 등이 위조된 것임을 알게 되었다고 하더라도 이미 성립한 위조사서명 등 행사죄를 부정할 수 없다.

[판결 05] 갑은 음주 및 무면허운전으로 경찰서에서 조사 받으면서 조카인 을로 행세하며 조사를 받은 후, 피의자신문조서에 을의 이름을 기재하여 경찰관 병에게 교부했다. 갑은 병으로부터 피의자신문조서에 간인 및 서명 무인할 것을 요구받고 피의자신문조서의 '진술자'란에 '을'이라고 기재했으나, 무인 및 간인을 하기 전 병이 십지지문 조회를 통하여 갑이 을이 아닌 사실을 알아내어 이를 추궁했고, 이에 갑은 자신이 을이 아님을 자백했다.10)

[판결 05] 갑은 을로 행세하면서 피의자로서 조사를 받은 다음 신분이 탄로 나기 이전에 이미 경찰관 병에 의해 작성된 피의자신문조서의 말미에 을의 서명을 기재했다. 비록 갑의 간인이나 무인이 끝나지 않았고 조사한 경찰관 병의 서명날인이 완료되지 않아 피의자신문조서가 완성되지 않았다고 하더라도, 일반인이 보기에 위 서명

8) 대법원 2011. 3. 10. 선고 2011도503 판결.
9) 대법원 2011. 3. 10. 선고 2011도503 판결.
10) 대법원 2005. 12. 23. 선고 2005도4478 판결.

이 갑에 의하여 현출된 것이라고 오신하기에 충분하므로 사서명위조죄는 성립하였다. 또 피의자신문조서가 경찰관에 의해 작성되고 경찰관의 면전에서 경찰관의 요구에 의해 서명하게 되는 경위 등에 비추어 보면, 갑이 을의 서명을 기재함과 동시에 그 서명은 경찰관 등이 열람할 수 있는 상태에 놓이게 되어 그 즉시 위조사서명행사죄도 성립한다. 그 이후 갑의 간인이나 조사 경찰관의 서명날인 등이 완료되기 전에 조사 경찰관 병이 그 서명이 위조된 사실을 알았다고 하더라도 이와 같은 사정은 사서명위조죄나 그 행사죄의 성립과는 무관하다.

[판결 10] 아파트 입주민대표 갑 등은 동대표 A의 허위학력을 아파트 주민들에게 공고문 형식으로 알리면서 공고문의 신뢰성을 높이고자 공고문에 사인장인 고려대학교 교무처장 명의의 직인을 나타내기로 합의했다. 주민대표회장 갑은 A4 용지에 "공고, A는 고대 가정과를 졸업하였다며 지난번 동대표 선거에서 103동 대표로 당선되었고…확인 결과 허위였음이 확인되었습니다. 고려대학교 교무처장 회신으로 확인되었습니다. 이로 인하여 A는 103동 동대표로서 자격 상실되었음을 공고하는 바입니다. 2008. 1. 15. 주공1단지 주민대표회 회장 갑, 부회장 을, 부장 병, 총무 정, 고문 무, 자문위원 ㄱ, ㄴ, ㄷ, ㄹ이라고 각 기재한 후 그 용지에 고려대학교 교무처장 명의의 학력조회 회보에 날인된 교무처장 명의의 직인을 복사한 후 이를 그 공고문에 오려붙인 후 이를 다시 복사했고, 각자 자신의 이름 옆에 각자의 도장을 날인했다. 병, 정은 2008. 1. 15.경 공모한 대로에 따라 위 아파트 101동부터 110동까지의 각 동 게시판에 위 공고문을 게시함으로써 사인장인 고려대학교 교무처장의 직인을 행사했다.11)

[판결 10] 공고문에 현출된 고려대학교 교무처장의 직인은 그 형식과 외관에서 진정한 직인과 일치하고 일반인이 일견 보아서는 직인의 인영이 "고려대학교 교무처장"의 인영이라는 것을 쉽게 알기 어렵다. 공고문 하단에 "주공1단지 주민대표회"라고 기재된 옆에 " △△주공아파트1단지동대표회의" 직인이 찍혀 있고, 위 주민대표회 회장, 부회장 등 직책 옆에 갑, 을 등의 기명 및 날인이 되어 있으며 기명 및 날인이 되어 있는 우측 상단에 "교무처장"이라는 기재 위에 겹쳐 "고려대학교 교무처장"직인이 현출되어 있어, 일반인들이 일응 보기에 위 아파트 동대표회의 직인이나 주민대표회 임원들의 날인과 같은 경위로 교무처장의 직인이 현출된 것으로 오신할 수 있을 것으로 보인다.

피고인들은 고려대학교 교무처장으로부터 받은 회신을 첨부하거나 게시하지 않고 그 회신의 직인 부분만을 이 사건 공고문에 현출함으로써 이 사건 공고문 자체의 신뢰도를 높이기 위한 의도에서 위 교무처장 직인을 현출한 것이고 달리 이 사건 공고

11) 대법원 2010. 1. 14. 선고 2009도5929 판결.

문 자체에 위 교무처장의 직인을 현출할 필요성이 있었다고 보이지 않는 점 등을 알 수 있다.

갑 등은 사인장을 위조한 것이고, 아파트 101동부터 110동까지의 각 동 게시판에 위 공고문을 게시한 병과 정은 위조한 사인장인 고려대학교 교무처장의 직인을 행사한 것이다.[12)]

> [판결 92] 형법 제239조 제1항 소정의 인장위조죄는 그 명의인의 의사에 반하여 위법하게 행사할 목적이 인정되어야 한다. 타인의 인장을 조각할 당시에는 미처 그 명의인의 승낙을 얻지 아니하였다고 하더라도 인장을 조각하여 그 명의인의 승낙을 얻어 그 명의인의 문서를 작성하는 데 사용할 의도로 인장을 조각했으나 명의인의 승낙을 얻지 못해 사용하지 않고 명의인에게 돌려주었다면, 특별한 사정이 없는 한 행사의 목적이 있었다고 인정할 수 없다.[13)]

12) 대법원 2010. 1. 14. 선고 2009도5929 판결.
13) 대법원 1992. 10. 27. 선고 92도1578 판결.

제22장 성 풍속에 관한 죄

제242조(음행매개) 영리의 목적으로 사람을 매개하여 간음하게 한 자는 3년 이하의 징역 또는 1천500만원 이하의 벌금에 처한다.
제243조(음화반포 등) 음란한 문서, 도화, 필름 기타 물건을 반포, 판매 또는 임대하거나 공연히 전시 또는 상영한 자는 1년 이하의 징역 또는 500만원 이하의 벌금에 처한다.
제244조(음화제조 등) 제243조의 행위에 공할 목적으로 음란한 물건을 제조, 소지, 수입 또는 수출한 자는 1년 이하의 징역 또는 500만원 이하의 벌금에 처한다.
제245조(공연음란)공연히 음란한 행위를 한 자는 1년 이하의 징역, 500만원 이하의 벌금, 구류 또는 과료에 처한다.

§ 34. 성 풍속에 관한 죄

Ⅰ. 제243조 [음화반포 등]

1. 음란

(1) 뜻

제243조 '음란'이란 사회통념상 일반 보통인의 성욕을 자극하여 성적 흥분을 유발하고 정상적인 성적 수치심을 해하여 성적 도의관념에 반하는 것을 뜻한다.

어떤 물건을 음란하다고 평가하려면 그 물건을 전체적으로 관찰하여 볼 때 단순히 저속하다는 느낌을 주는 정도를 넘어 사람의 존엄성과 가치를 심각하게 훼손·왜곡하였다고 평가할 수 있을 정도로 노골적으로 사람의 특정 성적 부위 등을 적나라하게 표현 또는 묘사하는 것이어야 한다.[1)]

(2) 헌법과의 관계

헌법 제22조 제1항, 제21조 제1항에서 기본권으로 보장되는 문학에 있어서의

---

1) 대법원 2014. 7. 24. 선고 2013도9228 판결.

표현의 자유도 헌법 제21조 제4항, 제37조 제2항에서 공중도덕이나 사회윤리를 침해하는 경우에는 이를 제한할 수 있다. 형법에서는 건전한 성적 풍속 내지 성도덕을 보호하기 위하여 제243조에서 음란한 문서를 판매한 자를, 제244조에서 음란한 문서를 제조한 자를 각 처벌하도록 규정하고 있으므로, 문학작품이라고 하여 무한정의 표현의 자유를 누려 어떠한 성적 표현도 가능하다고 할 수는 없고 그것이 건전한 성적 풍속이나 성도덕을 침해하는 경우에는 형법규정에 의하여 이를 처벌할 수 있다.

(3) 법의 해석

일반적으로 법규는 그 규정의 문언에 표현력의 한계가 있을 뿐만 아니라 그 성질상 어느 정도의 추상성을 가지는 것은 불가피하다. 제243조, 제244조에서 규정하는 "음란"은 평가적, 정서적 판단을 요하는 규범적 구성요건 요소이고, "음란"이란 개념이 일반 보통인의 성욕을 자극하여 성적 흥분을 유발하고 정상적인 성적 수치심을 해하여 성적 도의관념에 반하는 것이라고 풀이되고 있으므로 이를 불명확하다고 볼 수 없다. 따라서 형법 제243조와 제244조의 규정이 죄형법정주의에 반하는 것이라고 할 수 없다.[2)]

(4) 적용기준

음란 여부의 판단은 행위자의 주관적 의도 등이 아니라 그 사회의 평균인의 입장에서 그 시대의 건전한 사회통념에 따라 객관적이고 규범적으로 평가해야 한다.[3)]

'음란'이라는 개념이 사회와 시대적 변화에 따라 변동하는 상대적이고도 유동적인 것이고, 그 시대에 있어서 사회의 풍속, 윤리, 종교 등과도 밀접한 관계를 가지는 추상적인 것이므로, 구체적인 판단에 있어서는 사회통념상 일반 보통인의 정서를 그 판단의 규준으로 삼을 수밖에 없다고 할지라도, 이는 일정한 가치판단에 기초하여 정립할 수 있는 규범적인 개념이므로, '음란'이라는 개념을 정립하는 것은 물론 구체적인 표현물의 음란성 여부도 종국적으로는 법원이 판단해야 한다.

한편, 영화나 비디오물 등에 관한 영상물등급위원회의 등급분류는 관람자의 연령을 고려하여 영화나 비디오물 등의 시청 등급을 분류하는 것일 뿐 그 음란성 여부에 대하여 심사하여 판단하는 것이 아니므로, 법원이 영화나 비디오물 등의 음란성 여부를 판

---

2) 대법원 1995. 6. 16. 선고 94도2413 판결.
3) 대법원 2014. 6. 12. 선고 2013도6345 판결.

단하는 과정에서 영상물등급위원회의 등급분류를 참작사유로 삼을 수는 있겠지만, 영상물등급위원회에서 18세 관람가로 등급 분류했다고 해서 그 영화나 비디오물 등의 음란성이 당연히 부정된다거나 영상물등급위원회의 판단에 법원이 기속되지는 않는다.4)

'음란'이라는 개념은 사회와 시대적 변화에 따라 변동하는 상대적이고도 유동적인 것으로 그 시대에 있어서 사회의 풍속, 윤리, 종교 등과도 밀접한 관계를 가지는 추상적인 것이므로 구체적인 판단에 있어서는 사회통념상 일반 보통인의 정서를 그 판단의 규준으로 삼을 수밖에 없다. 이는 법관이 일정한 가치판단에 의하여 내릴 수 있는 규범적인 개념이어서 최종적인 판단의 주체는 어디까지나 당해 사건을 담당하는 법관이라 할 것이니, 음란성을 판단함에 있어 법관이 자신의 정서가 아닌 일반 보통인의 정서를 규준으로 하여 이를 판단하면 족한 것이지 법관이 일일이 일반 보통인을 상대로 과연 당해 문서나 도화 등이 그들의 성욕을 자극하여 성적 흥분을 유발하거나 정상적인 성적 수치심을 해하여 성적 도의관념에 반하는 것인지의 여부를 묻는 절차를 거쳐야만 되는 것은 아니다.5)

2. 판례

(1) 컴퓨터파일

[판결 98] 갑, 을은 컴퓨터통신정보제공자로 일하고 있는 A와 공모하여, 1997. 4.경부터 같은 해 12.경까지 컴퓨터정보통신회사인 B 주식회사를 설립하여 'BIG'이라는 사설게시판을 개설하여 수수료를 받고서 음란한 영상화면을 수록한 컴퓨터 프로그램파일 73개를 컴퓨터 통신망을 통하여 전송하는 방법으로 판매했다.6)

[판결 98] 제243조는 음란한 문서, 도화, 필름 기타 물건을 반포, 판매 또는 임대하거나 공연히 전시 또는 상영한 자에 대한 처벌 규정이다. 갑, 을이 판매했다는 컴퓨터 프로그램파일은 위 규정에서 규정하고 있는 문서, 도화, 필름 기타 물건에 해당한다고 할 수 없으므로 갑, 을의 위와 같은 행위에 대하여 전기통신기본법 제48조의2의 규정을 적용할 수 있음은 별론으로 하고 형법 제243조의 규정을 적용할 수는 없다.

4) 대법원 2008. 3. 13. 선고 2006도3558 판결.
5) 대법원 1995. 2. 10. 선고 94도2266 판결.
6) 대법원 1999. 2. 24. 선고 98도3140 판결.

(2) 음란문서

> [판결 00] 소설가 갑이 을 출판사와 출판계약을 체결한 다음 음란소설을 저작하여 책으로 발간하고 판매한 것은 제243조의 음화제조 및 판매에 해당한다.[7)]

(3) 음란도화

> [판결 02] 교복을 입은 여고생이 성인 남자의 성기를 빨고 있는 모습, 교복을 입은 여고생이 팬티를 벗어 음부와 음모를 노출시킨 모습 등을 극히 사실적으로 묘사하고 있는 문서로 그 표지 안쪽에 청소년 성매매를 옹호하는 듯한 문구를 기재하고 위 그림들을 그대로 수록한 것은 모두 보통 사람들의 성적 수치심과 선량한 성적 도의관념을 침해하는 음란한 도화 및 문서에 해당한다.

[판결 02] '음란한 도화'라 함은 당해 도화의 성에 관한 노골적이고 상세한 표현의 정도와 그 수법, 당해 도화의 구성 또는 예술성, 사상성 등에 의한 성적 자극의 완화의 정도, 이들의 관점으로부터 당해 도화를 전체로서 보았을 때 주로 독자의 호색적 흥미를 돋구는 것으로 인정되느냐의 여부 등을 검토, 종합하여 그 시대의 건전한 사회통념에 비추어 판단한다.

예술성과 음란성은 차원을 달리하는 관념이므로 어느 예술작품에 예술성이 있다고 하여 그 작품의 음란성이 당연히 부정되는 것은 아니다. 다만 그 작품의 예술적 가치, 주제와 성적 표현의 관련성 정도 등에 따라서는 그 음란성이 완화되어 결국은 형법이 처벌대상으로 삼을 수 없게 되는 경우가 있을 수 있을 뿐이다.[8)]

> [판결 97] 사진첩에 남자 모델이 전혀 등장하지 아니하고 남녀 간의 정교 장면에 관한 사진이나 여자의 국부가 완전히 노출된 사진이 수록되어 있지 않다 하더라도, 그 사진들이 음란한 도화에 해당한다.[9)]

(4) 음란한 물건

음란한 '물건'이란 성욕을 자극하거나 흥분 또는 만족케 하는 물건들로서 일

---

7) 대법원 2000. 10. 27. 선고 98도679 판결.

8) 대법원 2002. 8. 23. 선고 2002도2889 판결.

9) 대법원 1997. 8. 22. 선고 97도937 판결.

반인의 정상적인 성적 수치심을 해치고 선량한 성적 도의관념에 반하는 것을 의미한다. 어떤 물건이 음란한 물건에 해당하는지 여부는 행위자의 주관적 의도나 반포, 전시 등이 행하여진 상황에 관계없이 그 물건 자체에 관하여 객관적으로 판단해야 한다.10)

[판결 03] 갑은 자신이 경영하는 성인용품점에서 형태가 여성의 성기와 유사한 남성용 자위기구 일명 '체이시'를 전시 판매했다.11)

[판결 03] 남성용 자위기구가 그 시대적 수요가 있고 어느 정도의 순기능을 하고 있으며 은밀히 판매되고 사용되는 속성을 가진 것은 사실이나, 이 사건 기구는 사람의 피부에 가까운 느낌을 주는 실리콘을 재질로 사용하여 여성의 음부, 항문, 음모, 허벅지 부위를 실제와 거의 동일한 모습으로 재현하는 한편, 음부 부위는 붉은 색으로, 음모 부위는 검은 색으로 채색하는 등 그 형상 및 색상 등에 있어서 여성의 외음부를 그대로 옮겨놓은 것이나 진배없는 것으로서, 여성 성기를 지나치게 노골적으로 표현함으로써 사회통념상 그것을 보는 것 자체만으로도 성욕을 자극하거나 흥분시킬 수 있고 일반인의 정상적인 성적 수치심을 해치고 선량한 성적 도의관념에 반한다.12)

[판결 09] 갑은 인터넷사이트에서 집단 성행위(일명 '스와핑') 목적의 카페를 개설, 운영하면서 남녀 회원을 모집한 후 특별모임을 빙자하여 집단으로 성행위를 하고 그 촬영물이나 사진 등을 카페에 게시했다.13)

정보통신망 이용촉진 및 정보보호 등에 관한 법률
제44조의7(불법정보의 유통금지 등) ① 누구든지 정보통신망을 통하여 다음 각 호의 어느 하나에 해당하는 정보를 유통하여서는 아니 된다.
1. 음란한 부호·문언·음향·화상 또는 영상을 배포·판매·임대하거나 공공연하게 전시하는 내용의 정보
제65조(벌칙) ① 다음 각 호의 어느 하나에 해당하는 자는 1년 이하의 징역 또는 1천만원 이하의 벌금에 처한다.
2. 제44조의7제1항제1호의 규정을 위반하여 음란한 부호·문언·음향·화상 또는 영상을 배포·판매·임대하거나 공연히 전시한 자

---

10) 대법원 2003. 5. 16. 선고 2003도988 판결.
11) 대법원 2003. 5. 16. 선고 2003도988 판결.
12) 대법원 2003. 5. 16. 선고 2003도988 판결.
13) 대법원 2009. 5. 14. 선고 2008도10914 판결.

[판결 09] 이 사건 법률 규정은 초고속 정보통신망의 광범위한 구축과 그 이용촉진 등에 따른 음란물의 폐해를 막기 위하여 마련된 것이고, 여기서 '공연히 전시'한다고 함은 불특정 또는 다수인이 실제로 음란한 부호·문언·음향 또는 영상을 인식할 수 있는 상태에 두는 것을 의미한다.

카페가 회원제로 운영되는 등 제한적이고 회원들 상호간에 위 음란물을 게시, 공유해 왔다고 해여도 위 카페의 회원수 등에 비추어 갑은 정보통신망을 이용하여 음란물을 다수인이 인식할 수 있는 상태로 전시한 사실이 인정된다.[14)]

Ⅱ. 제245조 [공연음란]

1. 구성요건

'음란한 행위'란 일반 보통인의 성욕을 자극하여 성적 흥분을 유발하고 정상적인 성적 수치심을 해하여 성적 도의관념에 반하는 것을 가리킨다.

'공연음란죄'는 주관적으로 성욕의 흥분, 만족 등의 성적인 목적이 있어야 성립하는 것은 아니고 그 행위의 음란성에 대한 의미의 인식이 있으면 족하다.[15)]

> [판결 05] 갑은 A, B 협동조합이 새로 개발하여 시판하는 요구르트 제품의 홍보를 위하여 전라의 여성 누드모델들을 출연시켜 공연을 하기로 한 후, 2003. 1. 26. 16:10경부터 16:20경까지 사이에(실제공연시간은 약 3분), 화랑인 인사아트플라자갤러리에서, 일반 관람객 70여 명 및 기자 10여 명 등을 입장시켜 관람하게 하면서, 여성 누드모델인 을, 병, 정이 알몸에 밀가루를 바르고 무대에 나와 분무기로 요구르트를 몸에 뿌려 밀가루를 벗겨내는 방법으로 알몸을 완전히 드러내어 음부 및 유방 등이 노출된 상태에서 무대를 돌며 관람객들을 향하여 요구르트를 던져 주었다.[16)]

[판결 05] 모델들의 행위는 비록 성행위를 묘사하거나 성적인 의도를 표출하는 행위는 아니라고 하더라도 일반 보통인의 성욕을 자극하여 성적 흥분을 유발하고 정상적인 성적 수치심을 해하여 성적 도의관념에 반하는 음란한 행위에 해당하는 것이다. 한편 위 행위가 요구르트로 노폐물을 상징하는 밀가루를 씻어내어 깨끗한 피부를 탄생시킨다는 취지의 메시지를 전달하는 행위예술로서의 성격을 전혀 가지고 있지 않다

14) 대법원 2009. 5. 14. 선고 2008도10914 판결.
15) 대법원 2004. 3. 12. 선고 2003도6514 판결.
16) 대법원 2006. 1. 13. 선고 2005도1264 판결.

고 단정할 수는 없으나, 주된 목적은 요구르트 제품을 홍보하려는 상업적인 데에 있었고, 이루어진 신체노출의 방법 및 정도가 위와 같은 제품홍보를 위한 행위에 있어 필요한 정도를 넘어섰으므로, 그 음란성을 부정할 수는 없다.

[판결 04] 갑은 A 경영의 상점 내에서, 자신의 동서인 B가 위 상점 앞에 주차한 차량으로 인하여 A와 말다툼하였을 때, A가 자신에게 "술을 먹었으면 입으로 먹었지 똥구멍으로 먹었냐"라며 말했다는 이유로, 다시 A의 상점으로 찾아가 가게를 보고 있던 A의 23세 딸 을에게 소리 지르면서, 그 앞에서 바지와 팬티를 무릎까지 내린 후 엉덩이를 들이밀며 "내 항문에 술을 부어라"라고 말했다.17)

[판결 04] 경범죄처벌법 제1조 제41호가 '여러 사람의 눈에 뜨이는 곳에서 함부로 알몸을 지나치게 내놓거나 속까지 들여다보이는 옷을 입거나 또는 가려야 할 곳을 내어 놓아 다른 사람에게 부끄러운 느낌이나 불쾌감을 준 사람'을 처벌하도록 규정하고 있는 점 등에 비추어 볼 때, 신체의 노출행위가 있었다고 하더라도 그 일시와 장소, 노출 부위, 노출 방법·정도, 노출 동기·경위 등 구체적 사정에 비추어, 그것이 일반 보통인의 성욕을 자극하여 성적 흥분을 유발하고 정상적인 성적 수치심을 해하는 것이 아니라 단순히 다른 사람에게 부끄러운 느낌이나 불쾌감을 주는 정도에 불과하다고 인정되는 경우 그와 같은 행위는 경범죄처벌법 제1조 제41호에 해당할지언정, 형법 제245조의 음란행위에 해당한다고 할 수 없다.

[판결 00] 갑은 중부고속도로에서 승용차를 운전하여 가던 중 앞서가던 을의 승용차가 진로를 비켜주지 않는다는 이유로 그 차를 추월하여 정차하게 한 다음, 승용차를 손괴하고 그 안에 타고 있던 병을 때려 상해를 가하는 등의 행패를 부리다가 신고를 받고 출동한 경찰관이 이를 제지하려고 하자, 시위조로 주위에 운전자 등 사람이 많이 있는 가운데 옷을 모두 벗어 알몸의 상태로 바닥에 드러눕거나 돌아다녔다.18)

[판결 00] 갑이 불특정 또는 다수인이 알 수 있는 상태에서 옷을 모두 벗고 알몸이 되어 성기를 노출한 행위는 일반적으로 보통인의 정상적인 성적 수치심을 해하여 성적 도의관념에 반하는 음란한 행위이다. 또 갑이 승용차를 손괴하거나 타인에게 상해를 가하는 등의 행패를 부리던 중 경찰관이 이를 제지하려고 하자 이에 대항하여 위와 같은 행위를 한 데에는 알몸이 되어 성기를 드러내어 보이는 것이 타인의 정상적인 성적 수치심을 해하는 음란한 행위라는 인식도 있었다고 할 것이다.

---

17) 대법원 2004. 3. 12. 선고 2003도6514 판결.

18) 대법원 2000. 12. 22. 선고 2000도4372 판결.

[판결 96] 갑은 연극 제5장에서 옷을 모두 벗은 채 팬티만 걸친 상태로 침대위에 누워 있고, 여주인공인 을은 뒤로 돌아선 자세로 입고 있던 가운을 벗고 관객들에게 온몸이 노출되는 완전나체 상태로 침대위의 갑에게 다가가서 끌어 안고 서로 격렬하게 뒹구는 등 그녀가 갑을 유혹하여 성교를 갈구하는 장면을 연기하고, 제6장 마지막 부분에 이르러 갑이 을을 폭행하여 실신시킨 다음 침대 위에 쓰러져 있는 을에게 다가가서 입고 있던 옷을 모두 벗기고 관객들에게 정면으로 그녀의 전신 및 음부까지 노출된 완전나체의 상태로 만든 다음, 그녀의 양손을 끈으로 묶어 창틀에 매달아 놓고 자신은 그 나신을 유심히 내려다 보면서 자위행위를 하는 장면을 7 내지 8분 동안 연기했다. 위 연기들은 평균 250명에 이르는 남녀 관객이 지켜보는 가운데 그들 관람석으로부터 4-5m도 되지 않는 거리 내에 설치되어 있는 무대 위에서 위 배우들의 신체 각 부분을 충분히 관찰할 수 있을 정도의 조명 상태에서 행해졌다.19)

[판결 96] 연극공연행위의 음란성의 판단에 있어서는 당해 공연행위의 성에 관한 노골적이고 상세한 묘사·서술의 정도와 그 수법, 묘사·서술이 행위 전체에서 차지하는 비중, 공연행위에 표현된 사상 등과 묘사·서술과의 관련성, 연극작품의 구성이나 전개 또는 예술성·사상성 등에 의한 성적 자극의 완화의 정도, 이들의 관점으로부터 당해 공연행위를 전체로서 보았을 때 주로 관람객들의 호색적 흥미를 돋구는 것으로 인정되느냐의 여부 등의 여러 점을 검토하는 것이 필요하고, 이들의 사정을 종합하여 그 시대의 건전한 사회통념에 비추어 그것이 공연히 성욕을 흥분 또는 자극시키고 또한 보통인의 정상적인 성적 수치심을 해하고, 선량한 성적 도의관념에 반하는 것이라고 할 수 있는가의 여부에 따라 결정되어야 할 것이다.

갑이 위 행위들의 음란성을 인식하지 못하였다고 하더라도 객관적으로 음란하다고 인정되는 위 행위들을 공연히 하고 있다는 것을 인식하고 있으면 되고 그 이상 더 나아가서 위 행위들이 음란한 것인가 아닌가를 인식할 필요는 없다.

갑이 공연윤리위원회 소관부서의 평가를 거친 후에 위 연극을 공연하는 등 음란성에 대한 주관적 인식 없이 위 공연행위를 했다고 하더라도, 기록에 의하여 살펴보면 갑에게 객관적으로 음란성이 인정되는 위 행위들을 공연히 하고 있다는 인식이 있었음을 인정할 수 있는 이상, 공연음란죄의 성립에 장애가 없다.

[판결 12] 갑은 식당주인 지인 A로부터 A와 같은 건물 2층에 사무실을 둔 48세 여자 을의 분쟁에 관한 이야기를 들었다. 마침 을이 내려오자 을에게 말을 걸었다. 을은 갑의 말을 무시하고 식당 앞 도로에 주차해 둔 자신의 차량으로 걸어

19) 대법원 1996. 6. 11. 선고 96도980 판결.

> 갔고 이에 갑은 을을 뒤쫓아 가면서 욕을 하고 바지를 벗어 성기를 피해자에게 보였다. 그곳은 식당 및 편의점 등이 있어서 저녁 8시 무렵에도 사람 및 차량의 왕래가 빈번한 도로이다. 갑은 강제추행으로 기소되었다.[20]

[판결 12] 갑이 자신의 성기를 꺼내어 일정한 거리를 두고 을에게 보였을 뿐 을에게 어떠한 신체적 접촉도 하지 않았고, 행위 장소는 을이 차량을 주차하여 둔 사무실 근처의 도로로서 사람 및 차량의 왕래가 빈번한 공중에게 공개된 곳이었으며, 을은 곧바로 갑으로부터 시선을 돌림으로써 그의 행위를 쉽사리 외면할 수 있었고 필요하다면 주위의 도움을 청하는 것도 충분히 가능했다. 갑은 을을 위 행위 장소로 이끈 것이 아니라 차량으로 가는 을을 따라가면서 위와 같은 행위를 했고, 갑이 을에 대하여 행하여서 협박죄를 구성하는 욕설은 성적인 성질을 가지지 아니하는 것으로서 '추행'과 관련이 없으며, 그 외에 을이 자신의 성적 결정의 자유를 침해당했다고 볼 만한 사정은 없다는 점 기타 제반 사정을 고려하면, 갑이 바지를 벗어 자신의 성기를 을에게 보여준 것만으로는 그것이 비록 객관적으로 일반인에게 성적 수치심이나 혐오감을 일으키게 하는 행위라고 할 수 있을지 몰라도 피고인이 폭행 또는 협박으로 '추행'했다고 볼 수 없다.

건전한 성풍속이라는 일반적인 사회적 법익을 보호하려는 목적을 가진 형법 제245조의 공연음란죄에서 정하는 '음란한 행위'(또는 이른바 과다노출에 관한 경범죄처벌법 제1조 제41호에서 정하는 행위)가 특정한 사람을 상대로 행해졌다고 해서 반드시 그 사람에 대하여 '추행'이 된다고 말할 수 없고, 무엇보다도 문제의 행위가 피해자의 성적 자유를 침해하는 것으로 평가될 수 있어야 한다. 그리고 이에 해당하는지 여부는 피해자의 의사·성별·연령, 행위자와 피해자의 관계, 그 행위에 이르게 된 경위, 구체적 행위태양, 주위의 객관적 상황 등을 종합적으로 고려하여 정해진다.[21]

> [판결 90] 갑은 자신이 고용한 을을 자신 경영의 스탠드바에서 속칭 '독일 병정쇼'를 추게 했다. 이는 성행위를 묘사한 것으로서 성욕을 자극하여 흥분시키는 동시에 일반인의 정상적인 성적정서와 선량한 사회풍속을 해칠 가능성이 있어 형법 제245조 소정의 "음란한 행위"에 해당한다.[22]

---

20) 대법원 2012. 7. 26. 선고 2011도8805 판결.

21) 대법원 2008. 10. 23. 선고 2006도736 판결.

22) 대법원 1990. 5. 8. 선고 89도2508 판결.

제23장 도박과 복표에 관한 죄

> 第246조(도박, 상습도박) ① 도박을 한 사람은 1천만원 이하의 벌금에 처한다. 다만, 일시오락 정도에 불과한 경우에는 예외로 한다.
> ② 상습으로 제1항의 죄를 범한 사람은 3년 이하의 징역 또는 2천만원 이하의 벌금에 처한다.
> 第247조(도박장소 등 개설) 영리의 목적으로 도박을 하는 장소나 공간을 개설한 사람은 5년 이하의 징역 또는 3천만원 이하의 벌금에 처한다.

§35. 도박, 복표에 관한 죄

Ⅰ. 第246조 [도박, 상습도박]

1. 보호법익

도박죄의 취지는 정당한 근로에 의하지 아니한 재물의 취득을 처벌함으로써 경제에 관한 건전한 도덕법칙을 보호하자는 것이다.[1)]

2. 도박의 뜻

도박이란 2인 이상의 자가 상호간에 재물을 賭하여 우연한 승패에 의하여 그 재물의 득실을 결정하는 것이다.

'우연'이란 주관적으로 '당사자에 있어서 확실히 예견 또는 자유로이 지배할 수 없는 사실에 관하여 승패를 결정하는 것'을 말하고, 객관적으로 불확실할 것을 요구하지 않는다.

당사자의 능력이 승패의 결과에 영향을 미친다고 하더라도 다소라도 우연성의 사정에 의하여 영향을 받게 되는 때에는 도박죄가 성립할 수 있다.[2)]

---

1) 대법원 2008. 10. 23. 선고 2006도736 판결.

2) 대법원 2008. 10. 23. 선고 2006도736 판결.

3. 사기도박

이른바 사기도박과 같이 도박당사자의 일방이 사기의 수단으로써 승패의 수를 지배하는 경우에는 도박에서의 우연성이 결여되어 사기죄만 성립하고 도박죄는 성립하지 아니한다.3)

[판결 15] 갑 등은 일명 '약' 카드세트와 밑장빼기가 가능한 카드분배기 등을 갖추고 블랙딜러를 투입하여 A 등 피해자들에게 도박에 참가하도록 했다. 블랙딜러가 딜링하는 게임에 '약' 카드세트가 투입된 경우, 밑장빼기를 하였는지 여부에 관계없이 게임의 우연성이 흠결된 것으로 블랙딜러가 승패를 지배하고 있다고 볼 수 있어 기망행위에 해당하며, 블랙딜러인 을이 실시한 '원바이원셔플'의 경우에도 게임의 우연성을 현저히 손상시키는 것이다. 피해자 A가 이 사건 카지노에 들어와 게임테이블에 앉아 바카라 게임을 시작한 후 최종적으로 종료할 때까지 그날의 편취행위는 포괄일죄이므로, 게임의 일부분에 '시스템카드'가 투입되거나 '원바이원셔플', '컷팅', '버닝' 등이 행해졌다고 하더라도 그 부분이 편취액에서 제외되지 않는다.4)

[판결 15] 카드분배기를 갖추고 A등을 도박에 참가하게 한 때에는 사기죄의 실행에 착수한 것이고, 그 후에 사기도박을 숨기기 위하여 정상적인 도박을 하였더라도 이는 사기죄의 실행행위에 포함된다.

4. 일시적 오락

우연한 승부에 재물을 거는 노름행위가 형법상 금지된 도박에 해당하는가, 아니면 일시적인 오락의 정도에 불과한 것인가는 도박의 시간과 장소, 도박에 건 재물의 가액정도, 도박에 가담한 자들의 사회적 지위나 재산정도 및 도박으로 인한 이득의 용도 등 여러 가지 객관적 사정을 참작 결정한다.5)

[판결 04] 갑은 그가 운영하는 여관 카운터에서 같은 동네에 거주하는 친구들과 함께 저녁을 시켜 먹은 후 그 저녁 값을 마련하기 위하여 속칭 '훌라'라는 도박을 하다가 적발되었다.6)

---

3) 대법원 2011. 1. 13. 선고 2010도9330 판결.
4) 대법원 2015. 10. 29. 선고 2015도10948 판결.
5) 대법원 1985. 4. 9. 선고 84누692 판결.

[판결 04] 행위의 동기나 목적, 그 수단이나 방법, 보호법익과 침해법익과의 권형성 그리고 일시 오락 정도에 불과한 도박은 그 재물의 경제적 가치가 근소하여 건전한 근로의식을 침해하지 않을 정도이므로 건전한 풍속을 해할 염려가 없는 정도의 단순한 오락에 그치는 경미한 행위에 불과하고, 일반 서민대중이 여가를 이용하여 평소의 심신의 긴장을 해소하는 오락은 이를 인정함이 국가정책적 입장에서 보더라도 허용된다.

5. 상습도박죄

[판결 08] 갑 등은 각자 핸디캡을 정하고 홀마다 또는 9홀마다 별도의 돈을 걸고 총 26 내지 32회에 걸쳐 내기 골프를 했다.[7)]

[판결 08] 상습도박죄에 있어서의 상습성은 반복하여 도박행위를 하는 **습벽**으로서 행위자의 속성을 말한다. **습벽의 유무**를 판단함에 있어서는 도박의 전과나 도박횟수 등이 중요한 판단자료가 되나 도박전과가 없다 하더라도 도박의 성질과 방법, 도금의 규모, 도박에 가담하게 된 태양 등의 모든 사정을 참작하여 도박의 습벽이 인정되는 경우에는 상습성을 인정하여도 무방하다. 이 사건 내기 골프의 횟수, 기간, 도금의 규모 및 갑의 전력 등에 비추어 보면 도박의 습벽을 인정할 수 있다.

일주일에 수십 회의 도박을 했으나, 그 이후에는 일체의 도박행위를 하지 않은 경우에 상습성을 부정한 판결도 있다.[8)]

상습성을 인정하는 데에는 일반적으로 전과가 있는가를 기준으로 하나,[9)] 전과가 없다고 해서 반드시 상습성이 부인되는 것은 아니다.[10)]

Ⅱ. 제247조 [도박장소 등 개설]

1. 도박장 「개장」

도박개장죄는 영리의 목적으로 스스로 주재자가 되어 그 지배하에 도박장소

---

6) 대법원 2004. 4. 9. 선고 2003도6351 판결.
7) 대법원 2008. 10. 23. 선고 2006도736 판결.
8) 대법원 1985. 9. 24. 선고 85도1272 판결.
9) 대법원 1978. 2. 28. 선고 77도3999 판결.
10) 대법원 1983. 10. 25. 선고 83도2448 판결.

를 개설함으로써 성립하는 것으로서 도박죄와는 별개의 독립된 범죄이다.

'영리의 목적'이란 도박개장의 대가로 불법한 재산상의 이익을 얻으려는 의사를 의미한다. 도박개장죄는 영리의 목적으로 도박을 개장하면 기수에 이르므로, 현실로 도박이 행하여졌음은 묻지 않는다.[11)]

타인의 부탁이나 권유 등에 의하여 도박의 장소를 제공한 자는 주재자가 아니므로 도박장 개설죄의 방조범으로 보아야 한다.[12)]

> [판결 09] 피고인들은 갑을 대표이사로 하는 주식회사 '머니머니썬'의 이름으로 인터넷 도박게임 사이트를 개설하고, 박 모 운영의 머니머니썬 피씨방, A 운영의 머니머니썬 피씨방 등 위 도박게임 사이트의 가맹점 피씨방 12~13개를 모집하여, 위 가맹점으로부터 피씨 및 랜선 설치 대금 등의 명목으로 돈을 받고, 위 가맹점 업소에 위 인터넷 도박게임을 할 수 있도록 피씨 및 랜선 등을 설치했다. 이후 갑 등은 사무실에서 가맹점주 약 20여명이 참석하여 을의 사회로 갑, 병 등을 소개하는 모임을 한 다음 위 도박게임을 서버에 올려 가동하던 중 2시간 정도 지나 서버에 문제가 발생함으로써 더 이상의 영업을 하지 못하게 되었다. 이에 가맹점업주들이 강력히 항의하고 투자원금 회수를 요구하여 병 등이 가맹점업주들로부터 머니머니썬 법인명의의 계좌로 입금 받은 돈을 반환했다.[13)]

[판결 09] 갑 등이 단순히 가맹점만을 모집한 상태에서 도박게임 프로그램을 시험가동한 정도에 그친 것이 아니고 가맹점을 모집하여 인터넷 도박게임이 가능할 수 있도록 시설 등을 설치하고 도박게임 프로그램을 가동하던 중 문제가 발생하여 더 이상의 영업으로 나아가지 못한 것으로 볼 여지가 있고, 사정이 이러하다면 도박개장죄는 이미 기수에 이르렀다. 갑 등이 모집한 피씨방의 업주들이 그곳을 찾은 이용자들에게 피고인들이 개설한 도박게임 사이트에 접속하여 도박을 하게 한 사실이 없다고 하여 도박개장죄의 성립이 부정되지 않는다.[14)]

> [판결 09-1] 갑은 2007. 2. 16.경부터 같은 달 26.경까지 실내낚시터를 운영하면서, 물고기 1,700여 마리를 구입하여 그 중 600마리의 등지느러미에 1번부터 600번까지의 번호표를 달고 나머지는 번호표를 달지 않은 채 대형 수조에 넣고, 손님들로부터 시간당 3만 원 내지 5만 원의 요금을 받고 낚시를 하게 한 후, 손

11) 대법원 2013. 11. 28. 선고 2013도10467 판결.
12) 이재상 등, 각론, 654쪽.
13) 대법원 2009. 12. 10. 선고 2008도5282 판결.
14) 대법원 2009. 12. 10. 선고 2008도5282 판결.

> 님들이 낚은 물고기에 부착된 번호가 시간별로 우연적으로 변동되는 프로그램상의 시상번호와 일치하는 경우 손님들에게 5천 원 내지 3백만 원 상당의 문화상품권이나 주유상품권을 지급하는 방식으로 영업했다.15)

[판결 09-1] 입장료의 액수, 경품의 종류 및 가액, 경품이 제공되는 방법 등의 여러 사정에 비추어 볼 때, 손님들이 내는 입장료는 낚시터에 입장하기 위한 대가로서의 성격과 경품을 타기 위해 미리 거는 금품으로서의 성격을 아울러 지니고 있고, 손님들에게 경품을 제공하기로 한 것은 '재물을 거는 행위'로 볼 수 있으므로, 갑은 영리의 목적으로 도박장소인 이 사건 낚시터를 개설한 것이다.

Ⅲ. 제248조 [복표의 발매 등]

> 제248조(복표의 발매 등) ① 법령에 의하지 아니한 복표를 발매한 사람은 5년 이하의 징역 또는 3천만원 이하의 벌금에 처한다.
> ② 제1항의 복표발매를 중개한 사람은 3년 이하의 징역 또는 2천만원 이하의 벌금에 처한다.
> ③ 제1항의 복표를 취득한 사람은 1천만원 이하의 벌금에 처한다.

1. 보호법익

제248조의 보호법익은 "건전한 국민의 근로관념과 사회의 미풍양속을 보호하려는 것"16)이다.

2. 복표의 개념

사행행위 등 규제 및 처벌특례법 제2조 제1항 제1호 (가)목에 따라, 복표란 ① 특정한 표찰일 것 ② 그 표찰을 발매하여 다수인으로부터 금품을 모을 것 ③ 추첨 등의 우연한 방법에 의하여 그 다수인 중 일부 당첨자에게 재산상의 이익을 주고 다른 참가자에게 손실을 줄 것의 세 가지 내용으로 파악된다. 이 점에서 경제상의 거래에 부수하는 특수한 이익의 급여 내지 가격할인에 불과한 경품권이나 사은권 등과는 그 성질이 다른 것이다.

---

15) 대법원 2009. 2. 26. 선고 2008도10582 판결.
16) 대법원 2003. 12. 26. 선고 2003도5433 판결.

앞의 세 가지 내용을 갖춘 이상 거기에 광고 등 다른 기능이 일부 가미되어 있는 관계로 당첨되지 않은 참가자의 손실을 그 광고주 등 다른 사업주들이 대신 부담한다고 하더라도, 특별한 사정이 없는 한 복표로서의 성질을 상실하지 않는다.[17)]

> [판결 03] 갑은 한국광고복권 주식회사의 감사 겸 사실상 운영자이고 을은 위 회사의 이사이다. 법령에 의하지 않은 복표를 발매하면 안 됨에도 2001. 11.경부터 2002. 12.경까지 사이에 위 회사 사무실에서 복표명을 '광고복권'으로 하고 당첨방법은 복권 유효기간인 4주 내에 회차에 상관없이 주택복권의 매회 1등 당첨번호와 일치하면 5,000만 원, 2등 당첨번호와 일치하면 500만 원, 3등 당첨번호와 일치하면 40만 원, 행운상 당첨번호와 일치하면 100만 원을 주는 것으로 정하여 복표를 발행한 다음, 복표 1장당 200원 내지 300원씩을 받고 지사를 통하여 슈퍼마켓, 주유소, 식당, 편의점 등에 위 복표 2,856,000장을 판매했다.[18)]

[판결 03] 갑, 을은 '광고복권'(표찰)을 발매함에 있어서 (1) 특정한 사업자가 아닌 불특정 다수의 사업자들을 상대로 그 전체의 당첨확률과 발행비용 및 이윤 등을 감안한 가격으로 이 사건 광고복권을 계속적으로 발매함으로써 스스로의 계산 아래 다수인으로부터 금품을 모았고 (2) 이에 따라 이 사건 표찰은 주택복권의 추첨결과를 이용한 우연성에 의하여 일부 당첨자만 이익을 얻고 그 이외의 사람들은 당연히 손실을 볼 수밖에 없는 구조를 갖추고 있다. (3) 표찰을 구입한 사업자들은 통상의 경우 홍보 및 판촉 수단으로 고객들에게 이 사건 표찰을 무료로 교부하지만, 이 사건 표찰 자체에 그러한 제한이 설정되어 있는 것은 아니고, 사업자들이 이 사건 표찰을 고객 등에게 다시 팔거나 그 구입비용을 상품의 가격에 전가할 수도 있으며, 사업자 자신이 직접 당첨에 응할 수도 있다.

제248조 제3항 '복표취득죄'에 있어서 취득은 유상이건 무상이건 가리지 않는다면, 이 사건 표찰은 통상의 경우 이를 홍보 및 판촉의 수단으로 사용하는 사업자들이 당첨되지 않은 참가자들의 손실을 대신 부담하여 주는 것일 뿐, 그 자체로는 추첨 등의 우연한 방법에 의하여 일부 당첨자에게 재산상의 이익을 주고 다른 참가자에게 손실을 주는 복표로서의 성질을 갖추고 있다. 갑, 을은 복표발매죄를 범한 것이다.

---

17) 대법원 2003. 12. 26. 선고 2003도5433 판결.
18) 대법원 2003. 12. 26. 선고 2003도5433 판결.

제24장 살인의 죄

§36. 살인죄

Ⅰ. 보호법익

보호법익은 타인의 생명이고, 보호법익의 객체는 생존하는 다른 사람이다.

Ⅱ. 객관적 구성요건

> 제250조(살인, 존속살해) ① 사람을 살해한 자는 사형, 무기 또는 5년 이상의 징역에 처한다.
> ② 자기 또는 배우자의 직계존속을 살해한 자는 사형, 무기 또는 7년 이상의 징역에 처한다.

1. 행위의 객체

'사람'은 타인이다. 자기와 태아는 객체인 '사람'이 아니다.

(1) 제250조 '사람'의 시작 시점 : 사람과 태아의 구별기준

살인죄에서의 사람의 시기는 '출산진통설'과 '절개개시설'(재왕절개에 의한 분만 시)이 있다. 판례는 "규칙적인 진통을 동반하면서 태아가 태반으로부터 이탈되기 시작한 때 다시 말하여 분만이 개시된 때(소위 진통설 또는 분만개시설)가 사람의 시기"라는 견해이다.1)

과실낙태는 처벌되지 않는다. 낙태죄의 과실범을 처벌하게 되면 임산부의 활동(집안일, 운동 등)을 현저히 제한하는 결과가 된다. 따라서 사람의 시기를 일찍 잡아 인명을 보호하자는 것이 학설·판례의 취지이다.

1) 대법원 1982. 10. 12. 선고 81도2621 판결.

(2) 사람과 사체의 구별점

사람의 종기는 형법규정이 없으므로 생물학적·의학적 기준에 의존할 수밖에 없다. 현대의학을 근거로 하는 '뇌사설'이 의학적으로 공인된 이론이다. 한국문헌에서는 '맥박종지설'도 주장되지만 근거는 불명확하다.

2. 행위 형태·방법

살행의 방법과 형태 등에는 제한이 없어 살해란 타인의 죽음에 원인을 제공한 모든 행위, 즉 작위 혹은 부작위를 의미한다.

인과관계, 객관적 귀속의 문제와 관련하여 복잡한 문제가 있을 수 있다. 예를 들면, 미신적 수단에 의한 살인시도의 경우이다. 甲은 저주를 통해 乙에 대한 살인을 기도했는데 乙은 이 사실을 알고 쇼크를 받아 심장마비로 사망한 경우이다. 甲의 행위는 비록 乙의 죽음에 원인이 되었으나 甲이 만들어 낸 위험이 실현된 것이 아니므로 객관적 귀속이 불가능하다.

Ⅲ. 주관적 구성요건

고의에는 확정적, 미필적 고의가 포함된다. 제267조 [과실치사] 즉, 과실에 의한 살인은 폭행치사와 상해치사를 제외한 과실에 의한 살인을 의미한다.

Ⅳ. 안락사, 존엄사

고통 없는 죽음을 위하여 환자의 생명을 단축하는 능동적인 (의사의) 안락사는 허용되지 않는다. 피해자나 보호자의 동의는 효력이 없다. 생명을 단축함이 없이 환자의 고통을 덜어 주면서 의식을 소멸하게 하는 이른바 '소극적 안락사'는 원칙적으로 허용된다.

생명유지조치를 하지 않는 등 부작위에 의한 안락사 이른바 '존엄사'는 (가) 전혀 회복가능성이 없는 환자를 충격요법과 가능한 모든 생명연장기구를 무조건적으로 동원하는 등의 생명연장을 위한 조치들을 취하지 않음으로써 환자를 죽게 방치하는 경우. (나) 헌법 제10조 「인간의 존엄과 가치」를 환자가 자연사할 권리, 인간답게 죽을 권리와 연관 지을 수 있다. 그러나 환자의 사전동의나 추정적 승낙이 없이 의사 단독으로 환자의 죽음을 단지 시기적으로 연장하는 조치를 취하는 것이 허락되지 않는다.[2] 환자의 자신의 육체에 대한 자기결정의 원리와 인격의 존엄을 보호한다는 의미이다.

Ⅴ. 제250조 제2항 [존속살해]

1. 위헌여부

자신 또는 배우자의 직계존속을 살해한 사람을 250조 제1항보다 무겁게 처벌하는 조항이다. 제250조 제2항이 위헌이라는 주장과 합헌이라는 주장이 대립한다. 형법규범은 국민의 합의에 의한 가치로서의 법익과 이를 헌법이 허용하는 범위 내에서 입법화한 법규정들을 통하여 사회질서를 보호하는 것이므로, 헌법 제11조의 평등권을 근거로 위헌이라고 주장하는 것은 수긍하기 어렵다.

2. 존속의 기준

민법상의 친자관계가 존속살인성립의 기준이다. 배우자 역시 법률상의 배우자를 의미한다. 사실혼관계에 있는 자는 포함하지 않는다.

갑이 입양의 의사로 친생자 출생신고를 하고 자신을 계속 양육해온 을을 살해한 경우, 출생신고는 입양신고의 효력이 있으므로 존속살해죄가 성립한다(대법원 2007. 11. 29. 선고 2007도8333 판결).

3. 부진정 신분범

공범관계는 제33조에 따라 해결한다. 갑이 자신의 부 A를 살해하는데 을이 가담한 경우, 갑은 제250조 제2항의 적용을 받는다. 제33조 단서에 의하여, 을은 제250조 제1항으로 처벌된다.

Ⅵ. 제251조 [영아살해]

제251조(영아살해) 직계존속이 치욕을 은폐하기 위하거나 양육할 수 없음을 예상하

---

2) BGHSt 37, 376, 378.

거나 특히 참작할만한 동기로 인하여 분만중 또는 분만직후의 영아를 살해한 때에는 10년 이하의 징역에 처한다.

1. 행위주체

직계존속이다. 문헌에는 사실상의 직계존속이라는 주장이 다수이다. 반면, 분명치는 않으나 사실상의 부에게 영아살해죄의 적용을 부정한 취지의 판결[3])이 있다. 父도 행위주체에 포함한다는 견해[4])와 독일 형법과 같이 주체를 산모에 한정한다는 견해[5])가 있다. 제251조가 '직계존속이 양육할 수 없음을 예상하거나 …'라고 표현하고 있는 점에 비추어 父가 배척되어야 하는 것은 아니어서 전자가 타당하다. 원래 영아살해가 감경 처벌되는 이유가 산모의 경한 책임에 있으므로 입법론 상으로는 후자가 옳다.

2. 행위객체

분만 중 혹은 분만직후의 영아이며, 태아(제269, 270조)는 객체가 아니다. 분만 중이란 분만개시(진통 시)부터 분만완료시(전부노출 시)까지이고, 분만직후란 일정한 시간이 아닌 「분만으로 인한 흥분상태가 계속되는 동안」으로 보아야 한다는 것이 문헌의 주장이다.

3. 살해동기

치욕은 가문의 명예, 강간 등의 범죄에 의한 임신 또는 사생아(미혼모나 과부)의 임신을 뜻한다. '양육할 수 없음을 예상'은 경제적 능력이며, '기타의 동기'는 불구 또는 기형아의 출산 또는 조산(早産)으로 인한 생육불가능으로 설명되고 있다.

4. 감경

제53조의 작량감경은 영아살해죄에는 적용되지 않는다는 견해[6])가 있다. 제53

3) 대법원 1970. 3. 10. 선고 69도2285 판결.
4) 김일수/서보학, 각론, 25쪽.
5) 유기천, 각론 (상), 39쪽; 이재상 등, 각론, 29쪽.
6) 김일수, 한국형법 III, 91쪽.

조의 적용을 피고인에게 유리한 경우 배제하는 것이 제53조의 취지라고 볼 근거는 없으므로 꼭 그렇게 해석할 필요는 없다.

5. 공범

친모인 갑이 영아를 살해하는데 가담한 친부가 아닌 을은 제33조가 적용되어 영아살해죄로 처벌되어야 한다. 절대 다수의 의견은 이 경우 을은 제250조 제1항의 적용을 받는다는 것이다.7) 그러나 이 견해는 제33조를 적용한 것이 아니라 수정한 것이어서 현재의 제33조, 제251조를 기준으로 볼 때 옳은 주장이 아니다.8)

Ⅶ. 제252조 [촉탁, 승낙에 의한 살인]

> 제252조(촉탁, 승낙에 의한 살인 등) ① 사람의 촉탁 또는 승낙을 받아 그를 살해한 자는 1년 이상 10년 이하의 징역에 처한다.
> ② 사람을 교사 또는 방조하여 자살하게 한 자도 전항의 형과 같다.

1. 촉탁 또는 승낙

'촉탁'과 '승낙'의 차이는 애매하고, 구별의 필요성은 불분명하다. 독일형법 § 216은 '간청에 의한 살인'을 규정한다. 다수의 견해는 간청은 승낙 이상이라고 해석한다. 즉, 간청은 **희생자가 진지하게 요구 내지 열망**한 것이다. 진지하게란 희생자의 **하자 없는 의사형성과 의사결정**을 의미한다.

한국문헌에서 '촉탁'은 이미 죽음을 결의한 피해자의 요구에 의하여 살해를 결의하는 것을 말하므로, 행위자가 이미 살인의 결의를 하고 있는 경우에는 촉탁이 있다고 할 수 없으므로 교사와 같은 의미라고 설명한다.9) 그러나 살인의 고의가 있는 이상 교사는 성립하지 않고, 설사 교사를 인정하더라도 자신에 대한 살인교사는 자살이 독립구성요건이 아니므로, 이를 논할 필요성이 없다. 촉탁은 반드시 명시적이어야 하나, 승락은 명시적일 필요가 없다고 주장되나10),

---

7) 김일수/서보학, 각론[8], 31쪽; 이재상 등, 각론[10], 29쪽.
8) 한정환, 형법총론 제2권, 331, 339쪽.
9) 김일수/서보학, 각론[8], 27쪽; 이재상 등, 각론[10], 32쪽.

이렇게 해석해야만 할 근거는 제시되고 있지 않다.

촉탁이든 승낙이든 희생자의 동의는 제252조의 구성요건표지이므로 묵시적 승낙을 충분하다고 볼 근거는 없다. 오히려 승낙에 의하여, 승낙이 있다고 하여 사람을 살해하는 자의 행위반가치의 책임비난이 촉탁에 의한 경우보다 더 중한 것이므로 승낙의 요건을 완화해서 적용할 이유가 없다. 따라서 촉탁과 승낙 모두 명시적 의사표시를 원칙으로 하고, 객관적 사후 판단에 의하여 행위자가 충분히 인식할 수 있었던 경우에 한하여, 예외적으로 승낙을 인정하는 것이 옳다.

2. 동반자살에서 당사자 일방만 살아남은 경우

독일판례의 판단기준은 (1) 죽은 자가 전체적 계획수립과정에서 자신의 운명을 스스로 결정할 수 있는 상황이었는가, (2) 둘째 누가 죽음으로 이르는 사건의 전개와 결과를 실질적으로 주도·지배했는가이다.11)

한국형법에서는 위계나 위력이 인정되는 경우에는 생존자가 제253조[위계등에 의한 촉탁살인죄]에 의하여 처벌되고, 그렇지 않은 경우는 어떤 경우라도 자살관여죄 즉 제252조 제2항 [자살의 교사, 방조]가 적용된다.

3. 부작위에 의한 촉탁, 승낙 살인

자살자가 보증인에게 자살을 막지 말 것을 진지하게 요청하므로, 보증인이 결과발생을 방지할 수 있는 가능성들을 할 수 있었음에도 하지 않은 경우 촉탁·승락에 의한 살인이 성립하는가에 관하여는 긍정설12)과 부정설13)이 가능하다. "자유의사와 결의에 의한 자살상황이라는 것을 전제한다면, 이를 방관한 것은 구성요건이 없어서 처벌되지 않는 자살방조에 해당한다"는 것이 다수설인 부정설의 요지이다. 따라서 독일형법은 자살방조를 처벌하지 않으므로 부작위에 의한 촉탁살인은 무의미하게 된다.

---

10) 김일수/서보학, 각론[8], 27쪽; 이재상 등, 각론[10], 32쪽.

11) BGHSt 19, 135; OLG München NJW 1987 2940.

12) BGHSt 13, 162; 32, 367; *Herzberg*, JA 1985, 131 178 ff.

13) LK/*Jänke*, § 216 Rn 9; S/S/*Eser/Sternberg-Lieben*, § 216 Rn 10.

4. 제252조 제2항 [자살교사·방조]

(1) 적용 원칙

자살하려는 사람의 자살행위를 도와주어 용이하게 실행하도록 함으로써 성립된다. 방조의 방법에는 자살도구인 총, 칼 등을 빌려주거나 독약을 만들어 주거나 조언 또는 격려를 한다거나 기타 적극적, 소극적, 물질적, 정신적 방법이 모두 포함된다. 자살방조죄가 성립하기 위해서는 그 방조 상대방의 구체적인 자살의 실행을 원조하여 이를 용이하게 하는 행위의 존재 및 그 점에 대한 행위자의 인식이 요구된다.[14)]

'자살관여죄'로 불리기도 한다. 스위스형법 115조, 오지리형법 78조, 일본형법 202조도 자살의 교사와 방조를 처벌한다.[15)]

(2) 공범규정의 적용

자살죄의 구성요건이 없는 이상 이론적으로 자살의 교사와 방조는 불가능하다. 이 조항에는 총론의 공범규정 제31, 32조가 적용 되지 않는다.

자살한 자를 교사·방조한 자는 이 조항의 정범이다. 이 조항의 미수가 처벌된다. 자살을 교사 받은 자가 자살을 시도했으나 살아남은 경우를 생각할 수 있다.

(3) 판례

> [판결 10] 을은 자녀문제, 고부갈등, 경제적 어려움 등으로 남편 갑과 가정불화에 처해 있다. 사건 당일 새벽에 갑과 말다툼을 하다가 을은 죽고 싶다 또는 같이 죽자고 하며 갑에게 기름을 사오라는 말을 하자 갑이 을에게 휘발유 1병을 사다주었는데 그 직후에 을이 몸에 휘발유를 뿌리고 불을 붙여 자살했다.[16)]

갑은 휘발유를 사다주면 을이 이를 이용하여 자살할 수도 있다는 것을 충분히 예상할 수 있었음에도 휘발유를 사다주어 을이 자살한 것은 제252조 제2항 자살방조죄이다.

---

14) 대법원 2005. 6. 10. 선고 2005도1373 판결.

15) 김일수, 한국형법 III, 101 쪽; 이재상 등, 각론, 36쪽.

16) 대법원 2010. 4. 29. 선고 2010도2328 판결.

[판결 05] A, B 등은 동반 자살에 앞서 '자살에 관하여' 등 자살 관련 인터넷 카페(동호회) 등지에서 자살에 사용할 청산염 등 유독물의 구입처와 동반 자살자를 물색해 오던 중 위 카페 게시판에 청산염 등 자살용 유독물의 일반적 효능 소개를 곁들인 판매 광고용 글을 올린 갑 등과 사이에 위 청산염 구입을 위한 상담용 이메일을 주고받고 통화까지 하였으나, 갑 등은 실제로는 위 청산염을 소지한 바도 없이 단지 금원 편취의 의도로 판매광고를 한 것이었다. 변사자 A 또한 이를 알아채고서 갑 등과의 접촉을 중단하고 다른 경로를 통해 청산염을 입수한 다음 변사자 B, C 등 나머지 변사자들을 불러 모아 동반 자살했다.[17)]

[판결 05] 피고인 갑 등의 이 사건 판매광고 등의 행위는 단지 금원 편취 목적의 사기행각의 일환으로 이루어진 것일 뿐 그 후 다른 경로로 입수한 청산염을 이용한 변사자들의 자살행위에 어떠한 물질적 혹은 유형적 기여도 하지 못했다. 변사자들이 위 자살 관련 카페에서의 상호 교감을 통해 이미 자살을 결의하고 구체적 실행방법만을 물색하고 있던 상황인 데다가 갑 등의 판매광고가 사기행각임이 발각되기까지 했음에 비추어 피고인 갑 등이 변사자들의 자살의 실행에 정신적 혹은 무형적으로 기여하였다고 보기도 어렵다. 변사자들의 자살에 사용된 청산염의 효능에 대하여는 이미 위 자살 관련 카페의 회원들 사이에서는 주지의 사실이었던 것으로 보이는 등의 사정에 비추어 갑 등의 행위가 위 변사자들이 실행한 자살행위를 원조하여 이를 용이하게 한 방조행위에 해당한다고 보기 어렵다. 나아가 단지 가짜 청산염 판매광고의 수법으로 금원을 편취하고자 한 피고인 갑 등에게 위 변사자들의 구체적 자살행위에 관한 방조의 범의가 있다고 보기도 어렵다

Ⅷ. 제253조 [위계 등에 의한 촉탁살인 등]

제253조(위계 등에 의한 촉탁살인 등) 전조의 경우에 위계 또는 위력으로써 촉탁 또는 승낙하게 하거나 자살을 결의하게 한 때에는 제250조의 예에 의한다.

1. 객관적 구성요건

행위자가 희생자에게 위계 또는 위력으로 자신을 살해해 줄 것을 촉탁 또는 승낙하게 한 행위 또는 희생자에게 자살을 결심·결행하게 만드는 행위를 금지하는 규범이다.

제253조는 자살자가 자살을 결의할 것만을 요구하나, 이 조항은 침해범이고

17) 대법원 2005. 6. 10. 선고 2005도1373 판결

제254조에 의하여 미수가 처벌되므로, 희생자가 자살을 결심한 것만으로는 제253조가 실현되지 않는다.

2. 처벌

제253조의 처벌은 제250조의 예에 의한다. 따라서 희생자와의 관계에 따라 행위자에게는 살인죄 혹은 존속살인죄가 적용된다.

3. 행위방법

'위계'란 희생자를 기망, 유혹하거나 그의 무지나 착오 등의 심리상태를 악용하는 것을 말한다. '위력'은 사람의 자유로운 의사형성을 억압하는 폭행, 협박 등의 물리적·유형적 힘과 권력을 비롯한 월등한 지위를 이용해 압박을 가하는 정신적 압력도 포함한다.

Ⅸ. 제254조 [미수], 제255조 [예비 음모]

제250조 [살인, 존속살해], 제251조 [영아살해], 제252조 [촉탁, 승낙에 의한 살해 등], 제253조 [위계 등에 의한 촉탁살인 등]의 미수범과 예비음모는 처벌된다.

[판결 09] 갑은 피해자 A를 살해하기 위하여 을과 병을 고용했고 그들에게 살인의 대가를 지급하기로 약정했다.[18)]

[판결 09] 제255조, 제250조의 살인예비죄가 성립하기 위하여는 제255조에서 명문으로 요구하는 살인죄를 범할 목적 외에도 살인의 준비에 관한 고의가 있어야 하며, 나아가 실행의 착수까지에는 이르지 아니하는 살인죄의 실현을 위한 준비행위가 있어야 한다. 여기서의 준비행위는 물적인 것에 한정되지 아니하며 특별한 정형이 있는 것도 아니지만, 단순히 범행의 의사 또는 계획만으로는 그것이 있다고 할 수 없고 객관적으로 보아서 살인죄의 실현에 **실질적으로 기여할 수 있는 외적 행위**를 필요로 한다.

갑에게는 살인죄를 범할 목적 및 살인의 준비에 관한 고의가 인정될 뿐 아니라 그가 살인죄의 실현을 위한 준비행위를 하였음을 인정할 수 있고, 따라서 을에 대하여 살인예비죄가 성립한다.

---

18) 대법원 2009. 10. 29. 선고 2009도7150 판결.

제 25 장 상해와 폭행의 죄

§ 37. 상해죄

Ⅰ. 보호법익, 구성요건체계

보호법익은 신체의 불가침성, 건강보존을 통한 「신체의 평온」이다.

기본구성요건은 제257조 제1항이고, 가중구성요건으로는 동조 제2항[존속상해]와 제258조의[중상해], 제258조의 2[특수상해]가 있다. 제259조는 결과적 가중범이다.

Ⅱ. 제257조 [상해, 존속상해]

제257조(상해, 존속상해) ① 사람의 신체를 상해한 자는 7년 이하의 징역, 10년 이하의 자격정지 또는 1천만원 이하의 벌금에 처한다. ② 자기 또는 배우자의 직계존속에 대하여 제1항의 죄를 범한 때에는 10년 이하의 징역 또는 1천500만원 이하의 벌금에 처한다.

1. 상해의 개념

(1) 문헌

생리적 기능 훼손이 상해라는 주장은 상해와 폭행의 효과적 구분을 위해 상해는 생리적 기능을 침해하여 내상·외상을 포함하는 병적 상태를 초래하는 행위라는 것이다.[1] 신체의 완전성 침해가 상해라는 주장, 생리적 기능훼손과 신체외모의 중대한 변화가 상해라는 주장이 있다.

1) 김일수 Ⅲ, 158쪽; 이재상 등, 각론, 48쪽.

(2) 판례

> [판결 12] 갑은 을의 오른쪽 눈 부위를 2회 가격하여 피해자에게 14일간의 치료를 해야 하는 안면부 타박상, 찰과상, 우측손가락 타박상 등을 가했다.2)

[판결 12] 갑은 제257조 [상해]죄이다.

☆[판결 11] 제257조의 '상해'는 **피해자의 신체의 완전성을 훼손하거나 생리적 기능에 장애를 초래하는 것을 의미**하는 것이다.3)

[판결 09] 상해는 피해자의 **신체의 건강상태가 불량하게 변경되고 생활기능에 장애가 초래되는 것**을 말한다.4)

2. 정당방위

> [판결 95] 갑의 옆집에 살고 있는 을과 갑의 아버지인 병은 병이 신축한 집 창문을 통해 을의 집 내부가 들여다보인다는 이유로 을이 위 창문을 막아 달라고 요구한 것이 발단이 되어 분쟁이 있다. 을이 술에 만취된 채 병의 집으로 병을 찾아가 창문 문제 등을 거론하며 시비를 하자, 병이 나가 달라고 하였으나 을이 이에 불응하고 갑의 거실로 들어오려 하므로, 갑 및 그 형인 정 등이 밀어내면서 을이 계단에서 넘어져 요부좌상 등을 입었다. 이 과정에서 을은 갑의 모 A(여 53세)가 나가라고 한다는 이유로 A를 밀어 넘어지게 하고 아랫방에 살던 B(남 26세)가 이를 말리자 동인의 뺨을 손바닥으로 2회 때리고, 이를 만류하는 B 어머니 C(여 55세)에게도 "너는 뭐냐"하며 밀어 계단에 넘어지게 함으로써 A에게 전치 2주, C에게 상해를 입혔다.5)

[판결 95] 갑의 행위는 야간에 술에 만취된 을이 갑 등의 주거에 침입하려는 것을 제지하는 과정에서 이루어진 행위로서 이는 을의 주거침입행위를 저지하기 위한 소극적 저항방법이고, 비록 그 과정에서 을이 넘어져 위와 같은 상처를 입었다 하더라도 그 경위, 목적, 수단, 갑의 의사 등 여러 가지 사정에 비추어볼 때 이는 사회통념상 용인될 만한 상당성이 있는 행위로서 위법성이 없다고 보아야 한다는 원심판결을 인정했다.6)

---

2) 대법원 2012. 6. 28. 선고 2012도4701 판결.

3) 대법원 2011. 5. 26. 선고 2010도10305 판결.

4) 대법원 2009. 7. 23. 선고 2009도5022 판결.

5) 대법원 1995. 2. 28. 선고 94도2746 판결.

3. 제257조 제2항 [존속상해]는 행위(자)의 반윤리성에 대해 불법과 책임을 가중하는 제257조 제1항 [상해]죄의 가중구성요건이다.

Ⅲ. 제258조 제1항 [중상해]

> 제258조(중상해, 존속중상해) ① 사람의 신체를 상해하여 생명에 대한 위험을 발생하게 한 자는 1년 이상 10년 이하의 징역에 처한다.
> ② 신체의 상해로 인하여 불구 또는 불치나 난치의 질병에 이르게 한 자도 전항의 형과 같다.
> ③ 자기 또는 배우자의 직계존속에 대하여 전2항의 죄를 범한 때에는 2년 이상 15년 이하의 징역에 처한다.

1. 보호법익

보통상해와 같다.

2. 객관적 구성요건

(1) 상해로 인한 생명에 대한 **위험 발생**

제258조 제1항은 구체적 위험범이다. 제259조의 적용이 배제되어야 하므로, 사망은 하지 않아야 한다.

(2) 불구 또는 불치, 난치의 질병의 **결과 발생**

(3) 결과적 가중범

중상해죄가 부진정 결과적 가중범이라는 견해는7) 제258조의 미수범이 처벌되지 않고 상해의 고의범으로만 처벌하는 것은 책임원칙에 어긋난다는 이유를 든다. 결과적 가중범이 아니라는 견해는8) 중한 결과에 고의가 있는 경우는 제258조가 적용되므로 구태여 결과적 가중범을 인정할 필요가 없다는 취지이다.

제258조가 결과적 가중범인가? 라는 질문은 정확치 않다. 제258조 제1항과

---

6) 대법원 1995. 2. 28. 선고 94도2746 판결.

7) 김일수/서보학, 각론[8], 53쪽; 이재상 등, 각론[10], 52쪽.

8) 정성근/박광민, 각론, 53쪽.

제2항은 같은 조문에 같은 이름으로 묶여 있지만, 그 성격은 서로 다르다.

제258조 제2항은 보통상해죄의 부진정 결과적 가중범이다. 그러나 제258조 제1항 '생명에 대한 위험이 발생한 경우'라는 표지는 제258조 제1항이 구체적 위험범이라는 것이다. 위험범과 침해범을 구별한다면, 제258조 제1항을 결과적 가중범이라고 주장할 수 없다.

> [판결 12] 갑은 을과 주차 문제로 다투던 중 주먹으로 을의 좌측 턱을 때려 그 충격으로 을이 뒤로 넘어지면서 머리를 부딪치게 함으로써 16주간의 치료를 요하는 두개골 골절 등의 상해를 가했다.9)

[판결 12] 을의 신체 상해로 생명에 대한 위험을 발생하게 했으므로 중상해이다.

Ⅳ. 제258조의 2 [특수상해(신설 : 2016. 1. 16.)

> 제258조의2(특수상해) ① 단체 또는 다중의 위력을 보이거나 위험한 물건을 휴대하여 제257조제1항 또는 제2항의 죄를 범한 때에는 1년 이상 10년 이하의 징역에 처한다.
> ② 단체 또는 다중의 위력을 보이거나 위험한 물건을 휴대하여 제258조의 죄를 범한 때에는 2년 이상 20년 이하의 징역에 처한다.
> ③ 제1항의 미수범은 처벌한다.

특수상해는 폭력행위 등 처벌에 관한 법률 제3조의 해당부분이 폐지되고 형법에 상응하는 조문을 새로 만들어 넣은 조항이다. 단체 또는 다중의 위력을 보이거나 위험한 물건을 휴대하여 상해하는 행위(제1항), 중상해하는 행위(제2항)는 가중 처벌된다.

'단체'란 공동목적을 가지고 다수인의 조직적 결합체이고, '다중'이란 단체가 아닌 사람의 집단이고 설명하는 것이 일반적이다. '위력'은 물리적·정신적으로 사람을 제압할 수 있는 세력이고 '위력을 보인다'는 그런 세력을 상대에게 과시하는 것이다.10)

'위험한 물건'이라 함은 흉기는 아니라고 해도 널리 사람의 생명, 신체에 해를 가하는 데 사용할 수 있는 일체의 물건을 포함한다. 본래 살상용·파괴용으

---

9) 대법원 2012. 9. 13. 선고 2011도6911 판결.

10) 김일수/서보학, 각론[8], 68쪽; 유기천, 각론(상), 59~60; 이재상 등, 각론[10], 65쪽.

로 만들어진 것뿐만 아니라 다른 목적으로 만들어진 **칼·가위·유리병·각종공구·자동차 등은 물론 화학약품 또는 사주된 동물** 등도 그것이 사람의 생명·신체에 해를 가하는 데 사용되었다면 '위험한 물건'이다. '휴대하여'란 소지뿐만 아니라 **널리 이용한다**는 뜻도 포함한다.[11)]

> [판결 16] 갑은 맥주병을 휴대하여 을에게 상해를 가했다.[12)]

[판결 16] 갑이 위험한 물건인 맥주병을 휴대하여 을에게 상해를 가한 행위는제258조의2 제1항 특수상해에 해당한다.[13)]

> [판결 16-1] 위험한 물건인 **자동차를 이용하여** 상해를 가한 행위는 특수상해이다.[14)]

V. 제259조 [상해치사]

> [판결 12] 갑은 을의 뺨을 1회 때리고 오른손으로 목을 쳐 을이 뒤로 넘어지면서 머리를 땅바닥에 부딪치게 하여 상해를 가했고 을은 두개골 골절, 외상성 지주막하 출혈, 외상성 경막하 출혈 등으로 병원에서 입원치료를 받다가 폐렴 합병증으로 사망했다.[15)]

[판결 12] 갑의 이 사건 범행이 을을 사망하게 한 직접적인 원인이 된 것은 아니지만 그 범행으로 인하여 피해자에게 두개골 골절, 외상성 지주막하 출혈, 외상성 경막하 출혈 등의 상해가 발생했고, 이를 치료하는 과정에서 을의 직접사인이 된 합병증인 폐렴, 패혈증이 유발된 이상, 비록 그 직접사인의 유발에 을의 기왕의 간경화 등 질환이 영향을 미쳤다고 하더라도, 갑의 이 사건 범행과 을의 사망과의 사이에 인과관계의 존재를 부정할 수는 없다.

그리고 사람을 아스팔트 도로 바닥에 넘어뜨려 머리를 강하게 부딪치게 하는 경우 두개골 골절, 뇌출혈 등으로 인하여 사망에 이르게 할 수 있는데, 갑이 을의 뺨을 1회

11) 대법원 1997. 5. 30. 선고 97도597 판결.
12) 대법원 2016. 3. 24. 선고 2016도1131 판결.
13) 대법원 2016. 3. 24. 선고 2016도1131 판결.
14) 대법원 2016. 1. 28. 선고 2015도17907 판결.
15) 대법원 2012. 3. 15. 선고 2011도17648 판결.

때리고 오른손으로 목을 쳐 을이 그대로 뒤로 넘어지면서 머리를 땅바닥에 부딪쳐 두개골 골절, 외상성 지주막하 출혈, 외상성 경막하 출혈 등의 상해를 입었다면 **사망의 결과에 대한 예견가능성**이 있었다고 볼 여지가 충분하다.

§ 38. 폭행죄

> 第260조(폭행, 존속폭행) ① 사람의 신체에 대하여 폭행을 가한 자는 2년 이하의 징역, 500만원 이하의 벌금, 구류 또는 과료에 처한다.
> ② 자기 또는 배우자의 직계존속에 대하여 제1항의 죄를 범한 때에는 5년 이하의 징역 또는 700만원 이하의 벌금에 처한다.
> ③ 제1항 및 제2항의 죄는 피해자의 명시한 의사에 반하여 공소를 제기할 수 없다.

Ⅰ. 보호법익

보호법익은 신체의 평온, 불가침성이다.

Ⅱ. 제260조 [폭행, 존속폭행] 구성요건

1. 폭행

[판결 03] 폭행은 사람의 신체에 대한 유형력의 행사를 가리키며, 그 유형력의 행사는 신체적 고통을 주는 물리력의 작용을 의미한다.16)

[판결 91] 폭행은 사람의 신체에 대하여 유형력을 행사하는 것이다. 사람에게 욕설을 한 것만을 가지고 폭행 한 것이라고 할 수는 없고, 갑의 대문을 발로 찬 것이 막바로 또는 당연히 을의 신체에 대하여 유형력을 행사한 경우에 해당한다고 할 수도 없다.17)

[판결 90] 폭행은 사람의 신체에 대하여 물리적 유형력을 행사함을 뜻하는 것으로서 반드시 피해자의 신체에 접촉함을 필요로 하는 것은 아니다. 피해자에게 근접하여 욕설을 하면서 때릴 듯이 손발이나 물건을 휘두르거나 던지는 행위를 한 경우에 직접 피해자의 신체에 접촉하지 않았다고 하여도 피해자에 대한 불법한 유형력의 행사로서 폭행에 해당한다.18)

---

16) 대법원 2003. 1. 10. 선고 2000도5716 판결.

17) 대법원 1991. 1. 29. 선고 90도2153 판결.

> [판결 16] 갑은 자신의 차를 가로막고 서 있는 을을 향해 차를 조금씩 전진시키고 을이 뒤로 물러나면 다시 차를 전진시키는 방식의 운행을 반복했다.[19]

[판결 16] 폭행죄에서 말하는 폭행이란 사람의 신체에 대하여 **육체적·정신적으로 고통을 주는 유형력을 행사함**을 뜻한다. **반드시 피해자의 신체에 접촉함을 필요로 하는 것은 아니다.** 따라서 자신의 차를 가로막는 을을 부딪친 것은 아니라고 하더라도, 을을 부딪칠 듯이 차를 조금씩 전진시키는 것을 반복하는 행위 역시 을에 대해 위법한 유형력을 행사한 것이다.

> [판결 03] 갑은 1996. 4. 을의 집으로 전화하여 "트롯트 가요앨범진행을 가로챘다, 일본노래를 표절했다, 사회에 매장시키겠다."라고 수회에 걸쳐 폭언을 했고 그 무렵부터 1997. 12.경까지 같은 방법으로 일주일에 4 내지 5일 정도, 하루에 수십회 반복하여 을에게 "강도 같은 년, 표절가수다."라는 등의 폭언을 하면서 욕설을 했다. 1998. 3. 일자불상 경 을의 바뀐 전화번호를 알아낸 후 그의 집으로 전화하여 "전화번호 다시 바꾸면 가만 두지 않겠다."라는 등 폭언했다. 1998. 8. 일자불상경 같은 장소로 전화하여 "미친년, 강도 같은 년, 매장될 줄 알아라."라는 등으로 폭언을 하면서 심한 욕설을 했다. 1999. 9. 1. 00:40경 또 1999. 9. 2. 일시불상경 같은 방법으로 "또라이년, 병신 같은 년, 뒷구녁으로 다니면서 거짓말을 퍼뜨리고 있어, 사기꾼 같은 년, 강도년, 피해자 이 또라이년"이라고 녹음하여 폭언했다.[20]

[판결 03] 제260조 '폭행'은 사람의 신체에 대한 유형력의 행사를 가리키며, 그 **유형력의 행사는 신체적 고통을 주는 물리력의 작용을 의미**하므로 신체의 청각기관을 직접적으로 자극하는 음향도 경우에 따라서는 유형력에 포함될 수 있다.

피해자의 신체에 공간적으로 근접하여 고성으로 폭언이나 욕설을 하거나 동시에 손발이나 물건을 휘두르거나 던지는 행위는 직접 피해자의 신체에 접촉하지 않았다 해도 불법한 유형력의 행사로서 폭행에 해당될 수 있지만, 거리상 멀리 떨어져 있는 사람에게 전화기를 이용하여 전화하면서 고성을 내거나 그 전화 대화를 녹음 후 듣게 하는 경우에는 특수한 방법으로 수화자의 청각기관을 자극하여 그 수화자로 하여금 고통스럽게 느끼게 할 정도의 음향을 이용하였다는 등의 특별한 사정이 없는 한 신체에 대한 유형력의 행사를 한 것으로 보기 어렵다.

---

18) 대법원 1990. 2. 13. 선고 89도1406 판결.

19) 대법원 2016. 10. 27. 선고 2016도9302 판결.

20) 대법원 2003. 1. 10. 선고 2000도5716 판결.

[판결 84] 갑은 A 외 2인의 녹원다방 종업원 숙소에 이르러 여러 종업원들 중 A가 자신을 만나주지 않는다는 이유로 시정된 탁구장문과 주방문을 부수고 주방으로 들어가 방문을 열어주지 않으면 모두 죽여 버린다고 폭언하면서 시정된 방문을 수회 발로 찼다.21)

[판결 84] 재물손괴죄 또는 숙소안의 A 등에게 해악을 고지하여 외포케 하는 단순협박죄에 해당함은 별론으로 하고, 단순히 방문을 발로 몇 번 찼다고 하여 그것이 피해자들의 신체에 대한 유형력의 행사로는 볼 수 없어 제260조 제1항 [폭행죄]에 해당한다 할 수 없다.

2. 반의사 불벌죄

제260조는 반의사불벌죄로 피해자의 명시한 의사에 반하여 공소를 제기할 수 없다.

Ⅲ. 제261조 [특수폭행]

제261조(특수폭행) 단체 또는 다중의 위력을 보이거나 위험한 물건을 휴대하여 제260조제1항 또는 제2항의 죄를 범한 때에는 5년 이하의 징역 또는 1천만원 이하의 벌금에 처한다.

폭행죄를 범한 수단이 (1) 단체 또는 다중의 위력을 보이거나 (2) 위험한 물건을 휴대한 것이다. 제260조보다 가중 처벌한다. '단체', '다중', '위력을 보임' '위험한 물건 휴대'의 개념은 제258조의 2 특수상해에서 설명한 것과 같다.

[판결 97] 갑은 견인료납부를 요구하면서 갑 운전의 승용차의 앞을 가로막고 있는 교통관리직원인 을의 다리 부분을 승용차 앞 범퍼 부분으로 들이받고 약 1m 정도 진행하여 동인을 땅바닥에 넘어뜨렸다. 갑의 행위가 제261조와 지금은 폐기된 폭력행위 등 처벌에 관한 법률 제2조와 3조의 특수폭행에 해당하는지가 문제되었다.22)

---

21) 대법원 1984. 2. 14. 선고 83도3186 판결.

22) 대법원 1997. 5. 30. 선고 97도597 판결.

[판결 97] 지금은 폐기된 **폭력행위 등 처벌에 관한 법률 제3조 제1항** '위험한 물건'이라 함은 흉기는 아니라고 해도 널리 사람의 생명, 신체에 해를 가하는 데 사용할 수 있는 일체의 물건을 포함한다. 본래 살상용·파괴용으로 만들어진 것뿐만 아니라 다른 목적으로 만들어진 **칼·가위·유리병·각종공구·자동차 등은 물론 화학약품 또는 사주된 동물** 등도 그것이 사람의 생명·신체에 해를 가하는 데 사용되었다면 본조의 '위험한 물건'이다.

이러한 물건을 '휴대하여'라는 말은 소지뿐만 아니라 **널리 이용한다**는 뜻도 포함한다. 갑이 견인료납부를 요구하면서 자신이 운전하는 승용차의 앞을 가로막고 있는 교통관리직원인 을의 다리 부분을 위 승용차 앞 범퍼 부분으로 들이받고 약 1m 정도 진행하여 땅바닥에 넘어뜨려 폭행한 것은 위험한 물건인 자동차를 이용하여 을을 폭행한 것이므로 갑의 행위는 형법 제260조 제1항 '위험한 물건'을 휴대한 범행이다.[23]

Ⅳ. 제262조 [폭행치사상]

제262조(폭행치사상) 전2조의 죄를 범하여 사람을 사상에 이르게 한때에는 제257조 내지 제259조의 예에 의한다.

폭행치사상죄는 폭행 또는 특수폭행이 원인이 되어 사람이 죽거나 상해를 입은 결과가 초래된 경우이다. 결과적 가중범이며, 결과가 상해이면 상해죄로 사망이면 상해치사죄로 처벌된다.

[판결 10] 갑은 속칭 '생일빵'을 한다는 명목 하에 을을 수차 가격하여 사망에 이르게 했다.[24]

[판결 10] 폭행치사죄는 결과적 가중범으로 폭행과 사망의 결과 사이에 인과관계가 있는 외에 사망의 결과에 대한 예견가능성 즉 과실이 있어야 한다. 갑의 폭행과 을의 사망 간에 인과관계는 인정되지만 폭행의 부위와 정도, 갑과 을의 관계, 을의 건강상태 등 제반 사정을 고려해 볼 때 갑이 폭행 당시 을이 사망할 것이라고 예견할 수 없었다는 이유로 폭행치사를 부정했다.

[판결 08] 갑은 정신분열증을 앓던 25세 을에 대하여 3회에 걸쳐 안수기도 명목으로 을을 눕혀 머리를 무릎 사이에 끼우고 신도들로 하여금 을의 팔과 다리

23) 대법원 1997. 5. 30. 선고 97도597 판결.
24) 대법원 2010. 5. 27. 선고 2010도2680 판결.

> 를 붙잡아 움직이지 못하게 한 뒤, 수회에 걸쳐 손가락으로 을의 눈 부위를 세게 누르고 뺨을 때리는 등으로 폭행했다.25)

[판결 08] 갑의 안수기도는 의료적 치료행위임을 전제로 을의 어머니 병으로부터 시술에 따른 책임을 전가하는 각서를 받았고 실시에 앞서 을이 고통을 느껴 몸부림칠 것에 대비하여 다수의 사람들을 동원해서 을의 신체를 장시간 강제로 제압하도록 했고, 실제 안수기도 과정에서 을이 신체에 상해를 입는 것을 감수하면서까지 고통으로부터 벗어나고자 저항했을 정도였다. 을이 입은 상해가 을의 자해행위에 의한 것도 아닌 이상에야 결국, 위에서 본 이 사건 안수기도의 불법적인 폭력행사의 측면 때문에 초래된 것이라고 볼 수밖에 없다.26)

> [판결 85] 갑은 버스정류장에서 경찰관의 불심검문을 받자 많은 사람이 운집한 속을 도주하다가 을(여)에 부딪혀 그를 넘어지게 하여 정차중인 버스의 뒷바퀴에 충돌케 하여 치료 약4주를 요하는 뇌좌상을 입혔다.27)

[판결 85] 갑에게 폭행에 대한 미필적인 고의를 인정할 수 있어도 상해에 대한 고의성을 인정할 수 없으므로 갑에 대하여는 제262조의 폭행치상죄가 적용된다.

Ⅴ. 제263조 [상해죄에서의 동시범의 특례]

> 제263조(동시범) 독립행위가 경합하여 상해의 결과를 발생하게 한 경우에 있어서 원인된 행위가 판명되지 아니한 때에는 공동정범의 예에 의한다.

> 제19조(독립행위의 경합) 동시 또는 이시의 독립행위가 경합한 경우에 그 결과발생의 원인된 행위가 판명되지 아니한 때에는 각 행위를 미수범으로 처벌한다.

1. 뜻, 취지

(1) 뜻

동시범이란 공동정범은 아니면서 구성요건의 실현에 여러 사람이 관여된 경

25) 대법원 2008. 8. 21. 선고 2008도2695 판결.

26) 대법원 2008. 8. 21. 선고 2008도2695 판결.

27) 대법원 1985. 1. 29. 선고 84도2655 판결.

우를 칭한다.[28] 제19조의 표현처럼 '동시 또는 이시의 독립행위'가 즉, 고의 행위들이 그러나 공동의 계획에 의하지 않고 이루어져 구성요건이 실현되고 결과가 발생했으나, 과학적 기준에서 누구의 어떤 행위가 결과의 원인인지 밝혀지지 않은 경우 모든 참가자들은 미수범으로 처벌된다.

그러나 발생한 결과가 상해인 경우에 한하여, 동시범 즉 모든 결과발생의 기여자들은 기수범으로 처벌된다는 것이 제263조의 내용이다. 흔히 '상해죄에서 동시범의 특례'라고 부른다. 특례인 이유는 제19조가 적용되지 않는다는 이유에서 그렇게 불리는 것으로 보인다.

(2) 취지

(가) 법률상 추정설

행위와 상해라는 결과의 인과관계의 입증이 곤란하므로 각 행위자의 행위가 결과발생의 원인일 것으로 추정하자는 취지라는 견해이다.

(나) 거증책임전환설

재판에서 자신의 폭행 또는 상해와 피해자의 사망사이에 인과관계가 없다고 주장하는 자가 스스로 그 사실을 입증해야 한다는 주장이다. 형사재판에서 유죄에 관한 모든 입증은 검사가 해야 하지만 결백을 주장하는 예외적으로 피고인 스스로 입증해야 한다는 점에서 입증책임이 전환되었다는 것이다.

(다) 이원설

실체법적으로는 (가) 주장, 절차법을 기준으로는 (나) 견해가 타당하다는 견해이다.

(라) 저자의 견해

이 조항은 **폭력행위 등 처벌에 관한 법률**을 만들어 주의를 환기해야 할 정도로 폭력행위가 만연한 사회분위기를 감안하여, 정책적으로 상해를 엄하게 처벌하자는 의도에서 만들어진 것으로 보인다.

2. 성립요건

(1) **동시**에는 서로 접촉된 전후관계도 포함된다.[29] 시간적으로 근접해 있을

28) 개념설명 : 한정환, 형법총론 제2권, 207~208쪽.

필요는 없다.

(2) 고의상해와 과실치상이 동시에 이루어진 경우는 상해기수와 과실치상이 인정되어야 할 것이다.

(3) 과실상해가 동시에 이루어진 경우 각자 과실상해로 처벌된다.

3. 적용범위

(1) 폭행치사, 상해치사죄

상해죄의 동시범의 특례는 현실적으로 각자가 독자적으로 폭행하여 상해의 결과를 초래했으나 상해의 원인이 불명확한 경우에 주로 적용될 것이다.

판례는 폭행치사·상해치사죄 즉 결과적 가중범에서도 동시범의 특례를 긍정한다.[30] 그러나 사망의 결과에 제263조를 적용하는 것은 무리한 법적용이다. 발생한 중한 결과에 대한 과실여부는 각자가 미수로 처벌되는 즉, 고의 범행이 전제되는 동시범과 관련이 없다.

(2) 강간치상, 강도치상죄

제263조의 동시범은 상해와 폭행죄에 관한 특별규정으로서 그 보호법익을 달리하는 강간치상죄에는 적용할 수 없다.[31]

4. 판례

[판결 00] 갑은 의자에 누워있는 병을 밀어 땅바닥에 떨어지게 했는데 병은 이미 2시간 전에 을에게 폭행당해 부상당해 있었고 사망했다. 사망의 원인을 알 수 없다.[32]

[판결 00] 시간적 차이가 있는 독립된 상해행위나 폭행행위가 경합하여 사망의 결과가 일어나고 그 사망의 원인된 행위가 판명되지 않은 경우에는 공동정범의 예에 의하여 처벌할 것이므로, 갑과 을은 폭행치사죄의 동시범이다.

---

29) 대법원 1985. 12. 10. 선고 85도1892 판결.

30) 대법원 2000. 7. 28. 선고 2000도2466 판결; 1985. 5. 14. 선고 84도2118 판결.

31) 대법원 1984. 4. 24. 선고 84도372 판결.

32) 대법원 2000. 7. 28. 선고 2000도2466 판결.

[판결 85] 피고인등은 A의 집에서 처음에는 피고인 1, 2, 3, 4가 그 다음에는 연락을 받고 그 곳에 차례로 온 피고인 5와 6, 피고인 7과 8등이 같이 참여하여 A의 몸에서 잡귀를 물리친다면서 뺨등을 때리고 팔과 다리를 붙잡고 배와 가슴을 손과 무릎으로 힘껏 누르고 밟는 등 하여 그로 하여금 우측 간 저면파열, 복강내출혈로 사망에 이르게 하였다.33)

[판결 85] 2인 이상의 사람이 상호의사의 연락 없이 동시(서로 접촉된 전후관계도 포함된다)에 범죄구성요건에 해당하는 행위를 했을 때에는 원칙적으로 각인에 대하여 그 죄를 논하여야 한다. 그러나 서로 공동가공의 의사가 있었다면 동시범의 문제는 제기될 수 없다. 피고인 등이 공동하여 행위를 했으므로 제30조를 적용하여 공동정범으로 처단했다. A의 사망 원인이 된 행위가 어느 피고인의 행위인지 명확하게 판명되지 않았다고 해도 동시범이 아니다.

[판결 81] 갑은 병의 어깨를 주먹으로 1회 때리고 쇠스랑 자루로 머리를 2회 강타하고 가슴을 1회 밀어 땅에 넘어뜨렸고, 그 후 3시간가량 지나서 을이 병의 멱살을 잡아 평상에 앉혀놓고 얼굴을 2회 때리고 손으로 2, 3회 가슴을 밀어 땅에 넘어뜨린 다음, 나일론 슬리퍼로 얼굴을 수회 때렸는데 위와 같은 두 사람의 이시적인 상해행위로 인하여 병이 6일 후에 뇌출혈을 일으켜 사망했다.34)

[판결 81] 갑의 소위에 대하여 형법 제263조의 동시범으로 의율처단한 원심의 조치는 정당하고 원판결에 제19조와 동 제263조의 법리를 오해한 위법이나 소론 의률착오의 위법이 없다. 사람의 안면은 사람의 가장 중요한 곳이고 이에 대한 강한 타격은 생리적으로 두부에 중대한 영향을 주어 정신적 흥분과 혈압의 항진 등으로 인하여 뇌출혈을 일으켜 사망에 이르게 할 수도 있다는 것은 통상인이라면 누구나 예견할 수 있고, 원심의 위의 사실인정이 적법한 이상 원판결에 소론 형법 제15조 제2항의 결과적 가중범에 대한 법리오해의 위법이 없다.

33) 대법원 1985. 12. 10. 선고 85도1892 판결.
34) 대법원 1981. 3. 10. 선고 80도3321 판결.

제26장 과실치사상의 죄

제266조(과실치상) ① 과실로 인하여 사람의 신체를 상해에 이르게 한 자는 500만원 이하의 벌금, 구류 또는 과료에 처한다.
② 제1항의 죄는 피해자의 명시한 의사에 반하여 공소를 제기할 수 없다.
제267조(과실치사) 과실로 인하여 사람을 사망에 이르게 한 자는 2년 이하의 금고 또는 700만원 이하의 벌금에 처한다.
제268조(업무상과실·중과실 치사상) 업무상과실 또는 중대한 과실로 인하여 사람을 사상에 이르게 한 자는 5년 이하의 금고 또는 2천만원 이하의 벌금에 처한다.

과실치사상의 죄는 과실에 의한 상해죄와 과실에 의한 살인죄라는 것이 더 정확한 이름이다. 제257조 상해죄에서 제3항 전 2항의 미수범은 처벌한다에 이어 제4항"과실에 의한 상해와 존속상해는 …로 처벌한다"로 규정하면 더 간명, 편리했을 것이다. 살인죄도 마찬가지이다.

§39. 과실치사상죄

Ⅰ. 제266조 [과실치상]

행위자의 과실이 있어야 하고 과실의 결과는 상해이어야 한다. 제266조는 '치상'이라는 이름에도 불구하고 결과적 가중범이 아니다.

가장 중요한 문제는 상해에 대한 과실의 성립여부이고 과실은 주의의무를 위반한 행위이다. 주의의무위반 여부를 판단할 기준은 허용되지 않는 위험을 초래했는가이다.[1] 반의사 불벌죄이다.

[판결 08] 갑은 골프장에서 골프경기를 하던 중 등 뒤 8m 정도 떨어져 있던 경기보조원 을을 골프공으로 맞혀 상해를 입혔다. 을은 경기보조원으로서 통상

1) 과실의 개념과 판단기준: 한정환, 형법총론 제1권, 503쪽 이하.

공이 날아가는 방향이 아닌 갑의 뒤쪽에서 경기를 보조하는 등 경기보조원으로서 의 기본적인 주의의무를 마친 상태였다.[2)]

[판결 08] 골프와 같은 개인 운동경기에 참가하는 자는 자신의 행동으로 인해 다른 사람이 다칠 수도 있으므로, 경기 규칙을 준수하고 주위를 살펴 상해의 결과가 발생하는 것을 미연에 방지해야 할 주의의무가 있다. 이러한 주의의무는 경기보조원에 대하여도 마찬가지이다. 다만, 운동경기에 참가하는 자가 경기규칙을 준수하는 중에 또는 그 경기의 성격상 당연히 예상되는 정도의 경미한 규칙위반 속에 상해의 결과를 발생시킨 것으로서 사회적 상당성의 범위를 벗어나지 아니하는 행위라면 과실치상죄가 성립하지 않는다고 할 것이지만, 골프경기를 하던 중 골프공을 쳐서 아무도 예상하지 못한 자신의 등 뒤편으로 보내어 등 뒤에 있던 경기보조원(캐디)에게 상해를 입힌 경우에는 주의의무를 현저히 위반한 사회적 상당성의 범위를 벗어난 행위로서 과실치상죄가 성립한다.

Ⅱ. 제267조 [과실치사]

과실치사는 과실이 성립해야 하고 결과적 가중범이 아닌 것은 과실치상과 같다.

[판결 02] 갑은 대전 편도 2차선 도로를 을과 같이 무단횡단하기 위해 도로 중앙선에 서 있다가, 지나가는 차량 유무를 확인하지 아니한 채, 술에 취하여 양손을 주머니에 넣고 고개를 숙이고 서 있던 을의 팔을 갑자기 잡아끌고 도로를 횡단하다가 그 곳을 지나가던 병 운전의 승용차에 충격되는 교통사고가 발생하여 을이 사망했다.[3)]

[판결 02] 중앙선에 서서 도로횡단을 중단한 을의 팔을 갑자기 잡아끌어 을로 하여금 도로를 횡단하게 만든 갑으로서는 위와 같이 무단횡단을 하는 도중에 지나가는 차량에 충격당하여 을이 사망하는 교통사고가 발생할 가능성이 있으므로, 이러한 경우에는 갑이 을의 안전을 위하여 차량의 통행 여부 및 횡단 가능 여부를 확인하여야 할 주의의무가 있다. 갑이 주의의무를 다하지 않은 이상 교통사고와 그로 인한 을의 사망에 대하여 과실 책임을 면할 수 없다.[4)]

---

2) 대법원 2008. 10. 23. 선고 2008도6940 판결.
3) 대법원 2002. 8. 23. 선고 2002도2800 판결.
4) 대법원 2002. 8. 23. 선고 2002도2800 판결.

[판결 94] 갑, 을은 함께 술을 마시고 만취되어 의식이 없는 병을 부축하여 학교선배 정의 자취집에 함께 가서 촛불을 가져 오라고 하여 정이 가져온 촛불이 켜져 있는 방안에 이불을 덮고 자고 있는 병을 혼자 두고 나와 화재가 발생하여 병이 사망했다. 촛불이 병의 발로부터 불과 약 70 내지 80cm 밖에 떨어져 있지 않은 곳에 마분지로 된 양초갑 위에 놓여 져 있음을 잘 알고 있었다. 당시 촛불을 켜놓아야 할 별다른 사정이 엿보이지 않고 갑, 을 외에는 달리 피해자를 돌보아 줄 사람도 없었다.5)

[판결 94] 술에 취한 병이 정신없이 몸부림을 치다가 발이나 이불자락으로 촛불을 건드리는 경우 그것이 넘어져 불이 이불이나 비닐장판 또는 벽지 등에 옮겨 붙어 화재가 발생할 가능성이 있고, 또한 화재가 발생하는 경우 화재에 대처할 능력이 없는 병이 사망할 가능성이 있음을 예견할 수 있으므로 이러한 경우 병을 혼자 방에 두고 나오는 병으로서는 촛불을 끄거나 양초가 쉽게 넘어지지 않도록 적절하고 안전한 조치를 취하여야 할 주의 의무가 있다. 비록 피고인들이 직접 촛불을 켜지 않았다 할지라도 위와 같은 주의 의무를 다하지 않은 이상 이 사건 화재발생과 그로 인한 피해자의 사망에 대하여 과실책임을 면할 수 없다.

[판결 85] 갑이 임대한 방실의 부엌으로 통하는 문과 벽 사이에 있는 0.4 센티미터 정도의 틈으로 연탄가스가 스며들어 임차인 을이 중독 사망했다.6)

[판결 85] 임대한 방실의 부엌으로 통하는 문과 벽 사이에 0.4센티미터 정도의 틈이 있다면 이는 문 전체를 다시 제작하여 붙이지 않더라도 다른 목재로 부착 보수하는 정도로서 그 틈을 막을 수 있는 것이어서 그 하자가 방실을 사용할 수 없을 정도의 파손상태이거나 임대인에게 수선의무가 있는 대규모의 것이라고는 할 수 없고 임차인의 통상의 수선관리의무에 속한 것이라 못할 바 아니므로 위 문틈으로 스며든 연탄가스에 중독되는 사고가 발생했다 하더라도 위 사고는 임대인의 과실로 인한 것이라고 볼 수 없다.

Ⅲ. 제268조 [업무상 과실·중과실 치사상]

결과의 발생 즉 구성요건의 실현이 업무상과실 또는 중과실에 있으므로 보통의 과실보다는 더 중하게 처벌된다.

5) 대법원 1994. 8. 26. 선고 94도1291 판결.
6) 대법원 1985. 3. 12. 선고 84도2034 판결.

'중과실'은 행위자가 **극히 근소한 주의**를 함으로써 결과발생을 인식할 수 있음에도 불구하고 부주의로서 이를 인식하지 못한 경우를 말한다. 경과실과의 구별은 구체적인 경우에 사회통념을 고려하여 결정될 문제이다.[7)]

'업무상 과실'치사상죄에 있어서의 '업무'란 사람의 사회생활면에서 하나의 지위로서 계속적으로 종사하는 사무를 말하고, 여기에는 수행하는 직무 자체가 위험성을 갖기 때문에 안전배려를 의무의 내용으로 하는 경우는 물론 사람의 생명·신체의 위험을 방지하는 것을 의무내용으로 하는 업무도 포함된다.

의료과오사건에 있어서 의사의 과실을 인정하려면 결과 발생을 예견할 수 있고 또 회피할 수 있었음에도 이를 하지 못한 점을 인정할 수 있어야 하고, 위 과실의 유무를 판단함에는 같은 업무와 직무에 종사하는 일반적 보통인의 주의 정도를 표준으로 하여야 하며, 이때 사고 당시의 일반적인 의학의 수준과 의료환경 및 조건, 의료행위의 특수성 등을 고려해야 한다.

또한, 의사는 진료를 행함에 있어 환자의 상황과 당시의 의료수준 그리고 자기의 지식경험에 따라 적절하다고 판단되는 진료방법을 선택할 상당한 범위의 재량을 가진다고 할 것이고, 그것이 합리적인 범위를 벗어난 것이 아닌 한 진료의 결과를 놓고 그중 어느 하나만이 정당하고 이와 다른 조치를 취한 것은 과실이 있다고 말할 수는 없다.[8)]

[판결 82] 조산원 갑은 임산부인 을의 해산을 조력함에 있어 을의 골반이 태아에 비하여 협소할 뿐 아니라 분만진통의 통증이 극심하고 또 양수가 파수되고 대변이 나오는 등 난산으로 정상 분만이 어려운 상태임에도 불구하고 정상 분만할 수 있으리라고 경신하여 지도 내지 전문의사의 지시나 진찰을 받게 하지 않고 수십 회에 걸쳐 산모의 배를 훑어 내리고 자궁수축제를 10여회 시주한 결과 분만 중인 태아를 질식사에 이르게 하고 위 산모에게 폐혈증에 감염되게 했다.[9)]

[판결 82] 분만이 개시된 때(진통설 또는 분만개시설)가 사람의 시기이고, 제251조(영아살해)에서 분만 중의 태아도 살인죄의 객체가 된다고 규정하고 있는 점에서 분만 중의 태아를 질식사에 이르게 한 갑은 제268조의 업무상과실치사죄에 해당한다.

---

7) 대법원 1960. 3. 9. 선고 4292형상761 판결.
8) 대법원 2008. 8. 11. 선고 2008도3090 판결.
9) 대법원 1982. 10. 12. 선고 81도2621 판결.

[판결 09] 갑은 을 소유 4층 건물의 2층을 임차하여 '○서예학원'을 운영했다. 서예학원에는 내부 벽면에 설치된 분전반을 통해 3층과 4층에 이르는 전선이 가설되어 있고, 1993년경 건물 신축 후 화재예방점검을 한 번도 실시한 바 없어, 노후된 전선의 피복이 벗겨지는 등 원인으로 전기합선의 위험이 있으므로, 을은 건물 소유자로서 전기설비를 점검하여 화재의 발생을 미리 막아야 할 업무상 주의의무가 있음에도 이를 게을리 하여 노후된 전기설비를 그대로 방치한 과실로 위 분전반 내의 전선이 불상의 원인으로 인한 합선으로 단락되면서 불꽃이 튀어 위 학원 내 벽에 걸려진 화선지 등에 옮겨 붙고, 그 불길이 학원 전체로 번지게 함으로써 상해를 입게 했다.[10]

[판결 09] 을은 안전배려 내지 안전관리 사무에 계속적으로 종사해 위와 같은 지위로서의 계속성을 가지지 않았고, 건물 소유자로서 건물을 비정기적으로 수리하거나 일부분을 임대했으므로 업무상 과실 치상죄에서의 '업무'로 보기 어렵다.

10) 대법원 2009. 5. 28. 선고 2009도1040 판결.

제 27 장 낙태의 죄

§ 40. 낙태죄

> 제269조(낙태) ① 부녀가 약물 기타 방법으로 낙태한 때에는 1년 이하의 징역 또는 200만원 이하의 벌금에 처한다.
> ②부녀의 촉탁 또는 승낙을 받어 낙태하게 한 자도 제1항의 형과 같다.
> ③ 제2항의 죄를 범하여 부녀를 상해에 이르게 한때에는 3년 이하의 징역에 처한다. 사망에 이르게 한때에는 7년 이하의 징역에 처한다.

Ⅰ. 보호법익

낙태죄의 보호법익은 태어날 생명 즉, 태아의 생명이다. 그 외에 임신부의 건강과 의사결정의 자유를 보호법익으로 보는 견해도 있다. 제269조 제3항과제 270조를 감안하면 양자를 보호법익으로 하는 것이 옳다.

Ⅱ. 제269조 [낙태]

'낙태'란 자연분만기에 앞서 태아를 모체 밖으로 배출시키거나 모체 내에서 살해하는 것이라고 한다.1)

> [판결 13] 갑이 결혼을 전제로 교제하던 여성 을의 임신 사실을 알고 수회에 걸쳐 낙태를 권유하였다가 거부당하자, 을에게 출산 여부는 알아서 하되 더 이상 결혼을 진행하지 않겠다고 통보하고, 이후에도 아이에 대한 친권을 행사할 의사가 없다고 하면서 낙태할 병원을 물색해 주기도 했다. 그 후 을은 갑에게 알리지 않고 자신이 알아본 병원에서 낙태시술을 받았다.2)

---

1) 대법원 2005. 4. 15. 선고 2003도2780 판결; 김일수/서보학, 각론[8], 37쪽; 유기천, 각론(상), 81쪽; 이재상 등, 각론[10], 98쪽.

[판결 13] 갑이 직접 낙태를 권유할 당시뿐만 아니라 출산 여부는 알아서 하라고 통보한 이후에도 계속 낙태를 교사하였고, 을은 이로 인하여 낙태를 결의·실행하게 되었다고 보는 것이 타당하다. 갑이 당초 아이를 낳을 것처럼 말한 사실이 있다고 해도 갑의 낙태교사행위와 을의 낙태결의 사이에 인과관계가 단절되는 것은 아니라는 이유로, 갑에게 낙태교사죄를 인정한 원심판단은 정당하다.

Ⅲ. 제270조 [의사 등의 낙태, 부동의 낙태]

제270조(의사 등의 낙태, 부동의낙태) ① 의사, 한의사, 조산사, 약제사 또는 약종상이 부녀의 촉탁 또는 승낙을 받어 낙태하게 한 때에는 2년 이하의 징역에 처한다.
② 부녀의 촉탁 또는 승낙없이 낙태하게 한 자는 3년 이하의 징역에 처한다.
③ 제1항 또는 제2항의 죄를 범하여 부녀를 상해에 이르게 한때에는 5년 이하의 징역에 처한다. 사망에 이르게 한때에는 10년 이하의 징역에 처한다.
④ 전 3항의 경우에는 7년 이하의 자격정지를 병과한다.

제1항은 진정 신분범이다. 촉탁 또는 승낙이 제1항의 요건이다. 촉탁, 승낙 없이 자의적으로 한 낙태행위는 제270조 제2항의 적용을 받는다.

제3항은 결과적 가중범 규정이고, 유죄판결을 받을 경우 자격정지가 병과된다.

[판결 05] 산부인과 의사 갑은 약물에 의한 유도분만의 방법으로 낙태시술을 했으나 태아가 살아서 미숙아 상태로 출생하자 그 미숙아에게 염화칼륨을 주입하여 사망하게 했다.3)

[판결 05] 낙태죄는 태아를 자연분만기에 앞서서 인위적으로 모체 밖으로 배출하거나 모체 안에서 살해함으로써 성립하고, 그 결과 태아가 사망하였는지 여부는 낙태죄의 성립에 영향이 없다. 갑은 살인죄와 제270조 제1항 업무상 촉탁 낙태죄의 경합범이다.

[판결 85] 산부인과의사 갑은 산모 을의 건강에 아무런 이상이 없었고 위 상태로는 을의 생명에 직접적인 위험이 없음을 알면서도 을로부터 경제적 사정이 있어서 낙태하여야 한다는 촉탁이 있자 즉시 낙태에 착수하여 태아를 모체 밖으로 배출시켰다.4)

---

2) 대법원 2013. 9. 12. 선고 2012도2744 판결.
3) 대법원 2005. 4. 15. 선고 2003도2780 판결.

[판결 85] 모자보건법 제8조 제1항 제5호에서 임신의 지속이 보건의학적 이유로 모체의 건강을 심히 해하고 있거나 해할 우려가 있는 경우라 함은, 임신의 지속이 모체의 생명과 건강에 심각한 위험을 초래하게 되어 모체의 생명과 건강만이라도 구하기 위하여는 인공임신중절수술이 부득이 하다고 인정되는 경우로서 이러한 판단은 치료행위에 임하는 의사의 건전하고도 신중한 판단에 일응 위임되어 있다. 갑에게 그런 사유는 인정되지 않아 업무상 동의낙태죄에 해당한다.

4) 대법원 1985. 6. 11. 선고 84도1958 판결.

제28장 유기와 학대의 죄

§41. 유기죄

제271조(유기, 존속유기) ① 노유, 질병 기타 사정으로 인하여 부조를 요하는 자를 보호할 법률상 또는 계약상의무 있는 자가 유기한 때에는 3년 이하의 징역 또는 500만원 이하의 벌금에 처한다.
② 자기 또는 배우자의 직계존속에 대하여 제1항의 죄를 범한 때에는 10년 이하의 징역 또는 1천500만원 이하의 벌금에 처한다.
③ 제1항의 죄를 범하여 사람의 생명에 대한 위험을 발생하게 한 때에는 7년 이하의 징역에 처한다.
④ 제2항의 죄를 범하여 사람의 생명에 대하여 위험을 발생한 때에는 2년 이상의 유기징역에 처한다.

Ⅰ. 보호법익

보호법익은 사람의 생명, 신체이다. 보호대상은 타인의 부조 없이는 스스로 생명을 유지할 능력이 없는 사람이다. 제271조 제1항에는 노유 또는 질병이 부조가 필요한 경우로 예시되어 있다.

Ⅱ. 제271조 [유기, 존속유기]

1. 주관적 요건

(1) 요부조자에 대한 보호책임의 발생원인이 된 사실이 존재한다는 것을 인식해야하고, (2) 이에 기한 부조의무를 해태한다는 의식이 있어야 한다.[1)]

1) 대법원 2008. 2. 14. 선고 2007도3952 판결.

2. 객관적 요건

(1) 노유, 질병 기타 사정으로 인하여 부조를 요하는 자를 (2) 보호할 만한 법률상 또는 계약상 의무 있는 자가 (3) 유기하는 행위이다.

제271조는 위험범이다. 생명, 신체 손상이라는 결과가 발생해야 구성요건이 실현되는 것이 아니다. 제1항과 제2항은 추상적 위험범, 제3항과 제4항은 구체적 위험범이다. 제3항을 중유기, 제4항을 존속중유기라고 부른다. 두 조항은 결과적 가중범이다.

제271조 제1항은 진정 신분범이다.

(1) 부조를 요하는 자

스스로 생존할 수 없거나 신체에 대한 위험을 이겨낼 수 없어 타인의 도움을 필요로 하는 사람이다. 절대적 기준을 정하기는 어렵기 때문에 건강, 신체조건 등이 상대적 기준으로 판단되어야 한다.

(2) 요부조자에 대한 '보호의무'

부조를 요하는 상대방의 생명·신체에 대한 안전을 도모하는 것이므로 그 상대방이 직면하게 될 생명·신체에 대한 위험을 실질적으로 차단하기 위하여 **필요하고도 가능한 조치**를 다하는 것을 내용으로 한다.[2)]

'계약상 의무'는 간호사나 보모와 같이 계약에 기한 주된 급부의무가 부조를 제공하는 것인 경우에 반드시 한정되지 않는다.[3)]

(3) 유기행위

부조를 요하는 자를 보호 없는 상태로 둠으로써 생명·신체를 위태롭게 하는 것이다. 작위뿐만 아니라 부작위에 의하여도 성립하며, 유기를 당한 사람의 생명·신체에 위험을 발생하게 할 가능성이 있으면 유기행위의 요건은 충족되고 반드시 보호의 가능성이 전혀 없을 것을 요하는 것은 아니다.[4)]

---

2) 대법원 2015. 11. 12. 선고 2015도6809 전원합의체 판결.
3) 대법원 2011. 11. 24. 선고 2011도12302 판결.
4) 대법원 2015. 11. 12. 선고 2015도6809 전원합의체 판결.

Ⅲ. 제272조 [영아유기]

> 제272조(영아유기) 직계존속이 치욕을 은폐하기 위하거나 양육할 수 없음을 예상하거나 특히 참작할 만한 동기로 인하여 영아를 유기한 때에는 2년 이하의 징역 또는 300만원 이하의 벌금에 처한다.

제272조 [영아유기]는 제271조 [유기] 보다 감경 처벌된다. 문헌에는 영아살해죄의 '분만 중 또는 분만 직후의 영아'보다 넓게 보아 부조 없이 활동할 수 없는 유아라고 해석한다. 굳이 감경 처벌하는 별도의 규정을 둔 실익이 있는지 의문인 조문이다. 이 조문에 관한 대법원 판결은 아직 없다.

Ⅳ. 제273조 [학대, 존속학대]

> 제273조(학대, 존속학대) ① 자기의 보호 또는 감독을 받는 사람을 학대한 자는 2년 이하의 징역 또는 500만원 이하의 벌금에 처한다.
> ② 자기 또는 배우자의 직계존속에 대하여 전항의 죄를 범한 때에는 5년 이하의 징역 또는 700만원 이하의 벌금에 처한다.

'학대'란 육체적으로 고통을 주거나 정신적으로 차별대우를 하는 행위이다. 학대행위는 형법의 규정체제상 학대와 유기의 죄가 같은 장에 위치하고 있는 점 등에 비추어 단순히 상대방의 인격에 대한 반인륜적 침해만으로는 부족하고 적어도 유기에 준할 정도에 이르러야 한다.[5)]

학대행위가 있음과 동시에 범죄가 완성되는 상태범 또는 즉시범이라 할 것이고 비록 수십 회에 걸쳐서 계속되는 일련의 폭행행위가 있었다 하더라도 그 중 친권자로서의 징계권의 범위에 속하여 위 위법성이 조각되는 부분이 있다면 그 부분을 따로 떼어 무죄의 판결을 할 수 있다.[6)]

---

5) 대법원 2000. 4. 25. 선고 2000도223 판결

6) 대법원 1986. 7. 8. 선고 84도2922 판결.

Ⅴ. 제274조 [아동혹사]

> 제274조(아동혹사) 자기의 보호 또는 감독을 받는 16세 미만의 자를 그 생명 또는 신체에 위험한 업무에 사용할 영업자 또는 그 종업자에게 인도한 자는 5년 이하의 징역에 처한다. 그 인도를 받은 자도 같다.

아동혹사죄는 진정신분범이다. 16세 미만인 자를 보호 또는 감독하는 자 만이 행위주체이다.

'생명 또는 신체에 위험한 업무'는 근로기준법 제65조의 금지직종보다 더 좁게 해석해야 한다는 주장이 있다.

Ⅵ. 제275조 [유기 등 치사상]

> 제275조(유기 등 치사상) ① 제271조 내지 제273조의 죄를 범하여 사람을 상해에 이르게 한 때에는 7년 이하의 징역에 처한다. 사망에 이르게 한 때에는 3년 이상의 유기징역에 처한다.
> ② 자기 또는 배우자의 직계존속에 대하여 제271조 또는 제273조의 죄를 범하여 상해에 이르게 한 때에는 3년 이상의 유기징역에 처한다. 사망에 이르게 한 때에는 무기 또는 5년 이상의 징역에 처한다.

유기, 존속유기, 영아유기, 학대죄의 결과적 가중범이다. 중유기죄는 구체적 위험이 발생하면 구성요건이 실현되는 데에 비해 유기 등 치사상죄는 상해 또는 사망이라는 결과가 발생해야 구성요건이 실현된다.

> [판결 15] 침몰하는 세월호 선원 갑, 을, 병은 선장으로부터 구체적인 구조지시가 없어 10분 후에 구조선이 도착한다는 사실을 전해 듣고도 대피명령, 퇴선유도 등 구조행위를 하지 않아 많은 사상자가 발생했다.[7)]

[판결 15] 갑, 을, 병 등은 세월호 승무원으로서 수난구호법 제18조 제1항 단서에 의한 승객 등에 대한 법률상 보호의무와 그들이 소속된 A 주식회사와 승객 사이에 체결된 여객운송계약의 의무이행자 또는 이행보조자로서 승객에 대한 계약상 보호의

---

7) 대법원 2015. 11. 12. 선고 2015도6809 전원합의체 판결.

무가 있다. 그 내용은 세월호 운항관리규정에서 정한 의무에 한정되지 않고, 선장의 구체적인 구조지시가 없었다고 하여 보호의무가 면제되는 것도 아니다.

갑, 을, 병 등은 승객 등이 선내 대기 안내방송에 따라 침몰하는 세월호 선내에서 구조를 기다리며 대기 중에 있으므로 퇴선을 위한 조치를 취하지 않을 경우 승객 등의 생명·신체에 위험이 발생한다는 사실을 인식하고도, 09:26경 진도 VTS로부터 10분 후에 경비정이 도착한다는 말을 들은 이후로도 대피명령 및 퇴선명령, 퇴선유도 등 승객 등을 구조하기 위하여 필요하고도 가능한 조치를 전혀 취하지 않았다.

갑 등은 유기의 고의로 공동하여 세월호의 승객 등을 유기하여 승객들을 죽음에 이르게 했다.

수난구호법 제18조(인근 선박 등의 구조지원) ① 조난현장의 부근에 있는 선박등의 선장·기장 등은 조난된 선박등이나 구조본부의 장 또는 소방관서의 장으로부터 구조요청을 받은 때에는 가능한 한 조난된 사람을 신속히 구조할 수 있도록 최대한 지원을 제공하여야 한다. 다만, 조난사고의 원인을 제공한 선박의 선장 및 승무원은 요청이 없더라도 조난된 사람을 신속히 구조하는 데 필요한 조치를 하여야 한다.

[판결 11] 갑은 2010. 12. 31. 오후 자신이 운영하는 주점에 손님으로 와서 술을 마신 일이 있던 을에게 술 마시러 오도록 권유했다. 을이 자신이 운영하는 공장 직원들과 회식을 하여 술에 취한 상태에서 같은 날 22:48경 위 주점에 와서 다른 손님이 없는 채로 술을 마시기 시작하여 2011. 1. 1.부터 2011. 1. 3. 오전까지 계속하여 양주 5병, 소주 8병 및 맥주 30여 병을 마셨다. 갑은 을이 술에 취하여 잠이 든 틈을 이용하여 을의 옷에서 체크카드를 몰래 빼내 이용하여 은행 현금인출기에서 2011. 1. 1. 100만 원, 다음날인 2011. 1. 2. 10:17경 현금 200만 원, 같은 날 11:56경 현금 100만 원을 인출하여 각 절취했다. 을은 2011. 1. 1.경부터 옷에 소변을 보는 등 만취한 상태였고, 그 사이에 식사는 한 끼도 하지 않았으며, 을에 대한 실종신고를 받은 경찰관들이 2011. 1. 3. 19:20경 위 주점에서 피해자를 발견할 당시 을은 영하의 추운 날씨에 트레이닝복만 입고 이불이나 담요를 덮지 아니한 채 양말까지 벗은 채로 소파에서 잠을 자면서 정신을 잃은 상태였다. 을은 경찰관들에 의하여 바로 국립중앙의료원으로 후송되어 치료를 받았으나 다음날인 2011. 1. 4. 23:40경 저체온증 및 대사산증으로 사망했다.[8)]

[판결 11] **제271조 '계약상 의무'는 간호사나 보모와 같이 계약에 기한 주된 급부의무가 부조를 제공하는 것인 경우에 반드시 한정되지 않는다.** 계약의 해석상 계약관계의 목적이 달성될 수 있도록 상대방의 신체 또는 생명에 대하여 주의와 배려를 한다는 부수적 의무의 한 내용으로 상대방을 부조하여야 하는 경우를 배제되지 않는다.

8) 대법원 2011. 11. 24. 선고 2011도12302 판결.

갑은 주점 운영자로서 을에게 생명 또는 신체에 대한 위해가 발생하지 않도록 위 주점 내실로 옮기거나 인근에 있는 여관에 데려다 주어 쉬게 하거나 을의 지인 또는 경찰에 연락하는 등의 필요한 조치를 강구하여야 할 계약상의 부조의무를 부담한다고 판단하여 유기치사죄의 유죄로 인정한 것은 정당한 것이다.

> [판결 08] 갑녀는 내연관계인 을남이 치사량의 필로폰을 복용하여 부조를 요하는 상태에 있는데도 방치하여 을이 사망했다.9)

[판결 08] 갑과 을이 4년여 동안 동거하기도 하면서 내연관계를 맺어왔다는 사정만으로는 두 사람의 관계를 사실혼 관계라고 보거나 두 사람의 사이에 부부간의 상호부양의무에 준하는 보호의무를 인정할 수 없다.

갑이 을이 치사량의 필로폰을 복용하여 부조를 요하는 상태에 있다고 인식하였다는 점에 관하여 합리적인 의심이 생기지 않을 정도로 확신하기에는 부족하다고 판단되므로, 이 사건 유기치사의 공소사실은 범죄의 증명이 없는 경우에 해당한다는 이유로 무죄를 선고한 원심판결은 옳다.

> [판결 80] 갑은 전격성간염에 걸려 장내출혈 증세까지 생긴 만 11세 딸을 병원으로 데리고 다니면서 치료를 받게 하면서 의사들이 의료기술상 최선의 치료방법이라고 하면서 권유하는 수혈을 자신이 믿는 종교인 여호와의 증인의 교리에 어긋난다는 이유로 시종일관 완강히 거부하여 딸은 장내출혈로 실혈사했다.10)

[판결 80] 갑녀는 결과적으로 요부조자 을을 위험한 장소에 두고 떠난 것이나 다름이 없다고 할 것이어서 그 행위의 성질로 보면 논지가 지적하는 치거에 해당된다. 환자의 증세로 보아 회복의 가망성이 희박한 상태(처음부터 회복의 전망이 전혀 없다고 단정하기에 족한 증거자료도 없다)이어서 의사가 권하는 최선의 치료방법인 수혈이라도 하지 않으면 그 환자가 사망할 것이라는 위험이 예견가능한 경우에 생모라고 할지라도 자신의 종교적 신념이나 후유증 발생의 염려만을 이유로 환자에 대하여 의사가 하고자 하는 위의 수혈을 거부하여 결과적으로 그 환자로 하여금 의학상 필요한 치료도 제대로 받지 못한 채 사망에 이르게 할 수 있는 권리는 없다.

> [판결 80-1] 강간치상의 범행을 저지른 자가 그 범행으로 인하여 실신형태에 있는 피해자를 구호하지 아니하고 방치하였다 하더라도 그 행위는 포괄적으로 단

9) 대법원 2008. 2. 14. 선고 2007도3952 판결.
10) 대법원 1980. 9. 24. 선고 79도1387 판결.

일의 강간치상죄만을 구성하고 유기죄는 성립하지 않는다.[11]

[판결 77] 갑은 을(41세)과 가던 중 술에 취한 탓으로 도로 위에서 실족하여 2미터 아래 개울로 떨어져 약 5시간 가량 잠을 자다가 술과 잠에서 깨어난 갑과 을은 도로 위로 올라가려 하였으나 야간이므로 도로로 올라가는 길을 발견치 못하여 개울 아래위로 헤매든 중 을은 후두부 타박상을 입어서 정상적으로 움직이기가 어렵게 되었고 갑은 도로로 나오는 길을 발견 혼자 도로 위로 올라왔으며 당시는 영하 15도의 추운 날씨이고 40미터 떨어진 곳에 민가가 있었으나 갑은 을을 그대로 방치하여 을은 4, 5시간 후 심장마비로 사망했다.[12]

[판결 77] 갑과 을이 특정지점에서 특정지점까지 가기 위하여 길을 같이 걸어간 관계가 있다는 사실 만으로서는 갑에게 설혹 동행자 을이 구조를 요하게 되었다 하여도 보호할 법률상 계약상의 의무가 있다고 할 수 없다.

11) 대법원 1980. 6. 24. 선고 80도726 판결.

12) 대법원 1977. 1. 11. 선고 76도3419 판결.

제29장 체포와 감금의 죄

§ 42. 체포, 감금, 존속체포, 존속감금

> 제276조(체포, 감금, 존속체포, 존속감금) ① 사람을 체포 또는 감금한 자는 5년 이하의 징역 또는 700만원 이하의 벌금에 처한다.
> ② 자기 또는 배우자의 직계존속에 대하여 제1항의 죄를 범한 때에는 10년 이하의 징역 또는 1천500만원 이하의 벌금에 처한다.

Ⅰ. 보호법익

감금죄의 보호법익은 사람의 행동의 자유이다. 사람이 특정한 구역에서 벗어나는 것을 불가능하게 하거나 또는 매우 곤란하게 하는 죄로서 그 본질은 사람의 행동의 자유를 구속하는 데에 있다.[1]

Ⅱ. 제276조 [체포, 감금, 존속체포, 존속감금] 구성요건

1. 방법

행동의 자유를 구속하는 수단과 방법에는 아무런 제한이 없고, 사람이 특정한 구역에서 벗어나는 것을 불가능하게 하거나 매우 곤란하게 하는 장애는 물리적·유형적 장애뿐만 아니라 심리적·무형적 장애에 의하여서도 가능하다. 감금의 수단과 방법은 유형적인 것이거나 무형적인 것이거나를 가리지 아니한다.[2] 체포는 사람의 행동의 자유를 뺏는 일체의 행위이다. 잡거나 묶는 등 물리적 수단이 보통이지만, 지시나 위협 등 심리적 압박으로 움직이지 못하게 하는 것도 체포에 해당한다.

---

1) 대법원 1998. 5. 26. 선고 98도1036 판결.
2) 대법원 1998. 5. 26. 선고 98도1036 판결.

2. 정도

또한 감금죄가 성립하기 위하여 반드시 사람의 행동의 자유를 전면적으로 박탈할 필요는 없고, 감금된 특정한 구역 범위 안에서 일정한 생활의 자유가 허용되어 있었다고 하더라도 유형적이거나 무형적인 수단과 방법에 의하여 사람이 특정한 구역에서 벗어나는 것을 불가능하게 하거나 매우 곤란하게 한 이상 감금죄는 성립한다.3)

3. 정신병자도 체포, 감금죄의 대상이 된다.4) 미성년자를 유인한 자가 계속하여 미성년자를 불법하게 감금하였을 때에는 미성년자 유인죄 이외에 감금죄가 별도로 성립한다.5)

4. 판례

[판결 98] 갑은 을(만 10세)의 집에서 을로 하여금 부모에게 말하지 말고 인천 계양구 동아아파트 앞으로 나오도록 유인한 다음 자신이 운전하는 화물차에 태우고 다니면서 을에게 "네가 집에 돌아가면 경찰이 소년원에 보낸다."고 위협하여 을을 집에 가지 못하도록 하고 갑의 셋방 등지에서 을을 감금했다.6)

[판결 98] 갑은 1996. 12. 10.경부터 1997. 6. 8.까지 을을 화물차와 셋방에 감금한 것이다. 미성년자를 유인한 자가 계속하여 미성년자를 불법하게 감금하였을 때에는 미성년자유인죄 이외에 감금죄가 별도로 성립한다.

[판결 03] 갑은 을, 병, 정과 공모하여 단란주점 앞길에서 그 주점 종업원 A를 승용차에 태우고 가다가 을이 주먹으로 A를 때려 반항을 억압한 다음 현금 등이 들어 있는 가방을 강취하고, 안면부타박상 등 상해를 가하였다. 그들은 계속하여 위 단란주점에서 약 15㎞ 떨어진 서울 월드컵주경기장 부근까지 운행해 가다 교통사고로 정지했다.7)

[판결 03] 감금행위가 단순히 강도상해 범행의 수단이 되는 데 그치지 않고 그 범

3) 대법원 1998. 5. 26. 선고 98도1036 판결
4) 대법원 2002. 10. 11. 선고 2002도4315 판결.
5) 대법원 1998. 5. 26. 선고 98도1036 판결.
6) 대법원 1998. 5. 26. 선고 98도1036 판결.
7) 대법원 2003. 1. 10. 선고 2002도4380 판결.

행이 끝난 뒤에도 계속되었으므로, 갑이 저지른 감금죄와 강도상해죄는 경합범이다.

Ⅲ. 제277조 [중체포, 중감금, 존속 중체포, 존속 중감금]

제277조(중체포, 중감금, 존속중체포, 존속중감금) ① 사람을 체포 또는 감금하여 가혹한 행위를 가한 자는 7년 이하의 징역에 처한다.
② 자기 또는 배우자의 직계존속에 대하여 전항의 죄를 범한 때에는 2년 이상의 유기징역에 처한다.

사람을 체포, 감금한 자가 가혹한 행위를 한 경우 가중처벌된다. 대상자가 직계존속이면 더 무겁게 처벌된다.

[판결 84] 아파트 건설현장의 현장소장이었던 을이 공사의 일부씩을 2중, 3중으로 하도급하여 채권자들이 그 해결을 위하여 을을 찾았으나 행방을 감추고 있던 중 갑이 우연히 을을 만나자 다른 채권자에게 연락하여 사기죄로 고소한다고 파출소에 데리고 갔다가 곧바로 여러 여관을 전전하면서 지냈다. 그 동안 을의 처 등이 여관에 왕래하였고 또 술을 먹으러 바에 가기도 하고 여관에서 3~4일 지난 뒤에는 채무해결을 위하여 건설회사 사무실에 거의 매일 을 및 채권자들이 가서 수 시간씩 있기도 했다. 그 동안 을이나 가족으로부터는 수사기관에 고소, 고발을 한 일이 없고 여관에서의 을에 대한 갑의 폭행은 감금하기 위하여 또는 감금을 계속하기 위하여서라기보다는 채무를 해결하지 못한 것에 대한 분노에서 한 것이라고 주장한다.[8)]

[판결 84] 갑 일행이 폭행하고 괴롭히니 신고하라고 을이 전화한 사실이 있고, 감금에서 풀려난 것은 을의 얼굴이 상한 것을 본 병이 신고하여 경찰관이 갑 등을 연행해 감으로써 풀려난 것이므로, 을이 행동의 자유에 제약 받지 않고 자유의사로 8일간 여관에서 보낸 것으로 볼 수 없다. 갑은 제277조 제1항 중감금죄에 해당한다.

Ⅳ. 제278조 [특수체포, 특수감금]

제278조(특수체포, 특수감금) 단체 또는 다중의 위력을 보이거나 위험한 물건을 휴대하여 전 2조의 죄를 범한 때에는 그 죄에 정한 형의 2분의 1까지 가중한다.

단체 또는 다중의 위력을 보이거나 위험한 물건을 휴대하고 체포, 감금, 존속체포, 존속감금, 중체포, 중감금죄를 범하면 가중처벌하는 규정이다.

8) 대법원 1984. 5. 15. 선고 84도655 판결.

'단체', '다중의 위력', '위험한 물건' 등은 특수상해, 특수폭행 등에서와 같다.

V. 제281조 [체포·감금 등의 치사상]

제281조(체포·감금 등의 치사상) ① 제276조 내지 제280조의 죄를 범하여 사람을 상해에 이르게 한 때에는 1년이상의 유기징역에 처한다. 사망에 이르게 한 때에는 3년이상의 유기징역에 처한다.
② 자기 또는 배우자의 직계존속에 대하여 제276조 내지 제280조의 죄를 범하여 상해에 이르게 한 때에는 2년 이상의 유기징역에 처한다. 사망에 이르게 한 때에는 무기 또는 5년이상의 징역에 처한다.

제281조는 제276조 [체포, 감금]죄부터 제280조 [체포, 감금, 중체포, 중감금 등의 미수범]까지를 실현한 결과 상해의 결과가 발생한 경우와 사망의 결과가 발생한 경우 가중 처벌하는 진정 결과적 가중범이다.

[판결 02] 갑은 4일 가량 물조차 제대로 마시지 못하고 잠도 자지 아니하여 거의 탈진 상태에 이른 을의 손과 발을 17시간 이상 묶어 두고 좁은 차량 속에서 움직이지 못하게 감금하여 을은 묶인 부위의 혈액 순환에 장애가 발생하여 혈전이 형성되고 그 혈전이 폐동맥을 막아 사망했다.9)

[판결 02] 갑의 감금행위와 을이 사망이라는 결과 사이에는 상당인과관계가 있고, 갑에게 사망의 결과에 대한 예견가능성이 있으며, 을이 정신병자라도 감금죄의 객체가 되므로 갑은 감금치사죄이다.

[판결 00] 갑은 승용차로 을을 가로막음으로써 을이 할 수 없이 위 차량에 승차하게 한 후 내려달라고 요청하였음에도 불구하고 당초 목적지라고 알려준 장소가 아닌 다른 장소를 향하여 시속 약 60km 내지 70km의 속도로 진행하여서 을이 위 차량에서 내리지 못하도록 하였다. 을은 감금상태를 벗어날 목적으로 위 차량의 뒷좌석 창문을 통하여 밖으로 빠져 나오려다가 길바닥에 떨어져 상해를 입고 그 결과 사망했다.10)

[판결 00] 갑의 행위는 감금죄에 해당함이 분명하고, 갑의 감금행위와 을의 사망 사이에는 상당인과관계가 있다고 할 것이므로 갑은 감금치사죄의 죄책을 진다.

9) 대법원 2002. 10. 11. 선고 2002도4315 판결.
10) 대법원 2000. 2. 11. 선고 99도5286 판결.

제30장 협박의 죄

§43. 협박

제283조(협박, 존속협박) ① 사람을 협박한 자는 3년 이하의 징역, 500만원 이하의 벌금, 구류 또는 과료에 처한다.
② 자기 또는 배우자의 직계존속에 대하여 제1항의 죄를 범한 때에는 5년 이하의 징역 또는 700만원 이하의 벌금에 처한다.
③ 제1항 및 제2항의 죄는 피해자의 명시한 의사에 반하여 공소를 제기할 수 없다.

Ⅰ. 보호법익

사람의 의사결정의 자유이다.[1)]

Ⅱ. 제283조 [협박, 존속협박]의 구성요건

1. 협박의 뜻

제283조 '협박'은 일반적으로 그 상대방이 된 사람으로 하여금 공포심을 일으키기에 충분한 정도의 해악을 고지하는 것이다.[2)]

'해악'이란 법익을 침해하는 것을 가리킨다. 해악이 반드시 피해 상대방 본인이 아니라 그 친족 그 밖의 제3자의 법익을 침해하는 것을 내용으로 하더라도 피해자 본인과 제3자가 밀접한 관계에 있어서 그 해악의 내용이 피해자에게 공포심을 일으킬 만한 것이라면 협박죄가 성립할 수 있다.[3)] 고지되는 해악의 내용, 침해하겠다는 법익의 종류나 법익의 향유 주체 등에는 제한이 없다.

---

1) 대법원 2010. 7. 15. 선고 2010도1017 판결.
2) 대법원 2012. 8. 17. 선고 2011도10451 판결; 2010. 7. 15. 선고 2010도1017 판결.
3) 대법원 2012. 8. 17. 선고 2011도10451 판결.

2. 대상

보호법익, 형법규정상 체계, 협박의 행위 개념 등에 비추어 볼 때, 협박죄는 자연인만을 그 대상으로 예정하고 있을 뿐 법인은 협박죄의 객체가 될 수 없다.[4)]

피해자 본인이외의 '제3자'에 대한 법익 침해를 내용으로 하는 해악을 고지도 내용이 피해자 본인에게 공포심을 일으킬 만한 정도이면 협박죄가 성립할 수 있다. '제3자'에는 자연인뿐 아니라 법인도 포함된다.

3. 판단기준

해악의 고지가 피해자에게 공포심을 일으킬 만한 정도가 되는지 여부는 고지된 해악의 구체적 내용 및 그 표현방법, 피해자와 법인의 관계, 법인 내에서의 피해자의 지위와 역할, 해악의 고지에 하게 된 경위, 당시 법인의 활동 및 경제 상황 등을 종합하여 판단해야 한다.[5)] 해악의 고지에 해당하는지 여부는 행위자와 상대방의 성향, 고지 당시의 주변 상황, 행위자와 상대방 사이의 관계·지위, 그 친숙의 정도 등 행위 전후의 여러 사정을 종합하여 판단한다.[6)]

4. 기수시기, 반의사불벌죄

협박죄는 침해범이다. 공포심을 일으킬 수 있는 정도의 해악의 고지가 상대방에게 도달하여 상대방이 그 의미를 인식하고 나아가 현실적으로 공포심을 일으켰을 때에 비로소 기수에 이르게 된다.[7)] 제283조는 반의사불벌죄러서 피해자의 명시한 의사에 반하여 검사가 공소를 제기할 수 없다.

Ⅲ. 판례

[판결 12] 갑은 혼자 술을 마시던 중 A 정당이 국회에서 예산안을 강행처리

4) 대법원 2010. 7. 15. 선고 2010도1017 판결.
5) 대법원 2010. 7. 15. 선고 2010도1017 판결.
6) 대법원 2012. 8. 17. 선고 2011도10451 판결.
7) 대법원 2007. 9. 28. 선고 2007도606 전원합의체 판결.

> 하였다는 것에 화가 나서 공중전화를 이용하여 경찰서에 여러 차례 전화를 걸어 전화를 받은 각 경찰관에게 경찰서 관할구역 내에 있는 A 정당 당사를 폭파하겠다고 말했다.8)

[판결 12] 갑은 A 정당에 관한 해악을 경찰관에게 고지한 것이므로 각 경찰관 개인에 관한 해악을 고지하였다고 할 수 없다. 다른 특별한 사정이 없는 한 일반적으로 갑 정당에 대한 해악의 고지가 각 경찰관 개인에게 공포심을 일으킬 만큼 서로 밀접한 관계에 있다고 보기 어려워 갑의 행위가 각 경찰관에 대한 협박죄를 구성한다고 볼 수 없다.

> [판결 11] 기자 갑은 A의 조카 B로부터 "고모 A가 남편과 자식이 없기 때문에 A 소유의 상가와 주택은 B의 아버지 등이 상속받을 수 있는데, 고모가 법무사 C 그리고 D 등에게 증여하여 빼앗겼으니 되찾아와야 한다."라는 말을, F로부터는 "법무사 C가 A라는 할머니로부터 상가와 주택을 증여받았는데, 조세포탈의 의혹이 있고, 재산을 증여받은 후 A를 방치하여 가족들이 이의를 제기하고 있다."라는 말을 들었다. 갑은 2008. 6. 19. C의 법무사 사무실에서 취재수첩을 꺼내어 놓고 "검찰신문 기자인데, A의 증여재산과 관련하여 취재왔다. 당신과 D는 로또에 당첨된 것과 마찬가지인데 남의 재산 80억 원 상당을 불법으로 먹어버리고 A를 방치할 수 있느냐, A가 불쌍한데 이 사실을 보도하려고 한다. 취재에 응하지 않으면 지금까지 내가 조사한 내용을 그대로 신문에 보도하겠다."라고 말하고, 2008. 6. 27. 같은 장소에서 C에게 "모든 대화는 녹음되고 있다. A의 재산을 불법으로 편취하고, 증여세를 포탈한 점에 대해 독자들의 알권리를 위해 취재에 응해달라. G가 A로부터 증여받은 부동산을 다시 A에게 반환하라고 당신에게 주었는데, 당신이 서류를 위조하여 △와 □에게 증여한 것은 범법행위가 아니냐."라고 말하면서 미리 준비한 인터뷰(서면질의) 협조요청서와 서면질의 내용을 책상 위에 올려놓고 "취재에 응하지 않으면 내가 조사한 A 재산의 불법편취, 증여세 탈세, G의 사문서위조 등에 관한 내용을 그대로 다음 주 신문, 방송에 보도하겠다. 마지막으로 한 번의 기회를 주겠다. 다음 주 월요일까지 시간을 주는데 응하지 않으면 불리할 것이다."라고 말했다.9)

[판결 11] C에게 불리한 사실을 보도하는 경우 신문기자로서는 그 보도에 앞서 정확한 사실의 확인과 보도 여부 등을 결정하기 위해 고소인에 대한 취재 요청이 필요했으리라고 보이는 점 등에 비추어 살펴보면, 신문기자 갑이 C에게 공소사실 기재와

8) 대법원 2012. 8. 17. 선고 2011도10451 판결.
9) 대법원 2011. 7. 14. 선고 2011도639 판결.

같이 취재에 응해줄 것을 요구하고 이에 응하지 아니할 경우 자신이 조사한 바대로 보도하겠다고 한 것이, 설령 원심이 인정한 바와 같이 협박죄에서의 해악의 고지에 해당한다고 하더라도, 그것은 특별한 사정이 없는 한 기사 작성을 위한 자료를 수집하고 이를 보도하기 위한 것으로서 신문기자로서의 일상적인 업무 범위 내에 속하는 것이어서 사회상규에 반하지 아니하는 행위라고 봄이 상당하다.

[판결 10] 채권추심업체인 A 주식회사의 수원·서경 지사장으로 근무하던 갑이 위 회사로부터 자신의 횡령행위에 대한 민·형사상 책임을 추궁당할 지경에 이르자 이를 모면하기 위하여 회사 본사에 '회사의 내부비리 등을 금융감독원 등 관계 기관에 고발하겠다'는 취지의 서면을 보내는 한편, 당시 회사 대표이사의 처남이고 경영지원 본부장이자 상무이사였던 을에게 전화를 걸어 자신의 횡령행위를 문제 삼지 말라고 요구하면서 위 서면의 내용과 같은 취지로 발언했다.[10)]

[판결 10] 갑이 해악을 고지하게 된 경위 및 동기, 고지한 해악의 구체적인 내용 및 표현방법 등을 종합하면, 갑에게 협박의 고의가 인정된다. 비록 갑이 횡령죄로 기소된 부분에 관하여 무죄를 선고받았지만, 회사에 대하여 정당한 절차와 방법을 통해 자신의 무고함을 주장하는데 그치지 않고 을을 상대로 그와 무관한 회사의 내부 비리 등을 고발하겠다는 내용의 해악을 고지한 것은 관습이나 윤리관념 등 사회통념에 비추어 용인할 수 있는 정도의 것이라고는 볼 수 없다.

Ⅳ. 제284조 [특수협박]

제284조(특수협박) 단체 또는 다중의 위력을 보이거나 위험한 물건을 휴대하여 전조 제1항, 제2항의 죄를 범한 때에는 7년 이하의 징역 또는 1천만원 이하의 벌금에 처한다.

특수협박은 단체의 위력을 보이거나 다중의 위력을 보이거나 또는 위험한 물건을 휴대하여 협박하는 행위이다.

'단체'란 공동목적을 가진 다수인의 계속적, 조직적 결합이고, '다중'이란 단체를 이루지 못한 다수인의 집합이라고 설명된다. 단체는 위력을 보일 정도의 다수이어야 하고, 다중은 공동목적이나 계속적 조직체일 필요가 없다는 것이 문헌의 설명이다. '위력'은 사람이 의사를 제압할 수 있는 세력이다. '위험한 물

10) 대법원 2010. 7. 15. 선고 2010도1017 판결.

건'은 성질과 용법에 따라 사람을 살상할 수 있는 물건이라고 한다.11)

Ⅴ. 제285조 [상습범]과 제286조 [미수범]

제283조 [협박], 제284조 [특수협박]의 상습범은 제285조에 의하여 각 조항보다 1/2 가중하여 처벌된다. 일본형법 가안의 영향이라고 한다.12) 제283조, 제284조와 함께 제285조 상습협박죄의 미수도 처벌된다.

11) 김일수/서보학, 각론[8], 68쪽; 유기천, 각론 (상), 59~60, 109쪽; 이재상, 각론[10], 66, 121쪽.
12) 유기천, 각론 (상), 110쪽.

제31장 약취, 유인 및 인신매매의 죄

§44. 약취, 유인, 인신매매

제31장 약취, 유인, 인신매매 죄는 '개인의 자유'1) 또는 '거처의 자유'2)를 보호하기 위한 것이라고 주장된다. 2013년 개정으로 제289조 제1항 '인신매매' 제3항 노동력 착취, 성매매, 장기적출 목적의 인신매매가 신설된 것에서, 이 장의 조항들은 개인의 정신적, 신체적 자유 즉 의사결정, 자기 의사의 실행, 신체이동의 자유, 거처의 자유 및 신체의 안전을 보호하기 위한 것으로 보아야 할 것이다.

Ⅰ. 제287조 [미성년자의 약취, 유인]

> 제287조(미성년자의 약취, 유인) 미성년자를 약취 또는 유인한 사람은 10년 이하의 징역에 처한다.

1. 보호법익

보호법익은 미성년자의 정신적 신체적 불가침성과 보호자의 보호·양육권이다.3)

2. 구성요건

약취란 폭행, 협박 또는 불법적인 사실상의 힘을 수단으로 사용하여 피해자를 그 의사에 반하여 자유로운 생활관계 또는 보호관계로부터 이탈시켜 자기

---

1) 이재상, 각론[10], 132쪽.

2) 김일수/서보학, 각론[8], 118쪽; 유기천, 각론 (상), 112쪽.

3) 명확히 표현하지 않았으나 같은 취지로 보이는 판결: 대법원 2013. 6. 20. 선고 2010도14328 전원합의체 판결. 제287조와 유사한 독일형법 §235의 보호법익도 본문과 유사한 것으로 설명된다: 독일의회입법설명서: BT-Dr 13/8537; S/S/*Eser/Eisele*, §235 Rn 1.

또는 제3자의 사실상 지배하에 옮기는 행위를 의미한다.[4]

구체적 사건에서 약취에 해당 여부는 행위의 목적과 의도, 행위 당시의 정황, 행위의 태양과 종류, 수단과 방법, 피해자의 상태 등 관련 사정을 종합하여 판단한다.[5]

유인이란 기망 또는 유혹을 수단으로 하여 미성년자를 꾀어 그 하자 있는 의사에 따라 미성년자를 자유로운 생활관계 또는 보호관계로부터 이탈하게 하여 자기 또는 제3자의 사실적 지배하에 옮기는 행위를 말한다. **사실적 지배**라고 함은 미성년자에 대한 **물리적·실력적**인 지배관계를 의미한다.[6]

> [판결 13] 베트남 국적 여성인 갑은 남편 을의 의사에 반하여 생후 약 13개월 된 자녀 병을 주거지에서 데리고 나와 베트남에 함께 입국 이송했다.[7]

☆[판결 13] 미성년자를 보호·감독하는 사람이라고 하더라도 다른 보호감독자의 보호·양육권을 침해하거나 자신의 보호·양육권을 남용하여 미성년자 본인의 이익을 침해하는 때에는 미성년자 약취죄의 주체가 될 수 있다. 폭행, 협박 또는 불법적인 사실상의 힘을 사용하여 그 미성년자를 평온하던 종전의 보호·양육 상태로부터 이탈시켰다고 볼 수 없는 행위까지 다른 보호감독자의 보호·양육권을 침해하였다는 이유로 미성년자 약취죄의 성립을 긍정하는 것은 형벌법규의 문언 범위를 벗어나는 해석으로서 죄형법정주의의 원칙에 비추어 허용될 수 없다. 따라서 부모가 이혼하였거나 별거하는 상황에서 미성년의 자녀를 부모의 일방이 평온하게 보호·양육하고 있는데, 상대방 부모가 폭행, 협박 또는 불법적인 사실상의 힘을 행사하여 그 보호·양육 상태를 깨뜨리고 자녀를 탈취하여 자기 또는 제3자의 사실상 지배하에 옮긴 경우, 그와 같은 행위는 특별한 사정이 없는 한 미성년자에 대한 약취죄를 구성한다고 볼 수 있다. 그러나 미성년의 자녀를 부모가 함께 동거하면서 보호·양육하여 오던 중 부모의 일방이 상대방 부모나 그 자녀에게 어떠한 폭행, 협박이나 불법적인 사실상의 힘을 행사함이 없이 그 자녀를 데리고 종전의 거소를 벗어나 다른 곳으로 옮겨 자녀에 대한 보호·양육을 계속했다면, 그 행위가 보호·양육권의 남용에 해당한다는 등 특별한 사정이 없는 한 설령 이에 관하여 법원의 결정이나 상대방 부모의 동의를 얻지 않았다고 해도 곧바로 형법상 미성년자에 대한 약취죄의 성립을 인정할 수는 없다.

4) 대법원 2013. 6. 20. 선고 2010도14328 전원합의체 판결.
5) 대법원 2013. 6. 20. 선고 2010도14328 전원합의체 판결.
6) 대법원 1998. 5. 15. 선고 98도690 판결.
7) 대법원 2013. 6. 20. 선고 2010도14328 전원합의체 판결.

[판결 09] 갑은 횡단보도 앞에서 같이 등교할 친구를 기다리던 초등학교 5학년생 을에게 갑자기 다가가 오른쪽 점퍼 소매를 잡으며 '가자'고 하자 을이 팔을 뿌리치고 옆으로 비켜서니 을의 뒤편 바닥에 앉아 을에게 '학교가기 싫으냐. 집에 가기 싫으냐. 우리 집에 같이 자러가자'고 말했다. 을은 불안한 마음으로 갑을 피해 서 있다가 친구 병과 정을 만나 휴대폰을 빌려 경찰에 신고했다.8)

[판결 09] 위험에 대한 대처능력이 미약한 초등학교 5학년 여학생 을의 소매를 잡아끌면서 '우리 집에 같이 자러가자'라고 한 행위는 그 행위의 목적과 의도, 행위 당시의 정황, 행위의 태양과 종류, 피해자의 의사 등을 종합하여 볼 때, 갑이 을을 그 의사에 반하여 자유로운 생활관계 또는 보호관계로부터 갑의 사실상 지배하에 옮기기 위한 약취행위의 수단으로서 폭행에 충분히 해당한다. 또한 약취의 의사도 인정되고, 약취행위에 해당하는 실행행위가 있다고 보아야 할 것이다.

[판결 08] 갑은 아파트 현관문을 열고 집안으로 들어서는 을에게 달려들어 옆구리에 칼을 들이대고 뒤따라 집안으로 침입한 후 집안을 뒤져 물품을 강취하고, 현금이 발견되지 않자 을을 인질로 그의 부모로부터 현금을 취득하기로 마음먹고 을을 결박시킨 다음 부모의 귀가를 기다렸다. 그 후 을의 모가 위 아파트 안으로 들어오자, 거실에서 앉아 포박된 을의 옆구리에 부엌칼을 들이대면서 "아들을 살리려면 이리와 앉아"라고 위협하자 놀란 을의 모가 황급히 밖으로 도망치자, 수회 전화를 걸어 "아들을 살리려면 돈을 마련해서 올라와라, 경찰에는 절대 알리지 마라, 만약 신고하면 아들을 죽이겠다"고 하는 등 수차례 협박하여 을의 부모로부터 아파트 현관 입구에서 50만 원을 전달받았으나 문밖에서 대기 중이던 경찰관에게 체포되었다.9)

☆[판결 08] 미성년자를 장소적으로 이전시키는 경우뿐만 아니라 **장소적 이전 없이 기존의 자유로운 생활관계 또는 부모와의 보호관계로부터 이탈**시켜 범인이나 제3자의 사실상 지배하에 두는 경우도 포함된다.

미성년자 및 보호자의 일상생활의 장소적 중심인 주거에서 장소적 이전을 전제로 하지 아니한 채 폭행 또는 협박이 이루어진 경우에는, 그로 인하여 미성년자와 부모의 보호관계가 제한 혹은 박탈되는 모든 경우에 제287조의 미성년자 약취죄가 성립하는 것으로 볼 수는 없고, 무엇보다 미성년자를 기존의 생활관계 및 보호관계로부터 이탈시킬 의도가 없는 경우에는 실행의 착수조차 인정하기 어렵다. 따라서 범행의 목적과 수단, 시간적 간격 등을 고려할 때 사회통념상 실제로 기존의 생활관계 및 보호

8) 대법원 2009. 7. 9. 선고 2009도3816 판결.
9) 대법원 2008. 1. 17. 선고 2007도8485 판결.

관계로부터 이탈시킨 것으로 인정되어야만 기수가 성립된다.

[판결 08-1] A의 아버지인 갑은 A의 어머니이자 갑의 처인 B가 교통사고로 사망하자 A의 외조부인 C에게 A의 양육을 맡겨 왔으나, 교통사고 배상금 등을 둘러싸고 C 등과 분쟁이 발생하자 자신이 직접 피해자를 양육하기로 마음먹고, 을과 공모하여 학교에서 귀가하는 A를 본인의 의사에 반하여 강제로 차에 태우고 할아버지에게 간다는 등의 거짓말로 속인 후 고아원에 데려가 A의 수용문제를 상담하고, 개사육장에서 잠을 재운 후 다른 아동복지상담소에 데리고 가는 등의 행위를 했다.10)

[판결 08-1] 미성년자를 보호 감독하는 자라 하더라도 다른 보호감독자의 감호권을 침해하거나 자신의 감호권을 남용하여 미성년자 본인의 이익을 침해하는 경우에는 미성년자 약취·유인죄의 주체가 될 수 있다. 갑에 대한 한정치산선고에 부당한 점이 있거나 범행 당시 한정치산선고가 확정되지 않아 갑이 친권을 유지하고 있었다 하더라도 앞서 본 바와 같은 법리 및 사실관계에 비추어 이 사건 범죄가 성립됨에 영향이 없다.

[판결 98] '캐스팅' 잡지사 실장 갑은 사진모델로 응모하여 알게 된 박(여, 16세)이 가족들의 반대에도 불구하고 모델이나 영화배우 활동을 원한다는 사실을 알고, 모델이나 영화배우로 활동하게 할 의사나 능력이 없음에도 박에게 "영화사에서 사진을 원하니 사진을 찍으러 금수장여관으로 나와라."라고 속여 금수장여관 방에서 "사진을 찍어 영화사로 보내자"라고 속여 박의 나체사진을 찍은 후 귀가시켰다. 전화로 "사진을 영화사 사람에게 보여 주었더니 만들 영화에 조연급 출연을 오케이 하였다. 그러니 내일 금수장여관에서 만나자."라고 속여 박이 광주 집을 떠나 금수장여관으로 오게 한 다음 그 곳에서 박에게 "우선 할 일이 있으니 목포로 가자. 내일 서울로 보내 주겠다."라고 속여 그 때부터 목포 갑의 자취방, 전남 영암 등지로 박을 데리고 다녔다.11)

[판결 98] 박이 가출하여 갑과 같이 지낸 바가 있다는 사실만으로는 갑이 박을 기망 또는 유혹하여 자기의 사실적 지배 하로 옮긴 것이라고 단정할 수 없다.

10) 대법원 2008. 1. 31. 선고 2007도8011 판결.

11) 대법원 1998. 5. 15. 선고 98도690 판결.

Ⅱ. 제288조 [추행 등 목적 약취, 유인 등]

> 제288조(추행 등 목적 약취, 유인 등) ① 추행, 간음, 결혼 또는 영리의 목적으로 사람을 약취 또는 유인한 사람은 1년 이상 10년 이하의 징역에 처한다.
> ② 노동력 착취, 성매매와 성적 착취, 장기적출을 목적으로 사람을 약취 또는 유인한 사람은 2년 이상 15년 이하의 징역에 처한다.
> ③ 국외에 이송할 목적으로 사람을 약취 또는 유인하거나 약취 또는 유인된 사람을 국외에 이송한 사람도 제2항과 동일한 형으로 처벌한다.

1. 보호법익

보호법익은 사람의 정신적, 육체적 자유와 존엄 그리고 이동과 거처의 자유라고 할 수 있다.

2. 구성요건

제288조는 목적범이다. 제1항'추행'이 성적 수치심을 느끼게 하는 모든 행위라고 하면 대상자를 추행할 '목적'으로 약취 또는 유인해야 한다. '간음'은 강간이 아니면서 자유의사는 아닌 성교를 의미한다. '결혼의 목적'은 자유의사가 아닌 결혼을 할 목적으로 해석할 수 있다.

제2항 '노동력착취'는 노동조건이 일방적으로 현격하게 불리한 경우, '성매와 성적 착취'는 매춘을 의미하며, 장기적출은 이식의 목적으로 장기를 떼내는 행위이다. 제2항은 신체적 자유는 물론 인간의 가치, 존엄을 보호하려는 목적이므로 제1항보다 형량이 더 무겁다. 제3항으로 국외이송을 목적으로 한 약취 또는 유인행위와 약취, 유인된 자의 이송 행위을 처벌하는 것은 신체의 자유와 거처결정의 자유를 보호하기 위한 의도일 것이다.

Ⅲ. 제289조 [인신매매]

> 제289조(인신매매) ① 사람을 매매한 사람은 7년 이하의 징역에 처한다.
> ② 추행, 간음, 결혼 또는 영리의 목적으로 사람을 매매한 사람은 1년 이상 10년 이하의 징역에 처한다.

③ 노동력 착취, 성매매와 성적 착취, 장기적출을 목적으로 사람을 매매한 사람은 2년 이상 15년 이하의 징역에 처한다.
④ 국외에 이송할 목적으로 사람을 매매하거나 매매된 사람을 국외로 이송한 사람도 제3항과 동일한 형으로 처벌한다.

제289조 [인신매매]의 보호법익, 구성요건요소는 제288조 [추행 등 목적 약취, 유인 등]과 대부분 같고, 두 가지만 다르다. 첫째, 제1항에 목적이 특정되지 않고 사람을 매매한 구성요건이 있다. 둘째, 행위방법에서 제288조는 '약취 또는 유인'이지만 제289조는 '매매'라는 점만 다르다.

제289조에서 '매매'의 개념과 적용가능성은 판결이 없어 불명확하다. 매매는 사람을 물건과 같이 사고파는 행위이다. 특별한 규정이 없으므로 판 사람과 산 사람은 같이 처벌된다. 성년자에 대한 매매가 가능한 일인지는 의문이다. 물건으로 취급되는 것에 반항하는 것이 불가능한 상태이어야 할 것이고 그것은 폭행, 협박 또는 스스로 헤쳐 나오기 어려운 위기상황이 전제된다. "실력으로 사람을 지배하고 있는가 여부, 즉 계속된 협박이나 명시적 혹은 묵시적 폭행의 위협 등의 험악한 분위기로 인하여 보통의 부녀자라면 법질서에 보호를 호소하기를 단념한 상태"에서 부녀매매를 인정한 판결이 있다.[12] 독일형법 §232에는 '강요받는 상황'과 '외국체류로 아무 도움을 받을 수 없는 상황'이 예시되어 있다.

Ⅳ. 제290조 [약취, 유인, 매매, 이송 등 상해·치상]; 제291조 [약취, 유인, 매매, 이송 등 살인·치사]

제290조(약취, 유인, 매매, 이송 등 상해·치상) ① 제287조부터 제289조까지의 죄를 범하여 약취, 유인, 매매 또는 이송된 사람을 상해한 때에는 3년 이상 25년 이하의 징역에 처한다.
② 제287조부터 제289조까지의 죄를 범하여 약취, 유인, 매매 또는 이송된 사람을 상해에 이르게 한 때에는 2년 이상 20년 이하의 징역에 처한다.
제291조(약취, 유인, 매매, 이송 등 살인·치사) ① 제287조부터 제289조까지의 죄를 범하여 약취, 유인, 매매 또는 이송된 사람을 살해한 때에는 사형, 무기 또는 7년 이상의 징역에 처한다.
② 제287조부터 제289조까지의 죄를 범하여 약취, 유인, 매매 또는 이송된 사람을 사망에 이르게 한 때에는 무기 또는 5년 이상의 징역에 처한다.

12) 대법원 1992. 1. 21. 선고 91도1402 판결.

미성년자 약취·유인죄, 추행등 목적의 약취·유인죄, 인신매매죄의 범인이 대상자를 상해 또는 치상한 경우의 결과적 가중범(제290조), 살인 또는 치사케한 결과적 가중범(제291조)을 정한 조문들이다. 제292조 제1항은 제294조에 의하여 미수범, 제294조에 의하여 예비·음모죄가 처벌된다.

V. 제292조 [약취, 유인, 매매, 이송된 사람의 수수·은닉 등]

> 제292조(약취, 유인, 매매, 이송된 사람의 수수·은닉 등) ① 제287조부터 제289조까지의 죄로 약취, 유인, 매매 또는 이송된 사람을 수수 또는 은닉한 사람은 7년 이하의 징역에 처한다.
> ② 제287조부터 제289조까지의 죄를 범할 목적으로 사람을 모집, 운송, 전달한 사람도 제1항과 동일한 형으로 처벌한다.

제1항은 약취, 유인, 매매, 이송된 사람을 받아들여 관리·지배하에 두는 행위와 숨겨주는 행위를 금지한다. 제2항 '모집'은 약취, 유인, 매매 등이 이루어지기 이전 시점에서 그런 행위를 하기 위한 목적으로 행위에 참여할 사람을 모으는 행위이다. '운송, 전달'도 약취, 유인, 매매가 이루어지도록 하는 행위라고 해야 제2항의 취지에 맞는다. 그러나 문맥은 이송된 사람이 수수 또는 은닉 단계에 다다를 수 있도록 운송, 전달한다는 뜻으로 볼 수도 있고 문헌의 설명은 그런 취지이다.13) 이 조항은 제294조에 의하여 미수, 제296조에 의하여 예비·음모죄가 처벌된다.

제2항은 목적범이고 약취·유인, 인신매매가 실행의 착수에 이르지 않아 예비단계에 있더라도 그런 행위에 참가한 사람들을 처벌할 수 있기 위한 조문이라고 볼 수 있다.14)

VI. 세계주의

제287조부터 제292조까지 및 제294조는 대한민국 영역 밖에서 죄를 범한 외국인에게도 적용된다고 하여 세계주의를 채택하고 있다.

---

13) 김일수/서보학, 각론[8], 128쪽; 이재상 등, 각론[10], 147쪽.

14) 제292조와 유사한 독일형법 §233a에 대한 다수학자의 설명도 본문과 같다: S/S[29]/*Eisele*, §233a Rn 2.

제 32 장 강간과 추행의 죄

제32장은 사람의 성적 자기 결정의 자유를 보장하려는 조문들이다. 2012년 개정으로 제297조 강간죄의 보호대상이 부녀자에서 사람으로 바뀌어 남자에 대한 강간도 가능하도록 변경되었다. 아울러 제297조의 2의 신설로 유사강간행위도 처벌되게 되었다.

§ 45. 강간, 유사강간, 강제추행

> 제297조(강간) 폭행 또는 협박으로 사람을 강간한 자는 3년 이상의 유기징역에 처한다.
> 제297조의2(유사강간) 폭행 또는 협박으로 사람에 대하여 구강, 항문 등 신체(성기는 제외한다)의 내부에 성기를 넣거나 성기, 항문에 손가락 등 신체(성기는 제외한다)의 일부 또는 도구를 넣는 행위를 한 사람은 2년 이상의 유기징역에 처한다.

Ⅰ. 보호법익

보호법익은 자유로운 성적 자기결정권이다.1)

Ⅱ. 구성요건

강간죄의 '폭행 또는 협박'은 피해자의 항거를 불가능하게 하거나 현저히 곤란하게 할 정도의 것이어야 한다. 또한 강간죄에서의 폭행·협박과 간음 사이에는 인과관계가 있어야 하나, 폭행·협박이 반드시 간음행위보다 선행되어야 하는 것은 아니다.2)

'강간'이란 폭행 또는 협박을 수단으로 상대의 반항을 제압하여 간음하는 것

1) 대법원 2013. 5. 16. 선고 2012도14788 전원합의체 판결; 2012. 3. 15. 선고 2012도544 판결.
2) 대법원 2017. 10. 12. 선고 2016도16948 판결.

이라고 설명하며, 간음은 성기의 삽입을 뜻한다고 한다.3) 유사강간은 조문의 설명과 같다.

'추행'이란 객관적으로 일반인에게 성적 수치심이나 혐오감을 일으키게 하고 선량한 성적 도덕관념에 반하는 행위로서 피해자의 성적 자유를 침해하는 것이다. 성욕을 자극·흥분·만족시키려는 주관적 동기나 목적은 강제추행죄의 주관적 구성요건이 아니다.4)

[판결 13] 갑은 알고 지내던 여성 을이 자신의 머리채를 잡아 폭행을 가하자 보복의 의미에서 을의 입술, 귀, 유두, 가슴 등을 입으로 깨무는 행위를 했다.5)

[판결 13] 비록 을이 갑의 머리채를 잡아 폭행을 가하자 이에 대한 보복의 의미에서 한 행위로서 성욕을 자극·흥분·만족시키려는 주관적 동기나 목적이 없었다고 하더라도, 객관적으로 여성인 피해자의 입술, 귀, 유두, 가슴을 입으로 깨무는 등의 행위는 일반적이고도 평균적인 사람으로 하여금 성적 수치심이나 혐오감을 일으키게 하고 선량한 성적 도덕관념에 반하는 행위에 해당하고, 그로 인하여 피해자의 성적 자유를 침해하였다고 봄이 타당하다. 제298조 '추행'에 해당한다.

[판결 12] 갑은 인터넷 가출카페를 통해 알게 된 을(여, 12세)과 신당역에서 만난 다음, 부근 모텔로 데리고 가 반항하는 을을 움직이지 못하게 하는 방법 등으로 폭행하여 반항을 억압한 후 강간했다.6)

형법 제305조(미성년자에 대한 간음, 추행) 13세 미만의 사람에 대하여 간음 또는 추행을 한 자는 제297조, 제297조의 2, 제298조, 제301조 또는 제301조의 2의 예에 의한다.

성폭력범죄의 처벌 등에 관한 특례법 제7조(13세 미만의 미성년자에 대한 강간, 강제추행 등) ① 13세 미만의 사람에 대하여 「형법」 제297조(강간)의 죄를 범한 사람은 무기징역 또는 10년 이상의 징역에 처한다.

[판결 12] 을이 13세 미만의 여자라는 객관적 사실로부터 갑이 그 사실을 알고 있었다는 점이 추단된다고 볼 만한 경험칙 기타 사실상 또는 법적 근거가 없으므로 갑

3) 김일수/서보학, 각론[8], 133쪽; 이재상 등, 각론[10], 164쪽.
4) 대법원 2013. 9. 26. 선고 2013도5856 판결.
5) 대법원 2013. 9. 26. 선고 2013도5856 판결.
6) 대법원 2012. 8. 30. 선고 2012도7377 판결.

의 **성폭력범죄의 처벌 등에 관한 특례법** 제7조에 대한 고의가 인정되지 않는다.

> [판결 10] 갑은 야간에 을의 주거에 침입하여 드라이버를 들이대며 협박하여 을의 반항을 억압한 상태에서 강간행위의 실행 도중 범행현장에 있던 병 소유의 핸드백을 가져갔다.[7)]

☆[판결 10] 강간범이 강간행위의 종료 전 즉 그 실행행위의 계속 중에 강도의 행위를 할 경우에는 이때에 바로 강도의 신분을 취득하는 것이므로 이후에 그 자리에서 강간행위를 계속하는 때에는 강도가 부녀를 강간한 때에 해당하여 형법 제339조 소정의 강도강간죄를 구성한다. 갑은 폐기된 **성폭력범죄의 피해자보호 등에 관한 법률 제5조 현재의 성폭력범죄의 처벌 등에 관한 특례법 제3조 제2항 특수강도강간죄**가 적용되어 사형, 무기 또는 10년 이상의 징역형으로 처벌된다.

강간범이 강간행위 후에 강도의 범의를 일으켜 그 부녀의 재물을 강취하는 경우에는 강도강간죄가 아니라 강간죄와 강도죄의 경합범이 성립될 수 있을 뿐이다.[8)]

부부 간 강간

형법은 법률상 처를 강간죄의 객체에서 제외하는 명문의 규정을 두고 있지 않으므로, 문언 해석상으로도 법률상 처가 강간죄의 객체에 포함된다.

남편의 아내에 대한 폭행 또는 협박이 피해자의 반항을 불가능하게 하거나 현저히 곤란하게 할 정도에 이른 것인지 여부는, 폭행 또는 협박의 내용과 정도가 아내의 성적 자기결정권을 본질적으로 침해하는 정도에 이른 것인지 여부, 유형력을 행사하게 된 경위 등 모든 사정을 종합하여 신중하게 판단해야 한다.[9)]

> [판결 12] 갑은 을(48세 여)이 자신의 말을 무시하고 도로에 주차하여 둔 자신의 차량으로 걸어가자 을을 뒤쫓아 가면서 욕을 하고 바지를 벗어 성기를 보였다. 그곳은 식당 및 편의점 등이 있어서 저녁 8시 무렵에도 사람 및 차량의 왕래가 빈번한 도로이고 을은 당시 위 식당 옆 도로변에 차를 주차하여 둔 상태이었다. 갑은 자신의 성기를 꺼내 일정한 거리를 두고 을에게 보였을 뿐 어떤 신체적 접촉도 하지 않았고 행위 장소는 사무실 근처의 도로로서 사람 및 차량의 왕래가 빈번한 공중에게 공개된 곳이었다.[10)]

---

7) 대법원 2010. 12. 9. 선고 2010도9630 판결.
8) 대법원 2010. 12. 9. 선고 2010도9630 판결.
9) 대법원 2013. 5. 16. 선고 2012도14788 전원합의체 판결.

[판결 12] 갑이 한 욕설은 성적인 성질의 것이 아니고 '추행'과 관련이 없고, 을이 자신의 성적 결정의 자유를 침해당하였다고 볼 만한 사정이 없는 점 등 제반 사정을 고려할 때, 갑이 단순히 바지를 벗어 자신의 성기를 보여준 것만으로는 폭행 또는 협박으로 '추행'을 하였다고 볼 수 없는데도, 이와 달리 보아 유죄를 인정한 원심판결에 강제추행죄의 추행에 관한 법리오해의 위법이 있다.

Ⅲ. 제299조 [준강간]

제299조(준강간, 준강제추행) 사람의 심신상실 또는 항거불능의 상태를 이용하여 간음 또는 추행을 한 자는 제297조, 제297조의2 및 제298조의 예에 의한다.

제299조 '항거불능의 상태'란 제297조, 제298조와의 균형상 심신상실 이외의 원인 때문에 심리적 또는 물리적으로 반항이 절대적으로 불가능하거나 현저히 곤란한 경우를 의미한다.[11]

[판결 00] 갑은 을이 잠을 자는 사이에 을의 바지와 팬티를 발목까지 벗기고 웃옷을 가슴 위까지 올린 다음, 바지를 아래로 내린 상태에서 을의 가슴, 엉덩이, 음부 등을 만지고 성기를 삽입하려고 하였으나 을이 몸을 뒤척이고 비트는 등 잠에서 깨어 거부하는 듯한 기색을 보이자 더 이상 간음행위에 나아가는 것을 포기했다.[12]

[판결 00] 잠을 자고 있는 을의 옷을 벗기고 자신의 바지를 내린 상태에서 을의 음부 등을 만지는 행위를 한 시점에서 을의 항거불능의 상태를 이용하여 간음을 할 의도를 가지고 간음의 수단이라고 할 수 있는 행동을 시작한 것으로서 준강간죄의 실행에 착수한 것이다. 그 후 갑이 위와 같은 행위를 하는 바람에 을이 잠에서 깨어나 갑이 성기를 삽입하려고 할 때에는 객관적으로 항거불능의 상태에 있지 않았다고 하더라도 준강간미수죄의 성립에 지장이 없다.

Ⅳ. 제300조 [강간미수]

강간죄의 실행의 착수는 피해자에 대한 폭행·협박이 개시된 때이다.[13]

---

10) 대법원 2012. 7. 26. 선고 2011도8805 판결
11) 대법원 2012. 6. 28. 선고 2012도2631 판결.
12) 대법원 2000. 1. 14. 선고 99도5187 판결.

> [판결 91] 갑은 간음할 목적으로 새벽 4시에 19세 여자 을 혼자 있는 방문 앞에 가서 방문을 열어 주지 않으면 부수고 들어갈듯 한 기세로 방문을 두드리고 을이 위험을 느끼고 창문에 걸터앉아 가까이 오면 뛰어 내리겠다고 하는데도 베란다를 통하여 창문으로 침입하려고 하였다.14)

[판결 91] "증인의 진술(법정증언과 수사기관에서의 진술 포함) 중에 갑이 을을 간음하려고 했다는 말을 들었다는 부분이 있고 구정을 쇠러 본가에 갔던 갑이 느닷없이 다음날 새벽 4시에 집으로 돌아와 18세 처녀가 혼자 자는 방으로 들어가려고 기도한 것은 증언에 의해 명백하므로 간음 목적으로 그 방에 침입하려고 하였다고 인정되며, 을이 가까이 오면 뛰어내리겠다고 하는데도 그 집 베란다를 통하여 창문으로 침입하려고 하였다면 강간의 수단으로서의 폭행에 착수한 것이다."

> [판결 90] 갑은 사촌여동생 을(여, 18세)을 강간할 목적으로 을의 집에 담을 넘어 침입한 후 안방에 들어가 자고 있던 을의 가슴과 엉덩이를 만지면서 강간하려 했으나 을이 야 하고 크게 고함을 치자 도망감으로서 목적을 이루지 못했다.15)

[판결 90] 강간죄의 실행의 착수가 있었다고 하려면 강간의 수단으로서 폭행이나 협박을 한 사실이 있어야 할 터인데, 갑이 강간할 목적으로 을의 집에 침입하였다 하더라고 안방에 들어가 누워 자고 있는 피해자의 가슴과 엉덩이를 만지면서 간음을 기도하였다는 사실만으로는 강간의 수단으로 피해자에게 폭행이나 협박을 개시하였다고 하기는 어렵다.

Ⅴ. 제301조 [강간 등 상해·치상]

> 제301조(강간 등 상해·치상) 제297조, 제297조의2 및 제298조부터 제300조까지의 죄를 범한 자가 사람을 상해하거나 상해에 이르게 한 때에는 무기 또는 5년 이상의 징역에 처한다.

강간 등 상해는 강간과 상해의 결합범이고 강간 등 치상은 강간으로 인한 결과적 가중범이다.

---

13) 대법원 2004. 8. 20. 선고 2004도2870 판결.
14) 대법원 1991. 4. 9. 선고 91도288 판결.
15) 대법원 1990. 5. 25. 선고 90도607 판결.

강간 등에 의한 치사상죄에 있어서 사상의 결과는 간음행위 그 자체로부터 발생한 경우나 강간의 수단으로 사용한 폭행으로부터 발생한 경우는 물론 강간에 수반하는 행위에서 발생한 경우도 포함한다.[16)]

상해는 회음부찰과상(대법원 1983. 7. 12. 선고 83도1258 판결), 코피가 나고 콧등이 부은 경우(대법원 1991. 10. 12. 선고 91도1831 판결) 등 외상 뿐 아니라 히스테리증의 야기(대법원 1970. 2. 10. 선고 69도2213), 스트레스로 인한 불면, 불안, 악몽 등의 증세가 나타난 경우(대법원 2006. 10. 13 선고 2006도 3639 판결)도 인정된다. 강간, 추행 등이 미수에 그쳐도 강간 등 상해죄는 성립한다.[17)]

[판결 09] 술값문제로 상호 욕설을 하던 중 갑이 을을 폭행하여 비골 골절 등의 상해를 가한 후 상의에 손을 넣어 가슴을 만지는 등 강제 추행했다.[18)]

[판결 09] 폭행 당시부터 을에 대한 강제추행의 범의가 있었다고 보기 어렵다. 그러므로 갑의 위 폭행은 강제추행의 수단으로서의 폭행으로 볼 수 없어, 비골 골절 등과 그 이후 일어난 강제추행 사이에 인과관계가 있다고 할 수 없다.

뿐만 아니라, 원심이 갑과 병이 공동하여 을에게 비골 골절 등 상해를 가한 부분을 상해로 인한 폭력행위 등 처벌에 관한 법률 위반죄로 처벌했는데, 고의범인 상해죄로 처벌한 상해를 다시 결과적 가중범인 강제추행치상죄의 상해로 인정하여 이중으로 처벌할 수는 없다.

Ⅵ. 제301조의 2 [강간 등 살인· 치사]

제301조의2(강간 등 살인·치사) 제297조, 제297조의2 및 제298조부터 제300조까지의 죄를 범한 자가 사람을 살해한 때에는 사형 또는 무기징역에 처한다. 사망에 이르게 한 때에는 무기 또는 10년 이상의 징역에 처한다.

제301조의 2 [강간 등 살인·치사]죄는 신분범이다.

강간 등 살인은 강간죄와 살인죄의 결합범으로 강간범이 대상자를 살해한 경우는 강간 등 살인죄로 처벌되고, 강간죄와 살인죄의 경합범으로 처벌되지

16) 대법원 2008. 2. 29. 선고 2007도10120 판결.

17) 대법원 1988. 8. 23. 선고 88도1212 판결.

18) 대법원 2009. 7. 23. 선고 2009도1934 판결.

않는다.

강간 등 치사는 결과적 가중범이다.

[판결 08] 갑, 을 등은 13세 A를 강간하기로 공모하여 의도적으로 게임을 통하여 13세에 불과한 A를 술취하도록 유도한 다음, 병, 정의 순서로 A를 강간했다. 강간 과정에서 갑과 을이 먼저, 병과 정이 다음으로 각 범행현장을 떠났는데, 강간을 마친 갑, 을은 의식을 잃은 A를 인적이 드문 비닐창고에 옮겨 놓았다. 갑, 을은 그곳에서 피씨방에 있는 병과 정을 데리러 가 위 비닐창고로 오던 도중에 을은 먼저 귀가하고 갑, 병, 정이 비닐창고로 왔는데, 갑, 정은 A의 가슴을 만지는 등 강제추행을 하고 귀가했다. 갑은 귀가 도중 다시 위 비닐창고로 가 의식을 잃은 A를 재차 강간하고는 귀가했고 A는 다음날 저체온증으로 사망했다.[19)]

☆[판결 09] 갑 등이 수차례 강간했기 때문에 A가 의식불명 상태에 빠진 것으로서, A가 의식을 찾지 못하여 저체온증으로 사망한 것이 갑 등의 강간 및 그 수반행위와 인과관계가 있고, A의 사망에 대한 갑 등의 예견가능성 또한 인정되며, 또한 당시의 기온 등을 감안하여 보면 이미 갑 등의 강간 및 그에 수반한 행위로 인하여 A가 의식불명 상태에 빠진 이상, 비록 갑이 비닐창고에서 A를 재차 강간하고 하의를 벗겨 놓은 채 그대로 귀가하였다고 하더라도 병, 정이 저체온증으로 인한 A의 사망에 대한 책임을 면한다고 볼 수 없어 강간치사죄를 유죄로 인정한 것은 정당하다.

[판결 95] 갑은 자신이 경영하는 속셈학원의 강사로 사흘전에 채용된 을(여, 20세) 을 호텔 객실 앞까지 유인해 강제로 안으로 끌고 들어간 후 나가려는 을을 못나가게 하고 강간하려 했다. 을이 갑의 얼굴을 할퀴고 완강히 반항하던 중 대실시간을 연장하기 위하여 갑이 호텔 프런트에 전화를 하는 사이에 을이 더 있다가는 자신의 순결을 지키기 어렵겠다는 생각에 출입문 쪽에 갑을 피하고자 다급한 나머지 객실 창문을 열고 뛰어내리다가 28m 아래로 추락하여 사망했다.[20)]

[판결 95] 을이 강간을 모면하려고 창문을 통해서라도 탈출하려다 지상에 추락하여 사망에 이르게 될 수도 있음을 충분히 예견할 수 있으므로, 갑의 이 사건 강간미수행위와 을의 사망과의 사이에는 상당인과관계가 있어 강간치사죄가 성립한다.

---

19) 대법원 2008. 2. 29. 선고 2007도10120 판결.

20) 대법원 1995. 5. 12. 선고 95도425 판결.

Ⅶ. 제302조 [미성년자 등에 대한 간음]

> 제302조(미성년자 등에 대한 간음) 미성년자 또는 심신미약자에 대하여 위계 또는 위력으로써 간음 또는 추행을 한 자는 5년 이하의 징역에 처한다.

미성년자에 대한 간음죄는 반드시 폭행을 그 수단으로 할 것을 필요로 하지 않는다.[21] 위계 또는 위력이 수단이며 간음 또는 추행이 행위이다.

> [판결 04] 갑은 이장 집무실에서 정신지체장애 1급인 을(여, 17세)을 1회 간음했다. 을은 저능아이기는 하나 7~8세 정도의 지능은 있었고, 자신의 신체를 조절할 능력도 있었으나, 겁이 많아 누가 큰 소리를 치면 겁을 먹고 시키는 대로 했고 갑이 스스로 나오라고 했을 때 안 나가면 경찰차가 와서 잡아가므로 안 나갈 수 없었고, 옷을 벗으라고 하였을 때 벗지 않으면 갑이 손바닥으로 얼굴을 때리므로 무서워서 옷을 벗지 않을 수 없었으며, 아버지에게 이르면 때려준다고 하여 아무에게도 이야기할 수 없었다고 진술하고 있다.[22]

[판결 04] 을은 지능이 정상인에 미달하기는 하나 사고능력이나 사리분별력이 전혀 없다고는 할 수 없고, 성적인 자기결정을 할 능력이 있기는 하였으나, 다만 그 능력이 미약한 상태에 있었던 데 불과하고, 갑이 그러한 상태를 이용하여 가벼운 폭행과 협박·위계로써 피해자의 반항을 손쉽게 억압하고 피해자를 간음하게 된 것으로 볼 여지가 충분하다. 결국, 을은 형법 제302조에서 말하는 심신미약의 상태에 있었다고 볼 수는 있겠으나, 성폭력범죄처벌법 제8조에서 말하는 항거불능의 상태에 있었다고 하기는 어렵다.

> **성폭력범죄의 처벌 및 피해자보호 등에 관한 법률** 제8조(장애인에 대한 간음 등) 신체장애 또는 정신상의 장애로 항거불능인 상태에 있음을 이용하여 여자를 간음하거나 사람에 대하여 추행한 자는 형법 제297조(강간) 또는 제298조(강제추행)에 정한 형으로 처벌한다.

---

21) 대법원 1998. 5. 26. 선고 98도1036 판결.

22) 대법원 2004. 5. 27. 선고 2004도1449 판결.

Ⅷ. 제303조 [업무상 위력 등에 의한 간음]

> 제303조(업무상위력 등에 의한 간음) ① 업무, 고용 기타 관계로 인하여 자기의 보호 또는 감독을 받는 사람에 대하여 위계 또는 위력으로써 간음한 자는 5년 이하의 징역 또는 1천500만원 이하의 벌금에 처한다.
> ② 법률에 의하여 구금된 사람을 감호하는 자가 그 사람을 간음한 때에는 7년 이하의 징역에 처한다.

제303조 '업무고용 기타 관계로 인하여 자기의 보호 또는 감독을 받는 부녀'는 사실상의 보호 또는 감독을 받는 부녀도 포함된다.[23)]

> [판결 76] 미장원 주인 남자 갑은 그 종업원 을(21세 여)에게 저녁을 사준다는 구실로 데리고 나와서 식사 후에 을의 숙소로 보내준다고 하면서 상경 후 아직 서울지리에 생소함을 이용하여 "뻐스"를 같이 타고 다니는 등 고의로 시간을 지연시켜서 야간통행금지에 임박한 시간으로서 부득이 부근 여관에 투숙치 아니할 수 없는 것 같이 하여 위계로 유인 투숙하고 위력으로 간음했다.[24)]

[판결 76] 갑, 을의 성교관계에 이른 경위가 당연시 되거나 또는 필연적인 결과라고 시인될 수 있는 사정이 두 사람 사이에 있다고 볼 수 있는 특별한 사정을 시인할 수 있는 자료가 없고, 오히려 을의 연령 경력 직업 환경 및 갑의 연령 환경과 두 사람 사이의 신분관계와 아울러서 이 사건 여관에 이르게 된 경위 사정으로 보아 을의 승낙에 이루어진 것이라고 보기에는 경험칙 상 어렵다.

Ⅸ. 제305조 [미성년자에 대한 간음·추행]

> 제305조(미성년자에 대한 간음, 추행) 13세 미만의 사람에 대하여 간음 또는 추행을 한 자는 제297조, 제297조의2, 제298조, 제301조 또는 제301조의2의 예에 의한다.

1. 보호법익

13세 미만의 아동이 외부로부터의 부적절한 성적 자극이나 물리력의 행사가

23) 대법원 1976. 2. 10. 선고 74도1519 판결.
24) 대법원 1976. 2. 10. 선고 74도1519 판결.

없는 상태에서 심리적 장애 없이 성적 정체성 및 가치관을 형성할 권익'이 보호법익이다.

2. 구성요건

미성년자에 대한 간음죄는 반드시 폭행을 그 수단으로 할 것을 필요로 하지 않는다.[25]

제305조 13세미만 부녀에 대한 의제강간, 추행죄는 그 성립에 있어 위계 또는 위력이나 폭행 또는 협박의 방법에 의함을 요하지 아니하며 피해자의 동의가 있었다고 하여도 성립한다.[26]

13세 미만의 부녀자에게 추행을 하여 그에게 상해를 입힌 행위에 대하여는 형법 305조에 의하여 같은 법 301조가 적용되므로 고소가 없어도 이를 논할 수 있다.[27]

3. 판례

[판례 07] 학원 승합차를 운전하던 갑은 학원 수업을 마치고 귀가하기 위하여 승합차를 탄 11세의 을이 혼자 남은 틈을 타 승합차 안에서 을을 간음하려다 미수에 그쳤다.[28]

[판결 07] 미성년자 의제강간·강제추행죄를 규정한 형법 제305조가 "13세 미만의 부녀를 간음하거나 13세 미만의 사람에게 추행을 한 자는 제297조, 제298조, 제301조 또는 제301조의2의 예에 의한다"로 되어 있어 강간죄와 강제추행죄의 미수범의 처벌에 관한 제300조를 명시적으로 인용하고 있지 않다. 그러나 제305조의 입법 취지는 **성적으로 미성숙한 13세 미만의 미성년자를 특별히 보호하기 위한 것**이므로 입법 취지에 비추어 보면 동조에서 규정한 형법 제297조와 제298조의 '예에 의한다'는 의미는 미성년자의제강간·강제추행죄의 처벌에 있어 그 법정형뿐만 아니라 미수범에 관하여도 강간죄와 강제추행죄의 예에 따른다는 취지로 해석된다.

---

25) 대법원 1998. 5. 26. 선고 98도1036 판결.

26) 대법원 1982. 10. 12. 선고 82도2183 판결.

27) 대법원 1977. 4. 12. 선고 76도3719 전원합의체판결.

28) 대법원 2007. 3. 15. 선고 2006도9453 판결.

[판결 06] 초등학교 4학년 담임교사(남자)인 피고인이 교실에서 자신이 담당하는 반의 남학생인 피해자의 성기를 4회에 걸쳐 만진 것은 비록 교육적인 의도에서 비롯된 것이라 해도 교육방법으로서 적정성을 갖추고 있다고 볼 수 없고, 그로 인하여 정신적·육체적으로 미숙한 피해자의 심리적 성장 및 성적 정체성의 형성에 부정적 영향을 미쳤으며, 현재의 사회 환경과 성적 가치기준·도덕관념에 부합되지 않으므로, 형법 제305조 '추행'에 해당한다.[29]

29) 대법원 2006. 1. 13. 선고 2005도6791 판결.

제 33 장 명예를 해하는 죄

제307조 제1항, 제2항의 명예훼손, 제308조의 사자명예훼손, 제309조 출판물에 의한 명예훼손 등 4개의 구성요건이 있다. 이 밖에도 정보통신보호망 및 개인정보비밀보호법 제70조에도 명예훼손죄가 있다.

§46. 명예훼손죄

제307조(명예훼손) ① 공연히 사실을 적시하여 사람의 명예를 훼손한 자는 2년 이하의 징역이나 금고 또는 500만원 이하의 벌금에 처한다.
② 공연히 허위의 사실을 적시하여 사람의 명예를 훼손한 자는 5년 이하의 징역, 10년 이하의 자격정지 또는 1천만원 이하의 벌금에 처한다.
제308조(사자의 명예훼손) 공연히 허위의 사실을 적시하여 사자의 명예를 훼손한 자는 2년 이하의 징역이나 금고 또는 500만원 이하의 벌금에 처한다.
제309조(출판물등에 의한 명예훼손) 관련판례관련주석관련문헌관련서식관련사례
① 사람을 비방할 목적으로 신문, 잡지 또는 라디오 기타 출판물에 의하여 제307조 제1항의 죄를 범한 자는 3년 이하의 징역이나 금고 또는 700만원 이하의 벌금에 처한다.
② 제1항의 방법으로 제307조제2항의 죄를 범한 자는 7년 이하의 징역, 10년 이하의 자격정지 또는 1천500만원 이하의 벌금에 처한다.
제310조(위법성의 조각) 제307조제1항의 행위가 진실한 사실로서 오로지 공공의 이익에 관한 때에는 처벌하지 아니한다.

정보통신망 이용촉진 및 정보보호 등에 관한 법률
제70조(벌칙) ① 사람을 비방할 목적으로 정보통신망을 통하여 공공연하게 사실을 드러내어 다른 사람의 명예를 훼손한 자는 3년 이하의 징역 또는 3천만 원 이하의 벌금에 처한다.
② 사람을 비방할 목적으로 정보통신망을 통하여 공공연하게 거짓의 사실을 드러내어 다른 사람의 명예를 훼손한 자는 7년 이하의 징역, 10년 이하의 자격정지 또는 5천만 원 이하의 벌금에 처한다.
③ 제1항과 제2항의 죄는 피해자가 구체적으로 밝힌 의사에 반하여 공소를 제기할 수 없다.

Ⅰ. 보호법익

보호법익은 사람의 가치에 대한 평가 즉, 외부적 명예이다.[1)]

Ⅱ. 구성요건

1. 명예의 훼손

명예훼손의 대상은 개인, 법인, 단체이다. 국가나 지방자치단체는 기본권의 수범자일 뿐 기본권의 주체가 아니고, 그 정책결정이나 업무수행과 관련된 사항은 항상 국민의 광범위한 감시와 비판의 대상이 되어야 하며 이러한 감시와 비판은 그에 대한 표현의 자유가 충분히 보장될 때에 비로소 정상적으로 수행될 수 있다. 국가나 지방자치단체는 국민에 대한 관계에서 **형벌의 수단을 통해 보호되는 외부적 명예의 주체가 될 수는 없고**, 명예훼손죄나 모욕죄의 피해자가 될 수 없다.[2)]

[판결 16] 갑은 고흥군청 인터넷 홈페이지에 고흥군을 비방할 목적으로 허위내용의 글을 게시하고 고흥군과 군수에 대한 경멸적인 표현의 글을 게재했다.[3)]

☆[판결 16] 고흥군은 지방자치단체로서 명예훼손죄 또는 모욕죄의 피해자가 될 수 없어 그에 대한 모욕, 명예훼손은 성립하지 않는다. 그러나 군수 개인을 경멸하는 글을 게시한 것은 개인으로서의 군수에 대한 모욕죄에 해당한다.

2. 공연히

공연성은 불특정 또는 다수인이 인식할 수 있는 상태를 의미한다. 비록 개별적으로 한 사람에 대하여 사실을 유포하였다 하더라도 그로부터 불특정 또는 다수인에게 전파될 가능성이 있다면 공연성의 요건을 충족한다.[4)]

1) 대법원 2016. 12. 27. 선고 2014도15290 판결.
2) 대법원 2016. 12. 27. 선고 2014도15290 판결.
3) 대법원 2016. 12. 27. 선고 2014도15290 판결.
4) 대법원 2008. 2. 14. 선고 2007도8155 판결.

> [판결 08] 갑, 을, 병은 같은 블러그의 회원이고 갑이 게재한 '꽃뱀'이라는 소설은 블러그의 많은 회원들이 읽어왔다. 갑은 위 소설은 실제 사건에 관한 것이고 등장인물도 실존인물이라고 표명하기 시작하면서 주인공에 대하여 을의 인적사항, 필명 등을 적시·인용한 사실, 다른 블러거들이 위 소설의 실제 주인공이 누구인지에 대하여 궁금해 하던 때 갑이 병과 블로그 상 1대1 대화를 했다.5)

☆[판결 08] 갑과 병의 대화가 인터넷을 통하여 일대일로 이루어졌다는 것만으로 병이 대화내용을 불특정 또는 다수인에게 전파할 가능성이 없다고 할 수 없다. 또 병이 비밀을 지키겠다고 말했다고 하여 그가 당연히 대화내용을 불특정 또는 다수인에게 전파할 가능성이 없다고 할 수도 없으므로, 대화의 공연성이 부정되지 않는다.

3. 사실의 적시

제307조 제1항 '사실의 적시'는 가치판단이나 평가를 내용으로 하는 '의견표현'에 대치되는 개념이다. 시간과 공간적으로 구체적인 과거 또는 현재의 사실관계에 관한 보고 내지 진술을 의미한다. 표현내용이 증거에 의해 증명이 가능한 것을 말하고, 판단할 보고 내지 진술이 사실인가 또는 의견인가를 구별할 때에는 언어의 통상적 의미와 용법, 증명가능성, 문제된 말이 사용된 문맥, 표현이 행하여진 사회적 상황 등 전체적 정황을 고려하여 판단해야 한다.6)

제307조 제2항 '허위사실 적시'는 적시한 사실이 사람의 **사회적 평가를 저하시키는 것**으로서 허위이어야 한다. 중요한 부분이 객관적 사실과 합치되는 경우에는 세부에 있어서 진실과 약간 차이가 나거나 다소 과장된 표현이 있다 하더라도 이를 허위의 사실이라고 볼 수는 없다. 허위의 사실인지 여부를 판단함에 있어서는 그 적시된 사실의 내용 전체의 취지를 살펴 객관적 사실과 합치하지 않는 부분이 중요한 부분인지 여부를 결정해야 한다.

또한 허위사실 적시에 의한 명예훼손죄에 해당하는 행위에 대하여는 위법성조각에 관한 형법 제310조는 적용될 여지가 없다.7)

반드시 **사람의 성명을 명시하여 허위의 사실을 적시**하여야만 하는 것은 아니므로 사람의 성명을 명시하지 않은 허위사실의 적시행위도 그 표현의 내용을 주위사정과 종합 판단하여 그것이 어느 특정인을 지목하는 것인가를 알아차릴

---

5) 대법원 2008. 2. 14. 선고 2007도8155 판결.
6) 대법원 2011. 9. 2. 선고 2010도17237 판결.
7) 대법원 2012. 5. 9. 선고 2010도2690 판결.

수 있는 경우에는 그 특정인에 대한 명예훼손죄를 구성한다.8)

[판결 14] 갑은 A가 식당에서 냉면을 먹다가 갑자기 그 자리에서 쓰러져 사망한 것이 아닌데도 A가 식당에서 냉면을 먹다가 갑자기 쓰러져 병원으로 옮겼으나 중풍으로 죽었다고 썼다. 그러나 A는 점심식사로 국수를 먹은 직후 지병인 뇌출혈이 발병하여 병원으로 이송되어 다음날 부산 ◇병원에서 사망했다.9)

[판결 14] (1) 면과 국수는 사전적 의미에서 차이가 없으므로 냉면도 국수의 일종이고, 뇌출혈은 중풍(뇌졸중)의 원인이나 종류 중 하나로서 일반인들 사이에서는 모두 구분 없이 혼용되는 경우가 많다. 질병으로 그 자리에서 곧바로 사망하였다는 사실과 병원으로 옮겨진 상태에서 다음날 사망하였다는 사실 사이에 허위사실 적시에 의한 명예훼손으로 처벌할 만큼 피해자의 사회적 가치 내지 평가의 침해 여부나 정도에 유의미한 차이는 없다.

(2) 타 종교의 신앙의 대상에 대한 모욕이 곧바로 그 신앙의 대상을 신봉하는 종교단체나 신도들에 대한 명예훼손이 되는 것은 아니고, 종교적 목적을 위한 언론·출판의 자유를 행사하는 과정에서 타 종교의 신앙의 대상을 우스꽝스럽게 묘사하거나 다소 모욕적이고 불쾌하게 느껴지는 표현을 사용하였더라도 그것이 그 종교를 신봉하는 신도들에 대한 증오의 감정을 드러내는 것이거나 그 자체로 폭행·협박 등을 유발할 우려가 있는 정도가 아닌 이상 허용된다.

[판결 14-1] 갑은 노트북 컴퓨터로 인터넷 라디오21&TV 사이트에 접속한 다음, 2008년 6월 촛불의 역사 생방송 게시판에 글쓴이를 '지쳤습니다'로 하여 '서울특별시 제2기동대 전경대원입니다'라는 제하에 "저희 전경들은 지칠대로 지쳤습니다. 이젠 더 이상 A의 개노릇 하고 싶지 않습니다. 상부에서는 계속 시민놈들을 개 패듯이 패라는 명령만 귀따갑게 명령이 내려오고 있습니다. … 저희 전경도 광우병 쇠고기 절대 먹고 싶지 않습니다. 그러나 급식으로 나오면 무조건 처먹어야 합니다. 저희들 전경은 제대하여 광우병 걸리고 싶지 않습니다. … 저희 전경은 완전 지쳤습니다. 하여 오늘 자정을 기하여 저희 서울특별시 경찰청 소속 제2기동대 전경 일동은 시민진압 명령을 거부하기로 결정했습니다. 오늘 자정부터 서울특별시 경찰청 소속 제2기동대 전경 일동은 상부의 명령을 무조건 거부할 것입니다"라는 내용의 글을 게시하고, 글의 내용이 라디오21 사회자로 하여금 생방송 멘트로 소개되도록 했다.10)

8) 대법원 2014. 3. 27. 선고 2011도11226 판결.
9) 대법원 2014. 9. 4. 선고 2012도13718 판결.

☆[판결 14-1] 명예훼손죄가 성립하기 위해서는 피해자의 **사회적 가치 내지 평가가 침해될 가능성이 있는 구체적 사실을 적시**하여야 하고, 어떤 표현이 명예 훼손적인지 여부는 그 **표현에 대한 사회통념에 따른 객관적 평가**에 의하여 판단한다.

이 사건 글은 허위의 사실을 근거로 삼아 마치 이 사건 기동대 소속 어느 누군가가 작성한 것처럼 되어 있지만, 그 전체적인 내용은 경찰 상부에서 내린 진압명령이 불법적이어서 이에 불복하기로 결정하였다는 취지이다. 이러한 진압명령에 집단적으로 거부행위를 하겠다는 것이 기동대 소속 전경들의 사회적 가치나 평가를 객관적으로 저하시키는 표현에 해당한다고 보기 어렵다.

그리고 갑이 이 사건 글을 게시한 목적은 집회를 진압하려는 전경들의 명예를 훼손하려는 데 있다기보다는 일반인들의 집회 참여를 독려하기 위하여 진압 전경들도 동요하고 있다는 뜻을 나타내기 위한 것으로 보인다. 한편 이 글을 접하게 된 일반인들의 인식이나 사회통념 등에 비추어 보더라도 위 글로 인하여 이 사건 기동대 소속 전경 개개인에 대한 기존의 사회적 가치나 평가가 근본적으로 변동될 것으로 보이지 않는다. 위와 같은 글의 내용과 취지, 게시 목적 및 일반인의 인식 등 여러 가지 사정을 고려할 때 이 사건 글이 비록 허위사실을 적시한 것이기는 하나 이 사건 기동대 소속 전경들의 사회적 가치나 평가를 침해하는 형법 제307조의 명예훼손적 표현에 해당하지 않는다.[11)]

4. 주관적 구성요건

범죄의 고의는 확정적 고의뿐만 아니라 결과 발생에 대한 인식이 있고 그를 용인하는 의사인 이른바 미필적 고의도 포함한다. 허위사실 적시에 의한 명예훼손죄 역시 미필적 고의에 의하여도 성립하고, 위와 같은 법리는 형법 제308조의 사자명예훼손죄의 판단에서도 마찬가지로 적용된다.[12)]

Ⅲ. 제308조 [사자의 명예훼손]

제308조(사자의 명예훼손) 공연히 허위의 사실을 적시하여 사자의 명예를 훼손한 자는 2년 이하의 징역이나 금고 또는 500만원 이하의 벌금에 처한다.

진실을 적시한 행위는 제308조에 해당하지 않는다. 친고죄이다.

---

10) 대법원 2014. 3. 27. 선고 2011도11226 판결.

11) 대법원 2014. 3. 27. 선고 2011도11226 판결

12) 대법원 2014. 3. 13. 선고 2013도12430 판결

[판결 14] 사망한 전 대통령 R에게 거액의 차명계좌가 검찰수사 중 발견된 사실이 없고 R은 그로 인해 자살한 것이 아니며, R의 배우자인 S가 이런 차명계좌가 드러나는 것을 막기 위해 ㅁ당에 R의 죽음과 관련한 특검을 하지 못하게 요청한 사실이 없다. 지방경찰청장 갑은 경찰관 398명을 상대로 강연 중, "여러분들, R 전 대통령 뭐 때문에 사망했습니까? 뭐 때문에 뛰어내렸습니까? 뛰어버린 바로 전날 계좌가 발견됐지 않습니까, 10만 원짜리 수표가 타인으로, 거액의 차명계좌가 발견이 됐는데 그거 가지고 아무리 변명해도 변명이 안 되지 않습니까? 그거 때문에 뛰어내린 겁니다", "그래서 특검 이야기가 나왔지 않습니까. 특검 이야기가 나와서 특검하려고 그러니까 S여사가 민주당에 이야기를 해서 특검을 못하게 한 겁니다. 해봐야 다 드러나게 되니까"라고 말했다.13)

[판결 14] 형법 제307조 제2항 '허위사실 적시'에 의한 명예훼손죄에서 적시된 사실이 허위인지 여부를 판단함에 있어서는 적시된 사실의 내용 전체의 취지를 살펴볼 때 세부적인 내용에서 진실과 약간 차이가 나거나 다소 과장된 표현이 있는 정도에 불과하다면 이를 허위라고 볼 수 없으나, 중요한 부분이 객관적 사실과 합치하지 않는다면 이를 허위라고 보아야 한다.

갑이 적시한 계좌는 수사에서 새로 발견된 것이 아니라 이미 알려졌던 것이고 S가 특검을 못하도록 민주당에 요청한 바도 없어 갑이 지적한 사실은 허위이다. 갑은 허위사실공표를 통해 사자에 대한 명예훼손죄 구성요건을 실현했다.14)

[판결 10] 피고인 갑과 을은 1945년 해방공간과 한국전쟁이라는 한국 현대사를 모델로 삼아 창작, 연출한 '서울 1945'의 제34, 35, 38회 방영분의 일부 장면이 마치 '장택상, 이승만이 친일파로서 친일경찰인 박○○을 통해 정판사 사건을 해결하고, 이승만이 여운형의 암살을 암시적으로 지시하고, 박○○이 이에 부응하여 여운형을 암살하려고 하는 것처럼 묘사'했다.15)

[판결 10] 예술의 자유가 무제한적인 기본권은 아니기 때문에 타인의 권리와 명예를 침해해서는 안 된다. 그 대상이 死者라고 해도 공연히 허위의 사실을 적시하여 사자에 대한 사회적·역사적 평가를 침해하는 행위는 형법 제308조가 규정한 사자의 명예훼손죄에 해당한다.

드라마 34회에서 문제된 장면은 이승만의 배역이 직접 하는 대사나 행동이 아니라 이승만 및 그가 속한 한민당과 대립적 입장에 있는 조선공산당 간부의 대사를 통한

13) 대법원 2014. 3. 13. 선고 2013도12430 판결.
14) 대법원 2014. 3. 13. 선고 2013도12430 판결.
15) 대법원 2010. 4. 29. 선고 2007도8411 판결.

이승만에 대한 묘사의 형식으로 이루어져 이승만에 대한 추측 또는 평가에 불과한 것으로 보이고, 그 정도만으로 이승만이 친일파적인 행위를 하였다고 하는 구체적인 허위사실의 적시가 있었다고 보기 어렵다. 또한 공소사실 제1항 중 드라마 35회의 공소사실 기재와 같은 장면에 대하여는 그 판시와 같이 특정 장면의 일부에 불과하여 그 것만으로 이승만과 장택상이 친일파로서 친일경찰인 박○○을 통해 정판사 사건을 해결하는 것으로 묘사하는 등 어떤 **구체적인 허위사실의 적시**가 있었다고 보기 어렵다. 따라서 사자에 대한 명예훼손은 성립하지 않는다.

Ⅳ. 제309조 [출판물을 통한 명예훼손]

제309조(출판물 등에 의한 명예훼손) ① 사람을 비방할 목적으로 신문, 잡지 또는 라디오 기타 출판물에 의하여 제307조제1항의 죄를 범한 자는 3년 이하의 징역이나 금고 또는 700만원 이하의 벌금에 처한다.
② 제1항의 방법으로 제307조제2항의 죄를 범한 자는 7년 이하의 징역, 10년 이하의 자격정지 또는 1천500만원 이하의 벌금에 처한다.

1. 비방할 목적

출판물을 통한 명예훼손죄는 목적범이다. '사람을 비방할 목적'이란 가해의 의사 내지 목적을 요하는 것으로, 공공의 이익을 위한 것과는 행위자의 주관적 의도의 방향에 있어 서로 상반되는 관계에 있다. 적시한 사실이 공공의 이익에 관한 것인 경우에는 특별한 사정이 없는 한 비방할 목적은 부인될 수밖에 없다.[16)]

제309조 제2항의 출판물에 의한 명예훼손죄에서, 공표된 사실이 허위라는 사실은 검사가 증명해야 하고, 단지 공표된 사실이 진실이라는 증명이 없다는 것만으로는 허위사실공표에 의한 명예훼손죄가 성립할 수 없다.

어느 사실이 적극적으로 존재한다는 것의 증명은 물론, 그 사실의 부존재의 증명이라도 특정 기간과 특정 장소에서의 특정행위의 부존재에 관한 것이라면 적극적 당사자인 검사가 증명해야 하지만, 특정되지 않은 기간과 공간에서의 구체화되지 아니한 사실의 부존재를 증명한다는 것은 사회통념상 불가능한 반면 그 사실이 존재한다고 주장·증명하는 것이 보다 용이하므로 이러한 사정은 검사가 그 입증책임을 다하였는지를 판단함에 있어 고려되어야 한다. 따라서 의혹을 받을 일을 한 사실이 없다고 주장하는 사람에 대하여 의혹을 받을 사실

16) 대법원 2008. 11. 13. 선고 2006도7915 판결.

이 존재한다고 적극적으로 주장하는 사람은 그러한 사실의 존재를 수긍할 만한 소명자료를 제시할 부담을 지며 검사는 제시된 자료의 신빙성을 탄핵하는 방법으로 허위사실임을 입증할 수 있을 것이다, 이 때 제시하여야 할 소명자료는 단순히 소문을 제시하는 것만으로는 부족하고 적어도 허위임을 검사가 입증하는 것이 가능할 정도의 구체성은 갖추어야 하며, 이러한 소명자료의 제시가 없거나 제시된 소명자료의 신빙성이 탄핵된 때에는 허위사실공표로서의 책임을 져야 한다.17)

2. 판례

[판결 08] 감사원 제4국장 을은 감사원 제4국 제1과 직원 갑의 감사사항인 경기도지사 및 남양주시장이 효산그룹 계열 23세기산업이 신청한 '효산콘도 사업계획'을 승인한 사건에 관한 감사를 이유 없이 중단시키거나 외부 고위층의 압력을 받아 감사를 중단하도록 지시한 사실이 없다. 그럼에도 갑은 을을 비방할 목적으로, 1996. 4. 8. 서초동 민주사회를 위한 변호사 모임 사무실에 모인 기자들에게 자신이 작성한 "양심선언"이라는 유인물을 배포하면서 '지난해 5월 효산콘도 사업 특혜의혹사건에 대한 감사원의 감사는 을국장이 뚜렷한 이유 없이 중단하도록 지시하여 중단되었고, 감사중단은 당시 국장의 지시로 이루어졌지만 그 윗선에서 이 방침이 결정된 것으로 알고 있으나 그 구체적인 압력의 지시자나 내용은 밝힐 수 없다. 당시 남국장 등에게 감사중단의 부당성에 대해 의견을 제시했으나 무시됐으며 감사원이 청와대의 직속기관인 만큼 청와대 측의 압력이 있으리라고 추측했다. 특히, 청와대 직원 A가 효산 회장으로부터 뇌물을 받은 시점과 콘도미니엄 사업 신청시점이 일치하는 것으로 미루어 A가 관련되었을 가능성이 크다'고 발표한 뒤 기자회견을 하면서도 '을이 외부의 압력을 받아 갑의 감사를 이유 없이 중단시켰다'는 취지로 기자회견을 하여 마치 을 및 감사원 상부가 외부의 압력을 받아 정당한 이유 없이 감사를 중단하도록 한 것처럼 말하여 1996. 4. 9.자 한겨레신문, 조선일보, 동아일보, 중앙일보, 경향신문, 한국일보, 문화일보, 한국경제신문 등에 그와 같은 취지의 보도가 나게 만들었다.18)

[판결 08] 갑이 양심선언으로 공표한 주된 내용은 '효산콘도사건에 대한 감사가 감사 도중 중단되었고, 효산그룹이 청와대 고위간부에게 뇌물을 제공한 점에 비추어 보면, 청와대에서 감사원 상부에 압력을 행사한 의혹이 있다'는 것이었고, 직접적으로

17) 대법원 2008. 11. 13. 선고 2006도7915 판결.
18) 대법원 2008. 11. 13. 선고 2006도7915 판결.

을을 비방하는 것이 주된 내용은 아니라고 보이는 점, 설령 이와 같은 공표 내용 중에 피해자의 명예를 훼손하는 표현이 일부 포함되어 있더라도, 이는 효산콘도사건의 감사중단을 지시한 을이 자초한 것이라고 볼 여지가 있는 점, 감사원은 헌법상 독립적·중립적 지위가 인정되는 감사기관이고, 을은 감사원 제4국장으로서 공인이라고 볼 수 있을 뿐 아니라, 효산그룹사건에 대한 감사중단 및 외압 의혹은 갑의 양심선언 이전부터 언론매체에 의하여 계속 제기되어 왔던 것인데, 그러한 상황에서 갑이 그 동안 제기된 의혹 중 일부가 사실이라는 것을 밝힌 것은 널리 국가·사회 기타 일반 다수인의 이익에 관한 것으로서 사회의 여론형성 내지 공개토론에 기여하는 것이고, 더구나 갑의 양심선언은 이와 같은 공적 관심 사안에 관하여 진실하거나 진실이라고 볼 근거가 있는 사실을 공표한 것이며, 그것이 악의적이거나 현저히 상당성을 잃은 공격에 해당한다고 볼 자료도 없는 점 등의 사정을 종합해 볼 때, 갑이 위와 같은 내용을 공표한 행위는 대규모 개발사업 승인과정에 존재하는 의혹을 규명하고 헌법상 독립적·중립적 감사기관인 감사원이 제 기능을 공정하게 수행하도록 촉구하기 위한 것으로 공공의 이익을 위하여 한 것이라고 보기에 충분하고, 그렇다면 특별한 사정이 없는 한 비방의 목적은 부인된다.[19]

Ⅴ. 제310조 [공공의 이익]

> 제310조(위법성의 조각) 제307조 제1항의 행위가 진실한 사실로서 오로지 공공의 이익에 관한 때에는 처벌하지 아니한다.

1. 원칙

'적시한 사실이 공공의 이익에 관한 경우'라 함은 적시된 사실이 객관적으로 볼 때 공공의 이익에 관한 것으로서 행위자도 주관적으로 공공의 이익을 위하여 그 사실을 적시한 것이어야 한다. 여기에서 공공의 이익이라 함은 널리 국가·사회 기타 일반 다수인의 이익에 관한 것 뿐 아니라 특정한 사회집단이나 그 구성원 전체의 관심과 이익을 포함한다. 나아가 그 적시한 사실이 공공의 이익에 관한 것인지 여부는 당해 명예훼손적 표현으로 인한 피해자가 공무원 내지 공적 인물과 같은 공인인지 아니면 사인에 불과한지, 그 표현이 객관적으로 국민이 알아야 할 공공성·사회성을 갖춘 공적 관심 사안에 관한 것으로 사회의 여론형성 내지 공개토론에 기여하는 것인지 아니면 순수한 사적인 영역에

19) 대법원 2008. 11. 13. 선고 2006도7915 판결.

속하는 것인지, 피해자가 그와 같은 명예훼손적 표현의 위험을 자초한 것인지, 그리고 그 표현에 의하여 훼손되는 명예의 성격과 침해의 정도, 그 표현의 방법과 동기 등의 여러 사정에 비추어 판단하여야 할 것이다."[20]

언론보도로 인한 명예훼손이 문제되는 경우에는 그 보도로 인한 피해자가 공적인 존재인지 사적인 존재인지, 그 보도가 공적인 관심 사안에 관한 것인지 순수한 사적인 영역에 속하는 사안에 관한 것인지, 그 보도가 객관적으로 국민이 알아야 할 공공성, 사회성을 갖춘 사안에 관한 것으로 여론형성이나 공개토론에 기여하는 것인지 아닌지 등을 따져보아 공적 존재에 대한 공적 관심사안과 사적 영역에 속하는 사안 간 심사기준에 차이를 두어야 한다.[21]

2. 사적 영역과 공적 영역

당해 표현이 사적인 영역에 속하는 사안에 관한 것인 경우에는 언론의 자유보다 명예의 보호라는 인격권이 우선할 수 있으나, 공공적·사회적인 의미를 가진 사안에 관한 것인 경우에는 그 평가를 달리하여야 하고 언론의 자유에 대한 제한이 완화되어야 한다.

특히 정부 또는 국가기관의 정책결정이나 업무수행과 관련된 사항은 항상 국민의 감시와 비판의 대상이 되어야 하고, 이러한 감시와 비판은 이를 주요 임무로 하는 언론보도의 자유가 충분히 보장될 때 비로소 정상적으로 수행될 수 있으며, 정부 또는 국가기관은 형법상 명예훼손죄의 피해자가 될 수 없으므로, 정부 또는 국가기관의 정책결정 또는 업무수행과 관련된 사항을 주된 내용으로 하는 언론보도로 인하여 그 정책결정이나 업무수행에 관여한 공직자에 대한 사회적 평가가 다소 저하될 수 있더라도, 그 보도의 내용이 공직자 개인에 대한 악의적이거나 심히 경솔한 공격으로서 현저히 상당성을 잃은 것으로 평가되지 않는 한, 그 보도로 인하여 곧바로 공직자 개인에 대한 명예훼손이 된다고 할 수 없다.[22]

[판결 08] 반포프라자 건물관리회 회장 갑은 2007. 4. 27.자 위 건물관리회 결

20) 대법원 2008. 11. 13. 선고 2006도7915 판결.
21) 대법원 2011. 9. 2. 선고 2010도17237 판결.
22) 대법원 2011. 9. 2. 선고 2010도17237 판결.

> 산보고 회의실에서 체납관리비처리 문제로 해임된 전 회장 을이 2006년 관리회가 을 소유 점포에 관리비체납을 이유로 한 단전단수에 항의하면서 관리회장인 갑을 폭행한 사건의 형사재판에서 벌금 30만 원의 유죄판결이 확정되었다는 개인적 내용이 기재된 결산보고서를 참석 회원들에게 배포했다.[23)]

[판결 08] 갑이 결산보고서를 통해 알린 형사재판의 내용인 을의 범죄행위는, 갑이 위 건물관리회장으로서의 업무를 수행함에 대해 을이 정당한 근거 없이 불법적인 폭력의 행사로서 이에 항의하면서 저지른 것으로서 그 실질에 있어서 위 건물관리회 대표의 공적 업무를 방해하는 행위로 볼 수 있다. 을의 폭력행사 동기가 된 단전·단수 등의 조치에 대해서는 을의 고소에 따른 수사결과 관리회 규약에 근거한 정당한 업무집행이라는 이유로 갑이 무혐의처분을 받은 사실이 있다.

위 사실관계에 의하면, 을의 범행이 단순히 갑 개인에 대한 사적인 폭력의 행사에 그친다고 볼 수 없음은 물론, 그 범행사실마저 부인하면서 이를 다투는 을의 행태에 대해 위 건물관리회 및 그 회장인 갑의 업무수행의 정당성을 옹호함과 아울러 폭력적인 방법으로 이에 맞서는 것은 법적으로 용인되지 아니한다는 뜻을 위 형사재판의 결과만을 위 결산보고서에 간략히 소개하는 형태로 회원들에게 알린 행위는 위 건물관리회 대표의 공적 업무활동과 밀접한 관련이 있는 사안에 관하여 진실을 공표한 경우에 해당하여 건물관리회원 전체의 관심과 이익에 관한 것으로서 공공의 이익에 관한 것이고, 이러한 갑의 행위는 그 주된 동기가 위 업무집행에 대한 회원들 신뢰를 확보하고 단체의 내부 질서를 바로 잡아 회원들의 단합을 도모하고자 하는 공공의 이익을 위한 것으로 볼 수 있다. 설령 거기에 을에 대한 개인적인 동기가 함께 개재되어 있다 하더라도 위에서 본 그 주된 동기와 목적 및 필요성, 적시사실의 내용과 성질, 공표 상대방의 범위와 표현방법, 그로 인한 고소인의 명예훼손의 정도와 보호가치 등의 사정을 종합하여 볼 때 이를 공공의 이익을 위한 행위라고 평가함에 장애가 되지 않는다.

3. 제307조 제2항과 제310조

허위사실 적시에 의한 명예훼손죄에 해당하는 행위에 대하여는 위법성조각에 관한 형법 제310조는 적용되지 않는다.[24)]

---

23) 대법원 2008. 11. 13. 선고 2008도6342 판결.

24) 대법원 2015. 7. 9. 선고 2013도4786 판결.

§ 47. 모욕죄

> 제311조(모욕) 공연히 사람을 모욕한 자는 1년 이하의 징역이나 금고 또는 200만원 이하의 벌금에 처한다.
> 제312조(고소와 피해자의 의사) ① 제308조와 제311조의 죄는 고소가 있어야 공소를 제기할 수 있다.
> ② 제307조와 제309조의 죄는 피해자의 명시한 의사에 반하여 공소를 제기할 수 없다.

Ⅰ. 보호법익

보호법익은 사람의 가치에 대한 사회적 평가를 의미하는 외부적 명예이다.

모욕죄는 사람의 외부적 명예를 저하시킬 만한 추상적 판단이나 경멸적 감정을 공연히 표시함으로써 성립한다. 외부적 명예가 현실적으로 침해되거나 구체적·현실적으로 침해될 위험이 발생해야 하는 것은 아니다.[25)]

Ⅱ. 제311조 [모욕] 구성요건

명예훼손죄는 4개의 구성요건이 있으나 모욕죄는 제311조 하나의 구성요건만 있다.

1. 공연히

가족 간에서의 모욕행위에는 공연성이 부정된다. 가족들이 모여 있는 자리에서 그 자리에 없는 제3자를 모욕하는 행위는 모욕죄에 해당하지 않는다.

> [판결 84] 갑은 전주시 전동 소재 전동여관방 을에게 "사이비 기자 운운"이라 하고, 병에게 "너 이 쌍년 왔구나"라고 말했다. 그 장소에는 갑과 갑의 처 A피해자 을과 처 병, 그들의 딸인 B, 사위인 C, 매형 D 밖에 없었으며 그들은 피해자인 을과 병의 아들 E와 갑의 딸 F 사이의 혼인생활이 파탄의 지경에 이르자 이

25) 대법원 2016. 10. 13. 선고 2016도9674 판결.

를 수습하기 위하여 서로 만나 이야기를 하던 중 갑이 감정이 격화되어 위와 같은 말을 하게 되었다.26)

[판결 1] 위 발언은 불특정 또는 다수인이 인식할 수 있는 상태라고는 할 수 없고, 그 자리에 모여 있던 사람들의 신분관계나 그들이 모인 경위로 보아 그와 같은 발설이 그들로부터 불특정 다수인에게 전파될 가능성도 있다고는 보기 어려워 이는 "공연성"이 없어 명예훼손죄나 모욕죄를 구성하지 않는다.

2. 모욕

'모욕'이란 사실을 적시하지 않고 사람의 사회적 평가를 저하시킬 만한 추상적 판단이나 경멸적 감정을 표현하는 것을 의미한다.27)

언어는 인간의 가장 기본적인 표현수단이고 사람마다 언어습관이 다르다. 어떤 표현이 상대방의 인격적 가치에 대한 사회적 평가를 저하시킬 만한 것이 아니라면 설령 그 표현이 다소 무례하고 저속한 방법으로 표시되었다 하더라도 이를 모욕죄의 구성요건에 해당한다고 볼 수 없다.28)

[판결 16] 갑은 식당에서 영업 업무를 방해하고 식당 주인을 폭행하던 중 식당 주인 부부, 손님, 인근 상인들이 있는 공개된 위 식당 앞 노상에서 112 신고를 받고 출동한 경찰관 을을 향해 "젊은 놈의 새끼야, 순경새끼, 개새끼야.", "씨발 개새끼야, 좆도 아닌 젊은 새끼는 꺼져 새끼야."라는 욕설을 했다.29)

☆[판결 16] 갑은 업무방해와 폭행의 범법행위를 한 자이고 이를 제지하는 등 법 집행을 하려는 경찰관 개인을 향하여 경멸적 표현을 담은 욕설을 함으로써 경찰관 개인의 인격적 가치에 대한 평가를 저하시킬 위험이 있는 모욕행위를 했고, 단순히 당면 상황에 대한 분노의 감정을 표출하거나 무례한 언동을 한 정도에 그친 것으로 평가하기는 어렵다.

그리고 설사 그 장소에 있던 사람들이 전후 경과를 지켜보았기 때문에 갑이 근거 없이 터무니없는 욕설을 한다는 사정을 인식할 수 있었다고 하더라도, 그 현장에 식

26) 대법원 1984. 4. 10. 선고 83도49 판결.

27) 대법원 2016. 10. 13. 선고 2016도9674 판결; 2015. 12. 24. 선고 2015도6622 판결.

28) 대법원 2015. 12. 24. 선고 2015도6622 판결. 같은 취지 : 대법원 2015. 9. 10. 선고 2015도2229 판결.

29) 대법원 2016. 10. 13. 선고 2016도9674 판결.

당 손님이나 인근 상인 등 여러 사람이 있어 공연성 및 전파가능성도 있었다고 보이는 이상, 찰관 개인의 외부적 명예를 저하시킬 만한 추상적 위험을 부정할 수는 없다.

[판결 15] 갑은 서울 동작구 도로에서 자신이 타고 온 택시의 택시 기사와 요금 문제로 시비가 벌어져 같은 02:38경 112 신고를 했고, 출동한 서울동작경찰서 소속 경찰관인 을이 02:55경 위 장소에 도착했다. 갑은 을에게 112 신고 당시 위치를 구체적으로 알려 주었는데도 을이 장소를 빨리 찾지 못하고 늦게 도착한 데에 항의했고, 이에 을이 갑에게 도착이 지연된 경위에 대하여 설명을 하려고 하는데, 갑이 택시기사가 지켜보는데 을에게 "아이 씨발!"이라고 말했다.[30]

[판결 15] 갑과 을의 관계, 갑이 이러한 발언을 하게 된 경위와 발언의 횟수, 발언의 의미와 전체적인 맥락, 발언을 한 장소와 발언 전후의 정황 등에서, 갑의 "아이 씨발!"이라는 발언은 구체적으로 상대방을 지칭하지 않은 채 단순히 발언자 자신의 불만이나 분노한 감정을 표출하기 위하여 흔히 쓰는 말로서 상대방을 불쾌하게 할 수 있는 무례하고 저속한 표현이기는 하지만 위와 같은 사정에 비추어 직접적으로 을을 특정하여 그의 인격적 가치에 대한 사회적 평가를 저하시킬 만한 경멸적 감정을 표현한 모욕적 언사라고 단정하기 어렵다.[31]

[판결 15-1] 입주자대표회의 감사인 갑은 아파트 관리소장인 을의 외부특별감사에 관한 업무처리에 항의하기 위해 아파트 관리소장실을 방문해 업무처리 방식을 두고 언쟁을 하게 되었다. 그 과정에서 갑이 을에게 "야, 이따위로 일할래."라고 말하자 을이 "나이가 몇 살인데 반말을 하느냐"고 말했고, 이에 갑이 "나이 처먹은 게 무슨 자랑이냐."라고 말했다. 당시 관리소장실 안에는 갑과 을만 있었으나 관리소장실의 문이 열려 있었고, 밖의 관리사무소에는 직원 4~5명이 업무를 하고 있었다.[32]

[판결 15-1] 갑의 말은 상대방을 불쾌하게 할 수 있는 무례하고 저속한 표현이기는 하지만, 객관적으로 공소외인의 인격적 가치에 대한 사회적 평가를 저하시킬 만한 모욕적 언사에 해당한다고 보기는 어렵다.

[판결 14] 국회의원 갑은 국회의장배 전국 대학생 토론대회에 참여했던 학생

30) 대법원 2015. 12. 24. 선고 2015도6622 판결.

31) 대법원 2015. 12. 24. 선고 2015도6622 판결.

32) 대법원 2015. 9. 10. 선고 2015도2229 판결.

들과 저녁회식을 하는 자리에서, 장래의 희망이 아나운서라고 한 여학생들에게 (아나운서 지위를 유지하거나 승진하기 위하여) "다 줄 생각을 해야 하는데, 그래도 아나운서 할 수 있겠느냐. ○여대 이상은 자존심 때문에 그렇게 못하더라"는 등의 말을 했다. 갑은 공연히 8개 공중파 방송 아나운서들로 구성된 △연합회 회원인 여성 아나운서 154명을 각 모욕하였다는 이유로 기소되었다.[33]

☆[판결 14] 갑의 발언은 여성 아나운서에 대하여 수치심과 분노의 감정을 불러일으키기에 충분한 경멸적인 표현에 해당한다. 그러나 여성 아나운서 집단에 속한 개개의 여성 아나운서가 피해자임을 전제로 하고 있으므로 무엇보다도 그 비난의 정도가 여성 아나운서 개개인의 사회적 평가를 저하시킬 정도여야 한다. 그러나 ① '여성 아나운서'라는 집단은 직업과 성별로만 분류된 집단의 명칭으로 그 중에는 공중파 방송 아나운서들로 구성된 △연합회에 등록된 사람뿐만 아니라 유선방송 소속이거나 그 밖의 다양한 형태의 여성 아나운서들이 존재하므로 '여성 아나운서'라는 집단 자체의 경계가 불분명하다. 갑의 발언 대상이 고소한 여성 아나운서들이 속한 △연합회만을 구체적으로 지칭한다고 보기 어렵다. ② 갑의 발언 내용은 부적절하고 저속하지만, 위 발언으로 인하여 피해자들을 비롯한 여성 아나운서들에 대한 기존의 사회적 평가를 근본적으로 변동시킬 것으로 보이지는 않는다. 피해자들을 비롯한 여성 아나운서들은 대중에게 널리 알려진 사람들이어서 그 생활 범위 내에 있는 사람들이 문제된 발언과 피해자들을 연결시킬 가능성이 있다는 이유만으로 그 집단 구성원 개개인에 대한 모욕이 된다고 평가하게 되면 모욕죄의 성립 범위를 지나치게 확대시킬 우려가 있다. 종합해 보면, 갑의 발언은 여성 아나운서 일반을 대상으로 한 것으로서 그 개별구성원인 피해자들에 이르러서는 비난의 정도가 희석되어 피해자 개개인의 사회적 평가에 영향을 미칠 정도는 아니어서 모욕죄에 해당한다고 보기는 어렵다.

33) 대법원 2014. 3. 27. 선고 2011도15631 판결.

제34장 신용, 업무와 경매에 관한 죄

§ 48. 신용훼손죄

> 제313조(신용훼손) 허위의 사실을 유포하거나 기타 위계로써 사람의 신용을 훼손한 자는 5년 이하의 징역 또는 1천500만원 이하의 벌금에 처한다.

Ⅰ. 보호법익

신용훼손죄에서의 '신용'은 경제적 신용, 즉 사람의 지불능력 또는 지불의사에 대한 사회적 신뢰를 말한다.[1]

Ⅱ. 제313조 [신용훼손]

1. 객관적 구성요건

(1) 허위사실의 유포

판례에서 '허위사실의 유포'는 객관적 기준에서 진실과 부합하지 않는 과거 또는 현재의 사실을 불특정 또는 다수인에게 전파시키는 것이다.[2] 미래의 사실도 증거에 의한 입증이 가능할 때에는 허위 사실에 포함될 수 있으나 단순한 의견이나 가치판단을 표시하는 것은 이에 해당하지 않는다.[3]

> [판결 11] A 주식회사와 B 주식회사 사이의 물품공급계약, A 주식회사와 B 주식회사 사이의 주식 및 경영권양수도계약은 각 허위이다. 피고인 갑이 인터넷

1) 대법원 2011. 9 .8. 선고 2011도7262 판결.
2) 대법원 2006. 12. 7. 선고 2006도3400 판결.
3) 대법원 1983. 2. 8. 선고 82도2486 판결.

신문 기자 을에게 'B 주식회사 등 채권단이 A 주식회사에 대하여 위 각 계약 등에 기하여 367억 원 상당의 채권을 가지고 있으며, 이를 곧 행사할 것이다'는 취지로 말하여 그 같은 내용의 기사가 게재되도록 했다.4)

[판결 11] 갑의 행위는 허위사실의 유포에 해당하고 A 주식회사의 경제적 신용 훼손을 초래할 위험이 발생했으므로 갑의 신용훼손죄는 성립한다.5)

[판결 83] 갑은 을이 운영하는 계 운영권 일체를 인수받아 운영하기로 마음먹고 1980.12. 하순경 및 1981.1월 중순경 계원 수명이 모인자리에서 "을은 집도 없고 남편도 없는 과부이며, 계주로서 계 불입금을 모아서 도망가더라도 어느 한 사람 책임지고 도와줄 사람 없는 알몸이니 을에게 불입금을 주지 말고 내게 달라. 나는 1억원 상당의 집이 있고, 남편도 공무원이므로 계 불입금을 주면 책임지고 계를 잘 운영하겠다."라고 하는 등 을이 계원들의 계 불입금을 모아 당장 도망갈 것처럼 말했다.6)

☆[판결 83] 을은 "8년 전부터 남편 없이 3자녀를 데리고 생계를 꾸려왔을 뿐 아니라 앞서 본 바와 같이 피고인 갑에게 다액의 채무를 담보하기 위해 동녀의 아파트와 가재도구까지를 제공한 사실이 인정되니 을이 집도, 남편도 없는 과부라고 말한 것이 허위사실이 아니다. 또 을이 계주로서 계 불입금을 모아서 도망가더라도 책임지고 도와줄 사람이 없다는 취지의 말은 갑의 계주 을에 대한 개인적 의견이나 평가를 진술한 것에 불과하여 이를 허위사실의 유포라고 볼 수 없다."

(2) 위계

판례에 의하면 '위계'란 행위자의 행위목적을 달성하기 위하여 상대방에게 오인·착각 또는 부지를 일으키게 하여 이를 이용하는 것이다.7)

(3) 신용

'신용'은 경제적 신용, 즉 사람의 지불능력 또는 지불의사에 대한 사회적 신뢰를 말한다.8)

---

4) 대법원 2011. 9. 8. 선고 2011도7262 판결.
5) 대법원 2011. 9. 8. 선고 2011도7262 판결.
6) 대법원 1983. 2. 8. 선고 82도2486 판결.
7) 대법원 2006. 12. 7. 선고 2006도3400 판결.

> [판결 11-2] 퀵서비스 운영자 갑은 배달 업무를 하면서, 손님의 불만이 예상되는 경우에는 평소 경쟁관계에 있는 을 운영의 퀵서비스 명의로 된 영수증을 작성·교부함으로써 손님들로 하여금 불친절하고 배달을 지연시킨 사업체가 을 운영의 퀵서비스인 것처럼 인식하게 했다.9)

[판결 11-2] 퀵서비스의 주된 계약내용이 신속하고 친절한 배달이라 해도, 갑의 행위가 피해자 을의 경제적 신용, 즉 지급능력이나 지급의사에 대한 사회적 신뢰를 저해하는 행위에 해당하지 않는다.10)

(4) 훼손

신용훼손죄의 성립에 있어서는 신용훼손의 결과가 실제로 발생함을 요하는 것이 아니고 신용훼손의 결과를 초래할 위험이 발생하면 족하다.11)

2. 주관적 구성요건

신용훼손죄의 범의는 확정적인 고의를 요하지 않는다. 허위사실을 유포하거나 기타 위계를 사용한다는 점과 그 결과 다른 사람의 신용을 저하시킬 염려가 있는 상태가 발생한다는 점에 대한 미필적 인식으로 족하다.12)

Ⅲ. 제314조 [업무방해]

> 제314조(업무방해) ① 제313조의 방법 또는 위력으로써 사람의 업무를 방해한 자는 5년 이하의 징역 또는 1천500만 원 이하의 벌금에 처한다.
> ② 컴퓨터 등 정보처리장치 또는 전자기록 등 특수매체기록을 손괴하거나 정보처리장치에 허위의 정보 또는 부정한 명령을 입력하거나 기타 방법으로 정보처리에 장애를 발생하게 하여 사람의 업무를 방해한 자도 제1항의 형과 같다.

8) 대법원 2011. 9. 8. 선고 2011도7262 판결; 2011. 5. 13. 선고 2009도5549 판결.
9) 대법원 2011. 5. 13. 선고 2009도5549 판결.
10) 대법원 2011. 5. 13. 선고 2009도5549 판결.
11) 대법원 2011. 9 .8. 선고 2011도7262 판결.
12) 대법원 2006. 12. 7. 선고 2006도3400 판결.

1. 보호법익

타인의 위법행위로부터 보호할 가치가 있는 업무.[13]

2. 구성요건

(1) 위험범

업무방해죄는 업무방해의 결과가 실제로 발생함을 요하지 않고 **업무방해의 결과를 초래할 위험이 발생하면 성립한다.**

(2) 업무방해의 범위

업무수행 자체가 아니라 업무의 적정성 내지 공정성이 방해된 경우에도 업무방해죄가 성립한다.[14]

(3) 객관적 구성요건

(가) 위계

업무방해죄에서 '위계'란 행위자가 행위목적을 달성하기 위하여 상대방에게 오인, 착각 또는 부지를 일으키게 하여 이를 이용하는 것을 말한다.[15]

> [판결 17] 갑은 을 회사 등 게임회사들이 제작한 모바일게임의 이용자들의 게임머니나 능력치를 높게 할 수 있는 변조된 게임프로그램을 해외 인터넷 사이트에서 다운로드받은 다음, 모바일 어플리케이션 수정 프로그램을 이용하여 을 자신 이 이 게임프로그램을 제공한다는 것을 나타내는 문구가 게임프로그램 실행 시 화면에 나올 수 있도록 게임프로그램을 변조한 후, 자신이 직접 개설한 모바일 어플리케이션 공유사이트 게시판에 접속한 사람들로 하여금 이를 공유할 수 있도록 위와 같이 변조한 게임프로그램들을 게시·유포했다.[16]

13) 대법원 2013. 11. 28. 선고 2013도4430 판결.
14) 대법원 2013. 11. 28. 선고 2013도4178 판결.
15) 대법원 2017. 2. 21. 선고 2016도15144 판결.
16) 대법원 2017. 2. 21. 선고 2016도15144 판결.

☆[판결 17] 게임이용자가 변조된 게임프로그램을 자신의 모바일 기기에 설치하고 이를 실행하여 게임서버에 접속하는 경우, 게임회사로서는 위와 같이 변조된 게임프로그램을 설치·실행하여 서버에 접속한 게임이용자와 정상적인 게임프로그램을 설치·실행하여 서버에 접속한 게임이용자를 구별할 수 없게 되므로, 게임이용자가 변조된 게임프로그램을 설치·실행하여 게임서버에 접속해야 비로소 게임회사에 대한 위계에 의한 업무방해죄가 성립한다.

갑은 변조된 게임프로그램을 자신이 개설한 모바일 어플리케이션 공유사이트 게시판에 게시하여, 그 게시판에 접속한 사람들이 이를 다운로드받아 이용할 수 있도록 했을 뿐, 변조된 게임프로그램을 실행하여 그 게임서버에 직접 접속하였다거나, 위 공유사이트 게시판에서 위와 같이 변조된 게임프로그램을 다운로드받은 게임이용자와 공모하여 그 게임이용자가 변조된 게임프로그램을 실행하여 그 게임서버에 직접 접속했다는 것이 아니다.

따라서 갑이 어떠한 방법으로 변조된 게임프로그램을 실행하여 그 게임서버에 접속하였는지에 관하여는 전혀 특정하지 아니한 채, 피고인이 변조된 게임프로그램을 이 사건 공소사실과 같은 방법으로 게시·유포했다는 행위만으로는 그 게임프로그램을 제작한 게임회사들에 대하여 오인, 착각, 부지를 일으켜 업무를 방해했다고 보기 어렵다. 따라서 갑이 위와 같이 변조된 게임프로그램을 게시한 공유사이트 게시판에서 이를 다운로드받아 실제로 이를 실행하여 게임서버에 접속한 게임이용자와 갑이 공모관계에 있다고 인정될 경우 업무방해죄의 공동정범이 성립할 수 있음은 별론으로 하고, 갑이 변조된 게임프로그램을 게시·유포한 사실만으로는 위계에 의한 업무방해죄가 성립하지 않는다.

> [판결 16] 갑은 한국해운조합 군산지부 격포 파견지에서 운행관리자로 근무하면서 휴무일로 출근 하지 않은 날에는 출항 여객선들에 대한 출항 전 안전점검을 하지 않았음에도, 출항 전 안전점검사항을 확인한 것처럼 '출항 전 점검보고서'의 운항관리자란에 서명하여 허위 기재한 후 사정을 모두 알고 있는 운행관리실장 을의 결재를 받고, 안전점검을 실시하지 않은 사실을 알고 있는 을 및 군산지부 사무실 소속 운항관리자들로 하여금 '여객선 안전운항관리시스템'에 안전점검 업무를 수행한 것처럼 허위로 입력하도록 했다.[17] 갑과 을은 공모하여 위계로써 한국해운조합의 운항관리업무를 방해한 혐의로 기소되었다.

[판결 16] 출항 전 안전점검을 충실히 하고 그 결과를 기재한 서류를 작성 또는 보관하여야 할 운항관리자의 업무는 한국해운조합에 대한 관계에서 타인의 업무에 해당하므로 갑과 을은 업무방해죄의 공동정범이다.

---

17) 대법원 2016. 7. 27. 선고 2015도17290 판결.

> [판결 13] 피고인들은 일반전화를 다수 개통한 후 ○○을 지역 거주 여부를 불문하고 사전에 확보한 당원이나 지지자들의 명단을 이용하여 휴대전화로 착신전환 함으로써 연령대 등을 허위로 응답하게 하여 유효 표본으로 반영될 확률을 높이는 등 야권단일후보 경선의 전화여론조사 결과를 A후보에게 유리하게 나오도록 조작하기로 상호 공모했다. 피고인 3, 6, 8, 12는 각 25대, 피고인 7은 18대, 피고인 9는 36대, 피고인 10은 19대, 피고인 11은 17대의 일반전화를 각 개설한 후, A후보의 지지자들의 휴대전화로 착신전환 하여 서울 ○○을 선거구 야권단일후보 ACS 여론조사에 응답하도록 했다. 피고인들은 휴대전화로 착신전환을 하면서 휴대전화 소지자들이 A후보의 지지자인지 여부에만 관심을 두었을 뿐, ○○을 선거구에 거주하는지 여부에 대하여는 크게 신경 쓰지 않았고, 실제로 ○○을 지역구의 ACS 여론조사에서 휴대전화로 착신전환 하여 A후보를 지지한 응답건수 75건 중에서 위 피고인들이 대량으로 설치한 일반전화를 휴대전화로 착신전환 하여 응답한 건수가 54건이나 되고, 그 중 ○○을 지역구 비거주자의 응답건수가 39건에 이었다.

[판결 13] 컴퓨터 등 정보처리장치에 정보를 입력하는 등의 행위가 그 입력된 정보 등을 바탕으로 업무를 담당하는 사람의 오인, 착각 또는 부지를 일으킬 목적으로 행해진 경우에는 그 행위가 업무를 담당하는 사람(ACS)을 직접적인 대상으로 이루어진 것이 아니라고 해도 위계에 해당한다.[18)]

○당의 제19대 국회의원 비례대표 후보를 추천하기 위한 당내 경선과정에서 피고인 3 등이 190대의 일반전화를 개통하여 휴대전화로 착신전환을 한 후, 착신전환을 받은 휴대전화의 소지자들이 ACS 여론조사에서 특정 후보를 지지하는 내용의 응답을 하게 한 것은 특정 후보의 지지율을 인위적으로 높게 조작하여 여론조사 결과를 왜곡시킬 우려가 있는 행위로서 지역구민의 지지율을 공정하게 조사하기 위한 목적에서 실시되는 ACS 여론조사 업무를 위계로서 방해한 행위에 해당한다.[19)]

[판결 08] 한국자산관리공사가 공적자금 회수를 위해 공적자금 투입업체의 출자전환주식을 매각하기로 하고 매각업무의 주간사를 선정하는 과정에서, 1차 선정위원회의 구성원들이 특정 업체에 유리하게 평가표의 평가항목별 배점을 수정하여 그 업체를 1순위로 선정한 다음, 이런 사실을 고지하지 않은 채 2차 선정위원회에 심사결과와 수정된 평가표를 제출한 것은 위계에 의한 업무방해죄를 구성한다.[20)]

---

18) 대법원 2013. 11. 28. 선고 2013도4178 판결.
19) 대법원 2013. 11. 28. 선고 2013도4178 판결.
20) 대법원 2008. 1. 17. 선고 2006도1721 판결.

(나) 위력

(ㄱ) 정의

① '위력'이란 **사람의 자유의사를 제압·혼란케 할 만한 일체의 세력**이다.[21] 유형적이든 무형적이든 묻지 않고, 폭행·협박은 물론 사회적, 경제적, 정치적 지위와 권세에 의한 압박 등도 포함된다.

현실적으로 피해자의 자유의사가 제압되는 것을 필요로 하는 것은 아니지만, 범인의 위세, 사람 수, 주위의 상황 등에 비추어 피해자의 자유의사를 제압하기 족한 세력을 의미한다.

위력에 해당하는지는 범행의 일시·장소, 범행의 동기, 목적, 인원수, 세력의 태양, 업무의 종류, 피해자의 지위 등 제반 사정을 고려하여 객관적으로 판단해야 한다.[22]

② 위력은 원칙적으로 피해자에게 행사되어야 하지만 **제3자에 대한 위력의 행사도 가능하다.** 업무에 종사 중인 사람에게 직접 가해지지 않더라도 일정한 물적 상태를 만들어 그 결과 사람으로 하여금 자유롭고 정상적인 업무수행 활동을 불가능하게 하거나 현저히 곤란하게 하는 행위도 위력에 포함된다.[23]

제3자에 대한 위력 행사는 그로 인하여 피해자의 자유의사가 제압될 가능성이 직접적으로 발생함으로써 이를 실질적으로 피해자에 대한 위력의 행사와 동일시할 수 있는 특별한 사정이 있는 경우, 피해자에 대한 업무방해죄가 성립한다.[24]

이때 제3자에 대한 위력의 행사로 피해자의 자유의사가 직접 제압될 가능성이 있는지는 위력 행사의 의도나 목적, 위력 행사의 상대방인 제3자와 피해자의 관계, 위력의 행사 장소나 방법 등 태양, 제3자에 대한 위력의 행사에 관한 피해자의 인식 여부, 제3자에 대한 위력의 행사로 피해자가 입게 되는 불이익이나 피해의 정도, 피해자에 의한 위력의 배제나 제3자에 대한 보호의 가능성 등을 종합적으로 고려하여 판단해야 한다.[25]

---

21) 대법원 2016. 10. 27. 선고 2016도10956 판결; 2013. 11. 28. 선고 2013도4430 판결; 2011. 3. 17. 선고 2007도482 전원합의체.

22) 대법원 2013. 11. 28. 선고 2013도4430 판결.

23) 대법원 2012. 5. 24. 선고 2011도7943 판결.

24) 대법원 2013. 3. 14. 선고 2010도410 판결.

25) 대법원 2013. 3. 14. 선고 2010도410 판결.

③ 판례

> [판결 16] 갑은 ○ 빌라 3층 을의 의뢰로 시공 중인 창문교체공사 현장에서, 창문이 설치될 경우 건너편에 살고 있는 자신의 집 내부가 들여다보인다는 이유로 화가 나서, 공사인부 병 등에게 '합의가 되었는데 공사를 왜 진행하느냐, 공사를 중단하라면 중단하지 왜 다시 하냐'라고 고함을 질렀고, 미리 현장에 와 있던 갑의 모 정도 갑과 함께 을에게 '공사를 당장 중지하라'고 하면서 을 및 인부들에게 나가라고 고함을 질러 약 30여 분간 창문교체 공사가 이뤄지지 못했다.[26)]

[판결 16] 인부들이 공사를 중단한 것은 갑과 정에 의해 자유의사가 제압당한 결과라기보다 집주인 을과 상의했거나 합의했다는 내용이 확인되지 않으면 공사를 계속 진행하는 것이 사실상 곤란하다고 판단했기 때문으로 보인다.

갑인과 정의 행위의 동기 내지 목적, 그 태양과 정도 등에 비추어 보면, 갑이 정 과 공모하여 을과 인부들의 자유의사를 제압하기에 족한 위력을 행사하였다고 단정하기 어렵고, 이웃 간의 사소한 시비에 대하여 업무방해죄를 적용하는 것은 신중할 필요가 있다.

> [판결 13-1] 인터넷카페의 운영진인 갑 등 피고인들이 카페 회원들과 공모하여, 특정 신문들에 광고를 게재하는 광고주들에게 불매운동의 일환으로 지속적·집단적으로 항의전화를 하거나 항의 글을 게시하는 등의 방법으로 광고 중단을 압박했다.[27)] 갑 등의 행위가 위력에 의한 광고주들 및 신문사들의 업무를 방해한 것으로 공소가 제기되었다.

☆[판결 13-1] 갑 등 피고인들이 벌인 불매운동의 목적, 그 조직과정, 대상 기업의 선정경위, 불매운동의 규모 및 영향력, 불매운동의 실행 형태, 불매운동의 기간, 대상 기업인 광고주들이 입은 불이익이나 피해의 정도 등에 비추어 피고인들의 행위가 광고주들의 자유의사를 제압할 만한 세력으로서 위력에 해당한다고 본 것은 정당하다.

그러나 갑 등의 행위로 신문사들이 실제 입은 불이익이나 피해의 정도, 그로 인하여 신문사들의 영업활동이나 보도에 관한 자유의사가 제압될 만한 상황에 이르렀는지 등을 구체적으로 심리하여 살펴보지 아니한 채, 신문사들에 대한 직접적인 위력의 행사가 있었다고 보아 유죄를 인정한 원심판결은 업무방해죄의 구성요건인 **위력의 대상** 등에 관한 법리를 오해한 것이다.[28)]

---

26) 대법원 2016. 10. 27. 선고 2016도10956 판결.
27) 대법원 2013. 3. 14. 선고 2010도410 판결.
28) 대법원 2013. 3. 14. 선고 2010도410 판결.

소비자불매운동이 헌법 제124조에 따라 보장되는 소비자보호운동의 요건을 갖추지 못하였다는 이유만으로 이에 대하여 아무런 헌법적 보호도 주어지지 않는다거나 소비자불매운동에 본질적으로 내재되어 있는 집단행위로서의 성격과 대상 기업에 대한 불이익 또는 피해의 가능성만을 들어 곧바로 형법 제314조 제1항의 업무방해죄에서 말하는 위력의 행사에 해당한다고 단정해서는 안 된다. 다만 그 소비자불매운동이 헌법상 보장되는 정치적 표현의 자유나 일반적 행동의 자유 등의 점에서도 전체 법질서상 용인될 수 없을 정도로 사회적 상당성을 갖추지 못한 때에는 그 행위 자체가 위법한 세력의 행사로서 형법 제314조 제1항의 업무방해죄에서 말하는 위력의 개념에 포섭될 수 있다.29)

[판결 13-2] 갑 등 수십 명의 당권파 중앙위원들 및 당원들이 공동하여 ○당 중앙위원회 회의가 진행되는 단상 앞으로 진출을 시도하면서 이를 제지하는 질서유지인 등을 몸으로 밀치거나 그 단상을 점거하는 등의 행위를 하여 그 회의를 중단시키고 회의가 속개되지 못하도록 막아 결국 무기한 정회가 선포되도록 한 것은 위력으로 ○당의 중앙위원회 회의 운영업무를 방해한 것이다.30)

(ㄴ) 쟁의행위와 위력

쟁의행위로서의 파업은 근로자가 사용자에게 압력을 가하여 그 주장을 관철하고자 집단적으로 노무제공을 중단하는 실력행사여서 업무방해죄의 위력으로 볼 만한 요소를 포함하고 있다. 하지만 근로자에게는 헌법상 보장된 기본권으로서 자주적인 단결권·단체교섭권 및 단체행동권이 있으므로, 파업이 항상 업무방해죄 구성요건을 충족하는 것은 아니다.

전후 사정과 경위 등에 비추어 전격적으로 이루어져 사용자의 사업운영에 심대한 혼란 내지 막대한 손해를 초래할 위험이 있는 등의 사정으로 사용자의 사업계속에 관한 자유의사가 제압·혼란될 수 있다고 평가할 수 있는 경우 비로소 그러한 집단적 노무제공의 거부도 위력에 해당하여 업무방해죄를 구성한다.31)

[판결 14] 철도노동조합과 그 산하 서울지방본부의 간부인 피고인들의 주도로 서울 수색지구 조합원 100여 명이 사전에 조합원 찬반투표 및 노동위원회 조정 등의 절차를 거치지 않은 채 '구내식당 외주화 반대, 정원 감축 철회' 등 한국철

29) 대법원 2013. 3. 14. 선고 2010도410 판결.

30) 대법원 2013. 11. 28. 선고 2013도4430 판결.

31) 대법원 2014. 8. 20. 선고 2011도468 판결; 2011. 3. 17. 선고 2007도482 전원합의체 판결.

> 도공사의 경영권에 속하는 사항을 주장하면서 투쟁지침에 따라 2009. 5. 1.부터 2009. 6. 9.까지 업무 관련 규정을 지나치게 철저히 준수하는 등의 방법으로 정상적인 열차 운행을 방해하여 서울역·용산역에서 출발하는 열차 56대를 10분에서 46분간 지연 운행되도록 했다.[32] 피고인들은 위력으로 한국철도공사의 정상적인 여객수송업무 등을 방해했다는 혐의로 기소되었다.

[판결 14] 안전운행투쟁으로 인하여 한국철도공사의 사업운영에 심대한 혼란 내지 막대한 손해가 초래될 위험이 있었다고 하기 어렵고, 그 결과 한국철도공사의 사업계속에 관한 자유의사가 제압·혼란될 수 있다고 평가할 수 있는 경우에는 해당하지 않는다.

(다) 업무

업무방해죄의 보호대상인 '업무'는 직업 또는 계속적으로 종사하는 사무나 사업으로서 **타인의 위법한 행위에 의한 침해로부터 보호할 가치가 있으면 되고, 반드시 그 업무가 적법하거나 유효할 필요는 없다.**

법률상 보호할 가치가 있는 업무인지 여부는 그 사무가 사실상 평온하게 이루어져 사회적 활동의 기반이 되고 있느냐에 따라 결정되고, 그 업무의 개시나 수행과정에 실체상 또는 절차상의 하자가 있다 하더라도 그 정도가 사회생활상 도저히 용인할 수 없는 정도로 반사회성을 띠는 데까지 이르지 아니한 이상 업무방해죄의 보호대상이 된다.[33]

3. 第314조 제2항 구성요건

(1) '컴퓨터 등 정보처리장치'

자동적으로 계산이나 데이터처리를 할 수 있는 전자장치로서 하드웨어와 소프트웨어를 모두 포함한다.

(2) '손괴'

유형력을 행사하여 물리적으로 파괴·멸실시키는 것뿐 아니라 전자기록의 소거나 자력에 의한 교란도 포함한다.

---

32) 대법원 2014. 8. 20. 선고 2011도468 판결.

33) 대법원 2015. 4. 23. 선고 2013도9828 판결; 2013. 11. 28. 선고 2013도4430 판결.

(3) '허위의 정보 또는 부정한 명령의 입력'

객관적으로 진실에 반하는 내용의 정보를 입력하거나 정보처리장치를 운영하는 본래의 목적과 상이한 명령을 입력하는 것이다.

(4) '기타 방법'

컴퓨터의 정보처리에 장애를 초래하는 가해수단으로서 컴퓨터의 작동에 직접·간접으로 영향을 미치는 일체의 행위를 말한다.[34]

> [판결 13] 갑은 네이버의 관련 시스템 서버에 마치 컴퓨터 사용자들이 실제로 네이버의 검색창에 검색어를 입력하였거나 해당 업체의 웹사이트를 클릭한 것처럼 정보자료를 보냈다. 그것은 명령이나 프로그램이 아닌 네이버의 관련 시스템에서 통상적인 처리가 예정된 종류의 정보자료이고 정보통신망의 안정적 운영을 방해하는 장애가 발생될 수 있는 방법이 사용된 것은 아니다. 갑의 행위로 네이버의 관련 시스템 서버가 컴퓨터 사용자들이 실제로 검색어를 입력하고 해당 웹사이트를 클릭한 것으로 정보처리를 하고 자동 완성어나 연관검색어를 생성하거나 해당 웹사이트의 순위를 향상시켰다.[35]

[판결 13] 허위의 정보를 입력하여 정보처리에 장애를 발생시켜 Naver의 검색어 제공서비스 등의 업무를 방해한 행위로서 컴퓨터 등 장애 업무방해죄가 성립될 수 있다.

34) 대법원 2012. 5. 24. 선고 2011도7943 판결.
35) 대법원 2013. 3. 28. 선고 2010도14607 판결.

제 35 장 비밀침해의 죄

§ 49. 비밀침해의 죄

I. 제316조 [비밀침해]

제316조(비밀침해) ① 봉함 기타 비밀장치한 사람의 편지, 문서 또는 도화를 개봉한 자는 3년 이하의 징역이나 금고 또는 500만원 이하의 벌금에 처한다. ② 봉함 기타 비밀장치한 사람의 편지, 문서, 도화 또는 전자기록등 특수매체기록을 기술적 수단을 이용하여 그 내용을 알아낸 자도 제1항의 형과 같다.

1. 보호법익

제35장 제316, 317조의 공통된 보호법익은 개인의 사생활에서 지켜져야 할 편지와 문서의 비밀이다. 제316조와 제317조의 보호법익은 다르다.

제316조의 보호법익은 사고와 의사가 표현된 편지 등의 내용을 특정된 사람만 알 수 있게 하고 그 밖의 다른 사람이 알지 못하도록 할 권리이다. 여기서 전제되는 것은 편지, 문서, 도화가 볼 권한 없는 사람이 보지 못하도록 되어 있는 상태라는 것이다.[1)]

보호되는 비밀의 주체, 달리 표현하여 보호법익의 객체에는 자연인뿐 아니라 법인, 법인격 없는 단체, 기타의 공공단체 그리고 국가도 포함된다는 것이 문헌의 통설인 듯하다.[2)] 그러나 제316조는 물론 제317조의 취지와 목적은 개인의 비밀 보장이므로, 국가는 그 보호법익의 대상이 아니라고 해야 한다.

다음으로 비밀을 유지할 의무가 있는 자의 범위가 정해져 있는 제317조의 보호법익은 특정한 사실의 비밀유지에 대한 개인적인 이해관계 뿐 아니라, 특

1) SS/*Lenckner/Eisele*, § 202 Rn 2.
2) 김일수/서보학, 각론, 191; 유기천, 각론 (상), 151; 이재상 등, 각론, 226쪽(특히 각주 2의 독일문헌은 잘못 인용되었다).

정한 직업에 종사하는 자들의 비밀유지에 대한 사회일반의 신뢰가 우선적인 보호법익이다.3)

2. 객관적 구성요건 ; 행위의 유형

(1) "봉함 또는 비밀장치가 되어 있는 타인의 편지, 문서 또는 도화를 개봉하는 것"

☆[판결 08] 제316조 제1항'봉함 기타 비밀장치가 되어 있는 문서'란 '기타 비밀장치'라는 일반 조항을 사용하여 널리 비밀을 보호하고자 하는 규정의 취지에 비추어 볼 때, **반드시 문서 자체에 비밀장치가 되어 있는 것만을 의미하는 것은 아니고, 봉함 이외의 방법으로 외부 포장을 만들어서 그 안의 내용을 알 수 없게 만드는 일체의 장치를 가리키는 것으로, 잠금장치 있는 용기나 서랍 등도 포함한다.**

이 사건과 같이 서랍이 2단으로 되어 있어 그 중 아랫 칸의 윗부분이 막혀 있지 않아 윗 칸을 밖으로 빼내면 아랫 칸의 내용물을 쉽게 볼 수 있는 구조로 되어 있는 서랍이라고 하더라도, 피해자가 아랫 칸에 잠금장치를 하였고 통상적으로 서랍의 윗칸을 빼어 잠금장치 된 아랫 칸 내용물을 볼 수 있는 구조라거나 그와 같은 방법으로 볼 수 있다는 것을 예상할 수 없어 객관적으로 그 내용물을 쉽게 볼 수 없도록 외부에 의사를 표시했다면, 형법 제316조 제1항의 규정 취지에 비추어 아랫칸은 윗칸에 잠금장치가 되어 있는지 여부에 관계없이 그 자체로서 형법 제316조 제1항에 규정하고 있는 비밀장치에 해당한다.4)

[판결 84] 법원이 대체집행사건 채무자승계인을 앞으로 우송한 봉함된 결정정본을 신청자인 갑이 병으로부터 전달받아 개피한 것은 봉함된 문서를 개봉한 것이다.5)

(2) "전자기록 등 특수매체기록을 기술적 수단을 이용하여, 그 내용을 알아낸 것"

제1항에서는 편지, 문서, 도화 등을 단순히 개봉함으로써 구성요건이 실현되나, 제2항에서는 반드시 기술적 수단을 이용하여 그 내용을 인지해야 구성요건이 실현된다는 점에 차이가 있다. 제2항에서 기술적 수단을 이용하는 것과 내용의 인지는 누적적 요건이다. 즉 양자가 함께 이루어 져야한다.

---

3) SS/*Lenckner/Eeisele*, § 203 Rn 3.

4) 대법원 2008. 11. 27. 선고 2008도9071 판결.

5) 대법원 1984. 6. 12. 선고 84도620 판결.

(3) 편지, 문서, 도화는 내용을 인식함이 없이 개봉하기만 한 경우는 제316조 제1항에 의하여, 개봉하지 않고도 내용을 안 경우는 제316조 제2항에 의하여 처벌된다. 이른바 '전자기록 등 특수매체기록'은 개봉을 생각할 수 없고, 내용의 인식은 기술적 수단을 통해서만 가능하므로, 내용을 알아내는 행위를 금지하게 된 것으로 보인다.

3. 친고죄

제316, 317조는 모두 친고죄이며, 미수범은 처벌되지 않는다.

Ⅱ. 제317조 [업무상 비밀누설]

> 제317조(업무상비밀누설) ① 의사, 한의사, 치과의사, 약제사, 약종상, 조산사, 변호사, 변리사, 공인회계사, 공증인, 대서업자나 그 직무상 보조자 또는 차등의 직에 있던 자가 그 직무처리 중 지득한 타인의 비밀을 누설한 때에는 3년 이하의 징역이나 금고, 10년 이하의 자격정지 또는 700만 원 이하의 벌금에 처한다.
> ② 종교의 직에 있는 자 또는 있던 자가 그 직무상 지득한 사람의 비밀을 누설한 때에도 전항의 형과 같다.

1. 보호법익

보호의 대상은 의사, 변호사 등 직업군 종사자에게 직무처리 과정에서 알려지게 된 개인의 비밀이다.

2. 구성요건

[판결 92] 분실된 진료기록의 일부를 민사소송에서 증거로 제출하는 것이 형법 제317조 제1항 소정의 업무상 비밀누설죄에 해당된다고 볼 수 없다.[6]

(1) 주체

판례는 없으나 제317조는 신분범, 특별한 의무범[7]으로 제33조 공범과 신분과

6) 대법원 1992. 5. 22. 선고 91다39320 판결.
7) 신분범, 특별한 의무범에 관하여는 한정환, 형법총론 제2권, 191, 335 쪽 등.

관련된 문제들이 자주 출제되는 조항이다. 예시된 직종에 더 이상 종사하지 않아도 주체가 된다.

(2) 객체

직무처리 중 알게 된 타인의 비밀만이 비밀유지의무의 대상이다.

제 36 장 주거침입의 죄

§ 50. 주거침입죄

> 제319조(주거침입, 퇴거불응) ① 사람의 주거, 관리하는 건조물, 선박이나 항공기 또는 점유하는 방실에 침입한 자는 3년 이하의 징역 또는 500만원 이하의 벌금에 처한다.
> ② 전항의 장소에서 퇴거요구를 받고 응하지 아니한 자도 전항의 형과 같다.

Ⅰ. 보호법익

주거침입죄의 보호법익은 '주거의 자유'이다. 주거의 자유의 의미는 개인 또는 다수인이 소유 내지 점유하고 있는 주거공간에는 절대적으로 자유가 보장되고, 누가 그 공간에 체류할 수 있는 가는 주거권자가 자유로이 결정한다는 것이다.[1]

판례는 '사실상 주거의 평온'이 보호법익이라고 한다.[2] 권리로서의 주거권이 아닌 주거를 지배하는 사실관계, 즉 주거에 대한 사실상의 평온이 제319조의 보호법익이라는 것이다. '사실상 평온'은 불분명한 개념이다. 사실상의 평온이, 현실적으로 주거권자가 원하는 상태 즉 주거권자가 원치 않는 방문객이나 침입자가 없는 상태를 의미하는 것[3]이라면, 사실상의 평온은 주거의 자유를 부분적으로 설명하는 것에 불과하다.

형법에서의 법익은 '형체'나 '대상'이 아닌 여건, 기능단위 등의 개념이라고 보면,[4] 주거의 자유가 보호법익이라고 하는 것이 더 옳다. 또 '관리하는 건조

---

1) SK/*Rudolphi*, § 123 Rn 1; LK/*Schäfer*, § 123 Rn 1; S/S/*Sternberg-Lieben*, § 123 Rn 1.
2) 대법원 2010. 4. 29. 선고 2009도14643 판결; 1984. 6. 26. 선고 83도685 판결.
3) 판결에서는 '주거권자의 승낙 없는 출입'이라고 표현되기도 한다: 대법원 1984. 6. 26. 선고 83도685 판결.
4) 법익의 개념에 관하여는: *Roxin*, AT, § 2 Rn 5 이하; SK/*Rudolphi*, Vor § 1 Rn 7 이하; 한정환, 형법총론 1권, 33쪽 참조.

물'에 상업공간이나 공공의 사무공간도 주거침입죄의 보호대상에 포함되는 것으로 보는 입장에서는 사실상의 평온설로 이 점에 관한 설명이 곤란하다.

Ⅱ. 제319조 [주거침입]

1. 구성요건의 체계

기본구성요건은 제319조 1항의 '단순주거침입'이다. 거주권자의 동의 없이 타인의 주거, 건조물, 선박, 항공기 또는 점유하는 방실에 침입하는 행위는 제319조 제1항에 의하여 처벌된다.

제319조 2항 '퇴거불응'죄는 적법하게 타인의 주거에 들어간 자가 마음이 변한 주인의 "나가 달라"는 요구에 응하지 않고 계속 체류하는 것을 처벌하는 구성요건이며, 법정형량은 단순주거침입과 같다. 제319조 제1항 주거침입죄가 적용되면 제2항의 퇴거불응죄는 적용되지 않는다.

불법가중구성요건인 제320조 특수주거침입은 단체 또는 다중의 위력을 이용하여 타인의 주거에 침입하는 경우, 한 사람이 위험한 물건을 휴대하고 주거에 침입하는 경우에 성립하며, 법정최고형은 5년의 징역형이다.

2. 구성요건

(1) 주거

주거란 한 사람 또는 여러 사람 특히 가족이 체재하거나 사용하는 공간을 말한다.[5] 이 공간은 외부와 차단되어 있어야 한다. 잠만 자는 공간도 주거이다.[6] 내부인(들)에게만 공개된 개인적이고 이에 상응하게 비밀스러운 장소이어야 한다. 내부인에는 초대된 손님이나 세입자가 포함된다.

> [판결 09] 갑은 아파트 앞에서 술에 취한 채 집으로 돌아가는 을女를 발견하고 강간할 것을 마음먹고, 을을 따라가 엘리베이터를 같이 타고 4층에 이르렀을 때 갑자기 을을 엘리베이터 구석으로 밀고 주먹으로 얼굴을 수회 때려 반항을 억

5) SK/*Rudolphi*, § 123 Rn 8.

6) LK/*Schäfer*, § 123 Rn 10; SK/*Rudolphi*, § 123 Rn 9; S/S/*Sternberg-Lieben*, § 123 Rn 4.

> 압한 후 9층에서 을을 엘리베이터에서 끌어 내린 다음 계단으로 끌고 가 그곳에서 1회 강간하고, 좌안 전방 출혈상을 가했다.[7]

☆[판결 09] 주거침입죄에 있어서 주거라 함은 단순히 가옥 자체만을 말하는 것이 아니라 그 정원 등 위요지를 포함한다. 다가구용 단독주택이나 다세대주택·연립주택·아파트 등 공동주택 안에서 공용으로 사용하는 엘리베이터, 계단과 복도는 주거로 사용하는 각 가구 또는 세대의 전용 부분에 필수적으로 부속하는 부분으로서 그 거주자들에 의하여 일상생활에서 감시·관리가 예정되어 있고 사실상의 주거의 평온을 보호할 필요성이 있는 부분이므로, 다가구용 단독주택이나 다세대주택·연립주택·아파트 등 공동주택의 내부에 있는 엘리베이터, 공용 계단과 복도는 특별한 사정이 없는 한 주거침입죄의 객체인 '사람의 주거'에 해당하고, 위 장소에 거주자의 명시적, 묵시적 의사에 반하여 침입하는 행위는 주거침입죄를 구성한다.[8]

독일 형법 § 123에는 상업공간이나 공개된 사무공간을 주거에 포함하고 있다. 한국형법 제319조는 언급이 없으나, 음식점(식당)을 주거로 인정한 판결[9]이 있다.

[판결 97] 일반인의 출입이 허용된 음식점이라 하더라도, 영업주의 명시적 또는 추정적 의사에 반하여 들어간 것이라면 주거침입죄가 성립된다.[10]

(2) 관리하는 건조물

관리하는 '건조물'은 주위벽 또는 기둥과 지붕 또는 천정으로 구성된 구조물로서 사람이 기거하거나 출입할 수 있는 장소를 말하고, 또한 단순히 건조물 그 자체만을 말하는 것이 아니고 위요지를 포함한다.[11]

'관리하는'을 '출입 통제 장치가 되어 있는'의 의미로, 건조물을 '주거를 제외한 일체의 건물' 즉 공장, 창고, 관공서로 해석되고 있다.[12]

[판결 10] 주거침입죄에서 '건조물'은 엄격한 의미에서의 건조물 그 자체뿐만이 아니라 그에 부속하는 위요지를 포함한다. 여기서 위요지라고 함은 건조물에 인접한 그

7) 대법원 2009. 9. 10. 선고 2009도4335 판결.
8) 대법원 2009. 9. 10. 선고 2009도4335 판결.
9) 대법원 1997. 3. 28. 선고 95도2674 판결.
10) 대법원 1997. 3. 28. 선고 95도2674 판결.
11) 대법원 2005. 10. 7. 선고 2005도5351 판결.
12) 이재상 등, 각론, 213쪽.

주변의 토지로서 외부와의 경계에 담 등이 설치되어 그 토지가 건조물의 이용에 제공되고 또 외부인이 함부로 출입할 수 없다는 점이 객관적으로 명확하게 드러나야 한다. 따라서 건조물의 이용에 기여하는 인접의 부속 토지라고 하더라도 인적 또는 물적 설비 등에 의한 구획 내지 통제가 없어 통상의 보행으로 그 경계를 쉽사리 넘을 수 있는 정도라고 한다면 일반적으로 외부인의 출입이 제한된다는 사정이 객관적으로 명확하게 드러났다고 보기 어려우므로, 이는 다른 특별한 사정이 없는 한 주거침입죄의 객체에 속하지 아니한다.13)

[판결 05] 피고인들이 건물신축 **공사현장에 무단으로 들어간 뒤 타워크레인에 올라가 이를 점거한 사안**에서, 타워크레인은 건설기계의 일종으로서 작업을 위하여 토지에 고정되었을 뿐이고 운전실은 기계를 운전하기 위한 작업공간 그 자체이지 건조물침입죄의 객체인 건조물에 해당하지 않는다. 피고인들이 위 공사현장에 컨테이너박스 등으로 가설된 현장사무실 또는 경비실 자체에 들어가지 않았다면, 피고인들이 위 공사현장의 구내에 들어간 행위를 위 공사현장 구내에 있는 건조물인 위 각 현장사무실 또는 경비실에 침입한 행위로 보거나, 위 공사현장 구내에 있는 건축 중인 건물에 침입한 행위로 볼 수 없다.14)

(3) 선박, 항공기

제319조는 선박과 항공기도 주거에 포함하고 있다. 선박과 항공기에 어떤 형태의 주거침입이 가능한 지는 분명치 않으나, privacy침해가 가능한 경우 보호대상이 된다.

(4) 점유하는 방실

점유하는 방실이란 점포, 사무실, 연구실, 투숙중인 여관 내지 호텔방 등을 말한다.

(5) 침입

침입은 거주권자의 의사에 반하여 주거 또는 이에 준하는 공간에 들어가는 행위이다. 거주권자의 동의가 있으면 구성요건해당여부를 따질 필요가 없다.

판례는 부부 일방이 부재중일 때, 다른 일방의 동의를 얻어 간통을 목적으로 공동주거에 들어간 제3자에게 사실상의 평온을 깼다는 이유로 주거침입죄를 인

13) 대법원 2010. 4. 29. 선고 2009도14643 판결.
14) 대법원 2005. 10. 7. 선고 2005도5351 판결.

정한다.15) 주거권자가 다수인 경우 모든 주거권자에게 동등한 제3자가 출입 내지 체류하는 것에 관한 결정권이 있고, 그에 따라 다른 주거권자의 반대가 명약관화한 경우 주거침입을 인정하는 것이 옳다. 앞서 언급한 판례도 같은 취지일 것이다.

독일형법 § 123은 '위법하게 침입'하는 것을 구성요건에서 금지하고 있어 동의가 있으면 구성요건이 실현될 수 없음은 당연하다. 이 요건이 없는 우리형법에서는 위법이 조각된다는 견해도 있을 수 있으나, 구성요건의 충족이 없는 것으로 보는 것이 간명하다.

[판결 12] 사람이 관리하는 건조물에 그 **관리자의 명시적·묵시적 의사에 반하여 들어가는 경우 건조물침입죄**가 성립한다.16) 회사 측이 행정관청에 직장폐쇄를 신고하고 위 공장을 점거 중인 노동조합원들에게 퇴거를 요구하는 등으로 회사 측 관리자 외의 출입을 금지하는 의사를 표시하였으며, 피고인들은 그와 같은 사정을 알고 있었음에도 불구하고 회사 측의 의사에 반하여 평택공장에 들어간 건조물 침입죄에 해당한다. 피고인들이 노동조합원들의 승낙을 얻어 전국공무원노동조합 교육활동의 일환으로 평화적인 방법에 의해 위 공장에 들어갔다는 사정만으로는 정당한 행위에 해당한다고 볼 수 없다.17)

[판결 11] A 주식회사의 감사였던 갑은 A주식회사의 경영진과의 불화로 한 달 가까이 결근하다가 자신의 출입카드가 정지되어 있음에도 경비원으로부터 출입증을 받아 컴퓨터 하드디스크를 절취하기 위해 A주식회사 감사실에 출입한 행위는 주거(방실)침입에 해당한다.18)

[판결 08] 그 주거자 또는 간수자가 건조물 등에 거주 또는 간수할 권리를 가지고 있는가의 여부는 범죄의 성립을 좌우하는 것이 아니며, 점유할 권리 없는 자의 점유라 하더라도 그 주거의 평온은 보호되어야 할 것이므로, 권리자가 그 권리를 실행함에 있어 법에 정하여진 절차에 의하지 아니하고 그 건조물 등에 침입한 경우에는 주거침입죄가 성립한다.19)

[판결 07] 비닐하우스의 소유권이 피고인에게 있다 하더라도, 피해자가 공소외인으로부터 이 사건 비닐하우스를 인도받아 점유하고 있는 이상 피고인이 함부로 이 사

15) 대법원 1984. 6. 26. 선고 83도685 판결.
16) 대법원 2012. 5. 24. 선고 2010도9963 판결.
17) 대법원 2012. 5. 24. 선고 2010도9963 판결.
18) 대법원 2011. 8. 18. 선고 2010도9570 판결.
19) 대법원 2008. 5. 8. 선고 2007도11322 판결; 2007. 7. 27. 선고 2006도3137 판결.

건 비닐하우스의 열쇠를 손괴하고 그 안에 들어간 행위는 재물손괴죄 및 주거침입죄에 해당한다.[20]

[판결 02] 사용자의 직장폐쇄가 정당한 쟁의행위로 인정되지 않는 때에는 다른 특별한 사정이 없는 한 근로자가 평소 출입이 허용되는 사업장 안에 들어가는 행위가 주거침입죄를 구성하지 않는다.[21]

3. 미수범

제319조는 이른바 '거동범'이다. 침입과 동시에 법익은 침해되고 구성요건은 실현된다.[22] 또 제319조는 침입자가 퇴거하지 않는 동안 주거의 자유라는 법익에 대한 침해가 계속되는 '계속범'이다.

그러나 제322조에 미수범처벌규정이 있어 판례는 '법익침해의 현실적 위험발생'을 실행의 착수로, 사실상 주거의 평온이 침해된 경우를 기수로 판결하고 있다.

[판결 08-1] 갑과 을은 아파트의 초인종을 누르다가 사람이 없으면 만능키 등을 이용하여 문을 열고 들어가 물건을 훔치기로 모의하고 함께 다니다가 갑이 병의 집 초인종을 누르면서 "자장면 시키지 않았느냐"라고 말했으나 집 안에 있던 병이"시킨 적 없다"고 대답하자 계단을 통해 아래층으로 이동했다.[23]

☆[판결 08-1] 주거침입죄의 실행의 착수는 주거자, 관리자, 점유자 등의 의사에 반하여 주거나 관리하는 건조물 등에 들어가는 행위, 즉 구성요건의 일부를 실현하는 행위까지 요구하는 것은 아니고 **범죄구성요건의 실현에 이르는 현실적 위험성을 포함하는 행위를 개시**하는 것으로 족하다.

침입 대상인 아파트에 사람이 있는지를 확인하기 위해 그 집의 초인종을 누른 행위만으로는 침입의 현실적 위험성을 포함하는 행위를 시작하였다거나, 주거의 사실상의 평온을 침해할 객관적인 위험성을 포함하는 행위를 한 것으로 볼 수 없다.[24]

---

20) 대법원 2007. 3. 15. 선고 2006도7044 판결.
21) 대법원 2002. 9. 24. 선고 2002도2243 판결.
22) 대법원 1995. 9. 15. 선고 94도2561 판결. 상세한 것은 SK/*Rudolphi*, § 123 Rn 3 이하.
23) 대법원 2008. 4. 10. 선고 2008도1464 판결.
24) 대법원 2008. 4. 10. 선고 2008도1464 판결; 2006. 9. 14. 선고 2006도2824 판결 등.

[판결 08-2] 갑은 다세대주택 2층의 불이 꺼져있는 것을 보고 물건을 절취하기 위하여 가스배관을 타고 올라가다가, 발은 1층 방범창을 딛고 두 손은 1층과 2층 사이에 있는 가스배관을 잡고 있던 상태에서 순찰 중이던 경찰관에게 발각되자 그대로 뛰어내렸다.[25)]

[판결 08-2] 주거침입죄의 실행의 착수는 주거나 관리하는 건조물 등에 들어가는 행위 즉 구성요건의 일부를 실현하는 행위까지 요구하는 것은 아니지만, 주거침입의 범의로 예컨대, 주거로 들어가는 문의 시정장치를 부수거나 문을 여는 등 침입을 위한 구체적 행위를 시작함으로써 범죄구성요건의 실현에 이르는 현실적 위험성을 포함하는 행위를 개시할 것을 요한다. 갑의 행위만으로는 주거의 사실상의 평온을 침해할 현실적 위험성이 있는 행위를 개시한 때에 해당한다고 보기 어렵다.[26)]

[판결 03] 야간에 아파트에 침입하여 물건을 훔칠 의도 하에 아파트의 베란다 철제난간까지 올라가 유리창문을 열려고 시도한 것은 야간주거침입절도죄의 실행에 착수한 것이다.[27)]

[판결 95] 신체의 극히 일부분이 주거 안으로 들어갔지만 사실상 주거의 평온을 해하는 정도에 이르지 않았으면 주거침입죄는 미수이다. 야간에 타인의 집의 창문을 열고 집 안으로 얼굴을 들이민 행위는 신체의 일부가 집 안으로 들어간다는 인식하에 했더라도 주거침입죄의 범의는 인정되고, 비록 신체의 일부만이 집 안으로 들어갔다고 해도 사실상 주거의 평온을 해했다면 주거침입죄는 기수이다.[28)]

4. 절도와 주거침입죄

[판결 08-3] 제330조에 규정된 야간주거침입절도죄 및 같은 법 제331조 제1항에 규정된 손괴특수절도죄를 제외하고 일반적으로 주거침입은 절도죄의 구성요건이 아니므로 절도범인이 그 범행수단으로 주거침입을 한 경우에 그 주거침입행위는 절도죄에 흡수되지 아니하고 별개로 주거침입죄를 구성하여 절도죄와는 실체적 경합의 관계에 서는 것이 원칙이다.[29)]

---

25) 대법원 2008. 3. 27. 선고 2008도917 판결.

26) 대법원 2008. 3. 27. 선고 2008도917 판결.

27) 대법원 2003. 10. 24. 선고 2003도4417 판결.

28) 대법원 1995. 9. 15. 선고 94도2561 판결.

29) 대법원 2008. 11. 27. 선고 2008도7820 판결; 1984. 12. 26. 선고 84도1573 전원합의체 판결.

제 37 장 권리행사를 방해하는 죄

§ 51. 권리행사방해죄

> 제323조(권리행사방해) 타인의 점유 또는 권리의 목적이 된 자기의 물건 또는 전자기록 등 특수매체기록을 취거, 은닉 또는 손괴하여 타인의 권리행사를 방해한 자는 5년 이하의 징역 또는 700만 원이하의 벌금에 처한다.

Ⅰ. 취지, 보호법익

1. 보호법익

제323조는 물건의 소유자가 타인이 정당한 권리에 의하여 점유하고 있는 자신의 물건, 전자기록 등 특수매체기록 또는 점유하고 있지는 않으나 일정한 권리를 행사할 수 있는 자신의 물건 또는 특수매체기록을 취거, 은닉 또는 손괴하여 적법한 권리행사를 할 수 없게 만든 행위를 처벌하는 조문이다.

보호법익은 타인의 재물과 전자기록 등 특수매체기록에 대한 물권 및 채권 등 권리이다. 이들 권리도 역시 재산에 포함되는 것이므로 재산권이 제323조의 보호법익라고 할 수도 있다.

2. 독일, 일본형법과의 비교

제323조는 독일형법 §289를 모방한 일본형법가안 제459조에서 유래한 것이라고 한다.[1] 독일형법 §289는 타인의 권리의 대상이 된 자기소유의 물건에 대한 절도 또 제3자가 소유자를 위해 절도하는 것만을 규정하고 있는 것에 비해 제323조는 소유자만이 행위자가 될 수 있다고 명기하는 점이 다르다. 또 제323조는 '절취'뿐 아니라 손괴와 은닉을 행위유형으로 하는 점이 독일형법 §289와

---

1) 유기천, 각론 (상), 380쪽.

구별된다.[2)]

제142조는 공무소로부터 보관명령을 받거나 공무소의 명령으로 타인이 관리하는 자기 물건을 손상, 은닉하는 행위를 별도로 처벌하는 규정이라는 점에서 제323조와 다르다.

Ⅱ. 제323조 [권리행사방해]

1. 행위주체

행위의 주체는 물건의 소유권자이다. 소유권자가 현재 그 물건을 점유하고 있지 않는 경우는 물론 소유권자가 점유하고 있으나 타인의 사용권 기타의 권리의 대상이 된 경우도 해당한다.[3)] 저당권이 설정된 자동차나 매도담보가 설정된 물건이 후자의 예에 해당하며, 대물변제하기로 예약한 물건[4)]과 가압류된 물건도 여기에 포함된다.

2. 행위 객체

행위의 대상은 타인의 점유 또는 권리의 목적물이 된 자기의 물건이다.

(1) 타인의 점유 목적물인 자기 물건

'타인'은 법인과 법인격 없는 단체도 포함되고,[5)] '점유'는 용익권, 질권, 유치권 등 물권, 임차권 등 채권계약에 의한 점유와 같이 합법적인 근거가 필요하다. 그러나 공무소의 명령으로 타인의 점유 하에 있는 물건은 제142조의 적용대상이고, 제323조의 적용대상은 아니다.

[판결 06] A 렌트카(주)의 공동대표이사 중 1인인 B는 을에 대한 개인적인 채무의 담보 명목으로 회사가 보유 중이던 승용차를 을에게 넘겨주었다. 을은 이 승용차를 약 4개월 동안 위 회사에서 수시로 연락 가능한 을의 사무실 등지에서

---

2) 유기천, 각론 상, 380.
3) 대법원 1991. 4. 26 선고 90도1958 판결.
4) 이재상, 각론, 408 참조.
5) 유기천, 각론 상, 384 참조.

> 운행해 오면서 위 회사 직원의 승용차 반환요구를 B에 대한 채권 및 위 담보제공 약정을 이유로 거절해 왔다. 그러자 A회사 공동대표이사 중 1인인 갑은 을의 B에 대한 채권의 존부 및 위 담보제공 약정의 효력에 관하여 을과 직접 접촉하여 관련 사실 및 증빙자료를 확인하는 등의 절차를 밟지 않은 채 을의 사무실 부근에 주차되어 있는 이 사건 승용차를 몰래 회수하도록 하였다.6)

[판결 06] 권리행사방해죄에서의 보호대상인 타인의 점유는 반드시 점유할 권원에 기한 점유만을 의미하는 것은 아니고, 일단 적법한 권원에 기하여 점유를 개시하였으나 사후에 점유 권원을 상실한 경우의 점유, **점유 권원의 존부가 외관상 명백하지 아니하여 법정절차를 통하여 권원의 존부가 밝혀질 때까지의 점유**, 권원에 기하여 점유를 개시한 것은 아니나 동시이행항변권 등으로 대항할 수 있는 점유 등과 같이 **법정절차를 통한 분쟁 해결 시까지 잠정적으로 보호할 가치 있는 점유는 모두 포함된다.** 다만 절도범인의 점유와 같이 점유할 권리 없는 자의 점유임이 외관상 명백한 경우는 포함되지 않는다.

을의 승용차에 대한 점유는 법정절차를 통하여 점유 권원의 존부가 밝혀짐으로써 분쟁이 해결될 때까지 잠정적으로 보호할 가치 있는 점유에 포함된다. 한편, 을이 위와 같은 경위로 채권 및 담보제공 약정을 이유로 승용차의 반환을 거절하고 있는 것이든, 임차했다가 반환을 거부하고 있는 경우이든 두 경우 모두 권리행사방해죄에서의 보호대상인 점유에 해당한다.7)

☆[판결 03] 第323조 '타인의 점유'라 함은 권원으로 인한 점유 즉 정당한 원인에 기하여 그 물건을 점유하는 권리 있는 점유를 의미한다. 반드시 본권에 의한 점유 만에 한하지 아니하고 동시이행항변권 등에 기한 점유와 같은 적법한 점유도 여기에 해당한다.

쌍무계약이 무효로 되어 각 당사자가 서로 취득한 것을 반환하여야 할 경우, 어느 일방 당사자에게만 먼저 그 반환의무의 이행이 강제된다면 공평과 신의칙에 위배되는 결과가 되므로 각 당사자의 반환의무는 동시이행 관계에 있다고 보아 민법 제536조를 준용함이 옳다. 이러한 법리는 경매절차가 무효로 된 경우에도 마찬가지라고 할 것이므로, **무효인 경매절차에서 경매목적물을 경락받아 이를 점유하고 있는 낙찰자의 점유는 적법한 점유로서 그 점유자는 권리행사방해죄에 있어서의 타인의 물건을 점유하고 있는 자이다.**8)

---

6) 대법원 2006. 3. 23. 선고 2005도4455 판결.
7) 대법원 2006. 3. 23. 선고 2005도4455 판결.
8) 대법원 2003. 11. 28. 선고 2003도4257 판결.

(2) 타인의 권리의 목적인 자기 물건

> [판결 91] 갑은 을과 "을이 임야의 입목을 벌채하는 공사를 완료하면 갑은 을에게 그 벌채한 원목을 인도한다"는 계약을 체결했다. 을이 위 계약상 의무를 모두 이행했다 해도 원목의 소유권이 바로 을에게 귀속되는 것이 아니라 별도로 그 소유자인 갑이 을에게 위 원목에 관한 소유권이전의 의사표시를 하고 인도함으로써 비로소 그 소유권이전의 효력이 생기는 것이다. 갑은 을에게 위 원목에 관한 소유권이전의 의사표시를 하고 인도하지 않고 이를 병에게 매도했다.9)

☆[판결 91] 타인의 '권리'란 반드시 제한물권만을 의미하는 것이 아니라 물건에 대하여 **점유를 수반하지 아니하는 채권도 포함된다.** 피해자 을에게 이 사건 원목에 대한 **인도청구권**이 있었다면 원목은 을의 권리의 목적이 된 물건이라고 볼 여지가 있는데도, 원심이 을과 갑 간의 위와 같은 계약체결 사실을 살피지 않은 채 이 사건 원목이 권리행사방해죄의 객체에 해당하지 않는다고 판단한 것은, 권리행사방해죄의 구성요건인 '타인의 권리'에 관한 법리를 오해하여 판결에 영향을 미친 위법이 있다.10)

[판결 94] 공장근저당권이 설정된 선반기계 등을 이중담보로 제공하기 위하여 다른 장소로 옮긴 것은 공장저당권의 행사가 방해가 될 우려가 있는 행위로서 권리행사방해죄에 해당한다.11)

(3) 물건

물건은 동산과 부동산이 모두 포함한다. '취거'와 '은닉'의 대상은 동산에 한정되나 '손괴'의 대상에는 부동산을 포함시켜야 하기 때문이다.

2. 취거

> [판결 11] 갑은 처 을과 함께 A종합건설회사가 유치권 행사를 위해 점유하고 있던 을 소유의 주택에 출입문 용접을 해제하고 들어가 거주했다.12)

[판결 11] A주식회사가 을 소유 주택의 유치권자로서 그 유치권행사를 위하여 주

9) 대법원 1991. 4. 26. 선고 90도1958 판결.
10) 대법원 1991. 4. 26. 선고 90도1958 판결.
11) 대법원 1994. 9. 27. 선고 94도1439 판결.
12) 대법원 2011. 5. 13. 선고 2011도2368 판결.

택을 점유하고 있었다면, 갑이 소유자인 처 을과 함께 유치권자의 권리행사를 방해한 것은 제323조에 해당한다.

갑과 을이 거주한 것이 취거 또는 손괴에 해당하는지는 언급되지 않았다.

[판결 88] '취거'란 타인의 점유 또는 권리의 목적이 된 자기의 물건을 그 점유자의 의사에 반하여 그 점유자의 점유로부터 자기 또는 제3자의 점유로 옮기는 것을 말한다. 점유자의 의사나 그의 하자있는 의사에 기하여 점유가 이전된 경우에는 여기에서 말하는 취거로 볼 수는 없다.13)

제323조에서 '절취'가 아닌 '취거'라는 표현을 택한 것은 권리행사방해는 절도와 달리 영득의 의사가 불필요하고 범인이 반드시 자기의 지배하에 두지 않아도 권리자가 그 권리를 행사하기 일시적으로 불가능하도록 만드는 상태에 있으면 충분하기 때문이라고 해석할 수 있다.14)

3. 은닉

[판결 17] 갑, 을, 병 등은 공모하여 렌트카 회사인 A 주식회사를 설립한 다음 B주식회사 등의 명의로 저당권등록이 되어 있는 다수의 차량들을 사들여 A 회사 소유의 영업용 차량으로 등록한 후 자동차대여사업자등록 취소처분을 받아 차량등록을 직권 말소시켜 저당권 등이 소멸되게 했다.15)

☆[판결 17] '은닉'이란 타인의 점유 또는 권리의 목적이 된 자기 물건 등의 소재를 발견하기 불가능하게 하거나 또는 현저히 곤란한 상태에 두는 것을 말하고, 그로 인하여 권리행사가 방해될 우려가 있는 상태에 이르면 권리행사방해죄가 성립하고 현실로 권리행사가 방해되었을 것까지 필요로 하는 것은 아니다.

저당권자인 B 회사 등으로 하여금 자동차등록원부에 기초하여 저당권의 목적이 된 자동차의 소재를 파악하는 것을 불가능 또는 어렵게 만듦으로써 즉 은닉함으로써 권리(저당권)행사를 방해한 것이다.16)

---

13) 대법원 1988. 2. 23. 선고 87도1952 판결.

14) 독일형법학에서의 통설: LK[10]-*Schäfer*, §289 Rn 8 ff; *Dreher/Tröndle*, §289 Rn 2 등 참조. 독일형법학에서는 절도죄에서의 절취와 전적으로 동일하다는 주장도 있다: S/S/*Eser*, §289 Rn 8.

15) 대법원 2017. 5. 17. 선고 2017도2230 판결.

16) 대법원 2017. 5. 17. 선고 2017도2230 판결; 2016. 11. 10. 선고 2016도13734 판결.

> [판결 16] 갑은 승용차 1대를 구입하면서 을로부터 차량 매수대금 2,000만 원을 차용하고 그 담보로 위 차량에 을 명의의 저당권을 설정해 주었음에도, 대부업자 병으로부터 400만 원을 차용하면서 위 차량을 대부업자에게 담보로 제공하여 이른바 '대포차'로 유통되게 했다.[17)]

[판결 16] 갑은 을의 권리의 목적이 된 갑의 물건을 은닉하여 을의 권리행사를 방해했다.

문헌에도 '은닉'이란 "물건의 소재의 발견을 불가능하게 하거나 또는 현저히 곤란한 상태에 두는 것"이라고 설명된다.[18)]

비판 : (1) 권리행사방해죄는 침해범인데, 방해라는 결과가 발생하지 않았음에도 기수를 인정하면 제323조는 위험범이 된다. 그렇다면 모든 범죄가 위험범이라는 결과가 초래될 우려가 있다. 따라서 손괴죄에서와 같이 객관적으로 권리행사를 할 수 없는 상태를 만든 것으로 '은닉'을 인정하는 것이 옳다.

(2) '발견의 불가능', '현저히 곤란'과 같은 기준은 불필요하다. 물건이 존재하는 한 발견하는 것은 항상 가능하며 '현저히 곤란'하다는 것은 상대적 기준이고 판단자의 주관이 개입되어야 하므로 구성요건요소의 객관적 기준으로 적합하지 않다.

3. 손괴

'손괴'는 취거와 은닉에 해당하지 않는, 직접 물체에 대한 파괴와 물건의 가치를 감소하는 외형적·물체적 변동을 의미한다.

Ⅲ. 주관적 구성요건

불법영득의 의도는 불필요하나, 범인에게는 다른 사람의 권리행사를 방해하려는 '위법한 의도'가 필요하다. 의도적이 아니고 우연히 또는 막연히 타인이 점유하거나 권리의 목적이 된 자기소유의 물건을 취거, 은닉, 손괴할 수는 없기 때문이다. 제323조의 여타 구성요건요소들에 대해서는 미필적 고의로도 범의가

---

17) 대법원 2016. 11. 10. 선고 2016도13734 판결.

18) 유기천, 각론 (상), 385; 이재상, 각론, 408.

인정됨은 물론이다.

Ⅳ. 제323조 [권리행사방해]와 제328조 [친족 간의 범행과 고소]

> 제328조(친족 간의 범행과 고소) ① 직계혈족, 배우자, 동거친족, 동거가족 또는 그 배우자간의 제323조의 죄는 그 형을 면제한다.
> ② 제1항 이외의 친족 간에 제323조의 죄를 범한 때에는 고소가 있어야 공소를 제기할 수 있다.
> ③ 전 2항의 신분관계가 없는 공범에 대하여는 전 이항을 적용하지 아니한다.

1. 제328조의 뜻, 취지, 적용범위

(1) 뜻, 취지

제328조는 권리행사방해죄 범행자가 범행대상인 피해자와 직계혈족, 배우자, 동거하는 친족, 가족 관계인 경우 형을 면제하고, 예시한 혈족, 가족관계는 아니지만 민법상 친족관계인 경우 친고죄로 인정한다는 내용이다.

형을 면제해 준다거나 고소를 공소제기 즉 처벌의 조건으로 한 것은 가족관계를 중요시 하겠다는 정책적인 고려인지, 국가적 형벌이'친족내부의 분쟁'[19]에 간섭하지 않겠다는 취지인지는 알 수 없지만 문화적 배경에 의해 만들어진 조항인 것은 분명해 보인다.

독일형법은 §247에 절도와 횡령에 한하여 가족, 후견인, 동거인 등 특별한 관계가 있는 경우 친고죄로 규정하고 있다. 독일형법의 횡령은 제355조 제1항의 횡령과는 전혀 다른 내용이므로 실제로는 절도에서만 제328조와 비교 가능한 조항이 있다고 보면 된다.

제328조는 판례[20]와 문헌에서 '친족상도례'로 불리는데 이 이름은 일본에서 연유한 것으로 짐작되며, 독일형법이 절도죄에 가족, 친족관계의 특례를 두고 있는 것에서 붙여진 것으로 보인다.

(2) 적용범위

(가) **준용** 제328조는 강도죄와 손괴죄를 제외한 절도, 사기, 횡령, 배임 등

---

19) 이재상, 각론[10], 294쪽.

20) 대법원 2015. 12. 10. 선고 2014도11533 판결.

모든 재산관련 죄에 준용 즉 적용된다.

(나) **장물죄** 장물죄에서는 제365조 제2항에 장물범과 본범 즉, 장물을 만든 재산죄 범행자의 관계에서도 제328조 제1항의 혈족 및 가족관계가 형의 면제사유는 아니지만 감면사유로 규정되어 있다.

(다) **절도죄** 판례에 의하면, 제344조에 의하여 준용되는 제328조 제1항 '친족간의 범행'에 관한 규정은 범인과 피해물건의 소유자 및 점유자 쌍방 간에 같은 규정에 정한 친족관계가 있는 경우에만 적용되는 것이며, 단지 절도범인과 피해물건의 소유자간에만 친족관계가 있거나 절도범인과 피해물건의 점유자간에만 친족관계가 있는 경우에는 그 적용이 없다.[21]

(라) **횡령죄** 횡령죄에서도 위탁자가 소유자를 위해 보관하고 있는 물건을 위탁자로부터 보관 받은 자가 횡령한 경우에 제361조에 의하여 준용되는 제328조 제2항 '친족 간의 범행'에 관한 조문은 범인과 피해물건의 소유자 및 위탁자 쌍방 사이에 같은 제328조 제2항의 친족관계가 있는 경우에만 적용되고, 횡령범인과 피해물건의 소유자간에만 친족관계가 있거나 횡령범인과 피해물건의 위탁자간에만 친족관계가 있는 경우에는 적용되지 않는다.[22]

(마) **제328조 제3항** 신분관계(제328조 제1, 2항의 친족관계를 칭하는 듯)가 없는 공범에게는 제328조 제1, 2항이 적용되지 않는다. 여기서 공범은 공동정범도 포함한다고 해석해야 할 것이다.

2. 적용기준

(1) 직계혈족

☆[판결 11] 민법 제767조는 배우자, 혈족 및 인척을 친족으로 한다고 규정하고 있고, 제769조는 혈족의 배우자, 배우자의 혈족, 배우자의 혈족의 배우자만을 인척으로 규정하고 있을 뿐, '혈족의 배우자의 혈족'을 인척에 포함시키지 않고 있다. 따라서 피고인의 딸과 피해자의 아들이 혼인관계에 있어 피고인과 피해자가 사돈지간이라고 하더라도 이들을 민법상 친족으로 볼 수 없다.[23]

---

21) 대법원 2014. 9. 25. 선고 2014도8984 판결; 1980. 11. 11. 선고 80도131 판결.

22) 대법원 2008. 7. 24. 선고 2008도 3438 판결.

23) 대법원 2011. 4. 28. 선고 2011도2170 판결.

(2) 친족

친족상도례가 적용되는 친족의 범위는 민법의 규정에 따른다.[24]

[판결 97] 제344조, 제328조 제1항 소정의 친족관계는 원칙적으로 범행 당시에 존재해야 한다. 부가 **혼인 외의 출생자를 인지하는 경우**에 있어서는 민법 제860조에 의하여 그 자의 출생 시에 소급하여 인지의 효력이 생기는 것이며, 이와 같은 인지의 소급효는 친족상도례에 관한 위 규정의 적용에도 미친다. 인지가 범행 후에 이루어졌다고 해도 그 소급효에 따라 형성되는 친족관계를 기초로 친족상도례의 규정이 적용되어야 한다.[25]

[판결 80] **외할머니의 친동생**은 민법소정의 친족이라 할 수 없으므로 형법 제344조 제2항 소정의 친족에 해당하지 않는다.[26]

(3) 그 배우자

[판결 11] 제328조 제1항 "직계혈족, 배우자, 동거친족, 동거가족 또는 그 배우자 간의 제323조의 죄"에서 '그 배우자'는 동거가족의 배우자만을 의미하는 것이 아니라, 직계혈족, 동거친족, 동거가족 모두의 배우자를 의미한다.[27]

§ 52. 강요죄

Ⅰ. 강요죄

> 제324조(강요) ① 폭행 또는 협박으로 사람의 권리행사를 방해하거나 의무 없는 일을 하게 한 자는 5년 이하의 징역 또는 3천만원 이하의 벌금에 처한다.
> ② 단체 또는 다중의 위력을 보이거나 위험한 물건을 휴대하여 제1항의 죄를 범한 자는 10년 이하의 징역 또는 5천만원 이하의 벌금에 처한다.

---

24) 대법원 2011. 4. 28. 선고 2011도2170 판결.
25) 대법원 1997. 1. 24. 선고 96도1731 판결.
26) 대법원 1980. 4. 22. 선고 80도485 판결.
27) 대법원 2011. 5. 13. 선고 2011도1765 판결.

1. 보호법익

개인의 의사결정 및 의사실행의 자유이다.28)

2. 권리행사방해죄와 강요죄의 공통점과 다른 점

대다수 형법각론 교과서들은 제324조 강요죄는 개인의 자유를 침해하는 죄이므로 제323조 권리행사방해죄, 제325조 점유강취죄, 제327조 강제집행면탈죄 등과는 보호법익부터 본질적으로 다르다고 설명하고 있다. 따라서 강요죄는 제37장 권리행사방해에 편철될 것이 아니라고 주장하며, 협박죄와 체포감금죄 사이에 서술하거나,29) 약취유인죄 다음에30) 편별 서술하고 있다. 이 것은 독일형법 §240과 한국형법 제324조가 같은 취지, 내용의 조문이라는 점에 근거한 견해이다.

의사의 자유 정확히는 의사결정 및 실행의 자유를 침해로부터 보호하는 것이 제324조 강요죄의 취지임은 판례도 인정하고 있다. 번역하면 두 조항의 이름은 같고 취지도 근사하다고 할 수 있다. 그러나 제324조 '강요'와 달리 독일형법 §240 Nötigung(강요)31)에는 "권리행사를 방해하거나 의무 없는 일을 하게 함"이란 표현·내용이 없다는 점에서 두 조문은 본질적으로 다르다. 아울러 1995년 개정이전에 제324조의 제목이 '폭력에 의한 권리행사방해'였다는 점에서, 제323조가 타인의 재산권 행사를 소유권자의 절취, 손괴로부터 보호하자는 조문인 반면 제324조는 비단 재산권에 한정되지 않는 적법한 권리행사를 강요, 강취로부터 보호하자는 조문으로 해석하는 방법도 배제되어야 할 이유가 없다. 물론 제324조 강요죄는 독일형법을 일본을 경유하여 넘겨받은 조문이다. 그러나 유래가 그렇다고 해도 1995년 개정된 조항과 그 적용기준은 사회와 문화가 나라마다 다르듯 서로 다를 수 있고, 시대와 가치관, 환경의 변화에 따라 얼마든지 달라질 수 있다.32)

---

28) 대법원 2017. 10. 26. 선고 2015도16696 판결.

29) 김일수/서보학, 각론[8], 102쪽.

30) 이재상, 각론[10], 148쪽.

31) 직역하면: "폭력 또는 민감하게 받아들여지는 해악을 통보하는 협박을 통해 다른 사람으로 하여금 **어떤 일을 하게 하거나 참아내도록 하거나 또는 하지 않도록 위법하게 강요한 사람**은 3년까지의 징역 또는 벌금형으로 처벌한다."

3. 구성요건

폭행 또는 협박을 수단으로 타인의 권리행사를 못하도록 방해하거나 해야 할 의무가 없는 일을 억지로 하게 만드는 행위가 제324조 '강요'이다.

(1) 폭행, 협박

제324조 '협박'은 사람의 **의사결정의 자유를 제한하거나 의사실행의 자유를 방해할 정도로 겁을 먹게 할 만한 해악을 고지하는 것**이다. 해악의 고지는 반드시 명시적인 방법이 아니더라도 말이나 행동을 통해서 상대방으로 하여금 어떤 해악에 이르게 할 것이라는 인식을 갖게 하는 것이면 족하다.[33)]

[판결 13] 행위자가 그의 직업, 지위 등에 기하여 불법한 위세를 이용하여 재물의 교부나 재산상 이익을 요구하고 상대방으로 하여금 그 요구에 응하지 않을 때에는 부당한 불이익을 당할 위험이 있다는 위구심을 일으키게 하는 경우에도 해악의 고지가 된다.[34)]

해악의 고지가 정당한 권리의 실현 수단으로 사용된 경우라고 하여도 권리 실현의 수단 방법이 사회통념상 허용되는 정도나 범위를 넘는다면 강요죄가 성립한다. 어떠한 행위가 구체적으로 사회통념상 허용되는 정도나 범위를 넘는 것인지는 그 행위의 주관적인 측면과 객관적인 측면, 즉 추구된 목적과 선택된 수단을 전체적으로 종합하여 판단한다.[35)]

[판결 17] 민주노총 전국건설노조 건설기계지부 소속 노조원인 피고인들이, 현장소장인 피해자 갑이 노조원이 아닌 피해자 을의 건설장비를 투입하여 수해상습지 개선사업 공사를 진행하자 '민주노총이 어떤 곳인지 아느냐, 현장에서 장비를 빼라'는 취지로 말하거나 공사 발주처에 부실공사가 진행되고 있다는 취지의 진정을 제기하는 방법으로 공사현장에서 사용하던 장비를 철수하게 하고 '현장에서 사용하는 모든 건설장비는 노조와 합의하여 결정한다'는 협약서를 작성하게 함으로써 피해자들에게 의무 없는 일을 하게 했다.[36)]

---

32) *Helmut Coing*, Grundzüge der Rechtsphilosophie, 5. Aufl., 1993, 131 이하.

33) 대법원 2017. 10. 26. 선고 2015도16696 판결.

34) 대법원 2013. 4. 11. 선고 2010도13774 판결.

35) 대법원 2017. 10. 26. 선고 2015도16696 판결.

[판결 17] 피해자들의 정당한 영업활동을 방해함으로써 피해자들로 하여금 피해자 공소외 2의 장비를 철수시키고 자신들이 속한 ○○지회의 장비만을 사용하도록 하기 위하여 발주처에 대한 진정이라는 수단을 동원한 것으로, 그 의도나 목적이 정당한 것이라고 보기 어렵고, 나아가 피해자들의 정당한 영업활동의 자유를 침해하는 것이다. 또 이 사건 공사가 부실공사가 아님에도 불구하고 공사 발주처에 부실공사를 조사해 달라는 진정을 하였다면 이는 사회통념상 허용되는 정도나 범위를 넘는 것으로서 강요죄의 수단인 협박에 해당한다.

> [판결 13] 갑은 을 주식회사가 특정 신문들에 광고를 편중했다는 이유로 기자회견을 열어 을 회사에 대하여 불매운동을 하겠다고 하면서 특정 신문들에 대한 광고를 중단할 것과 다른 신문들에 대해서도 동등하게 광고를 집행할 것을 요구하고 을 회사 인터넷 홈페이지에 그와 같은 내용의 팝업창을 띄우게 했다.[37]

☆[판결 13] 갑이 을 주식회사의 의사결정권자로 하여금 그 요구를 수용하지 아니할 경우 이 사건 불매운동이 지속되어 영업에 타격을 입게 될 것이라는 겁을 먹게 하여 그 의사결정 및 의사실행의 자유를 침해한 것으로 강요죄나 공갈죄의 수단으로서의 협박에 해당한다.

> [판결 10] 환경단체인 '전국환경감시협회 부여지부' 소속 회원이 축산 농가들의 폐수 배출 단속활동을 벌이면서'환경감시단'이라고 기재된 신분증을 휴대하고, '환경감시단'의 마크가 부착된 모자, 점퍼 등을 착용하면서, 축사 운영자들에게 자신의 소속이나 신분, 감시활동의 의미 등에 관한 정확한 정보를 제공하지 아니한 채 폐수 배출현장을 사진촬영하거나 지적하면서 폐수 배출사실을 확인하는 내용의 사실확인서에 서명할 것을 요구했고 이들에게 단속권한이 있는 것으로 착각한 일부 피해자들은 어쩔 수 없이 서명할 수밖에 없었다.[38]

[판결 08] 직장에서 상사가 범죄행위를 저지른 부하직원에게 징계절차에 앞서 자진하여 사직할 것을 단순히 권유하였다고 하여 이를 강요죄에서의 협박에 해당한다고 볼 수는 없다.[39]

---

36) 대법원 2017. 10. 26. 선고 2015도16696 판결.
37) 대법원 2013. 4. 11. 선고 2010도13774판결.
38) 대법원 2010. 4. 29. 선고 2007도7064 판결.
39) 대법원 2008. 11. 27. 선고 2008도7018 판결.

(2) 권리행사 방해

[판결 03] B사 소유 골프장을 인수한 A사의 최대주주 갑과 대표이사 을은 기존회원들에게 회원승계등록을 요구하고, 승계등록절차를 밟지 않은 회원들의 예약을 사실상 거부하거나, 예약이 된 경우에도 이를 취소하는 한편 라운딩을 하더라도 비회원요금을 징수하고, 클럽하우스 현관 출입문에 승계등록을 거부하는 회원들에 대하여 회원대우를 해 줄 수 없다는 취지의 공고문을 부착했다.[40]

[판결 03] 갑과 을은 재산상 불이익이라는 해악을 고지하는 방법으로 회원들을 협박하여 회원권이라는 재산적 **권리의 행사를 제한**하고 변경된 회칙을 승낙하도록 강요한 경우에 해당한다.[41]

[판결 74] 피고인이 피해자를 협박하여 동인으로 하여금 법률상 의무 없는 진술서를 작성케 한 소위는 사람의 **자유권행사를 방해**한 것이다.[42]

(3) 의무 없는 일

'의무 없는 일'이란 법령, 계약 등에 기하여 발생하는 법률상 의무 없는 일을 말한다. 법률상 의무 있는 일을 하게 한 경우에는 강요죄가 성립할 여지가 없다.[43]

[판결 12] 중대장 갑이 행정병 을에게 업무수행 내역에 관한 일지 작성을 지시한 것이 을 일병에게 **법률상 의무 없는 일**을 하게 시켰다고 할 수 없고, 그와 같은 지시를 불이행하는 경우 얼차려의 제재를 부과하였다고 하여 갑의 행위가 강요죄를 구성한다고 볼 수 없다.[44]

[판결 06] 상사 갑은 병사들에 대해 수시로 폭력을 행사해 와 신체에 위해를 느끼고 겁을 먹은 상태에 있던 병사들에게 청소 불량 등을 이유로 40분 내지 50분간 머리박아(속칭 '원산폭격')를 시키거나 양손을 깍지 낀 상태에서 약 2시간 동안 팔굽혀펴기를 50-60회 하게 한 것은 **의무 없는 일**을 하게 만든 강요이다.[45]

40) 대법원 2003. 9. 26. 선고 2003도763 판결.
41) 대법원 2003. 9. 26. 선고 2003도763 판결.
42) 대법원 1974. 5. 14. 선고 73도2578 판결.
43) 대법원 2012. 11. 29. 선고 2010도1233 판결.
44) 대법원 2012. 11. 29. 선고 2010도1233 판결.
45) 대법원 2006. 4. 27. 선고 2003도4151 판결.

4. 第324조 제2항 [특수강요죄]

폭행 또는 협박이 (1) 단체의 위력을 보이거나 (2) 위험한 물건을 휴대하고 이루어진 경우 제1항보다 가중 처벌된다. '위험한 물건'에는 흉기는 아니더라도 사람의 생명, 신체를 해하는 데 사용할 수 있는 일체의 물건이 포함된다. 본래 살상·파괴용으로 만들어진 것뿐만 아니라 다른 목적으로 만들어진 **칼·가위·유리병·각종공구·자동차 등은 물론 화학약품 또는 사주된 동물** 등도 사람의 생명·신체에 해를 가하는 데 사용되면'위험한 물건'이다.

'휴대하여'란 소지뿐만 아니라 **널리 이용한다**는 뜻도 포함한다. 견인료납부를 요구하면서 자신이 운전하는 승용차의 앞을 가로막고 있는 교통관리직원의 다리 부분을 위 승용차 앞 범퍼 부분으로 들이받고 약 1m 정도 진행하여 땅바닥에 넘어뜨려 폭행한 것은 위험한 물건인 자동차를 이용하여 폭행한 것이다.46)

Ⅱ. 제324조의 2 [인질강요]

> 제324조의2(인질강요) 사람을 체포·감금·약취 또는 유인하여 이를 인질로 삼아 제3자에 대하여 권리행사를 방해하거나 의무 없는 일을 하게 한 자는 3년 이상의 유기징역에 처한다.

1. 보호법익, 조문의 취지와 유래

이 조문은 1995년 신설되었는데, 아직 이 조문에 관한 대법원 판결이 없어 보호법익과 적용기준은 불명확하다. 보호법익은 제324조와 같이 의사결정의 자유와 의사실행의 자유라고 할 수 있다. 인질에 대한 신체와 행동의 자유의 박탈이 필연적으로 수반되므로 인질의 권리도 함께 보호되어야 한다는 점에서 제323조, 제324조보다 법정형이 월등히 무겁게 정해진 것으로 보인다. 제276조 '체포·감금죄'와 제324조 또는 약취, 유인행위와의 결합범이라고 설명되기도 한다.47)

이 조문은 독일형법 §239b Geiselnahme(인질로 잡기)를 모델로 삼은 것으로

46) 대법원 1997. 5. 30. 선고 97도597 판결.
47) 이재상, 각론[10], 155쪽.

추정된다. 독일형법 §239b는 인질과 제3자의 의사자유를 공격 및 보호대상으로 하고 행위자가 대상자의 '권리행사의 방해'를 목표로 하지 않는다는 점 그리고 협박의 수단도 인질의 죽음, 중상해, 7일 이상의 감금 등으로 특정해 놓고 있다는 점에서 현격히 다르다.

2. 구성요건

(1) 사람을 인질로 삼아야 한다. (2) 인질로 삼는 방법은 체포·감금·약취 또는 유인이다. (3) 인질을 수단으로 제3자의 권리행사를 방해하거나 그에게 의무 없는 일을 하게 만들어야 한다.

(1) 인질

사전에 설명된 '인질'의 뜻은 "약속의 이행을 담보하기 위한 사람"이다. 제324조의 2와 관련하여 '약속의 이행'이란 행위자의 제3자에 대한 요구조건 성취에 담보, 보증으로서의 역할을 하는 사람이라고 설명할 수 있다.

(2) 체포·감금, 약취 또는 유인

(가) 체포, 감금

체포와 감금은 사람의 움직임, 행동의 자유를 빼앗는 행위이다. 체포가 공간이나 구역과 관계없이 움직임과 행동의 자유를 박탈하는 행위라면, 감금은 특정 구역에서 나가는 것을 불가능하게 하거나 또는 심히 곤란하게 하는 행위이다.

사람의 움직임, 행동을 막거나 특정한 구역에서 나가는 것을 불가능하게 하거나 심히 곤란하게 하는 그 장애는 물리적·유형적 장애뿐만 아니라 심리적·무형적 장애에 의하여서도 가능하다. 행동의 자유를 구속하는 수단과 방법에는 제한이 없다. 유형, 무형의 방법을 가리지 않는다. 감금에서 행동의 자유의 박탈은 반드시 전면적일 필요가 없고 감금된 특정구역 내부에서 일정한 생활의 자유가 허용되어 있다고 하더라도 감금죄는 성립한다.[48)]

(나) 약취, 유인

약취는 폭행 또는 협박을 수단으로 하여 사람을 그 의사에 반하여 자유로운

48) 대법원 2011. 9. 29. 선고 2010도5962 판결.

생활관계 또는 보호관계로부터 이탈시켜 범인이나 제3자의 사실상 지배하에 옮기는 행위라고 할 수 있다.[49] 유인이란 기망 또는 유혹을 수단으로 하여 사람을 꾀어 그 하자 있는 의사에 따라 그를 자유로운 생활관계 또는 보호관계로부터 이탈하게 하여 자기 또는 제3자의 사실적 지배하에 옮기는 행위를 말한다. '사실적 지배'란 사람에 대한 물리적·실력적인 지배관계를 의미한다.[50]

(3) 권리행사방해, 의무 없는 일

두 구성요건요소의 뜻과 적용기준은 제324조 강요죄와 같다.

Ⅲ. 제324조의 3 [인질상해·치상], 제324조의 4 [인질살해·치사]

> 제324조의3(인질상해·치상) 제324조의2의 죄를 범한 자가 인질을 상해하거나 상해에 이르게 한 때에는 무기 또는 5년 이상의 징역에 처한다.
> 제324조의4(인질살해·치사) 제324조의2의 죄를 범한 자가 인질을 살해한 때에는 사형 또는 무기징역에 처한다. 사망에 이르게 한 때에는 무기 또는 10년 이상의 징역에 처한다.

1. 제324조의 3 [인질상해·치상]

제324조의 2 인질강요죄 범인이 인질을 고의로 상해하거나 과실로 상해에 이르게 한 때에는 5년 이상의 징역 또는 무기징역으로 처벌된다.

고의로 인질을 상해한 부진정 결과적 가중범과 진정 결과적 가중범인 인질상해치상죄의 법정형에 차이를 두지 않았다.

2. 제324조의 4 [인질살해·치사]

제324조의 3 [인질상해·치상]과 달리 고의로 인질을 살해한 자는 사형 또는 무기징역, 과실로 사망에 이르게 한 자는 무기 또는 10년 이상의 징역으로 각각 달리 처벌된다.

---

49) 대법원 2008. 1. 17. 선고 2007도8485 판결.
50) 대법원 1998. 5. 15. 선고 98도690 판결.

Ⅳ. 제324조의 5 [미수범]과 제324조의 6 [형의 감경]

> 제324조의5(미수범) 제324조 내지 제324조의4의 미수범은 처벌한다.
> 제324조의6(형의 감경) 제324조의2 또는 제324조의3의 죄를 범한 자 및 그 죄의 미수범이 인질을 안전한 장소로 풀어준 때에는 그 형을 감경할 수 있다.

제324조의 5에 의하여 제324조와 제324조의 2 미수범은 처벌된다. 제324조의 6에 의하여 "제324조의2 또는 제324조의3의 죄를 범한 자 및 그 죄의 미수범이 인질을 안전한 장소로 풀어준 때에는 그 형을 감경할 수 있다."

§ 53. 점유강취, 준점유강취; 중권리행사방해

Ⅰ. 제325조 제1항 [점유강취]

1. 구성요건

(1) 타인이 행위자 소유 물건을 점유하고 있어야 한다. (2) 행위자는 폭행 또는 협박을 수단으로 타인이 점유하는 물건을 강취해야 한다. (3) 각각의 구성요건요소와 구성요건 전체에 대한 고의가 필요한 것은 물론이다.

2. 취지, 적용기준

이 조항은 입법목적이 알려진 것이 없어 불분명하고, 해당 판례도 없어 아직 공인된 적용기준은 없다고 할 수 있다. 제323조 '권리행사방해'가 독일형법 § 289 '자기 소유물건에 대한 절취'행위와 같은 취지의 규정이라고 전제하면, 제325조 제1항은 소유권자가 타인이 권원에 의해 점유하고 있는 자기의 물건을 강도와 같은 수법으로 빼앗는 것을 막자는 목적의 조항으로 볼 수 있다. 그렇다면 폭행, 협박을 적용하는 기준은 강도죄의 그것과 같이 적용할 수 있을 것이다.51)

행위자는 소유권자이므로 불법영득의 의도는 주관적 구성요건일 수 없다는

51) 같은 설명 : 김일수/서보학, 각론[8], 427쪽; 이재상, 각론[10], 482쪽.

점은 강도와 구별된다.

Ⅱ. 제325조 제2항 [준점유강취]

1. 구성요건

(1) 행위자는 제323조 '권리행사방해'죄의 실행에 착수하여 기수에 이르지 못한 상태이어야 한다. 권리행사방해죄가 기수에 이르면 그 이후의 폭행, 협박은 별도의 죄가 된다.

(2) 제323조의 실행에 착수한 자는 (ⅰ) 물건의 점유를 취득한 경우 그 탈환을 거부하려는 목적으로 탈환하려는 자를 폭행 또는 협박해야 한다. (ⅱ) 물건의 점유를 취득했거나 하지 못한 자는 체포를 면탈하거나 죄적을 인멸할 목적으로 사람을 폭행 또는 협박해야 한다.

(3) 목적범이고 미수범은 처벌된다.

2. 적용기준

제325조 제1항과 다른 점은 제2항은 제323조 권리행사방해에서 취거가 수단이 된 경우에 탈환거부, 체포면탈, 죄적인멸의 세 가지 목적으로 폭행 또는 협박이 행해진 경우 강도에 준하여 처벌하자는 취지이다. 제325조 제1항을 '자기 물건에 대한 강도'라고 한다면 제2항은 '자기 소유 물건에 대한 준강도'라고 이름붙일 수 있다. 따라서 폭행, 협박과 행위의 목적은 제355조 준강도와 같은 기준을 적용하면 될 것이다.

Ⅲ. 제326조 [중권리행사방해]

> 제326조(중권리행사방해) 제324조 또는 제325조의 죄를 범하여 사람의 생명에 대한 위험을 발생하게 한 자는 10년 이하의 징역에 처한다.

1. 위험 결과적 가중법

제326조는 폭행 또는 협박이 행위의 수단으로 지정되어 있는 제324조 '강요'와 제325조 '점유강취, 준점유강취'의 범행자가 폭행 또는 협박을 함으로써 범

행대상자에게 생명의 **위험이 발생**한 경우, 그를 제324조, 제325조 보다 각각 가중 처벌한다는 내용의 결과적 가중범이다.52)

2. 행위대상이 상해를 당하거나 사망한 경우

폭행 또는 협박행위의 대상자가 사망한 경우에는 중권리행사방해죄와 별도로 상해치사가 성립한다(경합범). 상해를 당한 경우에는 형이 더 중한 제326조만 적용되어야 할 것이다(법조경합).

Ⅳ. 제327조 [강제집행면탈]

> 제327조(강제집행면탈) 강제집행을 면할 목적으로 재산을 은닉, 손괴, 허위양도 또는 허위의 채무를 부담하여 채권자를 해한 자는 3년 이하의 징역 또는 1천만 원 이하의 벌금에 처한다.

1. 보호법익

민사집행법상 강제집행이 임박한 채권자의 권리 즉 채권이다.53) '채권자의 권리 실현의 이익'이 보호법익이라고 한 판결54)도 있다.

2. 객관적 구성요건

판례에는 제327조 강제집행면탈의 객관적 성립조건이 1. 강제집행이 임박한 상황일 것 2. 채무자가 강제집행의 대상인 재산을 은닉, 손괴, 허위양도, 허위채무부담의 방법으로 강제집행을 어렵게 만들 것 3. 채권자가 해를 입거나 해를 입을 위험이 생길 것. 셋으로 설명되어 있다.

> [판결 08] 갑은 처 을로부터 이혼요구를 받고 있는 와중에 을에 의하여 자신의 부동산에 대하여 재산분할청구권 등에 근거하여 가압류 등 강제집행조치가 취

52) 같은 입장 : 김일수/서보학, 각론[8], 428쪽; 이재상, 각론[10], 483쪽.

53) 대법원 2017. 8. 18. 선고 2017도6229 판결; 2010. 12. 9. 선고 2010도11015 판결.

54) 대법원 2011. 10. 13. 선고 2011도6855 판결.

해질 것으로 예상되자, 누나 병으로부터 돈을 빌리고 그 담보로 부동산에 담보 목적의 가등기를 경료한 것처럼 가장하기로 공모했다. 갑과 병은 강제집행을 면탈할 목적으로 병이 갑 명의의 예금계좌로 2회에 걸쳐 합계 1,500만 원을 송금하고, 갑은 이를 현금으로 인출하여 병에게 반환한 다음 갑 소유의 부동산에 관하여 병 앞으로 매매예약에 기한 소유권이전청구권가등기를 경료하는 등 갑이 병으로부터 합계 5,000만 원을 빌리고, 그 담보로 이 사건 각 부동산에 관하여 각 소유권이전청구권가등기를 경료하여 준 것 같은 외관을 갖추었다.[55)]

(1) 위험범

☆[판결 08]은 강제집행면탈죄에 대한 판례의 기본 입장이 표현된 판결이다: (i) 제327조 강제집행면탈죄는 위태범이다. **민사집행법에 의한 강제집행 또는 가압류, 가처분의 집행을 받을 우려가 있는 객관적인 상태 아래, 즉 채권자가 본안 또는 보전소송을 제기하거나 제기할 태세를 보이고 있는 상태**에서 **주관적으로 강제집행을 면탈하려는 목적으로** 재산을 은닉, 손괴, 허위양도하거나 허위의 채무를 부담하여 **채권자를 해할 위험이 있으면 성립한다.** 반드시 채권자를 해하는 결과가 야기되거나 행위자가 어떤 이득을 취하여야 범죄가 성립하는 것은 아니다. 현실적으로 강제집행을 받을 우려가 있는 상태에서 강제집행을 면탈할 목적으로 허위의 채무를 부담하는 등의 행위를 하는 경우에는 달리 특별한 사정이 없는 한 채권자를 해할 위험이 있다고 보아야 한다.[56)]

(ii) 갑은 가압류 등 집행을 받을 우려가 있는 상태에서 강제집행을 면탈할 목적으로 허위의 채무를 부담하고 이 사건 각 가등기를 마쳤다고 할 것이므로, 달리 특별한 사정이 없는 한 갑, 을의 행위는 강제집행면탈죄를 구성한다.[57)]

(2) 강제집행

제327조 '강제집행'은 민사집행법에 의한 강제처분을 의미한다.

[판결 15] 제327조 '강제집행'에는 광의의 강제집행인 의사의 진술에 갈음하는 판결의 강제집행도 포함된다. 강제집행면탈죄의 성립요건으로서의 채권자의 권리와 행위의 객체인 재산은 국가의 강제집행권이 발동될 수 있으면 충분하다.[58)]

---

55) 대법원 2008. 6. 26. 선고 2008도3184 판결.

56) 대법원 2012. 6. 28. 선고 2012도3999 판결; 2008. 6. 26. 선고 2008도3184 판결.

57) 대법원 2008. 6. 26. 선고 2008도3184 판결.

58) 대법원 2015. 9. 15. 선고 2015도9883 판결.

☆[판결 15] 제327조 '강제집행면탈죄'가 적용되는 **강제집행은 민사집행법 제2편의 적용 대상인 '강제집행' 또는 가압류·가처분 등의 집행을 가리킨다.** 민사집행법 제3편의 적용 대상인 **'담보권 실행 등을 위한 경매'를 면탈할 목적으로 재산을 은닉하는 등의 행위는 제327조의 규율 대상에 포함되지 않는다.**59)

[판결 12] 국세징수법에 의한 체납처분을 면탈할 목적으로 재산을 은닉하는 등의 행위는 제327조 죄의 규율대상에 포함되지 않는다.60)

(3) 재산

제327조 '재산'은 재물, 권리, 채권 모두 포함한다.

[판결 17] 산업재해보상보험법 제52조의 휴업급여를 받을 권리는 같은 법 제88조 제2항에 의하여 압류가 금지되는 채권으로서 강제집행 면탈죄의 객체에 해당하지 않는다. 갑은 장차 지급될 휴업급여 수령계좌를 기존의 압류된 예금계좌에서 압류가 되지 않은 다른 예금계좌로 변경하여 휴업급여를 수령했다.61)

[판결 17] 강제집행 면탈죄의 객체는 채무자의 재산 중에서 채권자가 민사집행법상 강제집행 또는 보전처분의 대상으로 삼을 수 있는 것이어야 한다.

압류금지채권의 목적물이 채무자의 예금계좌에 입금된 경우에는 그 예금채권에 대하여 더 이상 압류금지의 효력이 미치지 않으므로 그 예금은 압류금지채권에 해당하지 않지만, 압류금지채권의 목적물이 채무자의 예금계좌에 입금되기 전까지는 여전히 강제집행 또는 보전처분의 대상이 될 수 없는 것이므로, 압류금지채권의 목적물을 수령하는 데 사용하던 기존 예금계좌가 채권자에 의해 압류된 채무자가 압류되지 않은 다른 예금계좌를 통하여 그 목적물을 수령하더라도 강제집행이 임박한 채권자의 권리를 침해할 위험이 있는 행위라고 볼 수 없어 강제집행 면탈죄가 성립하지 않는다.62)

[판결 17-1] 갑은 △△요양병원을 운영하던 중 A 의료소비자생활협동조합의 국민건강보험공단에 대한 요양급여비용 채권에 대하여 채권자들이 보전처분 및 강제집행을 할 우려가 있는 상황에 처하게 되자, 을과 공모하여 2014. 8. 4.경 A 생협이 을과 병으로부터 1억 원을 차용하는 내용의 공정증서, 국민건강보험공단

59) 대법원 2015. 3. 26. 선고 2014도14909 판결.
60) 대법원 2012. 4. 26. 선고 2010도5693 판결.
61) 대법원 2017. 8. 18. 선고 2017도6229 판결.
62) 대법원 2017. 8. 18. 선고 2017도6229 판결; 2011. 12. 8. 선고 2010도4129 판결.

에 대한 요양급여 대상채권 중 86억 4,000만 원의 채권을 을, 병에게 양도한다는 내용의 채권양도양수계약서를 각 허위로 작성하고, 채권양도 사실을 국민건강보험공단에 통지함으로써 채권자들을 해하였다.63)

[판결 17-1] 의료법에 의하여 적법하게 개설되지 않은 의료기관에서 요양급여가 행하여졌다면 해당 의료기관은 국민건강보험법상 요양급여비용을 청구할 수 있는 요양기관에 해당되지 않아 해당 요양급여비용 전부를 청구할 수 없다. 해당 의료기관의 채권자는 위 요양급여비용 채권을 대상으로 하여 강제집행 또는 보전처분의 방법으로 채권의 만족을 얻을 수 없는 것이므로, 결국 위와 같은 **채권**은 강제집행면탈죄의 객체가 되지 않는다.64)

[판결 11] **장래의 권리**라도 채무자와 제3채무자 사이에 채무자의 장래청구권이 충분하게 표시되었거나 결정된 법률관계가 존재한다면 제327조 '재산'에 해당한다.65)

(4) 은닉

[판결 14] 갑이 을의 강제집행을 면탈할 목적으로 '○편의점'에 관한 사업자등록이 갑의 숙모인 A 명의로 되어 있던 것을 폐업신고를 한 후 처 B 명의로 새로 사업자등록을 하여 '○편의점'과 관련한 재산의 소유관계를 불명하게 함으로써 재산을 은닉하였다.66)

☆[판결 14] 제327조 '강제집행면탈죄'에서 **재산의 '은닉'이란 강제집행을 실시하는 자에 대하여 재산의 발견을 불능 또는 곤란케 하는 것을 말한다.** 재산의 소재를 불명케 하는 경우는 물론 그 소유관계를 불명하게 하는 경우도 포함하나, 채무자가 제3자 명의로 되어 있던 사업자등록을 또 다른 제3자 명의로 변경하였다는 사정만으로는 그 변경이 채권자의 입장에서 볼 때 사업장 내 유체동산에 관한 소유관계를 종전보다 더 불명하게 하여 채권자에게 손해를 입게 할 위험성을 야기한다고 단정할 수 없다.67)

(5) 손괴, 허위양도, 허위채무의 부담

[판결 12] 채무자인 피고인이 채권자 갑의 가압류집행을 면탈할 목적으로 제3채무

63) 대법원 2017. 4. 26. 선고 2016도19982 판결.
64) 대법원 2017. 4. 26. 선고 2016도19982 판결.
65) 대법원 2011. 7. 28. 선고 2011도6115 판결.
66) 대법원 2014. 6. 12. 선고 2012도2732 판결.
67) 대법원 2014. 6. 12. 선고 2012도2732 판결.

자 을에 대한 채권을 병에게 허위 양도했다고 하여 강제집행면탈로 기소된 사안에서, 가압류결정 정본이 제3채무자에게 송달된 날짜와 피고인이 채권을 양도한 날짜가 동일하므로 가압류결정 정본이 을에게 송달되기 전에 채권을 **허위로 양도**하였다면 강제집행면탈죄가 성립한다.68)

[판결 08] '보전처분 단계에서의 가압류채권자의 지위' 자체는 원칙적으로 민사집행법상 강제집행 또는 보전처분의 대상이 될 수 없는 것이므로 이러한 지위를 강제집행면탈죄의 객체에 해당한다고 볼 수 없고, 이는 가압류채무자가 가압류해방금을 공탁한 경우에도 마찬가지이다. 나아가 채무자가 가압류채권자의 지위에 있으면서 가압류집행해제를 신청함으로써 그 지위를 상실하는 행위는 형법 제327조에서 정한 '은닉, 손괴, 허위양도 또는 허위채무부담' 등 강제집행면탈행위의 어느 유형에도 포함되지 않는 것이므로, 이러한 행위를 처벌대상으로 삼을 수도 없다.69)

[판결 08-1] 채권자의 채권이 금전채권이 아니라 토지 소유자로서 그 지상 건물의 소유자에 대하여 가지는 건물철거 및 토지인도청구권인 경우, 채무자인 건물 소유자가 제3자에게 허위의 금전채무를 부담하면서 이를 피담보채무로 하여 건물에 관하여 근저당권설정등기를 경료했다는 것만으로는 직접적으로 토지 소유자의 **건물철거 및 토지인도청구권에 기한 강제집행**을 불능케 하는 사유에 해당한다고 할 수 없으므로 건물 소유자에게 강제집행면탈죄가 성립한다고 할 수 없다. 이는 건물 소유자가 토지 임차인으로서 임대인인 토지 소유자에 대하여 민법 제643조의 건물매수청구권을 행사함으로써 건물 소유자와 토지 소유자 사이에 건물에 관한 매매관계가 성립하여 토지 소유자가 건물 소유자에 대하여 건물에 관한 소유권이전등기 및 명도청구권을 가지게 된 후에 건물 소유자가 제3자에게 허위의 금전채무를 부담하면서 이를 피담보채무로 하여 건물에 관하여 근저당권설정등기를 경료한 경우에도 마찬가지이다.70)

3. 주관적 구성요건

(1) **강제집행을 면할 목적**으로 구성요건을 실현해야 한다.

(2) 재산을 은닉, 손괴, 허위양도 또는 허위의 채무를 부담하여 채권자를 해한다는 고의가 필요하다.

4. 복수의 채권자에 대한 강제집행면탈, 공소시효의 기산점

[판결 11] 채권자들에 의한 복수의 강제집행이 예상되는 경우 재산을 은닉 또는

68) 대법원 2012. 6. 28. 선고 2012도3999 판결
69) 대법원 2008. 9. 11. 선고 2006도8721 판결.
70) 대법원 2008. 6. 12. 선고 2008도2279 판결.

허위양도함으로써 채권자들을 해하였다면 채권자별로 각각 강제집행면탈죄가 성립하고, 상호 상상적 경합범의 관계에 있다.[71]

[판결 11-1] 강제집행 면탈의 목적으로 채무자가 그의 제3채무자에 대한 채권을 허위로 양도한 경우에 제3채무자에게 채권 양도의 통지가 행하여짐으로써 통상 제3채무자가 채권 귀속의 변동을 인식할 수 있게 된 시점에서는 채권 실현의 이익이 해하여질 위험이 실제로 발현되었다고 할 것이므로, 늦어도 그 통지가 있는 때에는 그 범죄행위가 종료하여 그때부터 공소시효가 진행된다.[72]

71) 대법원 2011. 12. 8. 선고 2010도4129 판결.

72) 대법원 2011. 10. 13. 선고 2011도6855 판결.

제38장 절도와 강도

개인의 재산을 보호하기 위한 규범의 취지, 조문체계

1. 취지

제329조 이하는 개인의 법익 중 개인의 재산을 보호하기 위한 조문들이다. 국가의 재산은 보호대상이 아니라고 해야 할 것이지만 판례는 국가의 재산도 보호대상으로 인정한다.

2. 조문의 체계와 분류

(1) 재물죄와 이득죄

재물죄란 재물을 행위객체로하는 범죄로 절도죄, 횡령죄, 장물죄, 손괴죄가 여기에 해당한다. 재물은 재산가치가 있는 물건이라는 의미이나 제346조에 따라 '관리할 수 있는 동력'도 재물에 포함한다.

이득죄는 재물이외의 재산상의 이익을 행위의 객체로 하는 범죄로 배임죄만이 여기에 속한다. 이득은 '재산상 이익의 취득'을 의미하고, 재산상의 이익이란 재산의 전체 가치가 어떤 방법으로든 증가하는 것을 의미한다. 강도죄, 사기죄, 공갈죄는 재물죄이자 이득죄이다.

(2) 영득죄와 손괴죄

영득죄는 타인의 재물을 영득하는 것을 내용으로 하는 죄이고, 손괴죄는 타인의 재물에 대한 영득이 목적이 아니고 재물을 물리적으로 파손, 은닉하거나 효용을 해하는 죄이다. 한국형법에서는 제366조의 손괴죄를 제외한 제329조 이하의 재산범죄는 모두 영득죄이다.

§ 54. 절도죄

Ⅰ. 보호법익과 구성요건의 체계

1. 보호법익

절도는 타인 소유의 물건을 자기 것으로 만들기 위해 자기의 통제범위로 가져감으로써, 타인의 소유권을 침해하는 행위이다. 제329조의 보호법익은 소유권이다. 독일문헌에는 점유권 역시 소유권과 함께 보호법익이라는 주장이 다수이다.1)

소유권만이 보호법익이라는 견해는 소유권자가 아닌 점유자의 점유가 보호되지 않는다고 주장하는 것은 아니고, 점유권의 침해를 통한 소유권 침해를 보호법익으로 본다. 점유의 침해는 횡령죄와의 관계에서 구별의 기준이 된다. 판례의 입장은 명확하지 않지만, 점유의 침해가 절도죄 성립의 불가결한 요건이라는 입장이다.2)

2. 구성요건의 체계

제329조의 단순절도죄가 기본구성요건이고 제330조 야간주거침입절도, 제331조 특수절도, 제332조의 상습절도죄가 가중구성요건이다. 제331조의 2는 자동차, 선박 등에 대한 사용절도를 처벌하는 규정이며, 제342조에 의하여 미수범이 처벌되고, 제344조에 의해 친족 간 처벌의 특칙이 적용된다.

Ⅱ. 제329조 [절도]

1. 구성요건

(1) 타인의

(가) 타인이 소유자인 또는 타인의 적법한 점유 하는

---

1) LK[11]/*Ruß*, Vor § 242 Rn 3; BGHSt 10, 401.

2) 대법원 2001. 10. 26. 선고 2001도4546 판결; 1999. 11. 26. 선고 99도3963 판결; 1999. 11. 12. 선고 99도3801 판결 등.

절도행위의 객체가 되는 재물은 타인의 소유이어야 한다. 소유권귀속은 즉 누가 재물의 주인인지는 민법에 의하여 판단한다. 공유의 재물은 타인의 재물이다.3)

> [판결 01] 굴삭기 판매회사 판매직원 甲은 굴삭기 매수인 乙이 약정된 기일에 대금채무를 이행하지 않으면 굴삭기를 회수해 갈 수 있고 "민형사상의 책임은 乙이 감수한다"는 약정을 하고 乙이 작성한 각서, 매매계약서 및 양도증명서를 교부받았다. 乙이 채무를 이행하지 않자 甲은 굴삭기를 취거, 丙에게 매도했다.4)

[판결 01] 굴삭기에 대한 소유권의 이전은 등록을 해야 효력이 발생하므로 약정 및 각서, 매매계약서, 양도증명서 등의 작성, 교부만으로 굴삭기 소유권이 판매회사로 이전되지 않는다. 甲이 굴삭기를 취거할 당시 소유권이 乙에게 있었기 때문에 甲에게는 절도죄가 성립한다.

> [판결 06] 甲은 乙에 대한 채권을 다른 채권자들보다 우선적으로 확보할 목적으로 乙이 부도를 낸 다음날 새벽에 乙의 승낙 없이 乙의 가구점 시정장치를 쇠톱으로 절단하고 침입하여 시가 16,000,000원 상당의 가구들을 화물차에 싣고가 다른 장소에 옮겨 놓았다.5)

[판결 06] "비록 채권을 확보할 목적이라고 할지라도 취거 당시에 점유 이전에 관한 점유자의 명시적·묵시적인 동의가 있었던 것으로 인정되지 않는 한 점유자의 의사에 반하여 점유를 배제하는 행위를 함으로써 절도죄는 성립"한다. 이 경우 "특별한 사정이 없는 한 불법영득의 의사 역시 인정"된다.

> [판결 98] 갑은 을의 허락 없이 을의 땅에 감나무를 심고 열린 감을 따 먹었다.6)

[판결 98] 타인의 토지상에 권원 없이 식재한 수목의 소유권은 토지소유자에게 귀속하고 권원에 의하여 식재한 경우에는 그 소유권이 식재한 자에게 있다. 갑이 권원 없이 을의 토지에 식재한 감나무에서 감을 수확한 것은 절도죄에 해당한다.

---

3) 대법원 1994. 11. 25. 선고 94도2432 판결.

4) 대법원 2001. 10. 26. 선고 2001도4546 판결.

5) 대법원 2006. 3. 24. 선고 2005도8081 판결.

6) 대법원 1998. 4. 24. 선고 97도3425 판결.

(나) 무주물과 유실물

무주물 즉 주인 없는 물건은 절도죄의 '타인의 재물'이 될 수 없다. 인체의 일부분 또는 사체가 재물에 포함되는가에 관하여 논란이 있다. 머리카락이나 치아 등 인체에서 분리된 부분은 재물일 수 있다. 또 이식을 위해 분리된 장기 역시 재물로 인정되어야 할 것이다. 무주물 또는 유실물을 취득하는 것은 제360조 점유이탈물 횡령죄에 해당한다.

> [판결 99] 甲은 총 4회에 걸쳐서 지하철의 전동차 바닥 또는 선반 위에 있는 핸드폰, 소형가방 등 승객들이 두고 내린 물건들을 가지고 갔다.[7]

[판결 99] "지하철의 승무원은 유실물법상 전동차의 관수자로서 승객이 잊고 내린 유실물을 교부받을 권능을 가질 뿐 전동차 안에 있는 승객의 물건을 점유한다고 할 수 없고, 그 유실물을 현실적으로 발견하지 않는 한 이에 대한 점유를 개시하였다고 할 수도 없으므로, 그 사이에 甲이 위와 같은 유실물을 발견하고 가져간 행위는 점유이탈물횡령죄에 해당하고 절도죄에 해당하지는 않는다."

> [판결 88] 乙이 경영하는 당구장 종업원 甲은 당구대 밑에서 어떤 사람이 잃어버린 금반지를 주워서 끼고 다니다 소유자가 나타나지 않고 용돈이 궁하여 전당포에 전당잡혔다.[8]

[판결 88] "어떤 물건을 잃어버린 장소가 당구장과 같이 타인의 관리 아래 있을 때에는 그 물건은 일응 그 관리자의 점유에 속한다. 그 물건을 관리자가 아닌 제3자가 취거하는 것은 유실물횡령이 아니라 절도죄에 해당한다." 같은 맥락에서 피씨방에 두고 간 타인의 핸드폰은 피씨방 관리자의 점유하에 있어서 제3자가 이를 취한 행위는 절도죄를 구성한다.[9]

(다) 사체와 금제품

死體는 사용·수익·처분이 현실적으로 불가능하고 소유권의 객체가 아니므로 재물이 아닌 것이 원칙이나, 이식을 위해 또는 실험의 목적으로 거래의 대상이 된 경우 재물이 된다.[10]

---

7) 대법원 1999. 11. 26. 선고 99도3963 판결.

8) 대법원 1988. 4. 25. 선고 88도409 판결.

9) 대법원 2007. 3. 15. 선고 2006도9338 판결.

소유나 점유가 금지되어 있는 '禁制品'에 대해서는 긍정설, 부정설, 절충설이 대립한다. 점유가 금지된 불법무기는 절도의 객체가 되나, 소유가 금지된 위폐 또는 아편흡식기는 절도죄 및 재산범죄의 대상이 아니라는 견해가 다수이다.[11] 그러나 자연물이 아닌 모든 물건은 누구에겐가 소유권이 인정되어야 하므로, 적법한 소유권 여부로 재물의 범위를 정하려는 이와 같은 주장은 실효성이 없다. 금제품도 절도의 객체이지만, 금제품에 대한 절도가 현실적으로 처벌되어야만 하는가는 처벌의 당위성 내지 필요성의 문제이다.

(라) 자동차 명의신탁과 절도

갑과 을 두 사람의 약정 즉 계약에 의하여, 갑이 자기 소유인 자동차를 을의 이름으로 등록한 경우를 명의신탁이라고 부른다. 이 경우 갑, 을 두 사람 사이에서 자동차의 소유권자는 갑이다. 명의신탁된 자동차를 제3자에게 팔거나 빌려주는 경우 소유권자는 등록된 을이라는 것이 판례의 입장이다.

> [판결 14] 갑과 그의 처 을은 을 명의로 등록된 봉고 화물자동차를 갑이 소유하기로 약정했는데 을은 자동차매매업자인 병을 통해 정에게 이 자동차를 매도했다. 정은 병에게 매매대금을 모두 지급하고 자동차를 인도받아 노상에 주차해 두었는데 갑이 주차해 둔 이 자동차를 발견하고 임의로 운전해 가져갔다.[12]

☆[판결 14] 당사자 사이에 자동차의 소유권을 그 등록명의자 아닌 자가 보유하기로 약정한 경우, 약정 당사자 사이에는 등록명의자 아닌 자가 소유권을 보유하지만 제3자에 대한 관계에서는 등록명의자가 자동차 소유자이다. 절취란 타인이 점유하고 있는 타인의 소유물을 점유자의 의사에 반하여 그 점유를 배제하고 자기 또는 제3자의 점유로 옮기는 것이다. 제344조에 의하여 준용되는 형법 제328조 제1항 '친족 간의 범행'규정은 범인과 피해물건의 소유자 및 점유자 쌍방 간에 같은 규정에 정한 친족관계가 있는 경우에만 적용된다. 절도범인과 피해물건의 소유자간에만 친족관계가 있거나 절도범인과 피해물건의 점유자간에만 친족관계가 있는 경우에는 그 적용이 없다.

---

10) 독일법에서 사체는 민법상 무주물이다. 따라서 절도죄의 객체는 되지 않고 독일형법 § 168의 사체영득죄(한국형법 제161조)로 처벌한다는 것이 통설이다. 그러나 사체에서 분리된 신체부분은 절도죄의 객체가 될 수 있다고 본다. S/S/*Eser/Bosch*, § 242 Rn 20/1; LK/*Ruß*, § 242 Rn 10 참조.

11) 김일수/서보학, 각론[8], 228쪽; 이재상 등, 각론[10], 259쪽.

12) 대법원 2014. 9. 25. 선고 2014도8984 판결.

[판결 13] 갑은 사실혼 관계에 있던 을에게 자신의 이름으로 등록된 승용차를 선물로 증여했고 그 이래 을만 그 승용차를 운행 관리해 왔다. 갑과 을이 별거하면서 재산분할 내지 위자료 명목으로 을이 문제의 승용차를 소유하기로 했는데 갑이 임의로 이 차를 운전해 가져갔다.13)

[판결 13] 자동차에 대한 소유권의 득실변경은 등록을 함으로써 그 효력이 생기고 등록이 없는 한 대외적 관계에서는 물론 당사자의 대내적 관계에서도 소유권을 취득할 수 없는 것이 원칙이다. **그러나 당사자 사이에 소유권을 등록명의자 아닌 자가 보유하기로 약정하였다는 등의 특별한 사정이 있는 경우에는 그 내부관계에 있어서는 등록명의자 아닌 자가 소유권을 보유하게 된다.** 이 승용차는 갑과 을 사이에서는 을이 소유자이므로 갑의 행위가 절도이다.

[판결 12] 갑은 자신의 모(母) 을 명의로 구입·등록하여 을에게 명의신탁한 자동차를 병에게 담보로 제공한 후 을 몰래 가져갔다.14)

[판결 12] 당사자 사이에 자동차의 소유권을 그 등록명의자 아닌 자가 보유하기로 약정한 경우, 그 약정 당사자 사이의 내부관계에 있어서는 등록명의자 아닌 자가 소유권을 보유하게 된다고 하더라도 제3자에 대한 관계에 있어서는 어디까지나 그 등록명의자가 자동차의 소유자이다. 따라서 갑에게 절도죄가 성립한다.

(마) 양도담보

양도담보는 동산의 소유권은 채권자인 담보권자에게 있지만 점유는 채무자인 담보설정자에게 있는 경우이다. 이런 형태로 채무자가 물건을 점유하는 것을 점유개정이라고 한다.

[판결 08] 갑의 통발어구에 대한 양도담보권자인 주식회사 S 수산의 상무이사 을과 총무부장 병은 양도담보의 목적물인 통발어구를 제3자인 정에게 매각한 후 정으로 하여금 이를 임의로 취거하게 하여, 양도담보 설정자로서 소유자인 갑의 점유를 배제했다.15)

☆[판결 08] 금전채무의 담보를 위해 채무자가 그 소유의 동산을 채권자에게 양

13) 대법원 2013. 2. 28. 선고 2012도15303 판결.

14) 대법원 2012. 4. 26. 선고 2010도11771 판결.

15) 대법원 2008. 11. 27. 선고 2006도4263 판결.

도하되 점유개정에 의하여 계속 점유하기로 한 경우, 특별한 사정이 없는 한 동산의 소유권은 신탁적으로 이전된다. 채권자와 채무자 사이의 대내적 관계에서 채무자는 소유권을 보유하나 대외적 관계에 있어서 채무자는 동산의 소유권이 없는 무권리자이다. 양도담보권자인 채권자는 점유개정의 방법으로 인도 받은 물건을 정산절차를 마치기 전이라도 제3자에 대한 관계에서 소유자로서의 권리를 행사할 수 있다.

양도담보권자로부터 담보목적물을 매수한 제3자는 채권자와 채무자 사이의 정산절차 종결 여부와 관계없이 양도담보 목적물을 인도받음으로써 소유권을 취득한다. 양도담보의 설정자가 담보목적물을 점유하고 있는 경우, 그 목적물의 인도는 채권자로부터 목적물반환청구권을 양도받는 방법으로도 가능하다. 채권자가 양도담보 목적물을 위와 같은 방법으로 제3자에게 처분하여 그 목적물의 소유권을 취득하게 한 후 그 제3자로 하여금 그 목적물을 취거하게 한 경우 그 제3자는 자기의 소유물을 취거한 것이므로, 사안에 따라 권리행사방해죄를 구성할 여지가 있음은 별론으로 하고, 절도죄는 구성하지 않는다.

(2) 재물

(가) 경제적 가치

제329조의 행위의 객체는 타인의 '물건'이 아닌 '財物'이다. 재물은 원칙적으로 유체물이고[16] '경제적 가치가 있는 물건'이다. 물건의 경제적 가치 유무의 판단에는 객관적 기준이 필요하다. 타인소유의 모든 물건은 원칙적으로 재물에 해당한다. 판례는 객관적으로는 경제적 가치가 없다고 판단되는 경우라도 소유자의 입장에서의 주관적 가치 내지 소극적 가치만 있으면 물건에 대한 경제성이 인정된다는 입장이다. 오래되어 빛바랜 사진, 그림도 원칙적으로 절도의 대상이다. 제346조에 의하여 관리할 수 있는 동력, 예컨대 전기, 수력 등은 유체물은 아니지만 제329조이다. 독일형법 § 248a와 같이 경제적 가치가 미미한 물건에 대한 절도에 관한 특칙이 필요하다.

> [판결 02] 甲은 乙로부터 H주식회사에 보관되어 있는 직물원단고무코팅시스템의 설계도면과 공정도를 빼내오도록 요구받고 이를 승낙했다. 甲은 H회사 연구개발실 노트북 컴퓨터에 저장되어 있는 시스템설계도면을 A2용지 2장에 출력하여 가지고 나왔다.[17]

---

16) 대법원 2002. 7. 12. 선고 2002도745 판결.

17) 대법원 2002. 7. 12. 선고 2002도745 판결.

☆[판결 02] 컴퓨터에 저장되어 있는 '정보'는 유체물이 아니고, 물질성을 가진 동력도 아니므로 재물이 될 수 없다. 또 이를 복사하거나 출력했다고 해도 그 정보 자체가 감소하거나 피해자의 점유 및 이용가능성을 감소시키는 것이 아니므로 그 복사나 출력 행위는 절도죄를 구성하지 않는다. 나아가 컴퓨터에 저장된 정보를 출력하여 생성한 문서는 H회사의 업무를 위해 생성되어 보관되고 있던 문서가 아니라, 甲이 가지고 갈 목적으로 피해 회사의 업무와 관계없이 새로이 생성시킨 문서로 피해회사 소유의 문서라고 볼 수 없다. 따라서 이를 가지고 간 행위는 H회사 소유의 문서를 절취한 것이 될 수 없다.

[판결 02]와 유사한 것은 타인 소유의 전화를 소유자의 허락 없이 사용한 사건에 대한 [판결 98][18]이다.

[판결 98] "타인의 전화기를 무단으로 사용하여 전화통화를 하는 행위는 (...) 전기통신설비를 이용하고 (...) 기술을 사용하여 전화가입자에게 음향의 송수신이 가능하도록 하여 줌으로써 상대방과의 통신을 매개하여 주는 역무, 즉 전기통신사업자에 의하여 가능하게 된 전화기의 음향송수신기능을 부당하게 이용하는 것이다. 이런 내용의 역무는 무형적 이익에 불과하여 물리적 관리의 대상이 될 수 없어 재물이 아니고 절도죄의 객체가 아니다."

(나) 동산

전에는 제329조 '재물' 부동산도 포함한다는 견해가 있었으나, 근자에는 그런 견해는 찾기 어렵다. 제329조의 '재물'은 '타인의 동산'으로 규정하는 것이 바람직하다.

(3) 절취

(가) 뜻

절취란 "타인이 점유하고 있는 재물을 점유자의 의사에 반하여 그 점유를 배제하고 자기 또는 제3자의 점유로 옮기는 것이다."[19] 취거 당시에 점유 이전에 관한 점유자의 명시적·묵시적인 동의가 있었던 것으로 인정되지 않는 한, 점유자의 의사에 반한 점유배제 행위는 절취이다.[20]

절취행위의 제1단계는 타인의 물건에 대한 직·간접의 보관 내지 점유를 그

18) 대법원 1998. 6. 23. 선고 98도700 판결.

19) 대법원 2006. 3. 24. 선고 2005도8081 판결; 1999. 11. 12. 선고 99도3801 판결.

20) 대법원 2001. 10. 26. 선고 2001도4546 판결.

의사에 반하여 빼앗는 것이다. 제2단계는 절취자가 스스로 새로운 점유를 창출·개시하는 것이다.21) '절취'를 이와 같이 이해하면, 언제 절취행위가 기수에 이른 것으로 볼 것인가에 관한 접촉설, 은닉설, 이전설, 취득설 중, 취득설이 타당하다. 즉 자기의 통제·관리 범위에 옮겨온 경우가 취득이고 기수시점이다.

> [판결 99] 현역군인 甲은 소속 부대에서 더덕을 찾기 위하여 나무막대로 땅을 파다가 탄통 8개를 발견하고 그 안에 군용물인 탄약이 들어 있음을 확인하고도 이를 지휘관에게 보고하는 등 절차를 거치지 않고 전역일에 가지고 나갈 목적으로 그 자리에 다시 파묻어 은닉했다.22)

[판결 99] "어떤 물건이 타인의 점유 하에 있는지의 여부는, 객관적인 요소로서의 관리범위 내지 사실적 관리가능성 외에 주관적 요소로서의 지배의사를 참작하여 결정하되 궁극적으로는 당해 물건의 형상과 그 밖의 구체적인 사정에 따라 사회통념에 비추어 규범적 관점에서 판단한다." "탄통이 땅속에 묻혀있게 된 원인과 경위, 종전의 점유관계 등을 밝히지 않고서는 그것이 위 부대를 관리하는 대대장의 점유 하에 있다거나 피고인이 위 탄통에 대한 타인의 점유를 침탈하여 새로운 점유를 취득한 것이라고 보기 어렵다."甲에게 절도죄는 성립하지 않는다.

(나) 점유의 배제·침해와 영득의 관계

판례에 의하면 "단순한 점유의 침해만으로는 절도죄를 구성할 수 없으나 영구적으로 그 물건의 경제적 이익을 보유할 의사가 필요한 것은 아니고, 소유권 또는 이에 준하는 본권을 침해하는 의사 즉 목적물의 물질을 영득할 의사이든 그 물질의 가치만을 영득할 의사이든을 불문하고 그 재물에 대한 영득의 의사가 있으면 족하다." 즉 일시적이고 단기간의 영득을 목적으로 한 절취행위도 절도죄에서의 절취이다.

> [판결 10] 갑은 을 주식회사의 사무실에서 을 명의의 통장을 몰래 가지고 나와 예금 1,000만 원을 인출한 후 다시 통장을 제자리에 갖다 놓았다. 갑은 을 회사에서 현장소장으로 근무하던 중 월급 등을 제대로 지급받지 못할 것을 염려하여 절취행위를 하게 되었다.23)

---

21) SS/*Eser/Bosch*, §242 Rn 35, 37 이하.

22) 대법원 1999. 11. 12. 선고 99도3801 판결.

23) 대법원 2010. 5. 27. 선고 2009도9008 판결.

☆ [판결 10] 재물을 점유자의 승낙 없이 무단 사용하는 경우, 그 사용으로 인하여 재물 자체가 가지는 경제적 가치가 상당한 정도로 소모되거나 또는 그 사용 후 재물을 본래의 장소가 아닌 다른 곳에 버리거나 곧 반환하지 아니하고 장시간 점유하고 있었다면 그 소유권 또는 이에 준하는 본권을 침해할 의사가 있다고 보아 불법영득의 의사가 인정된다.

예금통장은 유가증권이 아니고 그 자체에 예금액 상당의 경제적 가치가 화체되어 있는 것도 아니지만, 소지함으로써 예금채권의 행사자격을 증명할 수 있는 자격 증권으로서 예금계약사실 뿐 아니라 예금액에 대한 증명기능이 있고 이러한 증명기능은 예금통장 자체가 가지는 경제적 가치라고 보아야 한다. 예금통장을 사용하여 예금을 인출하게 되면 그 인출된 예금액에 대하여는 예금통장 자체의 예금액 증명기능이 상실되고 이에 따라 그 상실된 기능에 상응한 경제적 가치도 소모된다. 그렇다면 타인의 예금통장을 무단 사용하여 예금을 인출한 후 바로 예금통장을 반환했다 하더라도 그 사용으로 인한 위와 같은 경제적 가치의 소모가 무시할 수 있을 정도로 경미한 경우가 아닌 이상, 예금통장 자체가 가지는 예금액 증명기능의 경제적 가치에 대한 불법영득의 의사를 인정할 수 있으므로 절도죄가 성립한다. 이 법리에 따라 이 사건 통장 자체가 가지는 예금액 증명기능의 경제적 가치는 갑이 통장을 무단 사용하여 예금 1,000만 원을 인출함으로써 상당한 정도로 소모되었으므로, 갑이 사용 후 바로 통장을 제자리에 갖다 놓았다 하더라도 그 소모된 가치에 대한 불법영득의 의사가 인정된다. 갑이 을로부터 자신의 월급 등을 제대로 받지 못할 것을 염려하여 이 사건 통장을 무단사용하게 되었다고 하여 같다.[24]

[판결 10-1] 갑은 A 회사에서 연체고객에 대한 채권추심담당자이다. B 회사는 C 회사로부터 트럭 3대(차량 1), (차량2), (차량3)를 각각 대당 1억 4,300만 원(합계 4억 2,900만 원)에 구매하면서 그 구매대금을 A회사로부터 대출받아 납부하고, C회사에 대해서는 월 2,888,820원을 할부금 명목으로 48개월간 변제하기로 한 후 차량을 인도받아 사용했다. A, B, C 회사 사이에 대출원리금의 완제시까지 그 소유권은 C 회사에 유보된다는 특약이 있었고, A, B 회사 간에는 "B회사가 채무를 이행하지 않는 경우에 A회사가 이를 관리하고 그 처분 혹은 임대수익으로써 채무의 변제에 충당할 수 있다."는 서면약정을 맺었다. 갑은 B회사가 대출금을 연체하자 차량들을 회수하여 할부금의 연체를 해결하기로 마음먹고, "여신거래기본약관상의 기한이익 상실조항에 의거하여 리스료의 일시상환 청구를 하며 또한 귀하의 재산에 대한 법적조치 및 연체자 정보제공 준비에 있다."는 내용의 통보서를 B사에 보낸 후, B회사 앞 도로에서, 트럭제조회사로부터 미리 받아 둔 차량키를 이용하여 (차량 3) 트럭을 운전해 가져갔고, 고양시 길에서 같은 방법으

24) 대법원 2010. 5. 27. 선고 2009도9008 판결.

로 (차량 1), (차량 2) 덤프트럭 2대를 운전해 회수했다.[25)]

☆[판결 10-1] 소유권유보부매매는 동산의 매도인이 매매대금을 다 수령할 때까지 그 대금채권에 대한 담보의 효과를 취득·유지하려는 의도에서 비롯된 것이다. 자동차, 중기, 건설기계 등은 비록 동산이기는 하나 부동산과 마찬가지로 등록에 의하여 소유권이 이전되고, 등록이 부동산 등기와 마찬가지로 소유권이전의 요건이므로, 역시 소유권유보부매매의 개념을 원용할 필요가 없다.

약정으로 인도 등 청구권이 인정된다고 하더라도, 취거 당시에 점유 이전에 관한 점유자의 명시적·묵시적인 동의가 있었던 것으로 인정되지 않는 한, 점유자의 의사에 반하여 점유를 배제하는 행위를 함으로써 절도죄는 성립한다. 따라서 할부매매 덤프트럭의 소유권이 C 회사에 유보되어 있었다 하더라도, 절도죄의 피해자는 소유자뿐만 아니라 점유자도 포함하는 것이므로, 갑이 점유자인 A 회사의 승낙 없이 할부매매 덤프트럭을 가져간 이상 절도죄는 성립한다.[26)]

[판결 12] 갑은 의정부시 아파트에서 사실혼 관계인 을과 동거하였다. 을이 사망하자 갑은 이 아파트에서 동두천시 지행동 소재 부동산, 동두천시 송내동 소재 부동산 지분 및 이 사건 아파트 등에 관한 등기권리증 3장, 양주시 소재 H아파트에 관한 분양계약서 1장, 서울 중구 삼익패션타운상가에 관한 임대차계약서 1장 및 병에 대한 차용증 1장이 들어 있는 가방을 가지고 갔다. 위 서류들이 들어 있는 가방은 A와 B가 을로부터 상속받아 그들의 소유에 속하게 된 것이었다.[27)]

[판결 12] 갑이 을과 그의 사망 전부터 이 사건 아파트에서 함께 거주했고 을의 전처의 자식인 A, B는 이 사건 아파트에서 거주한 일 없이 C와 다른 곳에서 거주·생활하여 왔으나, 을의 사망으로 문제된 아파트 등의 소유권을 상속했다. A, B가 을이 사망한 후 갑이 이 아파트로부터 가방을 가지고 가기까지 그들의 소유권 등에 기하여 이 사건 아파트 또는 그곳에 있던 이 사건 가방의 인도 등을 요구한 일이 전혀 없는 사실에서, 갑이 가방을 들고 나올 때 A와 B가 아파트에 있던 문제된 가방을 사실상 지배하여 이를 점유하고 있었다고 볼 수 없다. 따라서 갑이 이 사건 가방을 가지고 간 행위가 A 등의 이 사건 가방에 대한 점유를 침해하여 절도죄를 구성한다고 할 수 없다.

---

25) 대법원 2010. 2. 25. 선고 2009도5064 판결; 의정부지방법원 2009. 5. 22. 선고 2008노2211 판결.

26) 대법원 2010. 2. 25. 선고 2009도5064 판결.

27) 대법원 2012. 4. 26. 선고 2010도6334 판결.

2. 주관적 구성요건

(1) 고의

절도죄의 고의에는 '타인의 재물을 절취한다는 인식과 의욕'이 필요하다. 자신의 물건을 가져간다고 믿은 경우에 절도의 고의가 없다. 절도죄의 과실범은 처벌되지 않는다.

(2) 불법영득의 의사

(가) 뜻

이른바 '불법영득의 의사'는 제329조에서 표기되지 않은 요건이라는 것이 문헌[28) 판례[29)]의 입장이다. 불법영득의 의사가 없다는 것은 타인의 소유권 내지 점유권을 침해하려는 '절취'의도가 없다는 뜻이기 때문일 것이다.

판례에 의하면 불법영득의 의사란 타인의 물건에 대하여 "권리자를 배제하고 자기의 소유물과 같이 이용하고 처분할 의사"이다.[30)] 타인의 점유를 침해했다고 하여 곧 절도죄가 성립하는 것은 아니나, 재물의 소유권 또는 이에 준하는 본권을 침해하는 의사가 있으면 되고 반드시 영구적으로 보유할 의사가 필요한 것은 아니다. 그것이 물건 그 자체를 영득할 의사인지 물건의 가치만을 영득할 의사인지를 불문한다. 따라서 어떤 물건을 점유자의 의사에 반하여 취거하는 행위가 결과적으로 소유자의 이익으로 된다는 사정 또는 소유자의 추정적 승낙이 있다고 볼 만한 사정이 있다고 하더라도, 그러한 사유만으로 불법영득의 의사가 없다고 할 수는 없다.[31)]

불법영득의 의사가 독일형법 § 242 'rechtswidrige Zueignugsabsicht'에서 유래한 개념이면 이는 "타인소유의 물건을 위법하게 자신의 것으로 만들려는 의도"로 번역할 수 있다. 타인소유의 물건을 사용한 후 돌려줄 의도로 잠시 점유하는 이른바 '사용절도'의 처벌은 절도죄의 목적, 범위가 아니므로, 불법영득의도가

---

28) 김일수/서보학, 각론[8], 239쪽; 이재상 등, 각론[10], 271쪽.

29) 대법원 1973. 2. 28. 선고 72도2812 판결; 1982. 2. 23. 선고 81도2371 판결.

30) 대법원 2014. 2. 21. 선고 2013도14139 판결; 2002. 9. 6. 선고 2002도3465 판결; 2000. 10. 13. 선고 2000도3655 판결.

31) 대법원 2014. 2. 21. 선고 2013도14139 판결.

절도죄의 요건인 것이다.[32] **불법영득**의 **실현**(Zueignung)은 절도죄의 성립요건이 아니다.[33] 이런 형태를 '결과발생과 단절된(Erfolgskupiert)' 범죄라고 한다.

> [판결 14] 갑은 2011년 9월경 승용차의 소유자인 ○캐피탈로부터 을 명의로 승용차를 리스하여 운행하던 중, 병으로부터 1,300만 원을 빌리면서 위 승용차를 인도했다. 사채업자 병은 갑이 차용금을 변제하지 못하자 위 승용차를 매도하였고 최종적으로 정이 승용차를 매수 점유하게 되었다. 갑은 위 승용차를 회수하기 위해서 정과 만나기로 약속을 한 다음 약속장소에 주차되어 있던 위 승용차를 미리 가지고 있던 보조열쇠를 이용하여 임의로 가져갔다. 이후 위 승용차는 을을 통해 약 한 달 뒤인 ○캐피탈에 반납되었다.[34]

[판결 14] 자기 이외의 자의 소유물인 이 사건 승용차를 점유자이자 피해자인 정의 의사에 반하여 그의 점유를 배제하고 자기의 점유로 옮긴 이상 갑의 행위는 '절취'에 해당한다. 또한 갑이 이 사건 승용차를 임의로 가져간 것이 소유자인 ○캐피탈의 의사에 반하는 것이라고는 보기 어렵고 실제로 위 승용차가 ○캐피탈에 반납된 사정을 감안한다고 하더라도 갑에게 불법영득의 의사가 부정되지 않는다.

> [판결 02] 甲은 인천에서 강도상해 등의 범행을 저지르고 도주하기 위하여 아파트 상가 중국집 앞에 세워져 있는 오토바이를 소유자 乙의 승낙 없이 상당한 거리를 타고 가서 호텔 부근에 버린 후 버스를 타고 광주로 갔다.[35]

[판결 02] "불법영득의 의사란 권리자를 배제하고 타인의 물건을 자기의 소유물과 같이 이용, 처분할 의사를 말하고 영구적으로 그 물건의 경제적 이익을 보유할 의사임은 요치 않는다. 일시사용의 목적으로 타인의 점유를 침탈한 경우에도 반환할 의사 없이 장시간 점유하고 있거나 본래의 장소와 다른 곳에 유기하는 경우에는 이를 일시사용하는 경우라고는 볼 수 없어 영득의 의사가 인정된다." 같은 논리에서 현금이 든 지갑을 절취하면서 나중에 변제할 의사가 있었다고 해도 불법영득의 의사와 절도죄는 인정된다.[36]

---

32) SS/Eser/*Bosch*, § 242 Rn 51 이하.

33) SS/Eser/*Bosch*, § 242 Rn 46.

34) 대법원 2014. 2. 21. 선고 2013도14139 판결.

35) 대법원 2002. 9. 6. 선고 2002도3465 판결.

36) 대법원 1999. 4. 9. 선고 99도519 판결.

[판결 00-1] 甲은 乙의 살해 도구로 이용한 골프채와 옷 등 다른 증거품들과 함께 자신의 차량 트렁크에 싣고 서울로 돌아오는 중 乙의 지갑을 쓰레기 소각장에서 태워버렸다.[37)]

[판결 00-1] 살해한 乙의 주머니에서 지갑을 꺼낸 것은 범행의 증거를 인멸하기 위한 것으로 불법영득의 의사가 인정되지 않기 때문에 절도죄가 성립하지 않는다.

비판 : '영득의 의사'란 자신의 소유물로 만들려는 의사·의도이지만, 반드시 **'경제적 용도'**로 사용·처분할 의사·의도여야 하는 것은 아니다.[38)] 예를 들어 영득하여 파손할 의도로 영득했더라도 불법영득의 의사와 절도죄가 부정될 수 없다. 즉 불법영득의 의사는 영득한 물건을 경제적 용법에 따라 사용 또는 처분할 의사이어야 하는 것은 아니므로 甲이 살인죄로 처벌되는 이상 실익은 크지 않겠지만 이론상으로는 절도죄가 인정된다.

[판결 00-2] 甲은 乙女의 승낙 없이 혼인신고서를 작성하기 위하여 乙女의 도장을 乙女의 집 안방 화장대 서랍에서 몰래 꺼내 사용한 후 곧바로 제자리에 갖다 놓았다.[39)]

[판결 00-2] "타인의 재물을 점유자의 승낙 없이 무단 사용하는 경우 그 사용으로 인하여 재물 자체가 가지는 경제적 가치가 상당한 정도로 소모되거나 또는 사용 후 그 재물을 본래의 장소가 아닌 다른 곳에 버리거나 곧 반환하지 아니하고 장시간 점유하고 있는 것과 같은 때에는 그 소유권 또는 본권을 침해할 의사가 있다고 보아 불법영득의 의사를 인정할 수 있다. 그렇지 않고 그 사용으로 인한 가치의 소모가 무시할 수 있을 정도로 경미하고 또 사용 후 곧 반환한 것과 같은 때에는 그 소유권 또는 본권을 침해할 의사가 있다고 할 수 없어 불법영득의 의사를 인정할 수 없다." 甲의 절도죄는 성립하지 않는다.[40)]

(나) 영득의 대상과 내용

영득의 대상에 대해서는 물체로서의 재물이 영득의 대상이라는 이른바 '물체

---

37) 대법원 2000. 10. 13. 선고 2000도3655 판결.

38) 대법원은 경제적 용법이 '필요하다'는 입장을 취해오다, 2002년 판결(2002. 9. 6. 선고 2002도3465 판결)에서는 '경제적 용법'이라는 표현을 하지 않았다. 2006. 3. 24의 판결(2005도8081)에서는 경제적 용법으로 사용·처분해야 한다는 표현이 다시 사용되었다.

39) 대법원 2000. 3. 28. 선고 2000도493 판결.

40) 같은 판결: 대법원 1999. 7. 9. 선고 99도857 판결; 1987. 12. 8. 선고 87도1959 판결.

설', 물체가 아니고 물체가 가지는 경제적 가치가 영득의 대상이라고 보는 '가치설'[41]), 물체 또는 가치 양자 모두가 대상이라고 보는 '결합설'[42])이 있다. 이 논의의 실익은 증권이나 저금통장 그리고 신용카드를 영득한 경우이다.

결합설이 다수 견해이다.[43]) 그러나 저금통장, 증권, 신용카드를 영득하는 목적과 실익은 결국 그 경제적 가치이므로, 결합설을 취할 필요가 없다.[44]) 판례는 물체로서의 신용카드가 영득의 대상이라는 입장[45])이지만, 일시사용하고 곧 반환한 경우에는 영득의 의사가 인정되지 않는다는 판결이 있다.[46])

영득의 실질적 내용은 두 가지 요소로 나누어 분석하는 것이 실익 있다. 먼저, 소극적인 면에서 소유자 내지 점유자를 물건의 지배로부터 배척한다. 이어서 적극적으로 자신이 목적인 재물을 자신의 재산에 혼입한다. 절취를 당한 자의 경제적 손해와 영득자의 이익은 대응관계에 있어야 한다.[47]) 그렇다면 가치설이 옳다. 만약 저금통장에 돈이 들어있지 않다는 사실, 아무런 가치가 없는 것이라는 사실을 알고 타인의 증권이나 신용카드를 자기 지배로 옮기는 사람은 없을 것이다. 설령 있다고 해도 그런 사람을 처벌할 필요는 없을 것이다.

3. 절도의 형태

(1) 속임수

> [판결 96] 甲은 예식장 축의금 신부 측 접수대에서 접수인인 것처럼 행세하여 축의금을 교부받아 가로챘다.[48])

---

41) *Rudolphi* GA 1965, 33; *Welzel*, Lb, 340 이하.

42) SS/*Eser/Bosch*, § 242 Rn 49.

43) 김일수/서보학, 각론[8], 243쪽; 이재상 등, 각론[10], 276쪽.

44) 가치설에 따르면 "경제적 가치가 없는 재물을 절취한 때에는 영득의 의사를 인정할 수 없게 된다. 이는 절도죄의 객체인 재물이 경제적 가치를 가질 것을 요하지 않는 것과 모순된다"는 비판(이재상 등, 각론[10], 275쪽)은 부당하다. 제329조가 재물이라는 용어를 선택한 이상 재물이 경제적 가치가 있어야 함은 당연하며 판례의 입장이다. 판례는 절도죄에서의 재물이 경제성을 필요로 하나, 객관적인 경제성이 아니라고 할 뿐이다.

45) 대법원 1996. 7. 12. 선고 96도1181 판결.

46) 대법원 1999. 7. 9. 선고 99도857 판결.

47) SS/*Eser/Bosch*, § 242 Rn 47.

48) 대법원 1996. 10. 15. 선고 96도2227 판결.

[판결 96] 피해자의 교부행위의 취지는 신부 측에 전달하는 것일 뿐 피고인에게 그 처분권을 주는 것이 아니므로, 이를 피고인에게 교부한 것이라고 볼 수 없고 단지 신부 측 접수대에 교부하는 취지에 불과하므로 甲이 위 돈을 가져간 것은 신부 측 접수처의 점유를 침탈하여 범한 절취행위이다.

(2) 절도와 불가벌적 사후행위

[판결 96] 甲은 乙 소유의 B신용카드 1매를 절취하고, 같은 날 가전마트에서 컬러텔레비전 1대 시가 금 538,000원 상당을 할부로 구입하면서 대금을 절취한 카드로 결제하여 도난된 신용카드를 사용한 것을 비롯하여 같은 날 약 2시간 동안 카드가맹점 7곳에서 합계 금 2,008,000원 상당의 물품을 구입한 후 절취한 카드로 결제했다.[49)]

신용카드업법 제25조(벌칙) ① 신용카드 등을 위조·변조한 자, 위조 또는 변조된 신용카드 등을 판매하거나 사용한 자, 도난·분실된 신용카드 또는 직불카드를 판매하거나 사용한 자는 7年 이하의 징역 또는 5천만원 이하의 벌금에 처한다.

[판결 96] "신용카드를 절취한 후 이를 사용한 경우 신용카드의 부정사용행위는 새로운 법익의 침해로 보아야 하고 그 법익침해가 절도범행보다 큰 것이 대부분이므로 위와 같은 부정사용행위가 절도범행의 불가벌적 사후행위가 되는 것은 아니다." 甲은 신용카드절도죄, 신용카드부정사용죄, 사기죄의 경합범이며 신용카드부정사용은 포괄하여 1죄가 된다.

[판결 80] 甲은 금은방 주인 乙에게 절취한 전당표를 보이면서 누님의 것인데 이를 찾아 팔겠으니 찾아 달라고 거짓말을 하여 이를 믿은 乙로 하여금 그 즉시 S전당포에서 위 전당표를 제시하여 전당포 종업원 丙으로부터 피해자 丁 소유 5돈중 금목걸이 1개 시가 250,000원 상당을 교부받게 하여 이를 편취하였다.[50)]

[판결 80] 장물을 처분하는 것은 재산죄에 수반되는 사실행위여서 별죄를 구성하는 것이 아니나 절취한 전당표를 전당포에 제시 기망하여 전당물을 되찾아 편취하는 것은 다시 새로운 법익을 침해하는 행위로서 사기죄를 구성한다고 봄이 상당하고 이를 절도의 사후 행위라고 할 수 없다.

---

49) 대법원 1996. 7. 12. 선고 96도1181 판결.

50) 대법원 1980. 10. 14. 선고 80도2155 판결.

(3) 타인 명의의 신용카드사용과 절도죄

(가) 절취한 신용카드, 현금카드를 사용하여 현금자동인출기에서 현금을 인출한 경우

절도죄에서 '절취'란 타인이 점유하고 있는 자기 이외의 자의 소유물을 점유자의 의사에 반하여 점유를 배제하고 자기 또는 제3자의 점유로 옮기는 것이다. 절취한 신용카드를 이용하여 현금자동지급기에서 현금을 인출한 경우, 현금자동지급기 관리자의 의사에 반하여 그의 지배를 배제하고 그 현금을 자기의 지배하에 옮겨 놓는 것이므로 절도죄를 구성한다.[51]

> [판결 08] 갑은 인천 우리은행에서, 을 몰래 가져간 을의 국민카드를 그곳 현금지급기에 넣어 을의 국민은행 통장에 입금되어 있는 500만 원을 자기 명의의 우리은행 통장으로 이체한 후 인출했다.[52]

☆ [판결 08] 절취한 신용카드를 이용하여 현금자동지급기에서 현금한 것은 현금자동지급기 관리자의 의사에 반하여 그의 지배를 배제하고 그 현금을 자기의 지배하에 옮겨 놓는 것으로 절도죄를 구성한다. 그러나 갑이 을의 신용카드를 이용하여 현금지급기에서 계좌이체를 한 행위는 컴퓨터등사용 사기죄에 있어서의 컴퓨터 등 정보처리장치에 권한 없이 정보를 입력하여 정보처리를 하게 한 행위에 해당하지만, 절취행위는 아니다. 갑이 위 계좌이체 후 현금지급기에서 현금을 인출한 행위는 자신의 신용카드나 현금카드를 이용한 것이어서 이러한 현금인출이 현금지급기 관리자의 의사에 반한다고 볼 수 없어 절취행위에 해당하지 않기 때문에 절도죄는 성립하지 않는다.

> [판결 99] 갑은 자신이 종업원으로 일하던 만화 가게에서, 주인 을이 자리를 비운 틈을 타 을이 계산대 뒤의 창문에 두고 간 핸드백에서 을 소유 신용카드 1장을 꺼내어 그 곳에서 50m 떨어진 신한은행에 설치된 현금자동지급기에서 50만 원을 현금서비스 받고, 다시 가게로 돌아와 을의 핸드백에 신용카드를 넣어 두었다.[53]

☆ [판결 99] 타인의 재물을 점유자의 승낙 없이 무단 사용하는 경우, 그 사용으로 인해 물건 자체의 경제적 가치가 상당한 정도로 소모되거나 또는 사용 후 그 재물을

---

51) 대법원 2008. 6. 12. 선고 2008도2440 판결.

52) 대법원 2008. 6. 12. 선고 2008도2440 판결.

53) 대법원 1999. 7. 9. 선고 99도857 판결.

본래 있었던 장소가 아닌 다른 장소에 버리거나 곧 반환하지 아니하고 장시간 점유하고 있는 것과 같은 때에는 그 소유권 또는 본권을 침해할 의사가 있다고 보아 불법영득의 의사가 인정된다. 그러나 재물의 사용으로 인한 가치의 소모가 무시할 수 있을 정도로 경미하고, 또한 사용 후 곧 반환한 때에는 그 소유권 또는 본권을 침해할 의사가 있다고 할 수 없어 불법영득의 의사가 인정되지 않는다.

신용카드는 유가증권은 아니고 신용카드회원이 그 제시를 통하여 신용카드회원이라는 사실을 증명하거나 현금자동지급기 등에 주입하는 등의 방법으로 신용카드업자로부터 서비스를 받을 수 있는 증표로서의 가치를 갖는다. 신용카드를 사용하여 현금자동지급기에서 현금을 인출했다 해도 신용카드 자체가 가지는 경제적 가치가 인출된 예금액만큼 소모되었다고 할 수 없으므로, 이를 일시 사용하고 곧 반환한 경우에는 신용카드에 대한 불법영득의 의사가 없다.

갑이 신용카드를 이용하여 현금자동지급기에서 현금을 인출하였다 하더라도 그 카드 자체가 가지는 경제적 가치가 인출된 예금액만큼 소모되었다고 할 수 없을 뿐만 아니라 사용 후 바로 원래의 위치에 넣어 둔 점에 비추어 불법영득의 의사가 있다고 보기 어려워 신용카드에 대한 절도죄가 성립하지 않는다. 그러나 갑이 인출한 50만원에 대해서는 절도죄가 성립한다.

(나) 사취한 신용카드로 현금인출기에서 돈을 인출한 경우

> [판결 05] 갑은 혼인의사 없이 을과 혼인의사가 있는 것처럼 가장하여 "앞으로 함께 살아야 되는데 자신에게 현금카드를 달라"고 거짓말 하여 을로부터 현금카드를 넘겨받아 충북 옥천읍 농협 현금인출기에서 을 소유 현금 350만 원을, 충북 영동군 농협에서 같은 방법으로 현금 140만 원을 인출 절취했다.[54]

[판결 05] 현금지급기에 삽입된 현금카드와 입력된 비밀번호 등 정보가 정확하기만 하면 현금카드의 사용자가 누구이든 간에 인출 가능한 한도 내에서 예금이 인출된다. 갑이 예금주 을을 기망하여 현금카드를 교부받은 경우 비록 하자 있는 의사표시이기는 하지만 을의 승낙에 의하여 현금카드를 사용할 권한을 부여받은 이상, 을이 그 승낙의 의사표시를 취소하기까지는 현금카드를 적법, 유효하게 사용할 수 있고, 금융기관은 공소외인의 지급정지 신청이 없는 한 을의 의사에 따라 그의 계산으로 적법하게 예금을 지급할 수밖에 없다.

갑이 을로부터 현금카드를 교부받은 행위와 이를 사용하여 현금지급기에서 을의 예금을 인출한 행위는 모두 혼인을 빙자하여 을의 예금이나 재산을 편취하고자 하는 갑의 단일하고 계속된 범의 아래에서 이루어진 일련의 행위로서 포괄하여 하나의 사기죄를 구성한다. 그러나 따로 절도죄로 처벌할 수는 없다.

---

54) 대법원 2005. 9. 30. 선고 2005도5869 판결.

(다) 신용카드, 현금카드를 강취한 경우

[판결 07] 갑, 을은 병에게 현금카드를 강취하고 협박하여 비밀번호를 알아냈다. 이들은 합동하여 부산 명장우체국에서, 갑은 밖에서 망을 보고, 을은 그곳에 설치되어 있는 현금자동지급기에 강취한 ㄱ은행 현금카드를 집어넣고 비밀번호를 입력하여 6회에 걸쳐 현금 420만 원을 인출했다. 갑과 을은 같은 방법으로 구미시 새마을금고에서, 을이 그곳에 설치되어 있는 현금자동지급기에 같은 날 정으로부터 강취한 농협 현금카드를 집어넣고, 정을 협박해 알아낸 비밀번호를 입력하여 3회에 걸쳐 현금 163만 원을 인출했다.[55)]

[판결 07] 예금주인 현금카드 소유자에게 카드를 갈취한 다음 그로부터 현금카드를 사용할 권한을 부여받아 현금자동지급기에서 현금을 인출한 행위는 모두 예금을 갈취하고자 하는 단일하고 계속된 범의 아래에서 이루어진 일련의 행위로서 포괄하여 하나의 공갈죄를 구성하고 현금자동지급기에서 예금을 인출한 행위를 현금카드 갈취행위와 분리하여 따로 절도죄로 처단할 수는 없다.

그러나 강도죄는 공갈죄와는 달리 피해자의 반항을 억압할 정도로 강력한 정도의 폭행·협박을 수단으로 재물을 탈취하여야 성립하는 것이므로, 피해자로부터 현금카드를 강취하였다고 인정되는 경우에는 피해자로부터 현금카드의 사용에 관한 승낙의 의사표시가 있었다고 볼 여지가 없다. 따라서 강취한 현금카드를 사용하여 현금자동지급기에서 예금을 인출한 행위는 피해자의 승낙에 기한 것이라고 할 수 없으므로, 현금자동지급기 관리자의 의사에 반하여 그의 지배를 배제하고 그 현금을 자기의 지배하에 옮겨 놓는 것이 되어서 강도죄와는 별도로 절도죄를 구성한다.[56)]

(라) 갈취한 카드를 사용한 경우

[판결 96] 갑은 을에게 '현금카드를 빌려주지 않으면 부산에 있는 아는 깡패를 동원하여 가루로 만들어 버리겠다'고 말해 겁을 먹은 乙로부터 현금카드를 교부받고, 인근 은행에 설치된 현금자동지급기에서 비밀번호, 금액 등의 버튼을 조작하여 금 7,590,000원을 인출했다.[57)]

[판결 96] "하자 있는 의사표시이기는 하지만 을의 승낙에 의하여 현금카드를 사용할 권한을 부여받아 이를 이용하여 현금을 인출한 이상, 을이 승낙의 의사표시를

55) 대법원 2007. 5. 10. 선고 2007도1375 판결.
56) 대법원 2007. 5. 10. 선고 2007도1375 판결.
57) 대법원 1996. 10. 15. 선고 96도2227 판결.

취소하기까지는 현금카드를 적법, 유효하게 사용할 수 있다. 은행도 피해자의 지급정지 신청이 없는 한 피해자의 의사에 따라 그의 계산으로 적법하게 예금을 지급할 수 밖에 없다. 따라서 갑이 을로부터 예금인출의 승낙을 받고 현금카드를 교부받은 행위와 이를 사용하여 현금자동지급기에서 예금을 여러 번 인출한 행위들은 모두 을의 예금을 갈취하고자 하는 단일하고 계속된 범의 아래에서 이루어진 일련의 행위로서 포괄하여 하나의 공갈죄를 구성한다. 을의 예금을 취득한 행위를 현금지급기 관리자의 의사에 반하여 그가 점유하고 있는 현금을 절취한 것이라 해도 현금카드 갈취행위와 분리하여 따로 절도죄로 처단할 수 없다.

(마) 카드회사를 속여 발급받은 신용카드를 통한 현금인출

[판결 06] 갑은 이혼한 처 을로부터 동의나 승낙 없이, L, S, O신용카드 주식회사로부터 을 명의를 모용하여 신용카드를 발급받아 소지하게 되었다. 갑은 을 명의의 L카드를 이용하여 ARS로 300만 원의 현금대출을 받고 1,557,051원을 변제하지 않은 것을 비롯하여 3회에 걸쳐 ARS로 현금대출을 받고 그 중 일부 금원을 변제하지 않았고, 2회에 걸쳐 현금자동지급기에서 현금을 인출하고 이를 변제하지 않아 재산상 이익을 취득했다. S 카드로는 카드론으로 250만 원을 대출받고 그 중 1,664,000원을 변제하지 않는 방법으로 재산상 이익을 취득했다. O카드를 이용하여 ARS로 200만 원의 현금대출을 받고는 1,500,002원을 변제하지 않은 것을 비롯하여 3회에 걸쳐 카드로 대출을 받고 그 중 일부를 변제하지 않았고, 7회에 걸쳐 현금자동지급기에서 현금을 인출하고 이를 변제하지 않았다.[58)]

제347조의 2(컴퓨터 등 사용사기) 컴퓨터 등 정보처리장치에 허위의 정보 또는 부정한 명령을 입력하거나 권한 없이 정보를 입력·변경하여 정보처리를 하게 함으로써 재산상의 이익을 취득하거나 제3자로 하여금 취득하게 한 자는 10년 이하의 징역 또는 2천만원 이하의 벌금에 처한다.

(ㄱ) 절도죄

☆[판결 06] 카드회사가 기망으로 인하여 모용자 갑에게 피모용자 을 명의로 발급된 신용카드를 교부하고, 사실상 갑이 지정한 비밀번호를 입력하여 현금자동지급기에 의한 현금대출(현금서비스)을 받을 수 있도록 했다하더라도, 카드회사의 내심의 의사는 물론 표시된 의사도 어디까지나 카드명의인인 乙에게 카드사용을 허용하는 데 있을 뿐, 甲에게 현금대출을 허용한 것은 아니다.

카드회사가 갑에게 을 명의의 신용카드를 사용할 권한을 주었다고 볼 수 없는 이상, 甲이 그 신용카드로 현금자동지급기에서 현금대출을 받는 행위는 카드회사에 의

58) 대법원 2006. 7. 27. 선고 2006도3126 판결.

하여 포괄적으로 허용된 행위가 아니라, 현금자동지급기의 관리자의 의사에 반하여 그의 지배를 배제한 채 그 현금을 자기의 지배하에 옮겨 놓는 행위로서 절도죄에 해당한다.[59]

(ㄴ) **컴퓨터 등 사용사기죄**

甲에게 제347조의 2 컴퓨터 등 사용사기죄가 인정되지 않는다. 컴퓨터 등 사용사기죄의 객체는 재물이 아닌 '재산상의 이익'에 한정되어 있으므로, 타인의 명의를 모용하여 발급받은 신용카드로 **현금자동지급기**에서 현금을 인출하는 행위에 이 조항을 적용할 수 없다.

타인 명의를 모용하여 발급받은 신용카드의 번호와 그 비밀번호를 이용하여 ARS 전화서비스나 인터넷 등을 통하여 신용대출을 받는 방법으로 재산상 이익을 취득하는 행위 역시 미리 포괄적으로 허용된 행위가 아닌 이상, 컴퓨터 등 정보처리장치에 권한 없이 정보를 입력하여 정보처리를 하게 함으로써 재산상 이익을 취득하는 행위로서 컴퓨터 등 사용사기죄에 해당한다.[60]

제329조의 재물이 재산상의 이익을 포함하는 개념으로 해석할 수 없음은 당연하다. 그러나 제347조의 2 '재산상의 이익'에 '현금의 취득'이 배제된다는 해석은 수긍할 수 없다.

4. 준강도의 성립범위

[판결 03] 甲은 乙, 丙과 합동하여 乙은 승용차를 운전하고 甲, 丙은 승용차에 승차하여 범행 대상을 물색하던 중, 그 곳을 지나가는 丁女(49세)에게 접근한 후 丙이 창문으로 손을 내밀어 자기앞수표, 현금, 휴대폰, 신용카드 등이 든 손가방 1개를 낚아채어 감으로써 이를 절취하고, 이에 피해자가 위 가방을 꽉 붙잡고 이를 탈환하려고 하자, 탈환을 항거할 목적으로 병이 丁女가 붙잡고 있는 가방을 붙잡은 채 乙이 승용차를 운전하여 가버림으로써 丁女는 약 4주간의 치료를 요하는 손가락 골절상을 입었다.[61]

[판결 03] "날치기와 같이 강력적으로 재물을 절취하는 행위는 때로는 피해자를

59) 같은 취지 : 대법원 2002. 7. 12. 선고 2002도2134 판결(갑은 을의 명의를 모용하여 신용카드를 발급받아 갑 자신이 지정한 비밀번호를 입력하여 현금자동지급기에 의한 현금대출을 받은 사건); 1999. 7. 9. 선고 99도857 판결.

60) 분명한 입장표명 : 대법원 2002. 7. 12. 선고 2002도2134 판결.

61) 대법원 2003. 7. 25. 선고 2003도2316 판결.

전도시키거나 부상케 하는 경우가 있고, 구체적인 상황에 따라서는 이를 강도로 인정하여야 할 때가 있다."[62] 그와 같은 결과가 피해자의 반항억압을 목적으로 함이 없이 점유탈취의 과정에서 우연히 가해진 경우라면 이는 절도에 불과하다. 준강도죄에 있어서의 '재물의 탈환을 항거할 목적'이라 함은 일단 절도가 재물을 자기의 배타적 지배하에 옮긴 뒤 탈취한 재물을 피해자 측으로부터 탈환당하지 않기 위하여 대항하는 것을 말한다.

丁女의 상해는 차량을 이용한 날치기 수법의 절도 시 점유탈취의 과정에서 우연히 가해진 것에 불과하고, 그에 수반된 강제력 행사도 피해자의 반항을 억압하기 위한 목적 또는 정도의 것도 아니었으므로 준강도죄가 성립하지 않는다.

5. 친족상도례

형법 제344조에 의하여 준용되는 형법 제328조 제1항에 정한 친족 간의 범행에 관한 규정은 범인과 피해물건의 소유자 및 점유자 쌍방 간에 같은 규정에 정한 친족관계가 있는 경우에만 적용되는 것이며, 단지 절도범인과 피해물건의 소유자간에만 친족관계가 있거나 절도범인과 피해물건의 점유자간에만 친족관계가 있는 경우에는 그 적용이 없다.[63]

Ⅲ. 제330조 [야간주거침입절도], 제331조 [특수절도]

1. 야간주거침입절도

> 제330조(야간주거침입절도) 야간에 사람의 주거, 간수하는 저택, 건조물이나 선박 또는 점유하는 방실에 침입하여 타인의 재물을 절취한 자는 10년 이하의 징역에 처한다.

(1) 취지

야간주거침입과 절도의 결합범이라는 주장이 있고(다수), 절도와 독립적 구성요건이라는 주장(소수)도[64] 있다. 입법의도를 알기는 어렵지만 보호법익은 소유(점유)권과 '야간 주거의 평온'이라고 할 수 있다.

62) 대법원 1972. 1. 31. 선고 71도2114 판결.
63) 대법원 2014. 9. 25. 선고 2014도8984 판결.
64) 김일수/서보학, 각론[8], 247쪽.

(2) 구성요건

(가) 건조물

야간주거침입절도죄에 있어서 침입행위의 객체인 건조물은 주위벽 또는 기둥과 지붕 또는 천정으로 구성된 구조물로서 사람이 기거하거나 출입할 수 있는 장소를 말하며 반드시 영구적인 구조물일 것을 요하지 않는다.

알미늄 샷시 구조물인 담배점포가 주위벽과 지붕으로 구성되어 사람이 그 내부에서 기거하거나 출입할 수 있고 실제로 내부에 담배, 복권 기타잡화 등을 진열해 놓고 판매하는 일상생활을 영위해 오면서 침식의 장소로도 사용해왔다면 이 점포는 주거침입의 객체가 될 수 있는 건조물에 해당한다.[65]

(나) 실행의 착수

판례는 제320조의 실행의 착수는 야간 주거침입시라는 입장이다.

> [판결 06] 갑은 출입문이 열려있는 집에 들어가 재물을 절취하기로 마음먹고 다세대주택에 들어가 그 건물 101호의 출입문을 손으로 당겨보았는데 문이 잠겨있자 그 옆의 102호, 2층의 201호, 202호, 3층의 301호, 302호, 옆 건물의 주택 1층에 이르러 똑같이 출입문을 당겨보았는데 모두 잠겨있어 범행에 실패했다.[66]

[판결 06] 야간에 타인의 재물을 절취할 목적으로 사람의 주거에 침입한 경우에는 주거에 침입한 단계에서 이미 형법 제330조에서 규정한 야간주거침입절도죄라는 범죄행위의 실행에 착수한 것이다.

주거침입죄의 실행의 착수는 주거자, 관리자, 점유자 등의 의사에 반하여 주거나 관리하는 건조물 등에 들어가는 행위, 즉 구성요건의 일부를 실현하는 행위까지 요구하는 것은 아니고 범죄구성요건의 실현에 이르는 현실적 위험성을 포함하는 행위를 개시하는 것으로 족하므로, 출입문이 열려 있으면 안으로 들어가겠다는 의사 아래 출입문을 당겨보는 행위는 바로 주거의 사실상의 평온을 침해할 객관적인 위험성을 포함하는 행위를 한 것으로 볼 수 있어 그것으로 주거침입의 실행에 착수가 있었고, 단지 그 출입문이 잠겨 있었다는 외부적 장애요소로 인하여 뜻을 이루지 못한 데 불과하다.

---

65) 대법원 1989. 2. 28. 선고 88도2430 판결.

66) 대법원 2006. 9. 14. 선고 2006도2824 판결.

2. 특수절도

> 제331조(특수절도) ① 야간에 문호 또는 장벽 기타 건조물의 일부를 손괴하고 전조의 장소에 침입하여 타인의 재물을 절취한 자는 1년 이상 10년 이하의 징역에 처한다.
> ② 흉기를 휴대하거나 2인 이상이 합동하여 타인의 재물을 절취한 자도 전항의 형과 같다.

(1) 취지

제331조는 두 가지 유형의 특수절도를 규정하고 있다. 제1항의 특수절도는 야간주거침입절도가 침입과정에 문호, 장벽, 건조물의 일부를 손괴하는 조건이 추가되어 있어 야간주거침입절도보다는 최저형량이 무겁게 정해져 있다.

제2항의 특수절도는 흉기를 휴대한 절도와 2인 이상이 합동한 절도를 제329조 절도보다 더 무겁게 처벌한다.

(2) 구성요건, 판례

(가) 제331조 제1항

'문호 또는 장벽 기타 건조물의 일부'란 주거 등에 대한 침입을 방지하기 위하여 설치된 일체의 위장시설을 말한다.

'손괴'라 함은 물리적으로 위와 같은 위장시설을 훼손하여 그 효용을 상실시키는 것을 말한다.[67)]

> [판결 04] 갑은 을의 편의점 출입문을 발로 걷어차 시정장치를 손괴하고 그 안으로 침입한 다음, 상점 내에 진열되어 있던 을 소유 담배를 봉투에 넣고, 카운터의 금고에서 현금을 꺼내어 상의 주머니에 집어넣어 절취하였다.[68)]

[판결 04] 상점의 불이 꺼져 있어 사람이 없는 것으로 생각하고 출입문을 손으로 열어보려고 하였으나 하단에 부착되어 있던 잠금 고리에 의하여 잠겨져 있어 열리지 않았다. 갑이 출입문을 발로 걷어차자 잠금 고리의 아래쪽 부착 부분이 출입문에서 떨어져 출입문이 열렸고, 갑이 상점 안으로 침입하여 재물을 절취한 행위는 물리적으

---

67) 대법원 2004. 10. 15. 선고 2004도4505 판결.

68) 대법원 2004. 10. 15. 선고 2004도4505 판결.

로 위장시설을 훼손하여 그 효용을 상실시키는 행위에 해당한다.

> [판결 11] 갑과 을은 주택 신축공사 현장에 있는 컨테이너 박스 앞에서, 을은 망을 보고, 갑은 컨테이너 박스 앞에 놓여 있던 노루발못뽑이를 이용하여 컨테이너 박스의 출입문의 시정장치를 부수고 안에 들어가 병 소유의 재물을 훔치려 하였으나 문 부수는 소리를 듣고 달려 나온 병에게 발각되어 체포되었다.69)

[판결 11] 제342조, 제331조 제1항과 제2항 모두의 특수절도미수죄에 해당한다.

(나) 제331조 제2항

(ㄱ) 흉기휴대

흉기는 본래 살상용·파괴용으로 만들어진 것이거나 이에 준할 정도의 위험성을 가진 것으로 볼 수 있다. 그 정도의 위험성을 가진 물건에 해당하는지 여부는 그 물건의 본래의 용도, 크기와 모양, 개조 여부, 구체적 범행 과정에서 그 물건을 사용한 방법 등 제반 사정에 비추어 사회통념에 따라 객관적으로 판단한다.

절도 목적으로 택시 운전석 창문을 파손하는 데 드라이버가 사용되었다면, 그 드라이버가 특별히 개조된 바는 없는 일반적 드라이버로서 크기와 모양 등 제반 사정에 비추어 특별한 것이라고 할 수 없다면 특수절도죄의 '흉기'를 휴대한 경우에 해당한다고 보기 어렵다.70)

(ㄴ) 2인 이상의 합동

판례는 제331조 제2항 '2인 이상이 합동하여'란 "합동절도의 범행을 공모한 후 적어도 2인 이상이 범행 현장에서 시간적, 장소적으로 협동관계를 이루어 절도의 실행행위를 분담하여 범행을 하는 것"이라는 견해이다.71)

> [판결 98] 삐끼주점 지배인 갑은 피해자 A로부터 신용카드를 강취하고 신용카드의 비밀번호를 알아낸 후 현금자동지급기에서 인출한 돈을 삐끼주점의 분배관례에 따라 분배할 것을 전제로 하여 삐끼 을, 삐끼주점 업주 병 및 삐끼 B와

---

69) 대법원 2011. 9. 29. 선고 2011도8015 판결.

70) 대법원 2012. 6. 14. 선고 2012도4175 판결

71) 대법원 2011. 5. 13. 선고 2011도2021 판결.

갑은 삐끼주점 내에서 A를 계속 붙잡아 두면서 감시하는 동안 원심 공동피고인 을, 병 및 B는 A의 신용카드를 이용하여 현금자동지급기에서 현금을 인출하기로 공모하였고, 그에 따라 을, 병 및 B가 삼성동 소재 엘지마트에서 현금자동지급기에서 현금 4,730,000원을 절취했다.72)

☆[판결 98] 3인 이상의 범인이 합동절도의 범행을 공모한 후 적어도 2인 이상의 범인이 범행 현장에서 시간적, 장소적으로 협동관계를 이루어 절도의 실행행위를 분담하여 절도 범행을 한 경우에는 공동정범의 일반 이론에 비추어 공모에는 참여하였으나 현장에서 절도의 실행행위를 직접 분담하지 않은 다른 범인도 그가 현장에서 절도 범행을 실행한 위 2인 이상의 범인의 행위를 자기 의사의 수단으로 하여 합동절도의 범행을 하였다고 평가할 수 있는 정범성의 표지를 갖추었다면 다른 범인에 대하여 합동절도의 공동정범이 성립한다.

[판결 96] 갑은 을로부터 "을의 동생 병이 가계수표를 가지고 있는데 지금 신혼여행을 가서 집에 없다"는 말을 듣고 수표를 훔치기로 모의한 후 을의 동생 정의 집에 함께 들어가 갑은 다른 방에 을은 병의 방 안 책상서랍에 있던 한일은행의 백지 가계수표 19장을 절취하여 함께 병의 집을 나왔다.73)

[판결 96] 제331조 제2항 후단 '2인 이상이 합동하여 타인의 재물을 절취'한 특수절도죄의 **주관적 요건은 공모**이고 **객관적 요건은 실행행위의 분담**이며 실행행위에 있어서는 **시간적으로나 장소적으로 협동관계**에 있음을 요한다.

절취할 목적으로 병의 집에 같이 들어간 경우라면 설사 을이 절취행위를 하는 동안 갑은 병의 집 안 다른 방에서 대기하고 있다가 절취품을 가지고 같이 집을 나왔다고 하더라도, 갑과 을은 절취행위에 있어 시간적, 장소적으로 협동관계에 있다.74)

[판결 11] 갑, 을, 병은 정 합명회사가 사납금을 회사 금고에 보관한다는 사정을 알고 훔치기로 공모하여, 정 회사에 이르러 을은 회사 사무실 앞에서, 갑은 위 사무실에서 약 100m 떨어진 곳에서 각각 망을 보고, 병은 사무실 밖에 있는 배전기함을 망치로 손괴하고 전원 스위치를 내려 CCTV가 작동되지 않도록 전원을 차단한 후, 열려진 사무실로 들어가 갑이 미리 복사해 준 금고 열쇠로 금고 안에 있던 정 소유 현금 535만 원을 훔쳤다. 재판에서 갑은 망을 본 사실을 부인하고

72) 대법원 1998. 5. 21. 선고 98도321 전원합의체 판결.

73) 대법원 1996. 3. 22. 선고 96도313 판결.

74) 앞의 각주와 같다.

자신은 병에게 목장갑과 비닐 백을 건네주었을 뿐이라고 주장한다. 그러나 갑은 을, 병으로부터 약 1/3인 175만원을 분배받았다.75)

[판결 11] 3인 이상의 범인이 합동절도의 범행을 공모한 후 적어도 2인 이상의 범인이 범행 현장에서 시간적, 장소적으로 협동관계를 이루어 절도의 실행행위를 분담하여 절도 범행을 한 경우에, 그 공모에는 참여하였으나 현장에서 절도의 실행행위를 직접 분담하지 아니한 다른 범인에 대하여도 그가 현장에서 절도 범행을 실행한 위 2인 이상의 범인의 행위를 자기 의사의 수단으로 하여 합동절도의 범행을 하였다고 평가할 수 있는 정범성의 표지를 갖추고 있는 한 공동정범의 일반 이론에 비추어 그 다른 범인에 대하여 합동절도의 공동정범으로 인정할 수 있다. 갑이 비록 망을 보지 않았다고 하더라도, 합동절도의 범행을 현장에서 실행한 을, 병과 공모했고, 병을 갑에게 소개하여 주었으며, 병에게 이 사건 범행 도구인 면장갑과 쇼핑백을 구입해 건네주었고, 을과 병이 범행을 종료할 때까지 기다려 그들과 함께 절취한 현금을 운반한 후 그 중 일부를 분배받은 것만으로도 단순한 공모자에 그치는 것이 아니라 이 사건 범행에 대한 본질적 기여를 통한 기능적 행위지배를 한 것이다. 갑은 을, 병의 행위를 자기 의사의 수단으로 하여 합동절도의 범행을 하였다고 평가될 수 있는 정범성의 표지를 갖추었다고 할 것이므로, 합동절도의 공동정범이다.

(3) 실행의 착수

[판결 10] 갑, 을은 아파트 신축공사현장에서 병 소유인 동파이프 등 건축자재를 훔칠 생각으로 마스크를 착용하고 위 공사현장 안으로 들어간 후 창문을 통해 건축 중인 아파트의 지하실 안쪽을 살피다 잡혔다. 동파이프 등 자재가 실재 보관된 지하실에까지 침입하였다거나 훔칠 물건을 물색·발견하고 그에 접근했다는 사실을 인정할 증거는 없다.76)

[판결 10] 갑과 을이 공사현장 안으로 들어가 창문을 통하여 신축 중인 아파트의 지하실 안쪽을 살핀 행위가 특수절도죄의 실행의 착수에 해당하지 않는다.77)

[판결 09] 갑과 을은 주간에 병의 아파트 출입문 시정장치를 손괴하다가 발각되어 도주했다.78)

75) 대법원 2011. 5. 13. 선고 2011도2021 판결.

76) 대법원 2010. 4. 29. 선고 2009도14554 판결.

77) 앞의 각주와 같다.

[판결 09] 第331조 제2항의 특수절도에 있어서 주거침입은 구성요건요소가 아니다. 절도범인이 그 범행수단으로 주거침입을 한 경우에 별개의 주거침입죄를 구성하여 절도죄와 실체적 경합의 관계가 된다.

2인 이상이 합동하여 야간이 아닌 주간에 절도의 목적으로 타인의 주거에 침입하였다 하여도 아직 절취할 물건의 물색행위를 시작하기 전이라면 특수절도죄의 실행에는 착수한 것이 아니다. 갑, 을에게 특수절도죄의 미수는 성립하지 않는다.79) 특수절도죄의 미수로 기소되어 주거침입죄의 미수는 판결문에 언급되지 않았다.

Ⅳ. 제331조의 2 [자동차 등의 불법사용]

> 제331조의2(자동차등 불법사용) 권리자의 동의 없이 타인의 자동차, 선박, 항공기 또는 원동기장치자전거를 일시 사용한 자는 3년 이하의 징역, 500만 원 이하의 벌금, 구류 또는 과료에 처한다.

1. 보호법익, 취지

제331조는 불법영득의 의도 없이 타인 소유 즉 자기 것이 아닌 자동차, 원동기 자전거를 일시적으로 사용하는 것을 막자는 취지로 만들어진 조문으로 이해된다. 그렇다면 보호법익은 소유권보다는 사용권이라고 보아야 한다.

한편 제331조의 2가 절도와 함께 편제된 것은 사용의 목적이라도 절도에 준한다는 의도에서 만들어졌을 가능성도 배제할 수 없다. 그렇다면 소유권이 보호법이어야 한다.

결과적으로 자동차, 선박, 항공기, 원동기장치자전거에 대한 소유권과 사용권을 모두 보호한다고 보면, 소유자도 임대 등 사용권을 양도해 준 자신의 자동차 등을 허락 없이 사용하면 제331조의 2의 적용대상이 된다.80)

2. 구성요건

(1) 행위대상

이 조항에 영향을 주었을 독일형법 §248b는 자동차 또는 자전거의 사용절도

78) 대법원 2009. 12. 24. 선고 2009도9667 판결.

79) 대법원 2009. 12. 24. 선고 2009도9667 판결.

80) 같은 결론 : 김일수/서보학, 각론[8], 254쪽. 반대 입장으로 추정 : 이재상 등, 각론[10], 292쪽.

를 처벌하는데 제331조의 2는 자동차와 원동기장치자전거를 대상으로 하여 자전거를 제외한 것은 특이하다.

(2) 일시사용

불법영득의 목적이 없는 사용을 의미한다고 해석되어야 한다. 사용시간을 객관적으로 정할 기준이 모호하므로 허락 받지 않은 사용자가 영득의 목적이 있는지가 기준일 될 수밖에 없다.

§ 55. 강도

> 제333조(강도) 폭행 또는 협박으로 타인의 재물을 강취하거나 기타 재산상의 이익을 취득하거나 제삼자로 하여금 이를 취득하게 한 자는 3년 이상의 유기징역에 처한다.

Ⅰ. 보호법익, 취지

1. 보호법익

제333조의 보호법익은 전체적 재산 또는 재산권과 자유권이 강도죄의 보호법익이라고 보는 견해,81) 재산 및 개인의 신체의 완전성 내지 자유라는 견해82) 등이 있다. 강도의 대상이 동산으로 한정된 독일형법은 소유권 그리고 의사결정 및 실행의 자유를 보호법익으로 한다는 주장이 다수이다.83)

2. 조문 체계, 내용

강도는 제333조 [강도]부터 제343조 [예비·음모]까지 모두 11개의 조문으로 구성되어 있다. 기본구성요건인 제333조 [강도]의 최저형량이 징역 3년이고 제338조 [강도살인]은 사형이 최고형인 중죄이다.

강도죄는 절도죄와 강요죄가 결합된 구성요건이라는 설명이84) 타당하지만,

---

81) 이재상 등, 각론[10], 297쪽.

82) 김일수/서보학, 각론[8], 258쪽.

83) NK[2]/*Kindhäuser*, Vor § 249 Rn 1; S/S[29]/*Eser/Bosch*, § 249 Rn 1.

국내문헌에는 재산죄와 강요죄의 결합범이라는 주장85) 또는 절도죄와 폭행죄, 절도죄와 협박죄의 결합범이라는 주장이86) 있다. 강도는 타인의 동산, 부동산에 대한 소유권의 절취이며, 폭행과 협박은 소유권탈취의 수단이다.

Ⅱ. 제333조 [강도]

1. 구성요건

(1) 「폭행 또는 협박」

판례는 제329조 '폭행 또는 협박'을 '사람의 반항을 억압함에 충분한 폭행 또는 협박'87) 또는 사회통념상 객관적으로 상대방의 반항을 억압하거나 항거불능케 할 정도의 폭행으로 정의하고 있다.88)

문헌에는 폭행과 협박의 정도는 이른바 최협의의 폭행·협박으로, 행위대상자의 '저항이 불가능할 정도'일 것이 요구된다고 설명되어 있다.89)

저항의 「가능」과 「불가능」은 상황과 개개 사람에 따라 다르기 때문에 저항이 불가능한 폭행과 협박은 논리적으로 불가능하다. 강도죄의 폭행과 협박은 **신체에 대한 직접적 물리력의 행사** 또는 **생명과 신체의 안전에 대한 협박**으로 제한하는 것이 논리적이다.

(2) 강취

(가) 뜻

강취란 강도가 소유자 내지 점유자의 점유를 그 의사에 반하여 폭행 또는 협박을 수단으로 탈취하는 것이다.90) 폭행, 협박은 강취와 인과관계에 있을 것이 요건이라는 것이 판례, 문헌의 입장이다.91)

---

84) LK[11]/*Herdegen*, § 249 Rn 1; S/S[29]/*Eser/Bosch*, § 249 Rn 1.

85) 이재상 등, 각론[10], 297쪽.

86) 김일수/서보학, 각론[8], 258쪽.

87) 대법원 2013. 12. 12. 선고 2013도11899 판결

88) 대법원 2007. 12. 13. 선고 2007도7601 판결.

89) 김일수/서보학, 각론[8], 271쪽; 이재상 등, 각론[10], 303쪽.

90) 대법원 2007. 5. 10. 선고 2007도1375 판결.

91) 김일수/서보학, 각론[8], 263쪽; 이재상 등, 각론[10], 305쪽.

> [판결 09] 갑은 주점에서 만난 도우미 을과 합의하에 술을 한잔 더 하기 위해 가다가 모텔로 끌고 들어가 반항을 억압한 후 강간하여 상해를 가하고, 을이 폭행을 당하여 이불을 덮고 쓰러져 반항이 불가능한 상태에서 을의 손가방 안에 든 현금 20만 원 등을 빼앗아 갔다.92)

[판결 09] 재물 취거행위가 을이 이불 속에 있어 이를 인식하지 못한 가운데 이루어졌고 갑의 폭행행위도 그와는 무관한 윤락행위 도중의 시비 끝에 발생하게 된 것이면, 비록 재물의 취득이 을에 대한 폭행 직후에 이루어지긴 했지만 폭행이 재물 탈취를 위한 반항억압의 수단으로 이루어졌다고 단정할 수 없어 양자 사이에 인과관계가 존재하지 않는다. 폭행이 처음부터 재물 탈취의 범의 하에 이루어졌다거나 갑의 폭행 및 재물 취거의 각 행위를 전체적으로 종합하여 단일한 재물 강취의 범행으로 인정할 만한 증거가 없는 이상, 강도죄는 성립하지 않는다.93)

(나) 피해자가 아닌 폭행협박의 대상자

> [판결 10] 갑은 A의 집에 침입하여 B(26세, 여)에게 다가가 손으로 입을 틀어막고, 소지하고 있던 드라이버를 목에 들이대면서 "반항하면 죽인다."등의 협박으로 B의 반항을 억압한 후 B를 1회 강간한 후 그 곳 바닥에 있던 A 소유의 손지갑 1개, 주민등록증 1장, 신용카드 4장, 체크카드 2장이 들어있던 핸드백 1개를 들고 나가면서 B를 끌고 밖으로 나갔다 재차 집안으로 끌고 들어와 강간했다.94)

[판결 10] 폭행, 협박으로 타인의 재물을 탈취한 이상 피해자가 우연히 재물탈취 사실을 알지 못했다고 해도 강도죄는 성립한다. 폭행, 협박당한 자가 탈취당한 재물의 소유자 또는 점유자일 것을 요하지 않는다.95) 갑이 B를 협박하여 A 소유의 재물을 탈취한 것은 강도이다.

(다) 강취와 교부

강취, 탈취란 폭행, 협박을 수단으로 한 소유권의 취득을 의미한다. 강도가 반드시 피해자로부터 직접 물건을 빼앗아야 하는 것은 아니다.96) 예를 들면,

---

92) 대법원 2009. 1. 30. 선고 2008도10308 판결.

93) 대법원 2009. 1. 30. 선고 2008도10308 판결

94) 대법원 2010. 12. 9. 선고 2010도9630 판결; 서울중앙지방법원 2010. 1. 26. 선고 2009고합1325 판결

95) 대법원 2010. 12. 9. 선고 2010도9630 판결.

96) 같은 주장: 김일수/서보학, 각론[8], 264쪽; 이재상 등, 각론[10], 303쪽.

흉기를 이용하여 행위대상자의 생명과 신체를 해치겠다고 협박하여 재물을 교부받은 경우는 공갈보다 강도로 인정하는 것이 옳다.

(3) 기타 재산상의 이익

강도의 객체 내지 대상이 개개의 재물에 한정되지 않고 재산상의 이익도 포함된다고 규정하는 것이 제333조의 특징이다.

'재산상의 이익'에서 「재산」의 의미와 범위에 관하여는 독일문헌에서 사기죄와 관련하여 많은 논란이 있다.97) 한국 교과서에는 강도죄에서 이 논의가 소개되어 있다.98)

(가) 법률적 재산개념

법률적 재산개념은 재산을 "강도 내지 사기의 객체가 재산에 대해 갖는 법적 권리와 의무의 총체"라고 이해한다.99) 노동력, 사업상의 비밀 내지 기대와 같이 민법이나 공법으로 현실화 내지 구체화되지 않은 권리 역시 경제적 거래나 유통에서 존재하고 민법이나 공법이 정하는 재산권은 형법이 보호하는 재산적인 이익의 사실적인 관계를 충분히 보장하지 못한다는 것이 일반적인 견해이다. 따라서 현재 법률적 재산개념은 형법이론에서 주장되지 않고 있다.

(나) 경제적 재산개념

경제적 재산개념에 의하면 "경제적 가치를 보유한 모든 물건, 권리, 지위 등은 법적 성질과는 무관하게 사기죄에서의 권리"가 된다.100) 즉, 법적 보호를 받는 재산이든 아니든 경제적 가치를 갖는 것이면 모두 강도죄의 재산에 해당된다.

(다) 법률적-경제적 재산개념

경제적 재산개념을 법적재산개념에서 제한하는 입장이다. 법규범이 보호하는 경제적 가치 즉 합법적으로 존재하는 재산만을 강도죄와 사기죄에서의 재산이라고 보는 견해이다.

---

97) LK/*Lackner*, § 263 Rn 120 이하; S/S²⁹/*Peron*, § 263 Rn 79 이하.

98) 이재상 등, 각론, 268쪽.

99) LK/*Lackner*, § 263 Rn 121.

100) 상세한 설명 : LK/*Lackner*, § 263 Rn 122; S/S²⁹/*Peron*, § 263 Rn 80.

(라) 저자의 입장

재산의 개념을 법이 보호하는 재산으로 한정되어야 한다. 불법재산까지 형법으로 처벌해야할 당위성이 없는 이상, 형법의 종속성, 최후 수단의 원리 등에 의해 순수 경제적 재산개념보다는 제한적인 재산개념이 더 합리적이다.

이 논의는 재산상의 손해가 구성요건요소로 인정되는 경우에만 실익이 있다. 재물의 취득, 재산상의 이익취득만 강도죄 구성요건요소라는 입장을 따르면 경제적 재산개념이 옳다.

(4) 다른 죄와의 관계

(가) 강도죄와 공갈죄

강도죄와 공갈죄는 폭행 또는 협박을 수단으로 타인의 재물 또는 재산상 이익을 취득한다는 공통점이 있다. 강도는 스스로 재물 또는 재산상 이익을 취득하는 반면, 공갈은 폭행 또는 협박에 의한 공포심 등에 의해 피해자의 교부 또는 처분행위를 요건으로 한다는 점에서 다르다.

공갈에서 부작위에 의한 교부행위 즉 공갈의 대상자가 공포심에서 공갈범이 재물을 강취하는 것을 허용하는 것 즉, 부작위에 의한 재물의 교부를 인정하는 입장을 취하면,101) 공갈과 강도의 구별은 어려워진다.

통설에 의하면, 공갈과 강도의 구별은 폭행과 협박의 정도에서 차이가 있다. 즉 강도에서의 폭행은 행위의 대상자가 대항하는 것이 불가능 하거나 현저하게 곤란한 경우이고 공갈은 이 정도에 미치지 않고 공포에 의해 자유로운 의사결정이 불가능한 경우이면 족하다는 입장이다.

(나) 강도와 강간, 강도와 상해

(ㄱ) 강도와 강간

강간범인이 부녀를 강간할 목적으로 폭행, 협박에 의하여 반항을 억압한 후 반항억압 상태가 계속 중임을 이용하여 재물을 탈취하는 경우에는 재물탈취를 위한 새로운 폭행, 협박이 없더라도 강도죄가 성립한다.102) 이 견해를 근거로 [판결 10]에서 갑이 B를 강간할 의도로 폭행하고 그 억압상태를 이용하여 재물

---

101) 김일수/서보학, 각론[8], 378; 이재상 등, 각론[10], 381쪽.

102) 대법원 2010. 12. 9. 선고 2010도9630 판결.

을 탈취한 것은 강도로 인정되었다.

(ㄴ) **강도와 상해**

[판결 13] 갑은 공범을, 병과 함께 피해자 A를 추적하여 폭행 하던 중 바닥에 쓰러진 피해자의 바지 뒷주머니에서 장지갑을 꺼내갔고, 그동안 공범들은 계속하여 피해자를 폭행했다.[103]

갑과 공범 을, 병은 A로부터 재물을 탈취하기 위하여 폭행한 것이 아니라 혼내주기 위하여 폭행하였을 뿐이고 폭행이 재물탈취의 방법으로 사용된 것이 아니며, 폭행으로 조성된 A의 반항억압의 상태를 이용하여 재물을 취득한 것도 아니어서 재물탈취와 폭행 사이에 인과관계도 존재하지 아니하므로, 강도상해죄가 성립하지 않는다고 항변한다.

[판결 13] 갑이 강도의 범의 없이 공범들과 함께 A의 반항을 억압함에 충분한 정도로 폭행하던 중 공범들이 A를 계속 폭행하는 사이에 A의 재물을 취거한 경우에는 갑 및 공범들의 위 폭행에 의한 반항억압의 상태와 재물의 탈취가 시간적으로 극히 밀접하여 전체적·실질적으로 재물 탈취의 범의를 실현한 행위로 평가할 수 있으므로 강도죄의 성립을 인정할 수 있고, 그 과정에서 피해자가 상해를 입었다면 강도상해죄가 성립한다.

Ⅲ. 제334조 [특수강도]

제334조(특수강도) ① 야간에 사람의 주거, 관리하는 건조물, 선박이나 항공기 또는 점유하는 방실에 침입하여 제333조의 죄를 범한 자는 무기 또는 5년 이상의 징역에 처한다. ② 흉기를 휴대하거나 2인 이상이 합동하여 전조의 죄를 범한 자도 전항의 형과 같다.

제1항은 야간에 주거에 침입해서 강도한 경우로 강도에 야간주거침입이 추가 결합된 요건이다. 야간과 주거침입은 야간주거침입절도와 조건이 같다.

제2항은 흉기를 휴대하거나 2인 이상이 합동하여 강도한 행위이다. '흉기휴대', '합동'의 조건은 절도와 같다.

103) 대법원 2013. 12. 12. 선고 2013도11899 판결.

1. 야간주거침입

> [판결 12] 갑은 야간에 을의 주거에 침입하여 재물을 물색하던 중 을이 잠에서 깨어나자 을을 폭행하여 간음하고 재물을 강취할 마음을 먹고, 주먹으로 을의 얼굴 부위를 수회 때려 반항을 억압한 후 간음하려 했으나 집 밖에서 차량 소리가 들리는 바람에 간음하지 못하고, 현금 8,730원을 가지고 나왔다.104)

[판결 12] 강도상해죄의 강도에는 제334조 제1항 특수강도도 포함된다. 제334조 제1항 특수강도죄는 '주거침입'이라는 요건을 포함하고 있으므로 제334조 제1항 특수강도죄가 성립할 경우 '주거침입죄'는 별도로 처벌할 수 없고, 형법 제334조 제1항 특수강도에 의한 강도상해가 성립할 경우에도 별도로 '주거침입죄'를 처벌할 수 없다.

2. 흉기휴대

절도범인이 처음에는 흉기를 휴대하지 아니하였으나 체포를 면탈할 목적으로 폭행 또는 협박을 가할 때에 비로소 흉기를 휴대사용하게 된 경우에는 제334조의 예에 의한 준강도(특수강도의 준강도)가 되므로, 처음에 흉기를 휴대하지 않았던 절도범인이 체포를 면탈할 목적으로 추적하는 사람에 대하여 비로소 흉기를 휴대하여 흉기로서 협박을 가한 소위는 특수강도의 예에 의한 준강도이다.105)

3. 합동하여

"합동하여"란 주관적 요건으로서의 공모와 객관적 요건으로서의 범행현장에서의 범행의 실행의 분담이 있어야 한다. 공모나 모의는 반드시 사전에 이루어진 것만을 필요로 하는 것이 아니고 범행현장에서 암묵리에 의사상통하는 것도 포함된다.106)

> [판결 98] 갑과 을은 과도를 들고 강도 범행을 할 것을 공모하고, 을이 강도 범행을 실행하기 위하여 병의 집에 들어갔을 때에 갑은 대문 밖에서 망을 보았다. 을이 병에게 과도를 휘둘러 상해를 가하고 강도를 시도했으나 실패했다.107)

---

104) 대법원 2012. 12. 27. 선고 2012도12777 판결.

105) 대법원 1973. 11. 13. 선고 73도1553 전원합의체 판결.

106) 대법원 1988. 11. 22. 선고 88도1557 판결.

[판결 98] 을이 공모한대로 과도를 들고 병의 거소를 들어가 칼을 휘두른 이상 이미 강도의 실행행위에 착수한 것이고, 피해자들을 과도로 찔러 상해를 가하였다면 갑이 원심 공동피고인과 구체적으로 상해를 가할 것까지 공모하지 않았다 하더라도 상해의 결과에 대하여 공범이 된다.

Ⅳ. 제335조 [준강도]

제335조(준강도) 절도가 재물의 탈환을 항거하거나 체포를 면탈하거나 죄적을 인멸할 목적으로 폭행 또는 협박을 가한 때에는 전2조의 예에 의한다.

준강도는 절도범, 절도미수범에 의한 폭행, 협박행위로서 폭행, 협박은 절도한 재물을 지키거나 체포를 면할 목적, 증거를 인멸할 목적을 위해 이루어 진 범죄형태이다.

재물의 절취수단이 폭행, 협박이아니라는 점에서 준강도는 강도가 아니다. 그러나 재물을 절취한 후 폭행, 협박을 했다는 점에서 강도와 같이 처벌된다. 독일형법학에서는 준강도가 강도와 같이 처벌되는 이유에 대하 논란이 있지만 한국형법학에서는 논의가 없어 구성요건의 적용기준만 각종 시험에 출제된다. 독일판례는 범죄심리적 기준에서 강도와 준강도가 같다고 평가되는 것이 동일한 처벌의 근거라는 견해이고, 문헌에서는 반대의견이 많다.

[판결 04] 갑, 을이 합동하여 양주를 절취할 목적으로 장소를 물색하던 중, 부산 5층 건물 중 2층 병이 운영하는 주점에 이르러, 을은 1층과 2층 계단 사이에서 갑과 무전기로 연락을 취하면서 망을 보고, 갑은 주점의 잠금장치를 뜯고 침입하여 진열장에 있던 양주 45병 시가 1,622,000원 상당을 미리 준비한 바구니 3개에 담고 있던 중, 계단에서 서성거리고 있던 을을 수상히 여기고 위 주점 종업원 A가 주점으로 돌아오려는 소리를 듣고서 양주를 그대로 둔 채 출입문을 열고 나오다가 A 등이 갑을 붙잡자, 체포를 면탈할 목적으로 갑의 목을 잡고 있던 A의 오른손을 깨무는 등 폭행했다.[108)]

☆[판결 04] 갑은 준강도미수이다. 폭행·협박을 수단으로 하여 재물 탈취를 시도했으나 그 목적을 이루지 못한 자가 강도미수죄로 처벌되는 것과 마찬가지로 절도미

107) 대법원 1998. 4. 14. 선고 98도356 판결.

108) 대법원 2004. 11. 18. 선고 2004도5074 전원합의체 판결.

수범이 폭행·협박을 가한 경우에도 강도미수에 준하여 처벌하는 것이 합리적이다. 만일 강도죄에 있어서는 재물을 강취하여야 기수가 됨에도 불구하고 준강도의 경우에는 폭행·협박을 기준으로 기수와 미수를 결정하게 되면 재물을 절취하지 못한 채 폭행·협박만 가한 경우에도 준강도죄의 기수로 처벌받게 됨으로써 강도미수죄와의 불균형이 초래된다. 준강도죄의 입법 취지, 강도죄와의 균형 등을 종합적으로 고려해 보면, 준강도죄의 기수 여부는 절도행위의 기수 여부를 기준으로 하여 판단해야 한다.[109]

[판결 14] 갑은 을이 운영하는 술집에서 술값 26만 원의 지급을 요구받자 을을 유인·폭행하여 술값의 지급을 면하기로 마음먹고, 을을 부근에 있는 아파트 뒤편 골목으로 유인한 후, 양손으로 어깨 부위를 붙잡아 밀치고 발로 다리를 걸어 바닥에 넘어뜨린 다음 몸 위에 올라타 양손으로 을의 목을 조르거나 입을 손으로 막고 주먹으로 얼굴을 때리려고 하는 등으로 반항하지 못하게 한 다음 그대로 도주함으로써, 술값 26만 원의 지급을 면하여 같은 금액 상당의 재산상 이익을 취득했다.[110]

[판결 14] 제355조 준강도죄의 주체는 절도범인이고 절도죄의 객체는 재물이다. 원심(서울고법)은 피고 갑이 을에게 지급해야 할 술값의 지급을 면하여 재산상 이익을 취득하고 을을 폭행하였다는 것인데, 절도의 실행에 착수하였다는 내용이 포함되어 있지 않다. 그럼에도 준강도죄를 적용하여 유죄로 인정한 것은 준강도죄의 주체에 관한 법리를 오해한 것이다.

Ⅴ. 제336조 [인질강도]

제336조(인질강도) 사람을 체포·감금·약취 또는 유인하여 이를 인질로 삼아 재물 또는 재산상의 이익을 취득하거나 제3자로 하여금 이를 취득하게 한 자는 3년 이상의 유기징역에 처한다.

보호법익은 재산과 인질의 자유이다. 체포·감금죄와 공갈죄, 약취·유인죄와 공갈죄의 결합범이라 할 수 있다.

인질강도는 인질을 먼저 잡은 후 생명, 신체의 안전, 자유를 대가로 가족, 보호자, 이해관계인과 흥정 또는 협박하여 재물 또는 재산상의 이익을 취득하는 행위이다.

109) 앞의 각주와 같다.

110) 대법원 2014. 5. 16. 선고 2014도2521 판결.

어떤 행위를 강요하거나 권리행사를 방해하는 대신 재산상이 이익을 취득한다는 점, 불법이득의 목적이 주관적 요건이라는 점에서 제324조의2 인질강요죄와 다르다.

Ⅵ. 제337조 [강도상해, 치상]

> 제337조(강도상해, 치상) 강도가 사람을 상해하거나 상해에 이르게 한때에는 무기 또는 7년 이상의 징역에 처한다.

1. 보호법익

제337조 [강도상해, 치상]은 강도와 상해죄의 결합범이다. 따라서 보호법익은 신체의 자유와 재산이다.

행위는 강도가 고의 또는 과실로 범행대상을 상해한 것이다. 상해의 고의와 과실을 구별하지 않고 같이 처벌한다.

2. 판례

판례에 의하면, 상해가 강도의 수단인 폭행, 협박에 의하여 이루어진 것을 요건으로 하지 않는다. 강도수단으로서 폭행이나 협박으로 인한 상해가 제337조의 적용을 받지 않는다는 의미는 아니다. 강도가 기수에 이른 후에 상해해도 강도상해는 성립한다.

> [판결 14] 갑은 택시를 탄 후 운전사 을에게 흉기인 회칼을 보여주면서 위협한 뒤 청색 테이프로 손과 발을 묶었다. 갑은 을을 짐칸에 옮겨 태우고 미리 준비한 노끈으로 목과 팔 등을 묶은 다음, 을의 지갑에서 현금과 신용카드 2장을 빼앗아 ○새마을금고에서 신용카드로 현금을 인출했다. 을이 결박을 풀고 달아나자 흉기인 회칼을 들고 쫓아가 넘어뜨리고, 을이 손에 쥐고 있는 회칼의 칼날 부분을 잡자 회칼을 위쪽으로 잡아당겨 상해를 가했다.[111)]

☆[판결 14] 강도상해죄는 강도범인이 강도의 기회에 상해행위를 함으로써 성립하

111) 대법원 2014. 9. 26. 선고 2014도9567 판결.

므로 강도범행의 실행 중이거나 실행 직후 또는 **실행의 범의를 포기한 직후로서 사회통념상 범죄행위가 완료되지 않았다고 볼 수 있는 단계에서 상해가 행해짐을 요건으로 한다. 반드시 강도범행의 수단으로 한 폭행에 의하여 상해를 입힐 것을 요하는 것은 아니다.** 상해행위가 **강도가 기수에 이르기 전에 행하여져야만 하는 것은 아니다.**

강도범행 이후에도 피해자를 계속 끌고 다니거나 차량에 태우고 함께 이동하는 등으로 강도범행으로 인한 피해자의 심리적 저항불능 상태가 해소되지 않은 상태에서 강도범인의 상해행위가 있었다면 강취행위와 상해행위 사이에 다소의 시간적·공간적 간격이 있었다는 것만으로는 강도상해죄의 성립에 영향이 없다.

갑의 상해행위가 새로운 결의에 의해 강도범행과는 별개의 기회에 이루어진 독립의 행위라고 하기는 어렵기 때문에 갑의 행위는 특수강도죄와 폭력행위 등 처벌에 관한 법률 위반(흉기 휴대 상해)죄의 경합범이 아닌 강도상해죄의 일죄로 처벌하는 것이 옳다.

> [판결 13] 갑은 공범 을, 병과 함께 피해자 A를 추적하여 폭행 하던 중 바닥에 쓰러진 피해자의 바지 뒷주머니에서 장지갑을 꺼내갔고, 그동안 공범들은 계속하여 피해자를 폭행했다.112)

[판결 13] 갑이 강도의 범의 없이 공범들과 함께 피해자의 반항을 억압함에 충분한 정도로 폭행하던 중 공범들이 피해자를 계속하여 폭행하는 사이에 피해자의 재물을 취거한 경우에는 갑 및 공범들의 폭행에 의한 반항억압의 상태와 재물의 탈취가 시간적으로 극히 밀접하여 전체적·실질적으로 재물 탈취의 범의를 실현한 행위로 평가할 수 있으므로 강도죄의 성립을 인정할 수 있고, 그 과정에서 피해자가 상해를 입었다면 강도상해죄가 성립한다.

> [판결 12] 갑은 야간에 을의 주거에 침입하여 재물을 물색하던 중 을이 잠에서 깨어나자 을을 폭행하여 간음하고 재물을 강취할 마음을 먹고, 주먹으로 을의 얼굴 부위를 수회 때려 반항을 억압한 후 간음하려 했으나 집 밖에서 차량 소리가 들리는 바람에 간음하지 못하고, 현금 8,730원을 가지고 나왔다.113)

[판결 12] 강도상해죄의 강도에는 제334조 제1항 특수강도도 포함되므로, 갑의 행위는 강도상해와 강도강간미수에 해당한다.

---

112) 대법원 2013. 12. 12. 선고 2013도11899 판결.
113) 대법원 2012. 12. 27. 선고 2012도12777 판결.

[판결 10] 강도가 피해자에게 상해를 입혔으나 재물의 강취에는 이르지 못하고 그 자리에서 항거불능 상태에 빠진 피해자를 간음한 경우에는 강도상해죄와 강도강간죄만 성립하고, 그 실행행위의 일부인 강도미수 행위는 위 각 죄에 흡수되어 별개의 범죄를 구성하지 않는다.114)

[판결 08] 21세 갑은 범행 전날 밤 11시경에 14세 또는 15세의 1, 2, 3과 강도 모의를 하면서 삽을 들고 사람을 때리는 시늉을 하는 등 모의를 주도했다. 갑은 1 등과 사건 당일 새벽 1시 30분경 함께 일대를 배회하면서 새벽 4시 30분경까지 강도 대상을 물색했다. 1, 2가 피해자 A를 발견하고 쫓아가자 갑은 "어?"라고만 하고 3에게 따라가라고 한 후 자신은 비대한 체격 때문에 1, 2를 뒤따라가지 못하고 범행현장에서 200m 정도 떨어진 곳에 앉아 있었다. 결국 1, 2는 A를 쫓아가 폭행하여 항거 불능케 한 다음 지갑을 강취하고 약 7주간 치료를 요하는 상해를 입혔다.115)

☆[판결 08] 공모공동정범에 있어서 공모자 중의 1인이 다른 공모자가 실행행위에 이르기 전에 그 공모관계에서 이탈한 때에는 그 이후의 다른 공모자의 행위에 관하여는 공동정범으로서의 책임은 지지 않는다. 공모관계에서의 이탈은 공모자가 공모에 의하여 담당한 기능적 행위지배를 해소하는 것이 필요하므로 공모자가 공모에 주도적으로 참여하여 다른 공모자의 실행에 영향을 미친 때에는 범행을 저지하기 위하여 적극적으로 노력하는 등 실행에 미친 영향력을 제거하지 아니하는 한 공모관계에서 이탈되었다고 할 수 없다.

갑은 1 등과 공동가공의 의사와 공동의사에 기한 기능적 행위지배를 통한 범죄의 실행사실이 인정되므로 강도상해죄의 공모관계에 있고, 공모관계인 1, 2가 A를 강도 대상으로 지목하고 뒤쫓아 갈 때 갑이 단지 "어?"라고 반응하였을 뿐이라면 1, 2가 강도상해죄의 실행에 착수하기까지 범행을 만류하는 등으로 그 공모관계에서 이탈하였다고 볼 수 없으므로, 강도상해죄의 공동정범이다.

Ⅶ. 제338조 [강도살인, 치사]

제338조(강도살인·치사) 강도가 사람을 살해한 때에는 사형 또는 무기징역에 처한다. 사망에 이르게 한 때에는 무기 또는 10년 이상의 징역에 처한다.

114) 대법원 2010. 4. 29. 선고 2010도1099 판결.

115) 대법원 2008. 4. 10. 선고 2008도1274 판결.

강도살인죄가 성립하려면 먼저 강도죄가 성립해야 하고, 후에 살인이 이루어져야 한다. 강도죄는 미수범도 포함한다.

제333조 '재산상 이익의 취득'을 인정하기 위하여서는 재산상 이익이 사실상 **피해자에 대하여 불이익하게 범인 또는 제3자 앞으로 이전되었다고 볼 만한 상태가 이루어져야 한다.**

> [판결 10] 갑은 병으로부터 약 16억 원을 차용하고 담보로 병에게 자기 또는 처 A 명의로 소유하던 무주 임야 473㎡ 등 10필지 소유권을 이전하고, 임야 331㎡ 등 3필지에 근저당권을 설정해 주었다. 갑과 을은 병을 살해하여 갑의 채무를 면탈하고, 병에게 이전된 위 각 부동산의 소유권을 A 앞으로 다시 이전하고 근저당권은 해지하기로 공모했다. 갑은 병에게, 각 부동산의 소유권을 이전해 주고 근저당권을 해지해 주면 다음날 무주에서 그동안의 차용금채무를 모두 변제할 것처럼 말하여, 이에 속은 병으로 하여금 소유권이전 및 근저당권해지에 필요한 서류를 그 자리에 동석한 법무사사무실 사무장인 B에게 교부하게 하여 등기를 이행하도록 했다. 갑은 공범 을과 빈집 2층에서, 병에게 술을 먹여 만취하게 만들어 1층 창고로 데려간 후, 번갈아 가면서 병의 머리와 얼굴을 망치로 수차례 때려 살해했다.116)

☆[판결 10] 채무의 존재가 명백할 뿐만 아니라 채권자의 상속인이 존재하고 그 상속인에게 채권의 존재를 확인할 방법이 확보되어 있는 경우에는 비록 그 채무를 면탈할 의사로 채권자를 살해하더라도 일시적으로 채권자 측의 추급을 면한 것에 불과하여 재산상 이익의 지배가 채권자 측으로부터 범인 앞으로 이전되었다고 보기는 어려우므로, 강도살인죄가 성립할 수 없다.

갑의 병에 대한 채무의 존재가 명백할 뿐만 아니라 병의 상속인이 존재하고 그 상속인에게 채권의 존재를 확인할 방법이 확보되어 있으므로, 비록 피고인들이 채무를 면탈할 의사로 병을 살해했다고 해도 이 범행으로 인하여 일시적으로 채권자 측의 추급을 면한 것에 불과하고 재산상 이익의 지배가 채권자 측으로부터 갑 앞으로 이전되었다고 볼 수 없어 강도살인죄가 성립할 수 없다.

> [판결 04] 갑은 채권자 을과 채무 변제기의 유예 여부 등을 놓고 언쟁을 벌이

116) 대법원 2010. 9. 30. 선고 2010도7405 판결; 서울동부지방법원 2009. 11. 13. 선고 2009고합188 판결.

다가 순간적으로 을을 살해하여 채무의 지급을 면하기로 마음먹고, 바닥에 떨어져 있던 망치로 을의 뒷머리 부분을 수회 때리는 등의 방법으로 피해자를 살해한 다음, 을의 상의 주머니 안에서 현금 120만 원과 신용카드 등이 들어 있는 지갑 1개를 꺼내어 갔다.[117)]

[판결 04] 가. 갑이 차용금 채무를 면탈할 목적으로 을을 살해한 것이라고 단정하기 어렵고 오히려 그보다는 피고인의 주장처럼, 을이 갑의 변제기 유예 요청을 거부하면서 갑을 심히 모욕하는 바람에 격분하여 살해에 이르렀다고 보이고 갑과 을 사이에 차용증서가 작성되지는 않았지만 을의 상속인 중 한 사람인 처 병이 을로부터 전해 들어 대여금 채권의 존재를 알고 있었던 것으로 보이므로, 가사 갑이 그 차용금 채무를 면탈할 목적으로 을을 살해했다고 하더라도 일시적으로 을 측의 추급을 면한 것에 불과할 것이어서, 강도살인죄가 성립한다고 볼 수는 없다.

나. 한편, 갑이 을을 살해한 후 을의 재물을 강취하였다고 단정하기도 어렵다. 기록에 의하면, 갑은 살해 직후 을의 차량 적재함에 을의 시체를 싣고 보니 마침 그 상의 조끼에 지갑이 있는 것을 발견하고, 장차 시체가 발견될 때 피해자의 신원이 밝혀지는 게 두려워 이를 숨기기 위하여 지갑을 꺼내 그 차량의 사물함에 통째로 넣어두었다가(따라서 이때까지는 피고인에게 지갑 속의 재물에 대한 불법영득의 의사를 인정하기 어렵다), 그로부터 15시간가량 지난 후인 그 다음날 10:00경 범행현장에 다시 왔을 때 지갑 속에 들어 있던 돈과 피해자의 바지주머니에 별도로 들어 있던 10만 원가량의 돈을 꺼냈다가, 지갑 속의 돈은 피에 젖어 사용할 수 없을 것으로 생각하여 며칠 후 월악산 계곡에다 지갑 째 버리고, 다만 바지주머니에서 꺼낸 돈을 유류대금과 담배값 등으로 사용하였음을 알 수 있다.

강도살인죄는 강도범인이 강도의 기회에 살인행위를 함으로써 성립하는 것이므로, 강도범행의 실행중이거나 실행 직후 또는 실행의 범의를 포기한 직후로서 사회통념상 범죄행위가 완료되지 않았다고 볼 수 있는 단계에서 살인이 행하여짐을 요건으로 한다. 갑이 을 소유의 돈과 신용카드에 대하여 불법영득의 의사를 갖게 된 것은 살해 후 상당한 시간이 지난 후로서 살인의 범죄행위가 이미 완료된 후의 일로 보이므로, 살해 후 상당한 시간이 지난 후에 별도의 범의에 터잡아 이루어진 재물 취거행위를 그보다 앞선 살인행위와 합쳐서 강도살인죄로 처단할 수는 없다.

[판결 02] 강간범 갑은 도피자금을 마련하기 위하여 18세 여성 을의 숙소에 침입한 후 을이 특별히 반항하거나 저항하지 않는 상태에서 오로지 자신의 범행 사실과 도주자로서의 신분이 탄로 날 것이 두려워 을을 이불과 베개로 눌러 질식

117) 대법원 2004. 6. 24. 선고 2004도1098 판결.

> 시켜 살해한 후 마치 잠을 자는 것처럼 위장해 놓고 자신의 발자국을 수건으로 닦고 을로부터 강취한 물건을 을의 가방에 넣어 범행현장을 빠져나왔다.[118]

[판결 02] 범행 당시 갑이 단순히 위협할 목적으로 을의 몸을 누르고 있었다고 볼 수 없고 살해의 고의가 있었다고 판단되므로 강도살인죄가 성립한다.

> [판결 99] 갑은 을의 소주방에서 금 35,000원 상당의 술과 안주를 시켜 먹은 후 을이 술값을 지급할 것을 요구하며 갑의 허리를 잡고 도망가지 못하게 하자 갑은 술값을 면할 목적으로 을을 살해하고, 곧바로 을이 소지하고 있던 현금 75,000원을 꺼내어 갔다.[119]

[판결 99] 을을 살해하면 을은 갑에 대하여 술값 채권을 행사할 수 없게 되고, 을 이외의 사람들에게는 을이 갑에 대하여 술값 채권을 가지고 있음이 알려져 있지 않은 탓으로 을의 상속인이 있다 하더라도 갑에 대하여 그 채권을 행사할 가능성은 없다. 위와 같은 상황에서 갑이 채무를 면탈할 목적으로 을을 살해한 것은 재산상의 이익을 취득할 목적으로 살해한 것이라 할 수 있고, 또한 갑이 을을 살해한 행위와 즉석에서 을이 소지했던 현금을 탈취한 행위는 서로 밀접하게 관련되어 있기 때문에 살인행위를 이용하여 재물을 탈취한 행위라고 볼 수 있으니 원심이 피고인의 위와 같은 일련의 행위에 대하여 강도살인죄의 성립을 인정한 조치는 정당하다.

Ⅷ. 제339조 [강도 강간]

> 제339조(강도강간) 강도가 사람을 강간한 때에는 무기 또는 10년 이상의 징역에 처한다.

보호법익은 재산과 성적 자기결정의 자유이다. 강도가 강간함으로써 성립한다. 강도와 강간죄의 결합범이다. 강간범이 강도를 하면 강간과 강도의 경합범이다. 강간이 기수에 이르기 전에 강도하면 강도강간죄가 성립한다.[120]

---

118) 대법원 2002. 2. 8. 선고 2001도6425 판결.
119) 대법원 1999. 3. 9. 선고 99도242 판결.
120) 대법원 2010. 12. 9. 선고 2010도9630 판결.

> [판결 10] 갑은 노량진동 주택 A의 집에 출입문을 통해 침입하여 컴퓨터를 하고 있던 B(26세, 여)에게 다가가 손으로 입을 틀어막고, 소지하고 있던 드라이버를 목에 들이대면서 "반항하면 죽인다. 시키는 대로 해라."라고 협박하였다. 협박으로 B의 반항을 억압한 후 B를 그 곳 방바닥에 눕힌 다음 1회 강간한 후 그 곳 방바닥에 있던 A 소유의 손지갑 1개, 주민등록증 1장, 신용카드 4장, 체크카드 2장이 들어있던 핸드백 1개를 들고 나가면서 A를 끌고 밖으로 나갔다가 재차 집 안으로 끌고 들어와 방바닥에 눕힌 후 강간했다.[121]

☆[판결 10] 강도강간죄는 강도라는 신분을 가진 범인이 강간죄를 범했을 때 성립하는 범죄이다. 강간범이 강간행위 후에 강도의 범의를 일으켜 그 부녀의 재물을 강취하는 경우에는 강도강간죄가 아니라 강도죄와 강간죄의 경합범이 성립한다. 그러나 강간범이 강간행위 종료 전, 즉 그 실행행위의 계속 중에 강도의 행위를 할 경우에는 이때에 바로 강도의 신분을 취득하는 것이므로 이후에 그 자리에서 강간행위를 계속하는 때에는 강도가 부녀를 강간한 때에 해당하여 제339조 강도강간죄를 구성한다.[122] 따라서 갑은 강도 강간죄로 처벌되었다.

---

121) 대법원 2010. 12. 9. 선고 2010도9630 판결.

122) 대법원 2010. 7. 15. 선고 2010도3594 판결.

제 39 장 사기와 공갈

제39장은 사기와 공갈을 규정하고 있다. 사기와 공갈을 함께 묶은 이유와 의도는 알기 어렵다. 피해자가 스스로의 의사로 재물, 재산을 범행자에게 건네준다는 공통점 그리고 속지 않았다면 또는 압박을 받지 않았다면 재물, 재산을 내주지 않았을 것이라는 공통점에 착안한 것으로 볼 수 있다.

§ 56. 사기

> 제347조(사기) ① 사람을 기망하여 재물의 교부를 받거나 재산상의 이익을 취득한 자는 10년 이하의 징역 또는 2천만 원 이하의 벌금에 처한다.
> ② 전항의 방법으로 제삼자로 하여금 재물의 교부를 받게 하거나 재산상의 이익을 취득하게 한 때에도 전항의 형과 같다.

Ⅰ. 보호법익, 취지

1. 보호법익

보호법익은 재산이다. 재산이 보호법익이란 제347조가 타인의 속임으로 인하여 자신의 재산을 속인 자 즉 사기꾼에게 내 줌으로써 손해를 입는 것을 막자는 것이다. 재산이란 개념에는 소유, 처분, 사용 등 모든 권리가 당연히 포함된다.

판례는 사기죄의 보호법익이 '재산권'이라고 한다.[1)] 재산이 아니라 재산권이라고 표현한 의도, 이유는 판례에서 밝혀진 바 없어 알 수 없다.

2. 취지, 특성

사기는 남을 속이고 속임으로 인하여 착오에 빠진 피해자의 행위를 이용하

1) 대법원 2014. 9. 26. 선고 2014도8076 판결.

여 재산을 취득하는 형태의 재산침해 범죄이다.2) 기망하여 사람을 착오에 빠뜨려 재물을 교부받거나 재산상의 이익을 얻음으로써 성립한다.3) 속은 사람 또는 재산을 내 준 사람이 재산 손해를 입은 것은 제347조의 요건이 아니고 판례도 요건으로 문제 삼지 않는다.

3. 구성요건체계

제39장에는 제347조 [사기] 외에 사람을 대상으로 하지 않고 컴퓨터를 수단으로 재물, 재산을 불법 취득한 제347조의 2 [컴퓨터 등 사용사기], 제348조 [준사기], 제348조의 2 [편의시설부정이용죄]가 규정되어 있다. 그밖에 제349조 [부당이득]도 사기죄 영역에 포함되어 있다.

Ⅱ. 제347조 [사기]

제347조 제1, 2항의 구성요건요소는 1. 기망 2. 재물의 교부 3. 재산상의 이익취득 4. 제3자의 재물교부받기 또는 재산상 이익취득이다.

사기에 관해서는 많은 판례가 축적되어 있으므로 일단 판례의 입장을 소개, 설명하고 문제점을 지적한다.

1. 구성요건

(1) 기망(행위)

제347조 '기망'이란 사람을 속이는 행위를 칭한다. 판례에는 부작위에 의한 기망을 작위와 구별하고, 적극적 행위에 의한 기망과 소극적 행위에 의한 기망을 구별한다. 문헌에는 기망에는 명시적, 묵시적 기망행위, 부작위에 의한 기망으로 구별하여 설명되어 있다.4)

(가) 판례

☆ [판결 17] **기망행위는 널리 거래관계에서 지켜야 할 신의칙에 반하는 행위로서**

---

2) 대법원 2017. 2. 16. 선고 2016도13362 전원합의체 판결.

3) 대법원 2017. 8. 29. 선고 2016도18986 판결.

4) 김일수/서보학, 각론[8], 341쪽; 이재상 등, 각론[10], 333 쪽.

사람으로 하여금 착오를 일으키게 하는 것을 말한다. **착오**는 사실과 일치하지 않는 인식을 의미한다. 사실에 관한 착오이든, 법률관계에 관한 것이든, 법률효과에 관한 것이든 상관없다. 또한 사실과 일치하지 않는 하자 있는 피기망자의 인식은 처분행위의 동기, 의도, 목적에 관한 것이든, 처분행위 자체에 관한 것이든 제한이 없다.

따라서 피기망자가 기망당한 결과 자신의 작위 또는 부작위가 갖는 의미를 제대로 인식하지 못하여 그러한 행위가 초래하는 결과를 인식하지 못했더라도 그와 같은 착오 상태에서 재산상 손해를 초래하는 행위를 하기에 이르렀다면 피기망자의 처분행위와 그에 상응하는 처분의사가 있다고 인정된다.5)

[판결 16] '기망'은 상대방이 **처분행위를 하는 데 판단의 기초가 되는 사실에 대하여 착오**를 일으키게 하는 것이다.6)

[판결 16-1] 기망은 널리 재산상의 거래관계에서 서로 지켜야 할 신의와 성실의 의무를 저버리는 모든 적극적 또는 소극적 행위를 말하는 것으로서 반드시 법률행위의 중요 부분에 관한 허위표시임을 요하지 아니하고, 상대방을 착오에 빠지게 하여 행위자가 희망하는 재산적 처분행위를 하도록 하기 위한 판단의 기초가 되는 사실에 관한 것이면 충분하다.7)

☆[판결 15] 기망은 (i) 재산상의 거래관계에 있어서 서로 지켜야 할 신의와 성실의 의무를 저버리는 모든 적극적 또는 소극적 행위를 말한다. (ii) 반드시 법률행위의 중요 부분에 관한 허위표시임을 요하지 않고, 상대방을 착오에 빠지게 하여 행위자가 희망하는 재산적 처분행위를 하도록 하기 위한 판단의 기초가 되는 사실에 관한 것이면 충분하다.8)

[판결 16] **기망행위의 상대방 또는 피기망자는 재물 또는 재산상 이익을 처분할 권한이 있어야 한다.** 사기죄의 피해자가 법인이나 단체인 경우에 기망행위가 있었는지는 법인이나 단체의 대표 등 최종 의사결정권자 또는 내부적인 권한 위임 등에 따라 실질적으로 법인의 의사를 결정하고 처분을 할 권한을 가지고 있는 사람을 기준으로 판단한다.9)

보완: (i) 판례에서 기망은 **불법영득 내지 이득을 취할 목적으로 이루어진다**는 점이 설명되지 않았다. 불법이득의 목적이 아닌 기망은 사기죄에서의 기

---

5) 대법원 2017. 2. 16. 선고 2016도13362 전원합의체 판결.

6) 대법원 2016. 5. 24. 선고 2015도18795 판결.

7) 대법원 2016. 1. 14. 선고 2015도9497 판결.

8) 대법원 2015. 7. 23. 선고 2015도6905 판결; 2014. 1. 16. 선고 2013도9644 판결.

9) 대법원 2017. 8. 29. 선고 2016도18986 판결.

망이 아니다. '불법(영)이득의 목적'은 손괴죄를 제외한 모든 재산범죄에서 구성요건에 표기되어 있지 않은 구성요건요소이고 흔히 '초과주관적 구성요건요소'로 불린다.

(ii) 기망행위의 상대방이 재산을 처분할 권리가 있어야 한다는 점을 강조하고 있다는 점이 특징이다.

(나) 기망의 형태

(ㄱ) 명시적 기망 : 언어 또는 동작을 통한 기망

> [판결 17] 갑은 아파트에 관한 소유권이전청구권가등기를 말소해 주면 금리가 낮은 곳으로 대출은행을 변경한 다음 곧바로 다시 가등기를 설정해 주겠다고 을을 기망하여 을로 하여금 가등기를 말소하게 했다. 대출은행을 변경한 후 소유권이전청구권가등기 절차를 이행해 줄 임무에 위배하여, 2009. 11. 2.자, 2010. 7. 5.자, 2011. 7. 26.자, 2011. 7. 28.자로 위 아파트에 관하여 제3자 명의로 각 근저당권 및 전세권설정등기를 마침으로써 각 채권최고액 및 전세금 상당의 재산상 이익을 취득하고 을에게 같은 금액 상당의 재산상 손해를 가하였다. 또한 갑은 전원주택 등을 신축할 수 없는 임야에 전원주택을 지을 수 있도록 진입로 등 제반 시설을 설치해 주겠다고 병 등 11명을 기망하여 임야 11필지에 관한 매매계약을 체결하고 위 11명으로부터 계약금 및 중도금을 교부받아 편취하고, 위 각 매매계약에 기하여 위와 같은 소유권이전등기절차를 이행할 임무에 위배하여, 위 각 임야에 관하여 제3자 명의 근저당권설정등기를 마쳐줌으로써 각 채권최고액 상당의 재산상 이익을 취득하고 위 11명에게 같은 금액 상당의 재산상 손해를 가하였다.[10)]

[판결 17] 검사는 갑에 대하여 **첫째**, 가등기를 말소함으로 그에 상당한 금액의 재산이득을 취했다. 둘째, 대출은행을 변경한 후 소유권이전청구권가등기 절차를 이행해 줄 임무에 위배하여, 위 아파트에 관하여 제3자 명의로 각 근저당권 및 전세권설정등기를 마침으로써 각 채권최고액 및 전세금 상당의 재산상 이익을 취득하고 을에게 같은 금액 상당의 재산상 손해를 가하였다(배임)고 기소했다.

갑이 가등기를 회복해주지 않고 제3자에게 근저당권설정등기 등을 마쳐준 행위는 처음부터 가등기를 말소시켜 이익을 취하려는 사기범행에 당연히 예정된 결과에 불과하여 그 사기범행의 실행행위에 포함된 것일 뿐이므로 **사기죄와 비양립적 관계에 있는 각 배임죄는 성립하지 않는다.** 마찬가지로 위 11명에게 임야에 관하여 소유권이전등기절차를 이행할 의사가 없었고 이후 제3자들에게 근저당권설정등기를 마쳐준 행위는 기망을 통하여 매매계약을 체결하여 계약금과 중도금을 편취한 사기범행에 포함된

10) 대법원 2017. 2. 15. 선고 2016도15226 판결.

것이라는 원심 판결은 옳다.

> [판결 17-1] 2012년 정부재정지원의 제한 대상인 ○대학교 이사장 갑, 총장을, 이사 병은 2013. 11.경 재학생 충원율을 높이기 위한 방안으로 2014년 1학기부터 장애인체육특기생을 모집하기로 결정했다. 당시 ○대학교의 여건상 2014년 1학기부터 바로 입학생을 모집해 학사과정을 진행하기는 어려운 상황이었다. 교육부 승인 등을 거쳐 장애인 관련 학과를 신설할 시간적 여유가 없었고, 입학생들의 통학이나 학업이수에 필요한 기본시설(기숙사, 화장실, 훈련시설 등)조차 갖추고 있지 않았다. 그런데도 2014년 1학기부터 수원, 인천 등 지방 체육회를 중심으로 장애인체육특기생을 적극적으로 모집하였다. 모집된 특기생들은 본인들 의사와 무관하게 정원 미달학과 등에 분산 배정되었고, 상당수는 입학 후에 휴학하였다. 휴학을 하지 않은 입학생들도 수업에는 일체 출석하지 않았다. 결국 특기생들은 정상적으로 학사과정을 이수하려고 등록한 학생들도 아니고 실제로 정상적으로 학점을 이수하지도 않아 국가장학금을 신청할 자격이 없었다. 그러나 이들은 2014년 1학기부터 2015년 1학기까지 형식적으로 자격요건을 갖춰 국가장학금을 신청·교부받았다.[11]

[판결 17-1] 이사장 내정자의 지위에서 장애인체육특기생 모집계획을 보고받고 직접 지시한 갑, 총괄 관리한 을, 적극 참여한 병은 사기죄의 공동정범이다.

> [판결 16] 갑은 어린이집을 운영하면서 2012년 4월경 보육통합정보시스템에 접속하여 기본보육료 지급 신청을 위한 회계보고를 함에 있어서 2012년 3월분의 식자재대금을 실제보다 2배로 부풀린 금액으로 입력하여 전송한 후 2012년 4월분 기본보육료를 지급받는 등 그때부터 2012년 7월경까지 같은 방법으로 총 4회에 걸쳐 기본보육료 합계 18,709,250원을 지급받음으로써 부정한 방법으로 기본보육료를 교부받았다.[12]

[판결 16] 구 영유아보육법(2013. 1. 23. 개정되기 전) 제54조 제2항 '거짓이나 그 밖의 부정한 방법'이란 정상적인 절차에 의하여는 보조금을 지급받을 수 없음에도 위계 기타 사회통념상 부정이라고 인정되는 행위로서 보조금 교부에 관한 의사결정에 영향을 미칠 수 있는 적극적 및 소극적 행위를 하는 것을 뜻한다.

어린이집 운영자가 어린이집의 운영과 관련하여 허위로 지출을 증액한 내용으로 '재무회계규칙에 의한 회계'를 하고 그 결과를 보고하여 기본보육료를 지급받았더라도 그

11) 대법원 2017. 1. 12. 선고 2016도15470 판결.
12) 대법원 2016. 12. 29. 선고 2015도3394 판결.

와 같이 회계보고에 허위가 개입되어 있다는 사정은 기본보육료의 지급에 관한 의사결정에 영향을 미쳤다고 볼 수 없으므로, 이를 들어 구 영유아보육법 제54조 제2항의 '거짓이나 그 밖의 부정한 방법으로 보조금을 교부받은 경우'에 해당한다고 볼 수 없고, 이와 같은 행위가 형법 제347조 제1항에 정한 사기죄에 해당한다고 볼 수도 없다.

(ㄴ) 묵시적 기망

문헌에 설명된 묵시적 기망은 결과적 내지 결론적 기망이 더 적합한 단어이다. 분명한 말을 함으로써 상대방을 속이지는 않았으나 행위자의 행동은 결과에서 또는 결론적으로 그렇다고 말을 한 것과 같다고 인정되는 기망의 형태이다. 예를 들면 갑이 호텔에서 투숙한 후 돈이 없다고 주장하며, 자신은 돈이 있다고 말 한 적이 없으므로 속인 것이 아니라고 항변하는 경우이다. 이 예에서 갑은 돈이 있다고 말하며 방을 달라고 계약한 것과 같다고 평가되는 경우를 말한다. 판례에서 묵시적 기망이 인정된 예는 찾기 어렵다.

(ㄷ) 부작위에 의한 기망

(i) 고지 의무와 상대방의 착오

판례는 부작위에 의한 기망을 다음과 같이 요약하고 있다: 부작위에 의한 기망은 (a) **법률상 고지의무 있는 자**가 (b) **일정한 사실에 관하여 상대방이 착오에 빠져 있음을 알면서도** (c) **이를 고지하지 않는 것**이다.[13)]

[판결 98] 자신 소유의 건물에 대한 경매가 진행 중임을 말하지 않고 타인에게 판 사람이 사기죄에 해당하려면 고지의무가 인정되어야 하고 상대방이 그 사실을 착각하고 있다는 사실을 알고 있으면서 고지하지 않아야 한다.[14)]

(ii) 보험계약과 고지의무

부작위에 의한 기망은 보험계약자가 보험자와 보험계약을 체결하면서 상법상 고지의무를 위반한 경우에도 인정될 수 있다. 다만 보험계약자가 보험자와 보험계약을 체결하더라도 우연한 사고가 발생하여야만 보험금이 지급되는 것이므로, 고지의무를 위반하여 보험계약을 체결하였다는 사실만으로 보험계약자에게 미필적으로나마 보험금 편취를 위한 고의의 기망행위가 있었다고 단정할 수 없다.[15)]

☆[판결 17-2] 고지의무위반은 (i) 고지의무 위반은 보험사고가 이미 발생하였음

13) 대법원 2017. 4. 26. 선고 2017도1405 판결.

14) 대법원 1998. 12. 8. 선고 98도3263 판결.

15) 대법원 2017. 4. 26. 선고 2017도1405 판결; 2012. 11. 15. 선고 2010도6910 판결.

에도 이를 묵비한 채 보험계약을 체결하거나 (ii) 보험사고 발생의 개연성이 농후함을 인식하면서도 보험계약을 체결하는 경우 또는 (iii) 보험사고를 임의로 조작하려는 의도를 가지고 보험계약을 체결하는 경우와 같이 '보험사고의 우연성'이라는 **보험의 본질을 해할 정도**에 이르러야 비로소 보험금 편취를 위한 고의의 기망행위에 해당한다.16)

특히 상해·질병보험계약을 체결하는 보험계약자가 보험사고 발생의 개연성이 농후함을 인식하였는지 여부는 보험계약 체결 전 기왕에 입은 상해의 부위 및 정도, 기존 질병의 종류와 증상 및 정도, 상해나 질병으로 치료받은 전력 및 시기와 횟수, 보험계약 체결 후 보험사고 발생 시까지의 기간과 더불어 이미 가입되어 있는 보험의 유무 및 종류와 내역, 보험계약 체결의 동기 내지 경과 등을 두루 살펴 판단해야 한다.17)

[판결 17-3] 갑은 입원일수 등 담보사항(입원 1일당 4만 원)에 따라 보험금을 받을 수 있는 보험계약을 체결하면서 보험가입 청약서의 '계약 전 알릴 의무사항'란에 '최근 약물 복용이나 진찰, 검사 등의 의료행위를 받은 사실이 없다'고 기재했다. 그러나 갑은 교통사고를 당해 병원에서 MRI 검사와 입원치료를 받았고, '경추, 요천추의 염좌 및 긴장' 등의 진단을 받아 6회에 걸쳐 대학병원에서 치료를 받았으며, '요추, 목뼈의 염좌 및 긴장' 등의 진단을 받아 6회에 걸쳐 △ 의원에서 치료를 받았다. 보험가입 후 계단에서 미끄러져 넘어져 '요천추, 발목, 손목의 염좌 및 긴장' 등의 상해를 입고, 후진차량을 봐주다가 언덕에서 돌부리에 걸려 뒤로 넘어져 '요추 및 골반, 경추의 염좌 및 긴장' 등의 상해를 입었으며, 산에서 넘어져 '요추, 발목의 염좌 및 긴장' 등의 상해를 입고, 마을버스를 타고 졸던 중 교통사고를 당하여 '경추, 요추의 염좌 및 긴장' 등의 상해를 입는 등 총 4건의 보험사고를 당하여 총 95일간의 입원치료를 받았고, 피해회사로부터 4회에 걸쳐 합계 3,808,610원의 보험금을 수령했다.

갑은 이 사건 총 4건의 보험사고와 관련하여 주로 '요추, 경추, 사지' 부분의 상해를 이유로 입원치료를 받았는데, 교통사고로 약 40회 이상 치료를 받았고, 이 사건 보험계약 체결 이후부터 첫 번 째 보험사고 발생 전까지 약 7개월간 '사지의 통증, 발목 및 발', '요통, 요천부', '발목의 기타 부분의 염좌 및 긴장' 등의 질환으로 약 20회 이상의 치료를 받았다.18)

☆[판결 17-3] 갑에게 발생한 4건의 보험사고는 길에서 넘어지거나 차량을 타고 가다가 가벼운 접촉사고를 당한 것으로, 기왕증이 없는 일반인이라면 단기간의 입원이나 간단한 통원치료만으로도 치료가 가능한 정도로 보이는데도, 갑은 총 95일(34일,

16) 대법원 2017. 4. 26. 선고 2017도1405 판결; 2012. 11. 15. 선고 2010도6910 판결 참조.
17) 대법원 2017. 4. 26. 선고 2017도1405 판결.
18) 대법원 2017. 4. 26. 선고 2017도1405 판결[사기].

30일, 15일, 16일)간의 장기적인 입원치료를 받았다. 갑은 이미 발생한 교통사고와 관련하여 지속적인 입·통원치료를 받던 중에 스스로 피해회사에 전화하여 이 사건 보험계약 체결을 요청했고, 그 과정에서 보험설계사에게 여러 담보사항 중 입원일수와 관련한 보험금을 강조하여 확인했다. 갑은 종전에 상해 통원치료 실비보험을 비롯한 4건의 보험계약을 체결한 경험이 있으면서도, 이 사건 보험계약의 청약서를 작성할 당시 설계사가 '계약 전 알릴 의무사항'란의 내용을 모두 읽어주었지만 병원에 다녔거나 과거 병력이 없다고 진술했다.

갑은 이 사건 보험계약 체결 당시 이미 발생한 교통사고 등으로 생긴 '요추, 경추, 사지' 부분의 질환과 관련하여 입·통원치료를 받고 있었고 그러한 기왕증으로 인해 향후 추가 입원치료를 받거나 유사한 상해나 질병으로 보통의 경우보다 입원치료를 더 받게 될 개연성이 농후하다는 사정을 인식하고 있었음에도 자신의 과거 병력과 치료이력을 모두 묵비한 채 이 사건 보험계약을 체결함으로써 피해회사로부터 보험금을 편취한 것으로 사기죄가 인정된다.

[판결 12-1] 보험설계사로 근무하고 있는 갑은 남편 을이 혈액암의 일종인 비호지킨림프종으로 검사 및 치료를 받은 사실이 있음에도 을을 주 피보험자로, 자신을 계약자 및 보험수익자로 하여 피보험자의 사망 시에만 보험금이 지급되는 내용의 변액보험계약을 A보험회사와 체결하면서, '계약 전 알릴 의무사항' 서식 제3항 '최근 5년 이내에 다음과 같은 병명(암, 백혈병 등 10개 질병)으로 의사로부터 진찰, 검사를 통하여 진단을 받았거나 치료, 투약, 입원, 수술, 정밀검사를 받은 적이 있습니까?'라는 질문에 대해 '아니오'라고 답하고, 계약 전 고객면담보고서의 질문사항 중 과거 질병과 관련된 질문에 대해 '과거 질병 없다'라는 내용으로 답하는 등으로 을이 과거 항암치료 등을 받은 사실을 숨긴 채 보험계약을 체결했다. 을이 보험 가입 직후인 림프종 재발 진단을 받고 보험 가입 후 109일 후 급성 림프구성 백혈병으로 사망하자 보험금의 지급을 청구하여 A보험회사로부터 보험계약에 따른 보험금 102,405,916원을 지급받았다.[19]

[판결 12-1] 보험사고가 갑의 의사나 어떠한 행위에 의하여 그 발생 여부가 좌우될 수 있는 성질의 것이 아닌 이상, 보험계약 체결 당시 이미 이 사건 보험사고가 발생하여 갑이 이를 알고 있었다거나 보험사고의 발생가능성을 예견할 만한 상황 속에서 갑이 이를 인식하고 보험계약의 체결에 나아간 경우가 아니라면 위와 같은 고지의무 위반만으로는 이 사건 보험계약 체결 행위가 보험금 편취를 위한 고의의 기망행위에 해당하지 않는다.[20]

---

19) 대법원 2012. 11. 15. 선고 2010도6910 판결.

20) 대법원 2012. 11. 15. 선고 2010도6910 판결.

(iii) 부작위에 의한 기망과 고지, 설명의 의무

"거래의 상대방이 일정한 사정에 관한 고지를 받았더라면 당해 거래에 임하지 아니하였을 것이라는 관계가 인정되는 경우에는 그 거래로 인하여 재물을 수취하는 자에게는 신의성실의 원칙상 사전에 상대방에게 그와 같은 사정을 고지할 의무가 있다. 고지의무가 있는데도 이런 사정을 고지하지 않으면 고지할 사실을 묵비함으로써 상대방을 기망한 것이 된다."21)

> [판결 15] 갑은 병으로 부터 7필의 말을 8천만 원에 매입하면서, 7필의 말 중 말 X의 상태가 좋지 않아 바로 인수하지 않고 병이 운영하는 목장에서 계속 사육하기로 했다. A 보험회사는 말에 대한 가축재해보험계약을 체결할 때 말의 시세를 확인하거나 산정하기 어려워 따로 보험 목적물인 말의 가액을 조사하지 않고 한국마사회 홈페이지에 등록된 말 정보와 보험계약자가 제출한 매매계약서, 진단서 등 서류에 나타난 매매대금을 근거로 보험가액을 결정해 왔다. 이런 관행을 잘 알고 있던 갑과 을은 '병이 정에게 말 X를 3,000만 원에 매매했다'는 내용의 매매계약서와 '정이 을에게 말 X를 4,000만 원에 매매했다'는 내용의 매매계약서를 각 작성해서 한국마사회에 제출하여 위와 같은 내용이 한국마사회 홈페이지에 등록되게 했다. 을은 A 보험회사에 말 X를 보험 목적물로 하는 가축재해보험계약을 청약하면서 매매계약서 등 관련 서류를 제출했고, A 회사는 을과 매매계약서에 기재된 매매대금을 근거로 말 X에 관하여 보험금액을 4,000만 원으로 하는 보험계약을 체결했다. 말 X는 병의 목장에서 '결장 협착'으로 폐사했다. 을은 말 X의 실제 가액을 묵비한 채 A 회사에 보험금을 청구하여 보험금 3,200만 원을 받았다.22)

[판결 15] A사가 모든 사정을 알았더라면 말 X에 관하여 보험금액을 4,000만 원의 보험계약을 체결하지 않았을 뿐만 아니라 협정보험가액에 따른 보험금을 그대로 지급하지 않았을 것이다. 갑과 을이 이 사건 보험계약 체결 시 허위의 매매계약서를 작성·교부하여 보험금액이 목적물의 가액을 현저하게 초과하는 초과보험 상태를 유발한 후 이 사건 보험계약에 따른 보험사고가 발생하자 초과보험 사실을 알지 못하는 A 회사에게 이 사건 말의 가액을 묵비한 채 이 사건 보험계약에 따른 보험금을 청구하여 보험금을 교부받은 것은 기망행위에 의한 편취에 해당한다.23)

---

21) 대법원 2015. 7. 23. 선고 2015도6905 판결; 2014. 1. 16. 선고 2013도9644 판결.
22) 대법원 2015. 7. 23. 선고 2015도6905 판결.
23) 대법원 2015. 7. 23. 선고 2015도6905 판결.

> [판결 14] 갑은 A 보험사와 보험대리점 계약을 한 ○홈쇼핑과 보험 유치업무를 수행하고 수수료를 지급받기로 하는 계약을 체결하고 ○홈쇼핑 보험대리점의 상담원으로 근무했다. 갑은 보험계약 체결 의사가 없는 지인들에게 1회 보험료를 대신 납부해 주는 조건으로 을 회사와 보험계약을 체결할 것을 권유함으로써 다수의 보험계약이 체결되었고 갑은 그에 따른 수수료를 받았다. A 회사 직원 을은 갑 등 보험상담원들에게 보험내용, 가입방법, 영업방법 등에 관하여 교육하고 사무실의 운영과 실적을 관리했다. A 보험회사는 ○홈쇼핑에게 손해보험대리점 계약에서 정한 수수료율에 의하여 수수료를 지급했고, 그중 일부 수수료가 갑에게 지급되었다.24)

[판결 14] A 회사로서는 보험가입자들이 진정으로 보험료를 납부할 의사와 능력이 없이 갑에 의하여 1회 보험료를 대납하는 방식으로 보험계약을 체결하는 것이어서 1회 보험료 결제 후 보험계약이 유지되지 않을 것이라는 사정을 알았더라면 그 보험계약 체결에 따른 수수료를 지급하지 않았을 것이다.

갑은 A회사 보험 상품을 판매하는 보험상담원으로 보험가입자와 전화 상담 후 A 회사와 보험계약을 체결하도록 하고 그 보험계약 체결 실적에 따라 A회사로부터 ○홈쇼핑을 거쳐 수수료를 지급받은 것이므로, 갑에게는 신의성실의 원칙상 사전에 A에게 진정으로 보험계약을 성립시킬 의사 없이 수수료 수입을 올리기 위한 방편으로 보험가입신청서를 접수한다는 사정을 고지할 의무가 있다. 그럼에도 불구하고 이를 고지하지 아니한 채 보험가입자로 하여금 A 회사와 보험계약을 체결하게 하고 이에 따른 수수료를 지급받은 행위는 고지할 사실을 묵비함으로써 A를 기망한 것이고 사기죄를 구성한다. 갑과 A회사 사이에 직접적 계약관계 등이 성립되어 있지 않아 수수료가 ○홈쇼핑을 통해 지급된다거나 A 회사 직원 을이 보험계약이 체결되는 사정을 알고 있었다고 하여 갑의 A에 대한 신의칙상 고지의무가 부정되지 않는다.

(다) 기망행위자와 피해자

사기죄의 피해자가 법인이나 단체인 경우에 기망행위가 있었는지는 법인이나 단체의 대표 등 최종 의사결정권자 또는 내부적인 권한 위임 등에 따라 실질적으로 법인의 의사를 결정하고 처분을 할 권한을 가지고 있는 사람을 기준으로 판단해야 한다.

피해자 법인이나 단체의 대표자 또는 실질적으로 의사결정을 하는 최종결재권자 등 기망의 상대방이 기망행위자와 동일인이거나 기망행위자와 공모하는 등 기망행위를 알고 있었던 경우에는 기망의 상대방에게 기망행위로 인한 착오

---

24) 대법원 2014. 1. 16. 선고 2013도9644 판결; 2004. 4. 9. 선고 2003도7828 판결.

가 있다고 볼 수 없고, 기망의 상대방이 재물을 교부하는 등의 처분을 했더라도 기망행위와 인과관계가 있다고 보기 어렵다. 이러한 경우에는 사안에 따라 업무상횡령죄 또는 업무상배임죄 등이 성립하는 것은 별론으로 하고 사기죄가 성립한다고 보기 어렵다.[25)]

(2) 착오

형법에서 착오란 행위자의 인식과 사실, 현실이 일치하지 않는 경우를 칭한다. 사기죄가 성립하려면 기망행위의 대상자가 착오를 일으켜야 하고 착오의 결과 재물을 교부하거나 재산을 처분해야한다. 즉, 제347조에서 착오는 **처분행위를 하는 데 판단의 기초가 되는 사실**에 관한 것이다.[25)] 착오가 없으면 자신의 재물을 교부하거나 재산을 처분하지 않았을 것이기 때문에, 착오는 조문에 표기되지 않은 사기죄 성립의 불가결의 요건이다.

[판결 17] 사실에 관한 착오이든, 법률관계에 관한 것이든, 법률효과에 관한 것이든 상관없다. 또한 사실과 일치하지 않는 하자 있는 피기망자의 인식은 처분행위의 동기, 의도, 목적에 관한 것이든, 처분행위 자체에 관한 것이든 제한이 없다.[26)]

(3) 처분의사와 처분행위

(가) 뜻

'처분행위'는 기망행위자 등에게 재물을 교부하거나 재산상의 이익을 부여하는 **재산적 처분행위**를 말한다.[27)] 피기망자가 기망행위로 인하여 착오에 빠진 결과 내심의 의사와 다른 효과를 발생시키는 내용의 처분문서에 서명 또는 날인함으로써 처분문서의 내용에 따른 재산상 손해가 초래되었다면 그와 같은 처분문서에 서명 또는 날인을 한 피기망자의 행위는 사기죄에서 말하는 처분행위에 해당한다.[28)] 처분행위는 **처분의사**를 요건으로 한다.

피기망자 즉 착오를 일으킨 자는 재산을 처분할 권한이 있는 자이어야 하고

25) 대법원 2017. 8. 29. 선고 2016도18986 판결.
25) 대법원 2016. 5. 24. 선고 2015도18795 판결.
26) 대법원 2017. 2. 16. 선고 2016도13362 전원합의체 판결.
27) 대법원 2016. 5. 24. 선고 2015도18795 판결.
28) 대법원 2017. 2. 16. 선고 2016도13362 전원합의체 판결.

실제 처분행위를 한 사람으로 일치해야한다. 그러나 처분행위자와 재산의 피해자는 일치하지 않을 수 있다. 대표적인 예가 이른바 '소송사기'이다.

소송사기란 법원을 기망하여 자기에게 유리한 판결을 얻음으로써 상대방의 재물 또는 재산상 이익을 취득하는 행위이다.[29]

적극적 소송당사자인 원고뿐만 아니라 방어적인 위치에 있는 피고도 허위내용의 서류를 작성하여 이를 증거로 제출하거나 위증을 시키는 등의 적극적인 방법으로 법원을 기망하여 착오에 빠지게 한 결과 승소확정판결을 받음으로써 자기의 재산상의 의무이행을 면하게 된 경우에는 그 재산가액 상당에 대하여 사기죄가 성립한다. 원고 측에 의한 소송사기가 성립하려면 제소 당시에 원고 자신이 주장하는 채권이 존재하지 않는다는 사실을 잘 알고 있으면서도 허위의 주장과 입증으로써 법원을 기망한다는 인식을 하고 있어야 한다. 피고 측에 의한 소송사기가 성립하려면 원고 주장과 같은 채무가 존재한다는 사실을 잘 알고 있으면서도 허위의 주장과 입증으로써 법원을 기망한다는 인식을 하고 있어야 한다.[30]

[판결 15] 종친회를 피공탁자로 하여 수용보상금이 공탁되었는데 종친회장이 위조한 종친회 규약 등을 제출하는 방법으로 공탁관을 기망하고 공탁금을 출급받았다.[31]

☆[판결 15] 공익사업의 시행자가 수용보상금을 공탁한 경우 피공탁자가 그 공탁금에 관하여 출급청구권을 가진다. 한편 공탁관의 공탁금출급인가처분에 따라 공탁금이 출급되었다면, 설령 이를 출급 받은 사람이 진정한 출급청구권자가 아니라고 하더라도 이로써 공탁법상의 공탁절차는 종료된다. 따라서 진정한 출급청구권자는 공탁금 출급청구를 하거나 국가를 상대로 하여 민사소송으로 공탁금의 지급을 구할 수 없다. 위 법리에 의하면, 종친회장인 피고인이 공탁관을 기망하여 공탁금을 출급 받음으로써 종친회가 공탁금출급청구권을 상실하는 손해를 입었으므로, 종친회장이 사기범인 종친회가 사기죄의 피해자이다.

(나) 처분의사

피기망자가 기망당한 결과 자신의 작위 또는 부작위가 갖는 의미를 제대로

---

29) 대법원 2004. 3. 12. 선고 2003도333 판결.

30) 대법원 2004. 3. 12. 선고 2003도333 판결; 2003. 5. 16. 선고 2003도373 판결.

31) 대법원 2015. 9. 10. 선고 2015도8592 판결.

인식하지 못해 그러한 행위가 초래하는 결과를 인식하지 못하였더라도 그와 같은 착오 상태에서 재산상 손해를 초래하는 행위를 하기에 이르렀다면 피기망자의 처분행위와 그에 상응하는 처분의사가 있다고 보아야 한다.[32)]

피해자의 처분행위에 **처분의사가 필요하다고 보는 근거**는 처분행위를 피해자가 인식하고 한 것이라는 점이 인정될 때 처분행위를 피해자가 한 행위라고 볼 수 있기 때문이다. 다시 말하여 사기죄에서 피해자의 처분의사가 갖는 기능은 피해자의 처분행위가 존재한다는 객관적 측면에 상응하여 이를 주관적 측면에서 확인하는 역할을 하는 것일 뿐이다. 따라서 처분행위라고 평가되는 어떤 행위를 피해자가 인식하고 한 것이라면 피해자의 처분의사가 있다고 할 수 있다. 결국 피해자가 처분행위로 인한 결과까지 인식할 필요가 있는 것은 아니다. 비록 피기망자가 처분행위의 의미나 내용을 인식하지 못하였더라도, 피기망자의 작위 또는 부작위가 직접 재산상 손해를 초래하는 재산적 처분행위로 평가되고, 이러한 작위 또는 부작위를 피기망자가 인식하고 한 것이라면 처분행위에 상응하는 처분의사는 인정된다. 다시 말하면 피기망자가 자신의 작위 또는 부작위에 따른 결과까지 인식하여야 처분의사를 인정할 수 있는 것은 아니다.[33)]

> [판결 17-4] 갑은 을 등과 토지거래허가 등에 필요한 서류라고 속여서 평생 농사만 지어 담보와 건축허가 등에 관한 지식이 없는 토지매도자 A로 하여금 근저당권설정계약서 등에 서명·날인하게 하고, 인감증명서를 교부받은 다음, 이를 이용하여 A 소유의 토지에 관하여 갑을 채무자로 하여 채권최고액 합계 10억 5,000만 원인 근저당권을 ㄱ 등에게 설정하여 주고, 7억 원을 차용하였다. 또 갑, 을 등은 토지 매도인인 B, A에게 토지거래허가 등에 필요한 서류라고 속여서 그들로 하여금 위 토지를 담보로 제공하는 취지가 기재된 차용지불약정서 등에 서명 또는 날인하게 하고, 피해자들의 인감증명서를 교부받은 다음, 이를 이용하여 피해자들 소유의 위 각 토지에 관하여 갑을 채무자로 하여 채권최고액 1억 8,000만 원인 근저당권을 ㄱ 에게 설정하여 주고, 1억 2,000만 원을 차용했다.[34)]

[판결 17-4] 피해자 A, B는 피고인 갑 등의 기망행위로 착오에 빠진 결과 토지거래허가 등에 필요한 서류로 잘못 알고 처분문서인 근저당권설정계약서 등에 서명 또는 날인함으로써 재산상 손해를 초래하는 행위를 한 것이므로, 피해자들의 행위는 사

32) 대법원 2017. 2. 16. 선고 2016도13362 전원합의체 판결.

33) 대법원 2017. 2. 16. 선고 2016도13362 전원합의체 판결.

34) 대법원 2017. 2. 16. 선고 2016도13362 전원합의체 판결.

기죄에서의 처분**행위**에 해당한다.

아울러 피해자들이 비록 자신들이 서명 또는 날인하는 문서의 정확한 내용과 그 문서의 작성행위가 어떤 결과를 초래하는지를 미처 인식하지 못하였다고 하더라도 토지거래허가나 약정된 근저당권설정에 관한 서류로 알고 그와 다른 근저당권설정계약에 관한 내용이 기재되어 있는 문서에 스스로 서명 또는 날인함으로써 그 문서에 서명 또는 날인하는 행위에 관한 인식이 있었던 이상 처분**의사**도 인정된다.

> [판결 16-2] A는 ○공사의 입찰시스템 유지·보수업무를 담당하는 ㄱ, ㄴ, ㄷ을 통해 개찰 프로그램을 조작하는 방식으로 ○공사가 발주하는 공사계약의 낙찰하한가를 알아낸 다음 이를 B를 통하여 갑 등 공사업자들에게 알려주고, 갑 등 공사업자들은 이를 이용하여 그들이 운영하는 회사들이 ○공사가 발주하는 공사의 낙찰자로 선정되도록 하여 이러한 사정을 모르는 ○공사와 12회에 걸쳐 공사계약을 체결하고 공사대금 명목의 돈을 교부받았다. A 등은 공사업자들에게 낙찰정보를 제공하는 대가로 공사의 종류에 따라 사전에 낙찰금액의 일정 비율에 해당하는 돈을 지급받기로 하여 낙찰정보를 제공한 직후 또는 공사업자들이 공사를 낙찰 받은 직후에 약정한 돈을 지급받아 각자 분배했다.[35)]

[판결 16-2] 갑과 A 등의 기망행위 내용은 ○공사로 하여금 최종 낙찰하한가가 비밀이 유지된 절차에서 결정된 가격일 뿐만 아니라 입찰자가 투찰한 입찰금액 또한 부정한 행위 없이 임의로 선택된 가격이라는 것을 믿게 하는 것이지 입찰자가 일단 낙찰자로 선정되어 발주처와 계약을 체결한 다음 공사를 끝까지 성실하게 시공하는 등 그 계약에 따른 급부 이행을 할 의사와 능력이 있는지의 여부 내지 그 계약에서 요구하는 급부의 내용이나 품질에 관하여 착오를 일으키게 하려는 것은 아니다. 또 갑의 의사도 일단 공사를 낙찰받아 계약을 체결한 후 공사를 시행하겠다는 것이지 위와 같이 부정한 방법으로 낙찰 받은 공사를 시행하는 과정에서 공사의 내용이나 품질에 관한 별도의 기망행위를 하겠다는 것은 아니다. 따라서 갑과 A 등의 기망행위로 인한 ○공사의 처분행위는 공사대금 지급이 아니라 A 등으로부터 낙찰하한가를 전달받은 갑의 회사를 낙찰자로 결정하여 그와 공사계약을 체결하는 것 자체이고, 이러한 처분행위로 인하여 갑과 A 등이 편취한 것은 '발주처와 공사계약을 체결한 계약당사자의 지위'라는 액수 미상의 재산상 이익이다.

결국 A 등이 갑 등 공사업자들로부터 수수한 돈은 공동의 사기 범행으로 취득했거나 가까운 장래에 취득할 재산상 이익 중 일부를 내부적으로 분배받은 것에 지나지 않고, 일부 공사업자가 계약 체결에 이르지 못한 경우에 돈을 지급한 적이 있다고 하여 달리 볼 것이 아니다. 따라서 갑이 A 등에게 교부한 돈은 공범들 상호 간의 이익

35) 대법원 2016. 5. 24. 선고 2015도18795 판결.

분배에 불과하여 갑에게 별도로 배임증재죄가 성립하지 않는다.

> [판결 12-3] 갑은 을로부터 사업자등록 명의를 빌려 호텔을 운영하면서 을에게 채무를 부담하게 하더라도 이를 변제할 의사나 능력이 없었음에도, 을에게 "○관광호텔의 사업자등록 명의를 변경하여야 하는데 명의를 빌려주면 호텔을 운영하면서 발생하는 세금이나 채무는 모두 제가 변제하도록 하고 을 사장님한테는 아무런 손해가 가지 않도록 하겠다."고 거짓말을 하여 속은 을로 하여금 위 호텔에 관한 임대보증금반환채무 5천만 원(선급 임대료 2천 5백만 원 포함), 주차부스 구매대금채무 1백만 원, 각종 세금 및 고용·산재보험료채무 1천 7백만 원 상당을 부담하게 하고 이를 변제하지 않음으로써 재산상 이익을 취득했다.[36)]

[판결 12-3] '처분행위'는 범인 등에게 재물을 교부하거나 재산상의 이익을 부여하는 재산적 처분행위를 의미한다. 피기망자가 처분의사를 가지고 그 의사에 지배된 행위를 하여야 하고, 피기망자는 재물 또는 재산상의 이익에 대한 처분행위를 할 권한이 있는 자여야 한다.

을이 갑에게 사업자등록 명의를 대여한 행위 자체를 사기죄의 재산적 처분행위로 볼 수는 없다. 뿐만 아니라, 을의 명의대여 행위로 인하여 갑이 임대보증금반환채무, 주차부스 구매대금채무, 각종 세금 및 고용·산재보험료채무 등을 면하게 되는 것도 아니다. 결국 을이 갑에게 사업자등록 명의를 대여하였다는 것만으로 갑이 채무를 면하는 재산상 이익을 취득하는 을의 재산적 처분행위가 있었다고 보기는 어렵다.[37)]

(4) 재산상의 이익취득

(가) 판례

☆[판결 17][38)]: "사기죄가 성립하려면 행위자의 기망행위, 피기망자의 착오와 그에 따른 처분행위, 그리고 행위자 등의 재물이나 **재산상 이익의 취득**이 있고, 그 사이에 순차적인 인과관계가 존재해야 한다."

재산상 이익의 취득이 사기죄의 성립요건임은 조문에 표기되어 있고 판례로 인정되고 있지만, **재산상 피해**는 조문에 요건으로 표기되지 않았고 판례에서도[39)] 인정받지 못했다.

---

36) 대법원 2012. 6. 28. 선고 2012도4773 판결.

37) 대법원 2012. 6. 28. 선고 2012도4773 판결; 2001. 4. 27. 선고 99도484 판결; 1987. 10. 26. 선고 87도1042 판결 등.

38) 대법원 2017. 9. 26. 선고 2017도8449 판결; 2000. 6. 27. 선고 2000도1155 판결.

39) 대법원 2014. 10. 15. 선고 2014도9099 판결; 2007. 10. 11. 선고 2007도6012 판결; 1999.

[판결 07][40] 금원 편취를 내용으로 하는 사기죄에서는 기망으로 인한 금원 교부가 있으면 그 자체로써 피해자의 재산침해가 되어 바로 사기죄가 성립하고, 상당한 대가가 지급되었다거나 피해자의 전체 재산상에 손해가 없다 하여도 사기죄의 성립에는 그 영향이 없다.

(나) 비판

아무도 또 아무런 재산피해가 없는데도 타인을 기망한 사람이 사기범으로 처벌되는 것은 합리적이 아니다.[41] 예를 들면, 투자전문가 갑이 을에게 주식투자만 하여 연 3%의 수익을 주겠다고 약속하고, 채권과 외환투자를 통해 연 10%의 수익을 낸 후 을에게는 5%의 수익만 주고 자신이 5%를 취득한 경우, 판례의 이론에 따르면 갑은 을을 속인 것이고 재산상 이익을 취득한 것이다. 그러나 이런 조건으로 을도 이익을 취했음에도 갑이 사기범으로 처벌되는 것은 합리적인 결과가 아니다. 따라서 기망행위자는 재산상 이익을 보고 피기망자 또는 처분행위자는 재산손해를 입은 경우에만 사기죄를 인정하는 것이 옳다.

독일형법 § 263을 참고·비교하면, "자기 또는 제3자가 위법한 재산상의 이익을 얻으려는 목적으로 진실을 위장, 왜곡하거나 은닉함으로써 타인의 재산에 피해를 입힌 행위"를 사기라고 규정하고 있다.

2. 주관적 구성요건

판례는 명확하게 표현하지는 않았으나, 사기의 주관적 요건은 '편취의 고의'와 미필적 고의[42] 그리고 '불법영득의 의사'[43]라는 견해로 보인다.

불법이득의 목적은 앞서 설명한 대로 고의 이외에도 사기의 필수적인 주관적 요건이다. 불법 이득의 목적이 없는 재산상 이익의 추구는 사기가 아닌 경제활동이다. 불법영득의 의사는 불법이득의 목적에 포함되므로 불법이득의 목적이 주관적 요건이라고 하는 것으로 충분하다.[44]

---

2. 12. 선고 98도3549 판결; 1998. 11. 10선고 98도2526 판결.

40) 대법원 2007. 10. 11. 선고 2007도6012 판결.

41) 한정환, 사기죄, 판례월보 367호(2001년 4월), 56쪽 이하; 사기죄에서의 기망과 재산상 이익취득, 형사법연구 12호(1999), 311쪽 이하.

42) 대법원 2016. 1. 14. 선고 2015도9497 판결.

43) 대법원 2012. 5. 24. 선고 2011도15639 판결; 2011. 11. 24. 선고 2010도15454 판결; 2009. 4. 9. 선고 2009도128 판결.

44) 같은 주장 : 김일수/서보학, 각론[8], 355쪽.

이밖에도 **다른 사람의 재산에 피해를 준다는 인식과 의욕**은 사기죄의 주관적 요건에 포함되어야 한다.

3. 실행의 착수와 기수시기

(1) 실행의 착수

사기죄는 **편취의 의사로 기망행위를 개시한 때에 실행에 착수한 것이다.**[45)]

☆[판결 15][46)] 사기도박에서도 사기적인 방법으로 도금을 편취하려고 하는 자가 상대방에게 도박에 참가할 것을 권유하는 등 기망행위를 개시한 때에 실행의 착수가 있는 것으로 보아야 한다. 그 후에 사기도박을 숨기기 위하여 정상적인 도박을 하였더라도 이는 사기죄의 실행행위에 포함된다. 사기도박에 필요한 준비로서 일명 '약' 카드세트와 밑장빼기가 가능한 카드분배기 등을 갖추고 블랙딜러를 투입하여 피해자들에게 도박에 참가하도록 한 때에는 이미 사기죄의 실행에 착수한 것이고, 블랙딜러가 딜링하는 게임에 '약' 카드세트가 투입된 경우에, 밑장빼기를 하였는지 여부에 관계없이 게임의 우연성이 흠결된 것으로 블랙딜러가 승패를 지배하고 있다고 볼 수 있어 사기죄의 기망행위에 해당한다.

☆[판결 15-1][47)] 강제집행절차를 통한 소송사기는 **집행절차의 개시신청을 한 때 또는 진행 중인 집행절차에 배당신청을 한 때에 실행에 착수한 것이다.**

민사집행법 제244조에서 규정하는 부동산에 관한 권리이전청구권에 대한 강제집행은 그 자체를 처분하여 그 대금으로 채권에 만족을 기하는 것이 아니고, 부동산에 관한 권리이전청구권을 압류하여 청구권의 내용을 실현시키고 부동산을 채무자의 책임재산으로 귀속시킨 다음 다시 그 부동산에 대한 경매를 실시하여 그 매각대금으로 채권에 만족을 기하는 것이다. 이러한 경우 소유권이전등기청구권에 대한 압류는 당해 부동산에 대한 경매의 실시를 위한 사전 단계로서의 의미를 가지나, 전체로서의 강제집행절차를 위한 일련의 시작행위라고 할 수 있으므로, 허위 채권에 기한 공정증서를 집행권원으로 하여 채무자의 소유권이전등기청구권에 대하여 압류신청을 한 시점에 소송사기의 실행에 착수한 것이다.

[판결 12][48)] 피담보채권인 공사대금 채권을 실제와 달리 허위로 크게 부풀려 유치

---

45) 대법원 2015. 10. 29. 선고 2015도10948 판결.

46) 대법원 2015. 10. 29. 선고 2015도10948 판결; 2011. 1. 13. 선고 2010도9330 판결.

47) 대법원 2015. 2. 12. 선고 2014도10086 판결.

48) 대법원 2012. 11. 15. 선고 2012도9603 판결.

권에 의한 경매를 신청할 경우 정당한 채권액에 의하여 경매를 신청한 경우보다 더 많은 배당금을 받을 수도 있으므로, 이는 법원을 기망하여 배당이라는 법원의 처분행위에 의하여 재산상 이익을 취득하려는 행위로서, 소송사기죄의 실행의 착수에 해당한다.

〔보험금청구〕

[판결 13][49] A의 사망을 보험사고로 하는 생명보험계약을 체결함에 있어 을이 피보험자 A인 것처럼 가장하여 체결하는 등 그 유효요건이 갖추어지지 못한 경우, 그와 같이 하자 있는 보험계약을 체결한 행위만으로는 미필적으로라도 보험금을 편취하려는 의사에 의한 기망행위의 실행에 착수한 것으로 볼 것은 아니다. 피보험자 본인임을 가장하는 등으로 보험계약을 체결한 행위는 단지 장차의 보험금 편취를 위한 예비행위에 지나지 않는다. 보험회사를 기망하여 보험금을 지급받은 편취행위는 다른 특별한 사정이 없는 한 보험금수령자 갑이 보험계약이 유효하게 체결된 것처럼 기망하여 보험회사에 보험금을 청구한 때에 실행의 착수가 있다.

(2) 기수시기

제347조 사기죄는 재산상의 이익 취득시기 또는 교부행위, 처분행위가 이루어지는 시점에서 기수가 된다는 것이 판례의 입장이다.

(가) 계좌로의 입금 ; 처분행위시점

[판결 03] 갑은 을 명의 통장의 현금인출카드를 소지하고 있어 언제든지 위 카드를 이용하여 위 차명계좌 통장으로부터 금원을 인출할 수 있는 상황에서 을을 기망하여 위 통장으로 1,500만 원을 송금 받았다. 갑이 돈을 인출하지 않은 상태에서 을은 통장과 도장으로 자신의 돈을 인출해갔다.[50]

[판결 03][51] 갑은 송금 받은 1,500만 원을 자신의 지배하에 두게 된 것이므로 편취행위는 기수에 이르렀다. 이후 갑이 위 편취금을 인출하지 않고 있던 중 을이 이를 인출하여 갔다 해도 이는 범죄성립 후의 사정일 뿐 피고인의 사기죄의 성립에 영향이 없다.

49) 대법원 2013. 11. 14. 선고 2013도7494 판결.
50) 대법원 2003. 7. 25. 선고 2003도2252 판결.
51) 대법원 2003. 7. 25. 선고 2003도2252 판결.

(나) 소송사기

[판결 06][52] 법원을 기망하여 자기에게 유리한 판결을 얻고 그 판결 확정에 의하여 타인의 협력 없이 자신의 의사만으로 재물이나 재산상 이익을 얻을 수 있는 지위를 취득하게 되면, 그 지위는 재산적 가치가 있는 구체적 이익으로서 사기죄의 객체인 재산상 이익에 해당하므로, 사기죄가 성립된다.

피고인 또는 그와 공모한 자가 자신이 토지의 소유자라고 허위의 주장을 하면서 소유권보존등기 명의자를 상대로 보존등기의 말소를 구하는 소송을 제기한 경우 그 소송에서 위 토지가 피고인 또는 그와 공모한 자의 소유임을 인정하여 보존등기 말소를 명하는 내용의 승소확정판결을 받는다면, 이에 터 잡아 **언제든지** 단독으로 상대방의 소유권보존등기를 말소시킨 후 자기 앞으로의 소유권보존등기를 신청하여 그 등기를 마칠 수 있게 되므로, 이는 법원을 기망하여 유리한 판결을 얻음으로써 '대상 토지의 소유권에 대한 방해를 제거하고 그 소유명의를 얻을 수 있는 지위'라는 **재산상 이익을 취득한 것이고**, 그 경우 기수시기는 위 판결이 확정된 때이다.

(다) 재물의 교부시점

[판결 85][53] 당좌수표등 유가증권을 편취할 경우에는 유가증권의 교부를 받은 단계에서 재물편취의 기수가 된다.

Ⅲ. 제347조의 2 [컴퓨터 등 사용사기]

> 제347조의2(컴퓨터등 사용사기) 컴퓨터 등 정보처리장치에 허위의 정보 또는 부정한 명령을 입력하거나 권한 없이 정보를 입력·변경하여 정보처리를 하게 함으로써 재산상의 이익을 취득하거나 제3자로 하여금 취득하게 한 자는 10년 이하의 징역 또는 2천만원 이하의 벌금에 처한다.

1. 보호법익, 취지

보호법익은 재산이다.[54] 제347조의 2는 금융업무, 재산변동 등의 업무가 컴퓨터에 의하여 자동·전산 처리됨에 따라 컴퓨터를 조작하여 재산상 이익을 취

52) 대법원 2006. 4. 7. 선고 2005도9858 전원합의체 판결.

53) 대법원 1985. 12. 24. 선고 85도2317 판결.

54) 대법원 2014. 3. 13. 선고 2013도16099 판결. NK^2/*Kindhäuser*, § 263a Rn 1; S/S^{29}/*Peron*, 263a, Rn 1

하는 범행이 증가했지만, 컴퓨터를 이용한 범행은 사람에 대한 기망행위나 상대방의 처분행위 등을 수반하지 않아 제329조 사기죄로는 처벌할 수 없는 점을 보완하고자 1995년 신설되었다.55) 거의 같은 내용의 '컴퓨터사기'라는 이름의 조문은 1985년 독일형법 § 263a에 신설되었다.

2. 구성요건

(1) 허위의 정보, 부정한 명령

'부정한 명령의 입력'은 당해 사무처리시스템에 예정되어 있는 사무처리의 목적에 비추어 지시해서는 안 될 명령을 입력하는 것이다. 따라서 '허위의 정보'를 입력한 경우가 아니라고 해도, 당해 사무처리시스템의 프로그램을 구성하는 개개의 명령을 부정하게 변개·삭제하는 행위는 물론 프로그램 자체에서 발생하는 오류를 적극적으로 이용하여 그 사무처리의 목적에 비추어 정당하지 아니한 사무처리를 하게 하는 행위도 특별한 사정이 없는 한 위 '부정한 명령의 입력'에 해당한다.56)

(2) 정보처리

'정보처리'는 사기죄에 있어서 피해자의 처분행위에 상응하는 것이다. 입력된 허위의 정보 등에 의하여 계산이나 데이터의 처리가 이루어짐으로써 직접적으로 재산처분의 결과를 초래하여야 하고, 행위자나 제3자의 '재산상 이익 취득'은 사람의 처분행위가 개재됨이 없이 컴퓨터 등에 의한 정보처리과정에서 이루어져야 한다.57)

3. 판례

[판결 14] 피고인 갑, 을, 병은 조달청의 국가종합전자조달시스템을 해킹하여 재무관PC용 악성프로그램과 입찰자PC용 악성프로그램 및 위 악성프로그램들과

55) 대법원 2014. 3. 13. 선고 2013도16099 판결. 김일수/서보학, 각론[8], 362쪽; 이재상 등, 각론[10], 356쪽.

56) 대법원 2013. 11. 14. 선고 2011도4440 판결.

57) 대법원 2014. 3. 13. 선고 2013도16099 판결.

자동 접속하는 연결서버를 각각 개발·설치하여 낙찰하한가를 임의 조작하고 특정 건설사에게 낙찰이 가능한 입찰 금액을 알려주어 공사를 불법적으로 낙찰받게 해준 다음 해당 건설사로부터 그 대가를 받아 나눠가지기로 마음먹었다.58)

☆[판결 14] 갑 등은 악성프로그램을 운용하여 사전에 낙찰하한가를 알아내어 이를 토대로 특정 건설사에 낙찰가능성이 높은 입찰금액을 알려주었다. 적격심사를 거치게 되어 있는 각 시설공사의 전자입찰에 있어서 특정 건설사가 낙찰하한가에 대한 정보를 사전에 알고 투찰할 경우 그 건설사가 낙찰자로 결정될 가능성이 높은 것은 사실이나, 낙찰하한가에 가장 근접한 금액으로 투찰한 건설사라고 하더라도 적격심사를 거쳐 일정 기준 이상이 되어야만 낙찰자로 결정될 수 있는 점 등을 감안할 때, 갑 등이 조달청의 국가종합전자조달시스템에 입찰자들이 선택한 추첨번호가 변경되어 저장되도록 하는 등 권한 없이 정보를 변경하여 정보처리를 하게 함으로써 직접적으로 얻은 것은 낙찰하한가에 대한 정보일 뿐, 위와 같은 정보처리의 직접적인 결과 특정 건설사가 낙찰자로 결정되어 낙찰금액 상당의 재산상 이익을 얻게 되었다거나 그 낙찰자 결정이 사람의 처분행위가 개재됨이 없이 컴퓨터 등의 정보처리과정에서 이루어진 것은 아니다.

그럼에도 이 부분 공소사실이 컴퓨터 등 사용사기죄 또는 그 미수죄의 구성요건에 해당된다고 보아 이를 유죄로 인정한 원심판결에는 **컴퓨터 등 사용사기죄**의 구성요건에 관한 법리를 오해하여 판결 결과에 영향을 미친 위법이 있다.59)

비판: 갑 등이 불법이득의 의도로 '권한 없이 정보를 입력, 변경'했음에도 제347조의 2 미수죄를 부정한 [판결 14]는 수긍하기 어렵다.

[판결 07] 갑은 고흥농협 365코너에서 같은 날 친할아버지 을의 집에서 몰래 가지고 나온 을 명의의 농협통장 1장을 현금인출기에 집어넣고 권한 없이 통장 뒷면에 기재된 비밀번호를 입력하고 고흥 농협 소유의 570,000원을 갑 명의의 국민은행 계좌로 이체 받았다.60)

☆[판결 07] 컴퓨터 등 정보처리장치를 통하여 이루어지는 금융기관 사이의 자금 이체거래는 금융기관 사이의 환거래관계를 매개로 하여 금융기관 사이나 금융기관을 이용하는 고객 사이에서 현실적인 자금의 수수 없이 지급·수령을 실현하는 거래방식

58) 서울중앙지방법원 2013. 6. 28. 선고 2013고단834 판결.

59) 대법원 2014. 3. 13. 선고 2013도16099 판결.

60) 광주지방법원순천지원 2006. 2. 16. 선고 2006고단13 판결.

이다. 권한 없이 컴퓨터 등 정보처리장치를 이용하여 A가 거래하는 ㄱ금융기관의 계좌 예금 잔고 중 일부를 B가 거래하는 ㄴ금융기관에 개설된 명의 계좌로 이체한 경우, A의 거래 금융기관에 대한 예금반환 채권은 이러한 행위로 인하여 영향을 받을 이유가 없는 것이므로, ㄱ 금융기관으로서는 A에 대한 예금반환 채무를 여전히 부담하면서 환거래관계상 ㄴ 금융기관에 대하여 자금이체로 인한 이체자금 상당액 결제채무를 추가 부담하게 됨으로써 이체된 예금 상당액의 채무를 이중으로 지급해야 할 위험에 처하게 된다. 따라서 친척 소유 예금통장을 절취한 자가 그 친척 거래 금융기관에 설치된 현금자동지급기에 예금통장을 넣고 조작하는 방법으로 친척 명의 계좌의 예금 잔고를 자신이 거래하는 다른 금융기관에 개설된 자기 계좌로 이체한 경우, 그 범행으로 인한 피해자는 이체된 예금 상당액의 채무를 이중으로 지급해야 할 위험에 처하게 되는 그 친척 거래 금융기관이다.

거래 약관의 면책 조항이나 채권의 준점유자에 대한 법리 적용 등에 의하여 위와 같은 범행으로 인한 피해가 최종적으로는 예금 명의인인 친척에게 전가될 수 있다고 하여, 자금이체 거래의 직접적인 당사자이자 이중지급 위험의 원칙적인 부담자인 ㄱ 금융기관이 **컴퓨터 등 사용사기 범행**의 피해자가 아니라고 볼 수는 없으므로, 친족상도례를 적용할 수 없다.[61]

> [판결 06] 갑, 을 등은 금융기관의 경우 실제 송금한 사람이 없더라도 금융기관 단말기의 전산작업을 통하여 특정계좌에 돈이 송금된 것으로 처리하는 소위 '무자원 송금' 방법이 있다는 사실을 알고, 청와대 등을 사칭하여 위와 같은 방법으로 특정계좌에 입금한 후 인출하는 방법으로 금원을 편취하기로 하고 강원 봉평농협 용평지소에서, 돈을 송금하도록 의뢰된 사실이 없음에도, 봉평지소직원인 ㅈ에게 ㅈ이 사무실에서 사용하는 컴퓨터 단말기를 이용하여 갑 등이 도용한 대한불교적멸종 총무원 법인 명의의 농협중앙회 예금계좌에 1억 원이 송금된 것처럼 허위의 정보를 입력하는 방법으로 그 즉시 위 계좌로 1억 원이 입금되도록 했다. 같은 장소에서, 1억 원을 계좌이체 시킬 경우 농협상부 전산망에 점검된다는 사실을 알고 이를 피하기 위하여 1회당 9,000만 원으로 분산하여 계좌이체 시키기로 한 다음 ㅈ이 사용하는 컴퓨터 단말기를 조작하여 9천만 원씩 90회에 걸쳐 합계 81억 원을 대한불교적멸종 명의의 농협중앙회 예금계좌로 입금되도록 하고, 같은 방법으로 9천만 원씩 90회에 걸쳐 합계 81억 원을 대한불교적멸종 명의의 다른 농협중앙회 예금계좌로 입금되도록 함으로써 합계 162억 원의 재산상 이익을 취득했다.[62]

61) 대법원 2007. 3. 15. 선고 2006도2704 판결.

62) 서울중앙지방법원 2005. 11. 17. 선고 2005고단4554-1 판결; 대법원 2006. 9. 14. 선고 2006도4127 판결[사기미수·컴퓨터등사용사기].

[판결 06] 금융기관 직원이 전산단말기를 이용하여 다른 공범들이 지정한 특정계좌에 돈이 입금된 것처럼 **허위의 정보를 입력하는 방법**으로 위 계좌로 입금되도록 한 경우, 이러한 입금절차를 완료함으로써 장차 그 계좌에서 이를 인출하여 갈 수 있는 재산상 이익의 취득이 있게 되었으므로 제347조의2 '컴퓨터 등 사용사기죄'는 기수에 이르렀다. 그 후 그 입금이 취소되어 현실적으로 인출되지 못했다고 해도 이미 성립한 컴퓨터 등 사용사기죄에 영향이 없다.

원심이 봉평농협 직원인 ㅈ이 갑 등의 지시에 따라 위 농협지소에 설치된 컴퓨터 단말기를 이용하여 특정계좌에 무자원 송금의 방식으로 입금을 완료한 행위에 대하여 제347조의2 컴퓨터 등 사용사기죄의 기수로 처벌한 것은 정당하다.63)

> [판결 06-1] 갑은 충주농협 목행지점에서, '사이버 25시 피씨방'에 게임을 하러 온 을로부터 을 소유의 농협현금카드로 20,000원을 인출해 오라는 부탁과 함께 현금카드를 건네받고 이를 기화로, 위 지점에 설치된 현금자동인출기에 위 현금카드를 넣고 인출금액을 50,000원으로 입력하여 그 금액을 인출한 후 그 중 20,000원만 을에게 건네주었다.64)

[판결 06-1] 갑이 차액을 위법하게 이득할 의사로 현금자동지급기에 그 초과된 금액이 인출되도록 입력하여 그 초과된 금액의 현금을 인출한 경우에는 그 인출된 현금에 대한 점유를 취득함으로써 이때에 그 인출한 현금 총액 중 인출을 위임받은 금액을 넘는 부분의 비율에 상당하는 재산상 이익을 취득한 것으로 볼 수 있다. 갑의 행위는 그 차액 상당액에 관하여 제347조의2(컴퓨터등사용사기)에 규정된 '컴퓨터등 정보처리장치에 권한 없이 정보를 입력하여 정보처리를 하게 함으로써 재산상의 이익을 취득'하는 행위이다.

> [판결 03] 갑은 **절취한 신용카드들**을 정보처리장치인 현금자동인출기에 투입하고 그 단말기에 미리 알아둔 정보인 위 신용카드들의 비밀번호를 입력하여 현금서비스를 받았다.65)

[판결 03] 제347조의 2는 컴퓨터 등 사용사기죄의 객체를 재물이 아닌 재산상의 이익으로만 한정하여 규정하고 있으므로, **절취한 타인의 신용카드로 현금자동지급기에서 현금을 인출하는 행위**가 재물에 관한 범죄인 이상 이를 위 컴퓨터 등 사용사기

---

63) 대법원 2006. 9. 14. 선고 2006도4127 판결.
64) 대법원 2006. 3. 24. 선고 2005도3516 판결.
65) 대법원 2003. 5. 13. 선고 2003도1178 판결.

죄로 처벌할 수 없다. 입법자의 의도가 이와 달리 이를 위 죄로 처벌하고자 하는 데 있었다거나 유사한 사례와 비교하여 처벌상의 불균형이 발생할 우려가 있다는 이유만으로 그와 달리 볼 수는 없다.

비판: 현금은 재물이고 재산상 이익이 아니어서 제347조의 2의 적용대상이 아니므로 무죄라는 논리는 잘못이다. 재산에는 당연히 재물이 포함된다.66)

[판결 02] **갑이 을의 이름을 모용하여 신용카드를 발급받은 경우**, 카드회사가 갑으로부터 기망을 당하여 갑에게 을 명의로 발급된 신용카드를 교부하고, 사실상 갑이 지정한 비밀번호를 입력하여 현금자동지급기에 의한 **현금대출(현금서비스)**을 받을 수 있도록 했다 해도, 카드회사의 내심의 의사는 물론 표시된 의사도 어디까지나 카드명의인인 을에게 이를 허용한 것일 뿐, 갑에게 이를 허용한 것은 아니기 때문에 갑 을의 명의를 모용하여 발급받은 신용카드를 사용하여 현금자동지급기에서 현금대출을 받는 행위는 카드회사에 의하여 미리 포괄적으로 허용된 행위가 아니라, 현금자동지급기의 관리자의 의사에 반하여 그의 지배를 배제한 채 그 현금을 자기의 지배하에 옮겨 놓는 행위로서 절도죄에 해당한다.67)

[통신금융사기 피해방지 특별법(Voice Fishing 사기방지)]

> 전기통신금융사기 피해 방지 및 피해금 환급에 관한 특별법
> 제15조의2(벌칙) ① 전기통신금융사기를 목적으로 다음 각 호의 어느 하나에 해당하는 행위를 한 자는 10년 이하의 징역 또는 1억원 이하의 벌금에 처한다.
> 1. 타인으로 하여금 컴퓨터 등 정보처리장치에 정보 또는 명령을 입력하게 하는 행위
> 2. 취득한 타인의 정보를 이용하여 컴퓨터 등 정보처리장치에 정보 또는 명령을 입력하는 행위
> ② 제1항의 미수범은 처벌한다.
> ③ 상습적으로 제1항의 죄를 범한 자는 그 죄에 대하여 정하는 형의 2분의 1까지 가중한다.

> [판결 15] 피고인 갑은 중국에 있는 림씨 및 국내에 입국한 을의 지시에 따라 지하철역 물품보관함에 보관된 타인 명의 체크카드를 꺼내 그 카드로 전기통신금융사기 피해금을 인출하여 림이 지정한 계좌로 입금하는 인출 및 송금책이다. 갑,'림', 을은 대출회사 직원을 사칭하여 정부에서 시행하는 저리 대출을 해준다면서 이에 필요한 수수료를 입금하라고 권유하여 송금 받은 뒤 가로채는 방식의

66) 김일수/서보학, 각론[8], 362쪽; 이재상 등, 각론[10], 358쪽.

67) 대법원 2002. 7. 12. 선고 2002도2134 판결.

> '보이스피싱' 범행을 저지르기로 하고, 그에 따라 '림'과 을은 갑에게 타인 명의의 체크카드를 전달하고 '보이스피싱'에 속은 피해자들이 돈을 송금하면 그 직후 이를 인출하도록 연락하여 갑이 인출한 후 인출한 돈 중 자신의 수수료 3%를 공제한 나머지 돈을 '림'이 지정한 계좌로 송금하기로 했다. 갑은 '림', 을과 공모하여 국민은행 현금인출기에 '림'의 지시에 따라 보관하고 있던 ㄱ 명의 체크카드를 넣고 비밀번호를 입력하는 등 총 11회에 걸쳐 각 은행의 현금인출기에 비밀번호를 입력함으로써, 전기통신금융사기를 목적으로 취득한 타인의 정보를 이용하여 컴퓨터 등 저장처리장치에 정보를 입력했다.68)

[판결 15] 전기통신금융사기 피해 방지 및 피해금 환급에 관한 특별법 제15조의2 제1항이 처벌대상으로 삼고 있는 **통신사기 피해 환급법** 제2조 제2호에서 정한 **전기통신금융사기를 목적으로 하는 정보 또는 명령의 입력**이란 '타인에 대한 전기통신금융사기 행위에 의하여 자금을 다른 계좌로 송금·이체하는 것을 목적으로 하는 정보 또는 명령의 입력'을 의미한다. 이러한 해석은 이른바 변종 보이스피싱 행위도 처벌할 수 있도록 하기 위하여 처벌조항을 신설하였다는 통신사기피해환급법의 개정이유에 의하여서도 뒷받침된다.

그리고 전기통신금융사기를 목적으로 타인으로 하여금 컴퓨터 등 정보처리장치에 정보 또는 명령을 입력하게 하는 행위(처벌조항 제1호)나 전기통신금융사기를 목적으로 취득한 타인의 정보를 이용하여 컴퓨터 등 정보처리장치에 정보 또는 명령을 입력하는 행위(처벌조항 제2호)에 의한 정보 또는 명령의 입력으로 자금이 사기이용계좌로 송금·이체되면 전기통신금융사기 행위는 종료되고 처벌조항 위반죄는 이미 기수에 이른 것이므로, 그 후에 사기이용계좌에서 현금을 인출하거나 다시 송금하는 행위는 범인들 내부 영역에서 그들이 관리하는 계좌를 이용하여 이루어지는 행위이어서, 이를 새로 전기통신금융사기를 목적으로 하는 행위라고 할 수 없다.69)

Ⅳ. 제348조 [준사기]

> 제348조(준사기) ① 미성년자의 지려천박 또는 사람의 심신장애를 이용하여 재물의 교부를 받거나 재산상의 이익을 취득한 자는 10년 이하의 징역 또는 2천만 원 이하의 벌금에 처한다.
> ② 전항의 방법으로 제삼자로 하여금 재물의 교부를 받게 하거나 재산상의 이익을 취득하게 한 때에도 전항의 형과 같다.

68) 대법원 2016. 2. 19. 선고 2015도15101 전원합의체 판결.
69) 대법원 2016. 2. 19. 선고 2015도15101 전원합의체 판결.

제348조 [준사기]는 제347조[사기]와 재물의 교부를 받거나 재산상의 이익을 취득한다는 점이 같다. 사기는 타인을 기망하여 기망당한 사람의 착오를 요건으로 하는 반면 준사기는 미성년자의 지려천박 또는 사람의 심신장애를 이용한다는 점에서 다르다.

미성년자는 2013년부터 만 19세 미만인자이고(민법 제4조), 미성년자 중 지려천박인 사람만 제347조의2 대상이다. 지려천박은 지적 판단능력이 보통이하인 사람을 말한다고 해석된다.

성년은 지려천박한 자가 아닌 **심신장애자**만 준사기죄의 범행대상이다. 제347조의 2에서 심신장애가 제10조의 심신장애와 같은가에 대하여 문헌의 견해가 일치하지 않고 판례는 없다.

V. 제348조의 2 [편의시설부정사용]

> 제348조의2(편의시설부정이용) 부정한 방법으로 대가를 지급하지 아니하고 자동판매기, 공중전화 기타 유료자동설비를 이용하여 재물 또는 재산상의 이익을 취득한 자는 3년 이하의 징역, 500만원 이하의 벌금, 구류 또는 과료에 처한다.

자동판매기, 공중전화, 기타 유료자동설비의 발달로 그에 대하여 증가한 대가를 지급하지 않는 부정사용을 막자는 취지로 보인다. 자동판매기, 유료자동설비 등 소유자의 재산을 보호하는 것과 자동설비의 공정한 사용 즉 공중전화, 유료자동설비 등의 고유한 사회적 기능을 보호하자는 것 모두 보호법익이라고 할 수 있다.[70]

불법이득의 의사가 고의 외의 주관적 요건으로 필요하며, 제352조에 의하여 미수범이 처벌된다.

[판례 01] 타인의 전화카드(한국통신의 후불식 통신카드)를 절취하여 전화통화에 이용한 경우에는 통신카드서비스 이용계약을 한 피해자가 그 통신요금을 납부할 책임을 부담하게 되므로, 피고인이 '대가를 지급하지 아니하고' 공중전화를 이용한 경우에 해당한다고 볼 수 없어 편의시설부정이용의 죄를 구성하지 않는다.[71]

---

70) 김일수/서보학, 각론^{8}, 370쪽; 이재상 등, 각론^{10}, 361쪽.

71) 대법원 2001. 9. 25. 선고 2001도3625 판결.

Ⅵ. 제349조 [부당이득]

> 제349조(부당이득) ① 사람의 궁박한 상태를 이용하여 현저하게 부당한 이익을 취득한 자는 3년 이하의 징역 또는 1천만원 이하의 벌금에 처한다. <개정 1995.12.29>
> ② 전항의 방법으로 제삼자로 하여금 부당한 이익을 취득하게 한 때에도 전항의 형과 같다.

1. 보호법익, 취지

보호법익은 재산이다. 자기 재산을 궁박한 상황으로 인하여 착취당하는 것을 막자는 의미가 있으므로 의사결정(계약)의 자유도 포함될 수 있다.72)

판례는 견해를 표명하지 않았으나, 이른바 '알박기'사건에서 부당이득 여부를 판단한 기준으로 계약자유의 원칙을 참고한다는 설명은 후자의 입장에 가깝다.

2. 구성요건

(1) 궁박한 상태

궁박이라 함은 '급박한 곤궁'을 의미한다. 개발사업 등이 추진되는 사업부지 중 일부의 매매와 관련된 이른바 '알박기' 사건에서 부당이득죄의 성립 여부가 문제되는 경우 여러 상황을 종합하여 구체적으로 판단하되, 그 범죄가 성립하려면 피고인이 피해자의 개발사업 등이 추진되는 상황을 미리 알고 그 사업부지 내의 부동산을 매수한 경우이거나 피해자에게 협조할 듯한 태도를 취하여 사업을 추진하도록 한 후에 협조를 거부하는 경우 등과 같이 피해자가 궁박한 상태에 빠지게 된 데에 피고인이 적극적으로 원인을 제공하였거나 상당한 책임을 부담하는 정도에 이르러야 한다.73)

(2) '현저하게 부당한 이익의 취득'

현저하게 부당한 이익의 취득이란, 단순히 시가와 이익과의 배율로만 판단할

72) NK[2]/*Kindhäuser*, § 291, Rn 1-5.

73) 대법원 2010. 5. 27. 선고 2010도778 판결.

것이 아니라 구체적·개별적 사안에 있어서 일반인의 사회통념에 따라 결정해야 한다. 피해자가 궁박한 상태에 있었는지 여부 및 급부와 반대급부 사이에 현저히 부당한 불균형이 존재하는지 여부는 거래당사자의 신분과 상호 간의 관계, 피해자가 처한 상황의 절박성의 정도, 계약의 체결을 둘러싼 협상과정 및 거래를 통한 피해자의 이익, 피해자가 그 거래를 통해 추구하고자 한 목적을 달성하기 위한 다른 적절한 대안의 존재 여부, 피고인에게 피해자와 거래하여야 할 신의칙상 의무가 있는지 여부 등 여러 상황을 종합하여 구체적으로 판단하되, 특히 우리 헌법이 규정하고 있는 **자유시장경제질서와 여기에서 파생되는 사적 계약자유의 원칙을 고려하여** 그 범죄의 성립을 인정함에 있어서는 신중을 요한다.[74]

3. 판례

(1) 알박기 사건에서 부당이득이 부정된 사례

공동주택 및 판매시설 건축사업의 대상이 된 대지 지분 등 부동산의 소유자가 사업자의 매도 제안을 거부하다가 통상 가격의 약 45배의 대금에 이를 매도한 사안에서 부당이득죄의 성립이 부정된 사례,[75] 부동산을 시가의 약 6배에 해당하는 가격으로 매도함으로써 사회통념상 다소 과도한 이득을 취득하였다고 할지라도, 토지의 보유경위 및 기간, 쌍방 당사자의 협상과정, 거래를 통한 매수인의 이익 등을 종합해 보아 현저하게 부당한 이득을 취득한 것이 아니라는 판결[76]이 있다.

(2) 부당이득이 인정된 사례

[판결 08-1] 갑 건설회사의 공동주택신축사업 계획을 미리 알고 있던 을이 사업부지 내의 토지소유자 병을 회유하여 갑과 맺은 토지매매 약정을 깨고 자신에게 이를 매도 및 이전등기하게 한 다음 이를 갑에게 재매도하면서 2배 이상의 매매대금과 양도소득세를 부담시킨 사안에서, 위 토지가 전체 사업부지 내에서 갖는 중요성, 을의 자력, 갑의 사업진행정도 등을 고려할 때 부당이득죄가 성립한다.[77]

---

74) 대법원 2010. 5. 27. 선고 2010도778 판결; 2009. 1. 15. 선고 2008도8577 판결.

75) 대법원 2008. 12. 11. 선고 2008도7823 판결.

76) 대법원 2005. 9. 29. 선고 2005도4239 판결.

77) 대법원 2008. 5. 29. 선고 2008도2612 판결.

[판결 07] 건설회사가 아파트 건설사업의 순조로운 진행과 막대한 은행융자금 이자의 부담을 피하기 위해 토지소유권을 시급히 확보해야 하는 처지여서 목적 토지에 관하여 명의자인 문중원들과 문중 사이의 소유권 분쟁에 관한 민사소송의 종료시까지 기다릴 여유가 없는 사정을 이용하여, 문중 대표자이자 목적 토지의 공유지분권자인 사람이 자기 지분에 대해 문중 명의 매매계약과 따로 별도의 매매계약을 체결하고 나머지 지분권자들의 3배 이상의 매매대금을 수령한 것은 건설회사의 궁박을 이용하여 현저하게 부당한 이득을 취한 것으로서 부당이득죄가 성립한다.78)

§ 57. 공갈죄

제350조(공갈) ① 사람을 공갈하여 재물의 교부를 받거나 재산상의 이익을 취득한 자는 10년 이하의 징역 또는 2천만원 이하의 벌금에 처한다.
② 전항의 방법으로 제삼자로 하여금 재물의 교부를 받게 하거나 재산상의 이익을 취득하게 한 때에도 전항의 형과 같다.

Ⅰ. 보호법익, 규범의 취지

1. 보호법익

보호법익이 언급된 대법원 판결은 찾기 어렵다. 문헌에는 공갈죄의 보호법익이 '재산'과 '의사결정 및 행동의 자유'라고 설명되어 있다.79) 공갈죄의 보호법익은 결과를 기준으로 보면 재산이고 수단 및 행위반가치를 기준으로 보면 자유 즉, 의사형성 및 의사실행의 자유라고 할 수 있다.

제350조는 일본형법의 공갈죄와 내용이 같다.80) 상당수 문헌에는 공갈이란 단어 옆에 Erpressung이라는 독일어가 표기되어 있다.81) 제350조와 독일형법 § 253이 흡사하다는 의미인 듯하나, 두 조문은 내용이 현격히 다르다.82)

---

78) 대법원 2007. 12. 28. 선고 2007도6441 판결.

79) 김일수/서보학, 각론[8], 374쪽; 이재상 등, 각론[10], 377쪽.

80) 유기천, 각론 상, 250쪽.

81) 유기천, 각론 상, 280쪽; 이재상 등, 각론10, 376쪽.

82) 본문 아래 § 57, Ⅱ, 1, (1) 495쪽.

2. 조문의 취지, 내용

제350조 조문에 공갈의 뜻이 정의되어 있지 않다. 판례에 의하면 공갈죄의 본질은 피공갈자의 외포로 인한 하자있는 동의를 이용하는 재물 또는 재산상 이익의 취득이다.[83] 분명히 언급한 판결은 찾기 어렵지만 외포케 하는 수단은 폭행과 협박이라는 견해로 볼 수 있다.[84]

반면, 위법한 이득을 취할 의도' 즉 불법이득의 의사와 '재산손해의 발생'은 제350조의 구성요건표지로 표기되어 있지 않다. 판례의 입장 역시 불분명하다. 공갈죄의 존재 목적이 재산과 자유의 보호라면, '재산상의 이익취득'은 물론 '재산손해'가 구성요건요소이어야 당연하다. 위법하게 재산상의 이익을 취득할 목적 없이 또 남에게 재산손해를 입히지 않으면서 다른 사람을 폭행하면 폭행죄, 협박하면 협박죄에 해당할 뿐 공갈죄는 성립하지 않는다. 다른 사람에게 특정한 작위 또는 부작위를 강요하려고 폭행·협박하면 강요죄 구성요건을 실현한 것이지만 그 사람에게 재산피해를 입히지 않았다면 공갈죄는 성립하지 않는다. 제260조(폭행), 제283조(협박), 제324조(강요), 350조(공갈)을 종합할 때, 위법한 재산상의 이익을 취득할 목적 그리고 재산손해의 발생이 공갈죄의 성립요건임이 아니라면 폭행·협박죄 그리고 강요죄 외에 공갈죄가 별도로 존재할 이유가 없다.

판례에 의하면, 폭행·협박으로 재산이익을 취득했다고 해도 항상 공갈이 성립하는 것은 아니고, "사회통념상 허용되는 범위를 벗어난 경우"에만 공갈죄가 인정된다.[85] 그렇다면 어떤 폭행, 협박이 사회통념에 의해 허용되는 범위 안에 있고 어떤 것들이 밖에 있는가를 판단하는 객관적 기준이 필요하지만 그런 기준을 찾기는 어렵다.

---

83) 대법원 1979. 7. 24. 선고 79도1329 판결.

84) 대법원 2007. 5. 10. 선고 2007도1375 판결.

85) 대법원 1997. 2. 14. 선고 96도1959 판결; 1995. 3. 10. 선고 94도2422 판결; 1990. 8. 14. 선고 90도114 판결; 1990. 3. 27. 선고 89도2036 판결 등.

Ⅱ. 제350조 [공갈]

1. 구성요건

(1) 공갈

판례, 문헌을 종합해 보면, 공갈이란 보통 위법한 재산상의 이익취득을 목적으로 "폭행과 협박을 통해 다른 사람에게 공포심을 일으키게 하는 행위"이다.86) 공포심이 생기지 않으면 피해자 또는 피공갈자는 스스로 재산의 처분 즉 재물의 교부나 기타 자기의 재산에 해가 되는 행위를 하지 않을 것이므로, 공갈을 '공포심이 일어나야 한다'는 내용으로 정의한 것으로 보인다. 공갈은 피해자가 공포에 의해 자기 재물을 스스로 내 주거나 재산을 스스로 처분하여 손해를 입는 경우이고, 스스로 재산을 처분하여 손해를 입게 된 데에 범인의 폭행과 협박이 원인이 된 범죄라고 할 수 있다.

독일형법 §253 압박·강요는 범인이 "위법하게 자신 또는 제3자의 이득을 위해 타인을 힘이나 받아들이기 힘든 악을 수반한 협박을 함으로써 그 사람이 특정한 행동이나 묵인 또는 부작위를 하도록 강요하여 피협박자 또는 다른 제3자의 재산에 불이익을 주는 행위"(제1항)이다. 또 "압박·강요가 위법한 경우는 범인에 의해 **행사되는 물리적 힘이나 협박이, 추구하는 목적과의 관련에서 비난받아야 될 행위라고 인정될 때"**이다(제2항).

§253에서 (물리적) '힘'이나 '압박'이란 표현이 사용된 이유는 §249 '강도'가 "사람에 대한 직접적 힘의 행사 또는 신체나 생명에 당장 위험을 초래하는 위협을 수단으로 남의 동산을 빼앗는 행위'라고 규정하므로, 이와 구별하기 위해서이다. 또 독일형법 §253의 압박·강요죄는 §240의 강요죄 구성요건과 같고, 단지 강요를 통해 재산손해를 입힌다는 요건만 추가되어 있는 범죄이다.87)

독일형법의 강도와 압박강요죄는 제350조와 내용이 크게 달라 그 기준, 해석론은 제350조 '공갈죄' 해석에 원용하기는 부적절하나, 문헌에 전개된 대부분 해석론은 독일이론이거나 일본을 거치면서 변형된 독일이론이다.

---

86) 대법원 2007. 5. 10. 선고 2007도1375 판결. 김일수/서보학, 각론[8], 376; 유기천, 각론(상), 282; 이재상 등, 각론[10], 379쪽.

87) *Herdegen*, LK[11], § 253 Rn 1; S/S/[29]*Eser/Bosch*, § 253 Rn 1.

(2) '폭행', '협박'

(가) 판례

판례에 의하면 공갈죄의 수단으로서의 '협박'은 (ⅰ) 사람의 의사결정의 자유를 제한하거나 의사실행의 자유를 방해할 정도로 겁을 먹게 할 만한 '해악의 고지'이다. (ⅱ) 해악의 고지는 반드시 명시의 방법에 의할 것을 요하지 않고 언어나 거동에 의하여 상대방으로 하여금 어떠한 해악에 이르게 할 것이라는 인식을 가지게 하는 것이면 족하다. (ⅲ) 해악의 고지가 비록 정당한 권리의 실현 수단으로 사용된 경우라고 하여도 그 권리실현의 수단·방법이 사회통념상 허용되는 정도나 범위를 넘는다면 공갈죄의 실행에 착수한 것이다. (ⅳ) 어떤 행위가 구체적으로 **사회통념상 허용되는 정도나 범위**를 넘는 것인지는 그 행위의 주관적인 측면과 객관적인 측면, 즉 **추구된 목적과 선택된 수단**을 전체적으로 종합하여 판단한다.[88)]

[판결 14] 도박행위가 공갈죄의 수단이 된 경우에는, 도박행위는 공갈죄에 흡수되지 않고 별도의 범죄를 구성한다. 공갈죄와 도박죄는 구성요건과 보호법익이 다르고 공갈죄의 성립에 일반적·전형적으로 도박행위를 수반하는 것은 아니며 도박행위가 공갈죄에 비하여 별도로 고려되지 않을 만큼 경미한 것이라고 할 수도 없기 때문이다.[89)]

(나) 문헌

공갈행위의 수단으로서의 폭행과 협박에 대한 문헌의 설명을 요약하면: 첫째 공갈죄에서의 폭행은 사람에 대한 유형력의 행사이지만 직접 사람에 대한 것일 필요는 없다. 둘째 이른바 '절대적 폭력'은 공갈죄에서 말하는 폭력이 아니며 단지 '강압적 폭력'에 한정된다. 절대적 폭력이 제외되는 이유는 피해자의 의사형성을 생각할 여지가 없기 때문이다[90)].

폭행과 더불어 공갈의 수단인 협박이란 "상대방에게 해악을 고지하여 공포심을 일으키는 것"이며, 해악의 내용에는 제한이 없고 반드시 생명이나 신체에

88) 대법원 2013. 9. 13. 선고 2013도6809 판결; 2012. 9. 13. 선고 2012도7461 판결; 1995. 3. 10. 선고 94도2422 판결.

89) 대법원 2014. 3. 13. 선고 2014도212 판결.

90) 김일수/서보학, 각론[8], 376; 이재상 등, 각론[10], 379쪽.

대한 해악 뿐 아니라 재산, 자유, 명예 그리고 신용에 관한 해악도 공갈죄의 협박의 대상이다.[91]

(다) 비판

한국형법에서 폭행과 상해는 독자적 구성요건이고, '폭행'이란 낱말이 강요, 강도, 공갈죄를 비롯한 많은 조문들에서 특별히 정의되지 않고 쓰이고 있다. 문헌에는 폭행이 네 가지로 구별되어 있어[92] 폭력을 폭행과 동의어로 쓰면 혼동이 초래될 수 있다. '폭행'을 국어사전에 없는 네 가지 의미로 굳이 구별한 것은 그렇게 하지 않으면 폭행이 수단이 된 범행이 어느 구성요건에 해당하는지가 분명하지 않게 되기 때문인 것으로 보인다.

문헌에 사용된 '절대적 폭력'은 그 의미, 범위가 명확하지 않다. '강압적 폭력'이 폭력행사의 대상이 되는 사람이 자유로운 의지로 의사형성을 할 수 없는 것을 말한다면,[93] 절대적 폭력은 그 정도 이상의 폭력을 말하는 것으로 짐작해 볼 수는 있다. 이렇게 정의하더라도 절대적 폭력 역시 폭력행사의 대상이 자유로운 의사형성을 할 수 없다는 점은 분명하므로, 공갈에서 절대적 폭력을 배제해야할 이유가 없고 양자를 구별할 실익이 없다.

(라) 저자의 견해

공갈죄에서의 폭력·폭행의 뜻과 범위는 공갈죄의 본질과 취지에 따라 정해야 한다. 따라서 불법이득의 목적으로 상대방의 자유로운 의사결정과 실행을 억압하는 폭력과 위협이 공갈의 핵심내용이다.

강도죄의 폭행은 직접 대상자의 신체에 대해 이루지지만, 공갈에서는 반드시 상대방의 신체에 대한 직접적인 것일 필요는 없으며 다른 사람 또는 물건에 대해 행사되어도 인정된다. 대상자로 하여금 자유로운 의사결정과 그 결정에 따라 행동하지 못 할 정도이면 충분하기 때문이다. 이것이 바로 '강압적 폭력'(vis compulsiva)이다. 이에 비해 '절대적 폭력'(vis absoluta)이란 사람의 신체에 대한 직접적인 힘(또는 완력)의 행사로, 폭력행사자의 의도에 반항하거나 거부할 수 있는 의사결정과 그 의사결정을 행동으로 표현하는 것이 불가능한 강압 내지 강요라는 의미이다.[94] 공갈죄에서 강압적(상대적) 폭력에만 한정되어야 하는 이유

91) 김일수/서보학, 각론[8], 376쪽; 이재상 등, 각론[10], 379쪽.

92) 김일수/서보학, 각론[8], 64쪽; 유기천, 각론 (상), 55쪽; 이재상 등, 각론[10], 60쪽.

93) 김일수/서보학, 각론[8], 376쪽; 이재상 등, 각론[10], 379쪽.

는 절대적 폭력을 행사해서 재산상의 이익을 취득한 것은 강도죄에 해당하기 때문이다.

第324조 강요죄에서의 폭행·협박과 제350조의 폭행·협박은 같다. 강요죄와 공갈죄가 구별되는 것은 강요죄에서는 위법한 재산취득의 목적이 필요 없고, 재산손해가 발생할 것을 요건하지 않는다는 차이만 있기 때문이다. 또 협박은 제283조의 독립구성요건이므로, 공갈수단으로서의 협박은 의사결정과 실행에 영향을 주는 위협이라고 구별하여 표현하는 편이 더 논리적이고 실용적이다. 공갈에서의 협박은 일상적인 표현들 즉 통보, 제안, 충고 등도 전달받는 사람이 표현하는 사람의 의도를 거부하면 결과가 나쁘다고 이해한 경우 공갈죄의 위협으로 인정되기 때문이다.95)

(3) 목적과 수단의 위법

공갈죄에서 공갈을 통한 재산상의 이익취득은 위법해야 한다. 이 명제는 당연한 것이고 타당하지만 이익취득 목적과 그 수단을 연계하여 볼 때 전체로서 위법해야 한다는 의미이다. **폭행과 위협이 정당한 권리를 행사하기 위해 사용된 경우**에는 공갈죄가 아닌 폭행, 협박죄 또는 강요죄가 성립하는 경우도 있다.96)

(가) 판례, 문헌

해악의 고지가 "그 방법이 사회통념상 허용되는 정도를 넘지 않는 한 공갈죄가 성립하지 않는다."97) 이에 따라 부동산 願매자가 매도자에게 건물매매계약대로 "목적물을 명도하거나 명도소송비용을 주지 않으면 내가 속은 것이니 고소하여 구속시키겠다"고 한 경우,98) 공사대금을 주지 않으면 진정하겠다고 한 경우 등은 사회통념상 용인될 정도의 위협으로 공갈죄에 해당하지 않는다고 판결했다. 문헌에는 공갈행위라도 정당행위나 자구행위의 요건을 충족하는 때에는 위법성이 조각된다고 설명되어 있다.

---

94) LK[11]/*Herdegen*, §249 Rn 6. 절대적, 상대적 폭력으로 구별하기 보다는 '심리적 폭력과 절대적 폭력'으로의 구별이(김일수/서보학, 각론[8], 376쪽) 좀 더 나은 번역일 수 있다.

95) BGHSt 7, 252; BGH NJW 1989, 1289; LK/*Herdegen*, §253 Rn 4 참조. 유사한 표현: 대법원 2012. 9. 13. 선고 2012도7461 판결.

96) 이런 경우 공갈죄의 성립을 인정한 판결: 대법원 1995. 3. 10. 선고 94도 2422 판결 등.

97) 대법원 1980. 8. 14 선고 90도114 판결.

98) 대법원 1984. 6. 26 선고 84도648 판결.

(나) 비판

먼저 "자구행위나 정당행위가 인정되면 공갈죄의 구성요건이 충족되더라도 폭행, 협박 그리고 공갈행위가 정당화된다"는 주장은 당연한 것이다.

협박이 사회통념상 허용되는 정도일 경우에는 공갈이 성립하지 않는다고 하는 판례는 "공갈의 구성요건이 충족되지 않는다"는 것인지 아니면 "공갈의 구성요건은 실현되지만 정당행위이므로 정당화된다"는 의미인지 불분명하다. 양자를 구별해야 하는 실익은, 자신의 협박행위가 사회통념상 인정되는 범위에 있다고 착각한 상태에서 협박한 경우 제15조 또는 제16조가 적용되는가에 따라 법적 효과의 면에서 현격한 차이가 있다는 데에 있다.

폭행 또는 협박은 그 자체가 이미 구성요건을 실현하는 행위로, 실존하는 민법상의 청구권을 실현하기 위해서라도 채무자를 폭행 또는 협박한 행위는 적법이 아니다. 협박은 사안과 사람에 따라 차이가 있기 때문에, 협박에 의해 대상자의 내면에 공포가 발생했는지 또 공포는 어느 정도인지를 객관적으로 측정·확인하기 어렵다. 판례는'사회통념'을 기준으로 하고 있다. 그러나 '사회통념'은 뜻과 범위가 애매하여 실효성이 의문인 기준이다.

(다) 결론

공갈은 다음 조건이 갖추어진 경우에만 성립한다: (ㄱ) 추구하는 재산이익이 법적 근거 없는 위법한 것이다. (ㄴ) 폭행과 협박은 재물 또는 재산적 이익의 위법한 취득이라는 목적을 달성하기 위한 수단으로 사용된 것이다.

이 두 조건이 모두 충족되면 위법한 이익추구를 목적으로 한 폭행·협박은 항상 공갈죄에 해당한다. 설사 폭행·협박이 재산상 이익취득과 분리해서 볼 때 폭행 또는 협박의 구성요건에 해당하지 않더라도 공갈이 인정된다. 위법한 재산상 이익취득의 목적과 폭행·협박과의 이와 같은 관계를 **목적-수단의 상호연계 원리**라고 한다.99) 불륜을 폭로하겠다고 압박하여 돈을 강취하는 행위, 미성년자를 상대로 영업한 사실을 고발하겠다고 위협하여 주점주인으로부터 돈을 받는 행위 등은 위법인 목적-수단의 연계가 인정되는 예이다. 문제는 첫째 조

99) 독일형법 §253 II는 이를 명기하고 있고, 이론에서도 당연히 강조된다: LK-*Herdegen*, §253 Rn 24. 한국문헌에도(이재상 등, 각론[10], 384쪽) "목적과 수단의 관계를 고려하지 않으면 안된다"고 언급되어 있으나, 목적과 수단의 관계의 뜻이 무엇이고 무엇을 위해 어떻게 고려된다는 것인가는 언급되지 않았다.

건이 충족되지 않는 경우 즉 목적이 합법인 경우이다.

(ㄱ) **위협의 목적이 적법인 경우**

만기가 도래된 채권의 청구와 같이 목적 즉 추구하는 이익이 적법인 경우에는 청구과정에서 이루어진 된 폭행 및 협박행위가 제260조(폭행), 제283조(협박)의 구성요건에 해당되어도 공갈죄는 성립되지 않는다. 예를 들면 채권자가 돈을 갚지 않는 채무자로부터 채권을 확보하기 위해 그를 폭행한 경우, 폭행죄는 성립하지만 위법한 이익을 취득할 목적이 없기 때문에 공갈죄는 인정되지 않는다.[100] 채권실행 행위는 공갈죄의 주관적 불법요소 '위법한 재산상 이익의 취득목적'[101]을 충족하지 못하므로 공갈죄가 성립할 수 없다. 즉 '사회통념의 허용범위'를 논할 필요 없이 공갈죄는 성립할 수 없다. 마찬가지로 적법한 채권자가 채무자에게 채무이행을 강제하기 위해 협박죄에 해당하는 위협을 가한 경우, 채무자의 자유와 안전이 채권의 확보보다는 현저히 큰 이익이더라도 공갈은 성립할 수 없다.[102]

반면, 건물주가 세입자에게 월세를 안내면 계약을 해지하겠다고 한 경우, 하자있는 물건을 매입한 자가 거래를 더 이상 하지 않겠다고 한 경우, 적법한 파업에서 임금인상을 요구한 경우,[103]에는 공갈은 성립하지 않는다. 마찬가지로 공사대금을 지급하지 않으면 진정하겠다고 하거나[104] 인접대지에 위법한 건축행위를 한 자로부터 위법사실을 시정하지 않으면 신고하겠다고 하여 손해배상조의 합의금을 받은 경우[105] 협박, 공갈죄는 모두 부정된다. 이 사례들에서도 일방이 상대방에게 "내 요구를 듣지 않으면, 너에게 좋지 않은 결과 즉 해가 발생한다"는 점을 분명히 고지하여 심리적인 압박을 가한 것은 사실이다. 그러나 추구하는 재산이익이 적법하며, 적법한 채권실행을 위한 심리적 위협 역시 그 자체를 목적과 분리해 보아도 협박에 해당하지 않고 적법하며 사회윤리적으로 비난의 여지도 없는 경우로서 협박행위로 볼 수 없다.

---

100) 같은 견해는 이재상, 각론, 328. 다른 결론은 대법원 1987. 10. 26 선고 87도1656 판결.

101) 주관적 불법요소 '위법한 재산상 이익의 취득목적'에 관하여는 본문 아래 §57, II, 3(487쪽) 참조.

102) 이에 해당하는 매우 적절한 예는 대법원 1995. 3. 10 선고 94도2422 판결 참조.

103) 이상 예들은 LK/*Herdegen*, § 253 Rn 25, S/S/*Eser/Bosch*, § 253 Rn 11에서 인용.

104) 대법원 1979. 10. 30 선고 79도1660 판결.

105) 대법원 1990. 8. 14, 90도114의 사실관계를 참조할 것. 이 사건에 대한 해설은 이 책 490쪽의 [판결 90-1] 참조.

(ㄴ) 목적이 외관상 적법인 듯하나, 실은 위법인 경우

예를 들어 경찰관이 뇌물을 주지 않으면 합법적인 절차에 따라 수사를 진행하겠다고 한 경우106), 통고 자체만 보면 위법이 아니다.107) 그러나 경찰관이 얻으려는 이익이 위법하고 수사를 진행하겠다는 통고는 위법한 목적달성을 위한 수단으로 사용된 심리적 강요이기 때문에 그 통고 자체가 제283조에 해당하지 않더라도 공갈이 성립한다.

고발하는 것이 법적 의무인데 돈을 주면 고발을 하지 않겠다고 제안한 경우108)에도, 행위자가 직접 해와 악을 고지한 것은 아니지만 "돈을 안 주면 고발하겠다"는 의미이므로, 고발한다는 고지행위 자체만 놓고 보면 위법한 것이 아니지만 위법한 목적과 연계된 심리적 압박이므로 공갈죄가 인정된다. 이와 같은 예들에서는 추구하는 이익이 위법이므로 공갈죄가 성립한다. 마찬가지로 신문사가 특정 회사로부터 광고를 유치를 강요하기 위해 그 회사에게 불리한 사실을 보도하겠다고 압박을 가한 경우,109) 비록 그 사실이 진실과 부합하고 보도하겠다는 통고자체는 위법이 아니라고 해도, 목적한 이익취득이 위법이므로 공갈죄가 인정된다. 또 불법도박에서 잃은 사람이 딴 사람에게 잃은 금액을 돌려줄 것을 강요하는 경우110) 역시 잃은 사람이 딴 사람에게 돌려달라고 요구할 법적 권리는 없으므로, 추구하는 이익이 위법하여 목적-수단의 연계원리에 의해 공갈을 인정된다.

결론 : 공갈죄에서 문제되는 협박은 내용인 해악의 실현을 협박의 목적과 분리해 볼 때 그 자체가 위법일 필요는 없다. "강제집행을 하겠다.", "고소하겠다.", "소송을 제기하겠다.", "진정서를 제출하겠다.", "언론을 통해 보도하겠다." 등의 행위는 그 자체로는 적법이다. 그러나 적법한 심리적 압박행위도 위법한 목적과 연계되어 그 목적달성을 위한 수단으로 사용되어, 현실적으로 상대방의 자유로운 의사결정을 방해하고 또 그에 따른 처분행위로 재산손실이 발생하면 위법한 협박으로 공갈의 구성요건에 해당한다.111)

---

106) LK/*Herdegen*, § 253 Rn 25.

107) 공갈죄의 협박이 "그 자체로서 위법할 필요는 없다"는 판결 : 대법원 1990. 8. 14 선고 90도114 판결.

108) 이 예는 LK[11]/*Herdegen*, § 253 Rn 25.

109) 대법원 1997. 2. 14. 선고 96도1959 판결.

110) BGH MDR 1968, 938; LG Flensberg MDR 1980, 248.

111) 여기에 해당하는 예는 아래 Ⅲ의 2번 예 : 대법원 1990. 8. 14 선고 90도114 판결.

(ㄷ) 경비부담요구

아직 논의가 없지만 독일의 학설·판례에서의 논란으로 주목할 것은, 상점에서 물건을 훔치다 현장에서 잡힌 사람에게 주인이 물건 값의 배상 외에 절도에 대비하기 위한 감시 장비와 감시요원에 대한 경비를 부담하지 않으면 고소하겠다고 압박한 경우이다.112) 위협 즉 심리적 압박을 가하는 상점주인의 요구는 법적 근거가 전혀 인정될 수 없거나 설사 부분적으로 인정되더라도 허용되는 범위를 현저히 넘는 것이다. 즉 절도피해자인 주인이 물건 값에 상당하는 손해배상을 하지 않으면 고소하겠다고 하는 것은 공갈이 아니지만, 그 정도를 넘어서는 이익을 얻기 위해 절도범을 압박하는 경우 공갈이 성립한다.113) 독일의 통설·판례는 「수단-목적간 '내적, 자연적 상관관계'」가 없기 때문에 「수단-목적의 연계성」은 위법하며 비난받아야 하는 경우에 해당한다고 설명하는데114), 이 논리는 저자가 제시한 해결책과 차이가 없다.

(4) 이른바 '삼각공갈'

갑이 을을 위협하여 병으로부터 재산상의 이익을 취득한 경우를 삼각공갈이라고 한다.115) 예를 들면, 甲이 乙에게 "너의 시계를 당장 풀어 주지 않으면 죽이겠다."고 위협하자 乙은 이웃 사람 丙이 수영장에 가며 잠깐 맡겨 두었던 시계를 풀어 주었다. 이 때 乙은 피공갈자이자 처분자이고 丙은 재산피해자이다.

피공갈자와 재산상의 피해자가 동일인이어야 하는 것은 아니다. 그러나 피공갈자와 처분행위자는 반드시 같은 사람이어야 한다.116) 피공갈자는 폭행·위협의 효과가 미치는 사람이지 반드시 폭력·위협의 대상을 의미하는 것은 아니다. 즉 甲이 돈을 주지 않으면 乙을 해치겠다고 乙의 父 丙을 위협한 경우, 위협의 대상은 乙이지만 위협을 받는 것은 丙이다. 반드시 피해자의 전체 재산의 감소가 요구되지 않는다.117)

---

112) OLG Koblenz JR 1976, 69; *Mertins*, GA 1980, 47 등.

113) 독일판례와 다수의 학자들이 취하는 견해이다. BGH NJW 1980, 119; OLG Koblenz JR 1976, 69. LK/*Herdegen*, § 253 Rn 25; LK/*Schäfer*, § 240 Rn 76 등.

114) BGHSt 5, 254; BGHZ 75, 230; LK/*Herdegen*, § 253 Rn 25; LK/*Schäfer*, § 240 Rn 76 등.

115) 판례는 삼각공갈의 내용은 인정한다: 대법원 2013. 4. 11. 선고 2010도13774 판결.

116) 김일수/서보학, 각론[8], 377쪽; 이재상 등, 각론[10], 382쪽. BGH NJW 1989, 176; NStZ 1987, 222 등; LK/*Herdegen*, § 253 Rn 16.

117) 대법원 2013. 4. 11. 선고 2010도13774 판결.

삼각공갈에서는 폭력행사와 위협을 당하고 처분하는 사람이 재산피해자의 가족이거나 친지여야 할 필요는 없다.[118] 재산피해자와 법적인 근거에 의해 처분권을 행사할 수 있는 관계에 있어야 하는 것도 아니다.

(5) 재물

제350조에서 '재물'은 자기소유의 재물은 제외된다. 문제는 절도된 자기소유의 물건을 폭행, 협박을 수단으로 되찾아 오는 경우이다.

> [판결 12] 갑은 A가 인터넷 도박사이트를 운영하면서 벌어들인 돈을 A의 지시에 따라 자신의 명의로 임차한 역삼동 건물 금고에 보관했는데, ㄱ과 ㄴ이 약 40억 3,000만 원이 든 금고를 훔치자, A의 지시로 폭력조직 ○파 조직원 을과 함께 송파구에 있는 ㄴ을 만나 겁을 주어 성내동에 있는 ㄴ의 집에서 ㄴ이 ㄱ으로부터 분배받은 돈 중 1,600만 원을 소비하고 남은 5억 5,400만 원을 교부받았다.[119]

☆[판결 12] 공갈죄의 대상이 되는 재물은 타인의 재물을 의미한다. 사람을 공갈하여 자기의 재물의 교부를 받는 경우에는 공갈죄가 성립하지 않는다.

타인의 재물 여부는 민법, 상법, 기타의 실체법에 의하여 결정되는데, 금전을 도난당한 경우 절도범이 절취한 금전만 소지하고 있는 때 등과 같이 구체적으로 절취된 금전을 특정할 수 있어 객관적으로 다른 금전 등과 구분됨이 명백한 예외적인 경우에는 절도 피해자에 대한 관계에서 그 금전이 절도범인 타인의 재물이라고 할 수 없다.

금고와 함께 금전을 절취당한 A의 지시에 의하여 갑과 을이 ㄴ으로부터 되찾은 이 사건 금전은 바로 절취 대상인 당해 금전이라고 구체적으로 특정할 수 있어 객관적으로 ㄴ의 다른 재산과 구분됨이 명백하므로, 절취 당시 소유자인 A 및 그로부터 이 사건 행위를 지시받은 갑과 을의 입장에서 이 사건 금전을 타인인 ㄴ의 재물이라고 볼 수 없다. 따라서 비록 갑과 을이 ㄴ을 공갈하여 이 사건 금전을 교부받았다고 하더라도, 그 수단이 된 행위로 별도의 범죄가 성립될 수 있음은 별론으로 하고, 타인의 재물을 갈취한 행위로서 공갈죄가 성립되지 않는다.[120]

(6) 재산상 이익과 재산손해

(가) 제350조 '재산'의 개념과 범위

공갈죄의 구성요건요소 '재산'의 의미와 범위에 관하여는 강도, 사기죄에서와

118) 독일판례의 입장: BGH JZ 1985, 1059; BGH JR 1987, 339; BGH NJW 1989, 176 등.
119) 대법원 2012. 8. 30. 선고 2012도6157 판결.
120) 대법원 2012. 8. 30. 선고 2012도6157 판결.

같이 독일형법학의 영향을 받아 법적, 경제적, 법적-경제적 재산개념이론으로 나뉜다.

법적 재산개념은 "재산에 대한 한 사람의 법적인 권리와 의무의 종합"이 사기죄의 구성요건요소 재산이라는 견해이다.[121] 여기서 법적이란 주로 민법 그리고 경우에 따라 공법을 의미한다.[122] 재산의 손해란 재물의 손실은 물론 재산과 관련한 법적 권리의 상실과 의무의 부과를 의미한다. 법적 재산이론의 가장 두드러진 맹점은 민법 또는 공법으로 구체화될 수 없거나 되기 어려운 권리, 재물 등을 형법규범을 통해 보호할 수 없다는 점이다. 즉 빌린 물건이나 노동력, 사업상의 비밀, 합의가 이루어져 성사단계에 있는 계약과 같이 곧 재산화될 수 있는 장래의 권리 등은 공갈죄에서의 재산에 포함되지 않게 된다.[123] 따라서 법적 재산론은 현재 주장되지 않는다.

극단적인 경제적 재산개념은 돈으로 계산되는 물건 그리고 재산가치 내지 경제적인 가치가 있는 모든 물건 또는 일체의 권리 등은 모두 재산이라고 보는 입장이다. 이 견해에 의하면 거래관계에서 경제적인 관점에서 보아 가치가 부여되는 것이면, 법적으로 구체화될 수 있는가를 불문하고 또 그 것이 물건이든 지위이든 이해관계이건을 구별하지 않고 모두 재산이 된다[124]. 따라서 경제적인 재산개념에 의하면 경제적으로 현실적 손실이 있는 한 공갈죄에서의 재산손실은 인정된다.

경제적 재산개념론에 대해서는 첫째 돈으로 환산되는 가치 그리고 경제적 이익 등의 개념이 법적으로 그 범위를 정확히 정하기 어렵다는 비판이 있다. 둘째 비판은 재화와 이익을 각 경제주체에 분배함에 있어 최소한의 법적 질서 내지 규정에 의하지 않고 단순히 현실적으로 존재하고 기능하는 경제적 역학관계로만 정하는 것은 사회에 통용되고 있는 가치질서와 상응하지 않는다는 것이다.[125]

---

121) LK[10]/*Lackner*, § 263 Rn 121.

122) LK/*Lackner*, § 263 Rn 121; SK-*Samson/Günther*, § 263 Rn 102 이하.

123) LK/*Lackner*, § 263 Rn 121; SK-*Samson/Günther*, § 263 Rn 103.

124) 독일 연방법원은(BGHSt 2, 364; 16, 220 이하) 원칙적으로 이 견해를 대표한다고 보는 학자(LK/*Lackner*, § 263 Rn 122)가 많다. 사기죄에서의 재산은 법이 보호하는 이익이어야 한다는 취지의 판결도 있다(BGHSt 4, 373 : 매춘부의 화대 역시 재산인가에 관한 판결).

125) LK-*Lackner*, § 263 Rn 122. S/S[29]/*Peron*, § 263 Rn 80.

법적-경제적 재산개념은 재산손해를 공갈죄의 성립요소로 명기하는 경우 법적 재산개념과 경제적 재산개념의 내용적 장점을 선별해서 종합한 것이다. 이에 의하면 원칙적으로 화폐로 계산되는 재산가치를 가지는 것이면 재산이 되나 그 재산은 법적으로 보호받는 것으로 한정하자는 결론이다126). 따라서 이 입장을 따르면 매춘부를 폭행·협박하여 약속한 돈을 지불하지 않은 경우, 매춘부는 경제적 손해를 입지만 공갈죄에서의 재산손해는 인정되지 않는다. 이 이론에 대한 주된 비판은 과연 법적 보호를 받지 못하는 재산이 있는 가이지만 앞의 예에서 본 바와 같이 법적 보호를 받지 못하는 재산은 곳곳에서 인정될 수 있다.

개인적 재산개념은 법질서에 의해 인정된 사람 개인의 객체(재산적인 이익으로서의 대상이라는 의미)에 대한 지배·관리관계가 재산이라는 이론이다.127) 개인적 재산개념은 법적-경제적 재산개념이론과 결론은 대체로 같지만, 사람의 재산에 대한 현실화 할 수 있는 지배관계를 강조함으로써, 합법적으로 청구하거나 현실화할 수 없는 청구권과 같은 권리를 공갈죄에서의 재산의 범위에서 배제할 수 있다는 점에서 장점이 있다128).

제350조에서 '재산상 이익의 취득'만을 공갈의 구성요건요소라고 하면 재산적 가치를 가지는 즉 돈으로 환산할 수 있는 모든 물건이나 권리를 재산으로 봐야 하며 또 그렇게 인정할 수밖에 없다.129) 예를 들면 M이라는 사람이 매춘부 F에게 돈을 지불한다고 약속하고 관계 후 F를 협박하여 약속을 이행하지 않은 경우, M이 재산상 이익을 취득한 것임을 부인할 수 없다. 이 경우의 M은 서울에서 부산까지 택시를 타고 간 후 운전기사를 협박하여 돈을 내지 않은 사람과 법적 또는 경제적 관점에서 구별할 이유가 없다.

(나) 재산상의 손해

판례에서 재물의 교부, 재산상 이익을 받은 공갈은 다수이지만, 재산손해의 발생을 이유로 공갈을 인정한 판결은 드물다.130) 예를 들면, 세입자를 위협해서

---

126) LK/*Lackner*, §263 Rn 123; SK-*Samson/Günther*, §263 Rn 115; S/S/[29]*Peron*, §263 Rn 82.

127) *Otto*, Grundkurs Strafrecht Besonder Teil, 1991, §38 I, 208 이하. 독일에서는 '개인적 재산개념'(personale Vermögenslehre)의 지지자들이 많다. 법적 재산개념론과 이론구성은 다르나, 결과에서 대동소이하다.

128) *Ranft*, Jura 1992, S. 72; *Geerds*, Jura 1994, S. 320.

129) 대법원(1997. 7. 25 선고 97도1095 판결)은 채무이행을 연기 받는 것과 같이 그 '액수를 계산적으로 산출할 수 없는 경우'에도 재산상의 이익은 인정된다는 입장이다.

130) 대법원 판결들 중 여기에 해당하는 예는 채권자가 채무이행을 지체하고 있는 채무자

세든 집을 기한 전에 비우게 만든 경우, 비록 시가에 상응하는 가격이더라도 쓸모가 없거나 사용할 의사가 없기 때문에 구입의사가 없는 물건을 거절하기 어렵도록 강요하여 사게 만든 경우 또 소유권을 취득할 의도는 없지만 완력을 사용하거나 위협하여 렌트카의 점유를 일시적으로 빼어서 차를 사용하지 못하게 한 경우131) 등은 모두 재물의 교부가 아닌 재산손해로 인한 공갈의 예이다.132)

이 때 공갈행위자가 현실적으로 재산상의 이익을 취득하지 못했다 하더라도, 공갈을 당한 자 또는 제3자에게 재산손해가 발생한 이상 공갈죄를 부정하는 것은 공갈죄의 취지에 맞지 않는다. 따라서 앞의 예에서 세입자를 몰아 냈지만 다시 임대하는 데에 실패해서 협박자가 기대했던 재산이득을 취하지 못한 경우, 다른 사람이 빌린 렌트카를 일시 사용하려고 뺏었지만 차가 고장나거나 기타의 이유로 사용하지 못한 경우 또 물건을 강제로 사게 만들기는 했어도 원가로 팔았기 때문에 이득을 취했다고 보기 어렵다고 해도 모두 공갈죄의 기수는 인정되어야 한다.

(7) 처분행위

피공갈자는 강압에 의해 동산인 재물을 공갈자 또는 그가 지정한 제3자에게 스스로 건네주어야 한다. 피공갈자의 처분행위는 공갈죄의 본질적 요소"133)라는 견해, "재산적 처분행위는 이른바 기술되지 아니한 구성요건표지"라는 주장도 있다.134) 처분행위가 공갈죄의 성립요건이라는 결과는 같다. 처분행위를 요건으로 하지 않는 강도죄와의 구별기준이 된다.

> [판결 12-1] 갑은 2011. 4. 3. 00:10경 울산 구언양파출소 앞길에서 을이 운전하는 개인택시를 탔다. 00:30경 ○초등학교 앞 도로에 이르러 택시요금의 지급을 면할 목적으로 "상북 천전리에 가자고 했다"고 하면서 차량에서 내려가는 것을 을이 따라가 택시요금을 달라고 하자 을의 목을 잡고 주먹으로 얼굴을 4-5회 때리고는 도주하여 택시요금 14,000원을 지급하지 않았다.135)

에게 채무액의 두 배가 넘는 액수의 현금보관증을 쓰도록 강요한 경우이다: 대법원 1995. 3. 10 선고 94도2422 판결.

131) BGHSt 14, 387.

132) 이상의 예는 S/S[29]/*Eser/Bosch*, § 253 Rn 9.

133) 이재상 등, 각론[10], 381쪽.

134) 김일수/서보학, 각론[8], 377쪽.

[판결 12-1] **공갈죄가 성립하려면 공갈행위로 인하여 피공갈자가 재산상 이익을 공여하는 처분행위가 있어야 한다.** 처분행위는 반드시 작위에 한하지 아니하고 부작위로도 족하여서, 피공갈자가 외포심을 일으켜 묵인하고 있는 동안에 공갈자가 직접 재산상의 이익을 탈취한 경우에도 공갈죄가 성립할 수 있다. 그러나 폭행의 상대방이 위와 같은 의미에서의 처분행위를 한 바 없고, 단지 행위자가 법적으로 의무 있는 재산상 이익의 공여를 면하기 위하여 상대방을 폭행하고 현장에서 도주함으로써 상대방이 행위자로부터 원래라면 얻을 수 있었던 재산상 이익의 실현에 장애가 발생한 것에 불과하다면, 그 행위자에게 공갈죄의 죄책을 물을 수 없다.

을이 갑에게 계속해서 택시요금의 지급을 요구했으나 갑이 이를 면하고자 폭행하고 달아났을 뿐, 을이 폭행을 당하여 외포심을 일으켜 수동적·소극적으로라도 피고인이 택시요금 지급을 면하는 것을 용인하여 이익을 공여하는 처분행위를 하였다고 할 수 없는데도, 공갈죄를 인정한 원심판결은 법리오해이다.

3. 주관적 구성요건

제350조 '폭행·협박'은 공갈자가 법적 권리와 근거 없이 스스로 또는 제3자로 하여금 재물의 교부를 받게 하거나 재산상의 이익을 취득하기 위한 목적·의도에서 이루어져야 한다.[136] 불법이득의 목적·의도 없는 폭행, 협박행위는 각각 폭해죄와 협박죄에 그리고 이 목적이 없는 위압 즉 폭행·협박에 의한 강요는 제324조의 강요죄에 해당할 뿐이다.

4. 판례

[판결 13] 갑과 을은 동거하면서 갑 명의의 은행 계좌를 이용하여 인터넷 게임머니를 환전해주는 사업을 함께 했다. 을은 갑과 헤어질 목적으로 가출하여 친정집으로 가면서 갑의 휴대전화와 통장을 들고 갔다. 그 바람에 게임머니를 구입하기 위하여 대금을 입금했지만 갑이 입금 고객을 확인할 수 없어 게임머니 아이템을 공급해 주지 못하자, 고객들이 갑을 사기죄로 고소하겠다고 위협했다. 을이 연락을 피하자 갑은 을의 친정집에 찾아가 게임머니를 입금한 사람들로부터 고소를 당하게 되었다면서 가져간 고객정보와 게임머니 환전 사업을 하면서 갑의 통장에서 임의로 인출해간 돈을 배상하면 고소하지 않겠다는 메모를 대문에 붙였다. 을은 메모지를 확인하고 게임머니 구입내역과 고객정보를 갑에게 알려주었다.

135) 대법원 2012. 1. 27. 선고 2011도16044 판결.

136) '불법이득의 의도'가 조문에 표기되어 있는 독일에서는 당연한 것으로 논란이 없다.

갑은 게임머니 사업을 동업하면서 번 3,000만 원 중 절반가량인 1,500만 원 상당은 갑에게 귀속되어야 한다면서 1,500만 원의 지급을 구하는 손해배상청구소송을 제기하고 을에게 훔쳐간 장부와 통장을 빨리 반환하라거나 소장 부본을 빨리 송달받으라거나 재판을 통해 자신이 받을 돈을 지급받고 빨리 끝내기를 바란다는 등의 문자메시지를 여러 차례 보냈다.

을은 갑이 민사소송을 제기하자 그 직후 친정집 대문에 메모를 붙인 행위 등에 대하여 폭행 및 협박죄로 고소장을 제출했는데, 고소장에 갑이 금품을 요구한다는 내용은 언급하지 않았다. 이후 갑과 을은 변호사의 조력을 받아 을이 갑에게 1,500만 원의 배상금을 지급하되 갑은 위 민사소송을 취하하는 한편 향후 을 또는 그 가족들에게 전화나 서면 등으로 면접하지 않고 돈 을 요구하지 않으며 인터넷 등에 피해자 혹은 'K양' 등의 내용으로 을과 관련된 내용을 기재하지 않기로 하며 이를 위반할 경우에는 1,500만 원의 10배의 금액을 배상하기로 하는 내용의 합의각서를 작성했다. 을은 자신이 한 형사 고소를 취하했고 갑은 같은 날 을에게 자신 소유의 에쿠스 자동차를 증여하겠다면서 배송하였으나 을은 이를 갑에게 다시 돌려보냈다.137)

[판결 13] 게임머니 환전 사업에 필수적인 휴대전화와 장부 및 피고인 명의의 예금통장을 피해자가 가출하면서 몰래 가지고 간 행위를 따지는 한편 위 장부와 예금통장 등의 반환을 요구하는 내용의 문자를 보내거나 메모를 친정집에 붙이고, 피해자를 상대로 게임머니 환전 사업을 하면서 번 돈 중 절반의 지급을 구하는 민사소송을 제기한 후 그 소장 부본 수령을 재촉하면서 판결 결과에 따라 빨리 손해배상금을 정산할 것을 요구한 것은 정당한 권리행사라 할 것이고, 그러한 정당한 권리행사를 하면서 다소 위협적인 언사를 사용하였다고 하여도 이는 사회통념상 용인될 정도의 것으로서 공갈죄의 수단인 협박에 해당한다고 보기 어렵다.

을이 협박에 의하여 외포심을 느껴서 이 사건 합의각서를 작성하였다고 보기 어렵고, 오히려 을의 합리적인 판단에 따라 갑이 제기한 민사소송 등을 취하시키는 한편 을 측과 향후 어떠한 접촉도 하지 않겠다는 갑의 확실한 약속을 문서화하기 위하여 이 사건 합의각서를 작성받기 위한 반대급부로 을의 자의적인 선택에 따라 갑에게 금품을 교부한 것으로 봄이 상당하다.

[판결 13-1] 갑은 을에게 A 회사가 ○·△·▽일보에 광고를 편중했기 때문에 불매운동기업으로 선정했다면서 각 신문광고를 중단할 것을 요구했으나 을로부터

137) 대법원 2013. 9. 13. 선고 2013도6809 판결.

회사가 수용하기 어려울 것이라는 말을 듣고, 갑이 지정하는 신문에 ○·△·▽일보와 동등하게 광고를 집행할 것, 특히 빠른 시일 내에 □신문과 ◇신문에 광고를 게재할 것과 A 회사의 인터넷 홈페이지에 "향후 광고를 편중되게 하지 않겠다"라는 내용의 팝업창을 띄울 것을 요구했다. 을로부터 갑의 요구조건을 전해들은 병은 회사를 위해서 이를 들어줄 수밖에 없다고 판단하고 갑의 요구대로 □, ◇신문에 광고를 게재하고 인터넷 홈페이지에 위 내용의 팝업창을 띄우기로 했다. 이로써 갑은 위와 같이 요구조건을 들어주지 않으면 불매운동을 하겠다고 협박하여 불매운동으로 인한 영업상 커다란 손실의 우려로 겁을 먹은 병으로 하여금 A 회사의 인터넷 홈페이지에 "A 회사는 앞으로 특정 언론사에 편중하지 않고 동등하게 광고 집행을 해나갈 것을 약속합니다. 또한, 앞으로도 더욱 소비자들과 함께 하는 기업이 되도록 노력하겠습니다"라는 내용의 팝업창을 띄우게 함으로써 의무 없는 일을 하게하고, 예정이 전혀 없었던 □신문과 ◇신문에 각각 378만 원씩 합계 756만 원 상당의 광고비를 지급하게 했다.[138)]

☆[판결 13-1] 공갈죄는 다른 사람을 공갈하여 그로 인한 하자 있는 의사에 기하여 자기 또는 제3자에게 재물을 교부하게 하거나 재산상 이익을 취득하게 함으로써 성립되는 범죄로서, 공갈의 상대방이 재산상의 피해자와 같아야 할 필요는 없고, 피공갈자의 하자 있는 의사에 기하여 이루어지는 재물의 교부 자체가 공갈죄에서의 재산상 손해에 해당하므로, 반드시 피해자의 전체 재산의 감소가 요구되는 것도 아니다. 갑이 A 주식회사 직원을 협박하여 A 주식회사가 그 의사에 반하여 □신문과 ◇신문에 광고를 게재하고 광고료를 지급한 사실을 인정한 다음 공갈을 유죄로 인정한 원심판결은 정당하다.[139)]

[판결 12] 갑은 ○광역시△구청장으로 을 조합의 토지구획정리사업 완료에 필수적인 공사 등에 관한 협의 권한이 있다. 갑은 승소 가능성이 거의 없는 소송을 제기한 뒤 요구대로 조정에 응하지 않으면 위 사업 완료를 위한 관련 협의가 진행되지 않을 것이라고 을에게 말하여, 사업이 제대로 마무리되지 않을 경우 보게 될 피해를 우려한 을이 조정합의를 하기에 이르렀다.[140)]

[판결 12] 직업, 지위를 가지고 불법한 위세를 이용하여 재물의 교부를 요구하고 상대방으로 하여금 그 요구에 응하지 아니한 때에는 부당한 불이익을 초래할 위험이

138) 대법원 2013. 4. 11. 선고 2010도13774 판결; 서울중앙지방법원 2010. 10. 5. 선고 2009노3623 판결.

139) 대법원 2013. 4. 11. 선고 2010도13774 판결.

140) 대법원 2012. 9. 13. 선고 2012도7461 판결.

있다는 위구심을 야기하게 하는 경우에도 해악의 고지가 된다. 해악의 고지가 권리실현의 수단으로 사용된 경우라고 하여도 그것이 권리행사를 빙자하여 협박을 수단으로 상대방을 겁을 먹게 하였고 권리실행의 수단 방법이 사회통념상 허용되는 정도나 범위를 넘는다면 공갈죄가 성립한다. 갑의 행위는 공갈죄에 해당한다.

[판결 07] 주식회사 대표가 회사자금 100억 원을 횡령하였다는 등으로 수사기관에 고소하거나 그와 같은 취지의 글을 인터넷에 수회에 걸쳐 게시하였을 뿐만 아니라 회계장부 열람을 위한 가처분을 신청하거나 이를 이유로 회사 사무실을 수시로 방문하는 행위로 인하여 회사 업무에 사실상 방해를 주고 있는 상황에서 회사관계자에게 이러한 행위를 중단하는 대가로 금전을 요구하면서 만일 자기 요구를 받아들이지 않을 경우 앞으로도 계속하여 고소 제기 등과 같은 행위를 함으로써 업무에 지장을 줄 것 같은 태도를 보인 것은 공갈에 해당한다.[141)]

[판결 05] 갑, 을, 병은 A가 종업원으로 일하고 있던 룸살롱(B가 건물주로부터 임차하여 C에게 운영을 위임)에서 A에게 은근히 조직폭력배임을 과시하면서 "이 새끼들아 술 내놔."라고 소리치고, 험악한 인상을 쓰면서 "너희들은 C가 깡패도 아닌데 왜 따라 다니며 어울리냐."라고 말하는 등의 방법으로 신체에 위해를 가할 듯한 태도를 보여 이에 겁을 먹은 A로부터 주류를 제공받았다.[142)]

[판결 05] 공갈죄에 있어서 공갈의 상대방은 재산상의 피해자와 동일함을 요하지는 아니하나, 공갈의 목적이 된 재물 기타 재산상의 이익을 처분할 수 있는 사실상 또는 법률상의 권한을 갖거나 그러한 지위에 있음을 요한다. 협박을 당한 A는 위 주류에 대한 사실상의 처분권자이므로 폭처법 상의 공동공갈이 성립한다.

[판결 90] 甲은 교통사고로 2주일간의 치료를 요하는 상해를 당했는데, 손해배상청구권이 있다는 것을 기화로 가해 운전사의 사용자 乙에게 과다한 금액인 7백 만원을 요구하면서 만일 자기의 요구에 응하지 않으면 수사기관에 신고할 것 같은 태도를 보여 乙을 외포하게 하여 겁을 먹은 乙로부터 3백 5십 만원을 교부받았다.[143)]

[판결 90] 손해배상청구권의 합법성은 인정되나, 정당한 권리행사를 빙자하여 협

141) 대법원 2007. 10. 11. 선고 2007도6406 판결.
142) 대법원 2005. 9. 29. 선고 2005도4738 판결.
143) 대법원 1990. 3. 27 선고 89도2036 판결.

박을 수단으로 상대방을 외포하게 하여 재물을 교부받은 것은 사회통념상 허용되는 범위를 넘은 것이다.

저자가 제시한 **목적-수단의 연계원리**에 의하면, 위법한 이익취득의 목적이 인정되지 않는 앞의 예에서 공갈죄는 부정된다. 먼저 피해자를 압박한 목적이 대법원의 견해처럼 민법에 원인을 둔 합법적인 것이라면 甲이 취득하고자 하는 이익은 적법하고, 다음으로 수사기관에 교통사고가 있었다는 사실을 신고하는 행위 역시 위법하지 않다. 따라서 甲이 사회통념상 허용되는 범위를 넘었다는 모호한 이유에서 공갈로 처벌된 것은 이론적으로 수긍하기 어렵다. 단 甲이 요구한 손해배상금액이 객관적 기준을 현저히 초과하는 것임이 입증되는 경우에는 공갈이 인정된다.[144)]

> [판결 90-1] A는 B가 지하 1층 지상 3층 건물을 신축하면서 허가와 달리 발코니 10평을 증축하고 준공검사가 나기 전에 지하와 1, 2층을 임대하여 음식점을 경영하도록 한 사실을 알고, 관계당국에 일조권침해와 준공검사 전 영업으로 피해를 입고 있으니 시정해 달라는 내용의 진정을 제기했다. A는 중재에 나선 C에게 “B가 1천만 원을 주면 진정을 취하해 주겠지만 그렇지 않을 경우 내가 죽든 B가 죽든 끝까지 싸우겠다”고 말했다. 이에 증축부분을 철거해야 하고 임대보증금 등을 내주게 된 B는 A에게 1천만 원을 주었다.[145)]

[판결 90-1] 1, 2심 법원은 모두 A의 협박행위는 권리행사의 수단으로 사회통념상 허용될 수 없다고 보고 공갈죄를 인정했다. 먼저 A가 과격한 언사를 써서 B가 겁을 먹은 것, A가 입은 손해의 유무 또 그 액수가 객관적으로 밝혀지지도 않은 상태였다는 점을 인정되나 A는 자기의 권리행사로 또 B는 A와 세입자들에 대한 “손해배상의 의무를 면하기 위한 조치로서 절충 끝에 합의가 되어 자주적인 분쟁해결방법으로 위 금원이 수수된 것으로”A의 행위는 권리행사를 빙자한 것도 아니고 사회통념상 허용되는 범위를 넘는 권리행사의 수단방법으로 볼 수 없다.

대법원이 A의 행위가 권리행사를 빙자한 것이 아니며 사회통념상 허용되는 것이라고 인정한 것은, 공갈죄의 구성요건에 대한 형법이론에 상응하는 해석으로 볼 수 없다. 먼저 이익취득의 적법성 여부 즉 위협행위의 목적이 합법인가에 대한 대법원의 견해가 불분명하다. 이웃 사람의 위법행위를 시정하기 위한 진정

144) 이 책 §59, II, 1, (3).

145) 대법원 1990. 8. 14. 선고 90도114 판결.

행위 자체는 물론 적법하지만, 손해발생에 관한 담당행정청인 관할구청의 객관적 결정이 나지 않은 상황에서 미리 액수까지 스스로 정해 배상을 압박하는 것은 합법적인 이익취득으로 인정될 수 없다. 즉 A가 관할관청에 B의 위법한 건축행위 및 임대로 인한 영업행위에 대한 시정을 요구하는 것은 물론 적법하다. 그러나 진정의 취소를 대가로 돈을 요구하는 것은 위법한 이익취득의 목적에 따른 협박에 해당한다. 따라서 앞의 예는 이미 '목적의 위법'부터 인정되는 경우로서, 사회통념상 허용되는 범위를 논할 필요 없이 공갈이 인정되어야 옳다.

[판결 85] X는 동업자 Y와의 동업을 청산하면서 지분의 정산액에 불만을 가지게 되었다. X는 재결산을 요구하면서 자신이 탈세용 비밀장부를 가지고 있다는 점을 이용하여 이 장부를 빌미로 회사에 어떤 위해를 가할 듯한 태도를 보이는 협박수단으로 Y로부터 약속어음을 교부받았다.[146]

[판결 85] X에게 재결산을 요구할 권리는 없다. 설사 再再결산의 여지가 있다 하더라도 비밀장부에 의해 위해를 가할 듯 한 태도를 보인 협박수단을 쓴 것은 '사회통념상 허용되는 범위를 넘는 것으로' 공갈죄를 인정한 원심판결이 타당하다.

대법원의 견해대로 재결산을 요구할 합법적 권리가 없다면 이익추구의 목적이 위법하므로, 위압이 인정되는 한 수단의 위법을 따질 필요 없이 공갈죄를 인정하는 것이 타당하다. 앞의 예에서 분명히 밝혀지지 않은 것은 어떤 법적 근거에서 법원이 재결산 요구의 합법성을 부정한 것인 가이다. 만일 재결산의 요구가 합법일 경우 재정산의 범위 내에 있다고 객관적으로 인정되는 액수를 받기 위한 진정 또는 고발을 수단으로 한 압박은 반드시 협박에 해당하지 않는다.

[판결 97] A신문사 사주 甲은 건설업자 乙이 자신이 하는 다른 업종사업에 비협조적이라는 이유에서 乙이 시행하고 있는 공사가 부실이라는 내용의 기사를 싣게 했다. 乙은 일단 B신문에 해명광고를 냈으나 A신문의 폭로보도는 계속되었다. 보도 자제를 호소하러 온 乙에게 甲은 부실공사를 낱낱이 밝혀 계속 보도하겠다고 위협하자, 겁을 먹은 乙은 A신문에 A신문에 대한 사과문을 게재하라는 甲의 요구를 받아들였다. A신문 광고국장 丙은 광고비가 통상 1백 3십만 원이지만 8백만 원을 요구했고, 乙은 丙에게 할인해 달라고 사정하여 4백 4십만원을 지불했다.[147]

146) 대법원 1985. 9. 10. 선고 84도2644 판결.

[판결 97] 甲이 乙에게 폭로성 보도를 계속할 것이라고 겁을 주어 원래 해명광고를 게재했던 B신문사가 아닌 A신문에 사과광고를 게재토록 한 행위가 공갈죄에서의 위협에 해당하고, 위 행위와 광고신청 및 광고료지급과의 인과관계가 인정되어 공갈죄가 성립한다. 아울러 甲에게 공갈죄의 범의가 있었는지는 甲의 행위를 "정황사실과 경험칙에 바탕을 두고 객관적으로 평가하는 수밖에 없다."148)

비판: [판결 97]의 결론은 옳지만, 공갈죄의 '범의'또는 공갈수단 '협박의 위법성'에 관한 판단을 경험칙에 의해 한다는 견해는 수긍하기 어렵다. '경험칙'이란 용어가 정확히 어떤 기준에서 어떤 의미로 사용하는지는 알 수 없으나, 일반적으로 경험법칙은 '관념법칙'에 대응하는 의미이고 자연과학적으로 입증가능한 규칙을 말한다. 그러나 제13조 '범의'는 보편화된 원칙"구성요건의 실현에 대한 인식과 의욕"이라는 기준에 따라 판단되어야 한다. 따라서 공갈죄의 범의 즉 고의를 경험칙에 따라 사회통념이 허용하는 범위에 있는 행위인가의 여부에 따라 판단해야 한다는 판례의 견해는 고의가 구성요건해당에 관련한 문제라는 보편적 형법이론과 다른 논리이다.

또 협박이 위법한가에 관한 판단 역시 그 불법행위와 법규정과의 관계를 위법성 이론에 의해 평가하는 것이지 경험칙에 의해서 판단할 것은 아니다. 저자가 제안한 목적-수단의 연계원리에 의하면, 보도사실의 진위와 관계없이 [판결 97]에서 甲이 추구하는 목적 즉 사실보도를 하지 않는 대가를 조건으로 광고를 유치하여 그로 인한 이익취득은 합법성을 인정할 수 없다. 따라서 공갈의 수단이 된 협박행위의 위법성 또는 협박죄에의 해당여부를 논할 필요 없이 심리적 압박을 가한 이상 공갈죄는 인정된다.

[판결 95] 甲은 乙이 신축중인 건물의 한 점포를 보증금 5천 만원 월 1백 만원에 임차하고 4천 만원을 지급했지만, 乙의 점포건물에 대한 사용허가가 나오지 않아 개업이 늦어지자 손해배상명목으로 3천 만원을 요구했다. 이 과정에서 甲은 "애들을 시켜 쥐도 새도 모르게 죽이겠다"고 협박했지만 乙이 거절하자, 수일 후 "8천 만원을 손해보았으니 당장 내놓던지 현금보관증을 쓰라"고 요구하면서 탁자를 걷어차 넘어 뜨려 유리를 깨고 "XX프라자 사기분양"이라고 유리창에 썼으며, "임신중인 부인이 있는 집으로 사람들을 보내면 어떻게 될지 알겠지"라고 하는 등의 수단으로 乙을 위협해서 현금보관증을 교부받았다.149)

147) 대법원 1997. 2. 14. 선고 96도1959 판결.
148) 앞의 각주와 같다.

[판결 95] 甲의 행위는 乙이 甲의 요구에 응하지 않을 경우 "자신의 신체나 재산 등에 부당한 이익을 받을 위험이 있다는 위구심을 일으키게 한 것으로 乙이 겁을 먹기에 족한 해악의 고지에 해당하며, (...) 권리실현의 목적으로 이루어진 것이더라도 행사된 수단방법이 사회통념상 허용될 수 있는 범위를 훨씬 넘는 것"이어서 공갈이다.150)

저자의 기준「목적-수단의 연계원리」에 의하면 지불한 4천만 원의 반환목적을 2배 초과한 손해배상의 청구는 적법하다고 볼 수 없기 때문에, 행위목적의 합법성이 인정되지 않는다. 위협수단 역시 독자적으로 협박죄를 실현한 점에 의문의 여지가 없어 당연히 공갈죄가 성립한다. 대법원이 甲의 공갈죄를 인정한 결론은 타당하지만, 사회통념이라는 판단기준을 수긍할 수 없다는 것은 앞서 지적한 바와 같다.

5. 강도, 사기와의 구별

(1) 강도죄와의 구별

(가) 같은 점

제333, 350조에 따라 강도와 공갈의 공통점은: 첫째, 강도와 공갈 모두 재물, 재산을 보호법익으로 한다. 둘째 폭행·협박을 재산상 이익을 취득하는 수단으로 하고, 공히 '피해자의 본래 의사에 반해' 범인 또는 범인 아닌 제3자의 소유로 옮아간다. 셋째, '불법영득, 이득의 의사'가 각각 고의 이외의 '주관적인 불법요건'이다.

(나) 차이점과 양자의 구별기준

강도는 재물을 '강취'한다는 점이 공갈과 다르다. 강취는 "폭행 또는 협박을 통해 피해자의 **의사에 반하여** 자기 또는 제3자의 점유로 옮기는 것"라고 한다.151) 공갈에 의한 이익의 취득은 흔히 '갈취'라고도 하고 하자있는 의사에 의해 스스로 재물을 교부하거나 재산을 처분하는 것과 다르다고 설명한다. 공갈에서 비록 '하자있는(**자유로운 결정이 아닌**) 의사'에 의한다 해도, 결론적으로 피

149) 대법원 1995. 3. 10. 선고 94도2422 판결.

150) 앞의 각주와 같다.

151) 김일수/서보학, 각론[8], 282쪽; 이재상 등, 각론[10], 304쪽.

해자의 **본래의사에 반하여** 점유의 이전이 이루어진다는 것이므로 이 기준으로 양자를 구별하기는 어렵다.

공갈과 강도가 구별되는 유일한 차이는 판례로 굳어진 기준 즉 강도죄에서의 폭행·협박은 반드시 '상대방의 반항을 억압할 정도'[152)]이어야 하고, 공갈죄에서는 사람의 의사 내지 자유를 제한할 정도면 족하다. 따라서 문헌에는 강도죄의 폭행·협박과 공갈죄의 폭행·협박은 질적 차이가 있는 것이 아니라 양적 차이에 불과하다고 설명되고 있다.[153)]

그러나 범죄자의 폭행·협박이 상대방의 반항을 억압할 정도인가 아니면 의사형성과 실행을 제한하는 정도인가의 구별은 어렵다. 예를 들어 A가 B로부터 돈을 뺏기 위해 B를 폭행한 경우, B의 반항의사가 억압되어 대항이 불가능한가를 판단하려면 먼저 B의 생각을 읽어야 하나 이것은 불가능하다. 개인의 성격, 신체조건, 폭행이 이루어지는 상황 등에 따라 반항의지와 능력은 판이하다. A가 B를 돌로 때려 전치 3주의 상해를 입힌 후 가방을 빼앗은 경우, 반항이 억압되었다고 본 판결이 있다.[154)] '신체에 대한 폭행'과 '강취'라는 구성요건요소가 실현되었다는 견해이나 A의 폭행에 대해 B가 반항하는 것이 불가능했다고 단언할 수는 없다. B가 돈이 자기의 생명보다 중하다는 가치관을 가지고 있다면 그의 반항의사는 억압되지 않을 것이지만, 반항의 불가능 또는 억압이라는 기준을 고집하면 절도가 성립하게 된다. 반대로 B가 신체, 심리적으로 나약했다면 험악한 말, 표정만으로 반항의지가 제압되었을 수도 있다. 폭행 또는 협박을 수단으로 한 강도에서는 반항이 불가능하거나 억압되었는가 아니면 의사형성을 제한하는 정도에 불과한가를 한계 짓기는 더욱 어렵다. 따라서 통설·판례의 구별기준은 수긍하기 어렵다.

(다) 결론

공갈·강도와 절도 이상 세 가지 구성요건을 객관적 기준에 따라 명확하게 구별하려면, 구성요건을 더 분명하고 구체적으로 정해야 한다. 독일형법 §249은 강도는 동산에 대해서만 성립하고, 행위방법은'사람의 신체에 대한 직접적인 폭력행사'와 '생명과 신체에 대한 당장 현존하는 위협'이다. 반면 공갈은 동

---

152) 이 주장은 폭행에 한해 판례에서 확인되지만 협박에 관하여는 분명한 입장표명이 없는 것으로 보인다. 대법원 1986. 12. 23. 선고 86도2203 판결 참조.

153) 김일수/서보학, 각론[8], 282; 이재상 등, 각론[10], 302쪽.

154) 대법원 1986. 12. 23, 선고 86도2203 판결.

산, 부동산 및 기타 재산을 모두 대상으로 하며, '직접 사람의 신체를 겨냥하지 않은 완력행사'와 강도에 해당하지 않는 위협으로 규정하여 이미 구성요건에서부터 경계를 분명히 한 점은 타산지석이 될 것이다.

(2) 사기죄와의 관계

(가) 같은 점

제347조 사기와 공갈의 공통점은 먼저 공히 '재물을 교부받거나 재산상의 이익을 취득'한다는 구성요건이다. 문헌에는 처분행위에 의해 피해자 또는 범행대상자가 '하자있는 의사'에 의해 '스스로의 처분행위'를 함으로써 범인이 재물 또는 재산상의 이익을 취득하는 점에서 사기죄와 공갈죄는 공히 동기범죄로서 본질이 같다고 설명되기도 한다.155) **불법이득의 의도**가 구성요건에 명시되어 있지 않은 것도 사기와 공갈죄는 같다.

(나) 다른 점

사기와 공갈의 차이는 사기는 '기망'하여, 공갈은 '공갈'하여 재물의 교부 또는 재산상의 이익을 취득하는 행위로 규정된 점이다. 즉, 사기죄에서는 기망행위로 피기망자의 하자있는 의사가 만들어 지고 공갈에서는 폭행·협박에 의해 하자있는 의사가 형성되는 점이 다르다.

(다) 경합

문제되는 경우는, 범인이 피해자에게 재산손해를 입히면서 기망과 폭력 및 위협을 동시에 사용한 때이다. 먼저 장난감 총을 장전된 진짜 총이라고 속이고 위협한 경우 또는 협박으로 돈을 뜯어내기 위해 자기는 형사라고 상대를 속인 경우, 기망은 단지 협박의 내용에 신빙성을 더하기 위해 쓰였고 또 사실 그 기능만 했으므로 기망행위는 공갈에 흡수되어 별도로 사기죄가 성립하지 않는다는 것이 다수 이론이다.156) 유괴범이 아닌 자가 자신이 유괴범임을 자처하며, 인질석방을 대가로 돈을 요구한 경우에도 공갈죄만 인정된다. 왜 별도로 사기가 성립하지 않는가에 대해서는 견해가 대립하지만, 앞의 예들에서는 범인이 실행한 불법은 공갈죄에서 모두 평가·처벌된 것이고 사기와 공갈은 법조경합

---

155) 김일수/서보학, 각론[8], 382쪽; 이재상 등, 각론[10], 385쪽.

156) NK[2]/*Kindhäuser*, § 253, Rn 50.

의 관계라고는 것이 독일문헌에서 다수이다.157) 반대로 A가 B에게 C로부터 공갈 받고 있다고 거짓말을 하자 B는 C의 협박사실이 폭로될 경우 자신도 불리하다고 생각하여 A에게 돈을 건네준 경우, B의 처분행위의 직접원인은 A의 B에 대한 기망이므로 A는 사기죄로만 처벌된다.158)

앞의 예들과 구별해야 할 것은 기망과 공갈이 각각 대등하고 독립적인 기능을 했다고 보일 때이다. 이 경우는 재산손실과 밀접한 인과관계에 있는 수단에 의해 처벌하고, 이 구별이 현실적으로 불가능한 경우에는 통설과 같이 사기와 공갈의 상상적 경합을 인정된다.159)

(3) 갈취한 현금카드로 현금을 인출한 행위

예금주인 현금카드 소유자를 협박하여 그 카드를 갈취한 다음 현금자동지급기에서 현금을 인출한 행위는 공갈의 범의 아래에서 이루어진 일련의 행위로서 포괄하여 하나의 공갈죄를 구성하고 따로 절도죄가 되지 않는다.

강도죄는 공갈죄와는 달리 강취한 현금카드를 사용하여 현금자동지급기에서 예금을 인출한 행위는 현금자동지급기 관리자의 의사에 반하여 그 현금을 자기의 지배하에 옮긴 것이므로 강도죄와 별도로 절도죄를 구성한다.160)

6. 요점

(1) 공갈은 행위자가 (가) 재산상 이익을 취득할 목적으로 (나) 행위대상자가 자유로운 의사결정과 그에 따른 행동을 못하도록 폭행, 위협을 수단으로 압박을 가해 (다) 압박받은 사람이 스스로의 결정으로 (라) 동산을 교부하거나 피압박자 자신 또는 제3자의 재산에 손해를 입는 행동 즉 처분행위를 하도록 강요하는 범죄이다. 여기서 재산손해란 현재 재산의 총액 또는 전체재산을 기준으로 감소한 경우이다. (가)-(라)의 요건들 간에는 인과관계가 있어야 한다.

(2) 공갈죄에서는 **행위자가 추구하는 재산상의 이익이 반드시 위법해야 하는 것은 아니다.** 또 공갈죄에서의 압박수단도 그 자체만 놓고 보면 반드시 위법한

---

157) LK[10]/*Lackner*, § 263, Rn 330; S/S/*EserlBosch*, § 253, Rn 37.

158) LK[10]/*Lackner*, § 263, Rn 330; S/S/*Eser/Bosch*, § 253, Rn 37.

159) LK[11]/*Herdegen*, § 253 Rn 35; S/S/*Eser/Bosch*, § 253, Rn 37. 김일수/서보학, 각론[8], 382쪽; 이재상 등, 각론[10], 385쪽.

160) 대법원 2007. 5. 10. 선고 2007도1375 판결.

행위일 필요가 없고, **목적과 수단의 연계관계가 전체적으로 위법해야 한다.**

공갈 수단으로서 폭행·협박은 각각 폭행죄와 협박죄에 해당하는 행위로서의 요건을 갖추어야 하는 것은 아니다. 폭행·협박의 구성요건에 해당하는 행위도 물론 공갈에서의 압박수단이 되지만, 폭행·협박에 해당하지 않는 행위도 이른바 '상대적 폭력'(vis compulsiva)에 해당하는 한 공갈행위가 된다. 이른바 '절대적 폭력'을 수단으로 재물교부, 재산손해를 입힌 경우에는 공갈이 아닌 강도죄가 문제된다.

(3) 판례가 공갈죄의 성립요건으로 하는 "사회통념상 허용되는 범위를 벗어나는 행위"는 사회통념의 의미가 학력, 나이, 직업, 상황 등에 따라 각각 달리 판단되므로 객관적 기준으로 인정하기 어렵다. 객관적이 아닌 법적용자 마다 각기 달라지는 기준은 명확성의 원칙에 반한다. 따라서 사회통념보다는 「목적-수단의 연계원칙」에 의해 압박수단이 허용되는 범위를 정하는 것이 구체적이고 합리적이다. 이 원리에 따르면 위법한 이득의 의도와 폭행·협박이 반드시 목적-수단의 관계로 연계되어 있어야 공갈죄가 성립한다.

제 40 장 횡령과 배임의 죄

§ 58. 횡령

제355조(횡령, 배임) ① 타인의 재물을 보관하는 자가 그 재물을 횡령하거나 그 반환을 거부한 때에는 5년 이하의 징역 또는 1천500만 원 이하의 벌금에 처한다.
② 타인의 사무를 처리하는 자가 그 임무에 위배하는 행위로써 재산상의 이익을 취득하거나 제삼자로 하여금 이를 취득하게 하여 본인에게 손해를 가한 때에도 전항의 형과 같다.
제356조(업무상의 횡령과 배임) 업무상의 임무에 위배하여 제355조의 죄를 범한 자는 10년 이하의 징역 또는 3천만 원 이하의 벌금에 처한다.
제360조(점유이탈물횡령) ① 유실물, 표류물 또는 타인의 점유를 이탈한 재물을 횡령한 자는 1년 이하의 징역이나 300만 원 이하의 벌금 또는 과료에 처한다.
② 매장물을 횡령한 자도 전항의 형과 같다.

Ⅰ. 보호법익

1. 보호법익, 취지

보호법익은 재물·물건의 소유권 등 본권이다.[1]

판례에 의하면 횡령죄의 **본질은 신임관계에 기초하여 위탁된 타인의 물건을 위법하게 영득하는 것**이고, 위탁신임관계는 횡령죄로 **보호할 만한 가치 있는 신임**에 의한 것으로 한정된다.[2]

판례의 입장은 횡령과 배임은 신뢰에 대한 배신을 처벌한다는 점에서 같다는 것이다. 배임죄는 전체 재산을 보호법익으로 하지만, 횡령죄는 동산과 부동산 등 유체물을 대상으로 한다는 점만 다르다. 동산, 부동산, 유체재산은 모두 재산의 주요 내용이므로 횡령죄와 배임죄는 특별법과 일반법관계라고 주장할 수도 있다.[3] 그러나 더 근본적인 문제는 횡령죄를 이렇게 본다면 굳이 배임죄

1) 대법원 2016. 8. 30. 선고 2013도658 판결.
2) 대법원 2016. 5. 19. 선고 2014도6992 전원합의체 판결.

에서 떼 낼 실익이 있는지 의문이다.

양자는 같은 조문에 규정이 있고 법정형량도 같다. 재판에서 공소장의 변경도 필요하지 않다. 즉, 구별의 필요와 실익이 모호하고 금전, 부동산 횡령 등에서 배임죄와 구별기준도 애매한데 굳이 횡령죄를 별도로 정한 이유를 알기 어렵다. 횡령은 독일형법의 Unterschlagung의 일본식 번역일 것으로 짐작된다. 따라서 아래에서 독일형법 § 246을 간단히 소개한다.

2. 독일형법 § 246

독일형법 § 246 I 의 횡령죄는 소유권자가 아니면서 현재 동산을 점유·보관하고 있는 자가 소유권자의 점유를 침해함이 없이 그 물건의 소유권을 행사함으로써 타인의 소유권을 침해하는 범죄이다. § 246 II는 타인의 동산이 행위자에게 **맡겨진 것**(위탁된 것)이면 § 246 I 보다 더 무겁게 처벌된다.

횡령죄는 제1항, 제2항 모두 행위자가 빌렸든, 주웠든 어떤 연유에서 이든 이미 타인 소유의 동산을 점유하고 있어야 한다는 점에서 독일형법 § 242의 절도죄와 다르다. § 246 Unterschlagung은 한국형법 제355조 제1항보다는 제360조 점유이탈물횡령과 좀 더 비슷하다.

Ⅱ. 제355조 제1항 [횡령]

1. 체계, 특성

(1) 제355조 제1항, 제366조의 횡령, 업무상 횡령은 '보관하는 자'가 구성요건 요소이다. 판례에 따르면 '보관'은 '신뢰에 기초한 위탁'이다. 아울러 횡령의 대상에는 동산 뿐 아니라 부동산 및 유체물도 포함된다.

제360조는 유실물, 표류물 또는 타인의 점유를 이탈한 재물을 횡령하는 행위를 금지하는 조항이다. 보관을 요건으로 하지 않는다는 점 또 점유의 취득이 전제된다는 점에서 제355조 제1항, 제366조와 근본적으로 다르다.

(2) 즉시범

횡령죄는 상태범이다. 횡령행위의 완료 후에 행하여진 횡령물의 처분행위는

3) 이재상 등, 각론[10], 389쪽.

그것이 그 횡령행위에 의하여 평가되어 버린 것으로 볼 수 있는 범위 내의 것이라면 새로운 법익의 침해를 수반하지 않은 이른바 불가벌적 사후행위로서 별개의 범죄를 구성하지 않는다.3)

(3) 위험범

판례는 일관하여 횡령죄는 타인 소유의 재물에 관한 소유권 등 본권을 보호법익으로 하고 그 법익침해의 위험이 있으면 그 침해의 결과가 발생되지 않았더라도 성립하는 위험범이라는 입장이다.4)

이 문제는 판례와 문헌 모두에 해당되는데, 위험범이 도대체 어떻게 정의되었는지 분명치 않다. 나아가 횡령죄는 물론 절도죄도 위험범이라는 주장도5) 있다. 위험범을 행위대상이 침해되지 않아도 구성요건이 실현된 것으로 인정되는 범죄형태라고 정의하면, 횡령죄, 절도죄 모두 위험범일 수 없다.

2. 주관적 구성요건; 불법영득의 의사

횡령죄에서 불법영득의사는 타인의 재물을 보관하는 자가 자기 또는 제3자의 이익을 꾀할 목적으로 위탁의 취지에 반하여 타인의 재물을 자기의 소유인 것처럼 권한 없이 스스로 처분하는 의사를 의미한다.

보관자가 자기 또는 제3자의 이익을 위하여 소유자의 이익에 반하여 재물을 처분한 경우에는 재물에 대한 불법영득의사를 인정할 수 있으나, 그와 달리 소유자의 이익을 위하여 재물을 처분한 경우에는 특별한 사정이 없는 한 그 재물에 대하여는 불법영득의사를 인정할 수 없다.6)

> [판결 17] A 아파트 입주자대표회 회장 갑이 일반 관리비와 별도로 입주자대표회의 명의 계좌에 적립·관리되는 특별수선충당금을 아파트 구조진단 견적비 및 시공사인 을 주식회사에 대한 손해배상청구소송의 변호사 선임료로 사용함으로써 아파트 관리규약에 의하여 정하여진 용도 외에 사용하였다.7)

---

3) 대법원 1978. 11. 28. 선고 78도2175 판결.
4) 대법원 2013. 2. 21. 선고 2010도10500 전원합의체 판결.
5) 이재상 등, 각론[10], 388쪽. 침해범 결과범이라는 견해 : 김일수/서보학, 각론[8], 307~308쪽.
6) 대법원 2016. 8. 30. 선고 2013도658 판결.
7) 대법원 2017. 2. 15. 선고 2013도14777 판결.

[판결 17] 보관자가 자기 또는 제3자의 이익을 위해서가 아니라 소유자의 이익을 위하여 보관물을 처분한 경우에는 특별한 사정이 없는 한 불법영득의 의사를 인정할 수 없다.8)

(1) 판례

고의 외에 불법영득의 의사가 주관적 구성요건의 요소이다. (업무상) **횡령죄에서 불법영득의 의사**는 자기 또는 제3자의 이익을 꾀할 목적으로 (업무상) 임무에 위배하여 보관하는 타인의 재물을 자기의 소유인 것과 같이 처분하는 의사를 말한다. 사후에 이를 반환하거나 변상·보전하려는 의사가 있다고 하여 불법영득의 의사가 부정되지 않는다.9) 반드시 자기 스스로 영득해야만 하는 것은 아니다.10)

[판례 13] 주식회사의 대표이사가 회사의 돈을 인출하여 사용하였는데 그 사용처에 관한 증빙자료를 제시하지 못하고 있고 그 인출사유와 사용처에 관하여 납득할 만한 합리적인 설명을 하지 못하고 있다면, 이는 그가 불법영득의 의사로 회사의 돈을 인출하여 개인적 용도로 사용한 것으로 추단할 수 있다.11)

횡령죄는 **불법영득의 의사가 확정적으로 외부에 표시되었을 때** 성립한다. 횡령의 범행을 한 자가 물건의 소유자에 대하여 별도의 금전채권을 가지고 있었다고 하더라도 (업무상) 횡령죄는 성립한다. 단, 횡령 범행 전 상계 정산하였다는 등 특별한 사정이 있으면 횡령죄가 성립하지 않을 수 있다.12)

[판결 05] 갑 명의의 계좌에 2003. 3. 21. 송금된 3억 2,000만 원을 을이 착오로 송금한 것을 갑이 다른 계좌로 이체하는 등 임의로 사용한 것은 횡령죄이다.13)

[판결 10] 갑은 2008. 6. 4.경 을 주식회사에 근무하는 이름을 알 수 없는 직원이 착오로 갑 명의의 홍콩상하이(HSBC)은행 계좌로 잘못 송금한 300만 홍콩달러(한화 약 3억 9,000만 원 상당)를 그 무렵 임의로 인출하여 사용했다.14)

---

8) 대법원 2017. 2. 15. 선고 2013도14777 판결.
9) 대법원 2014. 5. 16. 선고 2013도15895 판결.
10) 대법원 2017. 3. 9. 선고 2014도144 판결.
11) 대법원 2013. 6. 27. 선고 2013도2510 판결.
12) 대법원 2014. 5. 16. 선고 2013도15895 판결.
13) 대법원 2005. 10. 28. 선고 2005도5975 판결.

[판결 10] 어떤 예금계좌에 돈이 착오로 잘못 송금되어 입금된 경우에는 그 예금주와 송금인 사이에 **신의칙상 보관관계**가 성립한다. 갑이 송금 절차의 착오로 인하여 자신의 명의의 은행 계좌에 입금된 돈을 임의로 인출하여 소비한 행위는 횡령죄에 해당한다. 송금인과 피고인 사이에 별다른 거래관계가 없다고 해도 같다.

(2) 독일문헌

영득의 고의는 절도죄에서와 같이 최소한 일시적인 (보통은 계속적인) 소유권의 불법취득과, 원소유권자의 소유권에 대한 계속적인 배척이 요구된다.

절도죄는 절취자의 영득의도만 인정되면 성립하지만, 횡령죄는 횡령자의 **확고한** '영득의지'가 표명되어야 인정된다.[15] 영득에 대한 확고한 의지란 물건 자체 또는 그 물건이 가지는 가치를 소유자의 재산으로부터 계속적으로 배제한다는 것, 그리고 이 물건 내지 가치를 자신의 재산에 혼입하여 스스로 이용하려는 의지이다. 따라서 자신이 점유·보관하는 재물을 포기하거나 손괴하는 것은 횡령죄에서의 영득이 아니다.[16] 빌리거나 임차한 물건을 반환하기로 약속한 기간을 넘어 가지고 있는 것은, 빌린 자가 부당하게 점유·사용했다 하더라도, 원칙적으로 횡령이 아니라고 보는 견해가 다수이다[17]. 부작위에 의한 반환의무위반에 반드시 영득의지가 표명되었다고는 볼 수 없기 때문이다[18].

3. 객관적 구성요건

(1) 타인의 재물; 횡령의 객체

(가) '타인' 소유

횡령죄의 요건 **'타인'의 재물**이란 타인이 소유권자인 재물을 일컫는다. **타인의 재물**인가 또는 재물을 **보관**하는 상태인가의 여부는 민법·상법 기타 민사실체법에 의한다.[19]

어떤 재물이 횡령의 객체인가에 따라 그 재물이 타인의 소유인지, 위탁관계

---

14) 대법원 2010. 12. 9. 선고 2010도891 판결.

15) LK/*Ruß*, § 246 Rn 13.

16) LK/*Ruß*, § 246 Rn 13, 18.

17) LK/*Ruß*, § 246 Rn 20.

18) LK/*Ruß*, § 246 Rn 20.

19) 대법원 2011. 4. 28. 선고 2010도15350 판결.

에 기초한 보관자의 지위가 인정되는지, 피해자가 누구인지, 그 재물에 대한 반환청구가 가능한지 등이 달라질 수 있다.[20)]

(ㄱ) **불법원인급여**

민법 제746조에 의하여, 불법의 원인으로 인하여 재산을 급여하거나 노무를 제공한 때에는 그 이익의 반환을 청구하지 못한다. 급여를 제공한 사람은 그 원인행위가 법률상 무효임을 내세워 상대방에게 부당이득반환청구를 할 수 없고, 또 급여한 물건의 소유권이 자기에게 있다고 하여 소유권에 기한 반환청구도 할 수 없어서 결국, 급여한 물건의 소유권은 급여를 받은 상대방에게 귀속된다.

성매매 및 성매매알선 등 행위는 선량한 풍속 기타 사회질서에 반한다. 성매매할 사람을 고용함에 있어 성매매의 권유·유인·강요의 수단으로 이용되는 선불금 등 명목으로 제공한 금품이나 그 밖의 재산상 이익 등은 불법원인급여로서 반환을 청구할 수 없다.[21)]

> [판결 13] 을은 갑이 성매매를 알선하기 위해 속칭 '보도방'을 운영하고 있다는 사실을 알고 갑과 동업하기로 작정하고 5천 8백만원을 투자했다. 을은 보도방 여종업원들이 선불금을 변제하기 위하여는 유흥업소에서 성매매를 할 수밖에 없는 사정을 잘 알고 있었다. 결국 을은 돈을 지급함으로써 갑의 무등록 유료직업 소개사업 및 성매매알선을 협력·조장했다.[22)]

[판결 13] 갑이 운영하던 직업소개소 소속 여종업원들의 근무시간·장소 및 내용, 접대비용 및 그 지급방법, 갑의 여종업원들에 대한 관리형태 등을 알 수 있는 증거가 부족하여 갑이 성매매알선 등 행위를 했다거나, 을이 갑의 성매매알선 등 행위 사실을 알면서 동업계약에 따라 위 돈을 지급했다고 단정할 수 없으므로 을이 지불한 5천 8백만 원은 불법원인 급여가 아니다.[23)]

> [판결 99] 갑은 전직 경찰관으로서 행정사 업무에 종사하면서도 자신의 업소에 5명의 윤락녀를 두고 그들의 화대에서 이득을 취하는 포주이다. 갑은 윤락녀

20) 대법원 2016. 8. 30. 선고 2013도658 판결.
21) 대법원 2013. 8. 14. 선고 2013도321 판결.
22) 대법원 2013. 8. 14. 선고 2013도321 판결.
23) 대법원 2013. 8. 14. 선고 2013도321 판결.

> 인 을이 윤락행위를 할 업소를 제공하고, 을은 받은 화대를 자신이 보관하였다가 분배하기로 약정했다. 갑은 남편과 두 아들이 있으나 알콜중독인 남편이 생활능력이 없어 생계를 위해 다방 종업원으로 근무하고 있던 을을 수차 찾아가 자신의 업소에서 윤락행위를 해 줄 것을 적극적으로 권유함으로써 갑과 위와 같은 약정을 맺고 윤락행위를 하게 되었다.[24]

[판결 99] 을이 갑에게 준 돈은 불법원인급여이다. 민법 제746조 '불법원인 급여'에서 불법원인이 급여자에게 있는 경우에는 수익자에게 불법원인이 있는지 여부, 수익자의 불법원인의 정도, 그 불법성이 급여자의 그것보다 큰지 여부를 막론하고 급여자는 불법원인급여의 반환을 구할 수 없는 것이 원칙이다. 그러나 수익자의 불법성이 급여자의 그것보다 현저히 큰 데 반하여 급여자의 불법성은 미약한 경우에도 급여자의 반환청구가 허용되지 않는다면 공평에 반하고 신의성실의 원칙에도 어긋나므로, 이러한 경우에는 민법 제746조 본문의 적용이 배제되어 급여자의 반환청구는 허용된다.

(ㄴ) 자동차

[판결 15] 소유권의 취득에 등록이 필요한 타인 소유의 차량을 인도받아 보관하고 있는 사람이 이를 사실상 처분하면 횡령죄가 성립하며, 그 보관 위임자나 보관자가 차량의 등록명의자일 필요는 없다. 이와 같은 법리는 지입회사에 소유권이 있는 차량에 대하여 지입회사로부터 운행관리권을 위임받은 지입차주가 지입회사의 승낙 없이 그 보관 중인 차량을 사실상 처분하거나 지입차주로부터 차량 보관을 위임받은 사람이 지입차주의 승낙 없이 그 보관 중인 차량을 사실상 처분한 경우에도 마찬가지로 적용된다.[25]

(나) 재물

(ㄱ) 부동산

판례에 의하면 횡령행위의 대상에는 타인의 동산뿐 아니라 부동산도 포함된다.[26] 그리고 유가증권[27]도 포함된다.

(ㄴ) 유가증권, 주식과 주권

약속어음의 발행인이 유통시킬 의사로 **어음상에 발행인의 기명·날인까지 마**

---

24) 대법원 1999. 9. 17. 선고 98도2036 판결.

25) 대법원 2015. 6. 25. 선고 2015도1944 전원합의체 판결.

26) 대법원 2013. 2. 21 선고 2010도10500 전원합의체 판결; 2005. 6. 24. 선고 2005도2413 판결; 2000.4.11. 선고 2000도565 판결.

27) 대법원 2006. 8. 25. 선고 2006도3631 판결.

쳐 어음으로서의 외관을 갖춘 경우 횡령죄 및 업무상횡령죄의 객체인 재물에 해당한다. 위와 같은 약속어음을 업무상 등의 이유로 보관하던 중 그 임무에 위배하여 제3자에게 대여하거나 할인 목적으로 사용하도록 교부하는 행위 또는 제3자가 금전을 차용하는 데 대한 담보로 제공하는 행위 등은 약속어음을 객체로 한 횡령행위에 해당될 수 있다.[28)]

횡령죄의 객체인 타인의 재물이라 함은 부동산, 동산은 물론 유가증권 등을 포함하는 개념인바, **증권예탁결제원에 예탁되어 계좌 간 대체 기재의 방식에 의하여 양도되는 주권**은 유가증권으로서 재물에 해당되므로 횡령죄의 객체가 될 수 있다.[29)]

상법상 주식은 자본구성의 단위 또는 주주의 지위(주주권)를 의미하고, 주주권을 표창하는 **유가증권인 주권**과는 구분된다. 주권은 유가증권으로서 재물에 해당되므로 횡령죄의 객체가 되지만, **자본의 구성단위 또는 주주권을 의미하는 주식은 재물이 아니므로 횡령죄의 객체가 아니다.**[30)]

(ㄷ) **금전**

판례는 타인의 금전을 위탁받아 보관하는 경우 금전도 횡령죄의 대상이라는 견해이다. 금전은 **특정 화폐나 동전을 위탁 보관하는 경우**가 아니면 배임죄의 대상이라고 해야 한다.

금융실명거래 및 비밀보장에 관한 법률에 의하여 금융기관은 특별한 사정이 없는 한 실명확인을 한 예금명의자만을 예금주로 인정할 수밖에 없다.

[판결 00] **신탁예금에 입금된 금전**은 명의자만 법률상 지배·처분할 수 있을 뿐이고 위탁자는 자신들이 예금주라고 주장할 수 없다. 그렇다고 하여 보관을 위탁받은 금전이 수탁자 소유로 된다거나 위탁자들이 금전의 반환을 구할 수 없는 것은 아니다. 수탁자인 예금주가 돈을 함부로 인출하여 소비하거나 위탁자들로부터 반환요구를 받았음에도 이를 영득할 의사로 반환을 거부하는 경우에는 횡령죄가 성립한다.[31)]

[판결 14] 목적과 용도를 정하여 위탁한 금전을 수탁자가 임의로 소비한 경우, 횡령죄가 성립한다.[32)]

---

28) 대법원 2006. 8. 25. 선고 2006도3631 판결.
29) 대법원 2007. 10. 11. 선고 2007도6406 판결.
30) 대법원 2005. 2. 18. 선고 2002도2822 판결.
31) 대법원 2000. 8. 18. 선고 2000도1856 판결; 1983. 9. 13. 선고 82도75 판결.
32) 대법원 2014. 1. 16. 선고 2013도11014 판결; 2013. 11. 14. 선고 2013도8121 판결.

[판결 15] 타인으로부터 **용도가 엄격히 제한된 자금을 위탁받아 집행하면서 그 제한된 용도 이외의 목적으로 자금을 사용하는 것**은 그 사용이 개인적인 목적에서 비롯된 경우는 물론 결과적으로 자금을 위탁한 본인을 위하는 면이 있더라도 그 사용행위 자체로서 불법영득의 의사를 실현한 것이 되어 횡령죄가 성립한다. 사립학교의 교비회계에 속하는 수입을 적법한 교비회계의 세출에 포함되는 용도 즉, 당해 학교의 교육에 직접 필요한 용도가 아닌 다른 용도에 사용하였다면 그 사용행위 자체로써 불법영득의사를 실현하는 것이다.[33)]

(ㄹ) 관리 가능한 동력, 채권 등 권리

횡령죄의 객체인 재물에는 **관리할 수 있는 동력**도 포함된다(제361조, 제346조). 여기서 '관리'란 물리적 또는 물질적 관리를 말한다.

재물과 재산상 이익을 구별하고 횡령과 배임을 별개의 죄로 규정한 현행 형법의 규정에 비추어 볼 때 사무적으로 관리가 가능한 채권이나 그 밖의 권리 등은 재물에 포함되지 않는다.[34)]

(2) 보관하는 자

(가) 보관의 개념

재물의 보관이라 함은 **재물에 대한 사실상 또는 법률상 지배력이 있는 상태를 의미한다.** 보관은 위탁관계에 기인하여야 하나, 위탁관계는 반드시 사용대차·임대차·위임 등의 계약에 의하여 설정될 것을 요하지 않고, 사무관리·관습·조리·신의칙 등에 의해서도 성립된다.[35)]

☆ [16 전원합의체판결] 횡령죄에서 '보관'이란 위탁관계에 의하여 재물을 점유하는 것을 뜻하므로, 횡령죄가 성립하기 위하여는 재물의 보관자와 재물의 소유자(또는 기타의 본권자) 사이에 **법률상 또는 사실상의 위탁신임관계**가 존재해야 한다.

위탁신임관계는 사용대차·임대차·위임 등의 계약에 의하여서뿐만 아니라 사무관리·관습·조리·신의칙 등에 의해서도 성립될 수 있으나, **횡령죄의 본질이 신임관계에 기초하여 위탁된 타인의 물건을 위법하게 영득하는 데 있으므로 위탁신임관계는 횡령죄로 보호할 만한 가치 있는 신임에 의한 것으로 한정된다.**[36)]

---

33) 대법원 2015. 2. 26. 선고 2014도15182 판결.
34) 대법원 2014. 2. 27. 선고 2011도832 판결.
35) 대법원 2014. 2. 27. 선고 2011도48 판결.
36) 대법원 2016. 5. 19. 선고 2014도6992 전원합의체 판결[횡령].

(나) 위탁과 수탁

[판결 05] 보관은 소유자 등과의 위탁관계에 기인하여 이루어져야 하지만, 그 위탁관계는 사실상의 관계이면 족하고 위탁자에게 **유효한 처분을 할 권한**이 있는지 또는 수탁자가 법률상 그 재물을 수탁할 권리가 있는지 여부를 불문한다.37)

'처분할 권한'에 대하여 대법원은 분명하지는 않으나 부동산과 동산에 대하여 달리 취급하는 태도를 보인바 있다. 즉, 부동산에 관해서는 수탁자에게 처분할 지위에 있는지가 요건이라는 것이다.

[판결 14] '보관'은 반드시 소유자가 수탁자에게 직접 위탁해야 인정되는 것은 아니다.38)

> [판결 14] 갑과 을은 2010. 8. 중순경 서로 알게 되어 2010. 8. 27. 저녁에 갑의 제의로 함께 소주방에서 술을 마시던 중 서로 몸싸움을 했고 을이 먼저 소주방을 나오면서 휴대전화를 그곳에 떨어뜨렸고, 소주방 업주 병이 휴대전화를 발견하고 을에게 전해달라는 의사로 갑에게 건네주어 갑이 보관하게 되었으며 갑은 을의 전화를 무단 사용했다.39)

[판결 14] 갑은 **조리 상** 을을 위하여 위 휴대전화를 보관하는 지위에 있었다. 횡령죄의 '불법영득의 의사'는 자기 또는 제3자의 이익을 꾀할 목적으로 임무에 위배하여 보관하는 타인의 재물을 자기의 소유인 것과 같이 처분을 하는 의사를 말하는바, 갑이 을의 휴대전화를 임의로 사용한 것만으로는 불법영득의 의사가 있었다고 단정하기 어렵기 때문에, 같은 취지에서 무죄를 선고한 원심의 결론은 정당하다.

> [판결 05-1] 갑은 종중회장 을로부터 담보대출을 받아달라는 부탁과 함께 종중 소유의 임야를 이전받은 다음 임야를 담보로 금원을 대출받아 임의로 사용하고 자신의 개인적인 대출금 채무를 담보하기 위하여 임야에 근저당권을 설정했다.40)

[판결 05-1] 부동산에 관한 횡령죄에 있어서 타인의 재물을 보관하는 자의 지위는 동산의 경우와는 달리 부동산에 대한 점유의 여부가 아니라 **법률상 부동산을 제3**

---

37) 대법원 2005. 6. 24. 선고 2005도2413 판결.
38) 대법원 2014. 3. 13. 선고 2012도5346 판결.
39) 대법원 2014. 3. 13. 선고 2012도5346 판결.
40) 대법원 2005. 6. 24. 선고 2005도2413 판결.

자에게 처분할 수 있는 지위에 있는지 여부가 판단기준이다.

갑이 임야를 이전받는 과정에서 적법한 종중총회의 결의가 없었다고 하더라도 피고인은 임야나 위 대출금에 관하여 사실상 종중의 위탁에 따라 이를 보관하는 지위에 있다고 보아야 할 것이어서 피고인의 위 행위가 종중에 대한 관계에서 횡령죄를 구성한다.

[판결 00] 계모 갑은 을, 병과 공동상속한 부동산을 혼자 점유 거주 사용하던 중을, 병의 동의 없이 정에게 매각하였다.28)

[판결 00] 부동산에 관한 횡령죄에 있어서 타인의 재물을 보관하는 자의 지위는 부동산을 제3자에게 유효하게 처분할 수 있는 권능 유무에 따라 결정된다. 부동산을 공동으로 상속한 자들 중 1인인 갑이 부동산을 혼자 점유하던 중 다른 공동상속인의 상속지분을 임의로 처분하여도 그에게는 그 처분권능이 없어 횡령죄가 성립하지 않는다.

[판결 00-1] 타인소유 금전의 보관을 위탁받은 자가 자기 명의의 신탁예금을 개설하여 거기에 보관을 위탁받은 금전을 입금함으로써 자신이 법률상 지배·처분할 수 있는 예금의 형태로 보관하고 있으면 횡령죄에서 타인의 재물을 보관하는 지위에 있다.30)

(3) '횡령' 행위

(가) 뜻

국어사전에 의하면 '횡령'은 "자기가 보관하는 남의 재물을 불법하게 영득하는 일"이고, 영득은 "취득하여 제 것으로 만듦"이란 뜻이다. 그렇다면 '횡령한다'는 타인이 소유자인 물건을 현재 점유하는 자가 위법하게 소유권을 행사하는 것을 말한다. 영득은 절도죄에서와 같이 소유(내지 점유자)의 점유를 계속적으로 배제하고, 최소한 임시적으로 소유권을 행사하는 것이라고 설명할 수 있다.31)

횡령행위란 불법영득의사를 실현하는 일체의 행위이고, 불법영득의사가 외부에 인식될 수 있는 객관적 행위가 있을 때 횡령죄가 성립한다.32) 횡령행위(죄)가 성립하기 위해서는 불법영득의 의지가 행위자의 내면에서 벗어나 제3자의 관점에서 인식할 수 있도록 외부적 행위의 형태로 표시·현실화되면 성립한

28) 대법원 2000. 4. 11. 선고 2000도565 판결.
30) 대법원 2000. 8. 18. 선고 2000도1856 판결.
31) SK/*Samson*, § 246 Rn 2.
32) 대법원 2004. 12. 9. 선고 2004도5904 판결.

다.[33] 절도죄에서 절취 행위자가 영득의 의도로 재물을 취득해야 절도가 성립하는 것과 다르다. 외부에 드러난 횡령행위의 내용을 객관적으로 판단·인정할 기준이 무엇인가는 분명하지 않다.

독일문헌에서는 행위상황을 객관적·종합적으로 검토하고, 사려 깊은 제3자의 관점을 기준으로 행위자의 영득의도와 의지의 표현을 판단하자는 주장이 다수이다.[34]

(나) 부동산 명의신탁과 횡령

(ㄱ) 문제의 핵심; 용어설명

부동산 명의신탁 약정(계약)이란 "부동산에 관한 소유권 기타 물권을 보유한 자 또는 사실상 취득하거나 취득하려고 하는 자(명의신탁자)가 타인(명의수탁자)과의 사이에서 **대내적**으로는 명의신탁자가 부동산에 관한 물권을 보유하거나 보유하기로 하고 그에 관한 등기는 명의수탁자 명의로 하기로 하는 약정(위임·위탁매매의 형식에 의하거나 추인에 의한 경우를 포함)"을 말한다.[35]

등기에 공신력을 인정하는 법제에서는, 등기명의자가 항상 실소유권자이므로 누가 실소유권자이냐 또는 횡령죄의 '보관자'냐 등의 문제는 애초에 생기지 않는다. 공신력이 인정되지 않을 경우, 제355조의 적용에서 신탁자와 수탁자 중 누가 소유자로 인정되느냐에 따라 횡령죄가 성립할 수 있다.

민법이 등기명의자를 소유자로 인정하면 횡령죄는 성립할 수 없다. 등기상 명의자가 아닌 실제소유자를 소유자로 인정하면 횡령죄가 성립한다. 1995년 입법된 부동산실권리자명의등기에 관한 법률에 의하여 명의신탁은 원칙적으로 무효이지만, 종중부동산과 부부간의 명의신탁 등 예외로 효력이 인정되는 경우가 있다. 따라서 어려운 문제는 횡령죄의 성립여부보다 누가 소유자인가를 정하는 것이다. 종중부동산과 부부간의 부동산 명의신탁 외에는 모두 횡령죄를 부정하면 간명하지만, 문헌에 세 가지 유형으로 상세히 설명되어 있으므로, 판례를 중심으로 정리해 둔다.

---

33) 대법원 2014. 5. 16. 선고 2013도15895 판결.

34) LK/*Ruß*, § 246 Rn 13.

35) 대법원 2009. 11. 26. 선고 2009도5547 판결.

(ㄴ) 계약명의신탁

[판결 12] 갑은 마포구 ○아파트 14호를 매수자 을로부터 명의신탁계약에 의하여 보관하고 있던 중 병에게 매도했다. 을은 서울 지역 3년 이상 거주라는 수분양자격을 갖추지 못해 매도인인 A 조합 측 권유로 자격요건을 구비한 갑 명의로 계약을 체결하기로 하여 을이 갑에게 분양계약 체결을 부탁하고 갑이 수락함으로써 A와 갑 사이에 이 아파트에 관한 분양계약이 체결되었고 을이 분양대금을 지급한 후 갑 명의로 아파트에 관한 소유권보존등기가 경료되었다.36)

[판결 12] 명의신탁자와 수탁자가 이른바 **계약명의신탁약정**을 맺고 명의수탁자가 당사자가 되어 그러한 명의신탁약정이 있다는 사실을 알고 있는 소유자로부터 부동산을 매수하는 계약을 체결한 후 그 매매계약에 따라 명의수탁자 앞으로 당해 부동산의 소유권이전등기가 행하여졌다면 '부동산 실권리자명의 등기에 관한 법률' 제4조 제2항 본문에 의하여 명의수탁자 명의의 소유권이전등기는 무효이고 당해 부동산의 소유권은 매도인이 그대로 보유하게 된다. 그 경우 명의신탁자는 부동산매매계약의 당사자가 되지 않고 명의신탁약정은 위 법률 제4조 제1항에 의하여 무효이므로, 신탁자는 다른 특별한 사정이 없는 한 부동산 자체를 매도인으로부터 이전받아 취득할 수 있는 권리 기타 법적 가능성을 가지지 못한다. 따라서 명의수탁자가 명의신탁자에 대한 관계에서 횡령죄에서의 '타인의 재물을 보관하는 자'의 지위에 있지 않기 때문에 **갑에게 횡령죄는 성립하지 않는다.**

부동산매매계약에서 매수인이 된 사람은 제3자와의 약정에 기하여 명의를 제공한 것이라고 해도 특별한 사정이 없는 한 그 같은 명의대여의 약정은 그들 사이의 내부적인 관계일 뿐이고 자신의 명의로 위 계약을 체결한 사람이 매매당사자가 된다.

[판결 09] 갑은 1967. 12. 21. 답 99㎡ 및 답 2,843㎡을 을과 공동으로 매수하기로 하고 매매대금 중 3분의 1을 을에게 교부받았으나, 1967. 12. 26. 갑 단독 명의로 소유권이전등기를 경료했다. 1968년 3월경 이 사건 토지가 갑 단독명의로 소유권이전 등기된 사실을 알게 된 을이 항의하자 갑은 "사정상 단독명의로 등기하였는데 번거롭게 다시 공유등기를 할 필요가 있겠느냐."라고 하면서 "매수한 토지를 편의상 갑 명의로 소유권이전등기를 마쳤는바 이 사건 토지 중 290평은 을의 소유임을 확인한다"는 소유권확인 증서를 작성·교부했다. 그 후 갑은 해당 토지에 관해 수령한 도시개발사업보상금 중 을 지분에 대한 반환 요구를 거부했다.37)

---

36) 대법원 2012. 12. 13. 선고 2010도10515 판결.

37) 대법원 2009. 11. 26. 선고 2009도5547 판결.

[판결 09] 추인에 의한 명의신탁약정이 가능하다(부동산실명법 제2조 제1호). 갑과 을이 추인계약의 성질을 가지는 이 사건 계약으로 이 사건 지분에 관한 갑 명의의 소유권이전등기의 효력을 대외적으로 시인하기로 합의했으므로, 이 사건 계약에는 갑의 지분 반환의무 부담에 관한 약정과 별도로 이 사건 지분에 관하여 이 사건 토지의 소유자인 갑을 명의수탁자, 을을 명의신탁자로 하는 **'2자간 등기명의신탁약정'**이 포함되었다. 갑은 제355조 제1항의 '보관자'이므로 갑의 보상금반환거부는 횡령죄에 해당한다.38)

[판결 09]에서 등기명의인인 갑이 소유권자로 인정되지 않은 이유, 근거는 설명되지 않았다. **부동산 실권리자명의 등기에 관한 법률** 제4조 제1항에 의하여 명의신탁약정이 무효이므로 누가 소유권자인지 언급되지 않았다. **부동산 실권리자명의 등기에 관한 법률** 제4조 제2항'물권변동'이 이루어지지 않았다고 해석하면, 갑은 보관자라고 할 수 있다.

부동산 실권리자명의 등기에 관한 법률
제2조(정의) 이 법에서 사용하는 용어의 뜻은 다음과 같다.
1. "명의신탁약정"(명의신탁약정)이란 부동산에 관한 소유권이나 그 밖의 물권(이하 "부동산에 관한 물권"이라 한다)을 보유한 자 또는 사실상 취득하거나 취득하려고 하는 자[이하 "실권리자"(실권리자)라 한다]가 타인과의 사이에서 대내적으로는 실권리자가 부동산에 관한 물권을 보유하거나 보유하기로 하고 그에 관한 등기(가등기를 포함한다. 이하 같다)는 그 타인의 명의로 하기로 하는 약정[위임 · 위탁매매의 형식에 의하거나 추인(추인)에 의한 경우를 포함한다]을 말한다. 다만, 다음 각 목의 경우는 제외한다.
제4조(명의신탁약정의 효력) ① 명의신탁약정은 무효로 한다.
② 명의신탁약정에 따른 등기로 이루어진 부동산에 관한 물권변동은 무효로 한다. 다만, 부동산에 관한 물권을 취득하기 위한 계약에서 명의수탁자가 어느 한쪽 당사자가 되고 상대방 당사자는 명의신탁약정이 있다는 사실을 알지 못한 경우에는 그러하지 아니하다.
③ 제1항 및 제2항의 무효는 제3자에게 대항하지 못한다.

문헌에는 앞의 두 판결 중 [판결 09]의 명의신탁약정을 '2자간 명의신탁', [판결 12]를 '계약명의신탁'으로 구별하여 부른다.39) 2자간 명의신탁(계약)은 무효인데(부동산실권리자 명의 등기에 관한 법률 제4조 1항) 신탁자가 소유권자라고 인정한다. '2자간 명의신탁' 역시 계약명의신탁이지만, 명의신탁에 따른 등기로 부동산에 관한 물권변동이 없는 경우이므로 2자간 계약명의신탁이라고 불러야

38) 대법원 2009. 11. 26. 선고 2009도5547 판결.
39) 이재상 등, 각론[10], 401쪽; 김일수/서보학, 각론[8], 299쪽.

정확할 것이다. [판결 12]는 다자간 계약명의신탁이기 때문에 횡령죄가 부정되는 것이 아니라, 부동산 실권리자명의 등기에 관한 법률 제4조 2항에 의해 명의신탁계약에 따른 등기로 이루어진 물권변동이 무효이기 때문에 소유자는 매도자 그대로여서 을은 갑 부동산의 보관자가 아닌 것이다.

(ㄷ) 삼자간 명의신탁: 중간생략 등기형 명의신탁

> [판결 02] 갑은 1997. 10.경 을과 병이 각각 낸 각 1,000만 원, 갑이 낸 3,000만 원, 합계 금 5,000만 원으로 부동산을 구입한 후 이를 공동 소유하되 등기는 갑 명의로 하기로 하고 1998. 4.경 갑 단독 명의로 소유권이전등기를 경료한 후 을과 병의 승낙 없이 1998. 5.경 정에게 소유권이전등기를 경료하고, 같은 해 9.18.경 근저당권자 A로 된 근저당설정등기를, 같은 해 11.26. 근저당권자 B로 된 근저당설정등기를 각 경료하고, 1999. 8. 24. C, D에게 소유권이전등기를 경료했다.[40)]

[판결 02] 신탁자가 수탁자와 명의신탁 약정을 맺고 신탁자가 매매계약의 당사자가 되어 매도인과 매매계약을 체결하되 다만 등기를 매도인으로부터 수탁자 앞으로 직접 이전하는 이른바 '중간생략등기형 명의신탁' 또는 '삼자간 등기명의신탁' 관계에서 명의수탁자가 명의신탁된 부동산 지분을 임의로 처분하면 횡령죄가 성립한다.[41)]

> [판결 16] **을은 답 9,292㎡ 중 49분의 15 지분을 그 소유자인 매도인 A로부터 매수한 후 을과 명의신탁약정을 맺고 A로부터 바로 명의수탁자인 갑 에게 중간생략의 소유권이전등기를 마쳤다. 중간생략등기형 명의신탁관계에서 명의수탁자 갑이 돈을 차용하면서 이 사건 부동산 중 을 지분에 관하여 임의로 제3자인 B에게 근저당권설정등기를 마쳐주거나 C 명의의 기존 근저당권의 채권최고액을 증액하는 내용의 근저당권변경등기를 마쳐주었다.**[42)]

[판결 02]에서 횡령죄가 인정되는 등 횡령죄 성립에 관하여 혼동, 혼란을 초래했던 판례는 대법원 전원합의체의 [판결 16]으로 삼자간 명의신탁(중간생략등기형 명의신탁)에서 횡령죄를 부정하는 것으로 입장이 정리되었다. [판결 16]을 상세히 소개하면:

[판결 16] ① 횡령죄가 성립하려면 그 재물의 보관자와 재물의 소유자(또는 기타의 본권자) 사이에 **법률상 또는 사실상의 위탁신임관계**가 존재해야 한다.

---

40) 대법원 2002. 2. 22. 선고 2001도6209 판결.

41) 대법원 2002. 2. 22. 선고 2001도6209 판결.

42) 대법원 2016. 5. 19. 선고 2014도6992 전원합의체 판결.

② 부동산을 매수한 명의신탁자가 자기 명의로 소유권이전등기를 하지 않고 명의수탁자와 맺은 명의신탁약정에 따라 매도인으로부터 바로 명의수탁자에게 중간생략의 소유권이전등기를 마친 경우, 부동산 실권리자명의 등기에 관한 법률 제4조 제2항 본문에 의하여 명의수탁자 명의의 소유권이전등기는 무효이고, 신탁부동산의 소유권은 매도인이 그대로 보유하게 된다. 명의신탁자로서는 매도인에 대한 소유권이전등기청구권을 가질 뿐 신탁부동산의 소유권을 가지지 않는다. 명의수탁자 역시 명의신탁자에 대하여 직접 신탁부동산의 소유권을 이전할 의무를 부담하지는 않으므로, 신탁부동산의 소유자도 아닌 명의신탁자에 대한 관계에서 **명의수탁자가 횡령죄에서 말하는 '타인의 재물을 보관하는 자'의 지위에 있다고 볼 수 없다.**

명의신탁자가 매매계약의 당사자로서 매도인을 대위하여 신탁부동산을 이전받아 취득할 수 있는 민사상 권리 기타 법적 가능성을 가지고 있기는 하지만, 명의신탁자를 사실상 또는 실질적 소유권자로 보아 **횡령죄가 보호하는 신탁부동산의 소유자라고 평가할 수는 없다.** 명의수탁자에 대한 관계에서 명의신탁자를 사실상 또는 실질적 소유권자라고 형법적으로 평가하는 것은 부동산실명법이 명의신탁약정을 무효로 하고 있음에도 불구하고 무효인 명의신탁약정에 따른 소유권의 상대적 귀속을 인정하는 것이어서 부동산실명법의 규정과 취지에 명백히 반하여 허용될 수 없다.

③ 명의신탁약정에 따른 명의수탁자 명의의 등기를 금지하고 이를 위반한 명의신탁자와 명의수탁자 쌍방을 형사처벌까지 하고 있는 부동산실명법에 비추어 볼 때, 명의신탁자와 명의수탁자 사이에 그 위탁신임관계를 근거 지우는 계약인 명의신탁약정 또는 이에 부수한 위임약정이 무효임에도 불구하고 횡령죄 성립을 위한 사무관리·관습·조리·신의칙에 기초한 위탁신임관계가 있다고 할 수는 없다. 또한 명의신탁자와 명의수탁자 사이에 존재한다고 주장될 수 있는 사실상의 위탁관계라는 것도 부동산실명법에 반하여 범죄를 구성하는 불법적인 관계에 지나지 아니할 뿐 이를 **형법상 보호할 만한 가치 있는 신임에 의한 것이라고 할 수 없다.**

그러므로 이른바 중간생략등기형 명의신탁을 한 경우, 명의신탁자에게는 신탁부동산의 소유권이 없고, 명의신탁자와 명의수탁자 사이에 위탁신임관계를 인정할 수도 없다. 따라서 명의수탁자가 명의신탁자의 재물을 보관하는 자라고 할 수 없으므로, 명의수탁자가 신탁 받은 부동산을 임의로 처분해도 명의신탁자에 대한 관계에서 횡령죄가 성립하지 않는다.

결론: 을과 피고인 갑 사이에 이루어진 것은 중간생략등기형 명의신탁이고, 이 사건 부동산 중 을 지분에 관하여 명의수탁자인 갑 앞으로 마친 소유권이전등기는 무효이고 매도인인 A가 그 소유권을 그대로 보유하고 있다. 이 사건 부동산 중 갑 지분에 관한 소유권이 명의신탁자인 갑에게 있지 않을 뿐 아니라, 을과 갑 사이에 위탁신임관계를 인정할 수도 없으므로 명의수탁자인 갑은 명의신탁자인 을에 대한 관계에서 횡령죄에서 말하는 '타인의 재물을 보관하는 자'가 아니다.

④ 이 판결로 **횡령죄가 인정된 바 있는 폐기되는 판결**: 부중간생략등기형 명의신

탁을 한 경우, 명의수탁자가 그 명의로 신탁된 부동산을 임의로 처분하거나 반환을 거부하면 명의신탁자에 대한 횡령죄가 성립한다고 판시한 대법원 2001. 11. 27. 선고 2000도3463 판결, **대법원 2002. 2. 22.** 선고 **2001도6209** 판결, 대법원 2002. 8. 27. 선고 2002도2926 판결, 대법원 2003. 5. 16. 선고 2002도619 판결, 대법원 2005. 3. 24. 선고 2004도1789 판결, 대법원 2007. 6. 28. 선고 2006다48632 판결, 대법원 2008. 2. 29. 선고 2007도11029 판결, 대법원 2008. 4. 10. 선고 2008도1033 판결, 대법원 2010. 1. 28. 선고 2009도1884 판결, 대법원 2010. 9. 30. 선고 2010도8556 판결 등은 폐기한다.

> [판결 16] 을이 갑에게 광산 토지의 소유권이전등기 명의를 신탁하였는데, 갑이 농업협동조합중앙회에 대한 대출금 채무에 대한 담보로 위 토지에 관하여 저당권을 설정해 주었다.[43]

[판결 16] 계약에 의한 명의수탁자인 을이 광산 토지의 소유자로서 타인의 재물을 보관하는 자가 아니므로 횡령죄는 성립하지 않는다.

(다) 주식, 주권과 횡령

> [판결 05] 1995. 11.경 을 주식회사가 특정 사업을 하려면 출자 자본금이 40억 원 이상으로 요구되어 19억 5천만 원의 증자가 필요하게 되었다. 기존 주주의 주식 인수나 추가 주주의 확보가 어렵자 일단 갑 등 임원 명의로 은행으로부터 21억 원을 대출받아 19억 5천만 원을 회사에 출자하고 주식은 갑 등의 명의로 배정하여 주주명부를 작성, 관할 세무서에 제출하고, 그 시경부터 주식을 인수할 주주를 물색하는 한편, 대출금 장부를 만들어 관리하면서 대출원금과 이자의 상환, 대출수수료 정산 등을 처리했다. 갑은 대출원리금 부담이 가중되자, 회사 자금을 대표이사 가지급금 명목으로 인출하여 대출원리금 상환에 사용한 후 허위 경비 등을 계상하여 이를 변제한 것처럼 처리할 것을 기도하고, 1997. 5. 10. ㅂ은행 지점에서 업무상 보관 중이던 을 주식회사 명의의 보통예금 구좌에서 을 회사 소유 예금 8천만 원, 6.24. 5천만 원, 6.26. 1억 원, 6.27. 7천만 원 합계 3억 원을 인출 대출원리금의 상환에 사용했다.[44]

[판결 05] 상법상 주식은 자본구성의 단위 또는 주주의 지위(주주권)를 의미하고, 주주권을 표창하는 **유가증권인 주권**과는 구분된다. 주권은 유가증권으로서 재물에 해당되므로 횡령죄의 객체가 되지만, 자본의 구성단위 또는 주주권을 의미하는 주식은 재물이 아니므로 횡령죄의 객체가 아니다.

---

43) 대법원 2016. 8. 24. 선고 2014도6740 판결.

44) 대법원 2005. 2. 18. 선고 2002도2822 판결.

갑은 가지급금의 형식으로 회사의 자금을 인출하기는 했으나 회사가 부담해야 할 채무의 변제에 회사의 자금을 사용한 이상 이는 업무상횡령죄에 해당한다고 볼 수 없다.

갑이 을 주식회사가 실질적으로 소유하는 주권을 처분한 이유로 기소되었으나, 을 주식회사의 주주총회의사록에 첨부된 주주명부확인서와 주주명부에는 갑 소유의 주식수가 6,000 주로 기재되어 있다가, 훗날의 주주총회의사록에 첨부된 주주명부에는 주식수가 66,000주로 기재된 사실만 인정될 뿐, 그 무렵 갑이 실질적으로 을 주식회사가 소유하는 주권을 처분 또는 은닉하였다거나 그 반환을 거부하지 않았다. 주주총회의사록에 첨부된 주주명부에 기재된 주식의 수는 주주총회에 참석한 주주들이 행사한 의결권의 수를 의미하는 것으로 볼 수는 있으나, 그것 자체로 주주로서의 회사에 대한 권리관계의 변동을 나타내는 것이라거나 더욱이 주권에 대한 처분행위를 의미하는 것으로는 볼 수 없으므로, 주주총회의사록에 첨부된 주주명부에 주식수를 달리 기재한 것만으로는 갑이 보관하고 있는 주권에 대한 업무상횡령죄가 성립되지 않는다.[45)]

(라) 근저당설정등기

> [판결 13] 갑은 1995. 10. 20. 종중으로부터 종중 소유 답 A 2,337㎡, 답 B 2,340㎡를 명의신탁 받아 보관하던 중 자신의 개인 채무 변제에 사용하기 위한 돈을 차용하기 위해 토지들에 관하여 1995. 11. 30. 채권최고액 1,400만 원의 근저당권을, 2003. 4. 15. 채권최고액 750만 원의 근저당권을 각 설정했고, 을 등과 공모하여 2009. 2. 21. 이 토지를 병에게 1억 9천만 원에 매도했다.[46)]

[판결 13] 타인의 부동산을 보관 중인 갑이 불법영득의사를 가지고 그 부동산에 근저당권설정등기를 경료함으로써 횡령행위가 기수에 이르렀다. 그 후 같은 부동산에 별개의 근저당권을 설정하여 새로운 법익침해의 위험을 추가함으로써 법익침해의 위험을 증가시키거나 해당 부동산을 매각함으로써 기존의 근저당권과 관계없이 법익침해의 결과를 발생시켰다면 이는 당초의 근저당권 실행을 위한 임의경매에 의한 매각 등 그 근저당권으로 인해 당연히 예상될 수 있는 범위를 넘어 새로운 법익침해의 위험을 추가시키거나 법익침해의 결과를 발생시킨 것이므로 특별한 사정이 없는 한 불가벌적 사후행위로 볼 수 없고, 별도로 횡령죄를 구성한다.

이와 반대되는 취지의 대법원 1996. 11. 29. 선고 96도1755 판결, 대법원 1997. 1. 20. 선고 96도2731 판결, 대법원 1998. 2. 24. 선고 97도3282 판결, 대법원 1999. 4. 27. 선고 99도5 판결, 대법원 1999. 11. 26. 선고 99도2651 판결, 대법원 2000. 3. 24. 선고 2000도310 판결, 대법원 2006. 8. 24. 선고 2006도3636 판결, 대법원 2006. 11. 9. 선고 2005도8699 판결 등은 이 판결과 배치되는 범위에서 이를 변경한다.[47)]

---

45) 대법원 2005. 2. 18. 선고 2002도2822 판결.

46) 대법원 2013. 2. 21. 선고 2010도10500 전원합의체 판결.

> [판결 16] 을이 갑에게 광산 토지의 소유권이전등기 명의를 신탁했는데, 갑은 자신의 농업협동조합중앙회에 대한 대출금 채무에 대한 담보로 위 토지에 관하여 저당권을 설정해 주었다.48)

[판결 16] 계약에 의한 명의수탁자인 을이 광산 토지의 소유자로서 타인의 재물을 보관하는 자가 아니므로 근저당설정이 횡령죄를 구성하지 않는다.

(마) 기타

(ㄱ) 고문료지급

회사 운영자나 대표 등이 내부 절차를 거쳐 고문 등을 위촉하고 급여를 지급한 경우 그와 같이 고문 등을 위촉할 필요성이나 정당성이 명백히 결여되거나 그 지급되는 급여가 합리적인 수준을 현저히 벗어나는 경우 업무상횡령으로 인정된다. 이 경우 판단기준은 고문 등으로 위촉된 자의 업무수행능력, 위촉 경위와 동기, 회사의 관계, 회사 발전에 기여한 내용 및 정도, 고문 등으로 위촉되어 담당하기로 한 업무의 내용 및 중요성, 회사 규모와 당시의 경제적 상황, 위촉으로 인하여 회사가 얻을 것으로 예상되는 유·무형의 이익, 관련 업계의 관행 등을 종합적으로 고려한다.49)

(ㄴ) 공유물, 조합의 물건에 대한 횡령

타인의 재물을 **공유하는 자**가 공유자의 승낙을 받지 않고 공유대지를 담보에 제공하고 가등기를 경료한 경우 횡령행위는 기수에 이른다. 따라서 그 후 가등기를 말소했다고 하여 중지미수에 해당하는 것이 아니다. 가등기말소 후에 다시 새로운 영득의사의 실행행위가 있을 때에는 그 두개의 횡령행위는 경합범 관계에 있다.50)

조합재산은 **조합원의 합유**에 속하는 것이므로 조합원 중 한 사람이 조합재산의 처분으로 얻은 대금을 임의로 소비하였다면 횡령죄의 죄책을 면할 수 없다. 이 법리는 내부적으로는 조합관계에 있지만 대외적으로는 조합관계가 드러나지 않는 이른바 내적 조합의 경우에도 마찬가지이다.

---

47) 대법원 2013. 2. 21. 선고 2010도10500 전원합의체 판결.

48) 대법원 2016. 8. 24. 선고 2014도6740 판결.

49) 대법원 2013. 6. 27. 선고 2012도4848 판결.

50) 대법원 1978. 11. 28. 선고 78도2175 판결.

조합 또는 내적 조합과는 달리 **익명조합**의 경우에는 익명조합원이 영업을 위하여 출자한 금전 기타의 재산은 상대편인 영업자의 재산으로 되는 것이므로 그 영업자는 타인의 재물을 보관하는 자의 지위에 있지 않고 따라서 영업자가 영업이익금 등을 임의로 소비하였다고 하더라도 횡령죄가 성립할 수는 없다. 어떤 법률관계가 내적 조합에 해당하는지 아니면 익명조합에 해당하는지는, 당사자들의 내부관계에 있어서 공동사업이 있는지, 조합원이 업무검사권 등을 가지고 조합의 업무에 관여하였는지, 재산의 처분 또는 변경에 전원의 동의가 필요한지 등을 모두 종합하여 판단하여야 할 것이다.[51]

질권자가 질물을 처분내지 매도하거나, 매도담보자가 약정기간이 도래하기 전에 담보물을 처분하거나 담보로 제공하는 등의 권리행사를 하는 것이 횡령행위에 해당한다.[52]

(ㄷ) 사납금

[판결 14] 운송회사와 소속 근로자 사이에 근로자가 운송회사로부터 일정액의 급여를 받으면서 당일 운송수입금을 전부 운송회사에 납입하되, 운송회사는 근로자가 납입한 운송수입금을 월 단위로 정산하여 그 운송수입금이 월간 운송수입금 기준액인 사납금을 초과하는 경우에는 그 초과금액에 대하여 운송회사와 근로자에게 일정 비율로 배분하여 정산하고, 사납금에 미달되는 경우에는 그 부족금액에 대하여 근로자의 급여에서 공제하여 정산하기로 하는 약정이 체결되었다면, 근로자가 사납금 초과 수입금을 개인 자신에게 직접 귀속시키는 경우와는 달리, 근로자가 애초 거둔 운송수입금 전액은 운송회사의 관리와 지배 아래 있다고 봄이 상당하므로 근로자가 운송수입금을 임의로 소비하였다면 횡령죄를 구성한다.[53]

(ㄹ) 위탁판매, 위탁운영

[판결 13] 금은방을 운영하는 갑은 을에게 금을 맡겨 주면 시세에 따라 사고파는 방법으로 운용하여 매달 일정한 이익금을 지급하고, 을의 요청이 있으면 언제든지 보관 중인 금과 현금을 반환해 주겠다고 제안했다. 을은 갑에게 2005. 9. 5.경부터 2007. 7. 27.경까지 5회에 걸쳐 일정량의 금 또는 그에 상응하는 현금을 맡겼고, 갑은 을에게 매달 약정한 이익금을 지급해왔다. 갑은 경제사정이 악화되자 보관하던 금과 현금을 개인채무 변제 등에 사용했다.[54]

---

51) 대법원 2011. 11. 24. 선고 2010도5014 판결.

52) SK/*Samson*, § 246 Rn 26 이하.

53) 대법원 2014. 4. 30. 선고 2013도8799 판결.

54) 대법원 2013. 3. 28. 선고 2012도16191 판결.

[판결 13] 위탁매매에 있어서 위탁품의 소유권은 위임자에게 있고 그 판매대금은 이를 수령함과 동시에 위탁자에게 귀속한다. 특별한 사정이 없는 한 위탁매매인이 위탁품이나 그 판매대금을 임의로 사용·소비한 것은 횡령죄이다. 을은 금은방을 운영하는 갑의 경험과 지식을 활용함에 따른 이익을 노리고 자기 소유의 금을 갑에게 맡겨 사고팔게 한 것이므로 을이 갑에게 매매를 위탁하거나 갑이 그 결과로 취득한 금이나 현금은 모두 을의 소유이고, 갑이 이를 채무 변제 등에 사용한 행위는 횡령죄를 구성한다.[55)]

> [판결 13-1] ○의료재단 고문 갑과 이사장 을은 ○의료재단이 5년간 위탁 운영하던 G시 요양병원의 위탁기간이 만료되어 재위탁을 받지 못하게 되자 새로운 수탁자로 선정된 △ 의료재단에 대한 인수인계를 거부하면서, 위탁기간 중 구입하여 G시 요양병원에서 사용하던 의료기기, 비품 중 일부를 자신들이 운영하던 ▽ 병원으로 반출했다.[56)]

[판결 13-1] 의료기기 등이 G시 소유이면 이를 반출한 것은 횡령이다. 횡령죄에서 불법영득의 의사는 자기 또는 제3자의 이익을 꾀할 목적으로 임무에 위배하여 보관하는 타인의 재물을 자기의 소유인 경우와 같이 처분을 하는 의사이다. 사후에 이 재물을 반환하거나 변상, 보전하는 의사가 있다 하더라도 불법영득의 의사는 인정된다. 요양병원 운영과 관련하여 G에 가한 손해가 예치금 등에서 공제될 수 있다고 해도 갑, 을에게 불법영득의 의사가 부정되지 않는다.

(ㅁ) 비자금과 횡령

> [판결 16-1] ㅁ그룹 계열 A 회사 울산공장 직원들은 그곳에서 생산된 스판덱스 등 섬유제품이 실제 생산량보다 적게 생산된 것처럼 수율을 낮게 조작하거나, 생산과정에서 발생한 판매 가능한 제품을 불량품으로 폐기한 것처럼 가장하는 방법으로 무자료 거래 제품을 제조하여 공장에서 출고한 후 대리점에 판매하고, 각 대리점별 무자료 거래내역 집계표를 매월 작성했다. A사 부산사무소 감사 B 등은 위와 같이 작성된 무자료 거래내역 집계표를 ㅁ그룹 회장 갑과 A사 대표이사 을에게 보고했다. 무자료 거래는 판매방법, 가격, 거래처 등이 정상거래와 차이가 없이 이루어졌고, 무자료로 판매된 섬유제품도 정상제품과 차이가 없었다.
>
> 병 등 무자료 거래의 상대방인 대리점 사장들은 거래가 완료되면 직접 또는 B를 통해 을에게 현금으로 거래대금을 전달했는데, 위와 같이 섬유제품 무자료 거래가 이루어진 사실은 A 회사 울산공장의 여러 임직원에게 알려져 있었으나, 무

55) 대법원 2013. 3. 28. 선고 2012도16191 판결.

56) 대법원 2013. 3. 14. 선고 2011도7259 판결.

> 자료 거래대금의 전달과 사용은 B 등 소수 인원만 관여한 채 비밀리에 이루어졌다. 위와 같이 전달된 현금은 A 회사 임직원 명의 차명계좌 등으로 관리되다가 갑과 가족들의 개인적 용도 등에 사용되었다.[57]

[판결 16-1] 횡령행위가 여러 단계의 일련의 거래 과정을 거쳐 이루어지는 등의 사유로 여러 재물을 횡령의 객체로 볼 여지가 있어 이를 확정할 필요가 있는 경우에는, 해당 재물의 소유관계 및 성상, 위탁관계의 내용, 재물의 보관·처분 방법, 행위자가 어떤 재물을 영득할 의사로 횡령행위를 한 것인지 등 제반 사정을 종합적으로 고려하여 횡령의 객체를 확정한다.

횡령죄에서 불법영득의사는 타인의 재물을 보관하는 자가 자기 또는 제3자의 이익을 꾀할 목적으로 그 위탁의 취지에 반하여 타인의 재물을 자기의 소유인 것처럼 권한 없이 스스로 처분하는 의사를 의미한다. 따라서 보관자가 자기 또는 제3자의 이익을 위하여 그 소유자의 이익에 반하여 재물을 처분한 경우에는 그 재물에 대한 불법영득의사를 인정할 수 있을 것이나, 그와 달리 그 소유자의 이익을 위하여 재물을 처분한 경우에는 특별한 사정이 없는 한 그 재물에 대하여는 불법영득의사를 인정할 수 없다.

갑은 자신이 지배하는 A 회사에서 생산된 섬유제품 자체를 영득할 의사로 무자료 거래를 한 것이 아니라, 섬유제품 판매대금으로 비자금을 조성하여 그 비자금을 개인적으로 영득할 의사로 무자료 거래를 하였다고 볼 수 있으므로, 이 사건 횡령행위의 객체는 '섬유제품'이 아니라 섬유제품의 '판매대금'이다. 일반적으로 법인의 무자료 거래는 매출누락을 통한 세금포탈과 비자금 조성을 목적으로 이루어지는데, 비자금이 법인과는 아무런 관련이 없거나 대표자가 개인적 용도로 착복할 목적으로 조성된 경우에는 비자금 조성행위 자체로써 불법영득의사가 실현된 것으로 본다. 비자금 조성이 법인의 운영에 필요한 자금을 조달하는 수단으로 인정되는 경우에는 횡령죄가 성립하지 않는다.[58]

(4) 반환 거부

타인의 재물을 신임관계에 근거하여 보관하고 있는 사람이 그 물건을 돌려달라는 요구를 거부하는 것은 대부분 횡령행위에서 전제이거나 핵심 내용이므로 이를 횡령행위와 별도로 규정할 필요가 있는지는 의문이다.

판례에 의하면 '반환의 거부'란 **보관물에 대하여 소유자의 권리를 배제하는 의사표시를 하는 행위**이다. 보관하는 자가 반환을 거부한 사실만으로는 횡령죄

57) 대법원 2016. 8. 30. 선고 2013도658 판결.
58) 대법원 2016. 8. 30. 선고 2013도658 판결.

를 구성하는 것은 아니며, 반환거부의 이유 및 주관적인 의사 등을 종합하여 반환거부행위가 횡령행위와 같다고 볼 수 있을 정도이어야 한다. 비록 그 반환을 거부했다고 하더라도 반환거부에 **정당한 사유**가 있을 때에는 불법영득의 의사가 인정되지 않는다.[59)]

> [판결 13-2] 상가 관리업체인 A 주식회사의 대표이사 갑은 상가 구분소유자들을 대신하여 구분점포의 임대차계약을 체결하고 임차인들로부터 임대차보증금과 차임을 받아 구분소유자들을 위하여 업무상 보관하던 중 관리비, 특별관리비, 개발비에 충당한다는 명목으로 그 반환을 거부했다.[60)]

[판결 13-2] 횡령죄에서 '반환의 거부'란 보관물에 대하여 소유자의 권리를 배제하는 의사표시를 하는 행위이다. 횡령죄가 성립하려면 보관자가 반환을 거부한 사실 외에도 거부한 이유 및 의사 등을 종합하여 반환거부행위가 횡령행위와 같다고 볼 수 있을 정도이어야 한다.[61)]

구분소유자가 정당하게 부과된 관리비 등을 체납하는 경우 A 회사가 구분소유자의 위임에 따라 구분점포의 임대를 통해 받는 임대차보증금과 차임 등을 위 관리비 등의 채무 변제에 충당하는 것도 가능하다. A 회사가 구분소유자들에게 부과한 관리비, 특별관리비, 개발비 중 상가의 유지·보수와 활성화, A 회사의 운영 등에 필요한 부분은 원래 구분소유자들이 부담하여야 할 것으로서, 적법한 절차를 거쳐 부과되었다면 이에 관한 구분소유자들의 채무로 인정될 수 있었고, 또한 A 회사가 임차인들로부터 받은 임대차보증금, 차임 등은 상가의 공사비 지급, 임대차 종료 시의 임대차보증금 반환 등에 사용된 것으로 보인다. 비록 A 회사가 적법한 절차를 거쳐 관리비, 특별관리비, 개발비를 부과한 것은 아니라고 하더라도, 갑이 임차인들로부터 받은 임대차보증금과 차임을 구분소유자들의 체납 관리비, 개발비 등의 변제에 충당할 수 있다고 믿고서 그들의 반환요구에 응하지 아니하고 이를 거절하였을 여지가 있는 경우에는 갑이 불법영득의 의사로 임대차보증금과 차임을 횡령하였다고 볼 수는 없다.[62)]

---

59) 대법원 2013. 8. 23. 선고 2011도7637 판결; 2008. 12. 11. 선고 2008도8279 판결; 2006. 2. 10. 선고 2003도7487 판결; 2005. 7. 29. 선고 2005도685 판결; 1998. 7. 10. 선고 98도126 판결.

60) 대법원 2013. 8. 23. 선고 2011도7637 판결.

61) 대법원 2013. 8. 23. 선고 2011도7637 판결.

62) 앞의 각주와 같다.

3. 미수, 경합, 친족 간의 범행

(1) 미수

(가) 문헌, 판례

횡령죄에서 미수범의 성립은 불가능하다는 견해63)와 가능하다는 견해64)가 대립한다. 타인 소유의 땅에서 소나무 39그루와 팥배나무 1그루 등 40그루를 관리해온 사람이 처분할 권한이 없는데도 제3자에게 1억 9천만 원에 매매하기로 하고 계약금 5천만 원을 받아 쓴 사람에게 횡령죄의 미수범을 인정한 대법원 판결이65) 있다.

(나) 결론

불법영득의 의사가 외부로 표현되면 곧 횡령죄는 기수에 이른다는 이른바 '표출이론'에 의하면 횡령죄의 미수가 인정되는 경우를 찾기는 어렵다.

부동산이나 소유권을 인정받기 위해 등록이 요건인 자동차 등에서 등기나 등록이 이루어져야 기수가 된다는 입장을 취하면, 계약금만 받은 경우 미수라고 할 수 있다. 반대로 횡령의사가 명확히 표출된 이상 기수라는 입장도 일리 있다. 표출이론은 동산에만 무제한 옳고, 제359조에 횡령의 미수범 처벌조항이 있으므로 부동산, 선박, 자동차 등에서는 등기와 등록을 기준으로 하는 전자가 합리적인 기준이라 볼 수 있다.66)

동산에서만 횡령이 가능한 독일에서는 표출이론에 의하여 횡령 미수죄가 성립이 현실적으로 불가능하다는 견해와 가능하다는67) 견해, 불능미수형태만 가능하다는 견해가 있다. 자기소유의 물건이나 무주물을 타인의 재물로 착각하고 횡령을 시도한 불능미수 형태만 가능하다는 주장이68) 설득력 있다. 그러나 신뢰에 기한 위탁을 횡령의 요건인 제355조 제1항의 내용에 따라 또한 불능미수를 인정하는 기준이 전혀 다르고 불능미수가 인정된 판결이 없는 한국형법에서

63) 이재상 등, 각론[10], 409쪽.

64) 김일수/서보학, 각론[8], 308쪽.

65) 대법원 2012. 8. 17. 선고 2011도9113 판결.

66) 유사한 주장: 김일수/서보학, 각론[8], 308쪽.

67) S/S[29]/*Eser/Bosch*, § 246 Rn 26.

68) NK[2]-*Kindhäuser*, § 246 Rn 43.

는 받아들이기 어렵다.

(2) 경합

> [판결 13-3] 갑은 을 회사와 렌탈(임대차)계약을 체결하고 그로부터 컴퓨터 본체 24대, 모니터 1대를 받아 보관했고, 병 회사와 리스(임대차)계약을 체결하고 그로부터 컴퓨터 본체 13대, 모니터 41대, 그래픽카드 13개, 마우스 11개를 보관하다가 성명불상의 업체에 이를 한꺼번에 처분하여 횡령했다.69)

[판결 13-3] 갑의 행위는 사회관념 상 1개의 행위로 평가함이 상당하고, 피해자들에 대한 각 횡령죄는 상상적 경합의 관계에 있다.

(3) 친족 간의 범행

> [판결 08] 삼촌 갑은 조카 을로부터 병에게 전달해 달라는 부탁을 받고 전달해 주겠다며 2백만 원을 받아 보관하던 중 이 돈을 임의 사용했다.70)

[판결 08] 횡령범인이 위탁자가 소유자를 위해 보관하고 있는 물건을 위탁자로부터 보관 받아 이를 횡령한 경우에 형법 제361조에 의하여 준용되는 제328조 제2항 '친족 간의 범행'에 관한 조문은 **범인과 피해물건의 소유자 및 위탁자** 쌍방 사이에 같은 조문 소정의 친족관계가 있는 경우에만 적용되고, 단지 횡령범인과 피해물건의 소유자간에만 친족관계가 있거나 횡령범인과 피해물건의 위탁자간에만 친족관계가 있는 경우에는 그 적용이 없다. 따라서 갑은 횡령죄로 처벌된다.

Ⅲ. 제356조 [업무상 횡령]

1. 업무

업무상횡령죄에 있어서 '업무'란 직업 혹은 직무라는 말과 같아 법령, 계약에 의한 것뿐만 아니라, 관례를 좇거나 사실상의 것이거나를 묻지 않고 같은 행위를 반복할 지위에 따른 사무를 가리키는 것이다.71)

---

69) 대법원 2013. 10. 31. 선고 2013도10020 판결.

70) 대법원 2008. 7. 24. 선고 2008도3438 판결.

71) 대법원 2015. 2. 26. 선고 2014도15182 판결.

2. 불법영득의 의사

업무상횡령죄가 성립하려면 업무로 타인의 재물을 보관하는 자가 불법영득의 의사를 가지고 업무상의 임무에 위배하여 그 재물을 횡령하거나 반환을 거부해야 한다.

불법영득의 의사는 자기 또는 제3자의 이익을 꾀할 목적으로 업무상의 임무에 위배하여 보관하는 타인의 재물을 자기의 소유인 경우와 같이 처분하는 의사를 말하고, 사후에 이를 반환하거나 변상, 보전하는 의사가 있다 하더라도 불법영득의 의사를 인정함에 지장이 없다.72)

3. 회사대표의 횡령

주식회사는 주주와 독립된 별개의 권리주체로서 그 이해가 반드시 일치하는 것은 아니므로, 회사 소유 재산을 주주나 대표이사가 사적인 용도로 임의 처분하였다면 그 처분에 관하여 주주총회나 이사회의 결의가 있었는지 여부와 관계없이 횡령죄가 성립한다.73)

> [판결 17] A 그룹 회장 갑은 개인적으로 B 사모투자전문회사에 지급해야 할 주식매수대금 261억 원을 A그룹계열 을 주식회사로부터 차용하여 지급했다.74)

[판결 17] 갑이 자신이 지배하는 기업집단인 A그룹 회장이라는 직위를 이용하여 을 회사의 자금을 사적인 용도로 임의 사용한 것은 업무상 횡령이다.

Ⅳ. 제360조 [점유이탈물횡령]

> 제360조(점유이탈물횡령) ① 유실물, 표류물 또는 타인의 점유를 이탈한 재물을 횡령한 자는 1년 이하의 징역이나 300만원 이하의 벌금 또는 과료에 처한다.
> ② 매장물을 횡령한 자도 전항의 형과 같다.

---

72) 대법원 2017. 11. 9. 선고 2015도12633 판결.
73) 대법원 2017. 11. 9. 선고 2015도12633 판결.
74) 대법원 2017. 11. 9. 선고 2015도12633 판결.

1. 보호법익, 규범의 취지

보호법익은 물건의 소유권으로 제355조 제1항 [횡령]과 같다. 그러나 위탁자가 맡겨서 보관하고 있는 수탁자가 실현할 수 있는 구성요건이 아니라는 점에서 제355조 제1항과 다르다. 불법영득의 의도로 타인소유의 재물을 취득한다는 점은 절도와 같고, 그 대상물이 타인이 점유하고 있는 물건이 아니라는 점 따라서 절취가 요건이 아니라는 점이 절도와 다르다.

2. 구성요건

고의와 불법영득의 목적이 주관적 요건이다. 횡령행위의 대상은 유실물, 표류물, 매장물 그리고 기타 소유자의 점유를 이탈한 물건이다. 유실물(소유자가 잃어버린 물건), 표류물(점유를 이탈하여 바다 또는 하천에 떠다니는 물건), 매장물(묻혀있는 물건)은 예시이고 이들을 망라하는 것이 소유자의 점유를 이탈한 물건이라는 것이 문헌의 설명이 타당하다.75)

3. 판결

[판결 99] 갑은 4회에 걸쳐서 지하철의 전동차 바닥 또는 선반 위에 있는 핸드폰, 소형가방 등을 취득했다.76)

[판결 99] 지하철의 승무원은 유실물법상 전동차의 관수자로서 승객이 잊고 내린 유실물을 교부받을 권능을 가질 뿐 전동차 안에 있는 승객의 물건을 점유한다고 할 수 없고, 그 유실물을 현실적으로 발견하지 않는 한 이에 대한 점유를 개시하였다고 할 수도 없으므로, 그 사이에 갑이 유실물을 발견하고 가져간 행위는 점유이탈물횡령죄에 해당함은 별론으로 하고 절도죄에 해당하지는 않는다.

[판결 93] 고속버스 승객이 잊고 내린 유실물을 발견한 다른 승객이 이를 가져 간 것은 절도가 아니고 점유이탈물횡령에 해당한다.

고속버스 운전사는 고속버스의 관수자로서 차내에 있는 승객의 물건을 점유하는 것이 아니고 승객이 잊고 내린 유실물을 교부받을 권능을 가질 뿐이므로 유실물을 발

75) 김일수/서보학, 각론[8], 317쪽; 이재상 등, 각론[10], 417쪽.

76) 대법원 1999. 11. 26. 선고 99도3963 판결.

견하지 않는 한 이에 대한 점유를 개시했다고 할 수 없기 때문이다.77)

> [판결 88] 갑은 종업원으로 종사하던 당구장의 당구대 밑에서 어떤 사람이 잃어버린 금반지를 주워서 손가락에 끼고 다니다가 소유자가 나타나지 않고 용돈이 궁하여 전당포에 전당잡혔다.78)

[판결 88] 어떤 물건을 잃어버린 장소가 이 사건 당구장과 같이 타인의 관리 아래 있을 때에는 그 물건은 일응 그 관리자의 점유에 속한다 할 것이고, 이를 그 관리자가 아닌 제3자가 취거하는 것은 유실물횡령이 아니라 절도죄에 해당한다.

[판결 84] 손가방은 소유자가 버리거나 유실한 물건이 아니라 강간을 당한 피해자가 도피하면서 현장에 놓아두고 간 손가방은 소유자가 버리거나 유실한 물건이 아니라 사회통념상 피해자의 지배하에 있는 물건이라고 보아야 할 것이므로 그 손가방안에 들어있는 돈을 꺼낸 행위는 절도죄의 구성요건을 충족한다. 따라서 제1 심판시 손가방이 피해자의 점유를 이탈한 물건이었다는 견해는 이유 없다.79)

§ 59. 제355조 제2항 [배임]

> 제355조(횡령, 배임) ② 타인의 사무를 처리하는 자가 그 임무에 위배하는 행위로써 재산상의 이익을 취득하거나 제삼자로 하여금 이를 취득하게 하여 본인에게 손해를 가한 때에도 전항의 형과 같다.
> 제356조(업무상의 횡령과 배임) 업무상의 임무에 위배하여 제355조의 죄를 범한 자는 10년 이하의 징역 또는 3천만원 이하의 벌금에 처한다. <개정 1995.12.29>

Ⅰ. 취지, 보호법익

1. 보호법익

판례에 따르면, 배임죄의 보호법익은 **'피해자의 재산상 이익'**이다.80) '전체 재산'이 보호법익이라고 할 수 있고, "범행자에게 위탁자가 처리 내지 관리를

77) 대법원 1993. 3. 16. 선고 92도3170 판결.

78) 대법원 1988. 4. 25. 선고 88도409 판결.

79) 대법원 1984. 2. 28. 선고 84도38 판결.

80) 대법원 2017. 7. 20. 선고 2014도1104 전원합의체판결; 2017. 9. 21. 선고 2014도9960 판결.

부탁한 범위의 재산"이라고 할 수도 있다.

2. 규범의 취지

배임죄에 관한 한국형법 제355조 제2항의 모델이 된 것은 1851년의 프로이센형법 § 246과 현재의 독일형법 § 266이라고 한다.[81] 독일형법 § 266 배임죄는 타인으로부터 신뢰를 받아 그 사람의 재산을 그 사람을 위해 관리 내지 처리해 줄 것을 위임받은 사람이 그 신뢰를 배신하여, 재산관리를 위임한 자의 재산에 오히려 손해를 가하는 행위를 처벌하자는 취지의 규범이다. 「불법이득의 의사」는 구성요건요소가 아니다.

반면 한국형법 제355조 제2항은 배임행위자가 불법이득을 취함으로써 위임자의 재산 손해를 가할 것을 요구하고 있다.[82] 독일형법과 한국형법의 배임죄는 성격과 요건이 다르다. 불법이득의 의사를 요건으로 하는 한국형법의 배임죄 성립조건이 더 엄격하다. 배임죄는 한국형법에서 유일한 순수 이득죄이어서 재물만을 대상으로 하는 횡령죄는 배임죄의 특별구성요건이라는 견해[83]는 일리 있다.

Ⅱ. 제355조 제2항 [배임]

제355조 제2항 배임죄 구성요건은 1. 타인의 사무를 처리하는 자가 2. 그 임무에 위배하여 3. 재산상의 이득을 취득하거나 제3자로 하여금 취득하게 하여 4. 본인 즉, 사무처리를 위임한 타인에게 재산상 손해를 가해야 한다.

독일형법 § 366에 사무처리의 권원이 '법, 관청의 위임, 법률행위' 등으로 예시되어 있는 것에 비해, 제355조 제2항 구성요건에서 '사무처리', '임무위배'의 내용과 범위는 전혀 언급되지 않았다. 따라서 구성요건요소 각각의 적용기준은 적용자에게 일임되어 있다. 현실에서 제355조 제2항 '배임죄'와 제356조 '업무상 배임죄'는 특히 회사의 대표자, 경영진에 무한정으로 적용될 위험에 노출되어 있고 실제로 적용되고 있다. 회사, 기업에 손해가 발생한 경우 기업대표나 경영진은 배임죄의 적용대상이 될 수 있기 때문이다.

---

81) 유기천, 각론(상), 1980, 321쪽.
82) 대법원 2017. 11. 9. 선고 2015도12633 판결.
83) 이재상 등, 각론[10], 389쪽.

이 문제는 형법의 본래기능 즉 부차적 기능 또는 최후수단이어야 한다는 이념 그리고 민법과 상법이 일차적 해결수단임을 유념하여 필요최소한의 형법적용이라는 기본원리에 따라 신중하고 엄격한 적용이 요청된다.

1. 타인의 사무를 처리하는 자

(1) 신분범

제355조 제2항 배임죄는 행위주체가 '타인의 사무를 처리하는 자'로 한정된 신분범이다.[84] 제356조 업무상배임죄는 제355조 제2항과 관계에서 부진정 신분범이라고 할 수 있다. 따라서 구성요건요소 '타인의 사무처리'는 배임죄의 성립을 결정짓는 첫째 요건이다.

(2) 타인의 사무

(가) 자기사무

처리하는 사무가 타인의 사무가 아니고 자기의 사무라면, 그 사무의 처리가 타인에게 이익이 되어 타인에 대하여 이를 처리할 의무를 부담하는 경우라도, 그는 타인의 사무를 처리하는 자에 해당하지 않는다.[85]

(나) 공무와 사무

판례는 제355조 제2항 '事務'에 사적·공적 사무 모두 포함된다는 입장에서, 공무원이 임무에 위배하여 국가에 손해를 입힌 경우 배임죄를 인정한다.[86] 그러나 배임죄는 **개인의 재산**을 보호하는 규범이므로, 공무원이 국가에 손해를 입힌 경우는 공무원의 직무에 관한 죄나 특정범죄 가중처벌 등에 관한 법률 제5조 '국고손실' 등 다른 구성요건이 적용되어야 할 것이다.

[판결 13] 갑, 을은 대통령 병의 퇴임 후 사용할 사저부지와 그 경호부지를 일괄 매수하는 사무를 처리하는 공무원이다. 갑과 을이 매수대금을 대통령의 아

84) 대법원 2009. 2. 26. 선고 2008도11722 판결.

85) 대법원 2014. 2. 27. 선고 2011도3482 판결; 2009. 2. 26. 선고 2008도11722 판결; 1987. 4. 28. 선고 86도2490 판결.

86) 대법원 2013. 9. 27. 선고 2013도6835 판결; 2008. 6. 26. 선고 2006도2222 판결.

> 들 정과 국가에 배분함에 있어, 사저부지 가격을 높게 평가하면 경호부지 가격이 내려가고 경호부지 가격을 높게 평가하면 사저부지 가격이 내려가는 관계였다. 다른 특별한 대체수단이 없는 이상 '공익사업을 위한 토지 등의 취득 및 보상에 관한 법률'에서 정한 복수의 감정평가업자의 평가액의 산술평균액을 기준으로 하여 그 비율을 정하여 배분하는 것이 가장 합리적이고 객관적인 방법이었음에도 갑과 을은 감정평가 결과와 전혀 다르게 상대적으로 사저부지 가격을 낮게 평가하고 경호부지 가격을 높게 평가하여 매수대금을 배분했다.[87]

[판결 13] 갑, 을은 정에게 이득을 취하게 하고 국가에 손해를 가했다. 갑과 을의 행위는 임무위배행위로서 배임에 해당한다.[88]

(다) 재산상의 사무

배임죄에서의 사무는 재산과 관련된 사무이다. 판례는 배임죄의 사무를 "재산관리에 관한 사무와 재산보전에 협력하는 경우",[89] "신임관계에 기초하여 **타인의 재산을 보호 내지 관리**"[90]하는 것으로 설명하고 있다.

(3) 타인의 사무를 처리하는 자

'타인의 사무를 처리하는 자'란 양자 간의 신임관계에 기초를 두고 **타인의 재산관리에 관한 사무의 전부 또는 일부를 대행하거나 타인 재산의 보전행위에 협력하는 자** 등을 말한다.[91] 두 당사자 관계의 본질적 내용이 채권관계상의 의무를 넘어서 그들 간의 **신임관계에 기초하여 타인의 재산을 보호 내지 관리**하는 것이어야 한다.[92]

"대내관계에 있어서 신의성실의 원칙에 비추어 그 사무를 처리할 신임관계가 존재한다고 인정되는 사람을 말하고, 제3자에 대한 대외관계에서 그 사무에 관한 대리권이 있어야 하는 것은 아니며, (...) 업무의 근거는 법령, 계약, 관습의 어느 것이든 묻지 않고, **사실상의 업무**도 포함"된다.[93]

---

87) 대법원 2013. 10. 17. 선고 2013도6826 판결.

88) 대법원 2013. 10. 17. 선고 2013도6826 판결.

89) 대법원 1975. 11. 25. 선고 73도1881 판결.

90) 대법원 2009. 2. 26. 선고 2008도11722 판결; 2007. 10. 11. 선고 2007도6012 판결; 1987. 4. 28. 선고 86도2490 판결.

91) 대법원 2012. 9. 13. 선고 2012도3840 판결.

92) 대법원 2017. 2. 3. 선고 2016도3674 판결; 2014. 2. 27 선고 2011도3482 판결.

위임자와 처리자의 **신입관계**가 전제되므로 「타인의 재산을 그 사람을 위해 **관리**할 의무가 있는 자」에 한정된다.

> [판결 12] 갑은 을에게 오산시 소재 상가 건물 중 102호를 1억 6,000만 원 상당의 차용금에 대한 양도담보계약을 체결한 후, 다시 102호에 관한 양도담보계약을 체결하고 병으로부터 3,400만 원을 차용했다.94)

[판결 12] 위임받은 타인의 사무가 부동산소유권 이전등기의무인 경우에는 임무위배행위로 인하여 매수인이 가지고 있는 소유권이전등기청구권이 이행불능 되거나 이행불능에 빠질 위험성이 있으면 배임죄는 성립한다.

갑이 피해자 을에게 1억 6,000만 원 상당의 차용금에 대한 양도담보계약을 체결한 102호에 관한 양도담보계약을 체결하고 병에게 3,400만 원을 차용함으로써 배임행위의 실행의 착수한 것이고, 이로 인하여 을의 102호에 관한 소유권이전등기청구권이 이행불능에 빠질 위험이 초래되었다.

> [판결 17] 갑은 2009. 8. 24. 0 아파트에 관하여 유치권을 주장하는 B 등으로부터 0 아파트의 점유·관리를 위탁받아 0아파트에 거주했다. 경매를 통해 0아파트의 소유권을 취득한 A는 2009. 9. 11. 갑을 상대로 점유이전금지가처분결정을 받았고 2009. 10. 19. 갑을 상대로 0아파트에 관한 건물인도 등의 소를 제기했다. B 등은 2009. 10.경 0아파트에서 갑을 퇴거시킨 후 C에게 아파트 점유·관리를 위탁했고, 2010. 3. 25.경 갑에게 유치물위탁계약 해지통지를 했다.
>
> 갑은 2010. 2. 11. 및 2010. 3. 30.경 위 건물인도 소송의 제1심 법원에 청구를 인낙하는 서면을 각 제출했으나, 이 아파트를 점유·관리하고 있는 C가 소송수계 신청을 하여 유치권자로부터 점유·관리를 위탁받은 사정을 항변했고, 2011. 5. 25. A의 건물인도 청구 부분을 기각하는 판결이 선고되었다. 갑이 청구인낙 서면을 제출한 행위에 대하여는 **배임미수의 유죄판결**이 확정되었다.
>
> 건물인도 사건의 항소심 법원은 2012. 2. 3. '0 아파트를 점유할 사무를 위임받은 자에 불과한 C의 소송수계 신청은 부적법하다'는 이유로 위 제1심판결을 파기환송했다. 갑은 2012. 6. 14. 환송 후 제1심의 변론기일에 출석하여 '인도청구 부분은 인정한다'고 진술했고, 이는 재판상 자백으로 인정되어 A의 건물인도 청구 부분을 인용하는 내용의 판결이 선고 확정되었다. A가 확정판결에 기하여 B 등을 상대로 승계집행문을 부여받자, B 등은 2012. 12.경 A를 상대로 승계집행문 부여에 대한 이의의 소를 제기했고, 'B 등이 갑의 승계인이 아니므로 승계집행문

93) 대법원 2008. 5. 29. 선고 2005도4640 판결.

94) 대법원 2012. 1. 26. 선고 2011도15179 판결.

부여가 위법하다'는 판결이 선고 확정되었다. A는 2013. 8. 29. 피해자들을 상대로 유치권부존재확인 등의 소를 제기했으나, 'B 등에게 유치권이 인정된다'는 판결이 선고 확정되었다. 갑이 위 소송에 관하여 B 등에게 응소 여부를 결정하게 하거나 스스로 응소했어야 함에도 재판상 자백을 하여 패소확정판결을 받지 않도록 할 의무가 있는지가 문제되었다.[95)]

☆[판결 17] (1) 갑이 재판상 자백을 할 당시 피해자들과 신임관계에 의한 '타인의 사무를 처리하는 자'에 해당한다고 단정할 수 없고, 유치권자로부터 위탁받은 점유임을 적극적으로 항변하지 않은 것이 신임관계를 저버린 임무위배행위에 해당한다고 보기 어렵다. 갑이 재판상 자백을 한 시점은 위와 같이 계약에 의한 신임관계가 종료된 지 2년이 훨씬 지난 때였다. 게다가 갑은 이미 환송 전 제1심에서 청구인낙의 의사표시를 하였고, B들 역시 갑을 소송에서 배제시키기 위해 C에게 소송수계를 하도록 한 바 있다. 이러한 사정들에 비추어보면, 양자 간에 **신의성실의 원칙 등에 따른 신임관계가 남아있다고 보기도 어렵다.**

(2) 갑의 재판상 자백이 B 등에게 점유 상실 내지 유치권 상실이라는 손해 발생의 구체적·현실적인 위험을 초래하기에 이르렀다고 단정할 수 없다. 갑은 재판상 자백을 할 당시 이미 점유를 상실한 상태였고, 유치권자인 B들은 갑이 아닌 제3자 C를 통하여 이 사건 아파트를 점유하고 있었다. 갑의 재판상 자백은 A의 소유권 및 갑이 점유이전금지가처분결정 당시 이 사건 아파트를 점유한 사실을 그대로 인정하는 내용일 뿐이다. 따라서 갑의 재판상 자백이 B들의 유치권 성립·존속에 영향을 미친다고 할 수 없다. A가 위 민사소송에서 부동산의 인도를 명하는 판결을 선고받아 이에 기초하여 인도 집행을 실시하고자 하더라도, 이미 점유를 상실한 갑이나 그 승계인이 아닌 B 등을 상대로 한 집행은 불가능할 것으로 보인다.

2. 임무위배행위

(1) 내용

'임무에 위배하는 행위'는 사무의 내용, 성질 등 구체적 상황에 비추어 **법률의 규정, 계약의 내용 혹은 신의칙상 당연히 할 것으로 기대되는 행위를 하지 않거나 당연히 하지 않아야 할 것으로 기대되는 행위를 함으로써** 본인과 사이의 **신임관계를 저버리는 일체의 행위**를 포함한다.[96)]

95) 대법원 2017. 2. 3. 선고 2016도3674 판결.

96) 대법원 2017. 2. 3. 선고 2016도3674 판결; 대법원 2013. 10. 17. 선고 2013도6826 판결.

(2) 판결

> [판결 12] 공동주택 신축사업자인 A 주식회사의 대표이사 갑과 이사 을은 지역주택조합의 조합원 모집업무를 하게 됨을 기화로 사업부지 내 토지를 소유하지 않은 자신들의 가족과 지인들을 지주조합원으로 취급하거나 주주공급 또는 직원공급이라는 명목으로 일반조합원의 분담금보다 저렴한 가격에 분양권을 공급했다.[97]

[판결 12] 임무위배행위에 해당하는지 여부는 그 사무의 성질·내용, 사무집행자의 구체적인 역할과 지위, 행위 당시의 구체적 상황에 따라 그 행위가 신의성실의 원칙에 비추어 통상의 업무집행의 범위를 일탈하였는가에 따라 판단한다.

경영자의 경영상 판단에 관하여 위와 같은 사정을 모두 고려하더라도 법령의 규정, 계약 내용 또는 신의성실의 원칙상 구체적 상황과 자신의 역할·지위에서 당연히 하여야 할 것으로 기대되는 행위를 하지 않거나 당연히 하지 않아야 할 것으로 기대되는 행위를 행함으로써 재산상 이익을 취득하거나 제3자로 하여금 이를 취득하게 하고 본인에게 손해를 가하였다면 그에 관한 고의 내지 불법이득의 의사는 인정된다.[98] 갑, 을의 행위는 정상적인 경영상 판단에 따른 것이 아닌 피해자 회사에 대한 배임행위에 해당한다.

> [판결 12-1] A 회사 대표이사 갑은 2011. 4. 7. 자신의 채권자 을에게 차용금 60억 원에 대한 담보로 A 회사 명의의 정기예금 60억 원에 질권을 설정해 주었다. 을은 위 차용금과 정기예금의 변제기가 모두 도래한 이후인 2011. 7. 11. 갑의 동의하에 위 정기예금 계좌에 입금되어 있던 60억 원을 전액 인출했다.[99]

[판결 12-1] 질권설정행위를 A 회사에 대한 배임행위, 예금인출동의행위를 갑 자신이 행한 예금인출행위와 동시하여 A 회사에 대한 횡령행위로 인정하여 배임죄와 횡령죄를 인정하는 견해가 있다.[100]

그러나 민법 제353조에 의하면, 질권자는 질권의 목적이 된 채권을 직접 청구할 수 있으므로, 갑의 예금인출동의행위는 이미 배임행위로써 이루어진 질권설정행위의 사후조처에 불과하여 새로운 법익의 침해를 수반하지 않는 이른바 불가벌적 사후행위에 해당하므로 별도의 횡령죄를 구성하지 않는다.

---

97) 대법원 2012. 8. 30. 선고 2011도15052 판결.

98) 앞의 각주와 같다.

99) 대법원 2012. 11. 29. 선고 2012도10980 판결.

100) 서울고등법원 2012. 8. 24. 선고 2012노741 판결.

> [판결 10] A 영화제작사의 대표이사 갑은 영화 '어린왕자'에 관련된 프린트 및 현상료를 투자자인 B회사가 부담하는 대신, B회사에 A회사 명의의 은행통장과 법인 인감, 보안카드를 건네주고, 자신이 이를 변제하지 못할 경우 위 통장계좌로 입금 받을 예정인 부가가치세 환급금으로 대체하기로 하는 내용의 지불각서를 작성하여 주었다. 갑은 환급금의 입금 사실을 먼저 확인하고 통장 분실신고를 한 뒤 재발급 받은 새 통장을 이용하여 위 돈을 다른 계좌로 이체하고 출금하여 다른 채권자들에게 지급했다.[101]

[판결 10] 프린트 및 현상료를 변제할 때까지 B 회사가 예금채권에 대한 실질적인 담보권을 유지하고 나아가 갑이 현상료 등을 변제하지 않는 경우 B 회사가 위 예금을 직접 출금할 수 있도록 협력해야 할 의무가 있다. 갑이 스스로 위 예금을 출금하여 소비함으로써 위 의무에 위배하여 피해자 회사에 손해를 가한 것은 배임죄를 구성한다.

(3) 부동산의 이중매매, 이중저당 등과 배임행위

(가) 대물변제하기로 예약한 부동산의 처분행위

> [판결 14] 갑은 을에게 차용금 3억 원을 변제하지 못할 경우 갑의 모 소유의 부동산에 대한 유증상속분을 대물변제하기로 약정했다. 그 후 유증을 원인으로 그 부동산에 관한 소유권이전등기를 마쳤음에도 이를 누나와 자형에게 매도했다.[102]

[판결 14] 채무자가 대물변제예약에 따라 부동산 소유권을 이전해 줄 의무는 그 예약 당시에 확정적으로 발생하는 것이 아니라 채무자가 차용금을 제때에 반환하지 못하여 채권자가 예약완결권을 행사한 후에 비로소 문제가 된다. 채무자는 예약완결권 행사 이후라도 얼마든지 금전채무를 변제하여 당해 부동산에 관한 소유권이전등기절차를 이행할 의무를 소멸시키고 그 의무에서 벗어날 수 있다.

한편 채권자는 대물변제예약에 따른 소유권등기를 이전받는 것이 불가능하게 되어도 금전적 손해배상을 받음으로써 대물변제예약을 통해 달성하고자 한 목적을 이룰 수 있다. 대물변제예약의 궁극적 목적은 차용금반환채무의 이행 확보에 있고, 채무자가 부동산 소유권이전등기절차를 이행할 의무는 그 궁극적 목적을 달성하기 위해 그에게 요구되는 부수적 내용이어서 이를 가지고 배임죄에서 말하는 신임관계에 기초하여 채권자의 재산을 보호 또는 관리해야 하는 '타인의 사무'라고 볼 수는 없다. 그러므로 채권 담보를 위한 대물변제예약 사안에서 채무자가 대물 변제하기로 한 부동산을 제3자에게 처분했다고 해도 배임죄가 성립하는 것은 아니다.

---

101) 대법원 2010. 8. 19. 선고 2010도6280 판결.

102) 대법원 2014. 8. 21. 선고 2014도3363 전원합의체 판결.

(나) 부동산의 이중매매

이중매매는 부동산 매도인이 잔금수령과 동시에 매수자에게 소유권 이전등기가 경료하기 전, 다른 제3자에게 그 부동산을 매도한 경우이다.

(ㄱ) 매도인이 계약금만 수령한 경우에는 제3자에 부동산을 매도해도 배임죄가 되지 않는다.

[판결 84] 매도인이 매수인에게 부동산을 매도하고 계약금만을 수수한 상태에서 매수인이 잔대금의 지급을 거절한 이상 매도인으로서는 이행을 최고할 필요 없이 매매계약을 해제할 수 있는 지위에 있었으므로 매도인을 타인의 사무를 처리하는 자라고 볼 수 없다.[103)]

(ㄴ) 매도인이 중도금 또는 잔금을 수령하고도 제3자에게 매도한 경우에는 배임죄를 인정하는 것이 판례의 입장이고 문헌의 다수견해이다.

[판결 88] A주식회사 대표이사 갑은 1971. 12. 30. 사망한 을에게 이 사건 대지를 매도하여 을의 상속인인 병에게 그 소유권이전등기를 해줄 임무가 있음에도 불구하고 1985. 5. 3. 정에게 위 대지를 대금 2,000,000원에 매도했다.[104)]

[판결 88] 부동산매도인이 매수인으로부터 계약금과 중도금까지 수령한 이상 특단의 약정이 없다면 잔금수령과 동시에 매수인 명의로의 소유권이전등기에 협력할 임무가 있으므로 이를 다시 제3자에게 처분함으로써 제1차 매수인에게 잔대금수령과 상환으로 소유권이전등기절차를 이행하는 것이 불가능하게 되었다면 배임죄의 책임을 면할 수 없다.

(다) 부동산의 이중저당

부동산의 이중저당이란 갑이 을에게 근저당을 설정해준다고 약속하여 돈을 빌린 후 근저당을 설정해 주지 않고 병에게 돈을 빌리고 근저당을 설정해준 경우를 일컫는다. 판례는 갑의 을에 대한 사기죄는 사기죄대로 인정하고 병에 대한 배임죄도 경합범으로 인정하고 있다.

[판결 08] 갑은 금원 편취의 목적으로 부동산에 근저당권을 설정하여 주겠다

103) 대법원 1984. 5. 15. 선고 84도315 판결.

104) 대법원 1988. 12. 13. 선고 88도750 판결.

> 고 을을 속여 7억 원을 교부받고서도 을 명의의 근저당권을 설정하여 주지 않고 농협중앙회로부터 2억 3천만 원을 차용하면서 농협중앙회 명의의 근저당권을 설정해 주었다.[105)]

[판결 08] 채무의 담보로 근저당권설정등기를 해 줄 임무가 있음에도 불구하고 이행하지 않고 임의로 제3자 명의로 근저당권설정등기를 마치는 행위는 배임죄를 구성한다. 근저당권을 설정하여 줄 의사가 없음에도 피해자를 속이고 근저당권 설정을 약정하여 금원을 편취한 경우라도, 이 약정은 사기 등을 이유로 취소되지 않는 한 여전히 유효하여 피해자 명의의 근저당권설정등기를 하여 줄 임무가 있다. 그럼에도 불구하고 그 부동산에 관하여 제3자 명의로 근저당권설정등기를 마친 배임행위는 금원을 편취한 사기죄와는 전혀 다른 새로운 보호법익을 침해하는 행위로서 사기 범행의 불가벌적 사후행위가 아니라 경합범이다.

(라) 동산의 이중양도

동산을 매도하기로 약속하고 매수희망자에게 계약금, 중도금조로 돈을 받고도 양도하기 전 제3자에게 양도한 경우를 동산의 2중 양도라고 한다. 다른 유형의 2중 양도는 양도담보했으나 점유개정방식으로 점유하고 있는 동산을 다른 사람에게 양도한 경우가 있다. 판례는 두 경우 모두 배임죄를 인정하지 않는다. 배임죄를 부정한 판례의 견해는 옳다. 그러나 후자의 경우 양도담보된 물건의 소유권은 양도담보권자에게 있으므로 횡령죄가 성립한다.[106)]

> [판결 11] 갑은 인쇄기를 을에게 135,000,000원에 양도하기로 하고 그로부터 계약금 및 중도금 명목으로 합계 43,610,082원 상당의 원단을 제공받아 이를 수령하고도 인쇄기를 채권자인 병 채무 84,000,000원의 변제에 갈음하여 양도했다.[107)]

[판결 11] 이 사건 매매와 같이 당사자 일방이 재산권을 상대방에게 이전할 것을 약정하고 상대방이 그 대금을 지급할 것을 약정함으로써 효력이 생기는 계약의 경우(민법 제563조), 쌍방이 그 계약의 내용에 좇은 이행을 하여야 할 채무는 특별한 사정이 없는 한 '자기의 사무'에 해당한다. 매매의 목적물이 동산일 경우, 매도인은 매수인에게 계약에 정한 바에 따라 그 목적물인 동산을 인도함으로써 계약의 이행을 완료하게 되고 그때 매수인은 매매목적물에 대한 권리를 취득하게 되는 것이므로, 매도인

---

105) 대법원 2008. 3. 27. 선고 2007도9328 판결.

106) 같은 견해 : 김일수/서보학, 각론[8], 392쪽.

107) 대법원 2011. 1. 20. 선고 2008도10479 전원합의체 판결.

에게 자기의 사무인 동산인도채무 외에 별도로 매수인의 재산의 보호 내지 관리 행위에 협력할 의무는 없다. 동산매매계약에서의 매도인은 매수인에 대하여 그의 사무를 처리하는 지위에 있지 않으므로, 매도인이 목적물을 매수인에게 인도하지 아니하고 이를 타에 처분하였다 하더라도 배임죄가 성립하지 않는다.

> [판결 89] 갑, 을은 산란계 24,000수를 채권자인 병에 대한 채무의 양도담보로 제공하고 점유개정의 방법으로 점유하고 있다가 다시 위 24,000수를 포함한 산란계 36,000수를 다른 채권자인 주식회사 M에 대한 채무의 양도담보로 제공하고 역시 점유개정의 방법으로 점유를 계속하였다.[108]

[판결 89] 뒤의 양도담보권자인 주식회사 M은 처음의 양도담보권자인 병에 대하여 배타적으로 자기의 담보권을 주장할 수 없다. 위와 같이 이중으로 양도담보제공이 된 것만으로는 처음의 양도담보권자에게 담보권의 상실이나 담보가치의 감소 등 손해가 발생했다고 볼 수 없고, 이러한 이치는 갑, 을이 처음의 양도담보권자 병에게 이중으로 양도담보제공을 하지 않기로 특약했다고 해도 달라지지 않는다. 위와 같은 취지에서 갑, 을의 이중양도담보제공 행위는 배임죄를 구성하지 않는다고 판단한 원심판결은 정당하다.

앞에서 지적한 대로 갑, 을에게 배임죄는 인정되지 않으나 횡령죄가 성립한다.

3. 재산상의 손해의 손해를 가한 때

(1) 재산상의 손해

사무를 위탁한 사람의 **'재산 가치 감소'**를 뜻한다.[109] **현실적인 손해**를 가한 경우뿐만 아니라 재산상 **실해 발생의 위험을 초래**한 경우도 포함되고, 손해액이 구체적으로 명백하게 확정되지 않았다고 해도 배임죄의 성립에는 영향이 없다.[110]

재산상 손해의 유무에 대한 판단은 법률적 판단에 의하지 않고 경제적 관점에서 파악한다.[111] 법률적 판단에 의하여 배임행위가 무효라 하더라도 경제적 관점에서 파악하여 배임행위로 인하여 본인에게 현실적인 손해를 가하였거나

108) 대법원 1989. 4. 11. 선고 88도1586 판결.

109) 대법원 2017. 7. 20. 선고 2014도1104 전원합의체 판결.

110) 대법원 2017. 7. 20. 선고 2014도1104 전원합의체 판결; 2014. 2. 21. 선고 2011도8870 판결; 2007. 11. 15. 선고 2007도6075 판결; 2003. 2. 11. 선고 2002도5679 판결.

111) 대법원 2017. 2. 3. 선고 2016도3674 판결.

재산상 실해 발생의 위험을 초래한 경우에는 재산상의 손해를 가한 때에 해당된다.[112)]

재산상 손해가 발생하였다고 평가될 수 있는 재산상 실해 발생의 위험이란 본인에게 손해가 발생할 막연한 위험이 있는 것만으로는 부족하고 경제적인 관점에서 보아 본인에게 손해가 발생한 것과 같은 정도로 구체적인 위험이 있는 경우를 의미한다. 따라서 재산상 실해 발생의 위험은 구체적·현실적인 위험이 야기된 정도에 이르러야 하고 단지 막연한 가능성이 있다는 정도로는 부족하다.[113)]

회사가 타인의 사무를 처리하는 일을 영업으로 영위하고 있는 경우, 그 회사 대표이사가 그 타인의 사무를 처리하면서 업무상 임무에 위배되는 행위를 함으로써 재산상 이익을 취득하거나 제3자로 하여금 이를 취득하게 하고 그로 인하여 회사로 하여금 그 타인에 대한 손해배상책임 등 채무를 부담하게 한 때에는 회사에 손해를 가하거나 재산상 실해 발생의 위험을 초래한 것으로 볼 수 있다.

배임행위가 법률상 무효이기 때문에 본인의 재산 상태가 사실상으로도 악화된 바가 없다면 현실적인 손해가 없고 실해가 발생할 위험도 없는 것이므로 본인에게 재산상의 손해를 가한 것이라고 볼 수 없다.[114)]

> [판결 17-1] A회사 대표이사 갑은 자신이 별도로 대표이사를 맡고 있던 다른 B회사의 ○상호저축은행에 대한 대출금채무를 담보하기 위해 ○상호저축은행에 A회사 명의로 액면금 29억 9,000만 원의 약속어음을 발행하여 줌으로써 ○상호저축은행에 29억 9,000만 원 상당의 재산상 이익을 취득하게 하고, A회사에 같은 액수 상당의 손해를 가하였다.[115)]

☆[판결 17-1] (i) **미수와 기수** 타인의 사무를 처리하는 자가 고의로, 즉 임무에 위배하는 행위를 한다는 점과 이로 인하여 자기 **또는 제3자가 이익을 취득하여 본인에게 손해를 가한다는 점에 대한 인식이나 의사를 가지고 임무에 위배한 행위를 개시한 때** 배임죄의 실행에 착수한 것이고, 이러한 행위로 인하여 **자기 또는 제3자가 이익을 취득하여 본인에게 손해를 가한 때** 기수가 된다.

(ii) **손해를 가한 때** '본인에게 손해를 가한 때'라 함은 **재산적 가치의 감소**를 뜻한다. 재산적 실해를 가한 경우뿐만 아니라 실해 발생의 위험을 초래한 경우도 포

112) 대법원 2017. 7. 20. 선고 2014도1104 전원합의체 판결.
113) 대법원 2017. 2. 3. 선고 2016도3674 판결.
114) 대법원 2017. 7. 20. 선고 2014도1104 전원합의체 판결.
115) 대법원 2017. 7. 20. 선고 2014도1104 전원합의체 판결.

함하고, 손해액이 구체적으로 명백하게 확정되지 않았다고 하더라도 배임죄의 성립에는 영향이 없다.

또한 재산상 손해의 유무는 본인의 전 재산 상태와의 관계에서 법률적 판단에 의하지 않고 **경제적 관점**에서 파악하여야 한다. 법률적 판단에 의하여 배임행위가 무효라 하더라도 경제적 관점에서 파악하여 배임행위로 인하여 본인에게 현실적인 손해를 가하였거나 재산상 실해 발생의 위험을 초래한 경우에는 재산상의 손해를 가한 때에 해당된다. 다만 재산상 실해 발생의 위험은 경제적 관점에서 재산상 손해가 발생한 것과 사실상 같다고 평가될 정도에 이르렀다고 볼 수 있을 만큼 **구체적·현실적인 위험이 야기된 경우를 의미하고 단지 막연한 가능성이 있다는 정도로는 부족하므로,** 배임행위가 법률상 무효이기 때문에 본인의 재산 상태가 사실상으로도 악화된 바가 없다면 현실적인 손해가 없음은 물론이고 실해가 발생할 위험도 없는 것이므로 본인에게 재산상의 손해를 가한 것이라고 볼 수 없다.

(iii) **재산손해의 현실적 발생과 발생위험** 주식회사의 대표이사가 대표권을 남용하는 등 그 임무에 위배하여 회사 명의로 의무를 부담하는 행위를 하더라도 일단 회사의 행위로서 유효하다. 다만 그 상대방이 대표이사의 진의를 알았거나 알 수 있었을 때에는 회사에 대하여 무효가 된다.

그리고 상대방이 대표권남용 사실을 알지 못하였다는 등의 사정이 있어 그 의무부담행위가 회사에 대하여 유효한 경우에는 회사의 채무가 발생하고 회사는 그 채무를 이행할 의무를 부담하므로, 이러한 채무의 발생은 그 자체로 현실적인 손해 또는 재산상 실해 발생의 위험이라고 할 것이어서 그 채무가 현실적으로 이행되기 전이라도 배임죄의 기수에 이르렀다고 보아야 한다.

> [판결 16] 갑은 2011. 7경 A 소유 아파트를 전세보증금 1억 6천만 원, 전세기간 2011. 8. 5.부터 2년간으로 하는 전세계약을 체결하고, 을 주식회사에 전세자금 대출신청을 하여 전세보증금 1억 2천만 원의 대출을 받되, 그 담보로 A에 대한 보증금 반환청구권 전부에 권리질권을 설정하게 했다. A는 갑이 전세보증금반환채권에 대하여 대출채권자 겸 질권자인 을에게 질권을 설정함에 있어 이의 없이 이를 승낙한다'는 질권설정승낙서를 작성 교부했다.
>
> 갑에게는 질권자인 을의 동의 없이 질권의 목적인 보증금 반환청구권을 소멸하게 하거나 질권자의 이익을 해하는 변경을 하지 않아야 할 임무가 있었으나, 갑은 2013. 7.경 A에게 이사를 나가겠다고 한 후 A가 아파트를 B, C에게 매도하여 2013. 9. 2.이 잔금기일로 정해지자, 같은 날 △공인중개사 사무소에서 A와 매수인 B, C, 공인중개사 D 등과 만나 매수인 측으로부터 직접 전세보증금 명목으로 합계 89,225,520원을 갑 명의 은행 계좌로 송금 받고, A로부터 나머지 50,774,480원을 지급받았다.[116)]

[판결 16] 임대인 A가 질권설정승낙서를 작성하여 을에게 교부하여 질권설정에 대하여 승낙함에 따라 전세보증금반환채권에 대한 근질권자인 을이 대항요건을 갖추게 된 이상, A가 을의 동의 없이 갑에게 전세보증금을 변제하더라도 이로써 을에게 대항할 수 없으므로 을은 여전히 임대인 A에 대하여 질권자로서의 권리를 행사할 수 있다. 질권설정자인 갑이 질권의 목적인 전세보증금반환채권의 변제를 받았다고 하여 질권자인 을에 대한 관계에서 타인의 사무를 처리하는 자로서 그 임무에 위배하는 행위를 하여 피해자에게 **어떤 손해를 가하거나 손해 발생의 위험을 초래했다고 할 수 없으므로 갑에게는 배임죄가 성립하지 않는다.**

(2) 적극적, 소극적 손해

재산상의 손해는 재산의 처분 등 직접적인 재산의 감소, 보증이나 담보제공 등 채무 부담으로 인한 재산의 감소와 같은 적극적 손해는 물론, 객관적으로 보아 취득할 것이 충분히 기대되는데도 임무위배행위로 말미암아 이익을 얻지 못한 경우, 즉 소극적 손해도 포함된다. 소극적 손해는 재산증가를 객관적·개연적으로 기대할 수 있음에도 임무위배행위로 이러한 재산증가가 이루어지지 않은 경우를 의미한다.[117]

(3) 영업비밀과 배임

[판결 16-1] 갑은 2009. 3. 2.경 A회사에 입사하여 설계2팀 차장으로 근무하다가 2012. 6. 30.경 퇴사한 후, 2012. 8. 1.경 B회사에 입사했다. 을은 2008. 3. 10.경 A회사에 입사하여 구매팀 차장으로 근무하다가 2012. 6. 30.경 퇴사한 후, 2012. 7. 2.경 B 회사에 입사했다. 병은 2009. 7. 6.경 A회사에 입사하여 구매팀 과장으로 근무하다가 2012. 8. 31.경 퇴사한 후, 2012. 9. 24.경 B 회사에 입사했다.

갑은 A회사 재직 중 회사의 지적·물적 재산을 회사의 승낙 없이 부정하게 사용하거나 반출하지 않겠다는 내용의 서약서를 작성하고, 을과 병은 피해회사를 퇴사하면서 재직 중 취득한 회사의 기술상 또는 경영상 일체의 정보를 외부로 누설하지 아니하고 경쟁회사에서 이를 이용하지 않겠다는 내용의 사직서 등을 각 작성하여 A회사에 제출했다. 갑은 2012년 6월경 퇴사 직전에 피해회사의 설계2팀 대리로 근무하던 정에게 설계2팀에서 보유하고 있는 장비제작도면 및 사양서 등 모든 자료를 공용노트북에 저장하여 이를 전달해 달라고 부탁하였고, 2012년 7월경 퇴사 이후에 정으로부터 각 자료가 저장된 공용노트북을 전달받아 위 각 자료

116) 대법원 2016. 4. 29. 선고 2015도5665 판결.

117) 대법원 2013. 4. 26. 선고 2011도6798 판결.

를 개인용 외장하드에 저장하여 계속 보관했다.
을은 A회사를 퇴사하면서 자료를 저장해 놓은 개인용 외장하드를 피해회사에 반환하거나 폐기하지 아니하고 퇴사 후에도 계속 보관했다.
병은 A회사를 퇴사하면서 자료를 저장해 놓은 개인용 USB를 피해회사에 반환하거나 폐기하지 아니하고 퇴사 후에도 계속 보관하였다. 피고인들은 B 회사에 입사한 후 자료 중 일부 자료를 업무에 참고했다.[118)]

[판결 16-1] 회사 직원이 경쟁업체에 유출하거나 스스로의 이익을 위하여 이용할 목적으로 회사 자료를 무단으로 반출한 경우에, 그 자료가 영업비밀에 해당하지 않는다고 하더라도, 그 자료가 불특정 다수인에게 공개되어 있지 아니하여 보유자를 통하지 아니하고는 이를 통상 입수할 수 없고, 그 자료의 보유자가 그 자료의 취득이나 개발을 위해 상당한 시간, 노력 및 비용을 들인 것으로서 그 자료의 사용을 통해 경쟁자에 대하여 경쟁상의 이익을 얻을 수 있는 정도의 영업상 주요한 자산에 해당한다면, 이는 업무상의 임무에 위배한 행위로서 업무상배임죄가 성립한다.

회사 직원이 영업비밀이나 영업상 주요한 자산인 자료를 적법하게 반출하여 그 반출행위가 업무상배임죄에 해당하지 않는 경우라도, 퇴사 시에 그 영업비밀 등을 회사에 반환하거나 폐기할 의무가 있음에도 경쟁업체에 유출하거나 스스로의 이익을 위하여 이용할 목적으로 이를 반환하거나 폐기하지 아니하였다면, 이러한 행위는 업무상배임죄에 해당한다.

(4) 기업경영자, 회사대표의 행위와 재산상 손해, 배임죄

(가) 사익의 추구

[판결 14] A회사 대표이사 갑은 A 주식회사가 관리하는 ○주차장과 △주차장에 관하여 당시 위 각 주차장이 매월 얻는 총 수익보다 적은 200만 원을 임대료로 정하고 통상보다 장기인 5년의 임대기간을 정하여 임대차계약을 체결함으로써 재산상 이득을 취득하고, 회사에 같은 금액 상당의 손해를 가했다.[119)]

[판결 14] 갑의 행위는 A회사에 대한 업무상배임죄를 구성한다.[120)]

[판결 14][121)] 주식회사의 임원이 공적 업무수행을 위하여서만 사용이 가능한 법인

118) 대법원 2016. 7. 7. 선고 2015도17628 판결.
119) 대법원 2014. 2. 21. 선고 2011도8870 판결.
120) 대법원 2014. 2. 21. 선고 2011 도8870 판결.
121) 대법원 2014. 2. 21. 선고 2011 도8870 판결.

카드를 개인 용도로 계속적, 반복적으로 사용한 경우 특별한 사정이 없는 한 그 임원에게는 임무위배의 인식과 그로 인하여 자신이 이익을 취득하고 주식회사에 손해를 가한다는 인식이 있었다고 볼 수 있으므로, 이러한 행위는 업무상배임죄를 구성한다. 이 같은 법인카드 사용에 대하여 실질적 1인 주주의 양해를 얻었다거나 실질적 1인 주주가 향후 그 법인카드 대금을 변상, 보전해 줄 것이라고 일방적으로 기대했다는 사정만으로는 업무상배임의 고의나 불법이득의 의사가 부정되지 않는다.

(나) 회사명의 의무부담행위

판례는 대표이사가 대표권을 남용하여 회사명의로 의무를 부담하는 행위에 대하여 (1) 상대방이 대표권 남용을 알았거나 알 수 있었을 때와 (2) 몰랐을 때를 구별하여 판단하고 있다.

[판결 17-1][122] 주식회사의 대표이사가 대표권을 남용하는 등 그 임무에 위배하여 회사 명의로 의무를 부담하는 행위를 하더라도 일단 회사의 행위로서 유효하다.

다만 그 상대방이 대표이사의 진의를 알았거나 알 수 있었을 때에는 회사에 대하여 무효가 된다. 따라서 상대방이 대표권남용 사실을 알았거나 알 수 있었던 경우 그 의무부담행위는 원칙적으로 회사에 대하여 효력이 없고, 경제적 관점에서 보아도 이러한 사실만으로는 회사에 현실적인 손해가 발생하였다거나 실해 발생의 위험이 초래되었다고 평가하기 어려우므로, 그 의무부담행위로 인하여 실제로 채무가 이행되었다거나 회사가 민법상 불법행위책임을 부담하게 되었다는 등의 사정이 없는 이상 배임죄의 기수는 성립하지 않는다. 그러나 이 경우에도 대표이사는 배임의 범의로 임무위배행위를 함으로써 실행에 착수한 것이므로 배임죄의 미수범이 된다.

그리고 상대방이 대표권남용 사실을 알지 못하였다는 등의 사정으로 그 의무부담행위가 회사에 대하여 유효한 경우에는 회사의 채무가 발생하고 회사는 그 채무를 이행할 의무를 부담하므로, 이러한 채무의 발생은 그 자체로 현실적인 손해 또는 재산상 실해 발생의 위험이라고 할 것이어서 그 채무가 현실적으로 이행되기 전이라도 배임죄의 기수가 된다.

(다) 회사명의 약속어음발행

[판결 17-1][123] 주식회사의 대표이사가 대표권을 남용하는 등 그 임무에 위배하여 약속어음 발행을 한 행위가 배임죄에 해당하는지도 원칙적으로 위의 의무부담행위와 마찬가지로 보아야 한다. 다만 약속어음 발행의 경우 어음법상 발행인은 종전의 소지인에 대한 인적 관계로 인한 항변으로써 소지인에게 대항하지 못하므로(어음법 제17

---

122) 대법원 2017. 7. 20. 선고 2014도1104 전원합의체 판결.

123) 대법원 2017. 7. 20. 선고 2014도1104 전원합의체 판결.

조, 제77조), 어음발행이 무효라 하더라도 그 어음이 실제로 제3자에게 유통되었다면 회사로서는 어음채무를 부담할 위험이 구체적·현실적으로 발생했다고 보아야 하고, 따라서 그 어음채무가 실제로 이행되기 전이라도 배임죄의 기수범이 된다. 그러나 약속어음 발행이 무효일 뿐만 아니라 그 어음이 유통되지도 않았다면 회사는 어음발행의 상대방에게 어음채무를 부담하지 않기 때문에 특별한 사정이 없는 한 회사에 현실적으로 손해가 발생하였다거나 실해 발생의 위험이 발생하였다고도 볼 수 없으므로, 이때에는 배임죄의 기수범이 아니라 **배임미수죄**로 처벌해야 한다.

이와 달리 대표이사의 회사명의 약속어음 발행행위가 무효인 경우에도 그 약속어음이 제3자에게 유통되지 아니한다는 특별한 사정이 없는 한 재산상 실해 발생의 위험이 초래된 것으로 보아야 한다는 취지의 대법원 2012. 12. 27. 선고 2012도10822 판결, 대법원 2013. 2. 14. 선고 2011도10302 판결 등은 배임죄의 기수 시점에 관하여 이 판결과 배치되는 부분이 있으므로 그 범위에서 이를 변경하기로 한다.

(라) 회사자금의 대여, 지급보증행위

[판결 13] 회사의 이사 등이 타인에게 회사자금을 대여하거나 타인의 채무를 회사 이름으로 지급 보증함에 있어 그 타인이 이미 채무변제능력을 상실하여 그를 위해 자금을 대여하거나 지급보증을 할 경우 회사에 손해가 발생하리라는 점을 충분히 알면서 이에 나아갔거나, 충분한 담보를 제공받는 등 상당하고도 합리적인 채권회수조치를 취하지 아니한 채 만연히 대여해 주었다면, 그와 같은 자금대여나 지급보증은 타인에게 이익을 얻게 하고 회사에 손해를 가하는 행위로서 회사에 대하여 배임행위가 되고, 그 타인이 자금지원 회사의 계열회사라 해도 달라지지 않는다.[124]

(마) 경영 행위

다만 **기업의 경영**에는 원천적으로 위험이 내재하여 있어서 경영자가 개인적인 이익을 취할 의도 없이 가능한 범위 내에서 수집된 정보를 바탕으로 기업의 이익을 위한다는 생각으로 신중하게 결정을 내렸더라도 예측이 빗나가 기업에 손해가 발생하는 경우가 있으므로, 이러한 경우에까지 고의에 관한 해석기준을 완화하여 업무상배임죄의 형사책임을 물을 수 없다. 여기서 경영상의 판단을 이유로 배임죄의 고의를 인정할 수 있는지는 문제 된 경영상의 판단에 이르게 된 경위와 동기, 판단대상인 사업의 내용, 기업이 처한 경제적 상황, 손실발생의 개연성과 이익획득의 개연성 등 제반 사정에 비추어 **자기 또는 제3자가 재산상 이익을 취득한다는 인식과 본인에게 손해를 가한다는 인식하**의 의도적 행위임이 **인정되는 경우인지에 따라** 개별적으로 판단해야 한다.

---

124) 대법원 2013. 9. 26. 선고 2013도5214 판결.

동일한 기업집단에 속한 계열회사 사이의 지원행위가 기업집단의 차원에서 계열회사들의 공동이익을 위한 것이라 하더라도 지원 계열회사의 재산상 손해의 위험을 수반하는 경우가 있으므로, 기업집단 내 계열회사 사이의 지원행위가 합리적인 경영판단의 재량 범위 내에서 행하여졌는지는 신중하게 판단해야 한다.125)

(바) 회사주주의 양해

[판결 14] 주식회사와 주주는 별개의 법인격을 가진 존재로서 동일인이라 할 수 없고 주식회사의 손해가 항상 주주의 손해와 일치한다고 할 수도 없으므로, 실질적 1인 주주인 임원이 임무위배행위를 하여 재산상 이익을 취득하거나 제3자로 하여금 이를 취득하게 하고 회사에 손해를 가한 경우에도 업무상배임죄의 죄책을 진다. 그 임무위배행위에 대하여 실질적 1인 주주의 양해를 얻었다고 하더라도 업무상배임죄는 성립한다.126)

4. 주관적 구성요건

☆[판결 13] (업무상) 배임죄가 성립하려면 주관적 요건으로서 임무위배의 인식과 그로 인하여 **자기 또는 제3자가 이익을 취득하고 본인에게 손해를 가한다는 인식, 즉 배임의 고의**가 있어야 하고, 이러한 인식은 미필적 인식으로도 족하다.127)

이익을 취득하는 제3자가 같은 계열회사이고, 계열그룹 전체의 회생을 위한다는 목적에서 이루어진 행위로서 그 행위의 결과가 일부 본인을 위한 측면이 있다 해도 본인의 이익을 위한다는 의사는 부수적일 뿐이고 이득 또는 가해의 의사가 주된 것임이 판명되면 배임죄의 고의를 부정할 수 없다.128)

Ⅲ. 제357조 [배임수증재]

> 제357조(배임수증재) ① 타인의 사무를 처리하는 자가 그 임무에 관하여 부정한 청탁을 받고 재물 또는 재산상의 이익을 취득하거나 제3자로 하여금 이를 취득하게 한 때에는 5년 이하의 징역 또는 1천만 원 이하의 벌금에 처한다.
> ② 제1항의 재물 또는 이익을 공여한 자는 2년 이하의 징역 또는 500만원 이하의 벌금에 처한다.

125) 대법원 2017. 11. 9. 선고 2015도12633 판결.
126) 대법원 2014. 2. 21. 선고 2011도8870 판결.
127) 대법원 2013. 9. 26. 선고 2013도5214 판결.
128) 대법원 2013. 9. 26. 선고 2013도5214 판결.

> ③ 범인 또는 정을 아는 제3자가 취득한 제1항의 재물은 몰수한다. 그 재물을 몰수하기 불가능하거나 재산상의 이익을 취득한 때에는 그 가액을 추징한다.

1. 보호법익

판례에 의하면, 제357의 보호법익은 '거래의 청렴성'이다.[129]

2. 구성요건

제357조 제1항은 배임수재(죄)라고 하며, 성립요건은 1. 타인의 사무를 처리하는 자가 2. 임무에 관하여 3. 부정한 청탁을 받고 4. 재물 또는 재산상의 이익을 취득하거나 제3자로 하여금 취득하게 할 것이다.

[판결 10] 배임수재죄는 타인의 사무를 처리하는 자가 임무에 관하여 부정한 청탁을 받고 재물 또는 재산상의 이익을 취득하면 바로 기수에 이르며, 청탁에 상응하는 부정행위 내지 배임행위에 나아갈 것은 요건이 아니다.[130]

(1) 타인의 사무를 처리하는 자

'타인의 사무를 처리하는 자'는 타인과의 대내관계에서 신의성실의 원칙에 비추어 그 사무를 처리할 신임관계가 존재한다고 인정되는 자를 의미한다.[131] 제3자에 대한 대외관계에서 그 사무에 관한 권한이 존재하여야 하는 것은 아니며, 또 그 사무가 포괄적 위탁사무여야 하는 것도 아니고, 사무처리의 근거, 즉 신임관계의 발생근거는 법령의 규정, 법률행위, 관습 또는 사무관리에 의하여도 발생할 수 있다.[132]

[판결 10] 노동조합과는 별개의 사업장 내 단체인 이른바 '현장조직'의 간부가 회사 측으로부터 "임단협 안건을 합리적으로 해결했으면 좋겠다"며 두 차례에 걸쳐 합계 5,000만 원을 받은 것은 '부정한 청탁'이다.[133]

---

129) 대법원 2016. 10. 13. 선고 2014도17211 판결; 2011. 10. 27. 선고 2010도7624 판결.
130) 대법원 2010. 9. 9. 선고 2009도10681 판결.
131) 대법원 2013. 11. 14. 선고 2011도11174 판결.
132) 대법원 2013. 11. 14. 선고 2011도11174 판결.
133) 대법원 2010. 9. 9. 선고 2009도10681 판결.

> [판결 15] 건설회사사장 갑은 을의 제의에 따라 제주특별자치도 민자유치위원으로서 카지노체험관 사업을 심의하는 B에게 회사에서 신축한 아파트 중 공실로 남아 있는 아파트를 분양되면 언제든지 반환할 것을 조건으로 무상으로 빌려주어 B의 아들이 입주했다. 그 후 B가 공무원으로 의제되는 A 공사 사장으로 취임하게 되어 갑에게 공직자 재산등록을 위하여 필요하다면서 이 아파트에 관한 전세계약서를 형식적으로 작성해 달라고 하자 갑이 전세계약서를 작성해 보내 주었는데 형식적으로 작성되었을 뿐인 계약서는 갑이 처음 아파트를 무상으로 빌려줄 때와 달리 기간을 특정하여 그 기간의 사용을 보장해 주기로 한 것은 아니었다. 갑은 B의 신분이 준공무원으로 바뀜에 따라 뇌물공여죄로 기소되었다.134)

[판결 15] 배임수재자가 배임증재자로부터 그가 무상으로 빌려준 물건을 인도받아 사용하고 있던 중에 공무원이 된 경우, 그 사실을 알게 된 배임증재자가 배임수재자에게 앞으로 위 물건은 공무원의 직무에 관하여 빌려주는 것이라고 하면서 뇌물공여의 뜻을 밝히고 위 물건을 계속하여 배임수재자가 사용할 수 있는 상태로 두더라도, 처음에 배임증재로 무상 대여할 당시에 정한 사용기간을 추가로 연장해 주는 등 새로운 이익을 제공한 것으로 평가할 만한 사정이 없다면, 이는 종전에 이미 제공한 이익을 나중에 와서 뇌물로 하겠다는 것에 불과할 뿐 새롭게 뇌물로 제공되는 이익이 없어 뇌물공여죄가 성립하지 않는다.

재산에 관한 '타인의 사무처리'는 타인의 재산관리에 관한 사무의 전부 또는 일부를 타인을 위하여 대행하는 경우와 타인의 재산보전행위에 협력하는 경우라야만 할 것이고, 단순히 타인에 대하여 채무를 부담하는 경우에는 본인의 사무이지 타인의 사무처리에 해당한다고 볼 수는 없다.135)

(2) 임무에 관하여

'임무에 관하여'란 타인의 사무를 처리하는 자가 위탁받은 사무를 말한다. 위탁관계로 인한 본래의 사무뿐만 아니라 그와 밀접한 관계가 있는 범위 내의 사무도 포함되고, 고유의 권한으로서 그 처리를 하는 자에 한하지 않고 그 자의 보조기관으로서 직접 또는 간접으로 그 처리에 관한 사무를 담당하는 자도 포함된다.136)

---

134) 대법원 2015. 10. 15. 선고 2015도6232 판결.

135) 대법원 2007. 6. 14. 선고 2007도2178 판결; 1982. 6. 22. 선고 82도45 판결.

136) 대법원 2011. 2. 24. 선고 2010도11784 판결; 2006. 3. 24. 선고 2005도6433 판결.

[판결 10] 노동조합과는 별개의 사업장 내 단체인 '현장조직'의 간부가 회사 측으로부터 부정한 청탁을 받고 두 차례에 걸쳐 합계 5,000만 원을 받은 것은 청탁의 '임무관련성'이 인정된다.137)

(3) 부정한 청탁

부정한 청탁은 사회상규 또는 신의성실의 원칙에 반하는 것을 내용으로 하면 충분하고, 반드시 업무상 배임의 내용이 되는 정도에 이를 필요는 없다.

청탁이 반드시 명시적으로 이루어져야 하는 것은 아니며 묵시적으로 이루어지더라도 무방하다.

'부정한 청탁'의 판단은 청탁의 내용 및 이에 관련한 대가의 액수, 형식, **보호법익인 거래의 청렴성** 등을 종합적으로 고찰해야 한다. 타인의 업무를 처리하는 사람에게 공여한 금품에 부정한 청탁의 대가로서의 성질과 그 외의 행위에 대한 사례로서의 성질이 불가분적으로 결합되어 있는 경우에는 그 전부가 불가분적으로 부정한 청탁의 대가로서의 성질을 갖는다.138)

> [판결 16] 갑은 A 등으로부터 명의신탁을 받아 관리하는 업무를 맡아오던 을에게 대금 1,000만 원을 지급하고 위 특허권을 이전 등록받았다. 갑은 A가 을에게 특허권을 양도했다는 공증인의 인증서, 을이 특허권자로 등록되어 있는 특허등록원부 등을 확인한 후 양수대금을 1,000만 원으로 정하여 을과 특허권에 관한 양도양수계약을 체결하고 특허권의 전부이전등록을 받음과 동시에 을에게 그 양수대금 1,000만 원을 지급했다.139)

[판결 16] 배임수재죄는 재물 또는 이익을 공여하는 사람과 취득하는 사람 사이에 부정한 청탁이 개재되지 않는 한 성립하지 않는다. '부정한 청탁'여부를 판단할 때에는 청탁의 내용과 이에 관련한 대가의 액수, 형식, 보호법익인 거래의 청렴성 등을 종합적으로 고려해야 한다. 갑이 을과 체결한 계약에 따른 의무의 이행으로 1,000만 원을 지급하고 을이 이를 받은 것을 두고 부정한 청탁에 대한 대가로 수수했다고 단정하기 어렵다.

[판결 14] 학교법인의 이사장 또는 사립학교경영자가 학교법인 운영권을 양도하고 양수인으로부터 양수인 측을 학교법인의 임원으로 선임해 주는 대가로 양도대금을 받기로 하는 내용의 '청탁'을 받은 경우, 그 청탁의 내용이 당해 학교법인의 설립 목적

---

137) 대법원 2010. 9. 9. 선고 2009도10681 판결.

138) 대법원 2015. 7. 23. 선고 2015도3080 판결.

139) 대법원 2016. 10. 13. 선고 2014도17211 판결.

과 다른 목적으로 기본재산을 매수하여 사용하려는 것으로서 학교법인의 존립에 중대한 위협을 초래할 것임이 명백하다는 등의 특별한 사정이 없는 한, 그 청탁이 사회상규 또는 신의성실의 원칙에 반하는 것을 내용으로 하는 것이라고 할 수 없으므로 배임수재죄의 구성요건인 '부정한 청탁'에 해당하지 않는다.140)

(4) 재물 또는 재산상 이익취득

[판결 16] 배임수재죄 및 배임증재죄에서 공여 또는 취득하는 재물 또는 재산상 이익은 **부정한 청탁에 대한 대가 또는 사례**여야 한다. 따라서 거래상대방의 대향적 행위의 존재를 필요로 하는 유형의 배임죄에서 거래상대방이 양수대금 등 거래에 따른 계약상 의무를 이행하고 배임행위의 실행행위자가 이를 이행받은 것을 두고 부정한 청탁에 대한 대가로 수수하였다고 쉽게 단정하여서는 아니 된다.141)

[판결 17] 타인의 사무를 처리하는 자가 증재자로부터 **돈이 입금된 계좌의 예금통장이나 이를 인출할 수 있는 현금카드나 신용카드를 교부받아 소지**하면서 언제든지 위 예금통장 등을 이용하여 예금된 돈을 인출할 수 있어 예금통장의 돈을 자신이 지배하고 입금된 돈에 대한 실질적인 사용권한과 처분권한을 가지고 있다고 평가된다면, 예금된 돈을 취득한 것이다.142)

"타인의 사무를 처리하는 자가 자신이 아니라 다른 사람으로 하여금 재물 또는 재산상의 이익을 취득하게 한 경우, 사회통념상 다른 사람이 재물 또는 재산상 이익을 받은 것을 부정한 청탁을 받은 자가 직접 받은 것과 같이 평가할 수 있는 관계가 있는 경우에 한하여 배임수재죄가 성립할 수 있다"143)는 것이 판례였으나, 2016년 법개정으로 제3자가 재물이나 재산상 이익을 받도록 했더라도 배임수재는 성립하게 되었다.

(5) 대향범, 공범

거래상대방의 대향적 행위의 존재를 필요로 하는 유형의 배임죄에서 거래상대방은 기본적으로 배임행위의 실행행위자와 별개의 이해관계를 가지고 반대편에서 독자적으로 거래에 임한다는 점을 고려하면, 업무상배임죄의 실행으로 이익을 얻게 되는 수익자는 배임죄의 공범이라고 볼 수 없는 것이 원칙이다.144)

---

140) 대법원 2014. 1. 23. 선고 2013도11735 판결.
141) 대법원 2016. 10. 13. 선고 2014도17211 판결.
142) 대법원 2017. 12. 5. 선고 2017도11564 판결.
143) 대법원 2016. 8. 30. 선고 2013도658 판결.

실행행위자의 행위가 피해자 본인에 대한 배임행위에 해당한다는 점을 인식한 상태에서 배임의 의도가 전혀 없었던 실행행위자에게 배임행위를 교사하거나 또는 배임행위의 전 과정에 관여하는 등으로 배임행위에 적극 가담한 경우에 한하여 배임의 실행행위자에 대한 공동정범으로 인정된다.[145)]

[판결 11] A 주식회사의 감사이자 이 회사를 사실상 관리하는 갑이 A 회사가 버스터미널 사업용 부지로 매수하기로 소유자 H 등과 계약한 ㅁ토지에 관하여 처분금지가처분등기를 마쳐두었는데, ㅁ토지를 매수하려는 B회사 대표 을에게서 가처분을 취하해 달라는 취지의 청탁을 받고 4억 4천만원을 수수했다.[146)]

[판결 11] 갑은 대가를 받고 A 주식회사 측과 협의 없이 가처분을 취소함으로써 A 주식회사가 이 사건 토지의 제1매수인 및 가처분권리자로서 갖고 있는 재산상 이익을 침해했다. 갑의 행위는 A 주식회사의 이 사건 사업을 처리하는 자로서 당연히 하지 않아야 할 것으로 기대되는 행위를 함으로써 본인과의 신임관계를 저버리는 행위를 한 것이고, 갑은 이로 인하여 A 회사에 손해가 발생하거나 손해 발생의 위험성을 초래한다는 점을 인식하였을 것이므로 배임에 대한 고의도 인정된다. 나아가 갑이 임무위배의 대가로 받은 4억 4천만 원은 사회상규 또는 신의성실의 원칙에 반하는 부정한 청탁의 대가임이 분명하다.

대향범 유형의 배임죄에 있어서 거래상대방은 기본적으로 배임행위의 실행행위자와는 별개의 이해관계를 가지고 반대편에서 거래에 임한다는 점을 감안할 때, 거래상대방이 배임행위를 교사하거나 그 배임행위의 전 과정에 관여하는 등으로 배임행위에 적극 가담함으로써 그 실행행위자와의 계약이 반사회적 법률행위에 해당하여 무효로 되는 경우 배임죄의 교사범 또는 공동정범이 될 수 있다. 관여의 정도가 거기에까지 이르지 아니하여 법질서 전체적인 관점에서 살펴볼 때 사회적 상당성을 갖춘 경우에 있어서는 비록 정범의 행위가 배임행위에 해당한다는 점을 알고 거래에 임하였다는 사정이 있어 외견상 방조행위로 평가될 수 있는 행위가 있었다 할지라도 범죄를 구성할 정도의 위법성은 없다. 을이 가처분 취하의 대가로 4억 4천만 원을 갑에게 교부한 행위는 사회상규에 위배되지 않아 배임증재죄를 구성할 정도의 위법성은 없다.

Ⅳ. 제357조 제2항 [배임증재]

제357조 제2항을 배임증재(죄)라고 한다. 타인의 사무를 처리하는 자에게 그 임

144) 대법원 2016. 10. 13. 선고 2014도17211 판결.
145) 대법원 2016. 10. 13. 선고 2014도17211 판결.
146) 대법원 2011. 10. 27. 선고 2010도7624 판결.

무에 관하여 부정한 청탁을 하고 재물 또는 재산상 이익을 공여하는 경우에 성립하는 범죄이다. 원칙적으로 타인의 사무를 처리하는 자에게 교부할 것을 요하고, 사무처리자가 아닌 자에게 교부한 때에는 배임증재죄가 성립되지 않는다. '타인의 사무를 처리하는 자'는 타인과의 대내관계에 있어서 신의성실의 원칙에 비추어 그 사무를 처리할 신임관계가 존재한다고 인정되는 자로서 제1항과 같다.147)

> [판결 07] 인천시교육청이 발주한 A 고등학교 신축공사를 공동으로 수급한 ㄱ 주식회사가 이를 일괄 하도급하거나 공사금액의 88% 이하의 가액으로 하도급하는 것이 금지되어 있었음에도, 실제로는 수급인이 하수급인에게 위 신축공사 전부를 81%의 공사금액에 일괄 하도급을 주면서 형식상 88%의 공사금액에 하도급을 주는 것처럼 계약서를 허위로 작성·제출한 후 발주청이 기성금을 입금하면 하수급인으로 하여금 그 차액 상당액을 교부하도록 했다.148)

[판결 07] 수급인이 위 신축공사에 대한 일괄 하도급계약을 체결하는 행위는 타인을 위한 사무처리가 아니라 바로 수급인 자신의 사무처리행위에 해당되고, 따라서 갑이 하수급인 병을 통하여 수급인에게 차액 상당액인 164,000,000원을 교부했다고 하더라도 이는 자신의 사무를 처리한 자에 대한 교부에 불과하므로 갑을 배임증재죄로 처벌할 수는 없다.149)

V. 제357조 제3항 [몰수, 추징]

[판결 17-1] 배임수재죄와 배임증재죄는 이른바 대향범으로서 제357조 제3항에서 필요적 몰수 또는 추징을 규정한 것은 범행에 제공된 재물과 재산상 이익을 박탈하여 부정한 이익을 보유하지 못하게 하기 위한 것이므로, 제3항에서 몰수의 대상으로 규정한 '범인이 취득한 제1항의 재물'은 배임수재죄의 범인이 취득한 목적물이자 배임증재죄의 범인이 공여한 목적물을 가리키는 것이지 배임수재죄의 목적물만을 한정하여 가리키는 것이 아니다. 그러므로 수재자가 증재자로부터 받은 재물을 그대로 가지고 있다가 증재자에게 반환하였다면 증재자로부터 이를 몰수하거나 그 가액을 추징하여야 한다.150)

---

147) 대법원 2007. 6. 14. 선고 2007도2178 판결.
148) 대법원 2007. 6. 14. 선고 2007도2178 판결.
149) 대법원 2007. 6. 14. 선고 2007도2178 판결.
150) 대법원 2017. 4. 7. 선고 2016도18104 판결.

제 41 장 장물에 관한 죄

§ 60. 장물죄

제362조(장물의 취득, 알선 등) ① 장물을 취득, 양도, 운반 또는 보관한 자는 7년 이하의 징역 또는 1천500만 원이하의 벌금에 처한다.
② 전항의 행위를 알선한 자도 전항의 형과 같다.

I. 보호법익, 규범의 취지

판례에 따르면 장물죄의 보호법익은 "피해자가 점유를 상실한 재물(장물)에 대하여 가지는 추구권"이다.1) 문헌에는 본범이 영득한 재물을 취득한 위법한 재산상태를 본범 또는 점유자와의 합의하에 유지·존속하는데 있다는 유지설과 판례의 추구권이론을 결합해야 한다는 '결합설'이 다수설이고, 판례도 장물죄의 본질을 결합설의 입장에서 찾고 있다고 주장되어 있다.2)

장물죄의 불법은 장물범이 선행범죄자에 의한 점유의 박탈·이전을 확고히 하고 연장함을 통하여 선행범죄에 의해 생성된 위법한 재산상태를 계속·유지하는 것이다.3) 따라서 장물죄의 입법취지, 보호법익은 선행 재산범죄에 의하여 형성된 위법한 재산상태가 선행범행자와 그로부터 점유를 취득한 장물범 간의 '합의에 의한 협력'을 통하여 지속적으로 유지되는 것을 막자는 것이다. 협력 이외에도 장물범은 형법이 보호하는 재산의 안전을 독자적으로도 위협하므로4) 장물범은 횡령이나 절도보다 법정 형량이 중하다.

---

1) 대법원 1999. 3. 26. 선고 98도3030 판결.
2) 김일수/서보학, 각론[8], 406쪽; 이재상 등, 각론[10], 449쪽 등.
3) LK[9]/*Ruß*, § 259 Rn 1; SK[7]/*Samson*, § 259 Rn 1 참조.
4) BGHSt 7, 142; S/S/*Stree/Hecker*[29], § 259 Rn 1; *Rudolphi*, JA 1981, 4.

Ⅱ. 제362조 [장물]

장물을 취득, 양도, 운반, 보관, 알선하면 구성요건이 실현된다. 보호법익인 위법한 재산상태가 지속적으로 유지되는 결과 또는 판례가 보호법익으로 보는 추구권 즉 소유자가 물건을 되찾을 권리가 실제로 침해되어야 구성요건이 실현되는 것은 아니다. 제259조는 재산에 대한 추상적 위험범이다.[5)]

1. 행위의 객체 : 장물의 개념

(1) 장물 : 물건

제362조는 장물의 개념을 정의하고 있지 않다. 판례에 의하면 "'장물'이란 재산범죄로 인하여 취득한 물건 그 자체를 말한다."[6)] 장물은 원칙적으로 선행 재산범죄에 의해 취득한 재물과 동일한 물체이어야 한다. 재산범죄에는 절도, 강도, 횡령, 배임 등의 영·이득죄 뿐 아니라 장물죄도 해당된다. 즉, 장물범에 대한 장물죄도 성립한다. 장물을 처분한 대가는 장물성을 상실한다.

유형의 물건만이 장물행위의 대상이며 재산, 권리나 경제적 가치, 요구나 청구를 할 수 있는 권리 등은 장물이 아니므로, **예금채권**은 장물이 아니다.[7)] 그러나 권리나 청구권을 형상화하고 있는 문서 예컨대 **수표**[8)] 등 유가증권, 저금통장 등은 장물이 된다.

장물취득 등에 선행하는 본범의 범행은 장물취득 등의 행위 보다 시간적·법률적으로 먼저 완료되어야 한다. 따라서 장물죄는 항상 선행행위에 연계·연속되는 이른바 '연결행위'(Anschlußtat)이다. 본범의 행위와 장물죄해당행위가 동시에 이루어지거나 시간적으로 밀착된 경우에는 선행범죄의 공범과 장물죄간의 구별이 어렵다. 이런 경우는 현실적으로 영득범죄 중 특히 횡령죄에서 문제되는데,[9)] 원칙적으로 횡령죄의 공범을 인정하는 것이 옳다.

---

5) NK^2/*Altenhain*, §259 Rn 2;
6) 대법원 2004. 3. 12. 선고 2004도134 판결.
7) 대법원 2004. 4. 16. 선고 2004도353 판결.
8) 대법원 2000. 3. 10. 선고 98도2579 판결.
9) OLG Stuttgart NStZ 91, 285 참조.

> [판결 04] 甲은 권한 없이 S 회사의 ID와 패스워드를 사용하여 인터넷뱅킹에 접속한 후 위 회사 예금계좌로부터 자신의 예금계좌로 2억 원을 이체했다. 이후 甲은 자신의 현금카드를 사용하여 현금자동지급기에서 현금 6천만 원을 인출하여 乙에게 6천만 원을 주었고 乙은 이 모든 과정을 알면서 이 돈을 취득했다.[10)]

[판결 04] 甲이 컴퓨터 등 사용사기죄에 의하여 취득한 **예금채권은 재물이 아니라 재산상 이익**이므로, 그가 자신의 예금구좌에서 인출한 6천만 원은 장물을 금융기관에 예치하였다가 인출한 것이 아니다. 따라서 乙에게는 장물죄가 성립하지 않는다.

재산범죄를 저지른 이후에 재산범죄인 별도의 사후행위가 있었다면 비록 그 행위가 불가벌적 사후행위로서 처벌의 대상이 되지 않는다 할지라도 그 사후행위로 인하여 취득한 물건은 재산범죄로 인하여 취득한 물건으로서 장물이 될 수 있다. 그러나 甲이 컴퓨터 등 사용사기죄를 통해 취득한 예금을 인출한 것이라 할지라도 현금카드 사용권한 있는 자의 정당한 사용에 의한 것으로 현금자동지급기 관리자의 의사에 반하거나 기망행위 및 그에 따른 처분행위도 없었으므로, 별도로 절도죄나 사기죄의 구성요건에 해당하지 않는다. 그 결과 그 인출된 현금은 재산범죄에 의하여 취득한 재물이 아니므로 장물이 아니다.

> **제347조의 2(컴퓨터 등 사용사기)** 컴퓨터 등 정보처리장치에 허위의 정보 또는 부정한 명령을 입력하거나 권한 없이 정보를 입력·변경하여 정보처리를 하게 함으로써 재산상의 이익을 취득하거나 제3자로 하여금 취득하게 한 자는 10년 이하의 징역 또는 2천만 원 이하의 벌금에 처한다.

(2) 금전

> [판결 04-1] 甲은 乙로부터 부동산 매도 위임을 받아 매매계약을 체결하고 계약금으로 5억 원을 교부받아 보관하고 있다. 甲은 乙에게 5억 원을 받을 것이 있다고 주장하면서 보관중인 5억 원의 반환을 거부하고 있으나 매매계약금 5억 원으로 채권 5억 원의 변제에 충당하기로 합의한 사실은 없다. 그럼에도 甲은 자신의 채권자 丙에게 보관중인 5억 원 중 3억 원을 인출해서 변제했고 丙은 모든 사정을 알면서 3억 원을 변제받았다.[11)]

[판결 04-1] 장물이라 함은 재산범죄로 인하여 취득한 물건 그 자체를 말하고, 그

---

10) 대법원 2004. 4. 16. 선고 2004도353 판결.

11) 대법원 2004. 3. 12. 선고 2004도134 판결.

장물의 처분 대가는 장물성을 상실한다. 그러나 금전은 고도의 대체성을 가지고 있어 다른 종류의 통화와 쉽게 교환할 수 있고, 그 금전 자체는 별다른 의미가 없고 금액에 의하여 표시되는 금전적 가치가 거래상 의미를 가지고 유통되고 있는 점에 비추어 볼 때, 장물인 현금을 금융기관에 예금의 형태로 보관하였다가 이를 반환받기 위하여 동일한 액수의 현금을 인출한 경우에 예금계약의 성질상 인출된 현금은 당초의 현금과 물리적인 동일성은 상실되었지만 액수에 의하여 표시되는 금전적 가치에는 아무런 변동이 없으므로 장물로서의 성질은 그대로 유지된다. 자기앞수표도 그 액면금을 즉시 지급받을 수 있는 등 현금에 대신하는 기능을 가지고 거래상 현금과 동일하게 취급되고 있는 점에서 금전의 경우와 동일하게 보아야 한다.

금전의 수수를 수반하는 사무처리를 위임받은 자가 그 행위에 기하여 위임자를 위하여 제3자로부터 수령한 금전은 목적이나 용도를 한정하여 위탁된 금전과 마찬가지로 달리 특별한 사정이 없는 한 그 수령과 동시에 위임자의 소유에 속하고, 위임을 받은 자는 이를 위임자를 위하여 보관하는 관계에 있다. 甲이 보관중인 5억 원을 임의로 소비한 행위는 횡령죄에 해당하며, 모든 사정을 잘 알면서도 甲으로부터 3억 원을 교부받은 丙의 행위는 장물취득죄에 해당한다.[12)]

2. 취득, 양도, 운반, 보관, 알선

장물취득 또는 양도·운반 등은 본범의 행위 시에는 본범의 점유 하에 있다가 장물범의 수중으로 넘어 오는 것을 의미한다. 열거된 모든 행위들은 선행행위자와 장물범죄 행위자 간의 합의에 의한 협력행위를 전제로 한다. 장물죄에서의 협력행위는 양자 간의 상호양해를 비롯한 내적 연결에 의하여 이루어진다.[13)] 본범에 의해 초래된 위법한 재산상태는 장물취득 등의 행위 시에도 계속 유지되고 있어야 한다.

(1) 취득

(가) 물건 처분권의 획득

취득이란 독자적인 목적에 따라 선행범행자(본범) 또는 그 외의 선점자와 **합의에 의한 협동행위**로 장물의 사실적 처분권에 대한 의식적·의도적인 획득을 말한다. 그러나 양자가 불법의식을 가지고 공모했을 것까지 요구되는 것은 아니고, 장물을 취득하는 자가 취득시점에서 그 물건 즉 장물에 대하여 소유권자

12) 대법원 2004. 3. 12. 선고 2004도134 판결.

13) NK^2/*Altenhain*, § 259 Rn 21.

와 같은 독자적 처분권을 획득한다는 점에 관하여 양자의 교감이 있으면 즉 양자가 양해하면 족하다.14)

판례 역시 '취득'을 "장물의 점유 이전을 통한 **사실상의 처분권 획득**"이라고 설명한다. 보수를 받고 본범을 위하여 장물을 일시 사용하거나 그와 같이 사용할 목적으로 장물을 건네받은 것은 '취득'이 아니라고 한다.15)

전형적인 취득행위는 선행범죄자가 장물을 장물범(속칭 : 장물아비)에게 양도하고 장물범이 이 물건을 임의로 처분·사용할 수 있게 취득하는 것이다. 장물의 매입도 장물취득이다.

하자있는 재물의 취득자가 여러 사람인 경우는 이들 상호간에 각자가 공동처분권을 획득하는 경우에만 장물취득으로 본다. 그러나 이 경우 각자가 다른 취득자의 의사와 무관하게 스스로 재물을 처분할 권리를 취득할 것이 요구되며, 단순히 점유만 취득하고 타인과의 합의가 있어야 처분이 가능한 경우에는 장물의 취득은 인정되지 않는다.

언제든지 교부할 준비가 되어 있는 상태에서 제3자가 보관하고 있는 물건에 대한 증권 예를 들면 선하물, 창고보관물 등의 화물 증권 혹은 증서의 취득은 곧 이 물건들에 대한 취득이므로 장물취득죄가 된다.16) 위법하게 취득한 식품이나 기호품을 함께 먹는 것이 장물취득에 해당하는가? 부정하는 것이 다수의 견해이다.17)

전당포영업자가 보석들을 전당잡으면서 인도받을 당시 장물이라는 몰랐다면, 그 후 장물일지도 모른다고 의심하면서 소유권포기각서를 받은 행위가 장물취득죄에 해당한다고 볼 수 없다.18)

(나) 합의에 의한 양도

장물의 취득은 선행점유자와의 합의하에서 양도받는다는 점에서 다른 재산범죄에서의 재물취득과 구별된다. 예컨대 도품을 선점자에게서 힘으로 뺏는 절도나 강도와 다르다. 또한 기망이나 협박에 의한 재물의 양도인 사기나 공갈과도 구별된다. 기망이나 협박에 의하여 장물을 취득한 경우는 사기와 장물취득

14) BGHSt 15, 33; 33, 44, 46.

15) 대법원 2003. 5. 13. 선고 2003도1366 판결.

16) LK/*Ruß*, § 259, Rn 19; S/S/*Stree/Hecker*, § 259 Rn 21.

17) BGH NStZ 92, 36; LK/*Ruß*, § 259 Rn 11; SS/*Stree/Hecker*, § 259 24.

18) 대법원 2006. 10. 13. 선고 2004도6084 판결.

혹은 공갈과 장물취득죄의 상상적 경합을 인정하자는 견해가 있으나,[19] 법조경합으로 보아 별도의 장물죄를 인정하지 않는 것이 옳다.[20]

(다) 판결

> [판결 04-2] 甲, 乙, 丙 3인은 주식회사 D를 공동 인수하여 경영하다 甲이 대표이사직 등을 그만 두면서 회사를 경영하게 된 乙로부터 회사비밀을 이용하여 영업하지 않겠다고 합의하는 등의 대가로 1년 여 동안 4회에 걸쳐 모두 5억 원을 교부받았다. 甲과 乙과 이 돈이 어떻게 마련된 돈인지에 대해서 얘기한 적은 없지만, 甲은 회사 돈일 것으로 짐작하고 있었다.[21]

[판결 04-2] 甲은 "적어도 자신이 乙로부터 지급받은 금원이 회사의 자금을 횡령한 것으로서 장물일지도 모른다는 의심을 가지는 정도의 미필적 인식은 있었다"고 인정된다. 乙의 업무상 횡령죄가 기수로 됨과 동시에 그 금원은 장물이 되므로 甲에게는 장물 취득죄가 성립한다.

> [판결 00] A회사의 물품판매 및 수금 업무를 담당하던 甲은 2006년 3월 5일 거래처인 B, C 회사로부터 물품대금으로 교부받아 보관 중이던 약속어음 8매 액면가 829,124,426원을 영득할 의사로 할인의뢰할 권한이 없음에도 있는 것처럼 가장하여 D에게 할인하여 8억원을 자기앞수표와 현금으로 교부받아 자신의 예금계좌에 예치했다. 甲은 3월 8일 이 돈을 모두 현금으로 인출했다.
>
> 乙은 甲으로부터 취득 보관 중이던 현금 중 금 9,500만 원을 보관하여 달라는 부탁을 받고서 이를 교부받아 같은 달 27일까지 자신의 집에 보관해주는 대가로 甲으로부터 3월 14일 현금 300만 원, 17일 현금 300만 원, 18일 현금 400만 원, 19일 현금 1,000만 원을 자신의 집에서 각각 교부받아 취득하였다. 丙은 甲으로부터 乙이 보관 중이던 현금 9,500만 원을 건네받아 전달해 달라는 부탁을 받고, 3월 27일 乙의 집에서 乙의 처 丁으로부터 현금 9,500만 원 중 금 7,000만 원을 건네받아 그 중 금 6,800만 원을 E 명의의 차명계좌에 입금하였다가 수시로 인출·소비했다.[22]

[판결 00] 장물은 재산범죄로 인하여 취득한 물건 그 자체를 말하고, 그 장물의 처분대가는 장물성을 상실한다. 그러나 금전은 고도의 대체성을 가지고 있어 다른 종

---

19) 예컨대 LK/*Ruß*, § 259 17; S/S/*Stree/Hecker*, § 259, 42.

20) *Rudolphi*, JA 1981, 1, 6; *Otto*, Jura 1988, 606; SK/*Samson* § 259 33.

21) 대법원 2004. 12. 9. 선고 2004도5904 판결.

22) 대법원 2000. 3. 10. 선고 98도2579 판결.

류의 통화와 쉽게 교환할 수 있고, 그 금전 자체는 별다른 의미가 없고 금액에 의하여 표시되는 금전적 가치가 거래상 의미를 가지고 유통되고 있다.

장물인 현금을 금융기관에 예금의 형태로 보관하였다가 동일 액수의 현금으로 인출한 경우에 인출된 현금은 당초의 현금과 물리적인 동일성은 상실되었지만 액수에 의하여 표시되는 금전적 가치에는 변동이 없으므로 장물로서의 성질은 유지된다.

자기앞수표 역시 그 액면금을 즉시 지급받을 수 있는 등 현금에 대신하는 기능을 가지고 거래상 현금과 동일하게 취급되고 있는 점에서 금전의 경우와 같다.

甲에게는 횡령(또는 사기)죄, 乙은 장물보관, 丙은 장물취득죄가 성립한다.[23)]

[판결 86][24)] 장물죄는 타인(본범)이 불법하게 영득한 재물의 처분에 관여하는 범죄이므로 자기의 범죄에 의하여 영득한 물건에 대하여는 성립되지 아니하고 이는 불가벌적 사후행위에 해당한다. **자기의 범죄라 함은 정범자(공동정범과 합동범을 포함한다)에 한정되는 것이므로**, 피고인이 평소 본범과 공동하여 수차 상습으로 강도 및 절도행위를 자행함으로써 실질적인 범죄집단을 이루고 있었다고 해도, 당해 범죄행위의 정범자(공동정범이나 합동범)가 아닌 이상 이를 자기의 범죄라고 할 수 없고, 따라서 그 장물의 취득을 불가벌적 사후행위라고 할 수 없다.

(2) 양도

제362조 '양도'는 행위자가 물건획득 당시에는 장물임을 모르고 취득했으나, 후에 장물이라는 것을 알고도 제3자에게 양도(교부, 수여)하는 경우에 성립하는 장물범죄행위이다. 장물이라는 사실을 알고 획득하면 장물취득이 성립하므로, 장물취득자가 장물을 다시 제3자에게 양도하더라도 별도로 장물양도의 책임을 묻는 것이 무의미하기 때문에 이와 같은 해석이 불가피하다.

양도는 유상, 무상을 불문하나, 양도행위자는 반드시 자신의 이익취득을 목적으로 양도할 것이 요건이다. 甲이 장물인지 모르는 상태에서 절도범 乙로부터 구입한 물건을 후에 장물임을 알고 丙에게 판 경우에는 장물 양도죄는 성립하지 않는다. 장물죄의 본질이 본범과의 양해 내지 합의하에 자기 또는 제3자의 재산상의 이익취득을 목적으로 장물을 취득, 양도, 알선하는 데에 있기 때문이다.

[판례 11] 갑은 미등록 상태였던 수입자동차를 취득한 후, 최초 등록이 마쳐진 이 수입자동차가 장물일지도 모른다고 생각하면서도 을에게 양도했다.[25)]

23) 대법원 2000. 3. 10. 선고 98도2579 판결.
24) 대법원 1986. 9. 9. 선고 86도1273 판결.

[**판례** 11] 구 자동차관리법(2009. 2. 6. 개정되기 전의 것) 제6조가 "자동차 소유권의 득실변경은 등록을 하여야 그 효력이 생긴다."고 규정하고 있으나, 위 규정은 도로에서의 운행에 제공될 자동차의 소유권을 공증하고 안전성을 확보하고자 하는 취지이므로, 장물인 수입자동차를 신규등록했다고 하여 그 최초 등록명의인이 해당 수입자동차를 원시취득하게 된다거나 그 **장물양도행위**가 범죄가 되지 않는다고 볼 수는 없다.26)

비판: 갑이 장물일 것이라는 미필적 고의로 등록한 이상 갑의 행위는 장물취득죄에 해당한다.

장물인줄 모르고 취득하였으나 후에 이 물건이 장물이라는 것을 알고 양도하지 않은 채, 자신이 소지·사용한 경우 장물죄가 성립하는가?

장물취득의 사후고의는 인정할 수 없고 본범과의 합의에 의한 재물은닉이 없으므로, 이 경우는 제362조 장물죄에 포섭되지 않는다.27)

(3) 보관

장물인 줄 모르고 보관했다가 그 후에 장물인 것을 알게 되고도 이를 계속하여 보관하는 행위는 장물죄를 구성한다. 이 경우에도 점유할 권한이 있는 때에는 이를 계속 보관하더라도 장물보관죄가 성립하지 않는다.28)

전당포영업자가 대여금채권의 담보로 보석들을 전당잡은 경우에는 이를 점유할 권한이 있는 때에 해당하여 장물보관죄가 성립하지 않는다.29)

(4) 운반

장물운반죄는 재산범죄의 피해자가 점유를 상실한 재물(장물)에 대하여 가지는 추구권을 보호법익으로 하는 것으로서, 장물인 정을 아는 자가 장물을 장소적으로 이전하는 경우 성립한다.30)

---

25) 대법원 2011. 5. 13. 선고 2009도3552 판결.

26) 대법원 2011. 5. 13. 선고 2009도3552 판결.

27) 대법원 2006. 10. 13. 선고 2004도6084 판결. S/S/*Stree*, § 259 Rn 45.

28) 대법원 2006. 10. 13. 선고 2004도6084 판결; 1986. 1. 21. 선고 85도2472 판결.

29) 대법원 2006. 10. 13. 선고 2004도6084 판결.

30) 대법원 1999. 3. 26. 선고 98도3030 판결.

> [판결 99] 갑은 안산시에 있는 A의 집에서 A, B로부터 동인들이 승용차를 이용하여 강도를 하려는데 갑에게 위 승용차를 운전해 달라는 부탁을 받고 훔친 차인 줄 알면서 주차되어 있던 승용차에 A, B를 태우고 운전하면서 강도대상을 물색하다가 검문 중이던 경찰에 체포되었다.31)

[판결 99]32) 본범자와 공동하여 장물을 운반한 경우에 본범자는 장물죄에 해당하지 않으나 그 외의 자의 행위는 장물운반죄를 구성한다. 갑이 위 승용차가 A가 절취한 차량이라는 정을 알면서도 A, B로부터 위 승용차를 이용하여 강도를 하려는데 운전해 달라는 부탁을 받고 위 승용차를 운전해 간 것은 강도예비와 장물운반의 고의를 가지고 행위 한 것이다.

3. 주관적 구성요건

(1) 고의

장물죄의 고의가 인정되려면 첫째, 행위당시 선행범인 즉 본범이 위법한 행위로 인해 물건을 취득했고 이 위법한 소유의 상태가 현재도 지속되고 있다는 사실을 알아야 한다. 둘째, 장물범은 본범과 연계되어 다른 사람의 재산권을 침해하는 사실을 알아야 한다. 셋째, 장물죄에 있어서 장물의 인식은 확정적 인식임을 요하지 않으며 장물일지도 모른다는 의심을 가지는 정도의 미필적 인식으로서도 충분하다.33)

(2) 이(영)득의 의도

장물범은 자기 또는 제3자가 재산상 이익을 취득하겠다는 목적을 가져야 한다.34) 제3자에는 본범과 선행 장물범도 포함된다. 재산상의 이익은 반드시 위법한 이익일 필요가 없으며, 이득과 장물과의 물질적 동질성도 불필요하다. 즉, 장물범은 장물로부터 장물가치와 같은 가치의 재산적 이익을 취득하려고 의도하지 않아도 된다.35) 예를 들어 장물인 자동차를 보관, 운반한 자가 자동차가

---

31) 대법원 1999. 3. 26. 선고 98도3030 판결.

32) 대법원 1999. 3. 26. 선고 98도3030 판결.

33) 대법원 2011. 5. 13. 선고 2009도3552 판결; 2004. 12. 9. 선고 2004도5904 판결.

34) NK^2/*Altenhain*, § 259 Rn 60; S/S^{29}/*Stree/Hecker*, § 259 Rn 40.

35) NK^2/*Altenhain*, § 259 Rn 65; S/S^{29}/*Stree/Hecker*, § 259 Rn 42~43.

격만큼의 재산상 이익을 취득하지 않아도 장물죄의 영득의도는 충족된다.

4. 다른 죄와의 관계

절도 범인으로부터 장물보관 의뢰를 받은 자가 그 정을 알면서 이를 인도받아 보관하고 있다가 임의 처분하였다 하여도 장물보관죄가 성립하는 때에는 이미 그 소유자의 소유물 추구권을 침해하였으므로 그 후의 횡령행위는 불가벌적 사후행위에 불과하여 별도로 횡령죄가 성립하지 않는다.[36]

Ⅲ. 제364조 [업무상 과실, 중과실 장물]

제364조(업무상과실, 중과실) 업무상과실 또는 중대한 과실로 인하여 제362조의 죄를 범한 자는 1년 이하의 금고 또는 500만원 이하의 벌금에 처한다.

업무상 과실, 중과실의 개념은 업무상 과실 치사상과 같기 때문에 반복 설명하지 않는다.

[판결 83][37] 제364조 업무상 과실장물죄에 있어서의 업무는 그 본래의 업무와 그에 부수되는 업무를 말한다. 영업용 택시를 이용하는 사람이 그 운전사에게 그가 가지고 타는 물건에 관하여 그 내용과 내력 등을 고지할 의무가 없음은 물론, 운전사에게도 이를 물어 보고 조사할 권한이나 의무가 없다. 영업용 운전사인 갑이 을, 병을 그가 운전하는 영업용택시에 태우고 자리돔 그물 한 틀을 택시 뒷좌석에 적재하고 운반하면서 그들로부터 그 물건의 출처와 장물 여부를 따지고 신분에 적합한 소지인 인가를 알아보지 않아 장물임을 알지 못했다하여 업무상 요구되는 주의의무를 게을리 한 것이라고 할 수 없어 업무상과실장물운반죄가 성립하지 않는다.

36) 대법원 2004. 4. 9. 선고 2003도8219 판결; 1976. 11. 23. 선고 76도3067 판결.
37) 대법원 1983. 6. 28. 선고 83도1144 판결.

제42장 손괴의 죄

§61. 제366조 [재물 손괴 등]

제366조(재물손괴 등) 타인의 재물, 문서 또는 전자기록 등 특수매체기록을 손괴 또는 은닉 기타 방법으로 기 효용을 해한 자는 3년 이하의 징역 또는 700만 원이하의 벌금에 처한다.
제367조(공익건조물파괴) 공익에 공하는 건조물을 파괴한 자는 10년 이하의 징역 또는 2천만 원이하의 벌금에 처한다.

Ⅰ. 보호법익

제366조 '재물손괴 등'은 재물, 문서, 전자기록 등이 소유자가 아닌 자에 의하여 물질적으로 파손되거나 효용이 감소되는 것을 방지하자는 목적의 구성요건이다.

판례는 제366조의 보호법익을 정하고 있지 않다. 보호대상은 3종류이다. 보호법익도 재물과 문서 또는 전자기록 둘로 나누어 보아야 할 것이다. 구성요건요소 '재물'에 대해서는 재물의 소유권과 소유하고 있는 재물의 보존 및 유지·사용 권리가 보호법익이다. 문서와 전자기록 등 특수매체기록의 효용 즉 **문서와 전자기록의 증명력을 통해 보호받는 개인의 이익**을 문서, 전자기록 의 손괴 등으로부터 보호하자는 것으로 보인다.

독일형법은 §274에서 문서와 기술적 기록의 없앰, 손괴, 방해 행위를 금지하고, §303a에서는 자료의 지움, 방해, 사용을 못하게 만드는 행위를 처벌하고 있다. 이 조항들은 문서, 전자기록과 자료를 통해 보호받는 개인의 이익이 보호법익이라고 설명되고 있으며[1] 손괴죄보다는 법정형량이 무겁다. 제366조는 독일형법 §303의 재물손괴와 §274 문서와 기술적 기록의 손괴를 합한 조항으로 볼 수 있다.

---

1) NK²/*Puppe*, §274, Rn 1; NK²/*Zaczyk*, §303a, Rn 2; S/S²⁹/*Heine/Schuster*, §274, Rn 1.

제377조 '공익건조물파괴'의 보호법익은 공익건조물의 개념이 정확히 정의되지 않아 정하기 어렵지만, 그 물체외형과 효용의 보호로 보인다.

Ⅱ. 제366조 [재물손괴]

입법취지, 보호법익에 관한 판례의 분명한 입장이 명확치 않아 제366조 구성요건(요소)에 관한 객관적 적용기준을 정하기 어렵다. 법조문의 해석과 적용에 불가결하고 가장 중요한 것은 그 조문의 역사와 연혁, 입법목적이다. 그 것을 정확히 모르는 상태에서 합리적이고 합목적적인 해석은 어렵다. 따라서 판례, 문헌의 견해를 종합하는 것이 필요하다.

1. 타인의 재물

(1) 판결

[판결 16][2] 손괴는 물질적인 파괴행위로 물건 등을 본래의 목적에 사용할 수 없는 상태로 만드는 경우뿐만 아니라 일시적으로 물건 등의 **구체적 역할**을 할 수 없는 상태로 만들어 **효용을 떨어뜨리는 경우**도 포함된다. 따라서 **자동문을 자동으로 작동하지 않고 수동으로만 개폐가 가능하게 하여 자동잠금장치로서 역할을 할 수 없도록 한 경우**에도 재물손괴죄가 성립한다.

[판결 10][3] **재건축사업으로 철거가 예정되어 있었고 그 입주자들이 모두 이사하여 아무도 거주하지 않은 채 비어 있는 아파트**라 하더라도, 그 아파트 자체의 객관적 성상이 본래 사용목적인 주거용으로 사용될 수 없는 상태가 아니었고, 더욱이 그 소유자들이 재건축조합으로의 신탁등기 및 인도를 거부하는 방법으로 계속 그 소유권을 행사하고 있는 상황이었다면, 위 아파트는 재물손괴죄의 객체가 된다.

(2) 독일문헌

(가) 재물은 동산, 부동산을 불문한다. 건물, 파손된 건물의 일부[4], 나무, 양어장, 경작지 등도 손괴죄의 객체가 된다.[5]

---

2) 대법원 2016. 11. 25. 선고 2016도9219 판결.

3) 대법원 2010. 2. 25. 선고 2009도8473 판결.

4) RGSt 27, 421.

5) LK/*Wolff*, § 303 Rn 2.

(나) 한계가 지워진 특정한 물건이어야 한다. 따라서 바닷물, 대기 중의 공기는 손괴죄의 재물이 아니다.

(다) 소유자가 보존하려고 하는 물건이면 객체의 경제적 가치는 문제되지 않는다. 따라서 노랗게 빛이 바랜 가족사진 역시 재물이다. 그러나 소유자가 재산법상은 물론 기타의 흥미도 없는 물건은 특별히 처벌의 필요성이 인정되지 않는한 원칙적으로 손괴죄의 대상이 아니다.[6)]

(라) 재물의 소유권은 민법의 규정에 의하며, 무주물에 대한 손괴죄는 성립하지 않는다. 타인이 사용할 권리가 있는 다시 말해 타인의 권리의 대상이 된 자기물건을 손괴하면 제323조의 권리행사방해죄가 성립한다.

2. 타인의 문서, 전자기록 등 특수매체기록

(1) 타인소유의 문서

문서 손괴는 **타인 소유의 문서**를 손괴 또는 은닉 기타 방법으로 그 효용을 해함으로써 성립한다. **'문서의 효용을 해한다'** 함은 그 문서를 본래의 사용목적에 제공할 수 없게 하는 상태로 만드는 것은 물론 일시적으로 그것을 이용할 수 없는 상태로 만드는 것도 포함한다.[7)]

따라서 소유자의 의사에 따라 어느 장소에 게시 중인 문서를 소유자의 의사에 반하여 떼어내는 것과 같이 소유자의 의사에 따라 형성된 종래의 이용상태를 변경시켜 종래의 상태에 따른 이용을 일시적으로 불가능하게 하는 경우에도 문서손괴죄가 성립할 수 있다.

문서손괴죄는 **문서의 소유자가 문서를 소유하면서 사용하는 것을 보호하려는 것**이므로, 어느 문서에 대한 종래의 사용상태가 문서 소유자의 의사에 반하여 또는 문서 소유자의 의사와 무관하게 이루어진 경우에 단순히 종래의 사용상태를 제거하거나 변경시키는 것에 불과하고 손괴, 은닉하는 등으로 새로이 문서 소유자의 문서 사용에 지장을 초래하지 않는 경우에는 문서의 효용, 즉 문서 소유자의 문서에 대한 사용가치를 일시적으로도 해하였다고 할 수 없어서 문서손괴죄가 성립하지 않는다.[8)]

---

6) 같은 입장은: S/S/*Stree/Hecker*, § 303 Rn 3. 반대입장은: SK/*Samson*, § 303 Rn 2.

7) 대법원 2015. 11. 27. 선고 2014도13083 판결.

8) 대법원 2015. 11. 27. 선고 2014도13083 판결.

(2) 자기명의 문서

자기명의의 문서 즉 자기가 발행인인 문서도 이미 타인(타기관)에 접수되어 있는 문서를 함부로 이를 무효화시켜 그 용도에 사용하지 못하게 하였다면 문서손괴죄를 구성한다.9)

3. 손괴 또는 은닉 기타 방법으로 기 효용을 해함

손괴 또는 은닉 기타 방법으로 그 효용을 해하는 경우에는 물질적인 파괴행위로 물건 등을 본래의 목적에 사용할 수 없는 상태로 만드는 경우뿐만 아니라 일시적으로 물건 등의 구체적 역할을 할 수 없는 상태로 만들어 효용을 떨어뜨리는 경우도 포함된다.10) 자동문을 자동으로 작동하지 않고 수동으로만 개폐가 가능하게 하여 자동잠금장치로서 역할을 할 수 없도록 한 경우에도 재물손괴죄가 성립한다.11)

(1) 손괴

(가) 개념

손괴란 타인소유의 물건을 외형적으로 파괴하거나 손상시키는 일체의 행위를 의미한다. 반드시 재산적 손해를 수반해야 하는 것은 아니다. 따라서 손괴행위가 이루어지기 전에 이미 물건이 파손되어 소유자의 손해배상청구가 불가능한 경우에도 손괴행위는 성립한다. 그리고 손괴자가 복원할 의사가 명백한 경우에도 손괴죄는 인정되어야 한다.12)

손괴는 부작위로도 이루어 질 수 있다. 예컨대, 다른 사람의 동물을 먹이고 보살필 의무가 있는 보증인이 그 의무를 태만하여 그 동물이 죽거나 병든 경우 부작위에 의한 손괴죄가 성립한다.

(나) 손괴의 판단기준

(ㄱ) 물질적 침해 · 훼손

9) 대법원 1987. 4. 14. 선고 87도177 판결.

10) 대법원 2016. 11. 25. 선고 2016도9219 판결.

11) 대법원 2016. 11. 25. 선고 2016도9219 판결.

12) SS/*Stree/Hecker*, § 303 Rn 7.

제366조(§ 303 StGB)의 '재물'을 물체로 보아 이 물체가 침해 내지 파손되었을 때에 한해 손괴를 인정하는 이론이다. RG[13)]의 해석론으로, 이 이론에 의하면 손괴의 범위가 다른 해석론과 비교하여 좁게 적용된다. 후기의 RG는 물건의 외형에 상당한 변화가 초래되면 손괴를 인정한다. 예컨대 흰 대리석 조형물을 빨간 페인트로 칠한 것[14)] 혹은 옷에 소변을 묻혀 더럽힌 행위[15)]를 손괴행위로 인정했다.

(ㄴ) 상태의 변동

대상이 된 물건에 대한 파손이 없더라도 그 물건의 외형과 상태에 변화를 준 경우 손괴죄의 성립을 인정하는 기준이다. 남의 집 벽이나 담에 풀이나 기타의 접착물질로 포스타나 기타의 물질을 부착한 경우에도 그 물건을 파손하지 않았지만 손괴죄를 인정한다.[16)]

(ㄷ) 기능의 방해

타인소유 물건의 사용을 불가능하게 만드는 모든 행위를 손괴로 보는 이론이다. 이 견해에 의하면 전기공급을 중단하여 기계를 가동하지 못하도록 하는 행위 그리고 새장의 새를 날려 보내는 행위 등은 모두 손괴의 예가 된다.

(ㄹ) 결론

처음 설명한 물질적·외형적 파손은 제366조에 처음 예시된 손괴해위를 설명하는데 적합하고, 상태변화설과 기능방해설은 '은닉', '효용을 해함'이라는 구성요건요소의 유효한 해석기준이 된다.

문서, 전자기록 등의 손괴는 물체의 파손보다는 그 내용을 인식하지 못하는 상태로 만듦으로써 문서 등이 가지는 증거능력을 훼손하는 것을 의미한다고 보아야 한다.[17)]

(2) 은닉

물건의 '은닉'은 제366조에 첫 번째로 예시된 행위형태 물건에 대한 '손괴'에

---

13) RGSt 13, 27.

14) RGSt 43, 204.

15) RG, Höchstrichterliche Rechtsprechung, bis 1927: Die Rechtsprechung, Beilage zur Zeitschrift Juristische Rundschau (이하: HRR) 1936, 853.

16) SS/*Stree/Hecker*, § 303 Rn 8c; *Schroeder*, JR 1987, 359 등 참조.

17) SS/*Heine/Schuster*, § 274 Rn 7.

는 해당하지 않는 행위이고, 물건을 원래 목적대로 사용할 수 없도록 소유자와 공간적으로 떼어 놓거나 숨겨 발견하지 못하게 한 상태를 말한다. 즉 새장의 새를 날려 보낸다든지 자전거나 보트를 숨겨 원래 목적에 따른 사용을 불가능하게 하는 등의 행위를 생각할 수 있다.

(3) 기타의 방법으로 기 효용을 해침

'재물의 효용을 해한다'고 함은 사실상으로나 감정상으로 그 재물을 본래의 사용목적에 제공할 수 없게 하는 상태로 만드는 것을 말하며, 일시적으로 그 재물을 이용할 수 없는 상태로 만드는 것도 여기에 포함된다.[18]

재물의 효용을 해하는 '기타의 방법'에는 물체에 대한 파괴나 은닉에 해당하지 않으면서 그 **재물의 외형을 본래보다 나쁘게 또 청결치 못하게 만드는 행위가 해당한다.** 예를 들면 애완동물을 사납게 훈련시켜 애완동물로서의 역할을 못하게 하는 것과 같이 물건을 본래 목적에 사용하지 못하도록 영향을 주는 행위 등이 이에 해당한다. 타인 소유의 광고용 간판을 백색페인트로 도색하여 광고문안을 지워버린 행위도[19] 이에 해당한다.

> [판결 06] 시내버스 운수회사로부터 해고당한 갑은 해고자투쟁특별위원회 회원들과 함께 위 회사에서 복직 등을 요구하는 집회를 개최하던 중 2006. 2. 16. 계란 30여 개, 같은 해 3. 2. 계란 10여 개를 회사 건물에 각 투척하여 50만 원 정도의 비용이 드는 청소가 필요했고 유리문이나 유리창 등 건물 내부에서 외부를 관망하는 역할을 수행하는 부분 중 일부가 불쾌감을 줄 정도로 더럽혀졌다. 또 2006. 3. 10. 래커 스프레이를 이용하여 회사 건물 외벽과 1층 벽면, 식당 계단 천장 및 벽면에 '자본똥개, 원직복직' 등 내용으로 낙서하여 제거하는데 약 341만 원 상당이 들었다.[20]

[판결 06] 건물의 벽면에 낙서를 하거나 게시물을 부착하는 행위 또는 오물을 투척하는 행위 등이 그 건조물의 **효용을 해하는 것**에 해당하는지 여부는, 당해 건조물의 용도와 기능, 행위가 건조물의 채광·통풍·조망 등에 미치는 영향과 건조물의 미관을 해치는 정도, 건조물 이용자들이 느끼는 불쾌감이나 저항감, 원상회복의 난이도와 비용, 그 행위의 목적과 시간적 계속성, 행위 당시의 상황 등 제반 사정을 종합하여

---

18) 대법원 2007. 6. 28. 선고 2007도2590 판결.
19) 대법원 1991. 10. 22. 선고 91도2090 판결.
20) 대법원 2007. 6. 28. 선고 2007도2590 판결.

사회통념에 따라 판단한다.[21]

계란 30여 개, 계란 10여 개를 회사 건물에 각 투척한 행위는, 비록 50만 원 정도의 비용이 드는 청소가 필요한 상태가 되었고 유리문이나 유리창 등 건물 내부에서 외부를 관망하는 역할을 수행하는 부분 중 일부가 불쾌감을 줄 정도로 더럽혀졌다고 해도, 건물의 효용을 해하는 정도의 것에 해당하지 않는다. 반면 스프레이를 사용한 낙서는 건물의 미관을 해치는 정도와 건물 이용자들의 불쾌감 및 원상회복의 어려움 등에 비추어 위 건물의 효용을 해한 것에 해당한다.

[판결 16] 갑은 2013. 12.경 을로부터 자동문 설치공사를 187만 원에 도급받아 시공하면서 계약금 100만 원을 계약 당일, 잔금 87만 원을 공사 완료 시 지급받기로 약정했다. 그런데 갑이 2013. 12. 10. 위 공사를 마쳤는데도 잔금 87만 원을 지급받지 못한 상태에서 2014. 1. 10.경 추가로 자동문의 번호키 설치공사를 도급받아 시공하게 되자, 자동문의 자동작동중지 예약기능을 이용하여 2014. 1. 20.부터 자동문이 자동으로 여닫히지 않도록 설정하였다. 이에 따라 이 사건 자동문이 2014. 1. 20.부터 자동으로 여닫히지 않고 수동으로만 여닫히게 되었다.[22]

[판결 16] 재물손괴죄에서 손괴 또는 은닉 기타 방법으로 그 효용을 해하는 경우에는 물질적인 파괴행위로 물건 등을 본래의 목적에 사용할 수 없는 상태로 만드는 경우뿐만 아니라 일시적으로 물건 등의 구체적 역할을 할 수 없는 상태로 만들어 효용을 떨어뜨리는 경우도 포함된다. 따라서 자동문을 자동으로 작동하지 않고 수동으로만 개폐가 가능하게 하여 자동잠금장치로서 역할을 할 수 없도록 한 경우에도 재물손괴죄가 성립한다.

[판결 15] 아파트 입주자 갑은 ○신도시 쓰레기 자동집하시설 건립 반대를 위한 비상대책위원회 위원장인데, 2012.8.1. 이 사건 아파트 관리사무소장이 이 사건 아파트 303동 엘리베이터 벽면에 게시한 "○시청 ○신도시 생활쓰레기 자동집하시설 공사 반대 탄원에 따른 회신 문서"1부를 임의로 제거했다.[23]

☆[판결 15] 소유자의 의사에 따라 어느 장소에 게시 중인 문서를 소유자의 의사에 반하여 떼어내는 것과 같이 **소유자의 의사에 따라 형성된 종래의 이용 상태를 변경시켜 종래의 상태에 따른 이용을 일시적으로 불가능하게 하는 경우에도 문서손괴죄**

21) 대법원 2007. 6. 28. 선고 2007도2590 판결.

22) 대법원 2016. 11. 25. 선고 2016도9219 판결.

23) 대법원 2015. 11. 27. 선고 2014도13083 판결.

가 성립할 수 있다.

그러나 **문서손괴죄는 문서의 소유자가 그 문서를 소유하면서 사용하는 것을 보호하려는 것**이므로, 어느 문서에 대한 종래의 사용상태가 문서 소유자의 의사에 반하여 또는 문서 소유자의 의사와 무관하게 이루어진 것일 경우에 단순히 그 종래의 사용상태를 제거하거나 변경시키는 것에 불과하고 이를 손괴, 은닉하는 등으로 새로이 문서 소유자의 그 문서 사용에 지장을 초래하지 않는 경우에는 문서의 효용, 즉 문서 소유자의 문서에 대한 사용가치를 일시적으로도 해하였다고 할 수 없어서 문서손괴죄가 성립하지 않는다.[24)]

공소사실은 갑이 이 사건 회신 문서를 엘리베이터 벽면에서 떼어내어 그 효용을 해하였다는 것이고, 떼어낸 이 사건 회신 문서를 손괴, 은닉하는 등으로 효용을 해하였다는 것이 아니다. 따라서 갑이 이 사건 회신 문서를 위 엘리베이터 벽면에서 떼어내어 그 효용을 해하였다고 하려면 앞에서 본 법리에 따라 이 사건 회신 문서를 위 엘리베이터 벽면에 게시한 것이 이 사건 회신 문서 소유자의 의사에 따른 것이어야 한다. 회신 문서가 그 소유자의 의사에 반하여 또는 소유자의 의사와 무관하게 위 엘리베이터 벽면에 게시된 것이라면 갑이 이를 떼어낸 행위로 이 사건 회신 문서의 효용을 해하였다고 할 수 없다.

회신 문서는 갑 외 452인의 이 사건 아파트 입주자들이 ○시에 위 시설 건립에 반대하는 민원을 제기한 데 대한 회신으로서 갑 외 452인의'민원 제기 입주자'를 수취인으로 하여 작성·발송된 것이다. 아파트 관리사무소장 을은 문서 소유자인 갑 등 회신 문서 수취인들의 동의를 받지 않고 위 엘리베이터 벽면에 이 사건 회신 문서를 게시한 것은 문서소유자인 민원 제기 입주자들의 의사에 반하는 것이다. 민원 제기 입주자가 아닌 이 사건 아파트 입주자는 이 사건 회신 문서의 소유자가 아니고, 이 사건 회신 문서의 소유자들이 이 사건 회신 문서를 위 엘리베이터 벽면에 게시하기로 결의하였음을 인정할 증거가 없으므로, 이 사건 아파트 입주자 중에 위 시설 건립에 찬성하는 주민이 있다고 하여 이 사건 회신 문서를 위 엘리베이터 벽면에 게시한 것이 그 소유자의 의사에 따른 것이라고 할 수도 없다.

[판결 13] A 주식회사가 B 주식회사로부터 수주하여 진행하고 있던 골프장 조성공사의 현장소장 갑은 2008년 6월경부터 2010년 10월경까지 골프장 내이지만

24) 대법원 2015. 11. 27. 선고 2014도13083 판결.

> C 주식회사 명의로 광업권이 등록되어 있던 규석 광구에서 노출되거나 발파작업으로 채취된 규석 광물을 인근 저지대 등에 매립하여 성토재로 사용하는 방법으로 손괴했다.25)

[판결 13] 2010. 1. 27. 개정되어 2011. 1. 28. 시행된 '개정 광업법'시행 이전에 분리된 광물에 관한 재물손괴의 책임을 묻는 공소사실에 관하여 개정 광업법 부칙 제4조 제1항에 의하여 개정 광업법 제5조 제1항 단서가 적용된다고 할 수 없고, 개정 광업법 제5조 제1항 단서 신설이 반성적 고려에서 이루어진 법령의 개폐로 볼 수 없는 이상, 형법 제1조 제2항이 적용된다고 볼 수 없다. 위 광물이 광업권자인 C 회사가 아니라 토지소유자인 B 회사 소유라거나, 형법 제1조 제2항에 따라 신법이 적용되어 '범죄 후 법령개폐로 형이 폐지되었을 때'에 해당한다는 이유로 면소를 선고한 조치는 개정 광업법 제5조 제1항, 형법 제1조 제2항에 관한 법리오해이다.26)

소유권자가 C회사이면 갑은 손괴죄를 범한 것이다. 단, 갑의 착오가 사실의 착오인지 또는 법률의 착오인지가 문제될 수 있다.

Ⅲ. 제370조 [경계침범]

1. 보호법익

제370조 '경계침범죄'는 토지의 경계에 관한 권리관계의 안정을 확보하여 사권을 보호하고 사회질서를 유지하려는 데 그 목적이 있다.27)

아직 문헌, 판례에서 이렇게 정의되지는 않지만, 제370조의 보호법익은 **경계(표지)라는 증명물을 통해 보호 받는 개인의 이익**이다. 제366조의 문서 또는 전자기록 등에 대한 훼손은 경계가 있음으로 인하여 보장받는 개인의 이익의 훼손을 초래하기 때문이다. 제370조와 같은 취지, 유사한 내용의 독일조문은 § 274 Ⅲ(독일형법 제274조 제3항)이다:

"경계석 또는 다른 경계 표식 또는 수위 표시를 다른 사람에게 손해를 가할 목적으로 절취, 멸실, 인식불능, 이동 또는 잘못된 곳에 만든 사람은 5년 이하의 징역 또는 벌금으로 처벌한다."

---

25) 대법원 2013. 2. 28. 선고 2012도13737 판결.

26) 대법원 2013. 2. 28. 선고 2012도13737 판결.

27) 대법원 2010. 9. 9. 선고 2008도8973 판결.

2. 구성요건

(1) 경계

'경계'는 반드시 법률상의 정당한 경계를 가리키는 것은 아니고, 비록 법률상의 정당한 경계에 부합되지 않는 경계라 하더라도 그것이 종래부터 일반적으로 승인되어 왔거나 이해관계인들의 명시적 또는 묵시적 합의에 의하여 정해진 것으로서 객관적으로 경계로 통용되어 왔다면 이는 제370조 '경계'이다.[28)]

☆[판결 10] 제370조 '경계'는 "법률상의 정당한 경계인지 여부와는 상관없이 종래부터 경계로서 일반적으로 승인되어 왔거나 이해관계인들의 명시적 또는 묵시적 합의가 존재하는 등 어느 정도 객관적으로 통용되어 오던 사실상의 경계를 의미한다."[29)]

'경계표'는 반드시 담장 등과 같이 인위적으로 설치된 구조물만을 의미하는 것은 아니고, 수목이나 유수 등과 같이 종래부터 자연적으로 존재하던 것이라도 경계표지로 승인된 것이면 경계표에 해당한다.[30)]

(2) 침범

경계표를 손괴, 이동 또는 제거하는 것만으로는 부족하고 위와 같은 행위나 기타 방법으로 토지의 경계를 인식불능하게 함으로써 비로소 성립된다.

설령 법률상의 정당한 경계를 침범하는 행위가 있었다 하더라도 그로 말미암아 위와 같은 토지의 사실상의 경계에 대한 인식불능의 결과가 발생하지 않는 한 경계침범죄가 성립하지 않는다."[31)]

> [판결 10] 갑은 경계가 불분명한 상태인 을 소유의 인접 토지를 침범하여 나무를 심고 도랑을 파내는 등의 행위를 했다.[32)]

[판결 10] 갑과 을 소유의 토지는 이전부터 경계구분이 되어 있지 않았고 갑의 행

28) 대법원 2007. 12. 28. 선고 2007도9181 판결.
29) 대법원 2010. 9. 9. 선고 2008도8973 판결.
30) 대법원 2007. 12. 28. 선고 2007도9181 판결.
31) 대법원 2010. 9. 9. 선고 2008도8973 판결.
32) 대법원 2010. 9. 9. 선고 2008도8973 판결.

위로 인하여 새삼스럽게 토지경계에 대한 인식불능의 결과를 초래하였다고 볼 수 없는 이상 경계침범죄는 성립하지 않는다.[33]

> [판결 07] 갑은 자기 소유의 경기 가평군 청평면 362-1 토지와 을 소유의 363-1 토지의 경계에 관하여 다툼이 있던 중에 그 경계선 부근에 심어져 있던 조형소나무 등을 뽑아내고 그 부근을 굴착함으로써 그 경계를 불분명하게 했다.[34]

[판결 07] 수목이나 유수 등과 같이 종래부터 자연적으로 존재하던 것이라도 경계표지로 승인된 것이면 제370조 '경계표'에 해당하므로 갑이 수목을 뽑아낸 것은 경계침범에 해당한다.

> [판결 84] 피고인이 그 피해자의 대지와 인접한 대지위에 2층 스라브주택 및 점포를 신축하고 위 건물의 1층과 2층 사이에 있는 처마(보와 스레트)가 피해자 소유의 가옥 지붕위로 나와 경계를 침범하였다는 공소사실에 대하여, 원심이 위 사실만으로 양토지의 경계가 인식 불능 되었다고 볼 수 없는 것이어서 위 공소사실 자체가 경계침범의 구성요건에 해당하지 아니하여 결국 범죄로 되지 아니한다 하여 피고인에게 무죄를 선고한 조치는 정당하다.[35]

33) 대법원 2010. 9. 9. 선고 2008도8973 판결
34) 대법원 2007. 12. 28. 선고 2007도9181 판결.
35) 대법원 1984. 2. 28. 선고 83도1533 판결.

찾 아 보 기

≪ ㅅ ≫

≪ㅇ≫

≪ ㅈ ≫

[저자 약력]

Dr. iuris 독일 Universität Bonn 1993
사법시험, 군법무관 시험 1차, 2차 출제위원
경찰채용, 경찰간부, 경찰승진시험 출제위원
7급, 9급 공무원 시험 출제위원 등 역임

(현) 선문대학교 법학과 교수

■ 저 서

형법총론 제1권 2010 한국학술정보
형법총론 제2권 2017 동방문화사

형법각론

2018년 3월 1일 초판 인쇄
2018년 3월 10일 초판 발행

저 자 한 정 환
발 행 인 고 호 균
발 행 처 **법 영 사**

06302 서울시 강남구 논현로 130
전화 (501)8898(대) Fax (501)8895
등록 1987. 5. 11. 제3-125호(윤)
Homepage : www.bubyoungsa.co.kr
E-mail : bypuco@chol.com

저자와의 협의하에 인지첩부를 생략함

※ 파본은 교환해 드립니다. **정가 28,000원**

ISBN 978-89-7032-316-9